# Die Gärten Peter Joseph Lennés im heutigen Polen

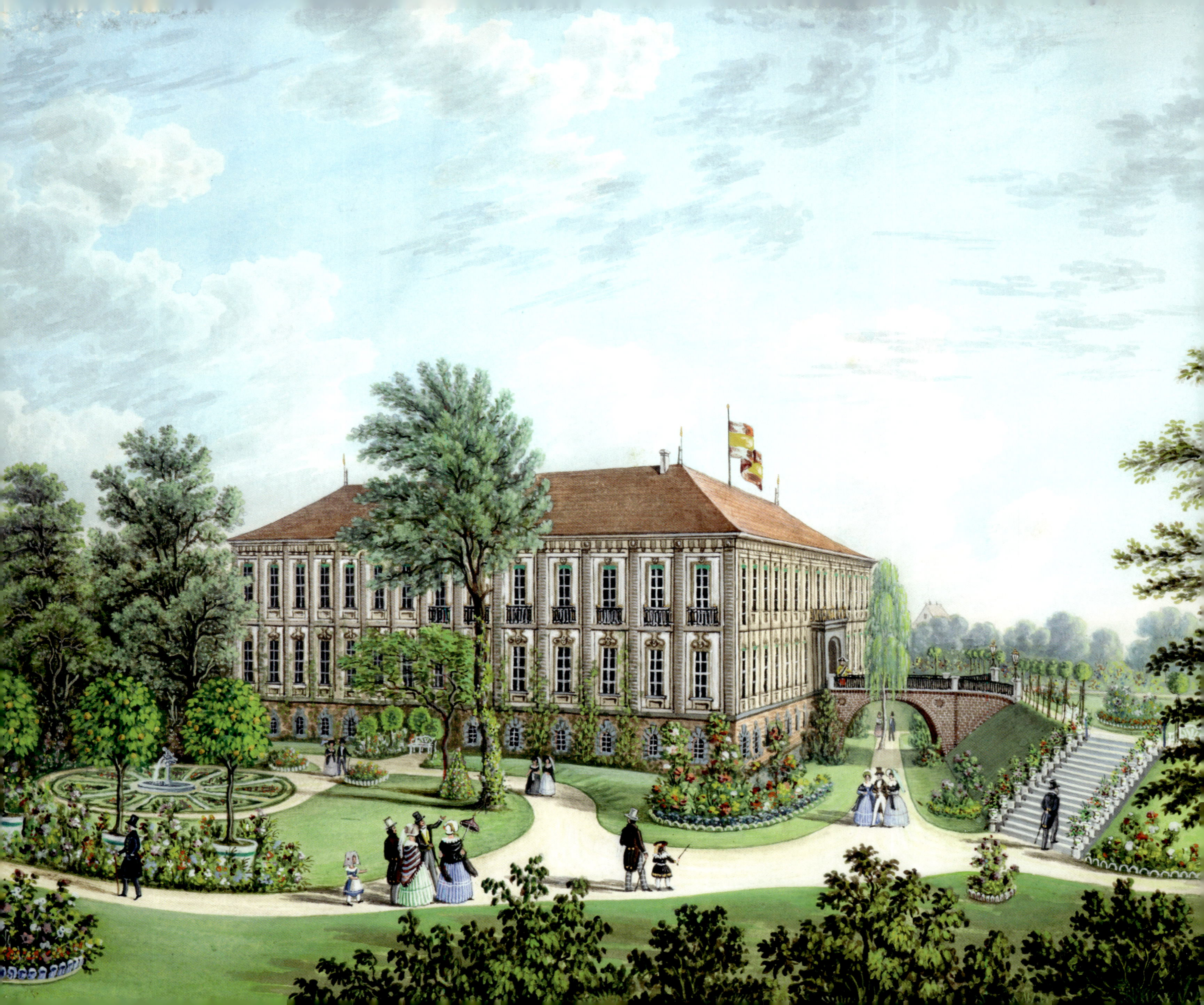

MARCUS KÖHLER, CHRISTOPH HAASE

# DIE GÄRTEN PETER JOSEPH LENNÉS IM HEUTIGEN POLEN

## EINE SPURENSUCHE JENSEITS VON ODER UND NEISSE

Mit Beiträgen von Gerd Gröning, Justyna Jaworek,
Klaus von Krosigk, Cord Panning, Magdalena Zalewska

Herausgegeben vom Deutschen Kulturforum östliches Europa e. V.
und der Stiftung Preußische Schlösser und Gärten Berlin-Brandenburg
in Kooperation mit der Technischen Universität Dresden

VERLAG JANOS STEKOVICS

Dr. Harri Günther und Dr. Sibylle Harksen (†)
gewidmet in Anerkennung ihrer Verdienste um das Erbe Peter Joseph Lennés

Edition GartenReich · Band 2

# Inhalt

# Vowort

Dieses Buch erscheint aus Anlass des 150. Todestages von Peter Joseph Lenné (1789-1866) und damit nur kurz nachdem die Potsdamer Kulturlandschaft ihr fünfundzwanzigjähriges Jubiläum als Unesco-Welterbestätte feiern konnte. Das einzigartige Zusammenspiel von Architektur, Gärten und gestalteter Landschaft zwischen Sanssouci und Pfaueninsel ist in hohem Maße das Werk dieses Gartenkünstlers. Seine Entwürfe zu Geländemodellierung, Pflanzungen, Sichtachsen und Wegeführung sind es, die hier in weiten Bereichen bis heute die Landschaft in bisweilen bedeutungsvolle Bilder fassen, unseren Blick lenken und beziehungsreiche Verbindungen schaffen.

Als hochgestellter Hofkünstler und gesellschaftlich anerkannter Meister seines Faches beschränkte Lenné sein künstlerisches Wirken aber nicht nur auf die Gestaltung der Potsdamer Umgebung. Die von ihm initiierte Gärtner-Lehranstalt trug wesentlich zur Professionalisierung der Ausbildung bei und sorgte dafür, dass seine Ideen stilbildend wurden. Das zeigt sich in zahlreichen privaten Aufträgen von Gutsbesitzern, die der Umgebung ihrer Häuser eine moderne, quasi königliche Gestaltung geben wollten. So stellt sich heute bei vielen Gärten die Frage, inwieweit sie vom Meister selbst entworfen oder lediglich von seinen Schülern geprägt wurden. Eine wesentliche Quelle sind in diesem Zusammenhang die überlieferten Skizzen und Pläne. Die wohl umfangreichste Sammlung Lenné'scher Gartenpläne bewahrt die Graphische Sammlung der Stiftung Preußische Schlösser und Gärten Berlin-Brandenburg. 1993 wurde sie von der damaligen Leiterin der Sammlung, Sibylle Harksen, und dem Potsdamer Gartendirektor, Harri Günther, im Rahmen eines Bestandskatalogs publiziert. Die sorgfältige Inventarisierung und die Beschreibungen der darin enthaltenen Pläne zu den Anlagen im heutigen Polen haben nach wie vor Bestand. Die teilweise fortgeschrittene Forschung und heutige Recherchemöglichkeiten – insbesondere für die kulturhistorischen und gesellschaftlichen Hintergrundinformationen – eröffnen aber neue Perspektiven, die eine Revision dieses Standardwerks zum Jubiläum Lennés ebenso angebracht wie aufschlussreich scheinen lassen.

Das vorliegende Buch bietet erstmals einen umfassenden Überblick über die von Lenné beziehungsweise seinen Schülern konzipierten Garten- und Parkanlagen in den östlichen Provinzen des Preußischen Staates, die heute zu Polen gehören. Es basiert auf den Erkenntnissen aus einem Forschungsprojekt, das von der Technischen Universität Dresden angestoßen und in enger Kooperation mit Partnern in Polen und in Deutschland seit 2013 umgesetzt wurde. Sein Ziel ist die Wiederherstellung, Pflege, Vermittlung sowie langfristige Bewahrung der Gartendenkmale von Peter Joseph Lenné in Polen. Denn im Unterschied zu Lennés Parkgestaltungen auf dem Gebiet der Bundesrepublik, die praktisch vollständig erfasst sind, waren seine Werke jenseits von Oder und Neiße über Jahrzehnte in Vergessenheit geraten.

Über einige Korrekturen früherer Zuschreibungen der Pläne hinaus sind es ganz besonders die intensiven Betrachtungen der familiären und gesellschaftlichen Verbindungen der Auftraggeber sowie ihre Stellung zum preußischen Hof, die erstmals ein ganzheitliches Bild der adligen und bürgerlichen Klientel Lennés am Beispiel der östlichen Gutsgärten geben. Es zeigt sich eindrucksvoll, wie wichtig die persönliche Empfehlung des Meisters war. Und es wird ebenso deutlich, welche Projekte beziehungsweise Auftraggeber ihm so von Belang erschienen, dass er einen Schüler vor Ort schickte oder die Gegebenheiten sogar selbst in Augenschein nahm.

Neu ist auch die Berücksichtigung von Plan- und Ansichtenmaterial anderer Sammlungen und Archive. Und schließlich haben die Bearbeiter zum ersten Mal sämtliche Anlagen im heutigen Zustand besichtigt, so dass das Buch über das eindrückliche Bild einer vergangenen Garten- und Lebenskultur hinaus zugleich einen aktuellen Zeitschnitt durch das Erbe Peter Joseph Lennés im heutigen Polen bietet.

Die beiden Kooperationspartner Stiftung Preußische Schlösser und Gärten Berlin-Brandenburg und das Deutsche Kulturforum östliches Europa in Potsdam danken dem Lehrstuhl für die Geschichte der Landschaftsarchitektur der Technische Universität Dresden – namentlich Herrn Prof. Dr. Marcus Köhler – für diese Initiative und die große geleistete Arbeit, die weit über dieses Lenné-Jahr hinaus von Bedeutung sein wird.

*Hartmut Dorgerloh*
Generaldirektor der Stiftung Preußische Schlösser und Gärten Berlin-Brandenburg

*Harald Roth*
Direktor des Deutschen Kulturforums östliches Europa

# Einleitung

## Marcus Köhler

*Abb. 1*
*Lorbeerkranz zum 50. Dienstjubiläum Peter Joseph Lennés im Jahr 1866.*

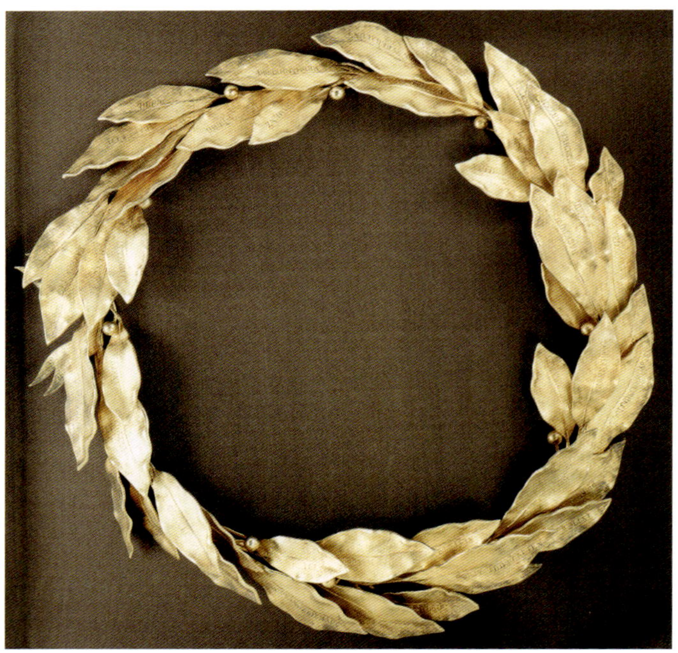

„Meisterhaft wie selten einer“: so bezeichnete Ferdinand Jühlke (1815–1893) seinen Vorgänger Peter Joseph Lenné (1789–1866, Abb. 2).[1] Dabei waren die beiden sehr unterschiedlicher Auffassung: der eine ein künstlerischer Idealist, der machtbewusst seine Position auszubauen und zu behaupten wusste, der andere ein Pragmatiker, der zu Beginn der Reichsbildung Ende der sechziger Jahre des 19. Jahrhunderts zumeist wirtschaftliche und organisatorische Aufgaben lösen musste. Die spätaufklärerischen, idealistischen Ansätze, die unter den beiden preußischen Königen Friedrich Wilhelm III. und IV. einst das politische wie auch das kulturelle Leben der Restaurationszeit geprägt hatten, erwiesen sich unter Jühlke nicht selten als unrentabel und überholt. Lenné und seine Auftraggeber gehörten der Generation des Vormärzes an, die noch nicht von den Strömungen des Bismarck-Reiches erfasst waren.

Es ist also nicht nur die Person Lennés, die ambivalent ist, sondern auch seine Zeit an sich. Es lohnt sich deshalb zum 150. Todestag des Potsdamer Gartenkünstlers eine Revision vorzunehmen. Sie fällt nicht so aus, wie die pointierte Biographie Clemens Alexander Wimmers „Der Gartenkünstler Peter Joseph Lenné. Eine Karriere am preußischen Hof“, in der die Selbstmystifizierung des Meisters kritisch beleuchtet wird, sondern konzentriert sich auf einen Werkbereich, der zudem in einer kleinen zeitgleichen Wanderausstellung *„Meisterhaft wie selten einer …“ Die Gärten Peter Joseph Lennés zwischen Schlesien und Pommern*, präsentiert wird. Hiermit sind in erster Linie diejenigen Werke gemeint, die sich heute in Polen befinden.

Das Werk Peter Joseph Lennés führte zu den bis heute als Standardwerke geltenden Büchern von Gerhard Hinz sowie von Harri Günther und Sybille Harksen. In den letzten Jahren haben sich einzelne Publikationen hinzugesellt, die das Oeuvre in einzelnen Regionen, in dem Fall in Brandenburg oder im Rheinland, genauer betrachten.[2] Dieser Ansatz wird auch hier verfolgt, indem Gärten vorgestellt werden, die in den ehemaligen Provinzen Ost- und Westpreußen, Pommern, Posen, Brandenburg und Schlesien entstanden sind und mit Lenné in Verbindung gebracht werden können. Dies erscheint umso vielversprechender, da seit dem Fall des „Eisernen Vorhangs“ in Polen mehr und mehr Forschungen initiiert wurden, die die Gartenkunst – und hierbei oftmals auch Einzelanlagen – im Fokus haben. Richtungsweisend sind Publikationen wie „Das Tal der Schlösser und Gärten“[3] (2001), das sich als deutsch-polnisches Gemeinschaftswerk mit dem Hirschberger Tal auseinander gesetzt hat.

Das vorliegende Buch ist deshalb auch in Kooperation zwischen der Technischen Universität Dresden und der Naturwissenschaftlichen Universität Breslau/Uniwersytet Przyrodniczy we Wrocławiu sowie dem Deutschen Kulturforum östliches Europa und der Stiftung Preußische Schlösser und Gärten (SPSG) entstanden. Ziel war es, den heutigen Forschungsstand abzubilden und neue Recherchemöglichkeiten zu nutzen. Da es Harri Günther und Sibylle Harksen nicht vergönnt war, die lennéschen Gärten östlich der Oder zu besuchen, wurden die entsprechenden Anlagen persönlich in Augenschein genommen, um Rückschlüsse auf die tatsächliche Umsetzung der Pläne zu erhalten und den heutigen Zustand zu reflektieren. So finden sich neben vorbildlich gepflegten Anlagen – wie etwa dem Breslauer Scheitniger Park – auch solche, die man als Totalverlust bezeichnen muss (z. B. Sonnenburg).

Die Gliederung, die Günther und Harksen vorgegeben haben, liegt auch diesem Werk zugrunde. Im Fokus stehen vor allem eigenhändige oder zumindest mit der Tätigkeit Lennés verbundene Pläne in den Beständen der SPSG. Darüber hinaus konnte beispielsweise mit der Villa Eichborn in Breslau eine neue – an einem gedruckten Plan festzumachende Zuschreibung zum Oeuvre Lennés – vorgenommen werden. Entsprechend den eingravierten Ortsbezeichnungen auf dem goldenen Lorbeerkranz (Abb. 1), den Schüler und Mitarbeiter ihm 1866 zum fünfzigjährigen Dienstjubiläum überreichen wollten und schließlich bei seiner Beerdigung mittrugen, wurden nochmals Betrachtungen zu seinem Wirken in Breslau und Oliva angestellt. Diese generelle Vorgehensweise führte etwa auch dazu, dass anstelle des bei Günther und Harksen aufgeführten Gartenplans von Sagan aus der Hand Friedrich Teicherts[4] nunmehr eine übergreifende Untersuchung zur Gartengeschichte des Ortes vorgenommen wurde, die das Wirken Lennés in ein anderes Licht setzt. Einer Generalrevision wurden auch die Erdmannsdorfer Pläne unterzogen. Ein bei Günther und Harksen noch mit dem Ort Bosemb in Zusammenhang gebrachter Plan ist nunmehr als ‚unbekannt‘ geführt.

Die Gartenanlagen der preußischen Krönungsstadt Königsberg (Kaliningrad), die Lenné zugeschrieben werden können, sind der Botanische Garten, der Altstädtische Kirchplatz und

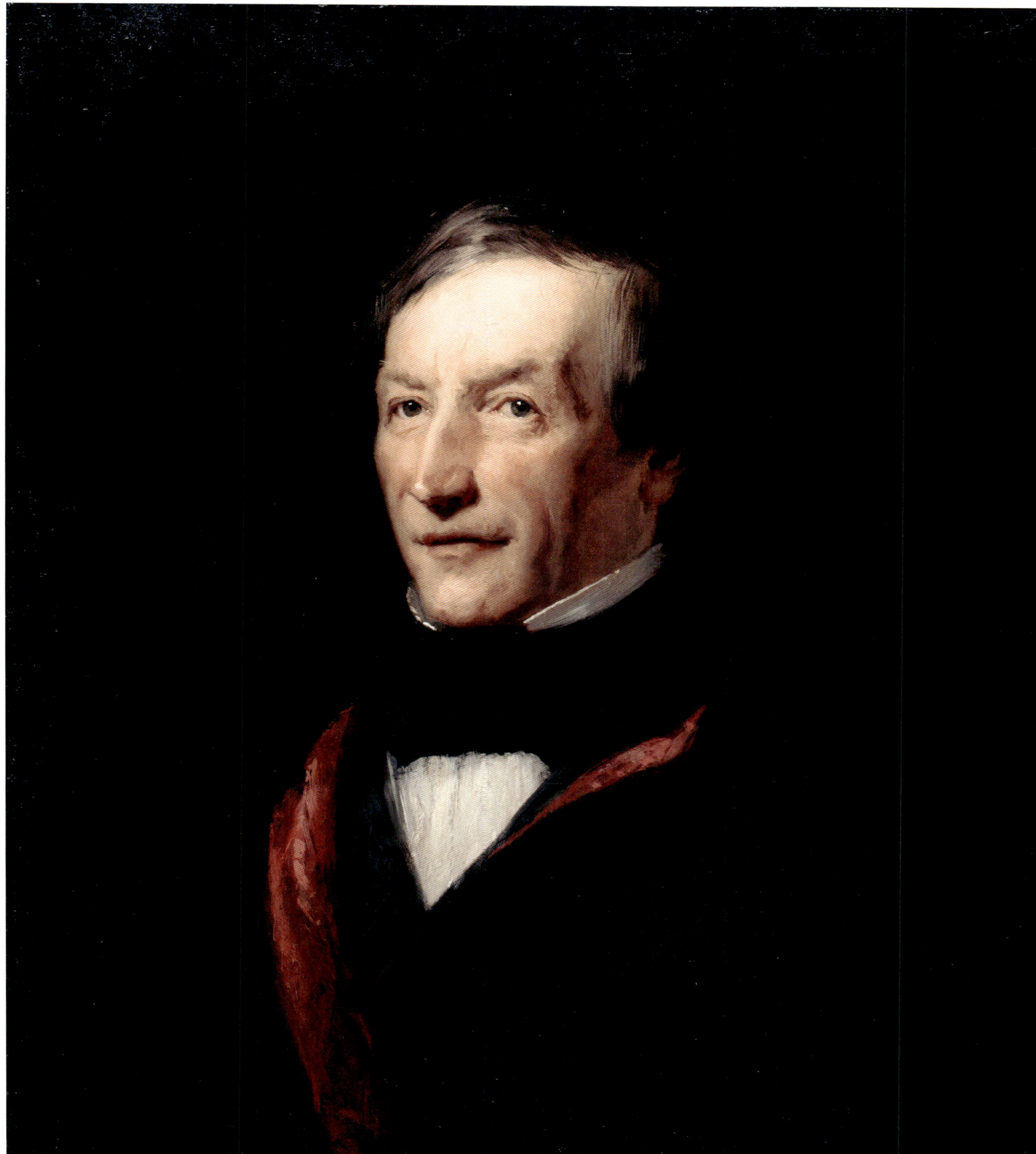

*Abb. 2*
*Porträt Peter Joseph Lennés von Karl Begas d. Ä., 1850.*

der Garten Simson sowie die Gestaltungen um den so genannten Schlossteich.[5] Da die Wallanlagen, zu denen auch letzterer gehörte, u. a. 1900 und 1927 bereits ausgebaut und auch der Altstädter Markt im Verlauf des 19. Jahrhundert verändert wurden[6], erinnern sie heute kaum noch an Lenné. Dem alten Botanischen Garten droht darüber hinaus neuerdings eine Überbauung, und der simsonsche muss bereits als verloren gelten. Sie werden in diesem Buch keine weitere Betrachtung erfahren, zumal die eigenständige und bislang vollkommen unbearbeitete Königsberger Gartengeschichte, die von der frühen Gründung des Botanischen Gartens 1581 bis zur Mustersiedlung Tannenwalde (von Hermann Muthesius)[7] reicht, eine gesonderte Untersuchung erforderlich machen würde.

Dies ist auch dem Umstand geschuldet, dass sich die heutige Forschung in Anbetracht des Themas besonderen Schwierigkeit ausgesetzt sieht: Sowohl der Schinkel-Forscher Grundmann in seinem Werk über Schlesien, wie auch Hinz in seinen diversen Lenné-Beiträgen, konnten noch Archivalien auswerten, die heute nicht mehr vorhanden sind. Leider haben es beide (und hier vor allem Hinz) nicht verstanden, ausführliche wissenschaftliche Nachweise zu führen, so dass eine Reihe von Zitaten bis auf weiteres als Behauptungen abgetan werden muss. Es wurde deshalb in dem vorliegenden Werk auch ein eigenes Kapitel den Zuschreibungen gewidmet.

Angesichts der erwähnten topographisch gefassten und erneut publizierten Werkgruppe Lennés stand neben der Revision und Ergänzung des Bestehenden vor allem eine umfassendere Einbindung in die allgemeine Gartengeschichte im Mittelpunkt. Hinweise wie die, dass etwa Lenné im „Verschönerungs-Verein zu Bromberg“ nicht nur Ehrenmitglied, sondern auch beratend tätig war, können allerdings hier nur kursorisch aufgeführt werden, da weiterreichende Unterlagen fehlen.[8] Auch Archivalien, wie ein Brief, in dem 1827 Graf Heinrich Friedrich Karl von Danckelmann den Gartendirektor um einen Zögling aus der Gärtnerlehranstalt für seinen Garten in Groß Peterwitz bei Trachenberg (Pietrowice Wielkie) ersucht, haben zunächst nur dokumentarischen Wert. Lenné hatte Dankelmann einst bei der Ausstattung der ostpreußischen Güter mit Obstbäumen unterstützt, und nun wollte letzterer auch die schlesischen Güter ausbauen. [9]

Interessanter erscheinen Handlungsstränge, die sich aufgetan haben und in dieser Deutlichkeit bisher nicht formuliert wurden: So tritt beispielsweise Christian Rother als einer der wesentlichen Akteure in den Vordergrund. Als zukunftsweisender Ökonom lenkte er nicht nur die Geschicke der Preußischen Seehandlung, sondern überwachte auch die privaten Finanzen der königlichen Familie; er wirkte als Stellvertreter des Königs sogar bei den Lenné-Gärten in Flatow, Schildau und Erdmannsdorf mit, wo er zudem eine Musterfabrik ins Leben rief. Auf seinen eigenen Gütern Koitz und Rogau arbeiteten Schinkel und Lenné zusammen.

Ferner zeigt sich, dass sich die Aufgaben östlich der Oder primär auf die Landesverschönerung bezogen, etwa in Berkenbrügge, Reichenbach, Flatow, aber auch im Hirschberger Tal und in Chlebno. Dabei sind es zunehmend bürgerliche Auftraggeber, die einen Plan von Lenné wollen: Konsul Schröder in Rützow, Bethe in Reichenbach, Eichborn in Breslau usw. Der landsässige Adel wie in Mecklenburg und Brandenburg spielte eine geringere Rolle.

In Anbetracht der Entwicklung der hier vorgestellten Anlagen drängt sich die Frage auf, inwieweit die Planungen und Ideen Lennés überhaupt erfolgreich waren: Just in diesem Punkt sind die Aussagen ernüchternd. Die große 8000 Obstbäume umfassende Vision für Berkenbrügge entwickelte sich nicht weiter, Flatow scheiterte an schlechten Bodenverhältnissen und schlechtem Personal, das gleiche galt für Swinemünde. Der Park Hohenlübbichow war nicht mehr als eine Paraphrase der ursprünglichen Planung, und auch in Klein Küssow wählte man die „Spar-Variante“, ebenso wie am Stadttheater Stettin. Die Anlage vor dem Frauentor in Stettin erfolgte in dilettantischer Eigenregie und das umfassende Projekt Reichenbach wurde nur teilweise realisiert. Die Frage ist also berechtigt, warum man Peter Joseph Lenné beauftragte, wenn man die Planung dann sowieso nicht umsetzen konnte? Abgesehen von den Anlagen für das Königshaus und denen anderer Fürstlichkeiten waren es wohl zum einen Gefälligkeiten, zum anderen lukrative Nebenverdienste, die Lenné bewogen haben, Pläne anzufertigen. In einem an die Akademie der Künste zu Berlin gerichteten Lebenslauf schreibt der Gartenkünstler über sich selbst: „Überall ist Lenné's Augenmerk auf Landes-Kultur und Landes-Verschönerung gerichtet, für die Läuterung des Geschmacks bei Anlagen wirkend […]“[10] Man darf die Realitäten nicht vergessen, doch muss man anerkennen, dass er dieses Ziel, nämlich einen wesentlichen Beitrag für die europäische Gartenkunst zu leisten, mit Hilfe zahlreicher Schüler und Mentoren tatsächlich auch erreicht hat.

## Anmerkungen

1 Jühlke 1872, S. 22.

2 Karg/Dreger 2005; Generaldirektion Kulturelles Erbe Rheinland-Pfalz/Landesmuseum Koblenz 2011; Wendland/Wendland 2015.

3 Gesellschaft für interregionalen Kulturaustausch e. V. Berlin 2003.

4 Günther/Harksen 1993, S. 190. Der Plan, der bisweilen Friedrich Teichert zugeschrieben wird, ist jedoch mit „E. T.“ signiert, vgl. Abb. 21, S. 75.

5 Ebd., S. 181–183 und 412 f.; siehe zudem: GStA PK, BPH, Rep. 192 Nl Lenné, Nr. 28, fol. 1 f.: Graf Kanitz dankte für den „Einrichtungsplan des altstädtischen Kirchenplatzes“ und bat um Angabe einer Rasenmischung. Lenné schlug zudem eine Begrenzung ähnlich dem Eisenzaun am Potsdamer Schloss vor.

6 Günther/Harksen 1993, S. 181–183; GStA PK, BPH, Rep. 192 Nl Lenné, Nr. 28 Königsberg; Anonymus 1900, S. 239; Anonymus 1927, S. 631.

7 Erlbeck 1923, S. 287–288; Muthesius 1919/20, S. 152–155, 155–159; diese Hinweise sind Gert Gröning und Uwe Schneider zu verdanken.

8 Vgl. Pszczółkowski 2014, S. 106 f.

9 GStA PK, BPH, Rep. 192 Nl Lenné, Nr. 1, fol. 59.

10 Lebenslauf von 1853, zitiert nach Transkription Jörg Wacker, in: Günther/Harksen 1993, S. 12.

# Essays

# Lenné in Stettin und Swinemünde

**Christoph Haase**

## Die Spuren Lennés in Stettin

Die Etablierung von öffentlichem Grün in Stettin (Szczecin) hatte sich lange Zeit als sehr schwierig erwiesen. Die Handelsstadt war seit dem Spätmittelalter von einem Festungsgürtel umgeben, der bald mit dichter Bebauung ausgefüllt war. Die wenigen innerstädtischen Freiflächen mussten zum Exerzieren freigehalten werden, so z. B. auch der „Weiße Paradeplatz“, später Königsplatz.[1]

Da die Festungswerke erst sehr spät aufgegeben wurden, bestand zunächst nur die Möglichkeit, Gärten zwischen bzw. außerhalb der Wälle anzulegen. Die Grundlage für die ersten öffentlichen Grünanlagen der Stadt schuf Ende des 18. Jahrhunderts ein wohlhabender Händler namens Velthusen. Von den Umständen zu jener Zeit berichtet 1795 eindrücklich Johann Carl Friedrich Rellstab in seinen Reisebeschreibungen: „Eine Promenade auf dem Wall, wozu man aber mit einem Billet des Gouverneurs versehen seyn muß, ist sehr der Bemühung werth […] Vor dem Anclammer Thore [später Königstor] auf, unter, und an den Wällen legt der Kaufmann Velthusen einen englischen Garten an, der […] einer der ersten Gärten werden wird, und es ist wirklich schon jetzt […] ein entzückender Anblick oben vom Walle herein zu sehen. Zu solchen Anlagen auf dem Walle muß das Oberkriegscollegium die Erlaubniß ertheilen […] Sollte indeß Stettin einmal belagert werden, so werden alle diese Anlagen ruinirt […]“.[2]

Eine nächste Belagerung sollte mit dem Einmarsch napoleonischer Truppen im Jahr 1806 schon bald folgen und das Befürchtete Wirklichkeit werden. Die bis 1813 andauernde französische Besetzung hinterließ großes Leid und Zerstörung. Beim Wiederaufbau der Stadt spielte Johann August Sack (1764–1831), der seit 1816 Oberpräsident der Provinz Pommern war, eine entscheidende Rolle (Abb. 1). Er setzte sich maßgeblich für den Ausbau der Stettiner Grünanlagen ein, was auch seine Mitgliedschaft im örtlichen, bereits seit 1810 existierenden Anlagen- und Verschönerungsverein unterstreicht. Der Pommersche Historiker Martin Wehrmann schreibt später über Sack: „Er ließ es sich angelegen sein, vor dem Glacis der Festungswerke zwischen dem Königs- und Frauentore Anpflanzungen herzustellen, die im Anschlusse an den neuen Begräbnisplatz auf Jahrzehnte hinaus einen besonderen Schmuck der Stadt bildeten. Ein Schwanenteich, ein Borkenhäuschen, ein Kaffeehaus […] machten diese sich bald erweiternden Anlagen zu einem freundlichen Lustgarten […]“.[3]

Ein entsprechendes Bild dazu liefert ein Plan der Stadt Stettin aus dem Jahr 1828 (Abb. 2): vor dem „Fort Leopold“ gelegen zieht sich vom Königstor bis zum „Reformirten Kirchhof“ an der „Unterwiek“ ein kleinteiliger, jedoch im Vergleich zum Stadtkern großflächiger Park. Die Anlage wirkt äußerst willkürlich und sehr dilettantisch ausgeführt. Von einer großzügigen und harmonischen Linienführung fehlt jede Spur. Stattdessen findet man als Ergebnis der Arbeit des Verschönerungsvereins ein wirres Konglomerat aus Alleen, unzähligen Teilräumen und zielloser Wegeführung vor.[4]

Trotz allem hatte man zuvor offensichtlich Rat bei Lenné gesucht, allen voran der Gartenenthusiast Sack, der ebenfalls Mitglied im Verein zur Beförderung des Gartenbaus in den königlich preußischen Staaten war. Wie ein überlieferter Plan (s. S. 180, Abb. 1) belegt, betraute man den Potsdamer Gartenkünstler vermutlich um 1825 zumindest mit der Gestaltung eines Teilstücks der Anlagen, das zwischen dem „lutherischen“ und dem „reformirten“ Kirchhof lag. Die nahezu dreieckige, etwa zwei Hektar große Fläche wurde durch die Straße nach Grabow und einen Richtung Frauentor führenden Verbindungsweg begrenzt. Die dritte Seite sollte ein „neu anzulegender Verbindungsgang“ bilden. Der Entwurf Lennés sieht für die überschaubare Fläche eine landschaftliche Überformung des geometrischen Wegesystems vor. Wenige, sanft geschwungene Verbindungen ersetzen die fragwürdig angeordneten Wegestrahlen. Dichte Strauchpflanzungen an den Rändern fassen den inneren Wiesenraum. Lockere Baumgruppen bzw. Einzelbäume sind dazwischen eingestreut, die den Übergang zu den Baummassen der angrenzenden Alleen herstellen. Das Relief wird durch einen „langen Grund“ sowie von einem „runden Berg“ bestimmt. Die kleine Anhöhe ist erschlossen und als intimer Sitzplatz vorgesehen.[5]

Ein Vergleich mit der detaillierten Karte von 1828 (Abb. 2) zeigt, dass der Entwurf nur in wenigen Teilen und dazu äußerst halbherzig umgesetzt wurde. Es blieben vor allem die alten, starren Wegeachsen bestehen – die eigentliche Gestaltungsintention war somit hinfällig.

Die Fläche veränderte sich im Laufe der Zeit immer wieder. Sie ist heute Teil des großen Stefan-Żeromski-Parks. Der kleine Hügel ist noch immer nachvollziehbar. An dieser Stelle errich-

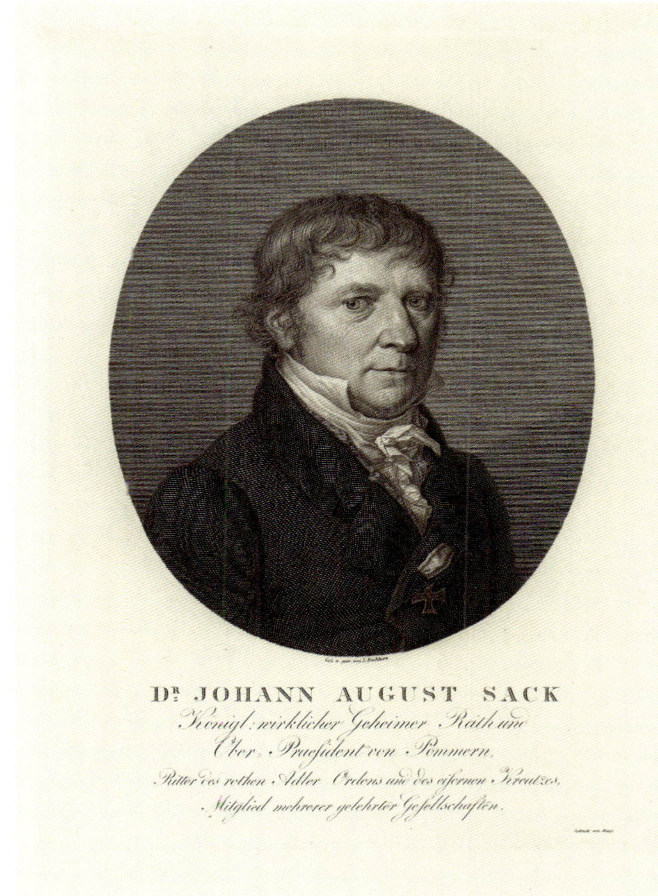


*Abb. 1*
*Porträt des Oberpräsidenten von Pommern, Johann August Sack, Druck von Karl Friedrich Hampe nach einem Stich von Ludwig Buchhorn.*

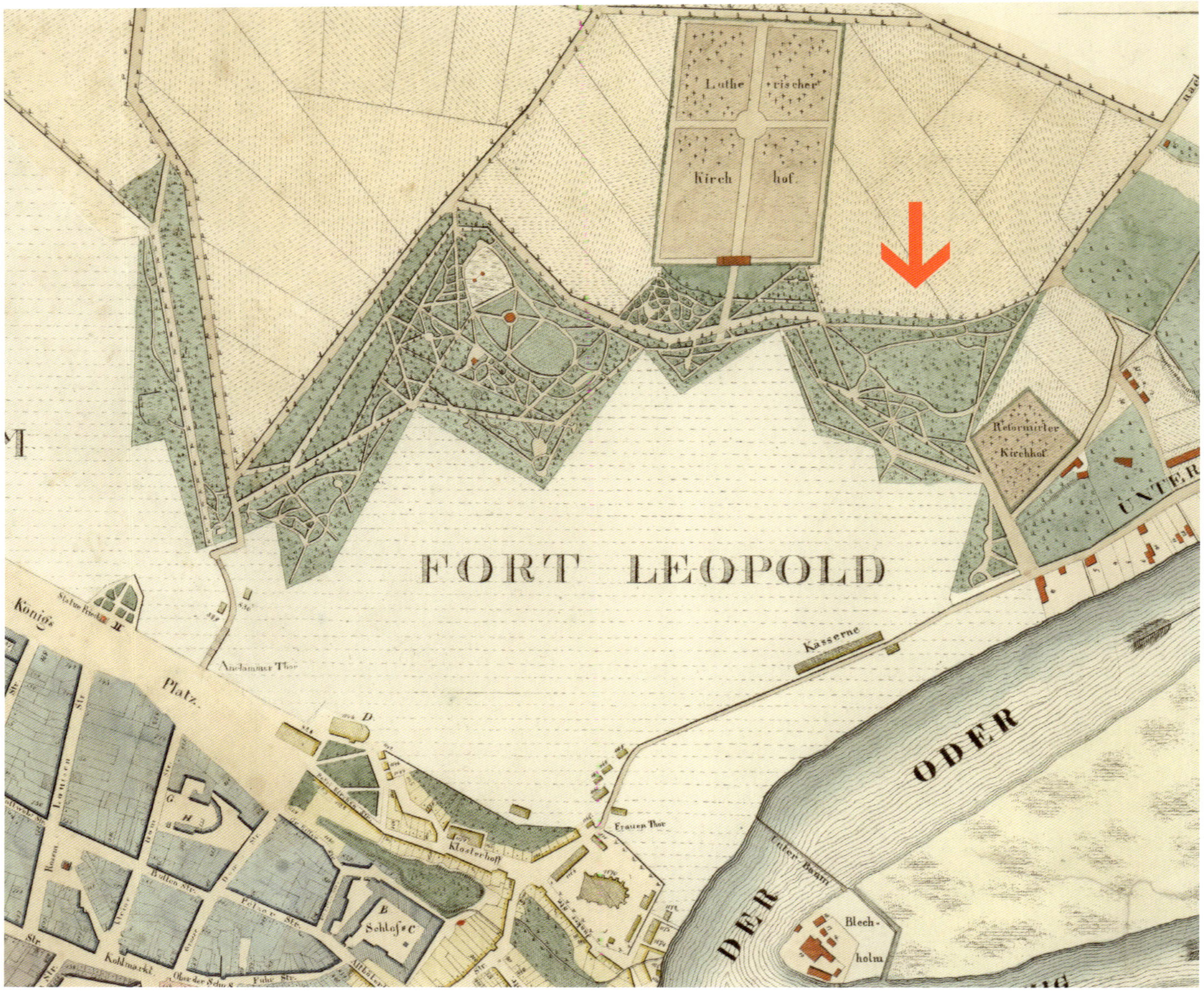


*Abb. 2*
*Die im Vorfeld des Forts Leopold entstandenen Grünanlagen im Jahr 1828, Ausschnitt aus einem Stadtplan Stettins. Die nahezu dreieckige, für Lennés Planung vorgesehene Fläche ist markiert.*

tete die Stettiner Kaufmannschaft 1833 ein Denkmal zur Ehren des verstorbenen Oberpräsidenten Sack, das allerdings den Zweiten Weltkrieg nicht überstanden hat.[6]
Es bleibt die Frage offen, warum der sonst stets mit einem ausholenden Gesamtplan aufwartende Lenné um 1825 nur dieses kleine Teilstück beplante und ob er später nicht eventuell doch ein umfassenderes Konzept ausarbeitete.[7]

Eine weitere, nachweisbare Planung Lennés für Stettin befand sich innerhalb des Festungsgürtels. Mitte der 1840er Jahre fasste die sehr engagierte Stettiner Kaufmannschaft den Entschluss, ein neues Theater auf dem Königplatz am Fort Leopold zu errichten – zu einer Zeit, in der das künstlerische Leben in der Stadt erstarkte und es ein großes kulturelles Interesse in der Bevölkerung gab. Die Arbeiten begannen 1846 unter Leitung des Baumeisters Dreger. Die Pläne für das imposante Gebäude lieferte der Berliner Oberbaurat und Theaterbaumeister Carl Ferdinand Langhans.[8] Anlässlich des Neubaus wollte man gleichzeitig dem 1840 verstorbenen Landesvater König Friedrich Wilhelm III. an geeigneter Stelle ein Denkmal setzen, dessen Standort man auf dem Theatervorplatz vorsah. Am 21. Oktober 1849 wurde das Schauspielhaus feierlich eröffnet und in diesem Zuge auch das Marmordenkmal des Königs enthüllt, das der Berliner Bildhauer Friedrich Drake anfertigte.[9] Der Theaterbau und die Statue bildeten seitdem nicht nur einen wichtigen Blickpunkt in der Längsachse des Königsplatzes, sondern vor allem auch dessen räumlichen Abschluss im Osten. Später kam als Pendant am westlichen Ende ein pompöses Reiterstandbild Kaiser Wilhelms I. hinzu. An der nördlichen Längsseite des Platzes existierte bereits eine von Johann Gottfried Schadow geschaffene Statue Friedrichs des Großen mit einer dahinterliegenden kleinen Grünanlage.

Mit Langhans und Drake hatte man namhafte Künstler für das Theater-Bauprojekt gewonnen. Lenné sollte der Dritte im Bunde werden. Man engagierte den in Stettiner Kreisen wohl bekannten Gartenkünstler vermutlich schon aus dem einfachen Grunde, da man ihn bei diesem bedeutungsvollen Bauvorhaben nicht übergehen wollte. Ungeschickterweise übertrug man ihm dabei die bloße Bepflanzung einer kleinen, vorgegebenen Fläche zwischen dem Gebäude und dem Denkmal, was auf den vielbeachteten Potsdamer fast schon beleidigend gewirkt haben mag.[10]

Noch in der Bauphase, vermutlich im Jahre 1848, sandte ein Stettiner Kaufmann namens Goltdammer einen Plan nach Potsdam. Darauf sind der Grundriss des Theaters, des Denkmals sowie der vorgesehenen Pflanzfläche, die in einer einfachen Nierenform dargestellt ist, zu sehen (s. S. 182, Abb. 2). In einer Anmerkung auf der Rückseite des Planes heißt es: „Der umstehende Situationsplan zeigt, daß die zwischen dem Schauspielhause und der Statue des Königs projectierte Pflanzung eine Tiefe von 35 Fuß [ca. 11 Meter] und eine Breite von 60 bis 70 Fuß [ca. 19 bis 22 Meter] erhalten kann. Wollte nun Herr Director Lenne die Güte haben anzugeben wie diese Pflanzung und durch welche Gewächse, geschmackvoll angelegt werden kann […]. Die in dem Plan verzeichnete Form der Pflanzung ist willkührlich angenommen, sollte sie dem Schönheitssinn des Herrn Director Lenne nicht entsprechen, so wird seine veränderte Angabe unbedingt vorgezogen werden."[11]

Lenné zeichnete seine ersten Ideen für die Gestaltung der Fläche direkt in den Situationsplan ein. Die Skizze zeigt einen großzügigen, regelmäßigen Schmuckplatz (ca. 80 x 60 Meter),

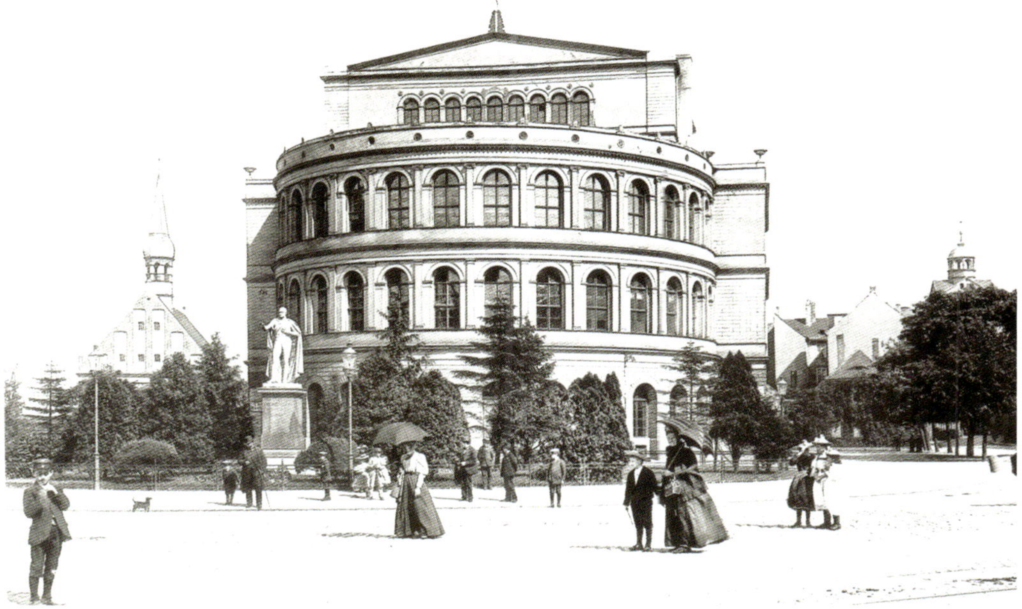

*Abb. 3*
*Das Stettiner Stadttheater vor seinem Umbau mit dem begrünten Vorplatz und dem Denkmal Friedrich Wilhelms III., Ansichtskarte von 1896.*

der dem Denkmal und dem Schauspielhaus einen angemessenen Rahmen bietet. Die laienhaft vorgegebene Nierenform findet dabei keine Beachtung. Der mittlere Teil der Anlage greift die Breite des Theaters auf und orientiert sich an dessen Umriss. Das darin gelegene Denkmal wird von drei Seiten erschlossen, wobei die Wege die Fläche in drei Kompartimente teilen. Auf dem dem Theater zugewandten Teilstück ist eine dichte Pflanzung aus Laubbäumen und Sträuchern vorgesehen, die den Hintergrund für die helle Marmorstatue bildet. So entsteht ein eigener Raum um das Monument sowie eine optisch größere Distanz zum Theater. Die symmetrischen, abgerundeten Kompartimente auf der Vorderseite sollten dagegen offenbar lockere und flache Strauchpflanzungen erhalten. An den Seiten wird die Anlage von mehreren Baumreihen begrenzt, die den Blick vom Königsplatz auf das Schauspielhaus führen. Dabei wird auf der rechten (nördlichen) Seite eine vorhandene Allee einbezogen. Auf Höhe des Denkmals gibt es eine Querachse, an deren Enden sich jeweils ein exedraförmiger Sitzplatz befindet. Für sämtliche Wege ist eine Breite von 15 Fuß (ca. 4,7 Meter) geplant, wie auf der Skizze vermerkt ist.

Wie der Entwurfsplan aussah, den Lenné nach Stettin schickte, ist unbekannt. Ebenso ist unklar, ob, und wenn ja, in welchem Umfang die Anlage ausgeführt wurde. Möglicherweise war die Umsetzung des großzügigen Entwurfs für die Kaufmannschaft schließlich zu kostspielig oder aber das dafür benötigte Areal stand auf dem Königsplatz nicht zur Verfügung. Eine seltene Ansichtskarte von 1896 zeigt eine einfache, halbkreisförmige Fläche vor dem Theater, die mit verschiedenen Koniferen bepflanzt ist (Abb. 3) – nichts zeugt von Lennés Entwurfsansatz. Wenige Jahre später (um 1900) musste diese kleine Grünanlage einem Erweiterungsanbau weichen. Das Denkmal Friedrich Wilhelms III. war nun nur noch von einem gusseisernen Zaun umgeben, die angrenzenden Freiflächen in Mosaik-Pflaster ausgeführt (Abb. 4). Nur seitlich des Theaters hatte man einen kleinen Teil der alten Baumreihen erhalten. Die drastische Reduzierung des Grüns im Umfeld des Theaters ging ganz offensichtlich mit dem Ausbau der Straßenbahn und dem zunehmenden Automobilverkehr zu jener Zeit einher.

Nach 1945 wurde das stark kriegsgeschädigte Theater am Königsplatz abgetragen. Dass hier einst das kulturelle Zentrum Stettins seinen Standort hatte, ist heutzutage nicht mehr ablesbar. Der gegenwärtig an dieser Stelle, zwischen den Straßenspuren gelegene Grünstreifen würde sich anbieten, um dort ein entsprechendes Zeichen der Erinnerung zu setzen.

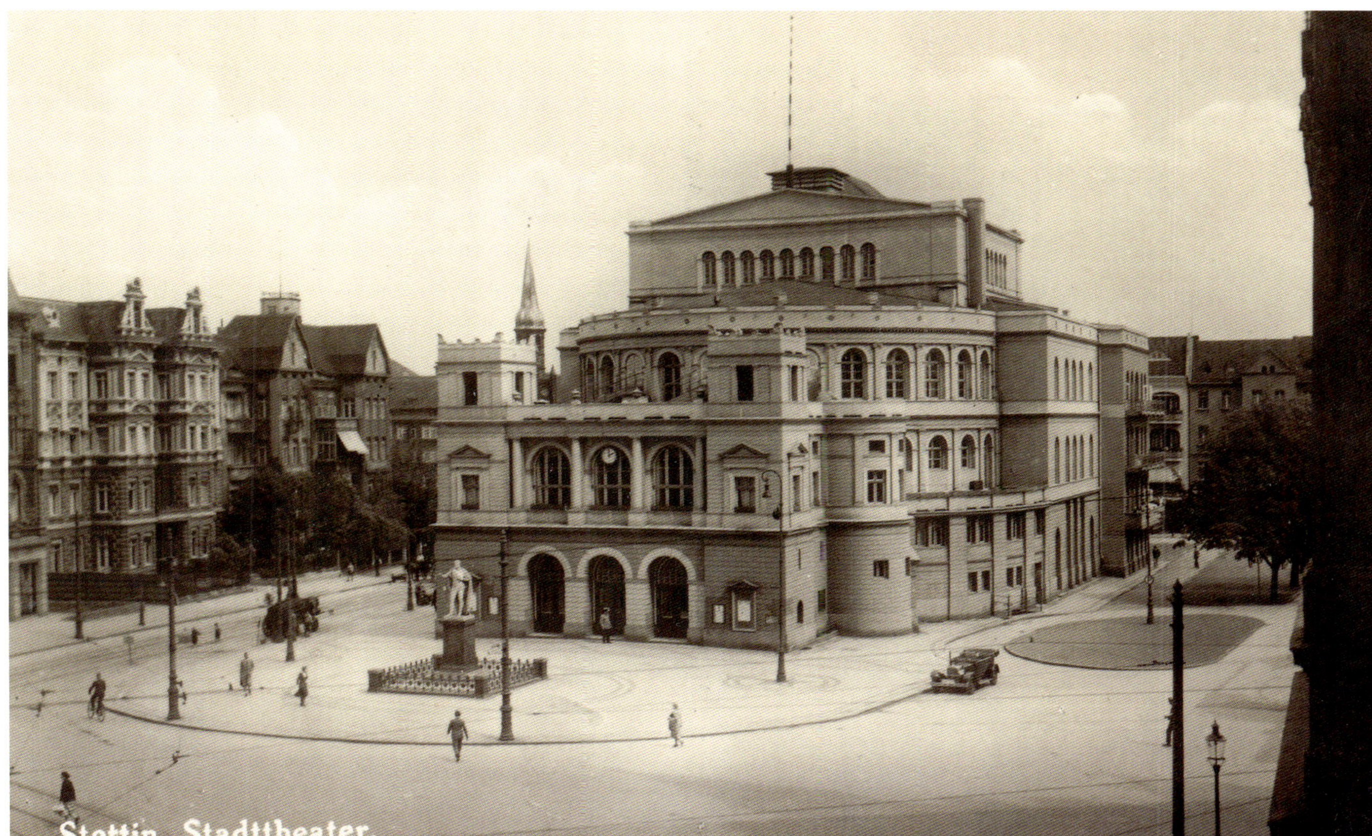


*Abb. 4*
*Das Stettiner Stadttheater nach seinem Umbau mit dem neuen Vorplatz und dem Denkmal Friedrich Wilhelms III., Ansichtskarte nach 1900*

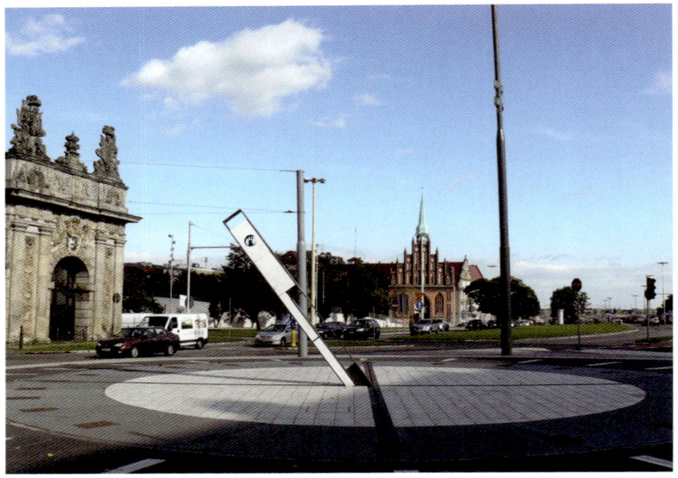

*Abb. 5*
*Blick vom Königsplatz auf das Königstor, die Kirche St. Peter und Paul sowie den ehemaligen Standort des Theaters, heute Grünstreifen (v. l. n. r.).*

In unmittelbarer Nachbarschaft befinden sich das Königstor sowie die Kirche St. Peter und Paul als historische Relikte (Abb. 5). Der eigentliche Königsplatz (heute Plac Żołnierża Polskiego), der sich westlich anschließt, ist als Grünanlage in seinen ursprünglichen Zügen noch erhalten.

Auch wenn nur zwei originale Pläne von Lenné für Stettin erhalten sind, spricht doch einiges für eine umfangreichere Tätigkeit. Friedrich Wilhelm IV. (1795–1861) hatte als Statthalter von Pommern, Chef des zweiten Grenadierregiments und General des pommerschen Armeekorps eine besondere Beziehung zur Stadt, wobei ihm deren Entwicklung stets am Herzen lag.[12] Dass der äußerst kunstsinnige König (bis 1840 Kronprinz) Lenné nicht nur in Potsdam, sondern auch in und um Stettin mit Verschönerungen betraute, ist nicht auszuschließen.

Ein frühes Beispiel für die landschaftliche Ausgestaltung der Umgebung Stettins ist der 1825 zu Ehren seiner Gemahlin, Kronprinzessin Elisabeth (1801–1873), in „Elisenhöhe“ umbenannte städtische Weinberg bei Frauendorf (heute in Szczecin-Golęcino) nördlich der Stadt. Der Ort entwickelte sich zu einem beliebten Ausflugslokal und bot malerische Fernsichten auf die Oderniederung, den Dammschen See und das alte Stettin (Abb. 6).[13] Auf entgegengesetzter Seite des Odertals hatten die Stettiner bereits 1823 mit der Pflanzung der „Prinzeneiche“ auf einer Anhöhe bei Finkenwalde (Szczecin-Zdroje) Friedrich Wilhelm IV. ihre Anerkennung ausgedrückt (Abb. 7).[14] Das um den markanten Aussichtspunkt befindliche, hügelige Gelände gestaltete man in der Folgezeit parkartig aus.[15]

Ob man Lenné bei derartigen Verschönerungen hinzuzog, ist nicht bekannt. Auch seine Beteiligung an der Gestaltung des Umfeldes des Stettiner Schlosses (Abb. 8) bleibt ungewiss.[16]

Interessanterweise waren es häufig bürgerliche Akteure, die den Ausbau der Grünanlagen vorantrieben. Oberpräsident Sack als Leitfigur hatte ganz offensichtlich Verschönerungen größeren Maßstabs im Stettiner Raum in Angriff genommen. Dafür spricht sein ehrgeiziges Vorhaben eine „Filial-Anstalt“ der Königlichen Landesbaumschule in der Nähe der Stadt zu errichten, um die erforderlichen Pflanzenmengen vor Ort anziehen zu können. Wie aus einer Korrespondenz von 1829 hervorgeht, setzte er dabei auf die Zusammenarbeit mit Lenné, der einen entsprechenden Einrichtungsplan für die Anlage liefern sollte.[17] Gleichwohl bleibt es Spekulation, Lenné hätte das Stettiner Stadtgrün in der ersten Hälfte des 19. Jahrhunderts maßgeblich beeinflusst. Dafür sind seine Spuren zu stark verblichen (archivalisch ebenso wie vor Ort).

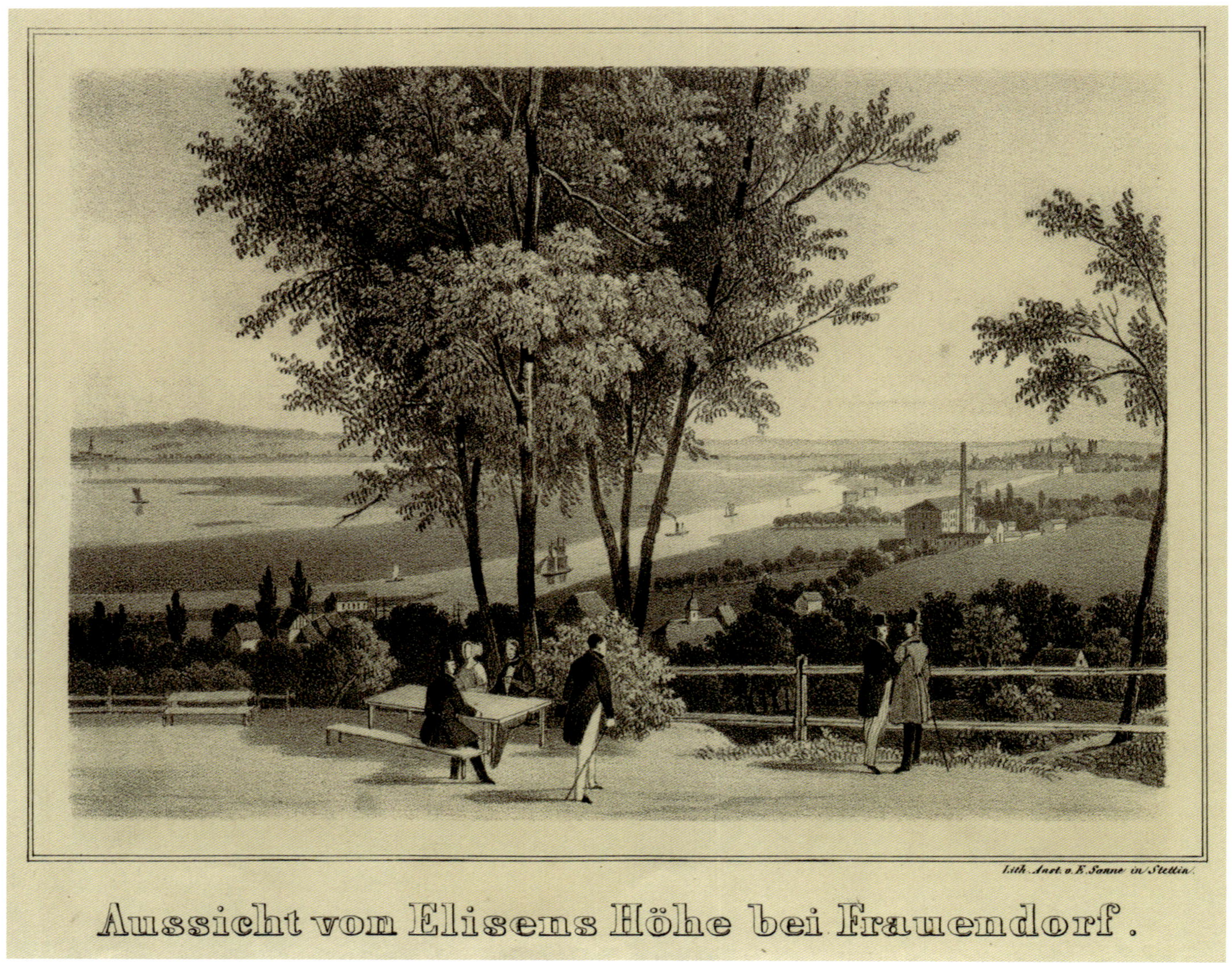


*Abb. 6*
*Aussicht von der Elisenhöhe bei Frauendorf, Lithographie, um 1840.*

## Privatgärten in der Umgebung Stettins – Hökendorf und Eckerberg

Außerhalb der Stadtgrenzen erhielt Lenné auch private Planungsaufträge von bedeutenden Stettiner Persönlichkeiten. Im südwestlich gelegenen, nur etwa 10 km entfernten Hökendorf (auch Höckendorf, heute Szczecin-Klęskowo) findet man gleich zwei Beispiele dafür: die Landsitze der Familien Zitelmann und Dohrn.

Die Zitelmanns waren eine angestammte Stettiner Juristendynastie. Der Kontakt zwischen dem Justiz-Kommissionsrat Carl Wilhelm Otto Zitelmann (1777–1844) und Lenné kam unter Umständen durch die Familie Kugler (s. u.) oder aber den Oberpräsidenten Sack zustande.[18] Zitelmanns Grundstück erstreckte sich auf einer Fläche von ca. 13 Hektar vom südlichen Ortsende bis zur Hökendorfer Försterei und lag somit schon teilweise in der Buchheide – einem weitläufigen, von Hügelketten und Tälern durchzogenen Waldgebiet. Ein Situationsplan aus dem Jahre 1826 (s. S. 134, Abb. 1) gibt den damaligen Zustand der Fläche sehr genau wieder: der Süden zeichnete sich durch ein kräftig bewegtes und mit Buchen bestandenes Relief aus, den nördlichen Teil prägte eine weite Wiesenfläche, im Osten schlängelte sich ein Bach durch das Gelände. Es waren auch schon einige, mit Sitzbänken ausgestattete Aussichtspunkte eingerichtet. An der nördlichen Spitze lagen das Wohnhaus mit einem Wirtschaftsgebäude sowie der eigentliche Garten. In diesem waren bereits bemerkenswerte Laubbäume vorhanden, die der Feldmesser besonders hervorhob, darunter Eichen, Buchen, Linden und Birnbäume. Geradlinige Wege verliefen quer durch den Garten, u. a. zum Backofen und zu markanten Solitären am Rand. Vor dem Haus gab es eine kleine Platzfläche sowie einen Obstgarten.

Bei genauerer Betrachtung der Ausgangsituation stellt man schnell fest, dass bereits die besten Voraussetzungen zur Anlegung eines abwechslungsreichen Landschaftsgartens gegeben waren. Zudem bekommt man einen Eindruck davon, wie sich hier die musische Familie Zitelmann einen Rückzugsort für ein romantisches Leben auf dem Land aufzubauen versuchte – fernab des eingeengten und übervölkerten Stettins.[19]

1826 bat man Lenné bei der Ausgestaltung des idyllisch an den weiten Buchenwäldern gelegenen Grundstücks um Hilfe. Da kein Schau- oder Ausführungsplan der Anlage überliefert ist, kann man seine Gestaltungsabsichten zunächst nur aus den skizzenhaften Einzeichnungen auf dem Situationsplan ableiten. Diese müssen allerdings nicht zwingend mit dem an Ort und Stelle Umgesetzten übereinstimmen.

Zunächst zum Garten am Haus: statt der eher naiv angelegten Wegeachsen sah Lenné ein natürlich geformtes Wegesystem vor, das eine zentrale Rasenfläche einfasst und alle wichtigen Bereiche erschließt. Verschieden große Strauchgruppen lenken die Blicke durch die kleine Anlage. Sie sorgen für abwechslungsreiche Situationen und räumliche Tiefe. Die vorhandenen Bäume werden dabei geschickt eingebunden. Der Platz um den Backofen ist so abgepflanzt, dass diese kleine, am Bach gelegene Architektur nur bei Benutzung des Rundweges entdeckt werden kann. Direkt am Wohngebäude gibt es nach wie vor eine platzartige, wenn auch umgeformte Fläche. Mit nur wenigen Griffen hatte Lenné dem konzeptlos erscheinenden Hausgarten ein schlüssiges, harmonisches Erscheinungsbild verliehen (zumindest auf dem Plan).

Man hätte nun vermutet, dass sich südlich davon ein reichlich ausgestalteter Park anschließt, doch davon fehlt jede Spur. Stattdessen wurde auch hier sparsam, aber wirkungsvoll eingegriffen: ein Wegenetz mit nur wenigen Verzweigungen zieht

*Abb. 7*
*Aussicht vom Prinzenberg mit der Prinzeneiche (rechts) bei Finkenwalde auf das Odertal und die Silhouette von Stettin, aquarellierte Federzeichnung von August Wilhelm Ferdinand Schirmer für die Königliche Porzellan-Manufaktur Berlin, 1823.*

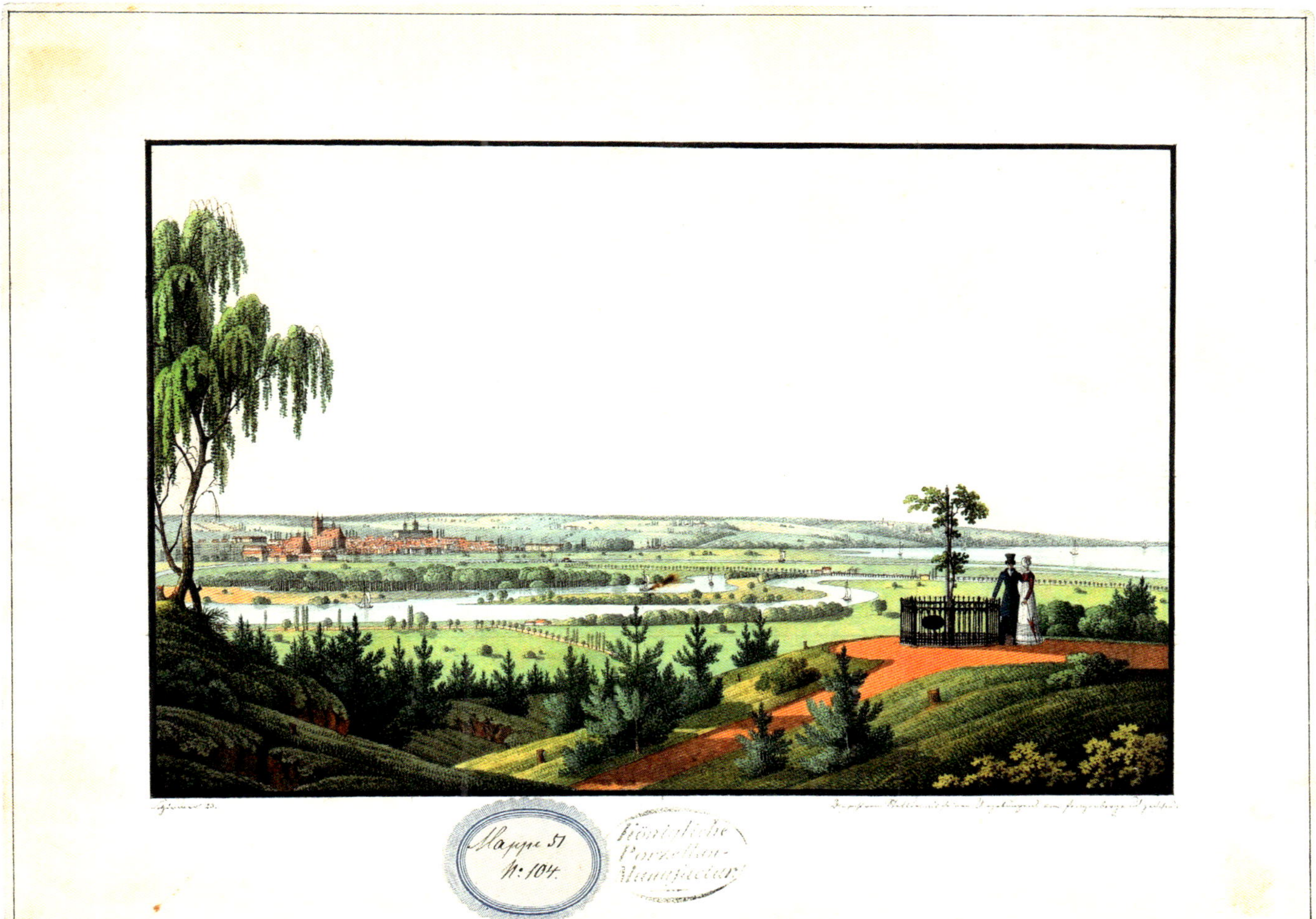

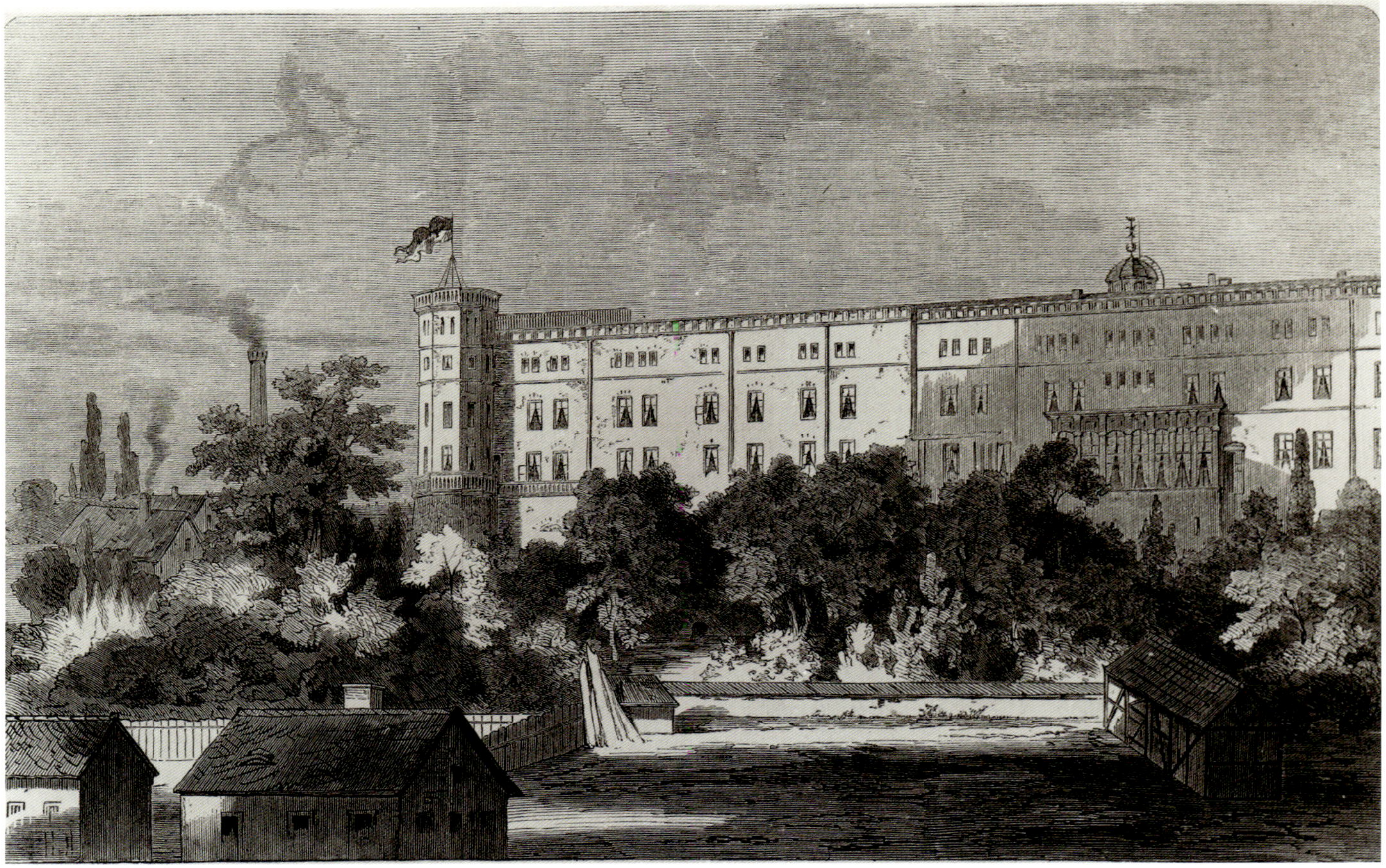

*Abb. 8*
*Das Schloss von Stettin auf einem Holzstich von 1866.*

sich in weiten Schwüngen durch das Gelände. Vom westlichen Teil des Gartens verläuft es am Wiesenrand zunächst zum „großen Stein“, einem auffällig großen Findling an der Grundstücksgrenze.[20] Anschließend führt es zu einer ersten Bank, die bereits leicht erhöht liegt. Hier gibt es eine im Plan angedeutete Sichtachse über die Wiese zum Haus. Der Weg setzt sich über die Kuppe des ersten Hügels fort und endet in einer Schlaufe, die wiederum die Spitze des zweiten Hügels erschließt. Dort ist eine Bank mit Blick Richtung Försterei aufgestellt.[21] Das Gelände fällt zu den Seiten sehr steil ab. Schließlich gelangt man wieder über die erste Kuppe aus dem Buchenbestand heraus und zur Wiese. Der Weg folgt nun dem Bach zurück zum Wohnhaus. Dort ist eine natürlich anmutende Ausformung des sonst fast geradlinigen Gewässerlaufs vorgesehen. Die große Wiesenfläche in der Mitte der Anlage bleibt weitgehend unverändert. Nicht einmal eine Baumgruppe oder Solitäre tauchen darauf auf.[22] Umso abwechslungsreicher erscheinen die wegbegleitenden Pflanzungen an den Rändern. Verschiedenartige, dichte Gehölzgruppen strukturieren die äußeren Wiesenräume. Sie stehen im Wechsel mit locker eingestreuten, meist flächigen Baumpflanzungen[23], bei denen es sich wahrscheinlich um Obstgehölze handeln soll.

An diesem Punkt lässt sich die Vermutung aufstellen, dass es möglicherweise nie die Absicht gab, einen Park im eigentlichen Sinne anzulegen. Man hat es hierbei wahrscheinlich vielmehr mit einer Art der Landesverschönerung, nur im kleineren Maßstab, zu tun.[24] Streuobstwiesen, heckenartige Strukturen und Buchenforst sind dabei die nützlichen Komponenten, die gleichzeitig als gartenkünstlerische Kulissen am Rande der Spazierwege fungieren. Vielleicht war es auch gerade diese Einfachheit und Natürlichkeit, die die Zitelmanns auf ihrem Landsitz anstrebten.[25]

Betrachtet man das Grundstück auf der Messtischblattaufnahme von 1886 (Abb. 9), so ist darauf auch nicht die kartografische Signatur für eine Parkanlage festzustellen. Stattdessen sind locker angeordnete Laubbaumgruppen im nördlichen Teil erkennbar, die auf Obstpflanzungen hinweisen – mögliche Anhaltspunkte dafür, dass die Anlage in der geplanten Form umgesetzt wurde.

*Abb. 9*
*Hökendorf auf einem Ausschnitt des Messtischblatts 1240 (Podejuch), aufgenommen 1886, einzelne Nachträge 1907.*
*Oben im Bild: Grundstück der Familie Dohrn: 1 = Pfarrgarten, 2 = kleiner Park, 3 = vermutlich Fläche der Baumschule.*
*Unten im Bild: Grundstück der Familie Zitelmann: 4 = Freifläche mit vermutlich seitlichen Obstpflanzungen, 5 = Hügel mit Buchenbestand.*

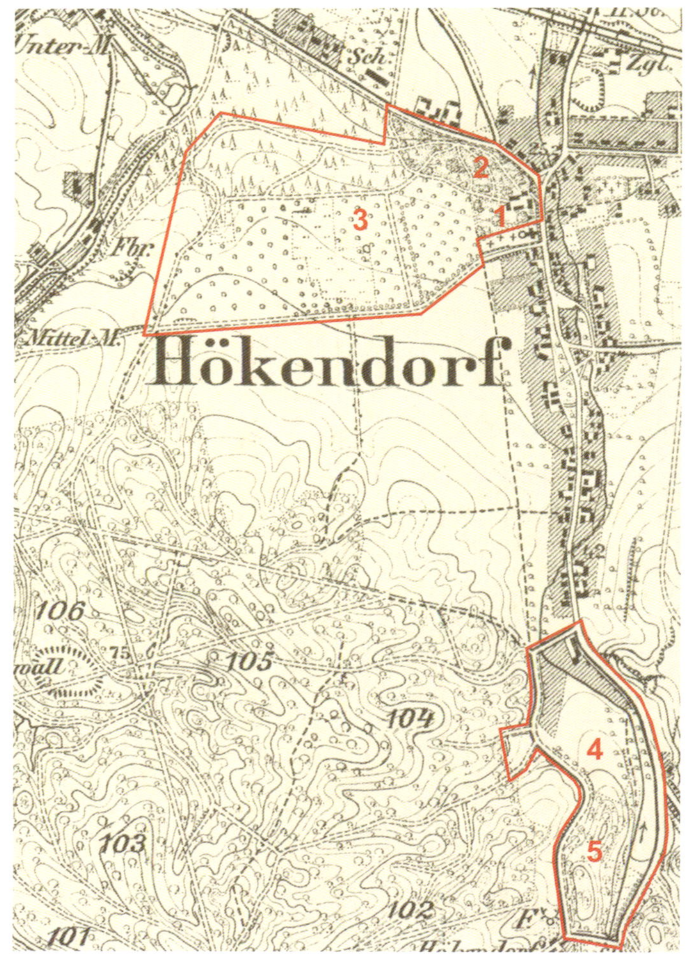

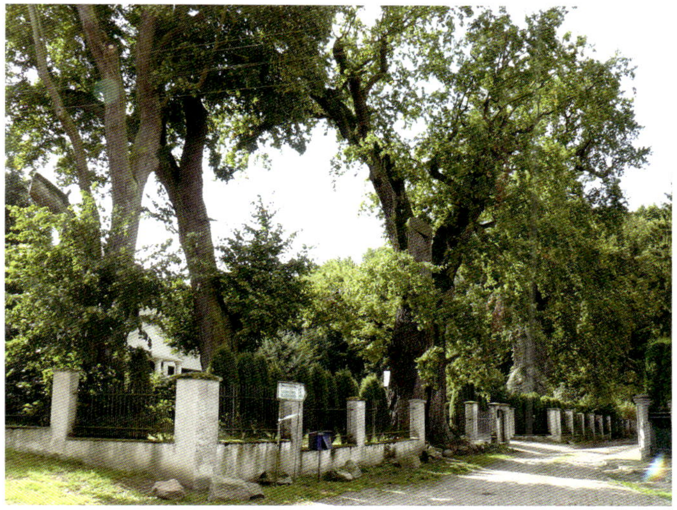

*Abb. 10*
*Baumgiganten im nördlichen Teil des ehemaligen Gartens der Zitelmanns in Hökendorf.*

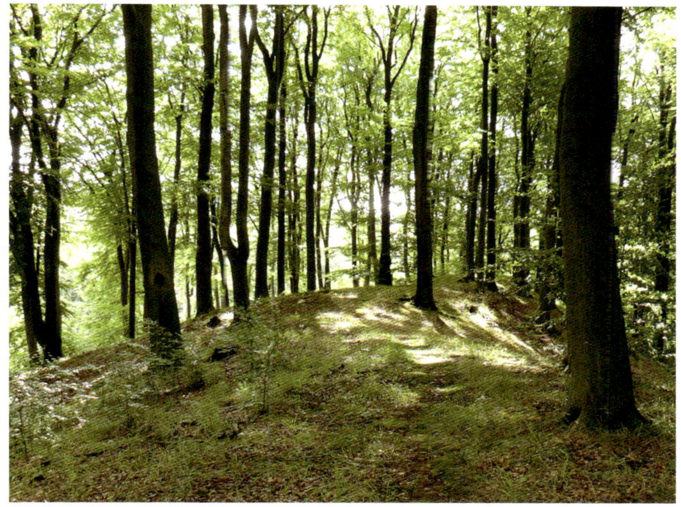

*Abb. 11*
*Mit Buchen bewachsene Kuppe im Süden des ehemaligen Parks der Familie Zitelmann in Hökendorf.*

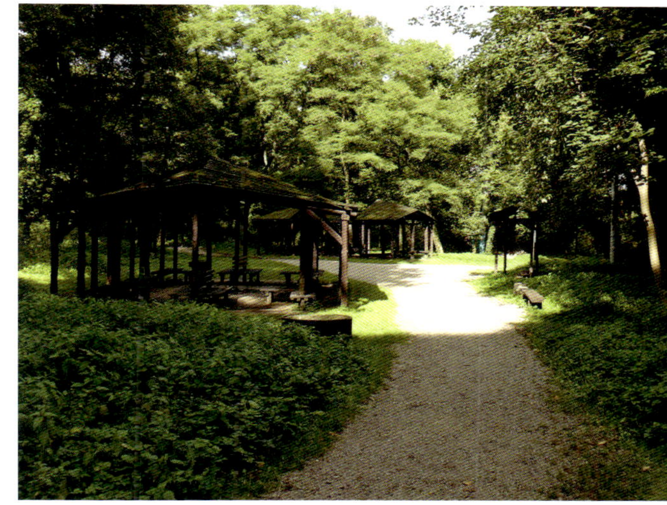

*Abb. 12*
*Im Waldpark von Hökendorf, dem ehemals Dohrnschen Park.*

*Abb. 13*
*Relikte der ehemals Dohrnschen Gutsgebäude am Rande des Waldparks von Hökendorf.*

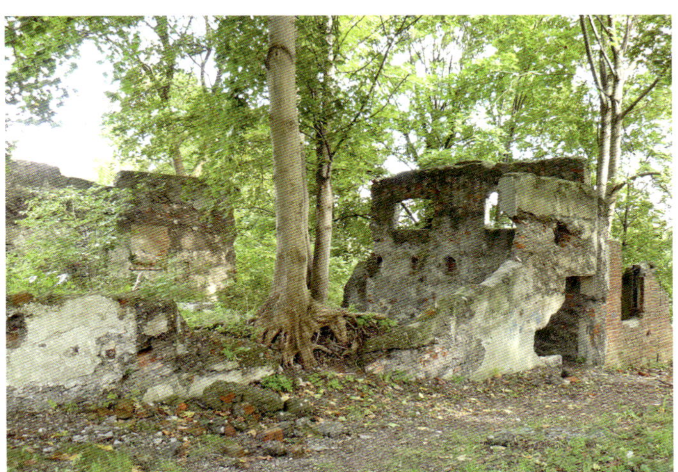

*Abb. 14*
*Eine der Hauptpromenaden im Kurpark von Swinemünde mit ornamentaler Sommerbepflanzung an den Seiten.*

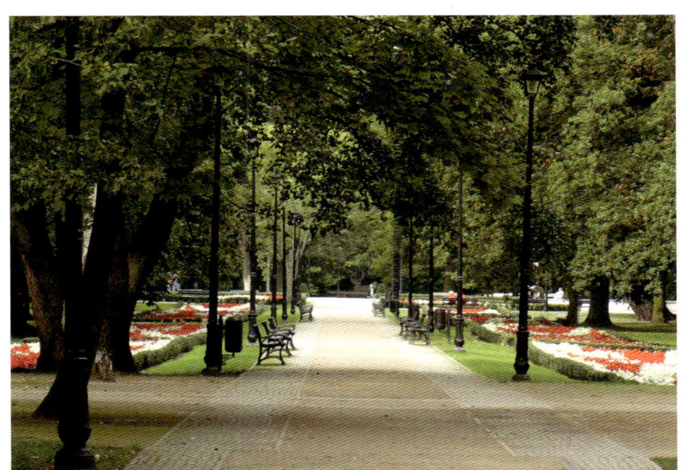

*Abb. 15*
*Historische Eichenallee und sanierter Rundplatz im Kurpark von Swinemünde.*

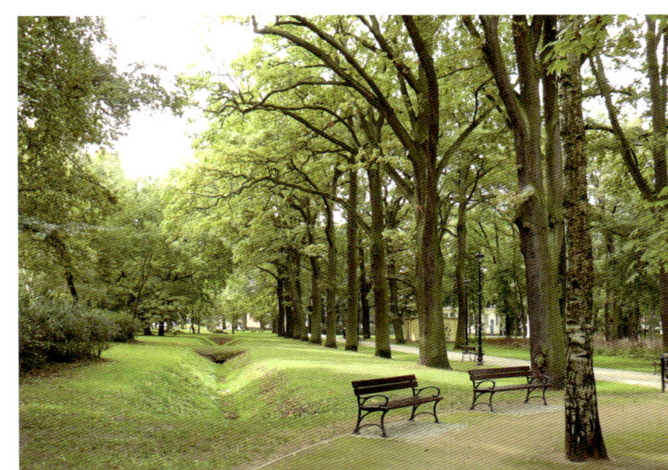

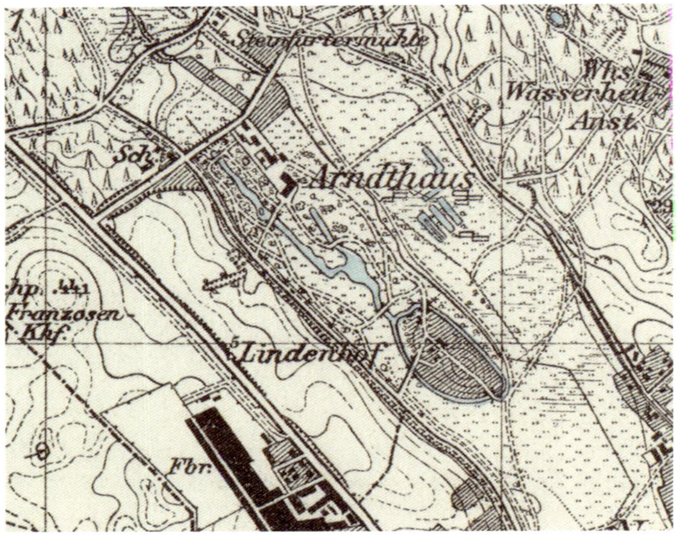


*Abb. 16*
*Der vormals Kuglersche Park in Eckerberg auf einem Ausschnitt des Messtischblatts 1149 (Stettin), hrsg. 1888, einzelne Nachträge 1928.*

Das damalige Wohnhaus sowie das langgestreckte Wirtschaftsgebäude im Norden existieren mittlerweile nicht mehr. Der kleine Hausgarten ist heute ein separates Privatgrundstück. Nicht wenige der schon 1826 auf dem Situationsplan verzeichneten Einzelbäume sind erhalten geblieben, darunter einige Linden und gigantische Eichen (teilweise als Naturdenkmal ausgewiesen – Abb. 10). Die südlich angrenzende Wiesenfläche wird von einer erst kürzlich errichteten Eigenheimsiedlung vereinnahmt. Die beiden Hügel nahe der Försterei sind nach wie vor von dichtem Buchenbestand geprägt und durch Trampelpfade erreichbar (Abb. 11).

Genau am anderen Ende von Hökendorf hatte die wohlhabende Stettiner Familie Dohrn ein ehemaliges Pfarrgut samt den dazugehörigen Ackerflächen erworben, um sich dort einen Landsitz einzurichten. Seit 1852 gehörte es Carl August Dohrn (1806-1892), dem einzigen Sohn des Kaufmanns Heinrich Dohrn (1769-1852).[26] Er hatte eine juristische sowie kaufmännische Ausbildung und war vielseitig begabt. Dank des großen Familienvermögens musste er sich weniger den Handelsgeschäften widmen und konnte sich seinen großen Leidenschaften hingeben: der Musik, der Literatur und den Naturwissenschaften.[27]

Offensichtlich hatte er auch ein großes Interesse für Gärten. Als er das knapp 30 Hektar große, väterliche Grundstück in Hökendorf erbte, wandte er sich mit dessen Gestaltung an Lenné, mit dem er ein freundschaftliches Verhältnis pflegte.[28] Im Februar 1853 erhielt Lenné hierzu einen Vermessungsplan des Territoriums (s. S. 136, Abb. 2). Darauf ist zu sehen, dass es rings um den vierseitigen Hof bereits eine geometrisch angeordnete Anlage gab, die vermutlich als Küchen- bzw. Obstgarten fungierte. In unmittelbarer Nachbarschaft dazu lag das Dohrnsche Erbbegräbnis auf einem vom Kirchhof getrennten Grundstück. Vor dem Wohnhaus breitete sich ein kleiner, landschaftlich anmutender Ziergarten aus. Nach Westen, in Richtung Finkenwalde erstreckte sich eine große, teils sumpfige Fläche, die es noch zu gestalten galt. Auf dem Situationsplan fehlt jegliche Spur von Einzeichnungen, was zunächst Zweifel daran aufkommen lässt, ob sich Lenné der Aufgabe überhaupt annahm. In den Akten des Magdeburger Personalamtes findet sich jedoch ein entscheidender Hinweis auf einen umgehend durch Lenné entworfenen Gartenplan. In einem Zeugnis für den Gärtner Paul Victor Niemeyer (1827–1901), das Carl August Dohrn am 10. September 1862 ausstellte, heißt es, dass Niemeyer im Zeitraum von Februar 1853 bis Oktober 1854 auf der Landbesitzung Hökendorf eine Parkanlage nach Lennés Plan ausgeführt, daneben die Landwirtschaft geleitet und den ziemlich bedeutenden Garten beaufsichtigt habe.[29]

Ein Blick auf das Messtischblatt von 1886 (Abb. 9) zeigt, dass der zuvor regelmäßige Pfarrgarten landschaftlich umgestaltet und um einen etwa drei Hektar großen Park erweitert wurde. Auf der restlichen Fläche sind Gehölzkulturen zu erkennen. Es handelt sich dabei sehr wahrscheinlich um die Baumschule von Heinrich Dohrn (1838–1913), einem Sohn Carl Augusts.[30] Ob auch die Einrichtung dieses nutzbringenden Bereichs auf Lennés Entwurf zurückgeht, ist ungewiss.

Die ehemalige dohrnsche Anlage ist heute Teil eines Waldparks (Park Leśny Klęskowo – Abb. 12). Vom einstigen Pfarrgut zeugen lediglich eine Wiesenfläche und die Trümmer einiger Wirtschaftsgebäude in der Nähe der neu aufgebauten Kirche von Hökendorf (Abb. 13).

Es gibt Hinweise auf eine weitere Stettiner Familie, die sich mit der Ausgestaltung ihres Landsitzes an Lenné gewandt haben soll. Und wiederum ist sie in den elitären und intellektuellen Kreisen der Stadt anzutreffen – die Rede ist von den Kuglers.[31] Im Jahr 1806 erwarb der Kaufmann, Konsul und Stadtrat George Emanuel Kugler (1777–1843) die nordwestlich vom Stadtgebiet gelegene Schäferei Eckerberg, die er zu einem über 300 Hektar großen Gut ausbaute. Dem pommerschen Historiker Otto Altenburg (1873–1950) zufolge wurde Lenné mit der Planung des Gutsparks betraut. Er berichtet: „Lenné wohnte nun eines Sommers [vermutlich in den 1820er Jahren] mehrere Wochen auf Eckerberg und entwarf zusammen mit Kugler den Plan […]. Den Gegensatz zwischen Wald, Baumgruppen und Wiesenflächen brachte der Gartenkünstler in ein gefälliges Ebenmaß und schuf einen wahrhaft romantischen Park. Besonders gelungen war der Durchblick von der Terrasse des auf einer kleinen Anhöhe gelegenen Herrenhauses über die Lichtungen des Parks […] bis an die Häuserreihen der damaligen Festung Stettin und ihre alten Türme […]“.[32]
Laut Altenburg kam der Kontakt zu Lenné über Carl Gottlieb Bethe zustande, der ein Freund Kuglers und Mitglied im Verein zur Beförderung des Gartenbaus in den königlich preußischen Staaten war. Kugler, der zu den Gründungsmitgliedern des Anlagen- und Verschönerungsvereins in Stettin (s. o.) gehörte, schien sein gärtnerisches Interesse mit Bethe in vielerlei Hinsicht zu teilen.[33] Auch er versuchte sein Gut samt den Ländereien zu einer mustergültigen Landwirtschaft zu entwickeln. Die hierzu nötigen Verbesserungen und Neuerungen verbrauchten jedoch viel Geld und brachten nicht die erhofften Gewinne, so dass die Besitzung 1842 wieder verkauft werden musste. Das Herrenhaus wurde 1890 abgebrochen und an dessen Stelle das Ernst-Moritz-Arndt-Haus (ein Pflegeheim) errichtet.[34]

Auf dem Stettiner Messtischblatt von 1888 bekommt man einen Eindruck von dem vormals kuglerschen Gutspark (Abb. 16). Es handelt sich um eine langgestreckte, etwa 20 Hektar große Anlage, die in einer Talniederung liegt und von ausgedehnten Teichen geprägt ist. Am südlichem Ende befindet sich der von einem Bach umschlossene, sogenannte Lindenhof. Ein landschaftliches Wegesystem durchzieht das Areal.[35]

Die Überlieferungen Altenburgs zum Park und dessen Entstehung sind wichtige Anhaltspunkte, jedoch noch immer unzureichend, um hier ein Mitwirken Lennés wirklich nachzuweisen zu können. An diesem Punkt sind tiefergreifendere Untersuchungen zum Gut und der Familie Kugler unumgänglich. Eckerberg muss solange als Zuschreibung gelten.

### Lennés Arbeit für den Kurpark von Swinemünde

Der knapp 60 Hektar große Kurpark (Park Zdrojowy) von Swinemünde (Świnoujście) bildet das grüne Herzstück der Stadt; er verbindet das Zentrum mit der Seepromenade. Im Gegensatz zum Ostseestrand mit der endlos-monotonen Weite des Meeres zeichnet er sich durch ein geschlossenes Gefüge aus abwechslungsreichen Teilräumen und einen dichten, schattigen Baumbestand aus. Verschiedenste Epochen der Gartengestaltung bis hin zur Gegenwart lassen sich im Park ablesen, wobei die sternförmig verlaufenden Wegeachsen aus dem letz-

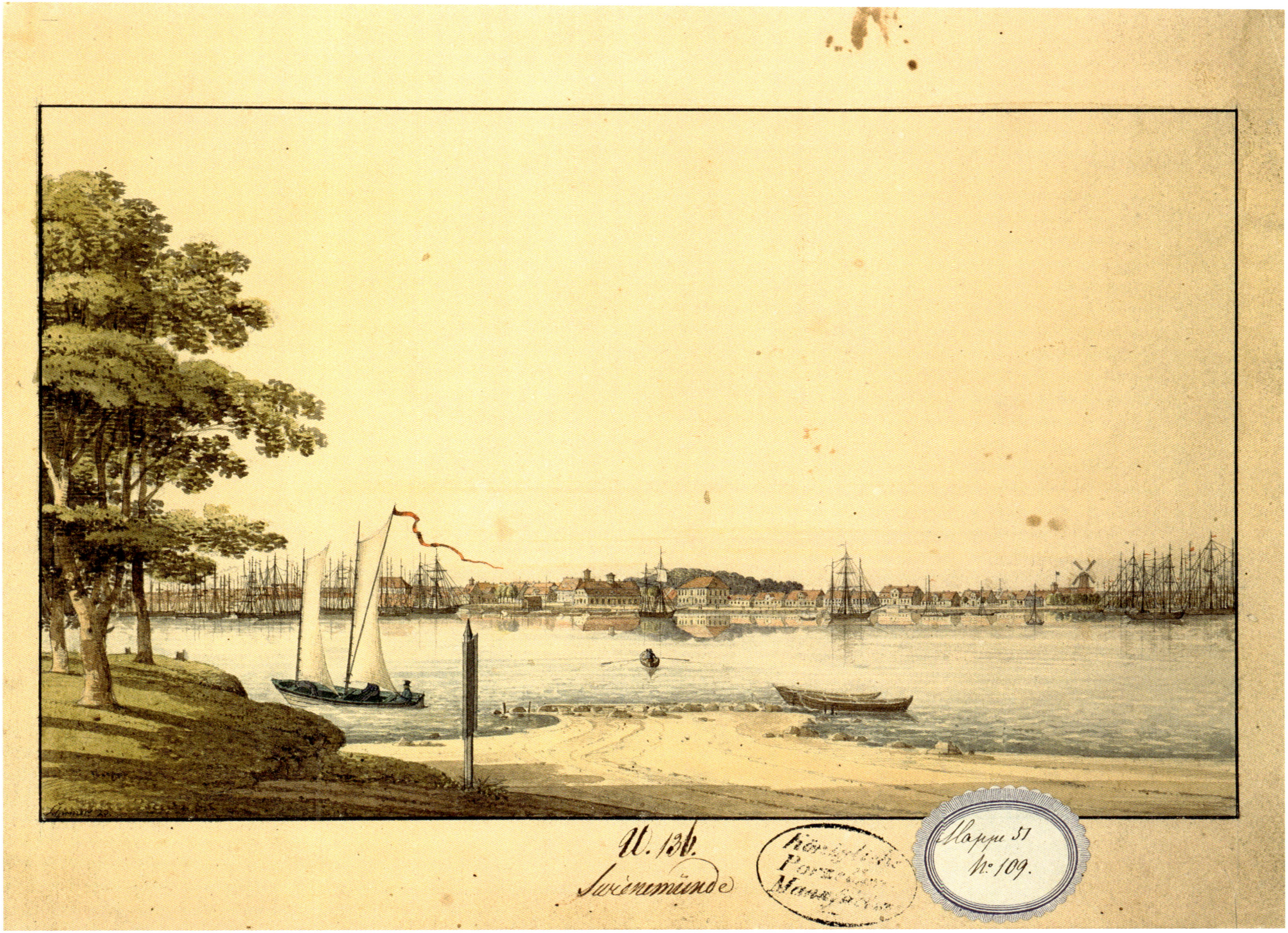


*Abb. 17*
*Ansicht des Hafens und der Stadt Swinemünde von August Wilhelm Ferdinand Schirmer, aquarellierte Federzeichnung, 1823.*

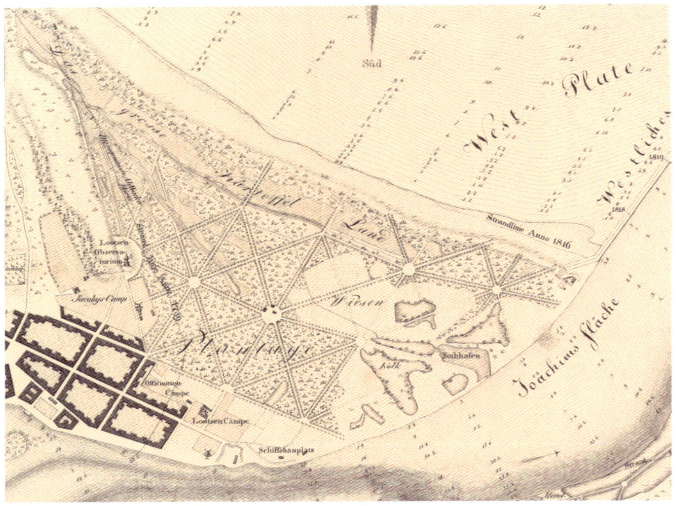

*Abb. 18*
*Die sogenannte Plantage vor der Umgestaltung zum Kurpark 1827, Ausschnitt aus dem Plan der Swinemündung von 1823.*

ten Viertel des 18. Jahrhunderts immer noch vorherrschen. Die Anlage wurde in den vergangenen Jahren umfassend saniert und befindet sich in einem sehr gut gepflegten Zustand (Abb. 14 u. 15).

1824 gründete man in der kleinen Hafenstadt an der Swinemündung ein Seebad (Abb. 17). Der Kur- und Badebetrieb sollte seitdem ein wichtiges wirtschaftliches Standbein für die Einwohner werden. Der oben erwähnte pommersche Oberpräsident Johann August Sack setzte sich für den Aufbau der Kuranlagen besonders ein. 1825 begann man im Osten der Stadt mit der Errichtung eines Gesellschaftshauses nach Plänen des Landbaumeisters Gustav Adolf Wilhelm Gottgetreu. Nördlich davon sollte aus einem Erlenwald, der sogenannten Plantage, ein ausgedehnter Kurpark entstehen (Abb. 18). Hierzu wandte sich Sack wiederum an Lenné, der, nachdem er Mitte Juli 1826 das vorgesehene Gelände besichtigt hatte, umgehend einen Entwurf anfertigte. Der vollendete Plan sollte später auf Verfügung Sacks dem Entwerfer zu Ehren im Gesellschaftshaus ausgestellt werden, wo ihn die Badegäste bewundern konnten.[36] Heute ist nur noch ein Vorentwurf für den Park erhalten, der jedoch schon sehr ausgereift erscheint (s. S. 184, Abb. 1). Erfreulicherweise ist eine Denkschrift des verschollenen Originalplanes überliefert. Die eigenen Worte Lennés sollen an dieser Stelle auszugsweise zur Deutung seines Erstentwurfs dienen: „[…] Unmittelbar beim [Gesellschafts-] Hause wird ein Hain von schattenreichen Lindenbäumen Schutz und Kühlung darbieten, ein einfacher Rasenplatz, durch den Hauptfahrweg in fast gleiche Hälften geteilt, wird durch Blumengruppen und Schmuckpflanzungen verschönt […]. Östlich vom Gesellschaftshause finden sich größtenteils natürliche Wiesen vor. Nur wenige wohl berechnete Pflanzungen und ein schön geschwungener Weg sind erforderlich, um an dieser Stelle eine höchst malerische Gartenpartie zu schaffen. Dieser Teil der Anlage wird rücksichtlich der geschützten und gleichzeitig sonnenreichen Lage bei kühler oder feuchter Witterung den Kurgästen vorzugsweise zusagen. Nördlich vom Gesellschaftshause dagegen wird man an heißen Sommertagen in den dicht geschlossenen Baummassen zu jeder Tageszeit Kühlung und Schutz finden. Der vorfindliche Erlenwald wird an mehreren Stellen […] durchbrochen und als Hain ausgelichtet […]. An den feucht gelegenen Stellen werden Rasenflächen gebildet, neue Pflanzungen verschiedenartiger Gehölze angelegt und mehrere neue Gänge in schön gebogenen Schwingungen vorgelegt […]“.[37]

Der nördliche Teil der Plantage sollte Lenné zufolge weitgehend unverändert bleiben, um in seiner Dichte als Wind- und Sichtschutz in Richtung der Dünen zu fungieren. Vom Innern der Anlage ausgehend war eine landschaftlich ausgeschmückte Verbindung zur Westmole im Nordosten geplant, um eine dort gelegene Anhöhe als Aussichtspunkt einzubeziehen.

Im April 1827 schickte man aus Potsdam mehrere hundert Gehölze, die man zur Bepflanzung des durch Küstenklima und sandigen Boden geprägten Gebietes für geeignet hielt – darunter vorwiegend Arten der Gattungen Acer (Ahorn), Gleditsia (Gleditschie), Quercus (Eiche) Robinia (Robinie), Colutea (Blasenstrauch), Cornus (Hartriegel), Cytisus (Besenginster) und Juniperus (Wacholder). Bedingt durch die schwierigen Geländeverhältnisse, fehlendes Fachpersonal, Unstimmigkeiten und nicht zuletzt unzureichende finanzielle Mittel kam die Umsetzung des Planes nur schwerlich in Gang und schon bald ins Stocken, sodass nicht alle Teile ausgeführt werden konnten.[38]

1838 wandte man sich erneut an Lenné – obwohl man elf Jahre zuvor seinen Kurparkentwurf nur äußerst lustlos umgesetzt hatte. Sack war mittlerweile längst verstorben und der Hafenbauinspektor Starke bat nun in einem sehr schmeichelhaften Brief darum, das Areal zwischen dem Gesellschaftshaus (inzwischen durch einen Saalanbau erweitert) und dem neu hinzugekommenen Schifffahrts-Amtshaus neu zu gestalten: „Ew. Wohlgeboren […] werden Ihrem Genius auch gewiss gerne einen Abstecher nach dem Ost-See Gestade gestatten und [durch] die Verschönerung der […] Fläche dazu beitragen, den fremden Schiffern den Hafen in einem freundlichen Licht erscheinen zu lassen […]“.[39]

Ob sich Lenné ein weiteres Mal nach Swinemünde begab, ist nicht bekannt, jedoch, dass er noch im Dezember 1838 den gewünschten Verschönerungsplan nebst Preisverzeichnis der Landesbaumschule für die erforderlichen Pflanzungen an Starke sandte. Eine erhaltene Vorskizze des Planes (s. S. 185, Abb. 2) zeigt, dass er vor dem Gesellschaftshaus, wie schon auf dem Kurparkentwurf von 1826, geometrisch gegliederte Rasenflächen vorsah, nur diesmal mit einem kleinen Rondell südlich der Lotsenstraße. Im Vorfeld des Schifffahrts-Amtshauses sollte ein geometrischer, durch Pergolen abgeschlossener Blumengarten entstehen, an den sich entlang des Swineufers eine landschaftliche Partie anschließt. Die übrige Fläche westlich des Gesellschaftshauses wurde ebenfalls landschaftlich gehalten, allerdings großräumiger. Ob die Anlagen in dieser Form umgesetzt wurden, lässt sich heute nicht mehr genau nachvollziehen.[40] Der gesamte Bereich wurde nach dem Ersten Weltkrieg geschliffen, um darauf Wohnhäuser zu errichten, so dass heute nichts mehr an das Gesellschaftshaus und die umliegenden Gärten erinnert.

## Anmerkungen

1 Stettin war eine der bedeutendsten Garnisonsstädte Preußens und dementsprechend von militärischer Infrastruktur geprägt (Gudden-Lüddeke 1993 (a), S. 614 f.).

2 Rellstab 1797, S. 86–88.

3 Wehrmann 1911, S. 438–440.

4 1825 schwärmt der Stettiner Pastor Lenz vom „wunderbaren Hain, der im Frühlingsglanze prangt mit der Jugendschönheit reizender Fülle." (ebd., S. 439). Allerdings blieb es nicht nur bei Lobliedern für die Anlage. 1844 drückt sich ein äußerst kritischer Journalist noch schmeichelhaft aus: „Vor dem Königstore sind niedliche grüne Spaziergänge […]. Die Gegend ist hübsch, doch habe ich mir sie hübscher vorgestellt." (nach Altenburg 1929, S. 140).

5 Die Beschriftung des Planes „Anlage vorm Frauenthor" irritiert. Die Anlage befindet sich im Bezug auf den Stadtkern lagemäßig auf Höhe des Frauentores, stand aber in keinem direkten Bezug dazu. Das Tor ist ca. 500 Meter entfernt und war durch die angrenzenden Festungsanlagen vermutlich nicht einmal sichtbar.

6 Wehrmann 1911, S. 468.

7 Eine ganz ähnliche Ausgangssituation wie in Stettin bot sich, ebenfalls um 1825, in Magdeburg, wo Lenné vor dem Glacis einen Volksgarten anlegte (Günther/Harksen 1993, S. 191–193). Der Stettiner Historiker Otto Altenburg (1873–1950) behauptet, dass Lenné „in einem weit ausholenden Plan […] das Gelände zwischen dem Anklamer und dem Frauentor" behandelt hätte (nach Hinz 1989, S. 338). Hierfür fehlen jedoch bislang Beweise. Eine bei Wehrmann 1911 publizierte Stadtkarte wie auch das Messtischblatt 1149 (Stettin) von 1888 zeigen zwischen den beiden Toren eine großzügige, ganz in Lenné-Meyerscher Manier angelegte Parkanlage, die unter Einbeziehung des alten Friedhofs entstand – sehr wahrscheinlich aber erst nach der Entfestigung 1873 im Zuge von Stadterweiterungen.

8 Gudden-Lüddeke 1993 (b), S. 594.

9 Holzinger 1993, S. 449.

10 Für diese verhältnismäßig simple Aufgabe hätte man sicherlich auch geeignete Gärtner vor Ort gefunden.

11 Erläuterungstext auf dem Plan SPSG, GK II (1) 3557.

12 Wehrmann 1911, S. 466 f.

13 Ebd., S. 467. Die „Elisenhöhe" ist heute verwildert und die einstigen Aussichten nicht mehr wahrnehmbar. Erhaltene Kastanienalleen sowie eine mit einer Silber-Pappel und Fliedersträuchern versehene Kuppe lassen die gärtnerische Ausgestaltung des Geländes ansatzweise nachvollziehen.

14 Anonymus 1846, S. 280.

15 Das Messtischblatt 1240 (Podejuch), aufgenommen 1886, hrsg. 1888, einzelne Nachträge 1907 zeigt die von Kreidegruben umgebene Parkanlage, die direkt an das weitläufige Waldgebiet der Buchheide anschließt. Neben „Prinzeneiche" finden sich dort Bezeichnungen wie „Tempel", „Töpfers-Grotte" und „Katharinenhof".

16 Hinz und Altenburg schreiben Lenné gern eine umfassende Tätigkeit in Stettin und Umgebung zu, so z. B. die Verschönerung der Elisenhöhe in Frauendorf, die Anlage ausgedehnter Alleen außerhalb der Festung oder die Gestaltung des Gartens am alten Stettiner Schloss. Es fehlt jedoch an stichhaltigen Nachweisen dafür (s. Hinz 1989, S. 336–344).

17 GStA PK, BPH, Rep. 192, Nl. Lenné, Nr. 3 (Privatkorrespondenz Lennés), fol. 113: Brief Lennés an Oberpräsident Sack vom 8. Mai 1829. Neben Sack gab es eine Reihe engagierte Männer, die sich für die städtischen Grünanlagen einsetzten, namentlich die Herren Dohrn, Goltdammer, Kugler und Zitelmann. Sie hatten meist einen kaufmännischen Hintergrund, ein städtisches Amt inne, bestimmten das kulturelle Leben der Stadt maßgeblich mit und gehörten dem „Anlagen- und Verschönerungsverein" an. Jeder kannte jeden, und jeder hatte offenbar Kontakt zu Lenné. Später gesellte sich der wohltätige Großunternehmer Johannes Quistorp (1822–1899) in diese Reihe. Er ließ in der zweiten Hälfte des 19. Jahrhunderts im Stettiner Nordwesten umfangreiche Grünanlagen entstehen.

18 Günther/Harksen 1993, S. 171.

19 Einige Mitglieder der Familie waren neben ihrem juristischen Beruf auch als Dichter und Schriftsteller tätig, so auch der Sohn Carl Wilhelms, Otto Konrad (1814–1889) und wiederum dessen Sohn Ernst (1852–1923). Auch Ernsts Schwester Katharina (1844–1926) wurde als Autorin bekannt. Sie hatte zahlreiche Reisen durch Europa, Asien und Amerika gemacht und war Vorsitzende des Deutschen Schriftstellerinnenverbandes. Ein weiterer bedeutender Vertreter des Stettiner Patriziergeschlechts Zitelmann war Ernst Otto Konrad (1854–1897), ein Cousin von Ernst und Katharina. Er war ebenfalls ausgebildeter Jurist und machte sich als Reiseschriftsteller unter dem Pseudonym Konrad Telmann einen Namen. Er lebte und starb in Rom (Gudden-Lazik 1993, S. 620, 632).

20 Interessanterweise ist der „große Stein" auf dem Messtischblatt 1240 (Podejuch), aufgenommen 1886, hrsg. 1888, einzelne Nachträge 1907, an dieser Stelle nicht mehr zu finden. Die Bezeichnung taucht darauf allerdings etwa 1400 Meter weiter südwestlich im Buchenbestand auf.

21 Den insgesamt drei Sitzbänken sowie dem „großen Stein" kann wahrscheinlich eine programmatische Bedeutung beigemessen werden, was bei einer Dichterfamilie nicht abwegig ist (z. B. Personen gewidmete Bänke o. ä.).

22 Man beachte, dass es sich um einen ersten, wahrscheinlich noch unausgereiften Entwurf handelt.

23 Signatur kleiner Kreis bzw. Punkt.

24 Vgl. z. B. Flatow (1822) und Reichenbach (1825) – s. S. 121 bzw. 165.

25 Abgesehen davon, dass die Planung in dieser Form auch der Schlichtheit des Wohnhauses (nebst Backofen) gerecht wurde.

26 Der erfolgreiche Händler Heinrich Dohrn (1769–1852) war als Mitbegründer und Direktor der „Pommerschen Provinzial Zuckersiederei" zu großem Vermögen gekommen (Gudden-Lazik 1993, S. 623 f.).

27 Ebd., S. 624. Carl August Dohrn (1806–1892) war musikalisch sehr talentiert und leidenschaftlicher Sänger. Zu seinem Freundeskreis gehörten Größen wie Frederic Chopin, Felix Mendelssohn-Bartholdy und Carl Loewe. Er bildete sich in vielen wissenschaftlichen Bereichen weiter, reiste viel und stand im Austausch mit Alexander von Humboldt. Besonders auf dem Gebiet der Entomologie machte er sich einen Namen und baute eine später weltberühmte Käfersammlung auf.

28 Die Dohrns gehörten zum Freundeskreis der Lennés und waren zuweilen in deren Haus in Potsdam zu Gast. Dies geht aus den Beschreibungen des Zeitgenossen Hermann Wichmann hervor: „Da waren [u. a.] der Stettiner Dohrn, der bekannte talentvolle Musikdilettant und dessen Familie […] Es wurde getanzt, gesungen, theatralische Vorstellungen fanden statt, Landpartien wurden arrangiert […]" (Wichmann 1887, zit. nach Hinz 1989, S. 17).

29 Stadtarchiv Magdeburg, Rep. PA 4707, Personalakten des Gartendirektors Paul Niemeyer. Paul Niemeyer (1827–1901) hatte nach einer gärtnerischen Ausbildung bei Friedrich Adolph Haage (Erfurt) als Gehilfe im Botanischen Garten Hamburg, dann im Schloßpark Branitz und ab 1851 in Potsdam-Sanssouci sowie der dortigen Landesbaumschule gearbeitet. Auf Vermittlung Lennes gelangte er 1854 in den Dienst beim Herzog von Sachsen-Meiningen als Hofgärtner für dessen Sommersitz Altenstein (Bad Liebenstein). 1863 trat er die neu geschaffene Stelle des städtischen Garteninspektors zu Magdeburg an (ab 1379 Gartendirektor), welche er bis zu seiner Pensionierung 1890 innehatte. – Diese wertvollen Informationen sind Michael Keller zu verdanken.

30 Aus den Personalnachrichten der „Gartenkunst" vom Januar 1905 geht hervor, dass Dr. Heinrich Dohrn „Baumschulenbesitzer in Stettin-Höckendorf" war (Anonymus 1905, S. 18). Der promovierte Naturwissenschaftler war Stadtrat und zugleich u. a. Dezernent für die städtischen Grünanlagen in Stettin (also durch und durch ein Gartenenthusiast). Wie schon sein Vater war Heinrich Dohrn (1838–1913) vielseitig interessiert und reiselustig. Insbesondere die Kunst der Antike beschäftigte ihn. Stettin hatte ihm u. a. das Pommersche Museum sowie diverse Kunstsammlungen zu verdanken. Er war Ehrenbürger der Stadt (Gudden-Lazik 1993, S. 624 f.).

31 Johann George Emanuel Kugler (1777–1843) war ein Schöngeist und vielseitig interessiert. In seinem Landhaus auf Eckerberg versammelte sich regelmäßig eine kleine Gesellschaft Intellektueller. Auch der berühmte Komponist Carl Loewe (1796–1869) gehörte zu den häufigen Gästen. Desweiteren zählte u. a. der Schriftsteller Otto Konrad Zitelmann (s. o.) zum Bekanntenkreis. Auch Lenné soll ein freundschaftliches Verhältnis zur Familie gehabt haben, insbesondere zu Franz Theodor Kugler (1808–1858), dem bedeutenden Kunsthistoriker (Hinz 1989, S. 341; Westphal 1970, S. 79–83).

32 Altenburg 1941, zit. nach Hinz 1989, S. 340.

33 Altenburg 1941, nach Hinz 1989, S. 340 f. Bethe war Besitzer des Gutes Reichenbach, das er mit Hilfe Lennés zu einer Musterlandwirtschaft ausbauen wollte (s. Aufsatz von Gert Gröning S. 78–83).

34 Zickermann 1967, nach Hinz 1989, S. 341.

35 In einem 1845 angelegten Familienalbum der Kuglers ist ein Gedicht über den Park enthalten, in dem sich vermutlich Eleonore Ritschl (geb. 1815), Tochter Johann George Emanuel Kuglers, an ihre Jugend auf Eckerberg erinnert: „Nun fremde Leute gehen im Garten vor dem Haus – Doch über'n Garten sehen, nach uns die Wipfel raus. Doch rauscht der Wald im Grunde, fort durch die Einsamkeit, und gibt noch immer Kunde, von unserer Jugendzeit" (aus Westphal 1970, S. 80).

36 Burkhardt 1931, nach Hinz 1989, S. 345 f., 349.

37 Denkschrift Lennés über seinen Entwurf zum Kurpark Swinemünde vom 4. Oktober 1826 (aus Burkhardt 1931, zit. nach Hinz 1989, S. 346 f.).

38 Burkhardt 1931, nach Hinz 1989, S. 348 f. Nicht einmal die Pflanzenlieferung aus Potsdam hatte man Lenné bezahlt.

39 GStA PK, BPH, Rep. 192, Nl. Lenné, Nr. 38 (Swinemünde, Dekoration der Umgebungen des Schifffahrtsamts und des Gesellschaftshauses), fol. 1: Brief des Hafenbauinspektors Starke an Lenné vom 30. November 1838.

40 Das Messtischblatt 682 (Swinemünde) von 1886 (berichtigt 1911) zeigt immerhin die formal gestalteten Rasenflächen mit dem zentralen Rundplatz im Süden des Gesellschaftshauses.

# Das Hirschberger Tal: Das Werden einer Lennéschen Kulturlandschaft

**Justyna Jaworek**

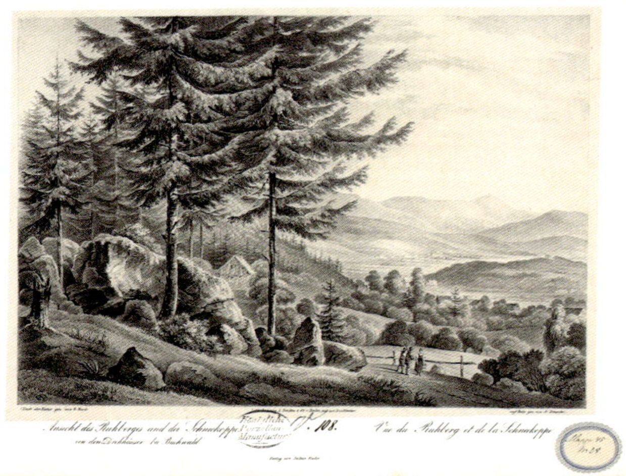

*Abb. 1*
*Ansicht des Ruhberges und der Schneekoppe von Buchwald aus, Lithographie nach einer Zeichnung Samuel Rösels, um 1830.*

*Abb. 2*
*Morgen im Riesengebirge (Kreuz auf dem Felsen), Gemälde von Caspar David Friedrich, 1810/11.*

*Abb. 3 (S. 28)*
*Schloss Fischbach mit umgebendem Park und Bergkulisse, Gemälde von Carl Daniel Freydanck, 1846.*

*Abb. 4 (S. 29)*
*Schloss Erdmannsdorf nach dem Umbau unter Friedrich Wilhelm IV., Gemälde von Carl Daniel Freydanck, 1845.*

Zu Beginn des 19. Jahrhunderts gingen drei Landgüter im östlichen Teil des Hirschberger Tals in den Besitz der preußischen Königsfamilie über. Im Jahr 1822 erwarb Prinz Wilhelm von Preußen (1783–1851) das Gut Fischbach (Karpniki), anschließend übernahm sein älterer Bruder, König Friedrich Wilhelm III. (1770–1840), im Jahr 1831 Erdmannsdorf (Mysłakowice), und acht Jahre später kaufte er Schildau (Wojanów) als Geschenk für seine Tochter, Prinzessin Luise (1808–1870). Die neuerworbenen Güter sollten eine einheitliche Gesamtkomposition bilden. Eine besondere Bedeutung kam dabei Erdmannsdorf und Schildau zu, deren Parkanlagen nach Entwürfen von Peter Joseph Lenné (1789–1866) angelegt wurden.

Die Gestaltung der königlichen Gärten begann mit der Anlage von Aussichtspunkten und Zufahrtsstraßen zu den benachbarten älteren Anwesen in Buchwald (Bukowiec), Ruhberg (Ciszyca) und Stonsdorf (Staniszów), die sich im Besitz der befreundeten Adelsfamilien Reden, Radziwill und Reuss befanden. Der auf diese Weise entstandene Komplex miteinander verbundener Gärten wurde Teil einer weitläufigen Parklandschaft, die im 19. Jahrhundert als „Schlesisches Elysium“ bezeichnet und mit der Landschaftsgestaltung des Havelufers in Potsdam verglichen wurde.[1] Dieses außergewöhnliche kulturlandschaftliche Ensemble von heutzutage unbestrittenem europäischem Rang geriet nach dem Zweiten Weltkrieg für lange Zeit in Vergessenheit. Erst Ende der 1990er Jahre wurden dank der Zusammenarbeit deutscher und polnischer Denkmalpfleger erste Maßnahmen zum Schutz der historischen Kulturlandschaft in die Wege geleitet.[2]

### Naturbedingte Grundlagen für die Entstehung der Parklandschaft

Die Vorgebirgslandschaft begünstigte zweifellos die Verknüpfung von großflächigen, im Geiste der Romantik gestalteten Gartenkompositionen. „Die Natur hat, wie überall in diesem Winkel Schlesiens, alles getan, um Buchwald zu verschönern […]“, schrieb Fürstin Izabela Czartoryska (1746–1835) im Jahr 1816 voller Begeisterung für die umliegende Landschaft (Abb. 1).[3] Diese Feststellung trifft auf das gesamte Hirschberger Tal zu, das einen außergewöhnlich vielseitigen geomorphologischen Aufbau besitzt. Sein markantestes Element sind Hügel mit verschiedenartigen Felsenformationen, die an Inselberglandschaften in den Savannen Afrikas und Australiens erinnern.[4] Mehr als 100 solche Einzelberge von unterschiedlicher Höhe treten in dem weitläufigen, häufig sumpfigen Talboden des Hirschberger Tals auf, hügelige und ebene Bereiche wechseln sich ab.[5] Hier erinnern lichte Wiesen mit weiten Wasserflächen sowie mit dunklen Hainen überzogene Hügel an englische Parklandschaften. Eine Besonderheit dieser Gegend bilden Felsengefüge, die sich in fantastischen Formen auftürmen. Die spektakulärsten dieser Formationen erhielten Eigennamen, wie z. B. Klöbers Berg (Bramka Klöbera) oder Mariannenfels (Starościeńskie Skały).[6]

Die große landschaftliche Vielseitigkeit des Hirschberger Tals war nicht nur ein Werk der Natur, sondern auch ein Ergebnis der intensiven wirtschaftlichen Nutzung des Tals durch den Menschen. Die im Zuge der Siedlungsentwicklung vorgenommene Jahrhunderte lange Abholzung der Wälder führte im 19. Jahrhundert zur Entwaldung großer Flächen, die damit neue visuelle Qualitäten erhielten. Von den freigelegten Berghängen aus wurden inmitten lichter Haine und malerischer Felsenformationen weite Bergpanoramen sichtbar. Zu einem markanten Merkmal der waldlosen Täler wurden wiederum einzelne, inmitten von Wiesen, Weiden und Teichen verstreut stehende stattliche Eichen. Auf diese Weise trug die wirtschaftliche Tätigkeit des Menschen, aber auch die Natur selbst dazu bei, dass vielerorts Szenerien entstanden, die durchweg zum Schönheitsideal der Romantik passten. Das Verständnis für die Schönheit der Berglandschaft wurde von herausragenden Zeichnern und Malern vermittelt (u. a. von Adrian Ludwig Richter und Caspar David Friedrich – Abb. 2). Ihre Arbeiten führten nicht nur zur Popularisierung des Riesengebirges, sondern wurden auch zur Inspirationsquelle für die sich seit dem Ende des 18. Jahrhunderts im Hirschberger Tal entwickelnde landschaftliche Gartenkunst.

### Die Entstehung einer romantischen Parklandschaft

Die breit angelegte Landschaftskultivierung im östlichen Teil des Hirschberger Tals begann bereits im ausgehenden 18. Jahrhundert. Zu dieser Zeit entstanden die ersten sentimentalen Landschaftsparks in Buchwald, Ruhberg und Stonsdorf. In den 1820er und 1830er Jahren begann man auf Initiative der Guts-

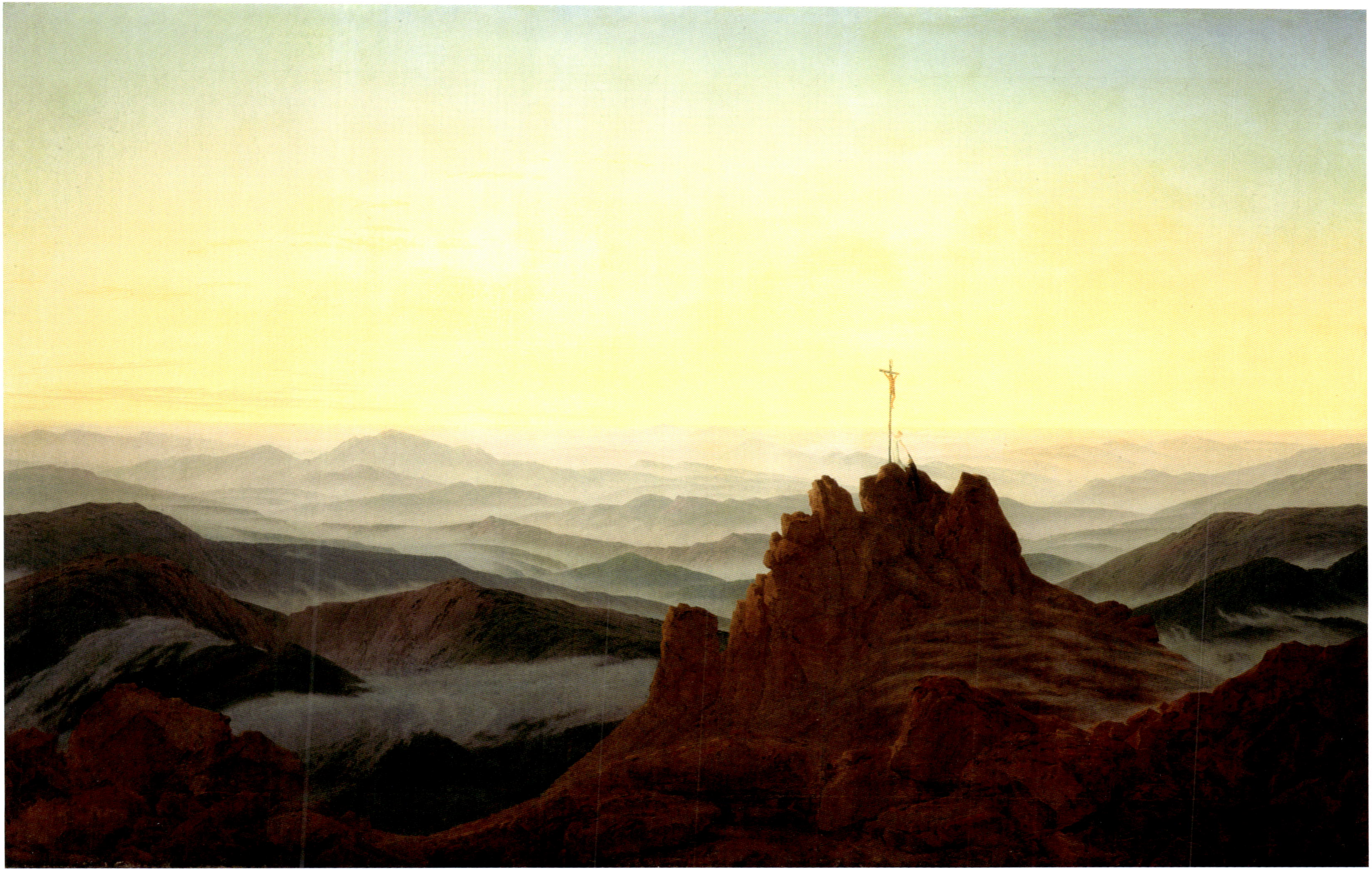

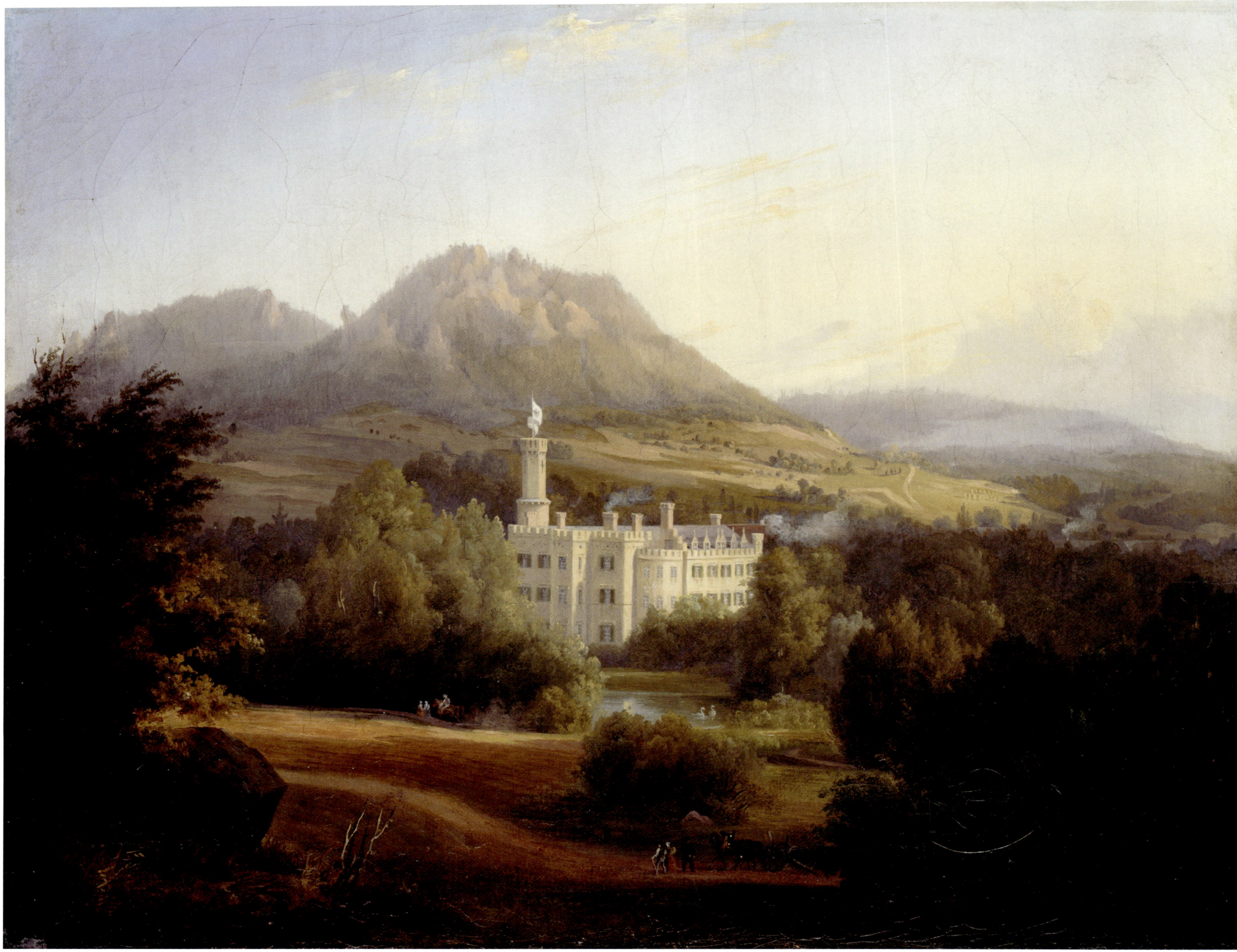

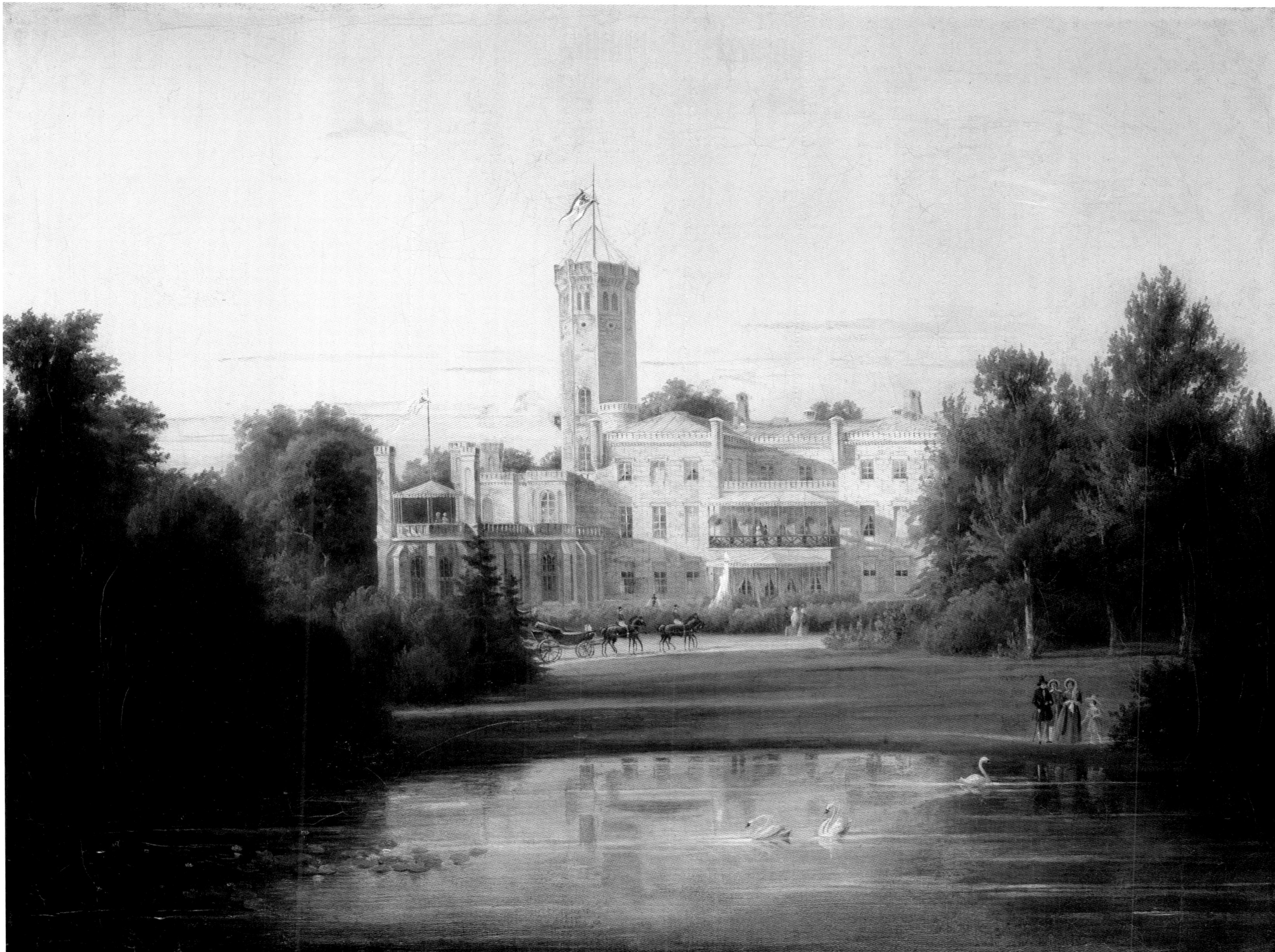

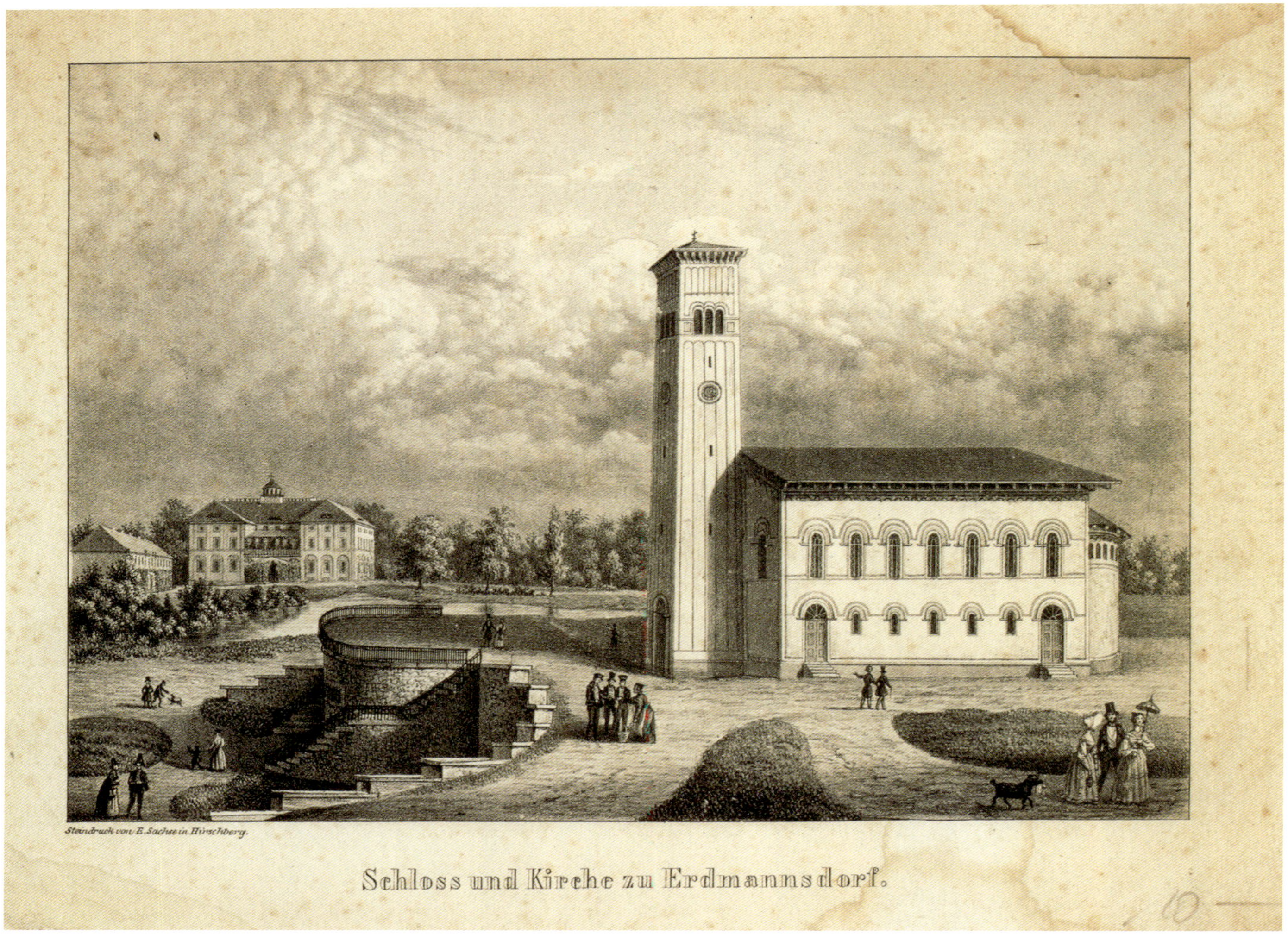


*Abb. 5*
*Die nach Plänen Schinkels errichtete Kirche zu Erdmannsdorf, im Hintergrund das Schloss vor dem Umbau, Lithographie von E. Sachse, wohl 1840.*

besitzer in Buchwald und Fischbach, eine die beiden Anwesen verbindende Parklandschaft anzulegen. Gleichzeitig wurde in den 1830er Jahren das Gelände zwischen Buchwald und Erdmannsdorf gestaltet. Der Wunsch, die benachbarten Anwesen miteinander zu verbinden, zeigt sich ebenfalls im späteren Entwurf für den Park von Erdmannsdorf: Das von Peter Joseph Lenné und seinen Mitarbeitern erstellte Konzept beschränkte sich nicht nur auf die Gestaltung des Gartens, sondern berücksichtigte auch dessen optische Verknüpfung mit der nahgelegenen Tiroler Kolonie, die Einführung von Sichtachsen zu umliegenden Hügeln, romantischen Bauten und benachbarten Schlössern sowie die Schaffung von weiten Ausblicken auf die entfernten Massive des Riesengebirges und des Landeshuter Kammes (Rudawy Janowickie). Lenné erreichte in Erdmannsdorf das, „was Schinkel mit seinen zahlreichen Parkbauten in Muskau vorschwebte: Künstliche Ruinen, Aussichtstürme und Horizonttafel, ländliche Garten-, Tee-, und Jagdhäuser im klassischen oder Schweizersstil, antike Bänke und Tempel, christliche Kirchen, gotische Denkmäler und Mausoleen“.[7] Die Gartenarchitektur wurde durch eine sacht idealisierte Natur ergänzt, deren Schönheit durch eine gekonnt geplante Wegführung, Baumgruppen und malerisch gestaltete Wasserflächen unterstrichen wurde. So entstand im Zusammenspiel von Architektur, Gartenkunst und verschönerter Natur eine wahrlich romantische Landschaft.

Bei der Ausformung dieser Parklandschaft spielte in der Anfangsphase Graf Friedrich Wilhelm von Reden (1752-1815), der 1785 das Schloss und Gut Buchwald erworben hatte, eine besondere Rolle. Auf seinen häufigen Reisen nach England, Schottland und Frankreich lernte er einen neuen Umgang mit der Landschaftsgestaltung und der Gartenarchitektur kennen, der damals erst allmählich in Schlesien bekannt wurde. Nach seiner Rückkehr nach Buchwald ließ der Graf in nur wenigen Jahren das Gut im Geiste einer „ornamental farm“ umgestalten, so dass – den englischen Vorbildern folgend – die Nutzfunktionen eines landwirtschaftlichen Guts mit der Ästhetik der Gartenkunst verbunden werden sollten.[8] Im Rahmen einer weitläufigen Komposition wurde das Schloss mit dem Garten, dem Landschaftspark, dem Gutshof und der umliegenden Berglandschaft verbunden. Die Gesamtanlage gestaltete man mit einem besonderen Gespür für die Natur, was im „Breslauischen Erzähler“ treffend beschrieben wurde: „Wer lernen will, wie man eine natürlich schöne Landschaft, ohne Aufwand von Zierereyen und Kunstwerken, auf eine Art verschönern kann, die den Sinn und das Gefühl des Betrachtenden angenehm und zugleich zweckmässig beschäftiget, der durchwandle die Anlagen von Buchwald.“[9]

In der riesigen Parkanlage vereinigte Graf Reden eine große Zahl von heimischen sowie exotischen Pflanzungen. Über die Gegebenheiten sind wir durch den Schmiedeberger Lehrer Theodor Eisenmänger informiert: „Wie aus einem von dem Kunstgärtner C. Handmann herausgegebenen […] Verzeichniss der Gewächse in den Gartenanlagen zu Buchwald, Berlin 1807 zu ersehen ist, waren in dem genannten Jahre 1450 Arten, meist ausländischer Pflanzen, dort zu finden, während Elsner's Flora[10] von 1837 nur 860 Arten wildwachsender Pflanzen für das ganze Gebiet des Kreises [Hirschberg] nachweiset […] Unter dem Nachfolger Handmanns, dem wissenschaftlich gebildeten Gärtner Carl Friedrich Walter, der die Leitung des Buchwalder Gartens eine lange Reihe von Jahren trefflich besorgte, wurde die Zahl der Gewächse noch bedeutend vermehrt.“[11]

Nach dem Tode des Grafen setzte Gräfin Friederike von Reden (1774–1854) die Arbeiten an der Gestaltung der Parkanlage fort. Die arkadische Landschaft von Buchwald wurde wiederum zur Inspiration für das benachbarte Anwesen in Fischbach. Im Jahr 1822 begann der Buchwalder Kunstgärtner Walter dort unter Anleitung von Prinzessin Marianne von Hessen-Homburg (1785–1846), der Ehefrau Wilhelms von Preußen, mit der Gestaltung einer spätromantischen Parkanlage,[12] die er anschließend mit der Vorgebirgslandschaft in Richtung Buchwald verschmelzen ließ.[13] Schließlich wurden beide Landgüter durch eine von Eichen und Pappeln flankierte Allee miteinander verbunden. Auf der von Buchwald ausgehend angelegten Verbindungsstraße eröffneten sich vielfältige Ausblicke auf die Schneekoppe und verschiedene Gebäude, u. a. den Pavillon und das „Walterhaus". Im weiteren Verlauf führte die Strecke in Richtung eines namenlosen Hügels mit der zur Aussicht dienenden Kesselburg (auch Warte genannt), dem Wahrzeichen Buchwalds. Der letzte Abschnitt führte zum Antonstein, wo sich eine Aussichtsterrasse und der Waldemarturm befanden. Von hier aus hatte man einen Ausblick auf das Fischbachtal mit dem dortigen neogotischen Schloss und dem Landschaftspark.

Auf Initiative Prinz Wilhelms wurde Schloss Fischbach durch Spazierwege mit den umliegenden Berghöhen verbunden (Abb. 3). Die erste Route entstand bereits im Jahr 1822 und führte zum höchsten Gipfel der Falkenberge (Sokole Góry) – dem Kreuzberg (Krzyżna Góra) – und zur Schlossruine Falkenstein (Sokolec). Einen weiteren Weg, der zum Mariannenfels führte, legte man im Jahr 1826 an. Auf den umliegenden Hügeln entstanden zahlreiche Ruheplätze und Aussichtspunkte. Im Jahr 1823 wurde an den Hängen des Kreuzberges ein Forsthaus im Tiroler Stil errichtet, das so genannte Schweizerhaus. Ein Jahr zuvor ist am Mariannenfels eine heute nicht mehr existierende Inschrift zu Ehren von Prinzessin Marianne angebracht worden.[14] Hier befand sich auch ein gusseiserner Löwe, der nach einem Modell des Berliner Bildhauers Christian Daniel Rauch gefertigt worden war. Im Auftrag von Prinzessin Marianne wurde am 3. Juli 1830 auf dem Kreuzberg ein gusseisernes Kreuz mit der Inschrift „Des Kreuzes Segen über Wilhelm, die Seinen und das Thal" aufgestellt.[15] Womöglich ist die Aufstellung des Kreuzes von Caspar David Friedrichs Gemälde „Das Kreuz im Gebirge" von 1808 angeregt worden.[16]

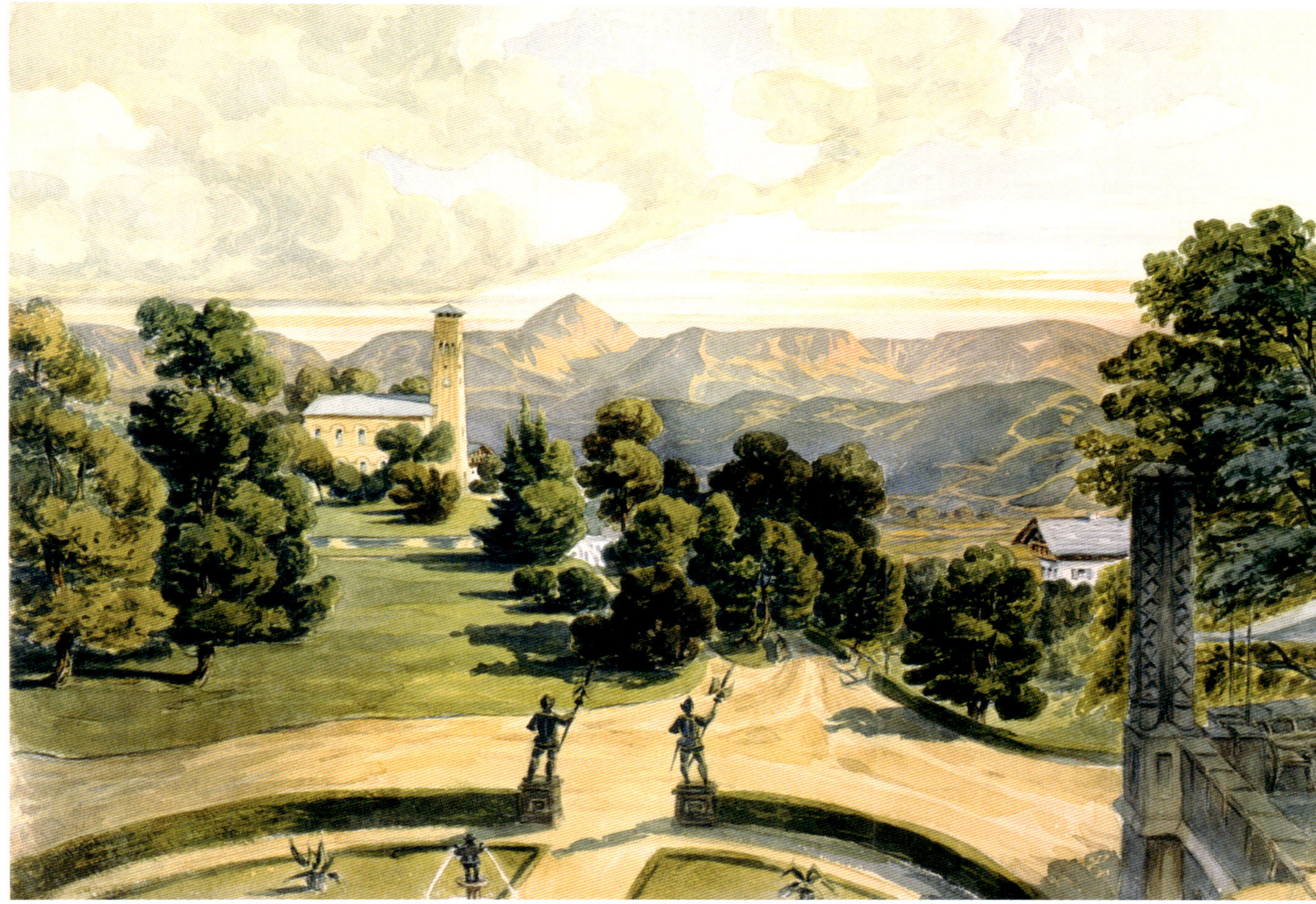

*Abb. 6*
*Aussicht von Schloss Erdmannsdorf auf die Kirche und das Riesengebirge mit der Schneekoppe, Aquarell, Graf von Groeben, um 1850.*

Die auf diese Weise verschönerte Landschaft bildete für Friedrich Wilhelm III. einen Anreiz, seine Entscheidung über den Erwerb des Gutes im benachbarten Erdmannsdorf zu beschleunigen.[17] Mit der Aufsicht über das neu erworbene Anwesen wurde 1832 der Finanzminister Christian Rother (1778–1849) betraut. Im Laufe der folgenden acht Jahre entstanden hier nach Entwürfen Karl Friedrich Schinkels (1781–1841) neben einem Ensemble klassizistischer Bauten (Schloss, Kavaliershaus) mehrere Gebäude in italianisierenden Formen (Kirche, Pfarrhaus und Schule). Die von ihm vorgeschlagenen Standorte und der gewählte Baustil sollten den Charakter der Vorgebirgslandschaft unterstreichen.[18] Die architektonischen Aspekte der Umbaumaßnahmen wurden in Lennés 1836 erstellten Gesamtgestaltungskonzept der Parkanlage berücksichtigt (s. S. 112, Abb. 1). Die Ausführung des Entwurfs überwachte Gerhard Koeber (1809–1852), mit der Umsetzung der Maßnahmen wurde der Gärtner Teichler betraut.[19] Der Großteil der Arbeiten war 1838 abgeschlossen. Nach dem Tod des Monarchen beauftragte sein Sohn und Nachfolger, Friedrich Wilhelm IV. (1795-1861), Friedrich August Stüler (1800–1865) mit der weiteren Modernisierung des Schlosses. In den Jahren 1841–1844 wurde der Residenzbau erweitert und im neogotischen Stil umgebaut (Abb. 4).[20] Von dem zu dieser Zeit neuerrichteten Turm sowie den angebauten Balkonen, Terrassen und Erkern eröffneten sich Ausblicke auf den Park und die umliegende Landschaft. Nach 1840 wurden weitere Umgestaltungsmaßnahmen am Garten vorgenommen, die auf den überlieferten Plänen gut dokumentiert sind (s. S. 115–119, Abb. 4–7). Der Park von Erdmannsdorf zählte zusammen mit dem Park von Kamenz (Kamieniec Ząbkowicki) zu den bedeutendsten Anlagen in Schlesien.[21]

Die Schriftstellerin Anna Nakwaska schildert ihren Besuch in Erdmannsdorf 1844 folgendermaßen: „In der Tiefe eines entzückenden, von himmelhohen Gipfeln umgebenen Tales erhebt sich ein prachtvolles Gebäude, von den Kristallwassern des nahen Sees wie verzweifacht […] Die Rasenflächen am Schloss sind besonders frisch und wundervoll begrünt, ihre Anlage unterscheidet sich von einer gewöhnlichen darin, dass sie zur Mitte hin schräg abfallen, so dass das sie bewässernde

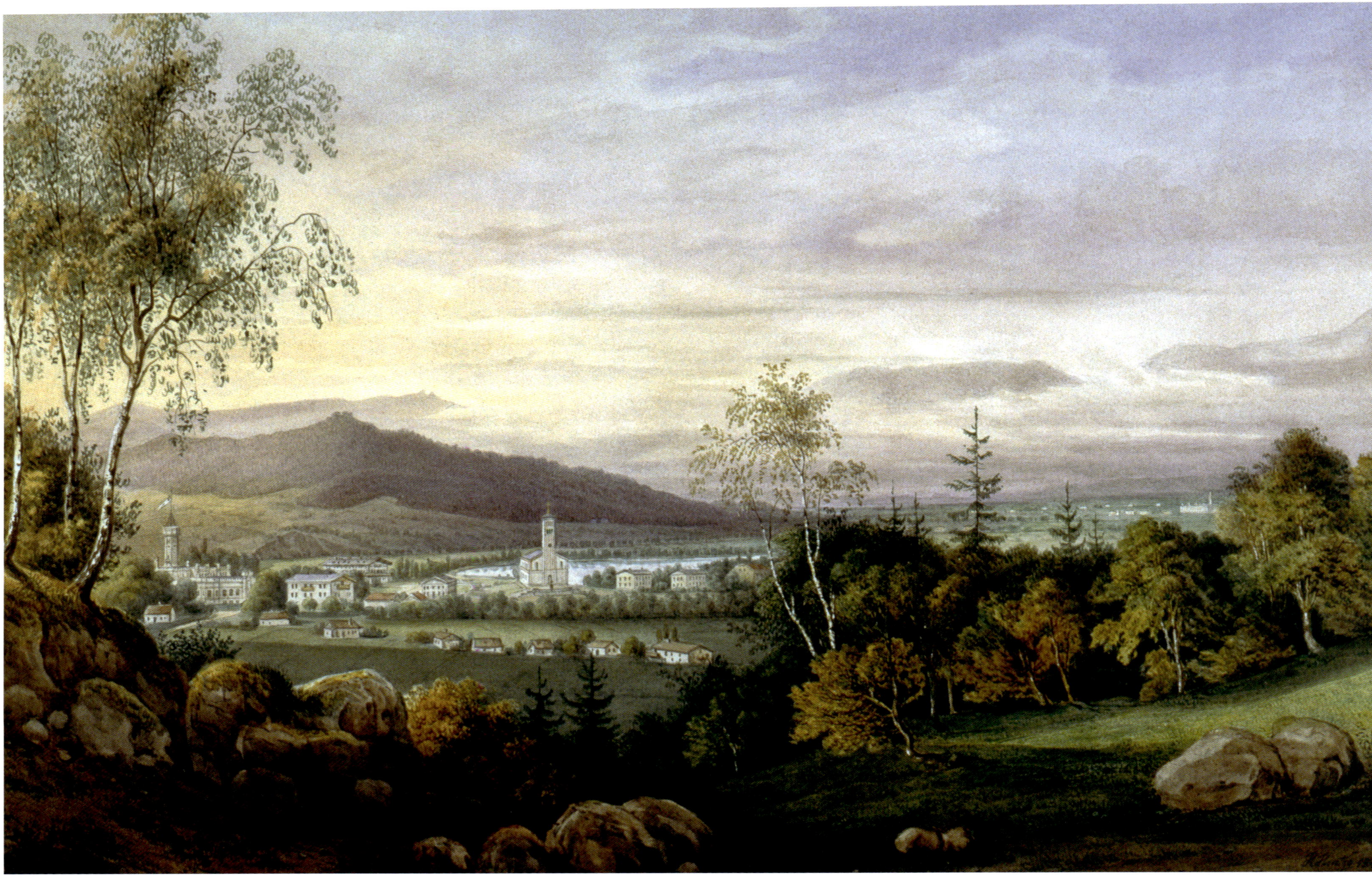

*Abb. 7*
*Blick auf Erdmannsdorf, im Hintergrund der Ameisenberg und verschönerte Landstriche in Richtung Fischbach und Buchwald, Aquarell von Johann Heinrich Hintze, 1844.*

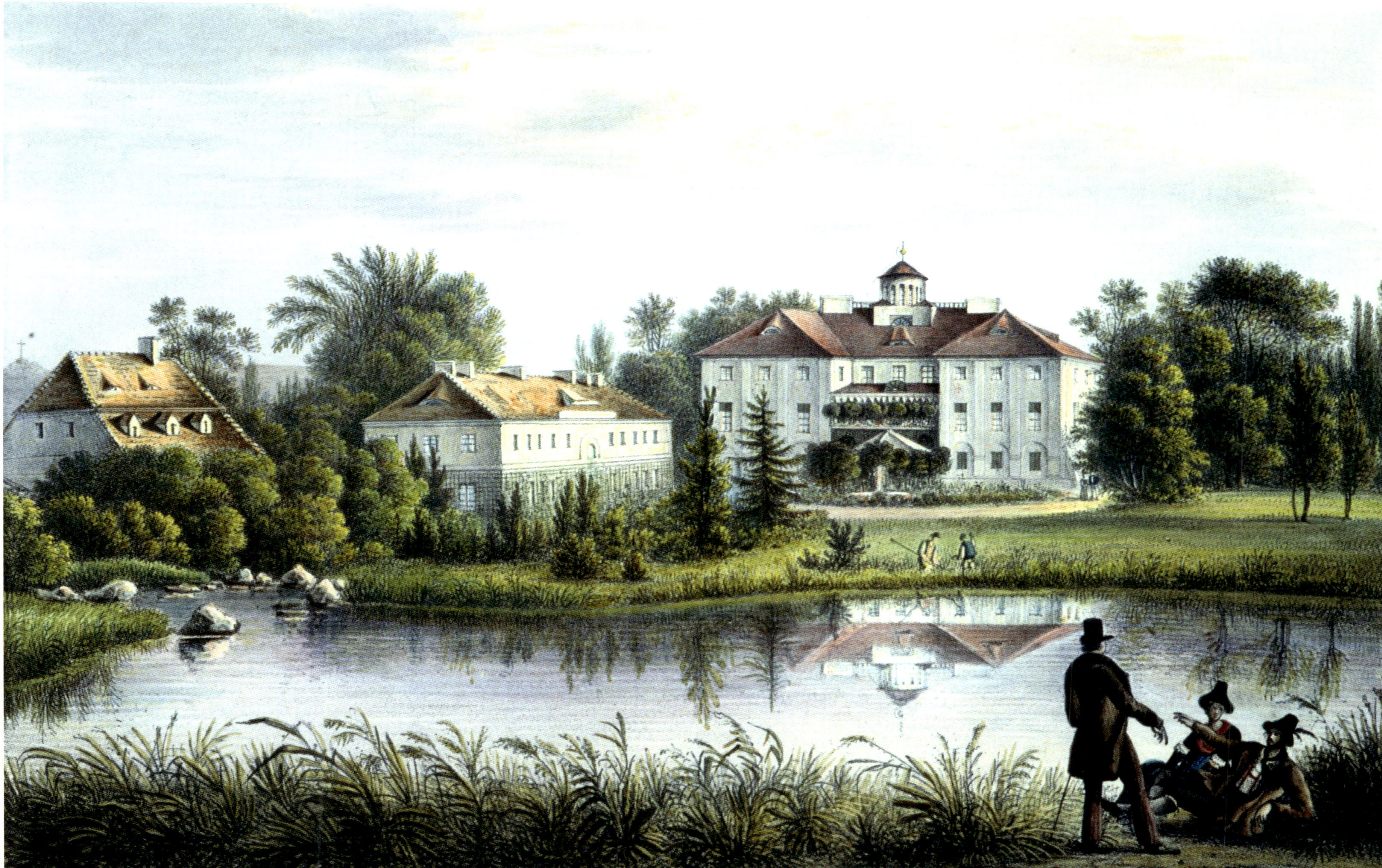

*Abb. 8*
*Schloss Erdmannsdorf mit dem Kavaliershaus, links im Hintergrund der Kreuzberg mit dem Gipfelkreuz, Aquarell, unbekannter Zeichner, nach 1840.*

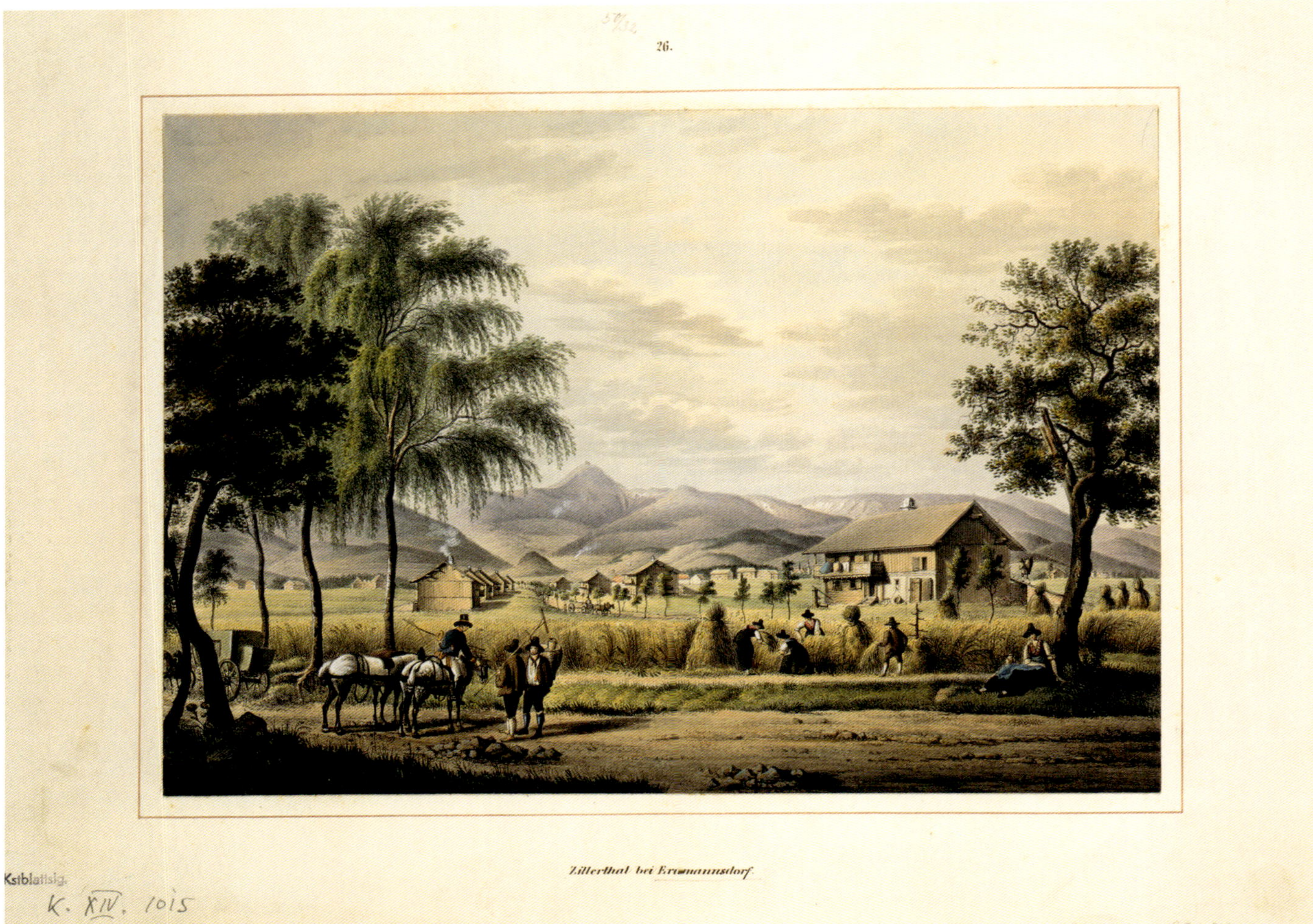


*Abb. 9*
*Die Tiroler Kolonie Zillertal in Erdmannsdorf, unbekannter Zeichner, 19. Jahrhundert.*

Wasser ins Innere hinabfließt und das Gras in unaufhörlicher Frische erhält. Der Park und der Garten sind nicht von übermäßiger Größe, doch sind sie mit einer großen Zahl ansehnlicher Bauten bestückt. Das Schweizer Haus der Fürstin von Liegnitz, die Kirche [...] mit ihrem stattlichen, massiven Turm, das eindrucksvolle Wohnhaus des königlichen Architekten und sogar die Wirtschaftsbauten bereichern aufs Angenehmste die Eindrücke der Spazierenden."[22]

Bei der Anlage des Gartens kamen Ausblicken auf Bergmassive, vor allem auf die Schneekoppe, den höchsten Gipfel des gesamten Königreichs, eine besondere Bedeutung zu. Die Möglichkeit hierfür ergab sich durch den Abriss des vor dem Schloss gelegenen Stallgebäudes in den 1830er Jahren (s. S. 112, Abb. 1). Schinkel wusste das weite Panorama in malerischer Weise zu nutzen.[23] Seinem Entwurf folgend wurde im Zentrum der Anlage eine Kirche errichtet (Abb. 5), die gemeinsam mit dem Schloss in der Hauptsichtachse als rahmendes Element dienen sollte (Abb. 6). Die in hellen Tönen gehaltene Kirche sah in Verbindung mit dem Grün der Parkanlage und dem Blau der Bergmassive im Hintergrund besonders beeindruckend aus (Abb. 7).[24] Bei guter Sicht war vom Schloss aus nicht nur die Schneekoppe, sondern auch die norwegische Holzkirche in Krummhübel (Karpacz) zu sehen.[25] Andere Sichtachsen führten auf die Lomnitzer Hügel und den Kreuzberg mit seinem Gipfelkreuz (Abb. 8).[26] Der weite Ausblick vom Schloss nach Süden wurde im Vordergrund durch ein rosettenförmiges Schmuckbeet mit einer Fontaine ergänzt, das in den Jahren 1840–1845 in einen streng gegliederten Garten mit regelmäßigen Kompartimenten, kreisrunden Plätzen und Springbrunnen umgestaltet wurde. Im älteren, nördlichen Teil der Anlage legte man am Schlossteich eine Promenade an, von der sich ein Ausblick auf das Schloss mit dem Riesengebirge im Hintergrund eröffnete. Das in dieser Form gestaltete Schlossgelände grenzte im Osten an den Gutshofkomplex und einen Nutzgarten, der in den 1840er Jahren zu einem geometrischen Gemüse- und Blumengarten umgestaltet wurde. Im Süden wiederum entstand auf früheren Ackerflächen der eigentliche Landschaftspark. Dieser Teil der Anlage sollte im Westen um das zwischen dem Mühlenfließ und der Dorfstraße gelegene Gelände vergrößert werden (s. S. 113, Abb. 2). Das wichtigste Gestaltungselement des Parks war ein weitläufiger Inselteich, der durch die Zusammenlegung von zwei großen Wirtschaftsteichen und einem kleineren vor der Kirche entstand. Beide Teiche wurden untereinander durch einen Kanal mit einer Kaskade und darüber hinaus auch noch mit dem Mühlenfließ verbunden. In dieses System wurden ein Wegenetz und die Parkbepflanzung integriert. Entsprechend platzierte Solitäre, Baumgruppen und Haine dienten als rahmende Elemente für Ausblicke, die sich aus verschiedenen Perspektiven auf das Schloss und die umliegende Landschaft eröffneten.

Man versuchte, die Parkanlage sowohl optisch als auch ideell mit der nahegelegenen Tiroler Kolonie, die für Glaubensflüchtlinge aus dem Zillertal angelegt worden war[27], zu verknüpfen (Abb. 9). Häuser im alpinen oder auch Schweizer (und hier speziell ‚Tiroler') Stil wurden damals als Beispiele einer ursprünglichen, „antiken" Bauweise angesehen und kamen in Mode. Ein besonders schönes Beispiel hierfür findet sich in dem 1839 nach Schinkels Entwurf für den Staatsminister Rother auf dem Rothersberg (Czerwoniak) erbauten Schweizerhaus (Abb. 10 u. 11).[28] Der Baumeister Christian Hamann, ein Mitarbeiter Schinkels, führte diese Idee weiter fort, als er zwei Gebäude am Rande des Parkes zu errichteten hatte: zum einen sein eigenes Wohnhaus – die Villa Zedlitz[29] (1838 oder 1840) und zum anderen die 1843 für die Fürstin von Liegnitz erbaute gleichnamige Villa. Auch entlang der westlichen Grenze des Parks entstanden Bauten im ‚Tiroler Stil': Nach 1845 wurde nach Hamanns Entwürfen der Gasthof „Zum Schweizerhaus" (Abb. 12) errichtet, gefolgt von der zwischen 1845 und 1858 erbauten Dominialmühle und einem hinter der Villa Zedlitz gelegenen Wohnhaus. In der Nachbarschaft plante man regelmäßig gegliederte Nutz- und Obstgärten, die einen Rahmen für die westliche Zufahrt zum Schlosskomplex bilden sollten (s. S. 116–118, Abb. 5 u. 6).

In die Gestaltung der Parkanlage wurde nicht nur die direkte Umgebung eingebunden, sondern durch die Anlage von Spazier- und Kutschwegen auch die weiter entfernten Feldfluren und Waldgebiete, die sich in Richtung der Nachbargüter Fischbach, Buchwald und Stonsdorf erstreckten (Abb. 13 – s. S. 116, Abb. 5). Die ersten Routen wurden bereits vor der Entstehung des Parks angelegt. Im Jahr 1833 begann unter Aufsicht Rothers und der Gräfin Redens der Bau von Wegen zu dem, an der Grenze zwischen den Gütern Erdmannsdorf und Buchwald gelegenen Ameisenberg (Góra Mrowiec).[30] Der erste Wegeabschnitt wurde durch Lindenalleen und Ausblicke auf die „Tiroler Bauten" (Mühle und Forsthaus) bereichert. Im weiteren Verlauf führte die Route nach Passieren des Iselbaches (Jedlica) direkt auf den Gipfel des Ameisenbergs, für den der Buchwalder Gärtner Walter 1833 im Auftrag des Ministers Rother einen Aussichtspunkt mit einer in Marmor gearbeiteten Orientierungstafel (Horizontplan) entwarf. Der Entwurf wurde von Schinkel aufgenommen, was allerdings auch dazu führte, dass man für die verbesserte Aussicht den Baumbestand auf dem Gipfel des Ameisenberges abholzen musste.[31] Im Mai 1834 wurden die Maßnahmen endgültig abgeschlossen; die Gesamtkosten des Vorhabens beliefen sich auf 10 600 Taler.[32] Entlang des Iselbaches wurde außerdem ein direkter Verbindungsweg nach Buchwald angelegt. Er bot vielfältige Ausblicke auf den Fluss und das Riesengebirge, führte zu einer Felsengrotte, einem Aussichtspunkt (der so genannten Kanzel) und schließlich zu einer künstlichen Ruine, der Buchwalder „Abtei" (Abb. 14). Diese romantisch-sentimentalen Baulichkeiten waren bereits Bestandteil der Buchwalder Parkanlage, die schon zuvor mit den Fischbacher Gartenanlagen verknüpft worden waren.

Eine weitere Verbindungsstraße führte direkt von Erdmannsdorf zum Gut Fischbach. Lennés Anweisungen folgend wurde dort eine Allee (der so genannte „Königliche Weg") angelegt, die die Verlängerung eines älteren, zwischen Fischbach und Buchwald bestehenden Weges darstellte. In Erdmannsdorf führte die Strecke über die Parkwiese in Richtung Pappelallee und der im Tiroler Stil erbauten Mühle am Iselbach. Im weiteren Verlauf eröffnete sich am Fuße des Buch-Berges (Bucznik) ein Ausblick auf das Riesengebirge und das Hirschberger Tal mit den sich in der Parklandschaft abzeichnenden Türmen des Schlosses und der Kirche von Erdmanns-

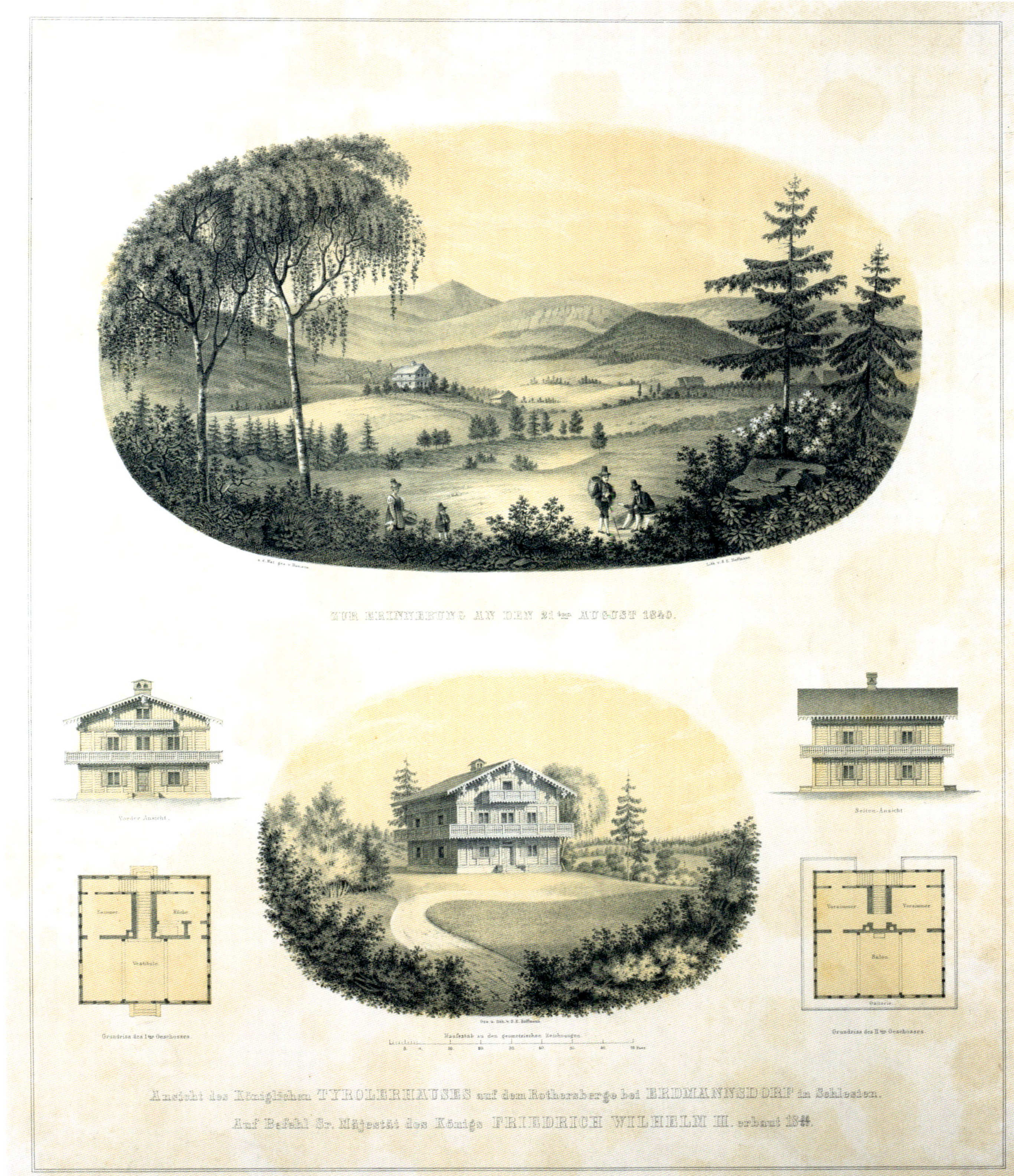


*Abb. 10*
*Haus im Tiroler Stil auf dem Rothersberg, Lithographie nach Zeichnungen Christian Hamanns von 1840.*

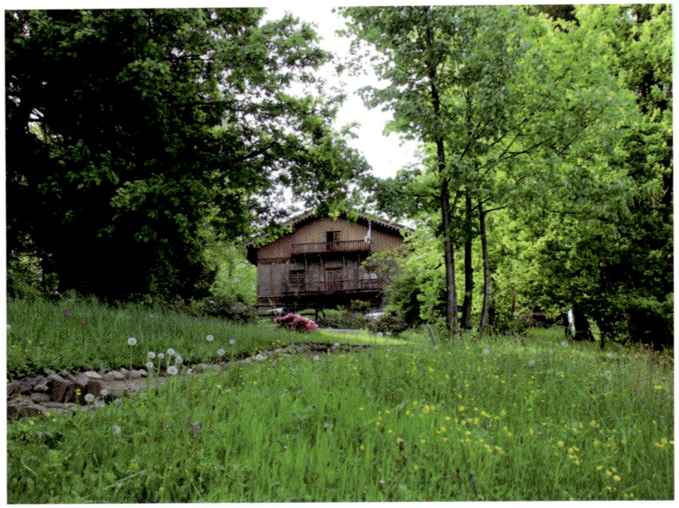

*Abb. 11*
*Schweizerhaus auf dem Rothersberg bei Erdmannsdorf.*

*Abb. 12*
*Der Gasthof „Zum Schweizerhaus" in Erdmannsdorf, unbekannter Zeichner, Radierung, nach 1850.*

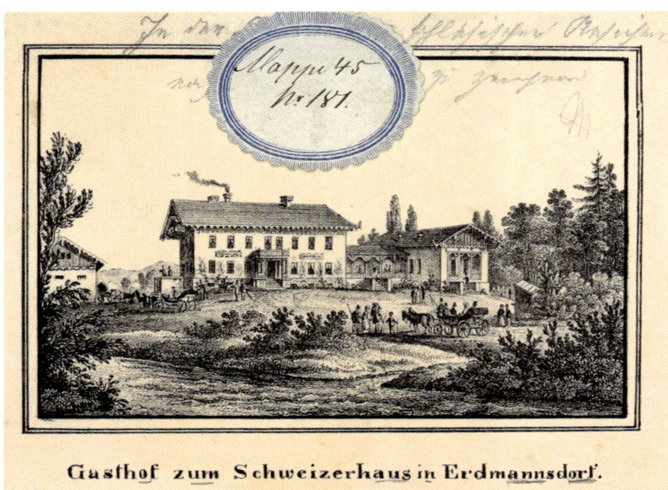


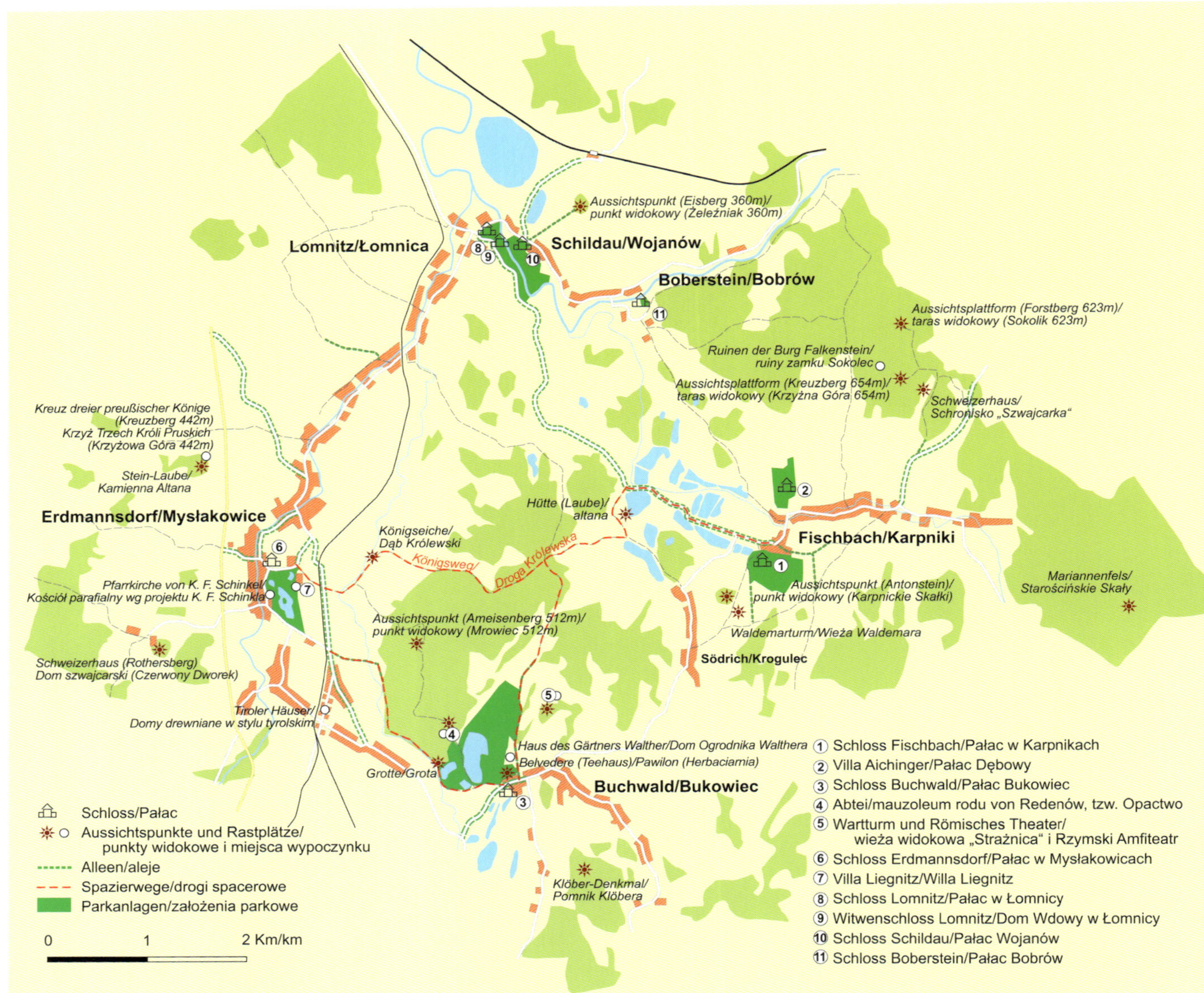


*Abb. 13*
*Lage der königlichen Residenzen und der benachbarten Anwesen im östlichen Hirschberger Tal im Jahr 1886, erstellt auf Grundlage eines Messtischblattes von 1886.*

dorf. Im letzten Abschnitt der Strecke führte der von Eichen und Linden gesäumte Weg an den Fischbacher Teichen vorbei. Von hier aus eröffneten sich wechselnde Ausblicke auf das Hauptmassiv des Landeshuter Kammes, die Falkenberge und das Fischbacher Schloss.

Nördlich von Erdmannsdorf führte eine Zufahrtsstraße zum Schloss Schildau, wo Lenné um 1840 einen Umgestaltungsentwurf des bereits existierenden, sich entlang des Boberflusses (Bóbr) erstreckenden, 52 Morgen (ca. 30 Hektar) großen Parks vorsah (Abb. 15).[33] Die Anlage zeigte eine klare Zonierung: zum Schloss führte eine dekorativ gestaltete Zufahrt. Im Süden der Residenz entstand ein Ziergarten, der sich zum eigentlichen Landschaftspark hin öffnete. In die Gestaltung wurde der am anderen Flussufer gelegene Park von Lomnitz (Łomnica) eingebunden, wobei beide Gärten durch Sichtachsen miteinander verbunden wurden und deshalb eine

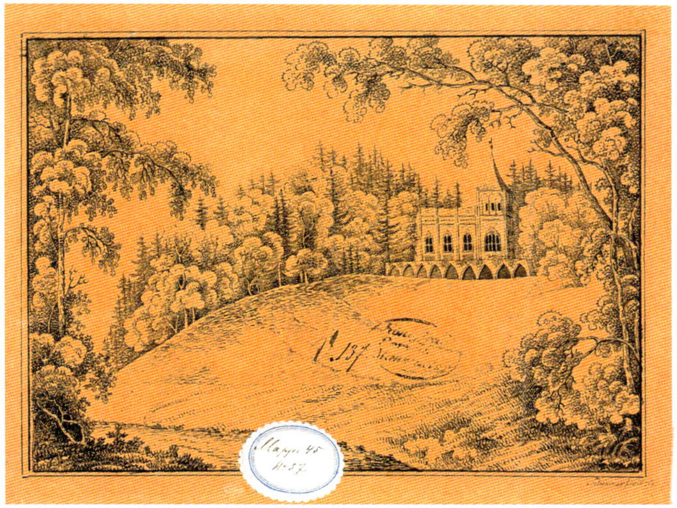

*Abb. 14*
*Die Abtei im Park von Buchwald, Federzeichnung von August Wilhelm Ferdinand Schirmer, 1817.*

Gesamtkomposition bildeten.[34] Weitere Sichtachsen waren auf das Riesengebirge und das Hauptmassiv des Landeshutes Kammes ausgerichtet. Von der um 1800 zum Eisberg (Żelaźnik) angelegten Lindenallee erstreckten sich Aussichten auf das Riesengebirge, die Falkenberge, die Kirche von Wang in Krummhübel, die Kynastburg (Chojnik) und den Prudelberg (Witosza).[35]

### Der Wandel der Parklandschaft zu Beginn des 20. Jahrhunderts

Erdmannsdorf blieb bis 1909 im Besitz der Hohenzollern, Schildau bis 1886. Mit dem Übergang der Erdmannsdorfer Güter in die Verwaltung von Pächtern und anschließend in den Besitz privater Eigentümer setzte der schrittweise Verfall der Anlagen ein. Das Parkgelände wurde in kleinere Parzellen unterteilt, und man nahm Änderungen an den geometrischen Gärten am Schloss, an der Villa Zedlitz sowie dem Platz an der Kirche vor. Zu Beginn des 20. Jahrhunderts hatte man bereits die meisten dekorativen Parkelemente beseitigt oder umgewandelt. Auch das Wassersystem wurde umgestaltet, indem man einen Teil der Teiche (u. a. Schlossteich) trocken legte und den Lauf des Mühlengrabens veränderte.[36]

Zu weiteren bedeutenden Änderungen kam es auch in direkter Umgebung der einstigen königlichen Residenzen.[37] Bis zur Mitte des 19. Jahrhunderts währte in dieser Region ein stetiger Abholzungsprozess. Die freigelegten Berghänge boten zwar einerseits gute Bedingungen zur Gestaltung romantischer Szenerien, andererseits führten sie auch zur Erosion und zu Erdrutschen, was katastrophale Folgen hatte. Um den negativen Auswirkungen der intensiven wirtschaftlichen Nutzung (v.a. Landwirtschaft) der Hangpartien entgegenzuwirken, begann man in der zweiten Hälfte des 19. Jahrhunderts mit der planmäßigen Aufforstung der gefährdeten Bereiche.[38] Auf diesem Wege wurde die offene und stark entwaldete Landschaft in eine „geplante Mischlandschaft“ umgestaltet (Abb. 16).[39] Das Heranwachsen der Waldflächen hatte zur Folge, dass einige Aussichtspunkte wie der Ameisenberg ihre einstige Bedeutung verloren.

Nach 1945 zog der stattfindende Bevölkerungsaustausch zusammen mit den wirtschaftlichen Umwälzungen weitere Umformungen der Landschaft nach sich. Die ehemaligen Landgüter wurden zwischen unterschiedlichen Eigentümern aufgeteilt. Die meisten Schlösser wurden zu Erholungsheimen oder Schulen (Buchwald, Fischbach, Erdmannsdorf und Lomnitz). Nur Schildau kam in den Besitz einer Landwirtschaftlichen Produktionsgenossenschaft (PGR). Die Parkanlagen verwilderten größtenteils.[40] Zu dieser Zeit kam es infolge der planmäßigen Aufforstung in höheren Hangpartien und des wilden Gehölzaufwuchses auf ehemaligen Ackerflächen zu weiteren Veränderungen in der Umgebung der einstigen Residenzen.[41] Auf diese Weise wurde die „geplante Landschaft“ Ende der 1990er Jahre zur „Mosaiklandschaft“, und die mehr oder minder geplanten Maßnahmen, bei denen landschaftliche Aspekte unberücksichtigt blieben, führten dazu, dass ein Großteil der Aussichtpunkte in der Parklandschaft seine einstigen gestalterischen Qualitäten verlor (Abb. 17).[42] Wie Staffa 1986 bemerkte, führte in den 1970er und 1980er Jahren paradoxerweise eine Umweltkatastrophe – das Aussterben der Wälder – zur Freilegung einiger ehemaliger Aussichtspunkte.[43]

### Perspektiven für die weitere Entwicklung der Parklandschaft

Ende der 1990er Jahre begannen die ersten Sanierungsarbeiten an den Schlössern und Parkanlagen in Lomnitz, Schildau, Stonsdorf und Buchwald; in den letzten Jahren wurden nun auch Sanierungsmaßnahmen in Fischbach und Erdmannsdorf durchgeführt.[44] Die gleichzeitig initialisierte Zusammenarbeit zwischen Kulturinstitutionen, lokalen Selbstverwaltungsorganen und Nichtregierungsinstitutionen führte im Jahr 2008 zur Gründung des „Kulturparks Hirschberger Tal“ (Park Kulturowy

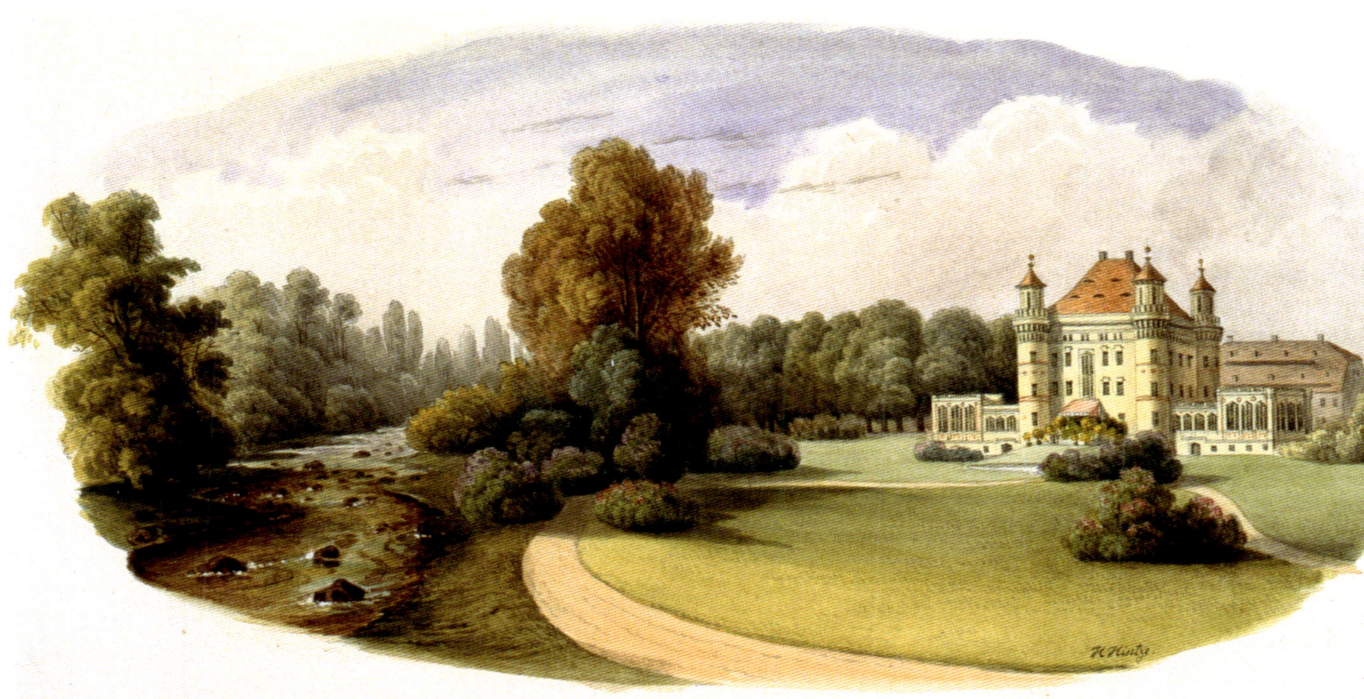

*Abb. 15*
*Ansicht des am Bober gelegenen Parks von Schildau, Aquarell von Johann Heinrich Hintze, 1840.*

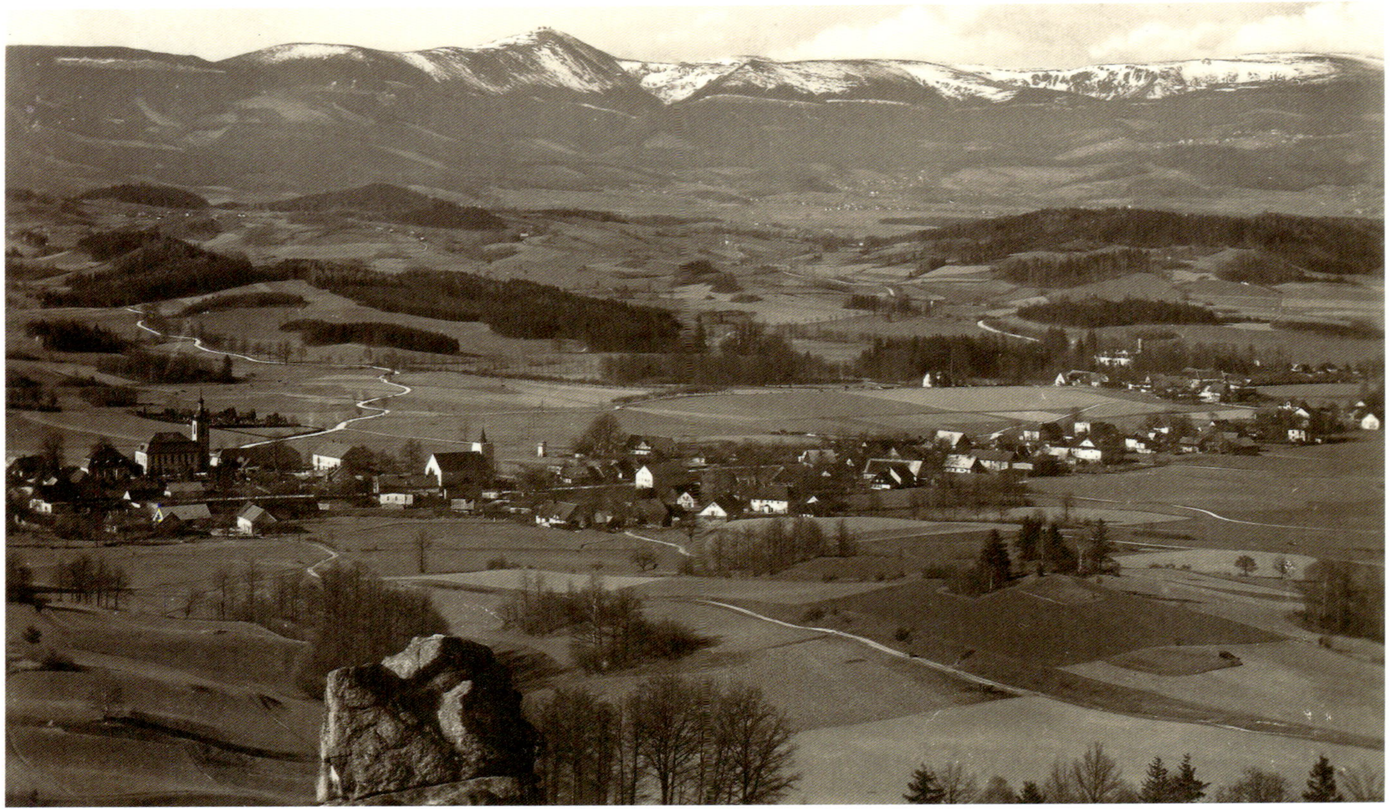

*Abb. 16*
*Fischbach, Landschaftsstruktur zu Beginn des 20. Jahrhunderts („Mischlandschaft“).*

*Abb. 17*
*Fischbach, Landschaftsstruktur im Jahr 2010 („Mosaiklandschaft“).*

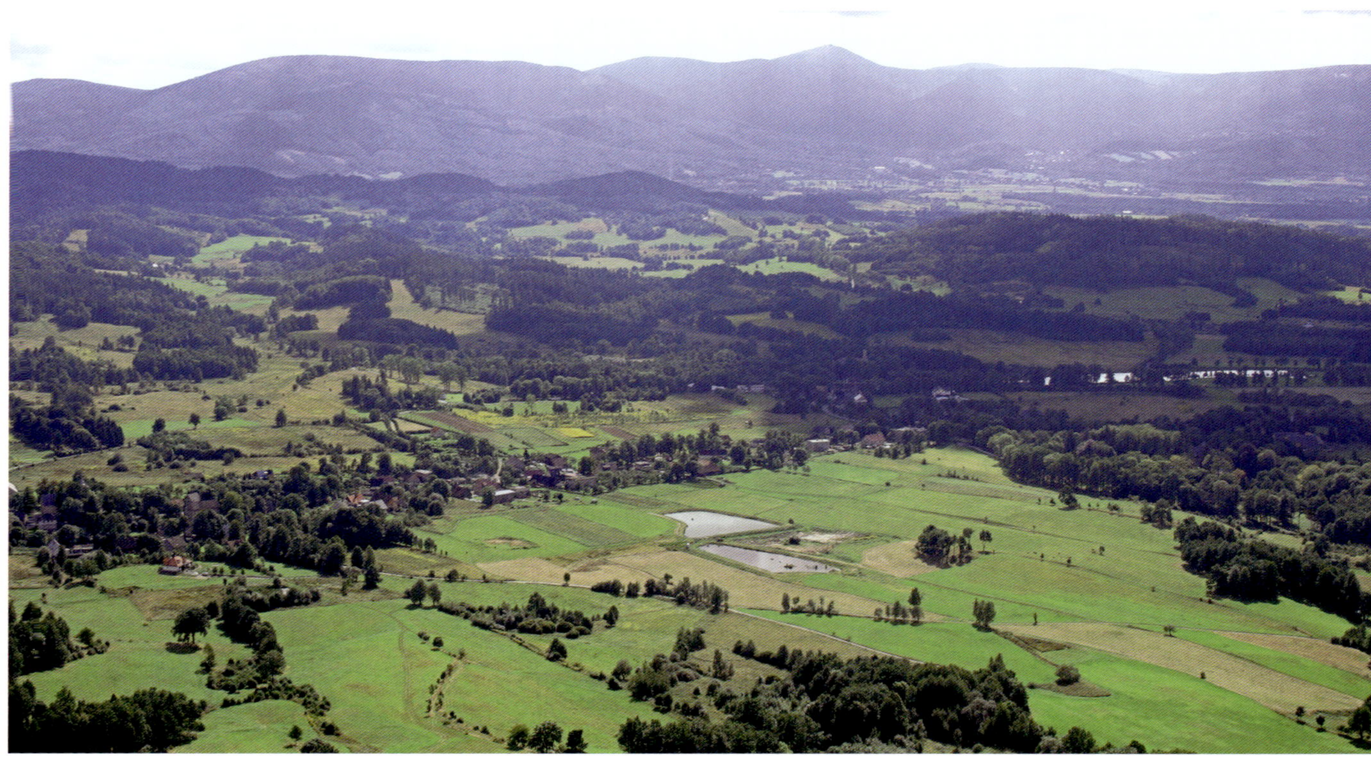

Kotliny Jeleniogórskiej) und drei Jahre später zur Eintragung von elf Schlosskomplexen in die ‚Liste der Geschichtsdenkmäler'. Im Rahmen dieser Maßnahmen setzte man den Fokus vor allem auf den Erhalt der historischen Schlossensembles und ihrer direkten Umgebung. Weniger Beachtung fanden die landschaftlichen Verbindungen zwischen den Residenzbauten des einstigen „Schlesischen Elysiums“.

In den intensiv forst- und landwirtschaftlich genutzten Bereichen wurden die Alleen, die einst Erdmannsdorf mit Buchwald und Fischbach verbanden, stark vernachlässigt; einige Abschnitte sind entweder zugewuchert oder existieren nicht mehr (Abb. 18). Auch die Umgebung der Verbindungswege hat sich verändert, da sich Gehölzaufwuchs ausbreitete. Die möglichen Folgen einer spontanen Bewaldung ruft dabei die größten Bedenken hervor. Der unregelmäßige Verlauf dieses Prozesses hat schon jetzt zur Folge, dass die Landschaft einen vernachlässigten Eindruck macht (Abb. 19). Neben der zurückgehenden Pflege der Ackerflächen steigt der Anteil an bebauten Gebieten in unmittelbarer Nachbarschaft zu den Parkanlagen. Diese sprunghaften und vielseitigen Veränderungen führen zum allmählichen Verschwinden von kulturlandschaftlichen Elementen.

*Abb. 18*
*Heutiger Ausblick vom ehemaligen „Königlichen Weg“ auf Erdmannsdorf.*

Angesichts dieser Probleme erscheint eine Neuregelung der Nutzungsansprüche sowie die Suche nach Kompromisslösungen besonders wichtig, da es sowohl wirtschaftliche Interessen, als auch ökologische Zusammenhänge und denkmalpflegerische Aspekte zum Schutz und zur Pflege der historischen Kulturlandschaft zu beachten gilt. Ein wichtiges Ziel wäre dabei die Sensibilisierung der Bevölkerung und der lokalen Verwaltungsorgane für die Problematik der grassierenden Landschaftsveränderungen. Im Kontext der Bemühungen um die Eintragung des „Tals der Schlösser und Gärten“ in die Weltkulturerbeliste der UNESCO kommt diesem Thema eine wachsende Bedeutung zu.

*Abb. 19*
*Heutiger Ausblick vom ehemaligen „Königlichen Weg“ auf die Fischbacher Teiche und den Landshuter Kamm.*

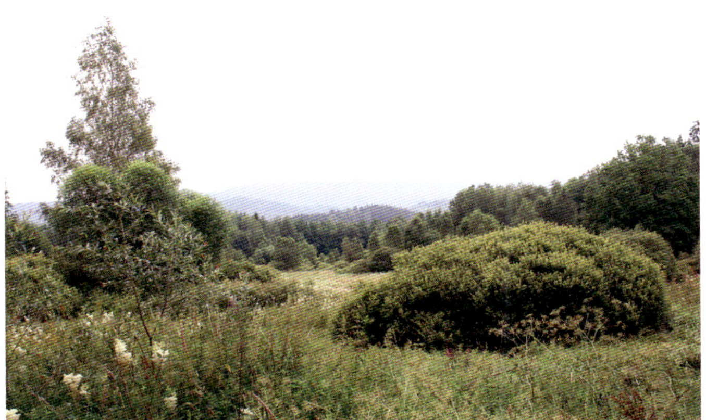

## Anmerkungen

1 Grundmann 1941, S. 56–57; Grundmann 1969, S. 140; Börsch-Supan 1998, S. 60.
2 Michałowski 2003, S. 40–44.
3 Czartoryska 1816, S. 79.
4 Kwaśny 1989, S. 11–12.
5 Migoń/Latocha 2008, S. 195–203.
6 Ebd., S. 198–199.
7 Grundmann 1941, S. 64; Grundmann 1969, S. 150.
8 Wrabec 1991, S. 315; Treziak 2009, S. 42–45.
9 Anonymus 1803, S. 97.
10 Elsner 1837.
11 Zit. nach Eisenmänger 1879, S. 61–75.
12 Es gab die Ansicht, dass die unweit von Erdmannsdorf und Schildau gelegene, weitläufige Parkanlage von Fischbach nach einem Entwurf von Lenné entstanden sei (Grundmann 1941, S. 69; Grundmann 1969, S. 152; Hinz 1989). Das erhaltene Quellenmaterial, aber auch die künstlerische Qualität des Parks deuten jedoch nicht auf Lennés direkte Beteiligung hin (Krosigk 2003, S. 208).
13 Żuchowski 1995, S. 100; Krosigk 2000 (b), S. 73–74; Krosigk 2003, S. 203–204.
14 Am 15. Mai 1822 informierte Prinz Wilhelm seine Gemahlin in einem Brief darüber, dass ihr Name an einer Felsengruppe angebracht wurde, die man ihr zu Ehren „Mariannenfels“ nannte (Flemming 1998, S. 40).
15 Das Kreuz war ein Geburtstagsgeschenk für Prinz Wilhelm.
16 Das Kreuz im Gebirge, 1808, Staatliche Kunstsammlungen Dresden, Galerie Neue Meister. Flemming 1998, S. 34–39; Brade 2007, S. 51.
17 Das Gut Erdmannsdorf wurde im Jahr 1831 bzw. 1832 von den Erben Graf August Neidhardts von Gneisenau für 156 000 Thaler erworben (Donat 1887, S. 56; Anonymus 1888, S. 4).
18 Grundmann 1969, S. 145; Börsch-Supan 2003, S. 182-184; Köhler 2003.
19 Anfangs leitete der Gärtner des Grafen Gneisenau, Teichler, die Arbeiten. In den 1860er Jahren übernahm sein Enkel, Bruno Teichler, zunächst das Amt des Obergärtners und anschließend des Hofgärtners. Im Jahr 1862 erarbeitete er einen eigenen Gartenplan (Donat 1887, S. 58; Rybka-Ceglecka et al. 2005, S. 166; Łuczyński 2007, S. 200).
20 Es war kein Zufall, dass die Schlösser in Erdmannsdorf, Schildau und Fischbach parallel zueinander in neogotischen Formen umgebaut wurden. Dies geschah mit dem Ziel, ein „großes einheitliches Werk im Geiste der Romantik“ entstehen zu lassen (Börsch-Supan 1998, S. 60).
21 Krosigk 1998, S. 46–47; Franke 2005, S. 124–126; Rybka-Ceglecka et al. 2005, S. 168–171.
22 Zit. nach Zieliński 1974, S. 200.
23 Rybka-Ceglecka et al. 2005, S. 173–174.
24 Börsch-Supan 2003, S. 184.
25 Im Jahr 1841 erwarb König Friedrich Wilhelm IV. in Norwegen die Stabkirche von Wang. Dem Rat der Gräfin von Reden folgend ließ er die Kirche in Brückenberg/Górny Karpacz, an einem vom Schloss aus sichtbaren Ort aufbauen. Neben der Holzkirche wurde nach einem Entwurf von Stüler aus dem Jahr 1842 ein massiv gemauerter Turm errichtet (Grundmann 1969, S. 175–200; Rybka-Ceglecka et al. 2005, S. 180; Börsch-Supan 2003, S. 194–195).
26 Das 1838 im Auftrag Friedrich Wilhelms III. aufgestellte Gipfelkreuz wurde 1856 von Friedrich Wilhelm IV. und anschließend im Jahr 1874 von Wilhelm I. erneuert. Es wurde daher als das Kreuz der drei preußischen Könige bezeichnet (Staffa 1999, S. 283–284; Wrabec 1990, S. 99).
27 Im Jahr 1838 überließ König Friedrich Wilhelm III. einen Teil seines Erdmannsdorfer Gutes protestantischen Flüchtlingen aus dem Zillertal in Tirol (Berger 1927, S. 120).
28 Börsch-Supan, 1998, S. 60.
29 Wahrscheinlich war die Villa Zedlitz zuerst das Wohnhaus von Hamann, bevor sie in den Jahren 1857–1862 vom Freiherrn von Zedlitz übernommen wurde (Rybka-Ceglecka et al. 2005, S. 177).
30 Żuchowski 1995, S. 101.
31 Grundmann 1969, S. 150; Irrgang 1978, S. 212.
32 Donat 1887, S. 57.
33 Weber 1910 (a), S. 28–29, Tafel 78.
34 Franke 2005, S. 163–167.
35 Duncker 1867/68, Nr. 541 (Schildau).
36 Rybka-Ceglecka et al. 2005, S. 178–179.
37 Latocha 2005, S. 140–149; Staffa 2005, S. 23–51.
38 Eine Analyse der Messtischblätter von 1823 und 1930 ergab, dass in diesem Zeitraum auf dem Gebiet der heutigen Dörfer Bobrów, Bukowiec, Karpniki, Krogulec, Łomnica, Mysłakowice und Wojanów der Anteil an Waldflächen um 10 Prozent anstieg (Jaworek 2011).
39 Latocha 2005, S. 140–149.
40 Łaborewicz 2003, S. 298–305; Kapałczyński 2007, S. 56–71.
41 Eine Analyse von Luftaufnahmen aus den Jahren 1938 und 2009 ergab, dass der Anteil an Waldflächen in dem untersuchten Gebiet in diesem Zeitraum um 7 Prozent, der Anteil an Flächen mit Pflanzensukzession um 4 Prozent anstieg (Jaworek 2011).
42 Jaworek et al. 2014, S. 704–713.
43 Staffa 1986, S. 5–21.
44 Detaillierte Beschreibungen zur Instandsetzung der Schlösser bei Kapałczyński 2007, S. 56–73.

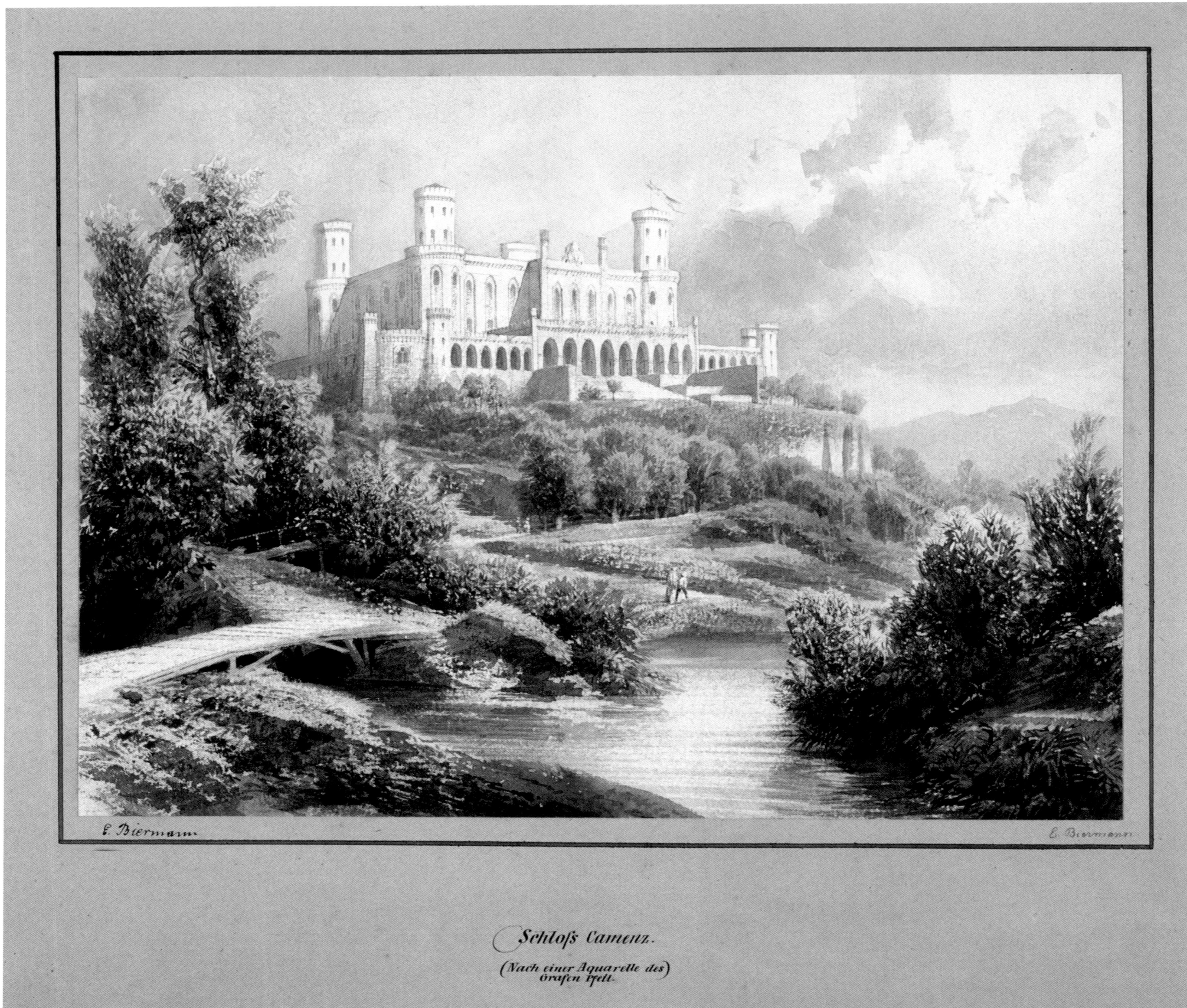
E. Biermann
E. Biermann
Schloſs Camenz.
(Nach einer Aquarelle des Grafen Pfeil.)

# Kamenz

## Justyna Jaworek

Zu Zeiten polnisch-böhmischer Grenzstreitigkeiten spielte Kamenz eine wichtige Rolle. Im Jahr 1096 ließ Fürst Brestislav II. von Böhmen während seines Schlesienfeldzuges nördlich des Warthapasses (Przełęcz Bardzka), im Bereich des heutigen Stadtgebiets von Kamenz, eine Burg errichten.[1] Der Wehrbau diente den Böhmen als Stützpunkt bei ihren Einfällen in Polen. Nach Abschluss eines Friedensvertrages im Jahr 1137 verlor dieser grenznahe Burgwall seine Bedeutung und wurde aufgegeben.[2] Im Jahr 1210 zogen Augustiner-Chorherren aus dem Breslauer Kloster Unserer Lieben Frau auf dem Sande nach Kamenz. 1246 übernahm der Abt des Zisterzienserklosters von Leubus (Lubiąż) das Pfarramt. Die Zisterzienser leisteten einen bedeutenden Beitrag zur Vergrößerung des Gutes, so dass das Kamenzer Kloster im Mittelalter zu den bedeutendsten in Schlesien gehörte. Seinen Niedergang erlebte es während der Napoleonischen Kriege.[3] Im Jahr 1810 beschloss Friedrich Wilhelm III. die Säkularisierung der Klostergüter. Zwei Jahre später erwarb Prinzessin Friederike Luise Wilhelmine von Preußen (1774–1837), die Ehefrau Wilhelm Friedrichs von Oranien-Nassau (1772–1843), die alten Zisterziensergüter in der Gegend von Heinrichau (Henryków) und Kamenz.[4] Im Jahr 1817 brach ein großes Feuer aus, das einen Großteil der mittelalterlichen Bebauung zerstörte. Aus ökonomischen Gründen entschloss man sich, die einsturzgefährdeten Mauern abzutragen. Lediglich die beschädigte gotische Kirche und das barocke Prälatenhaus, das als Sitz der Gutsverwaltung und Wohnhaus des katholischen Pfarrers diente, blieben erhalten. Der später geplante Wiederaufbau des Klosters als fürstliche Residenz wurde nicht realisiert.[5]

Nach dem Tod der Prinzessin erbte ihre Tochter, Prinzessin Marianne von Oranien-Nassau, die Kamenzer Güter.[6] Bei ihrem ersten Besuch am 20. April 1838 fasste sie bereits den Entschluss, am Hang des Harthaberges (Góra Zamkowa), von dem aus sich eine weite Aussicht auf das Panorama des Eulengebirges (Góry Sowie), des Warthagebirges (Góry Bardzkie) und des Reichensteiner Gebirges (Góry Złote) erstreckte, ein repräsentatives Schloss erbauen zu lassen.[7] Die Wahl eines Ortes – weit von der preußischen Hauptstadt und anderen Höfen entfernt und in der Nachbarschaft eines mittelalterlichen Klosters sowie einer legendären Burg des 11. Jahrhunderts gelegen – zeugt von Prinzessin Mariannes romantischer Weltanschauung.[8]

Mit der Erarbeitung eines Schlossentwurfs wurde Karl Friedrich Schinkel beauftragt, der ab 1828 bereits für Mariannes Ehemann, Prinz Albrecht von Preußen, ein Stadtpalais in Berlin ausgeführt hatte.[9] Der erste Entwurf entstand noch in Unkenntnis des Geländes. Schinkel erstellte damals einen Entwurfsplan und eine perspektivische Ansicht eines rechteckigen Schlosses im Stil der italienischen Renaissance.[10] Als Schinkel im Jahr 1838 Kamenz besuchte, um sich vor Ort ein Bild zu machen, inspirierte ihn die Mittelgebirgslandschaft und beeinflusste in großem Maße seine Entscheidung, den Bau im neogotischen Stil errichten zu lassen, der ihm für einen romantischen Fürstensitz angemessener erschien. Noch in demselben Jahr entstand ein zweiter Schlossentwurf, der als Grundlage für die später erstellten Detailpläne diente.[11]

*Abb. 1*
*Schloss Kamenz zu Beginn der Arbeiten an den Terrassen 1858, Zeichnung von Eduard Biermann nach einem Aquarell des Grafen Pfeil.*

*Abb. 2*
*Der am Fuß des Harthaberges gelegene Parkteich mit dem historischen Pumpwerkgebäude, Aufnahme 2015.*

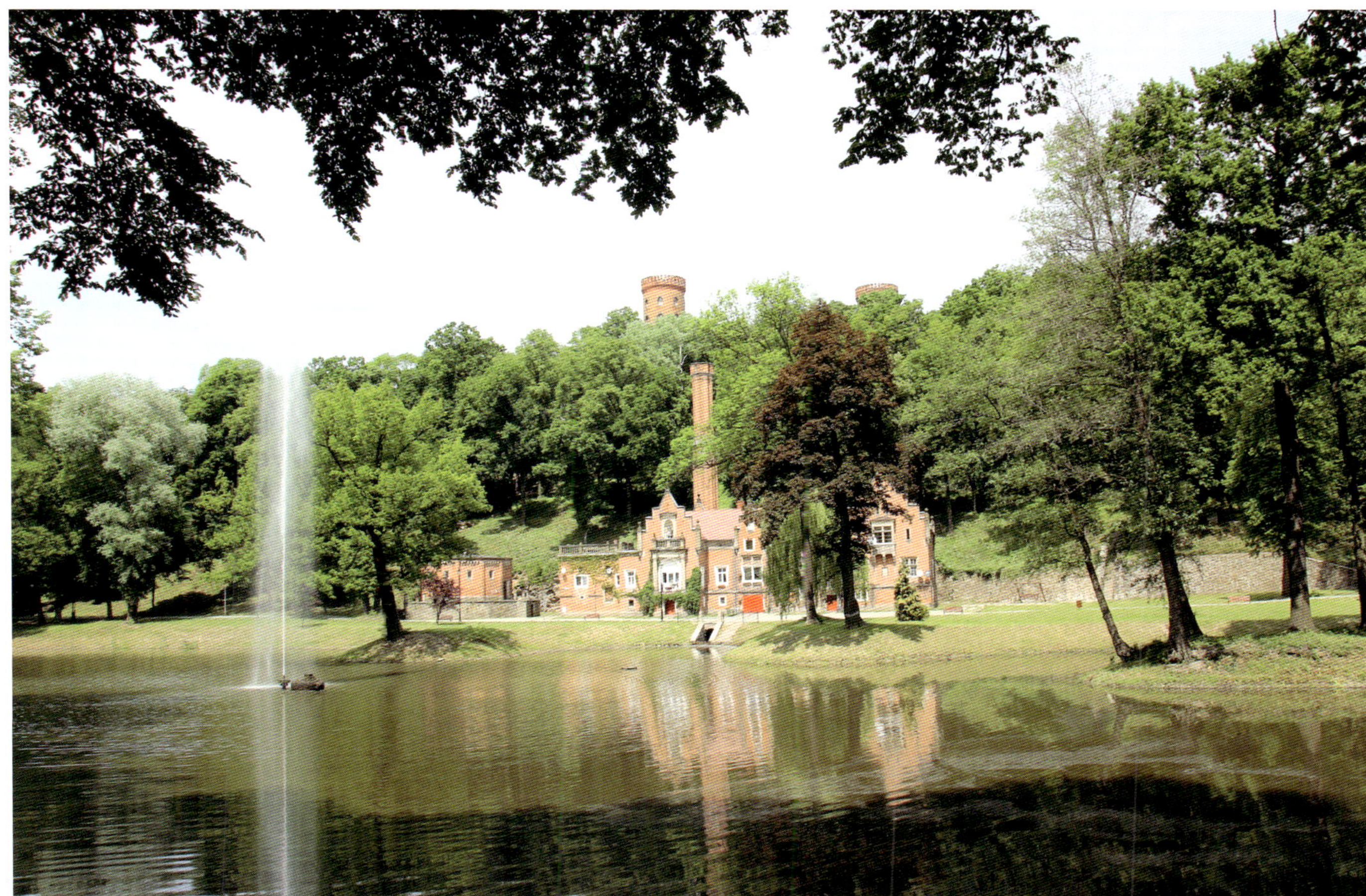

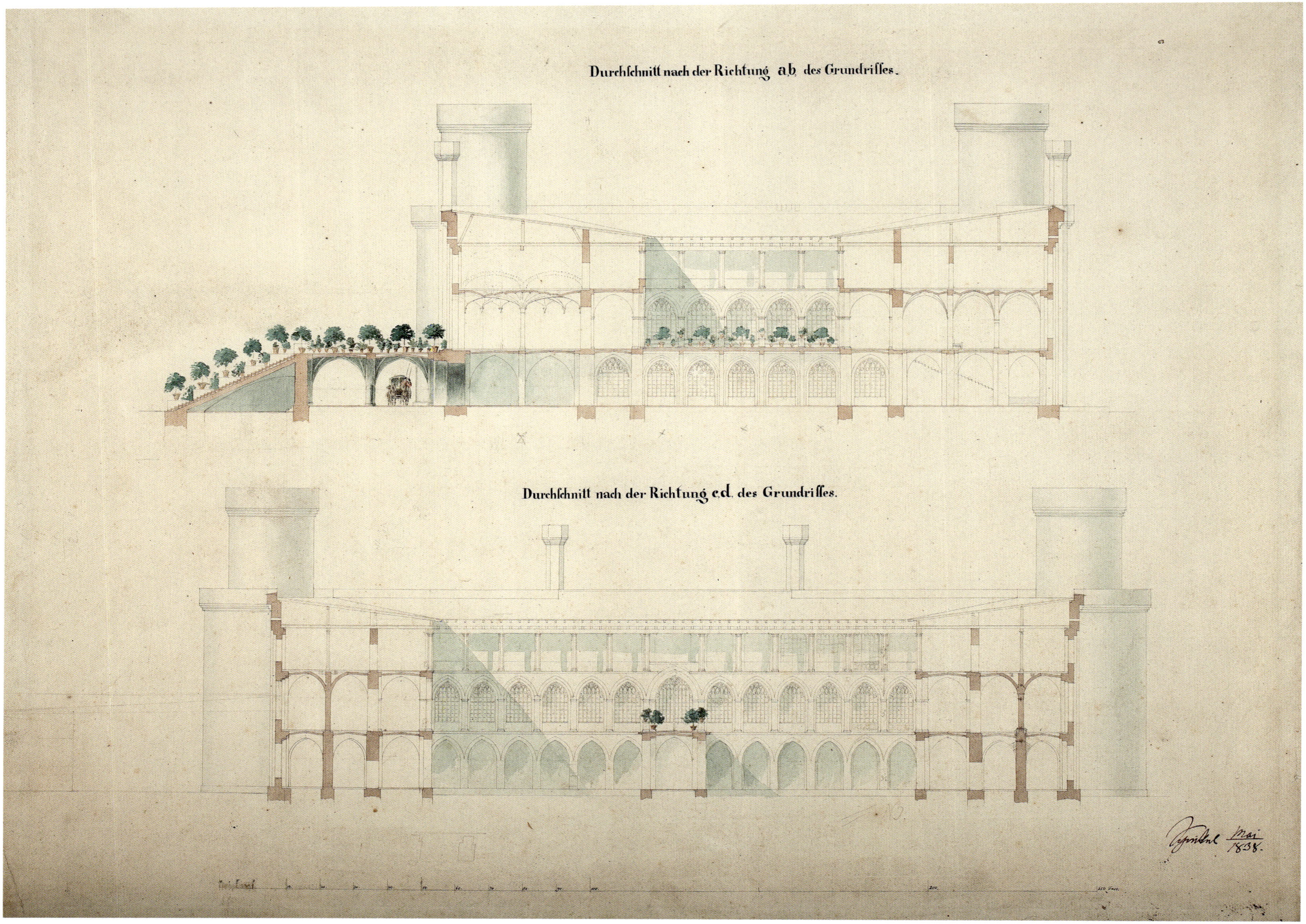


*Abb. 3*
*Schloss Kamenz, Längs- und Querschnitt (zweite Entwurfsfassung). Entwurf: Karl Friedrich Schinkel, Zeichnung: Ferdinand Martius, 1838.*

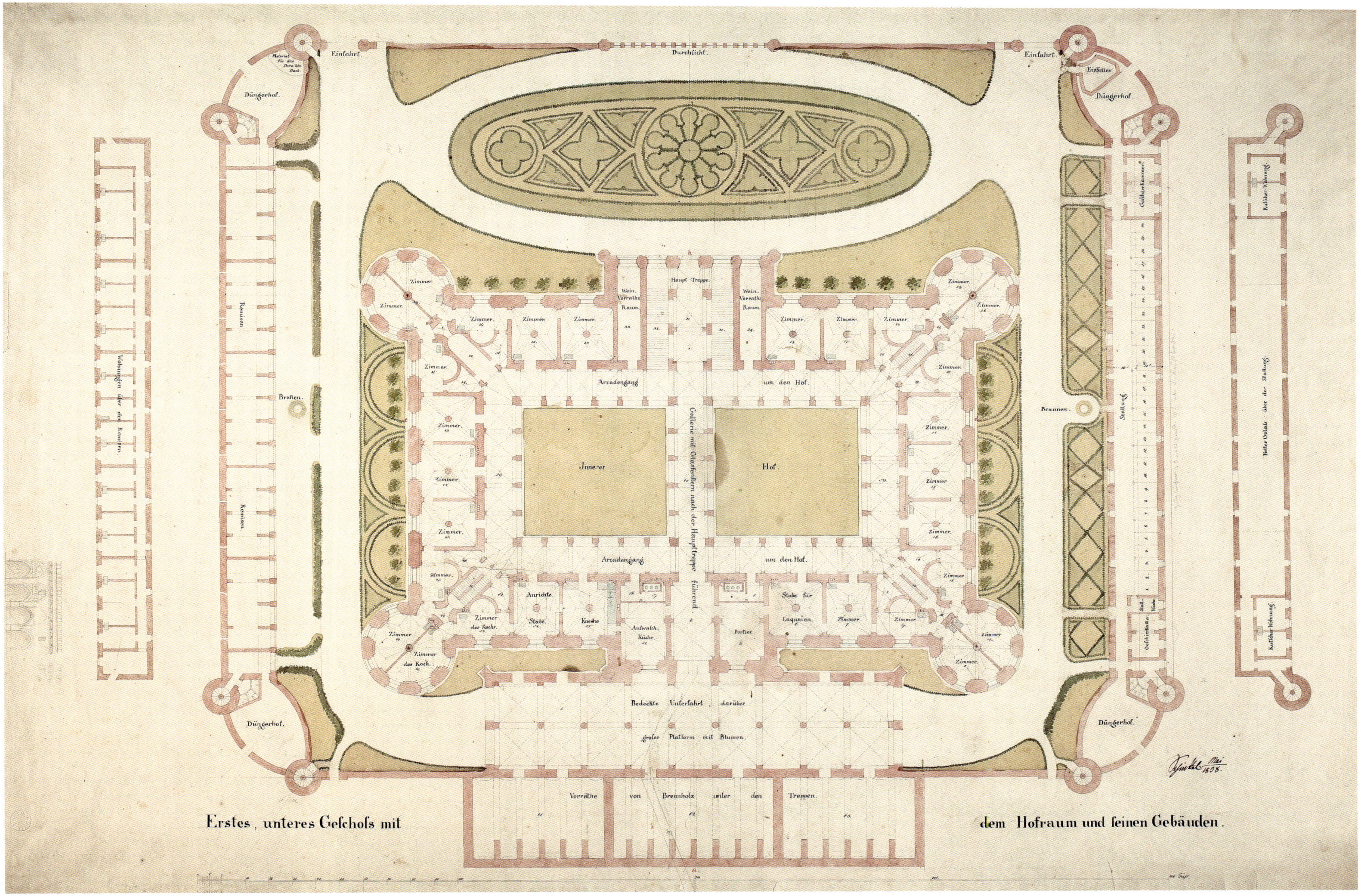


*Abb. 4*
*Erdgeschossgrundriss des Schlosses, der Stallungen und der Wagenremise (zweite Entwurfsfassung). Entwurf: Karl Friedrich Schinkel, Zeichnung: Ferdinand Martius, 1838.*

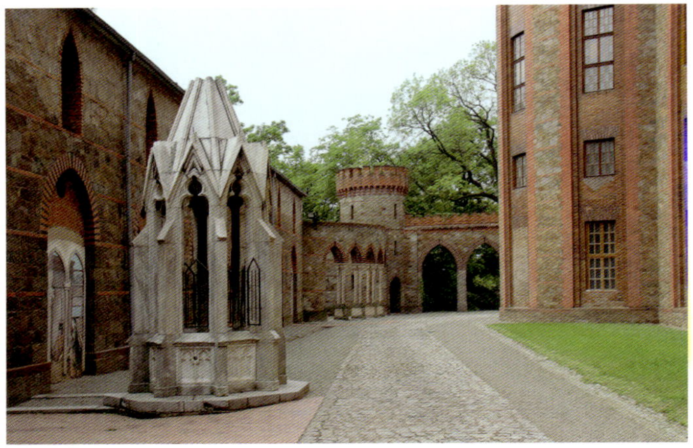

*Abb. 5*
*Der im südlichen Teil des Kamenzer Schlosshofes gelegene Marmorbrunnen, Aufnahme 2015.*

Im Frühjahr 1838 engagierte Schinkel Ferdinand Martius (1811–1889) als Planzeichner und Baukondukteur.[12] Die Ende Mai erstellten Pläne und auch die nachträglich von Schinkel eingeführten Änderungen zeigen, dass der Architekt großen Wert darauf legte, das Schloss auf harmonische Weise mit der umliegenden Landschaft und Natur zu verknüpfen. Zum Bau wurde lokales Material verwendet – ein vor Ort auftretender Glimmerschiefer, der als Bruchstein zur Verkleidung der Außenwände benutzt wurde. Die Säulen am Schloss wurden aus Strehlener Granit und der Baudekor aus schlesischem Marmor und Sandstein sowie aus Ziegeln und Glasursteinen gefertigt.[13] Schinkel berücksichtigte darüber hinaus die Ausblicke, die sich aus den Fenstern ins Tal und auf die Bergmassive boten, und richtete daraufhin die Struktur der Südwestfassade und die Komposition der Gartenterrassen aus. Im Zuge der späteren Bauarbeiten nutzte man diese Hauptsichtachse zwischen Schloss und Kloster und baute sie dementsprechend aus.[14]

Am 4. Juni 1838 kam Martius in Kamenz an, um Bauarbeiter für die Errichtung der Fundamente anzustellen.[15] Im Oktober wurde im Beisein Schinkels und des Fürstenpaares die Grundsteinlegung gefeiert. Der Bau des Schlosses begann am 20. April 1839, nachdem der frostige Winter vorbei war. Aufgrund seines schlechten Gesundheitszustandes leitete Schinkel den Bau von Berlin aus, wobei Martius alle Dinge vor Ort erledigte. Mit der Zeit wurde er zum Vermittler zwischen Prinzessin Marianne und dem kranken Meister, der Kamenz ein letztes Mal in der Zeit vom 6. bis 10. Mai 1840 im Rahmen seiner Reise nach Karlsbad besuchte. Nach Schinkels Tod übernahm Martius dessen Aufgaben und führte den Bau nach den früheren Plänen fort.[16] Die Arbeiten wurden anfangs durch politische Unruhen, anschließend durch die Trennung (1847) und die Scheidung (1849) des Fürstenpaares unterbrochen. Erst 1853 wurde der Baubetrieb wiederaufgenommen, nachdem Marianne beschlossen hatte, das Schloss für ihren Sohn, Albrecht Friedrich Wilhelm Nikolaus (1837–1906) vollenden zu lassen, auf den sie schrittweise ihre Verpflichtungen im Glatzer Land übertrug.[17] Im Jahr 1857 war das vierte Obergeschoss vollendet und das Hauptgebäude des Schlosses konnte bezogen werden. Prinz Albert begann 1855 mit der Einrichtung der Schlossinnenräume. Im Jahr 1858 begleitete Martius den Prinzen auf einer Reise nach England, wo er die Ausstattungsweise der dortigen Schlösser kennenlernte. Nach seiner Rückkehr erstellte er einen Entwurf für die Innengestaltung des Kamenzer Schlosses im neugotischen Stil.[18]

Gleichzeitig begannen die Maßnahmen zur Errichtung der Gartenterrassen (Abb. 1). Vom 15. bis 17. Juli 1858 kam Lenné nach Kamenz, wo er unter Berücksichtigung des Entwurfs von Schinkel ein detailliertes Konzept zur Gestaltung der oberen Terrassen erstellte.[19] Die Kamenzer Anlage ist eines der wichtigsten Werke Lennés, die während seines fünfzigjährigen Wirkens als Gartenkünstler umgesetzt worden sind.[20] Die von ihm für Kamenz entworfenen Pläne zeichneten sich durch zahlreiche Merkmale aus, die typisch für seinen späten, formalen Stil waren und an die Entwürfe der Terrassen an der Neuen Orangerie in Sanssouci und im Schlossgarten von Ballenstedt erinnern.[21]

Im September 1858 bestimmte Prinzessin Marianne 4.000 Taler für den Zeitraum bis zum 1. Juli 1859 zum Bau der oberen Terrasse. Das Umpflanzen von Bäumen und Sträuchern hatte der Hofgärtner Braun bereits im Herbst durchgeführt, der Bau der Terrasse sollte im Frühjahr 1859 beginnen.[22] Im Jahr 1860 ergänzte Lenné den von Martius gezeichneten Entwurfsplan und berücksichtigte dabei auch den weiteren Ausbau der Gartenterrassen.[23] Im darauffolgenden Jahr wurde Martius

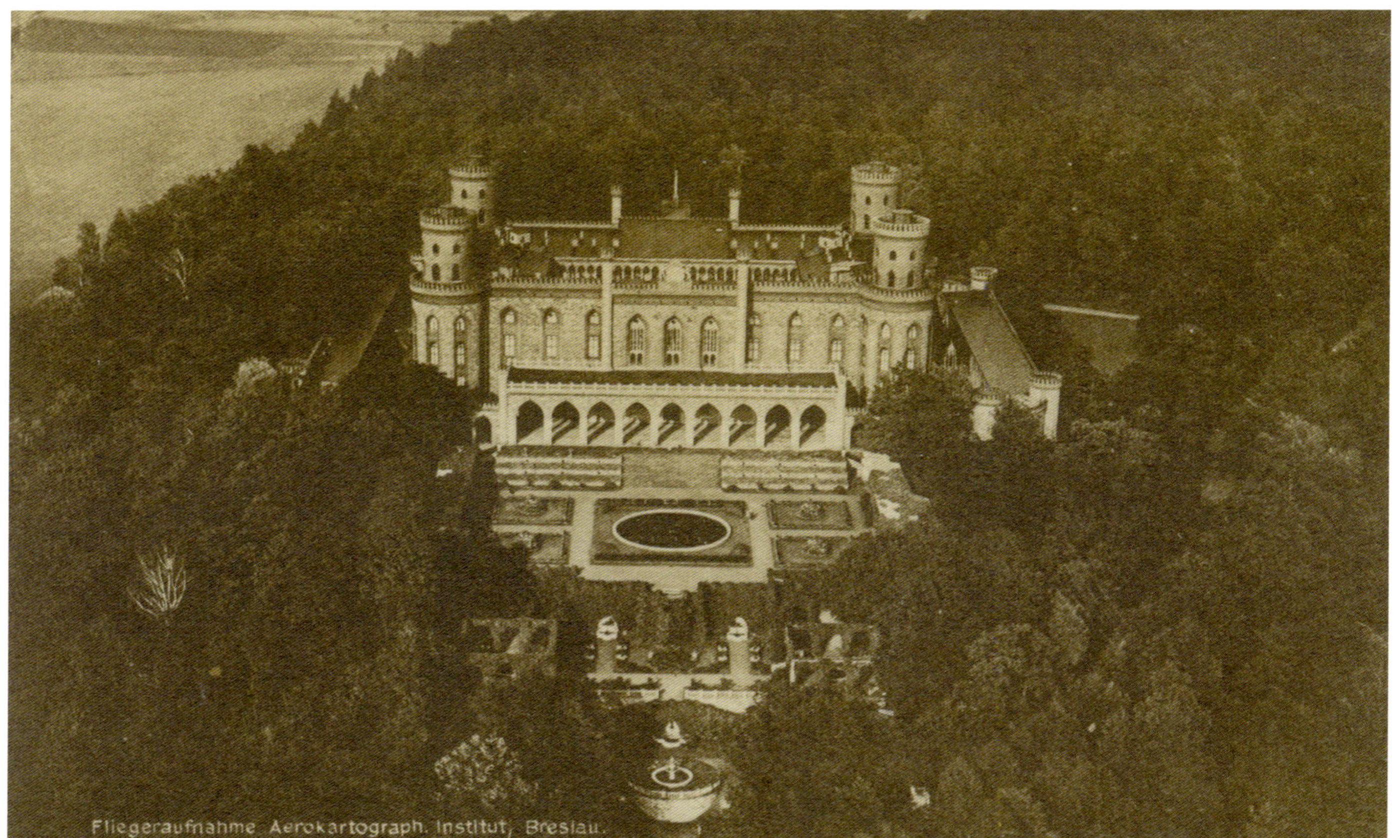


*Abb. 6*
*Schrägluftbild des Kamenzer Schlosses mit den Terrassen und Teilen des Parks auf einer Ansichtskarte, um 1930.*

aufgrund seiner Verdienste bei der Ausführung des komplizierten Baus von der Prinzessin zum Hofbaumeister ernannt.[24] In einem am 23. November 1862 an Martius gerichteten Brief aus Weißwasser (Bílá Voda) verlangte Prinzessin Marianne eine Beschleunigung der Bauarbeiten: „Ich beabsichtige, den Bau des Schlosses, der Terrassen, des Dampfmaschinen-Gebäudes, sowie der Wasserleitungen und Springbrunnen zu Camenz vom Juli 1863 ab dergestalt zu beschleunigen, dass die genannten Anlagen in der Hauptsache bis zum Herbste 1865 fertig sind. Zu diesem Behufe bestimme Ich die Summe von Einmalhundert und sechzigtausend Thalern für die beiden Etatsjahre 1863–64 und 1864–65. Ich übertrage die Bauleitung, wie seither, Meinem Hof-Baudirektor Martius, welcher die dazu erforderlichen Pläne und Zeichnungen nach den speziellen Bestimmungen und Anordnungen Meines Herrn Sohnes, des Prinzen Albrecht K. H. auszuarbeiten hat und genehmige, dass Mein Hof-Baudirektor die Bauten völlig selbständig ohne Einmischung einer anderen Person in Ausführung bringe."[25]

Einen besonders wichtigen Aspekt beim Bau der Anlage bildete die Sicherung einer entsprechenden Zufuhr zur Bewässerung der Rabatten und zur Speisung der zahlreichen Wasserspiele. Dieses Problem hatte bereits Schinkel in seinen Entwürfen berücksichtigt und 1839 diesbezüglich eine Zusammenarbeit mit Franz Anton Egells (1788–1854), dem Inhaber einer Maschinenfabrik aus Berlin, in die Wege geleitet. Die Bassins auf den Terrassen sollten mit Wasser aus dem Pausenbach (Budzówka) gespeist werden, an dem ein Haus mit einer Dampfmaschine erbaut wurde. Nach Schinkels Anweisungen sollte die Pumpstation den Eindruck eines Parkgebäudes vermitteln. Sie wurde zum Schutz vor Hochwasser auf einem hohen Sockel errichtet und erhielt einen in neogotischen Formen gehaltenen Schornstein. 1854 wurde das Maschinenhaus abgetragen, und neun Jahre später entstand nach einem Entwurf von Martius ein neuer, größerer Bau, vor dem ein Teich mit einem Springbrunnen angelegt wurde (Abb. 2).[26] Das Wasser aus dem Teich wurde in ein Wasserreservoir auf dem Gipfel des Harthaberges gepumpt, von dem aus es ins Tal herabfloss und dabei alle Springbrunnen speiste.[27]

Im Jahr 1865 wurden die Arbeiten am Bau der Terrassen sowie der Wasser- und Gasinstallationen vollendet. Nach Lennés Tod beaufsichtigte Prinz Albrecht persönlich die weitere Umsetzung der Gartenentwürfe. Als erstes wurde das nordöstlich des Schlosses gelegene Gelände gestaltet. An der Stelle eines alten Steinbruchs erwog der Prinz den Bau einer natürlich wirkenden Grotte. Schließlich wurde jedoch, Lennés Entwurf folgend, eine formale Anlage geschaffen. In den Jahren 1867–1868 entstand ein Garten mit Wasserbecken und Perseus-Grotte; zwischen der südlichen Schlossfassade und den Stal-

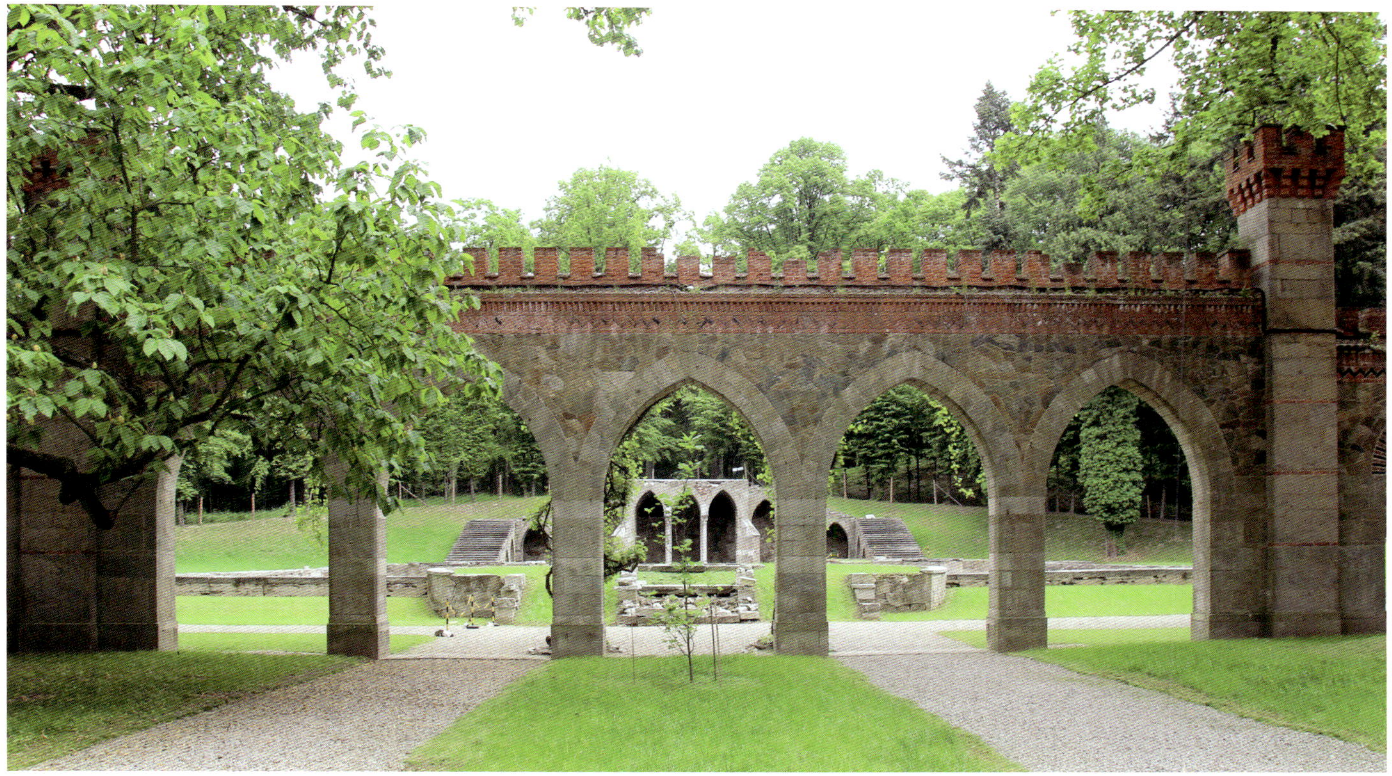

*Abb. 7*
*Blick auf den durch Arkaden vom Schloss getrennten geometrischen Garten mit der Perseus-Grotte auf der Parkseite, Aufnahme 2015.*

lungen errichtete man einen Marmorbrunnen (Abb. 5). Im Folgejahr wurden die letzten Wasserrohre zu allen Springbrunnen verlegt.[28] Als Abschluss der Baumaßnahmen wurde über der Grotte eine elf Meter hohe Säule aufgestellt, die mit einer drei Meter hohen, auf einen Entwurf des preußischen Hofbildhauers Christian Daniel Rauch zurückgehenden Figur einer Victoria bekrönt war. Im Gegensatz zu ihrem Vorbild, das sich im Babelsberger Park befand und an den Sieg im preußisch-österreichischen Krieg von 1866 erinnerte, setzte man hier ein Andenken an den deutsch-französisch Krieg von 1870/71. Ihre Grundsteinlegung fand am 8. Mai 1872 statt – einem Datum, das als offizielles Ende der über 30 Jahre lang andauernden Bauarbeiten an der Schloss- und Parkanlage gilt. Die Gesamtkosten des Vorhabens beliefen sich auf 971 692 Taler.[29] Im Jahr 1873 erhielt Prinz Albrecht von Preußen am Tag seiner Vermählung mit Prinzessin Marie von Sachsen-Altenburg die schlesischen Güter seiner Mutter sowie das Schloss Kamenz.[30]

Schinkels Konzept folgend wurde der Terrassengarten am Hang des Harthaberges angelegt und die weite, umgebende Landschaft im Sinne italienischer Villenanlagen in die Gartenkomposition einbezogen. Die Hauptsichtachse war nach Südwesten auf den Pass von Wartha, das Warthagebirge und das Eulengebirge ausgerichtet. Anfangs plante Schinkel den Bau einer Einfahrtshalle vor dem Mittelrisalit an der Südwestfassade des Schlosses. Darüber wollte er eine Aussichtsterrasse schaffen, von der aus eine breite, mit Kübelpflanzen geschmückte Freitreppe herabführen sollte (Abb. 3).[31] Vor der Ostfassade war ein ovaler Blumenteppich mit Ornamenten in neogotischem Stil vorgesehen (Abb. 4).[32] Letztendlich verzichtete Schinkel auf die erwähnte Freitreppe, behielt die Terrasse bei und entwarf parallel zu den drei mittleren Arkaden der Schlosszufahrt die bis heute erhaltene kleinere, zum Garten herabführende Treppe.[33]

Lennés Entwürfe stellten eine Weiterentwicklung von Schinkels Konzept dar. Der Garten stieg in sieben steinernen Terrassen talwärts herab, die von massiven, stark durchgegliederten Stützmauern voneinander abgetrennt und durch Treppen von insgesamt 174 Stufen miteinander verbunden waren.[34]

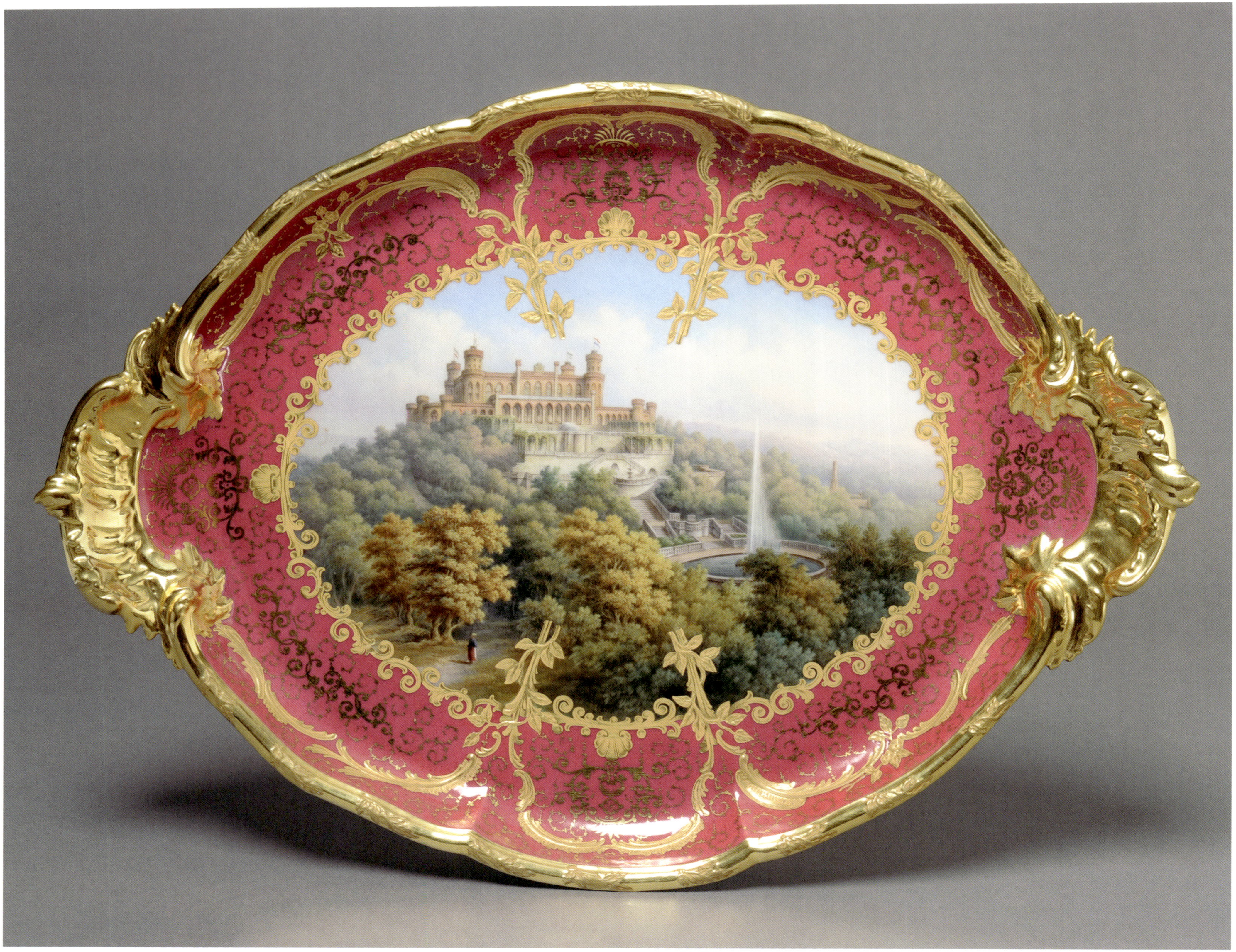

Die Mauern waren durch halbrunde Risalite, Nischen und Marmorbalustraden gestaltet. Die zwei oberen Ebenen wurden von Pergolen mit viereckigen, massiv gemauerten Pfeilern umgeben. Den Mittelpunkt der obersten Terrasse bildete ein rundes Wasserbecken mit einem Springbrunnen, das von vier quadratischen Schmuckbeeten flankiert war (s. S. 140, Abb. 2). Von hier aus eröffnete sich der eindrucksvollste Ausblick ins Tal. Ein rundes Wasserbecken wurde auch auf der untersten, kreisrunden Terrasse angelegt. Dazwischen entstanden vier weitere Terrassen, die mit Wasserspielen, runden bzw. halbrunden Wasserbecken und unterschiedlichen Pflanzenarrangements geschmückt waren (s. Abb. 6 u. S. 141, Abb. 3). Im Nordosten wurde ein kleinerer, geometrischer Garten angelegt, der durch eine Säulenreihe im „maurischen Stil" vom Schloss abgetrennt war. Den Mittelpunkt bildete ein vieleckiges Wasserbecken mit der oben genannten Grotte, deren spitzbogige Arkaden auf Säulen ruhten und in der sich eine Marmorskulptur des Perseus befand (Abb. 7). Darüber wurde die bereits erwähnte Säule mit der Figur der Siegesgöttin aufgestellt. Zwischen dem Garten und dem Landschaftspark legte man einen Laubengang an.[35]

Beim Bau der Wasserspiele und Springbrunnen kamen übrigens überraschende Lösungen zum Einsatz: die Fontäne des Springbrunnens auf der unteren Terrasse sollte dieselbe Höhe erreichen, wie die des Springbrunnens auf der obersten Terrasse. Auf diese Weise trafen sich die Wasserstrahlen aller Wasserspiele in verschiedenen Teilen des Gartens auf derselben Höhe. Die Fontäne des am niedrigsten gelegenen Springbrunnens erreichte sogar eine Höhe von 33 Metern (Abb. 8).[36] Diese imposanten Springbrunnen wurden zusammen mit den Schlossterrassen zu einer der größten Attraktionen Schlesiens, zumal die Anlage auch Besuchern offenstand.[37]

Neben den zahlreichen Gartenskulpturen, Lauben, Marmorbänken, Nischen usw. gab es eine fein ausdifferenzierte Bepflanzung: die Terrassen waren mit geometrischen Rabatten, Blumenteppichen und -pyramiden sowie kleinen Rosengärten geschmückt. Der damaligen Mode entsprechend fanden sich Blumenrohr, Pantoffelblumen, Vanilleblumen und Fuchsien in den Beeten. Eine Besonderheit der Gärten waren prachtvolle Exemplare des Mammutblatts und seltene japanische Lebensbäume, aber auch eine Vielzahl von Magnolien, Zedern, Buchsbäumen, Goldregen und Flieder.[38] Die Gartenlauben und Pergolen waren mit Weinstöcken und Glyzinien bewachsen.[39] Die Pflanzen stammten aus der Schlossgärtnerei, die auf dem Gelände des alten Kloster-Nutzgartens und des Ziergartens der Abtei angelegt worden war. Hier zog man nicht nur Zierpflanzen (Rosen, Dahlien, Stiefmütterchen), sondern auch Gemüse und Obst (Pfirsiche, Wassermelonen, Blumenkohl).[40] Die Gärtnerei war für ihren Ananasanbau und ihre Obstbaumschule bekannt. Im Jahr 1865 gelang dem Hofgärtner Braun die Züchtung einer neuen Apfelsorte, die den Namen ‚Prinz Albrecht' erhielt und sich bis heute großer Beliebtheit unter Obstgärtnern erfreut.[41]

*Abb. 8*
*Ansicht des imposanten Kamenzer Schlossensembles mit der über 30 Meter hohen Fontaine am Fuße der Terrassenanlage, dargestellt auf einem Tablett der Königlichen Porzellan-Manufaktur Berlin, um 1865.*

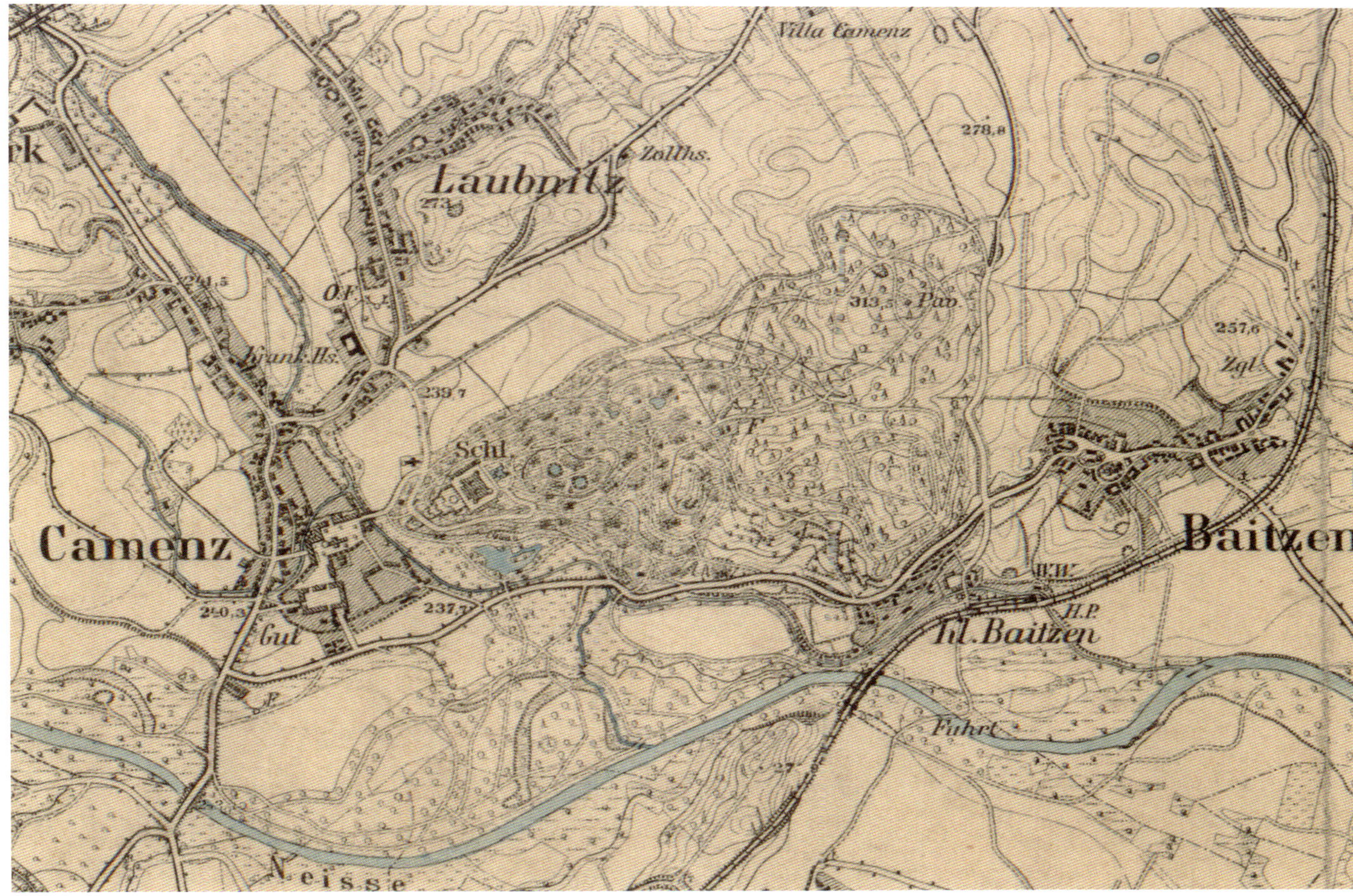


*Abb. 9*
*Die Schlossanlage Kamenz mit der weitläufigen, sich nach Osten erstreckenden Parkanlage 1916, Ausschnitt aus dem Messtischblatt 3191 (Kamenz).*

Parallel zum Schlossbau wurde auch der ehemalige Klosterforst in die Gartengestaltungen einbezogen: östlich des Schlosses fügte sich ein Landschaftsgarten an, der allmählich in einen weniger intensiv gestalteten Park – dem ehemaligen Tiergarten – überging (Abb. 9).[42] Über dieses Gelände, das dem Hofgärtner Bernkopf zugeschrieben werden kann, schrieb allerdings der Breslauer Gartenarchitekt Fritz Hanisch 1920 recht kritisch: „Der übrige Park ist für den Fachmann ohne Bedeutung".[43] Dennoch entstanden an den Hängen des Hartheberges zahlreiche Wege, die zu den attraktivsten Aussichtspunkten führten. Einer von ihnen lag auf der Albrechtshöhe. Unweit davon befand sich an der Straße nach Baitzen (Byczeń) eine imposante Felsenformation, der Charlottenstein, der über eine in den Felsen gehauene Treppe zugänglich gemacht wurde. An der Straße nach Patschkau (Paczków) wiederum erstreckte sich ein weiter Ausblick von dem so genannten „Ende der Welt". Einen weiteren Aussichtspunkt schuf man

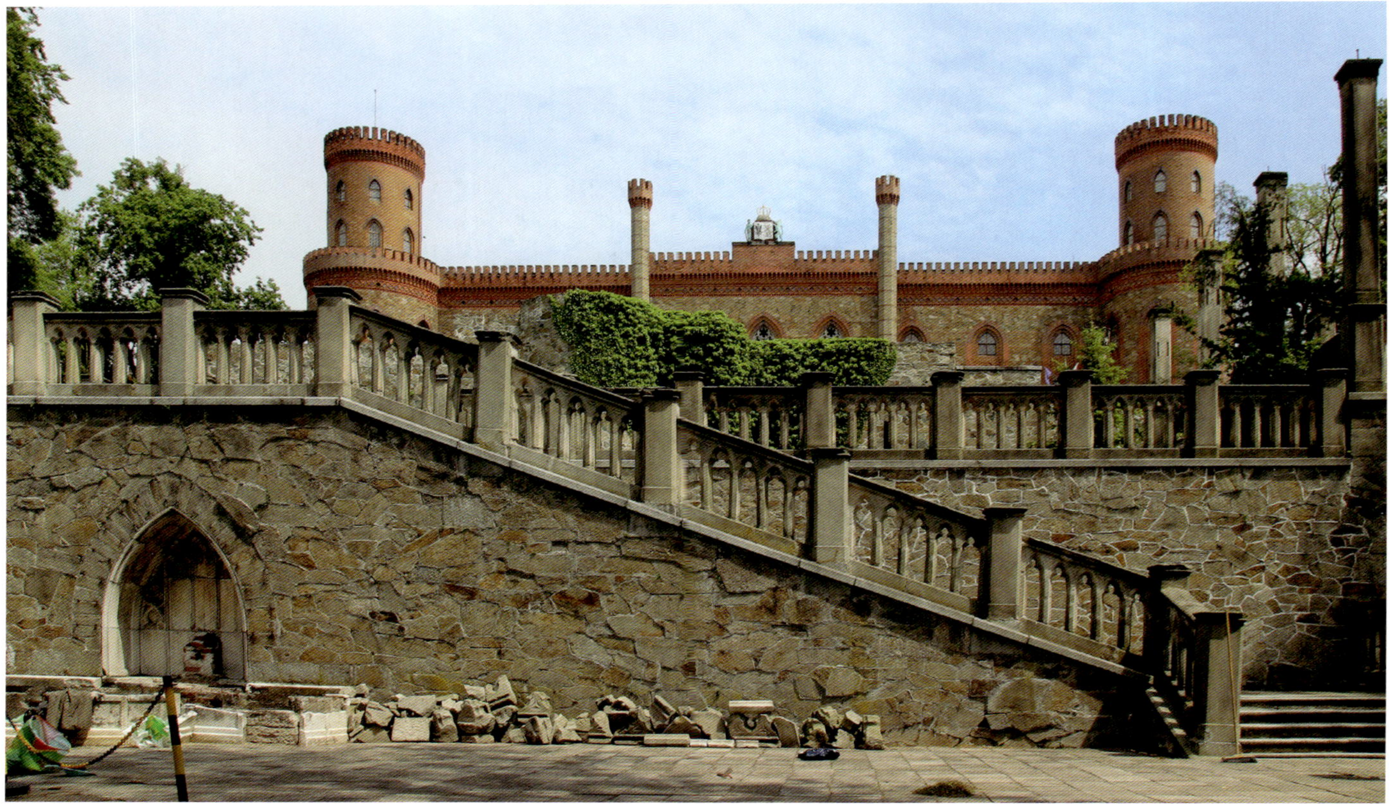

inmitten einer Gruppe malerischer Felsen, die als Hutberg bezeichnet wurden.[44] Beeindruckende Ausblicke eröffneten sich auch an zahlreichen anderen Orten; die Sicht reichte bis zum Durchbruch der Glatzer Neiße, zu dem Reichensteiner-, dem Wartha- und dem Eulengebirge sowie bis nach Patschkau, Reichenstein (Złoty Stok), Frankenstein (Ząbkowice Śląskie) und sogar bis zum Großen Heuscheuer (Szczeliniec) im Heuscheuergebirge (Góry Stołowe).[45]

Zu einer wichtigen Attraktion des Parks wurden auch die zahlreichen Naturbesonderheiten und Garteneinrichtungen, denen man originelle, oftmals mit Mitgliedern der Fürstenfamilien verbundene Namen gab, wie z. B. die Agathen-Eiche, die Friedrich-Heinrich-Eiche oder die Johannes-Eiche. Nordöstlich des Schlosses legte man einen Goldfischteich (das sog. „Haarlemer Meer")[46], einen weiteren Teich (die sog. „Zuidersee") und ein Wasserbecken an, das aufgrund seiner dunklen Wasserfarbe auch als „Schwarzes Meer" bezeichnet wurde.[47] Am Rande des einstigen Tiergartens wurde an einem stillen Ort, von dem sich ein weiter Ausblick ins Tal und auf die umliegenden Berge eröffnete, ein von Douglasien umgebenes Mausoleum in Form eines antiken Tempels errichtet, das ab 1906 als Begräbnisstätte Prinz Albrechts und seiner Familie diente.[48] Einen entsprechenden Rahmen für die verschiedenartigen Parkbauten bildete die üppige Vegetation. Einem Bericht

*Abb. 10*
*Die in der Restaurierung befindlichen Terrassen und das Schloss von Kamenz, Aufnahme 2015.*

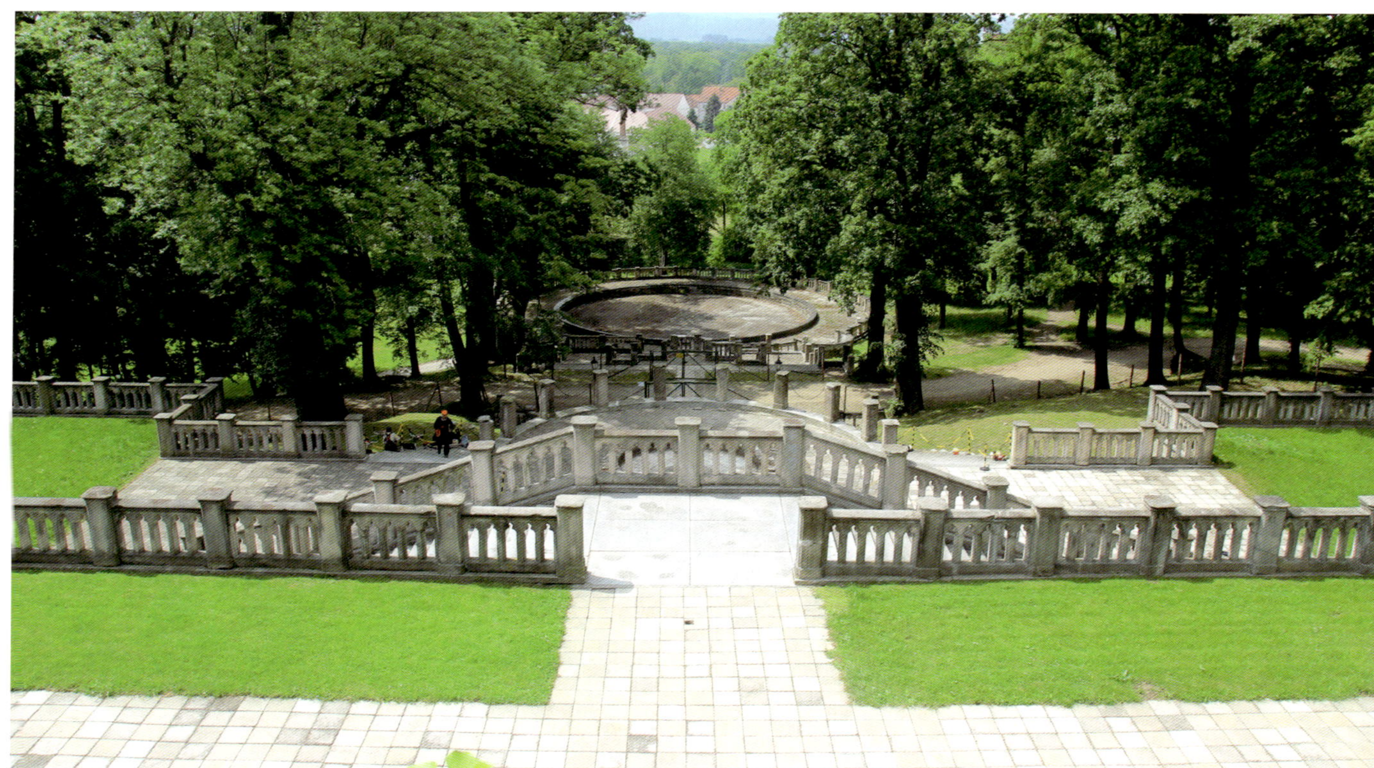

*Abb. 11*
*Talblick über die unteren Terrassen des Kamenzer Schlosses in Richtung Südwesten, Aufnahme 2015.*

von 1926[49] zufolge gehörten u. a. Fichten, amerikanische Eichenarten, Rotbuchen und Blutbuchen zum Baumbestand. Das Unterholz wurde mit verschiedenen Sorten von Azaleen und Rhododendren bereichert, die in größeren Gruppen in der Umgebung der Albrechtshöhe und des Goldfischteiches angepflanzt wurden. Der Parkboden war mit den verschiedensten Wald- und Wiesenpflanzen, u. a. mit blauen Lupinen bewachsen. Bis zum Ende des 20. Jahrhunderts sind etwa 60 verschiedene Baum- und Straucharten erhalten geblieben, u. a. Tulpenbäume, Gurken-Magnolien, Eiben, Riesen-Lebensbäume, Douglasien, heimische und amerikanische Eichen-, Ahorn- und Kiefernarten, Rotbuchen, Blutbuchen und Flatterulmen.[50]

In der zweiten Hälfte des 19. Jahrhunderts wurde die großflächige Parkanlage um neues Gelände erweitert. Dazu nutzte man einen Auwald und ein natürliches Waldgebiet, den sog. „Pilzwald" (Las Pilecki) am rechten Ufer der Glatzer Neiße. Das Gelände wurde nach einem Entwurf des Gärtners Hermann Schlegel in einen Waldpark umgestaltet. Von den am Fluss angelegten Spazierwegen sollten sich wechselnde Ausblicke auf die Klosterbauten und das Schloss eröffnen. Einer der Aussichtspunkte entstand in der Umgebung der berühmten „Sultans-Eiche", die heute ein Naturdenkmal ist.[51]

Nach dem Tod von Prinz Albrecht übernahm dessen Sohn, Prinz Friedrich Heinrich von Preußen (1874–1940), die Kamenzer Güter. Der letzte Eigentümer war Waldemar von Preußen (1889–1945). 1946 brach im bereits stark verwüsteten Schloss ein Feuer aus. Das Gebäude brannte fast vollständig aus.[52] Davor wurden aus dem Schloss 16 Güterwagons mit wertvollen Kunstschätzen, die Marianne zusammengetragen hatte, aber auch mit Objekten aus schlesischen Museen, die der niederschlesischen Provinzialkonservator Günther Grundmann in den Jahren zwischen 1942 und 1944 in Kamenz ausgelagert hatte, in die Sowjetunion gebracht. Jahrzehnte der Verwüstung und des Verfalls kennzeichneten das gesamte Ensemble, bis 1984 die Gemeinde Kamenz das Objekt an eine Privatperson verpachtete, die das Denkmal vor dem weiteren Verfall sichern sollte.[53] 2012 kehrte jedoch das Schloss unter die Obhut der Gemeinde zurück. Noch in demselben Jahr begannen groß angelegte Maßnahmen zur Sanierung des Schloss- und Parkensembles (Abb. 10 u. 11), die nicht nur aufgrund ihrer Ausmaße als herausragend zu bezeichnen sind.

## Anmerkungen

1 Die Burg wurde auf einem Felsen namens Kamieniec errichtet (böhmisch: Kamenez, Kamenech). Im 19. Jahrhundert hielt man die Spuren der Klosterbefestigung für die Überreste der alten Burg (Schreiber 1841, S. 2). Eine bauarchäologische Untersuchung in den Jahren 1985–1987 lieferte keine eindeutigen Ergebnisse (Rybka-Ceglecka et al. 2003, S. 71).

2 Franke 1996, S. 75; Metzger/Jarco 1996, S. 24–25; Przyłęcki 1996, S. 225; Grajewski 2014, S. 18.

3 Metzger/Jarco 1996, S. 24–25; Mazurski 2005, S. 85–86; Grajewski 2014, S. 18.

4 Weber 1910 (b), S. 6; Grundmann 1966, S. 243–245; Mazurski 2005, S. 85–88.

5 Peter 1885, S. 188; Franke 1996, S. 76; Grajewski 2014, S. 21.

6 Wilhelmina Frederika Louise Charlotte Marianne Prinzessin von Nassau-Oranien (1810–1883), Tochter von Wilhelm I., dem König der Niederlande (1772–1843), und Friederike Luise Wilhelmine Prinzessin von Preußen (1774–1837), in den Jahren 1830-1849 Ehefrau von Prinz Albrecht von Preußen (1809–1872).

7 Franke 1996, S. 75; Mazurski 2005, S. 88–89; Gaworski 2009, S. 53.

8 Borecka 1976, S. 158; Organiściak 1987, S. 58–59; Mazurski 2005, S. 89; Gaworski 2009, S. 53.

9 Grundmann 1941, S. 71; Grundmann 1966, S. 245; Franke 1996, S. 75–85.

10 Borecka 1976, S. 354; Halawa 1996, S. 71; Franke 1996, S. 76.

11 Grundmann 1941, S. 78; Borecka 1976, S. 358. Ferdinand Martius (1811–1889) studierte 1832–1835 an der Bauakademie in Berlin. Am Ende des Studiums wurde er auf Stülers Empfehlung von Schinkel zur Bearbeitung von Zeichnungen für die Publikation „Sammlung architektonischer Entwürfe" engagiert. In den Jahren 1835–1837 bereitete er sich in Münchenberg auf seine Meisterprüfung im Bereich Bauwesen vor, die er 1837 erfolgreich ablegte (Matuszczyk 1996, S. 86; Gaworski 2009, S. 65).

12 Schinkel litt unter einer Lähmung seiner rechten Hand, was ihn an der eigenhändigen Ausführung seiner Zeichnungen hinderte (Grundmann 1841, S. 72–73; Gaworski 2009, S. 68).

13 Mazurski 2010, S. 13; Borecka 1976, S. 371–373; Franke 1996, S. 79. Der Marmor „Weiße Marianne" stammte aus den Steinbrüchen von Seitenberg (Stronie Śląskie). 1839 hatte man hier im Auftrag der Prinzessin Marianne mit der Förderung des Marmors begonnen, der bis heute die alten Handelsnamen trägt: Weiße, Rosa und Grüne Marianne. Für den Bau des Schlosses wurden Ziegeleien errichtet, in denen man verschiedene Arten von Ziegeln und Formsteinen brannte.

14 Grajewski 2014, S. 28.

15 Grundmann 1941, S. 73.

16 Auskunft über das Fortschreiten der Baumaßnahmen geben ein Bericht und einige Entwurfszeichnungen, die Martius in der „Allgemeine[n] Bauzeitung" veröffentlichte (Martius 1850, S. 177–184, Abb. 334–341). Im Königlichen Hausarchiv in Den Haag sind außerdem die Korrespondenz zwischen Prinzessin Marianne und Martius aus den Jahren 1853–1883 sowie einige Zeichnungen erhalten.

17 König Friedrich Wilhelm IV. verbot Prinzessin Marianne, sich länger als 24 Stunden auf preußischem Boden aufzuhalten unter der Auflage, sich jedes Mal in einem Polizeiposten an- und abmelden zu müssen. Die Prinzessin fand einen Ausweg aus der Situation: um ihre Besitztümer beaufsichtigen zu können, erwarb sie das Gut Weißwasser im böhmischen Teil Schlesiens, das 12 Kilometer von Kamenz entfernt war, heute Okres Jeseník (Perzyński 2006, S. 97–99; Gaworski 2009, S. 80–81).

18 Borecka 1976, S. 369.

19 Grundmann 1941, S. 116. Vgl. Pläne SPSG, GK II (1) 13185 u. 13186 (s. S. 138–140, Abb. 1 u. 2).

20 Im Jahr 1866 erschien der Name der Kamenzer Gartenanlage auf dem goldenen Lorbeerkranz, auf dem die wichtigsten Werke Lennés anlässlich seines Dienstjubiläums verzeichnet wurden.

21 Hinz 1977, S. 48–49; Hinz 1989, S. 382.

22 Gabriel 1926, S. 141; Irrgang 1978, S. 212; Gaworski 2009, S. 89.

23 Der Gartenplan („Schloß Kamenz in Schlesien. Die Erweiterung der Terrassenanlagen, entworfen am 26. September 1860 von Lenné") ist zusammen mit dem gesamten Bauarchiv des Schlosses im Zweiten Weltkrieg verschollen. Dieser Plan sowie eine Zeichnung der Westfassade einschließlich der Terrassenanlage (1860 gezeichnet von Martius unter Lennés Anleitung) sind von Günther Grundmann veröffentlicht worden (Grundmann 1941, S. 115, Abb. 80 und S. 117, Abb. 81) – s. S. 141, Abb. 3.

24 Grundmann 1941, S. 116; Franke 1996, S. 84.

25 Zit. nach Gabriel 1926, S. 141.

26 Grundmann 1941, S. 105–106; Jakimiak 1982, S. 15–17; Grajewski 2014, S. 22.

27 Mutzek 1925, S. 639.

28 Grundmann 1941, S. 116–117.

29 Grajewski 2014, S. 23.

30 Matuszczyk 1996, S. 92–93; Gaworski 2009, S. 92–93.

31 Längs- und Querschnitt des Schlosses (zweite Entwurfsfassung). Zeichnung: F. Martius, signiert von K. F. Schinkel, 1838 (Nationalmuseum Breslau, Inv.-Nr. VII-5446. SW-Reproduktion bei Grundmann 1941, S. 86, Abb. 59).

32 Erdgeschossgrundriss des Schlosses sowie der Stallungen und der Wagenremise, seitlich die Grundrisse der Obergeschosse des Stallgebäudes und der Wagenremise (zweite Fassung des Entwurfs) von 1838. Zeichnung: F. Martius, signiert von K. F. Schinkel. (Nationalmuseum Breslau, Inv.-Nr. VII-5449. SW-Reproduktion bei Grundmann 1941, Abb. 55).

33 Dies war die letzte von Schinkel eingeführte Entwurfsänderung (Franke 1996, S.82).

34 Matuszczyk 1996, S. 93; Gaworski 2009, S. 91.

35 Gaworski 2009, S. 91; Organiściak 1987, S. 65.

36 Mazurski 2005 , S. 97; Gaworski 2009, S. 92.

37 Gabriel 1926, S. 141; Mutzek 1925, S. 640.

38 Gabriel 1926, S. 144.

39 Mutzek 1925, S. 638; Gabriel 1926, S. 143.

40 Mutzek 1925, S. 640.

41 Grajewski 2014, S. 10.

42 Der Wildgarten entstand aus dem früheren, 100 Morgen (ca. 25 Hektar) großen Tiergarten. Das Gelände war von einem Holzzaun umgeben, wahrscheinlich wurden dort Damwild und Rehe gehalten (Rybka-Ceglecka et al. 2003, S. 72).

43 Hanisch 1920, S. 167. Zu Bernkopf s. S. 139.

44 Gabriel 1926, S. 145; Krzyżanowski 2004, S. 42–43.

45 Metzger/Jarco 1998, S. 70.

46 Nach Angaben von Gabriel (1926, S. 144) wurde der Goldfischteich als Haarlemer Meer bezeichnet. Daneben befand sich die Zuidersee. Organiściak (1987) behauptet wiederum, dass es sich bei der Zuidersee um den Goldfischteich handelte.

47 Organiściak 1987, S. 67; Krzyżanowski 2004, S. 42–43.

48 Gabriel 1926, S. 145.

49 Ebd.

50 Ciesielski 1981, S. 2–5; Przyłęcki 1996, S. 229.

51 Anonymus 1901, S. 107–108; Gabriel 1926, S. 146; Grajewski 2014, S. 11.

52 Łuczyński 2010, S. 308–309.

53 Mazurski 2005, S. 100.

# Die Gartenanlagen Lennés in Breslau: Stadtplanung und Scheitniger Park

**Justyna Jaworek**

*Abb. 1*
*Ausschnitt aus einer Karte von 1865 mit Grünanlagen vor dem Oberschlesischen Bahnhof, auf dem Fränkelplatz und in der Friedrich-Straße. Lithographie, August Hoffmann/Moritz Sadebeck, 1865.*

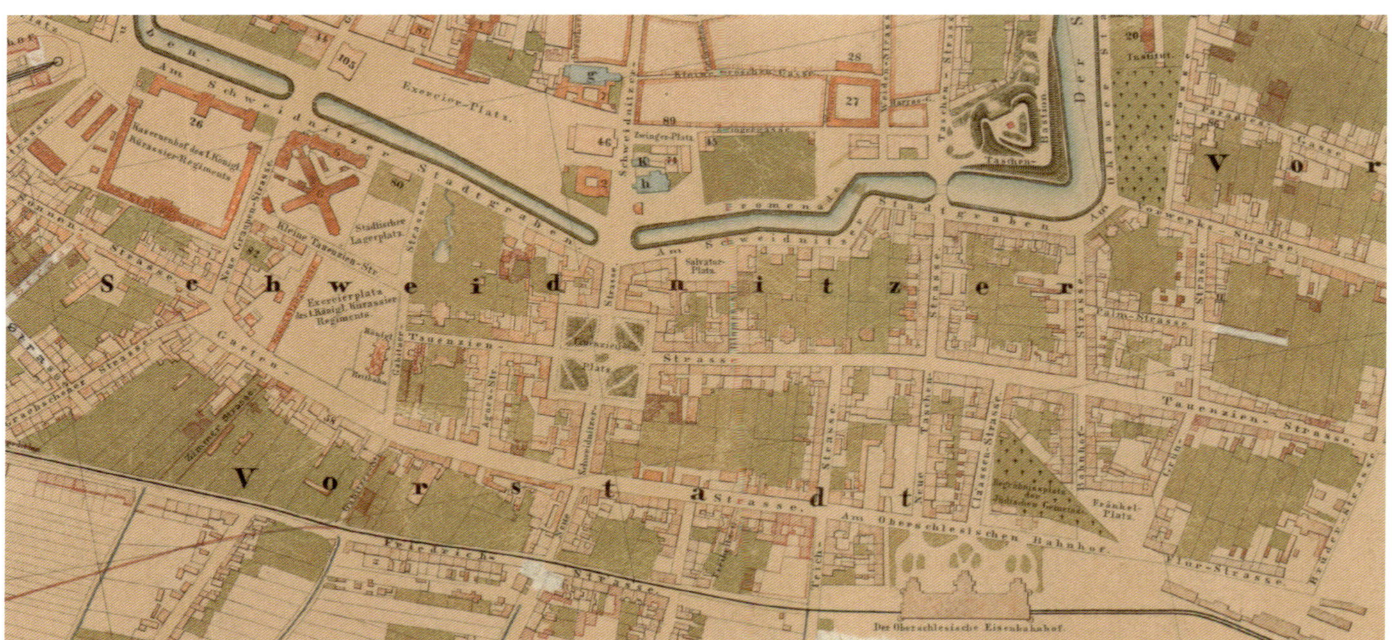


## Der Bebauungsplan der südlichen Vorstädte

Nach der Einnahme der Stadt durch napoleonische Truppen im Jahr 1807 und der anschließenden Auflösung der Stadtbefestigung begann sich die Bebauung auf die stadtnahen Gebiete auszubreiten. Ende der 1840er Jahre kam es infolge der stetig anwachsenden Bebauung der Vororte zu einer chaotischen Stadtentwicklung. Es war deshalb dringend notwendig, einen Katasterplan von Breslau zu erarbeiten.[1] In den Jahren 1855–1860 erstellte Professor Moritz Sadebeck (1809–1885) einen neuen Stadtplan (Maßstab 1:1 000), der Grundlage aller späteren Stadtpläne Breslaus wurde. Im Jahr 1865 verkleinerte der städtische Vermessungsingenieur August Hoffmann den Sadebeck-Plan (im Maßstab 1:10 000), was die Eintragung weiterer Ergänzungen erleichtern sollte.[2]

Die ersten Planungen in den südlichen Vororten Breslaus fanden 1865 auf Initiative der Stadtverwaltung statt.[3] Aus dem von Hinz untersuchten Briefwechsel geht hervor, dass der preußische Handelsminister August von der Heydt Lenné am 30. Oktober 1853 einen fertigen städteplanerischen Entwurf zur Regulierung der Schweidnitzer, Ohlauer und Nicolai-Vorstadt (Przedmieście Świdnickie, Oławskie, Mikołajskie) vorlegte.[4] Am 12. November 1853 bekam er ein ausführliches Gutachten, in dem Lenné beispielsweise neben dem „sehr zweckmäßigen Vorschlage, die Magazinstraße mit Vorgärten zu versehen" auch „eine Erweiterung des projectirten Platzes in der Verlängerung dieser Straße sowie die Durchführung einer neuen 60 Fuß breiten Straße von diesem Platze bis zur niederschlesisch-märkischen Eisenbahnlinie" empfiehlt.[5]

Zudem schlägt er die Vergrößerung von Bauplätzen, Straßenanbindungen und ein verbessertes Verhältnis der Freiflächen zur Bebauung (Proportionen) vor.

Im Zuge der Umsetzung im Oktober 1854 bot der Breslauer Magistrat von der Heydt die Teilnahme an einer Ortsbegehung an. Das Treffen fand am 12. Mai 1855 unter Teilnahme von Lenné, im Beisein des Polizeipräsidenten von Kehrer, des Oberbürgermeisters Elwanger und des Stadtrates Becker, eines Mitglieds der Promenaden-Deputation, statt.[6]

Lenné erweiterte den Entwurf und notierte seine Anmerkungen auf dem „Situationsplan der Nikolai-, Schweidnitzer und Ohlauer Vorstadt von Breslau", dessen Kopie bis zum Zweiten Weltkrieg in Berlin erhalten war. Die wichtigsten, am Breslauer Entwurf eingeführten Änderungen betrafen die Erweiterung und Verschönerung von Plätzen und Straßen in der Umgebung von drei Bahnhöfen – des Oberschlesischen (Dworzec Główny), des Freiburger (Dworzec Świebodzki) und des nicht mehr existierenden Niederschlesisch-Märkischen. Lenné schlug die Anlage einer repräsentativen Straße, der Friedrich-Straße (heutige ul. Kolejowa), entlang des Bahndamms[7] zwischen der Teichstraße (ul. Stawowa) und der Siebenhufener Straße (ul. Tęczowa) vor. Breite Abschnitte der neuen Verkehrsader sollten von Pflanzungen eingerahmt und an sonnigen Standorten von Baumreihen begleitet werden. Die Pflanzungen hatten nicht nur eine Schutzfunktion, sie dienten auch der Ausschmückung. Ein zweiter Vorschlag Lennés bezog sich auf die Anlage eines dreieckigen Stadtplatzes, des Fränkelplatzes (heute plac Konstytucji 3 Maja), am ehemaligen jüdischen Friedhof (Abb. 1).[8]

Die Umsetzung des Entwurfs zur Umgestaltung der südlichen Vorstädte Breslaus wird August Schwager (gest. 1863) zugeschrieben, der in den Jahren 1849–1863 das Amt des Promenadeninspektors bekleidete. Gleichzeitig wurden weitgehende Maßnahmen zur Umgestaltung der städtischen Grünanlagen Breslaus in Angriff genommen.[9] Dies bezeugt eine von

Iwona Bińkowska entdeckte Briefsammlung, aus der hervorgeht, dass Heinrich Robert Göppert (1800–1884) dem Magistrat im August und September 1853 ein Konzept zur Gestaltung von Grünanlagen im gesamtstädtischen Kontext vorstellte.[10] Ihm ist es auch zu verdanken, dass schließlich Lenné bei den Planungen hinzugezogen wurde.

Göpperts Vorschlägen folgend begann man mit der Schaffung von Schmuckanlagen und mit Baumpflanzungen in den Straßen der Vororte und im Stadtgebiet. In den Jahren 1854–1857 beaufsichtigte Schwager u. a. die Umsetzung der Entwürfe für die Grünanlagen in der Gartenstraße (ul. Piłsudskiego), der Friedrich-Wilhelm-Straße (ul. Legnicka), der Klosterstraße (ul. Traugutta) und der Gabitzerstrasse (Gajowickiej) sowie am Tauentzienplatz (plac Kościuszki), am Ritterplatz (plac Nankiera) und am Christophoriplatz (plac św. Krzysztofa). Während seiner Amtszeit entstanden auch die Grünanlagen vor dem einstigen Oberschlesischen Eisenbahnhof und am Königsplatz (plac Jana Pawła II).[11] Im Jahr 1863 löste der von Lenné empfohlene Julius Lösner (1818–1890) Schwager ab; Lösner bekleidete das Amt bis 1890.[12]

Im Jahr 1861 bekam Lenné dank der Bemühungen Göpperts für seine besonderen Verdienste den Ehrendoktortitel der Universität Breslau verliehen.[13] Damals soll Lenné auch Ratschläge bezüglich der Gestaltung des Oderufers und des Stadtgrabens erteilt haben.[14]

## Der Scheitniger Park

Der Scheitniger Park (Park Szczytnicki) ist Breslaus größte und älteste öffentliche Grünanlage. Die Entscheidung für ihre Gründung wurde 1854 getroffen, nachdem die Stadt den Garten Fürst Friedrich Ludwig von Hohenlohe-Ingelfingens (1747–1818)[15] aufgekauft und diesen zusammen mit dem nahegelegenen Briskewald für die Anlage eines Stadtparks bestimmt hatte. Diese Planung fiel zeitlich mit weiteren Vorhaben im Bereich der südlichen Vorstädte zusammen: Ab 1833 wurden bereits auf Anregung des „Schlesischen Vereins für

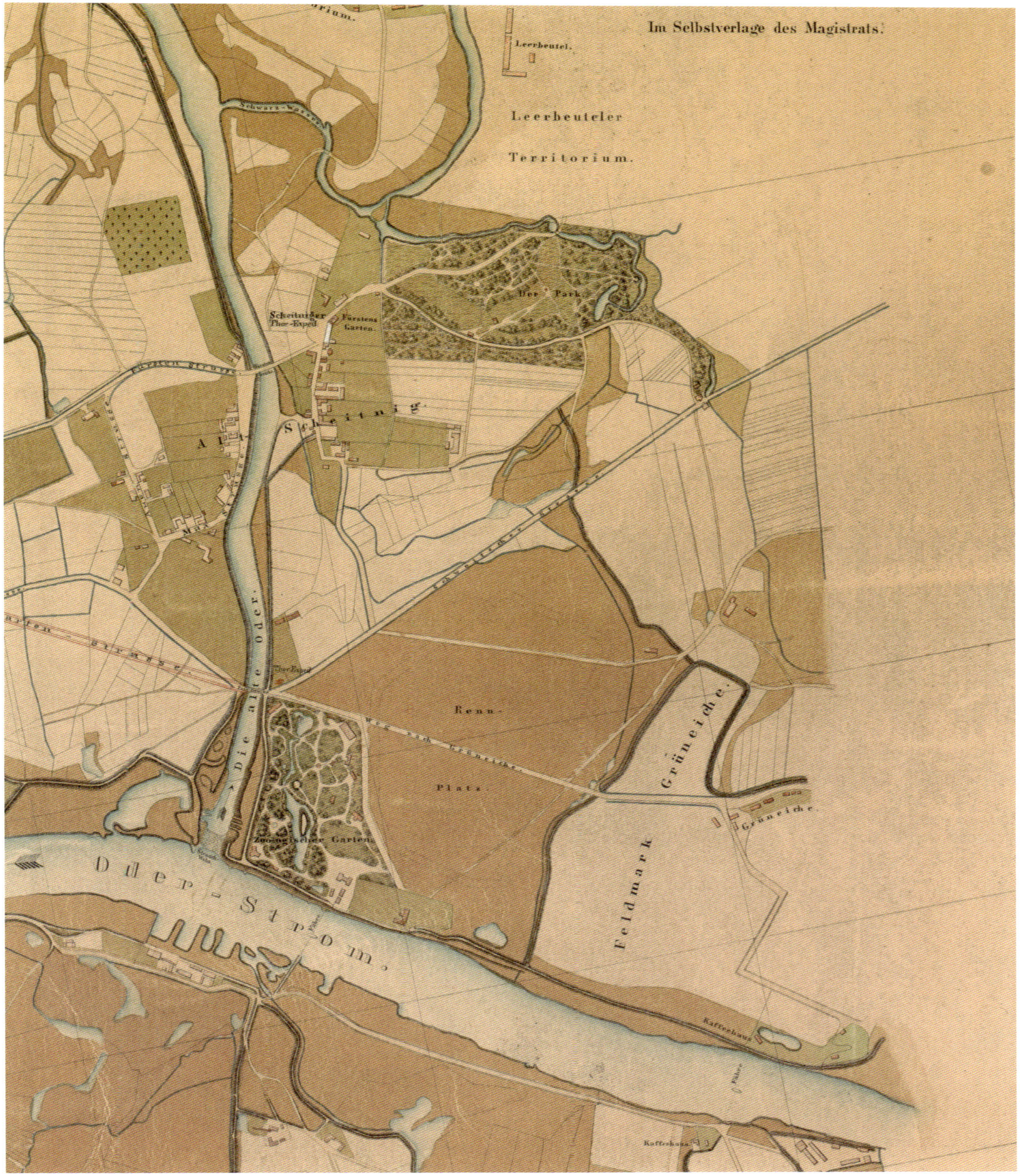


*Abb. 2*
*Ausschnitt aus einer Stadtkarte Breslaus von 1865. Die nach Empfehlungen Lennés ausgeführte Gestaltung ist sichtbar. Lithographie, August Hoffmann/Moritz Sadebeck, 1865.*

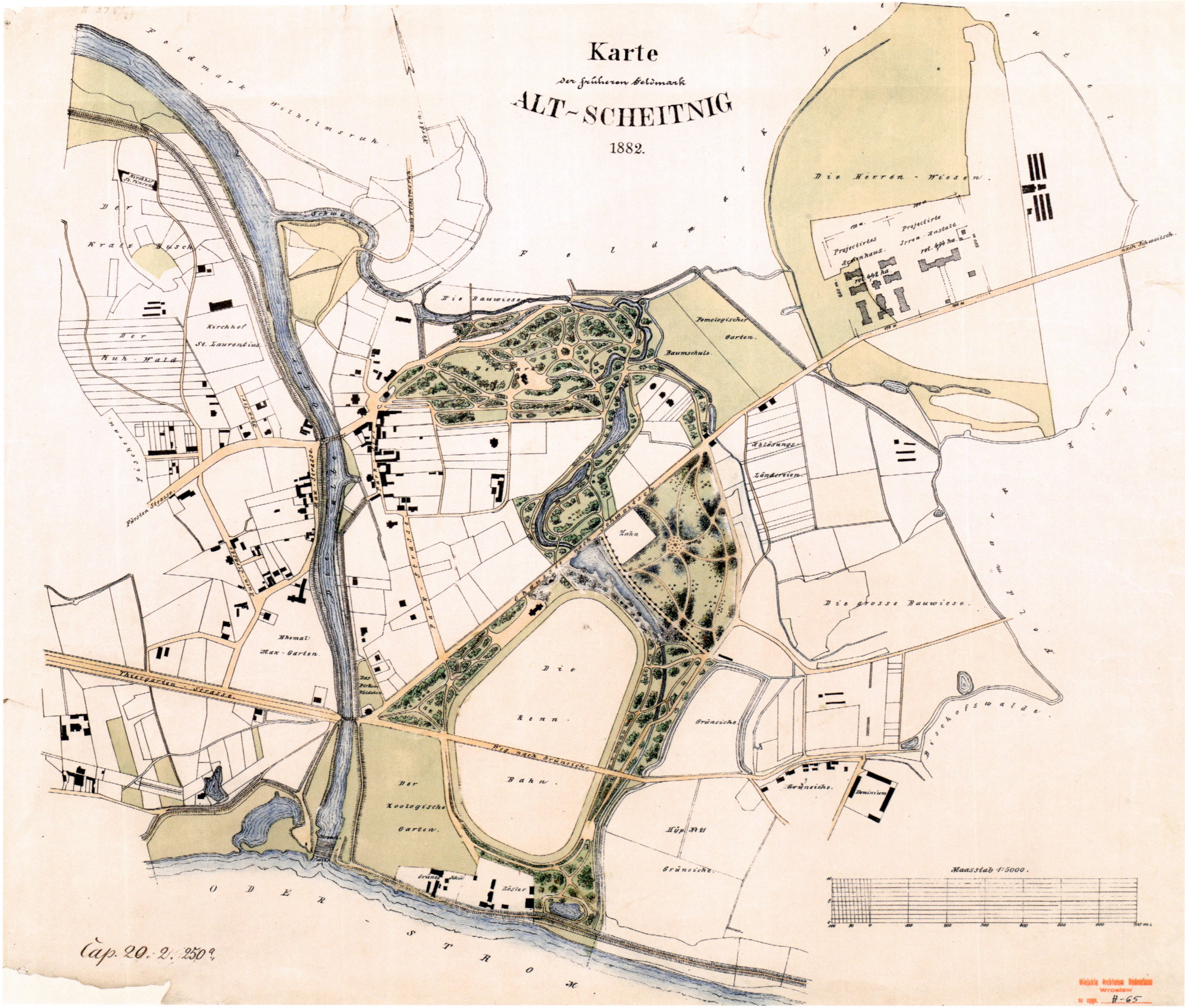
Karte
der früheren Feldmark
ALT-SCHEITNIG
1882.
Die Herren-Wiesen.
Pomologischer Garten.
Baumschule.
Die Bauwiese.
Kirchhof St. Laurentius.
Der Kuh-Wald
Ehemal. Max-Garten.
Thiergarten-Strasse.
Weg nach Grüneiche.
Die Renn-Bahn.
Der Zoologische Garten.
Die grosse Bauwiese.
Grüneiche.
Dominium
Maasstab 1:5000.
ODER STROM
Bischofswalde
Feld mark Wilhelmsruh
Feld mark

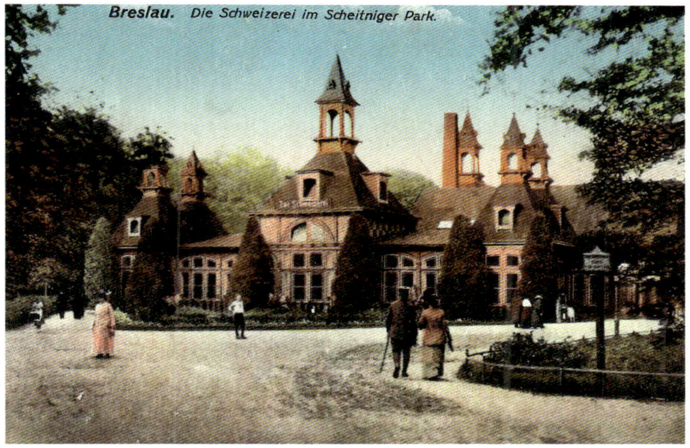


*Abb. 4*
*Ansichtskarte von 1927 mit der Schweizerei im Scheitniger Park.*

Pferderennen und Thierschau" auf den Weideflächen von Grüneiche (Dąbie) Rennen veranstaltet; und 1863 begann man mit der Anlage eines Zoologischen Gartens. Die enge Nachbarschaft von Bereichen, die Freizeit-, Sport- und didaktischen Zwecken dienten, hatte zur Folge, dass der Scheitniger Park allmählich ein Teil eines größeren öffentlichen Grünsystems wurde.[16]

Einen besonderen Beitrag zur Gestaltung der Anlage leistete Heinrich Robert Göppert, der die Schaffung des Landschaftsparks auf dem Gelände des ehemaligen fürstlichen Gartens vorschlug und dafür einen Gartenkünstler gewinnen wollte.[17] Als Lenné sich 1864 in Breslau aufhielt, um den von Julius Lösner erstellten Entwurf für die Gestaltung des Zoologischen Gartens zu begutachten, fiel wohl auch die Entscheidung, den Park nach seinen Empfehlungen anzulegen.[18] Von diesem Vorhaben zeugt ein an Lenné gerichteter Brief Lösners vom 16. Juni 1863, in dem der Park in Scheitnig Erwähnung findet.[19] Diese Entscheidung ist kein Zufall, war doch der Gartendirektor bereits in die Umgestaltung der südlichen Vororte Breslaus involviert.[20]

*Abb. 3*
*Karte der früheren Feldmark Alt-Scheitnig von 1882, Lithographie.*

Ungeklärt bleiben die Umstände, wieso es zu einem weiteren Neuentwurf des Parks kam, der 1861 von Eduard Petzold (1815–1891) signiert worden ist.[21] Später erwähnte Petzold sogar in seinen Memoiren „Erinnerungen aus meinem Leben" (1890) diesen nicht realisierten Entwurf, der im Auftrag des in den 1860er Jahren aktiv in der Promenaden-Deputation tätigen Breslauer Buchhändlers Joseph Max erstellt worden war.[22]

Die Arbeiten an der Neugestaltung des Parks begannen im Herbst 1865.[23] Informationen dazu liefert der Bericht eines Mitglieds der ‚Kommission für Promenaden und Parkanlagen' von 1866: „Vom 25. November bis Ende Dezember sind, nachdem der von Herrn General-Direktor Lenné entworfene Plan Seitens der Deputation genehmigt worden war, vom Obergärtner Lösener[24] die neuen Wege des Parkes abgesteckt worden. Auch wurde der größere Theil derselben ausgeholzt und ausgescharrt, sowie die alten Wege fast sämtlich umregolt worden sind […]".[25] Die Ausführung des Entwurfs beaufsichtigte der Promenaden-Gärtner Gustav Heinze.[26]

Da keine Originalpläne des Parks erhalten sind, liefert lediglich ein Stadtplan Breslaus aus dem Jahr 1865 (Abb. 2) Informationen: Östlich des einstigen formalen Teils des fürstlichen Gartens erstreckte sich ein Landschaftspark. Im Zuge der Neugestaltung wurden dort vorhandene Einrichtungen wie z. B. Buden, Karussells, Elemente des ehemaligen Kaffeegartens, ein Zaun zwischen Fürstengarten und Briskewald, sowie die Überreste der ursprünglichen, symmetrischen Anlagen entfernt.[27] Erhalten blieben dagegen Elemente, die die Tradition des Ortes unterstrichen, wie die Königssäule, das Gasthaus ‚Zur Schweizerei' und Alleen in der südlichen Hälfte des Parks. Lennés Konzept nutzte die natürlichen Gegebenheiten: Von Norden und Nordosten wurde der Park vom Schwarzwasser, einem Oderzufluss, und kleineren Wasserläufen bestimmt, an denen zwei Teiche angelegt wurden. Das Parkgelände umfasste zudem drei Wiesen: eine westliche (Briskewiese), eine zwischen der Schweizerei und der Königssäule (Wilhelmwiese) und eine am Schlangenberg (Schlangenwiese). Im Zuge der Arbeiten wurden neue geschwungene Wege hergestellt. Ein Großteil des Parks wurde durchforstet und ausgelichtet. Dies ermöglichte die Schaffung weiter, über die Grenzen der Anlage hinausreichender Sichtachsen; zudem ließ man die stattlichen alten Eichen zur Geltung kommen, die zu einem besonders wertvollen Element der Parklandschaft wurden.[28] Im zentralen Teil der Anlage wurden die Wiesenränder mit blühenden Sträuchern bepflanzt, östlich des Parks legte man auf 11 Morgen eine Baumschule an.[29]

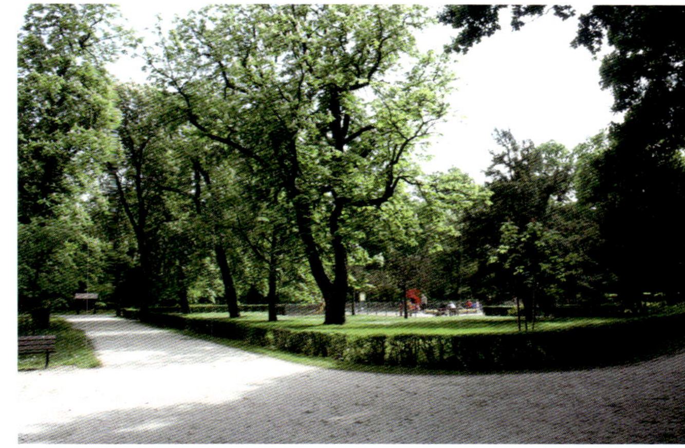

*Abb. 5*
*Heutige Situation um die ehemalige Schweizerei im Scheitniger Park mit Kinderspielplatz und erhaltenen Kastanienreihen.*

Die Anlage, die im Jahr 1865 eine Fläche von 40 Hektar einnahm, war um die Wende zum 20. Jahrhundert bereits 100 Hektar groß.[30] Trotz der vielen Veränderungen blieb die Komposition des ältesten Parkteils über die Zeit hinweg unverändert. Eine Ausnahme bildete das Gelände in der Umgebung der Schweizerei und des Schlangenberges. Nachdem 1883 das Gasthaus ausgebaut wurde, entstand dort von 1887 bis 1888 ein Ziergarten (Abb. 3): Im Süden legte man eine ovale Blumenrabatte mit Formgehölzen an (Abb. 4). An der Stelle des ehemaligen Spielplatzes am Eingang zum Park wurden eine Gruppe rot blühender Azaleen, zahlreiche Magnolien sowie weiß und rot blühende Alpenrosen angepflanzt.[31] Den ländlichen Charakter der Rasenflächen unterstrichen Krokusse und Leberblümchen.[32] Der Platz vor dem Gasthaus wurde in Richtung Königssäule durch die Pflanzung von Kastanienreihen betont. Die Änderungen am Schlangenberg beruhten auf einer mit dem Schwarzwasser verbundenen Kaskadenanlage, sowie auf der Anpflanzung von Nadelgehölzen und Mahonien.[33]

Im heutigen Bestand sind noch die westliche Parkwiese und die Wiese zwischen der nicht mehr existenten, sondern von einem Spielplatz ersetzten Schweizerei, sowie Überreste der Königssäule, von der nur noch der Schaft erhalten ist, vorhanden. (Abb. 5). Erhalten ist auch der Gedenkstein für den Fürsten Hohenlohe. Im Baumbestand, der heute weitgehend verjüngt ist, überwiegen heimische Arten. Im westlichen Teil existieren noch Gruppen von Nadelbäumen (überwiegend

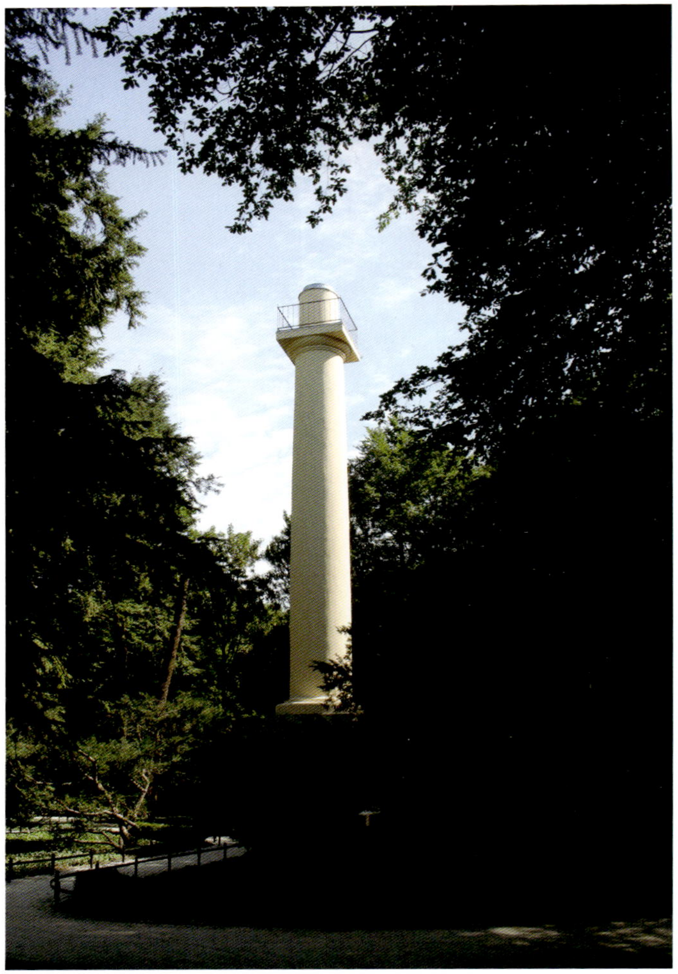

*Abb. 6*
*Heutige Situation um die Gedenksäule für Friedrich Wilhelm II. im Scheitniger Park.*

stattliche Eiben), aber auch Eichen- und Lindengruppen sowie eine Lindenallee. Im zentralen Teil sind noch eine Kastanienallee und vereinzelte alte Thujen (ehemalige Wilhelmswiese) sowie Eibengruppen in der Umgebung der Gedenksäule zu erkennen (Abb. 6).

## Anmerkungen

1 Kononowicz 1979, S. 226.
2 Ebd., S. 227.
3 Ebd., S. 226.
4 Hinz 1989, S. 377–380.
5 GStA PK, BPH, Rep. 192, Nl Lenné, Nr. 16, fol. 4 f. Dort Bitte Heydts vom 17. April 1853 und erneute Ermahnung vom 30. Oktober 1853. Dem König soll der Plan vorgelegt werden, durch Lennés Verzögerung stocken die Planungsaufgaben. Zehn Jahre zuvor wurde Lenné bereits in die Berliner Stadtplanung einbezogen, vgl. Wimmer 2016, S. 154–165.
6 Hinz 1989, S. 377–380.
7 Es handelte sich dabei um einen Abschnitt der Eisenbahnstrecke zwischen dem Oberschlesischen Eisenbahnhof und dem Freiburger Bahnhof.
8 Hinz 1989, S. 377–380.
9 Bińkowska 2011 (b), S. 43.
10 Ebd., S. 89. Professor Göppert, Pharmazeut, Arzt, Botaniker, einer der Schöpfer der Paläobotanik, Direktor des Botanischen Gartens der Universität Breslau (1852–1884), ab 1826 Mitglied der Schlesischen Gesellschaft für vaterländische Kultur, ab 1846 deren Präsident, ab 1849 Mitglied der Promenadendeputation und Stadtverordneter (vgl. Mularczyk 2013, S. 869).
11 Bińkowska 2011 (b), S. 43.
12 Bińkowska 2011 (a), S. 132–147.
13 Jubiläum der Universität Breslau vom 1. bis 4. August 1861, Diplome über die 48. Ehren-Promotionen, Breslau 1861 (Gross-Folio je 1 Bl.); Pretzsch 1905 (Philosophische Fakultät: Ehrenpromotionen 1861–62); Irrgang 1978, 213.
14 Zur Umwandlung des Stadtgrabens heißt es bei Ballach: „Nachdem schon im Jahre 1855 sich der zu Rathe gezogene General-Direktor der königlichen Gärten in Potsdam, Lenné, überzeugt hatte, dass der einzige Weg zur nachhaltigen Beseitigung des Uebels die Umwandlung in ein fließendes Wasser sei, schritt man wegen mangelnder Geldmittel erst zehn Jahre später an die Realisierung dieses Vorhabens." (Ballach 1881, S. 2); Anonymus 1864, S. 2664 (dort kurze Anmerkung zur Regulierung des Stadtgrabengeländes); Irrgang 1978, S. 213.
15 Der anglo-chinoise Garten wurde 1783–1789 angelegt. Er bestand aus zwei Teilen: einem geometrischen Garten mit verschiedenartigen Lustbauten, wie etwa einem Otahitischen Kabinett, antiken Skulpturen und einer Gedenksäule für König Friedrich Wilhelm II. von Preußen, sowie einem landschaftlichen Teil, in dessen Komposition das städtische Forstgelände Briskewald einbezogen war. Im Jahr 1789 wurde der im landschaftlichen Stil gestaltete Parkteil der Öffentlichkeit zugänglich gemacht. Nach dem Verkauf des Anwesens im Jahr 1815 blieb Scheitnig trotz der Verwüstung des Parks ein beliebter Ausflugsort für die Breslauer. Hier entstanden zahlreiche Unterhaltungseinrichtungen: Gasthäuser, Karusselle und Kegelbahnen (Herold 1917, S. 28–35; Bińkowska 2011 (a), S. 130–131).
Hohenlohe starb in Slawentzitz, wo er ebenfalls einen bemerkenswerten Landsitz errichtete.
16 Anonymus 1865 (b), S. 1663; Kononowicz 1984, S. 29; Bińkowska et al. 1995, S. 76–77; Bińkowska 2011 (a), S. 133; Ilkosz 2005, S. 51.
17 „Ein herrliches Material für einen Landschaftsgarten bietet sich dort dar, welches nur mit künstlerischer Hand geordnet werden dürften, um diesen Park sofort ohne irgend erhebliche Kosten und in der allerkürzesten Zeit zu einer wahren Zierde Breslau's zu erheben." – zit. Göppert 1860; s. auch Bińkowska 2011 (a), S. 133–134.
18 Anonymus 1864, S. 2664; Anonymus 1865 (a), S. 1139; Bińkowska et al. 1995, S. 77–78; Bińkowska 2011 (a), S. 133.
19 Irrgang 1978, S. 130; Hinz 1989, S. 380.
20 Hinz 1989, S. 377–380; Bińkowska 2011 (a), S. 42–43.
21 Eduard Petzold, Entwurf des Scheitniger Parks, 1861, Tuschezeichnung, Wasserfarben, MAt, ABMW, Sign. TP 1560, 31230. – Rohde bestätigt, dass der Buchhändler Max zwar Auftraggeber war, der Entwurf jedoch nicht zur Ausführung gekommen ist. Der Plan wird bei ihm nicht genannt (Rohde 1998, S. 269).
22 Bińkowska 2011 (a), S. 134; Irrgang 1978, S. 213.
23 Laut Bińkowska et al. (1995) ist die in der Forschung verbreitete Annahme, die Neugestaltung des Parks nach Lennés Entwurf habe 1862 begonnen, falsch. Siehe auch Cohn 1890, S. 120; Habel 1905, S. 127–132; Irrgang 1978, S. 130.
24 Julius Hermann Edmund Lösner (1818–1890), Obergärtner in Breslau (1863–1890), Schüler und Mitarbeiter Peter Joseph Lennés (1855–1862), Heinrich Robert Göpperts und Friedrich Cohns, Absolvent der Königlichen Gärtner-Lehranstalt in Schöneberg bei Potsdam (5. März 1838–3. März 1842), erwarb das „Zeugnis No 1 als besonders gut ausgelernt" mit dem Titel „Kunstgärtner", unterzeichnet von Lenné und Otto (AP, AMWr, Sign. 15128 III, k. 247; Bińkowska 2013, S. 879). Lenné bewertete seine Entwurfsarbeiten sehr positiv und empfahl ihn für das Amt des Stadtgärtners von Breslau, das dieser in den Jahren 1863–1890 bekleidete. Bińkowska hat die entsprechenden Akten eingesehen: Am 11. Dezember 1862 erstellte Lenné Gutachten für Kandidaten für die Stellung des Städtischen Obergärtners in Breslau. Er bestätigte, dass Lösner unter seiner Leitung die Parkanlagen viele Jahre lang geplant und ausgeführt hat (AP, AMWr, Sign. 15128 III, k. 245–246; Bińkowska 2011 (b), S. 132–147) Außer Lennés Referenzen befinden sich im Archiv noch Informationen über die Ausbildung (s. o.) und Berufserfahrungen Lösners, z. B. im Neuen Garten in Potsdam (1. März–30. September 1842), im Gemüse-und Blumengarten am Forsthaus in Mühlenbeck (1. April–1. Juni 1844), im Botanischen Garten Erlangen (1. April 1852–1. April 1853), in Sachsendorf (März 1855–März 1856), in Gültz (1857–April 1858), in Leuthen (bis 1862) (AP, AMWr, Sign. 15128 III, k. 247–249).
25 Zit. nach Lochow 1866, S. 4. Dieses Datum bestätigt auch Ballach: „Im Jahre 1865 begann auch die Regulirung und Vergrößerung des Scheitniger Parkes nach einem von Lösener entworfenen und von Lenné modificirten Plane." (Ballach 1881, S. 2); Bińkowska et al. 1995, S. 77.
26 Gustav Heinze (gest. 1891), ab 1885 Garteninspektor, in den Jahren 1863–1891 Stadtgärtner für die außerhalb der Altstädter Promenade gelegenen Bereiche, zuständig für die Ausführung seines Entwurfs der Neugestaltung des Scheitniger Parks (Lochow 1866, S. 2; Bińkowska/Szopińska 2013, S. 872).
27 Cohn 1890, S. 121; Irrgang 1978, S. 131.
28 Lochow 1866, S. 4; Cohn 1890, S. 121; Irrgang 1978, S. 131.
29 Lochow, 1866, S. 2; Anonymus 1865 (a), S. 1139. Bińkowska 2011 (b), S. 136.
30 1910 waren es bereits 174 Hektar, s. Bińkowska 2011 (b), S. 136. Hinzu kamen im südlichen Teil von 1909 bis 1912 ein Japanischer Garten, sowie 1913 südwestlich die Jahrhunderthalle. Südöstlich grenzten der Botanische Schulgarten sowie die 1928/29 erbaute Werkbundsiedlung Breslau-Grüneiche (Dąbie) an. Im Nordosten befand sich das zwischen 1925 bis 1929 erbaute Olympiagelände.
31 Promenaden-Deputation Breslau 1888, S. 124.
32 Ebd., S. 133.
33 Ebd., S. 125.

# Im Schnittpunkt der Einflusssphären der Lenné-Meyerschen und der Muskauer Schule: Der Schlosspark in Sagan/Żagań im 19. Jahrhundert

**Cord Panning**

*Sag an mein Kind,*
*so rau der Wind,*
*Berlin, Stettin,*
*wieviel Städte das sind?*

Die Melancholie dieses bekannten Rätselreims schwingt mit beim Anblick des sich über ein mächtiges Wehr stürzenden und in einer markanten Schleife dahin ziehenden Boberflusses inmitten der westpolnischen Stadt Żagań (Abb. 1). Deutlich erkennbar fasst der parabelartige Flussverlauf einen großen, aus der Façon geratenen Landschaftspark mit einem trutzigen, sich der gartenarchitektonischen Einbeziehung widersetzenden Schloss, das zaghafte frühbarocke Spuren in seinen Fassaden aufweist. Im 19. Jahrhundert zählte diese großartige, von der Saganer Herzogin Dorothea (1793–1862) geschaffene Anlage zu den bedeutendsten in Deutschland, und auch heute nimmt der Park innerhalb der historischen Landschaftsgärten Polens einen ähnlich herausragenden Rang ein.

Neben der faszinierenden Persönlichkeit Dorotheas verbindet sich der ca. 200 Hektar große Saganer Park eng mit Friedrich und Oskar Teichert, deren gärtnerischer Werdegang Verknüpfungen zur Potsdamer Gärtnerlehranstalt aufweist. Es ist spannend nachzuvollziehen, wie der eloquente Gartenschriftsteller und Hofgärtner Oskar Teichert (ca. 1830–1897?) in Schrift und Plan versucht, dem Saganer Lebenswerk seines Vaters Friedrich Teicherts (1804–1866) mit der in Teilen emphatischen Publikation „Der herzogliche Park zu Sagan" ein bleibendes Gärtnerdenkmal zu setzen.[1] Eine andere wichtige Basslinie, die den Aufsatz durchzieht, bildet der Einfluss des parkomanischen Wirkens ihres fürstlichen Nachbarn, Hermann von Pückler-Muskau (1785–1871), auf die Herzogin Dorothea, besonders dessen landschaftskünstlerischen Verschönerung des Muskauer Neißetals und seines übrigen Besitzes, sowie der Berliner und Potsdamer Parks des preußischen Herrscherhauses. Dorothea bewegt sich somit im ästhetischen Spannungsfeld der – im mittel- und ostdeutschen Raum im 19. Jahrhundert – wichtigsten Zentren landschaftlicher Gartenkunst: Potsdam und Muskau. Wie so häufig, lässt sich dabei eine exakte Zuschreibung der jeweiligen Einflüsse nur teilweise vornehmen. Es scheint aber so, als ob Pückler in der Tat mit dem typologischen Muster Muskau und seinem Traktat „Andeutungen über Landschaftsgärtnerei" die Haltung, die Gestaltungsphilosophie der Saganer Herzogin bei der Verschönerung ihres Terrains ganz maßgeblich beeinflusst hat und darüber hinaus konkrete Anregungen in diversen Detailfragen lieferte. Hingegen äußert sich der Potsdamer Einfluss gerade in der Grafik und dem idealisierten Inhalt des von Oskar Teichert gezeichneten Plans (Abb. 2), der auf diese Weise ähnlich wie Pückler mit seinen „Andeutungen über Landschaftsgärtnerei" eine perfekte Parklandschaft aufscheinen lässt, die es so nie gegeben hatte und die auch später nicht in diesem Umfang umgesetzt wurde.

*Abb. 1*
*Aktuelles Luftbild des Schlossparks von Sagan.*

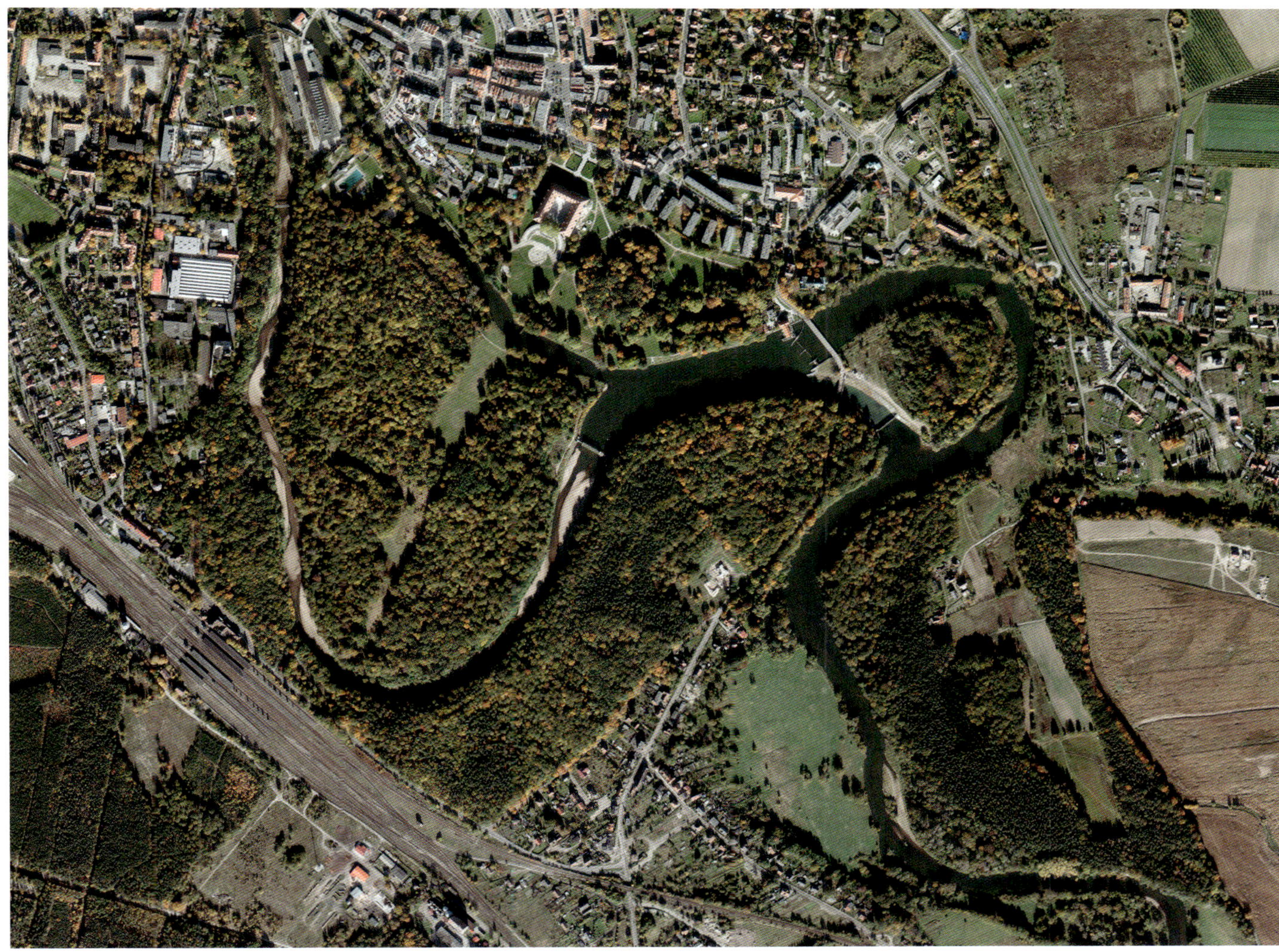

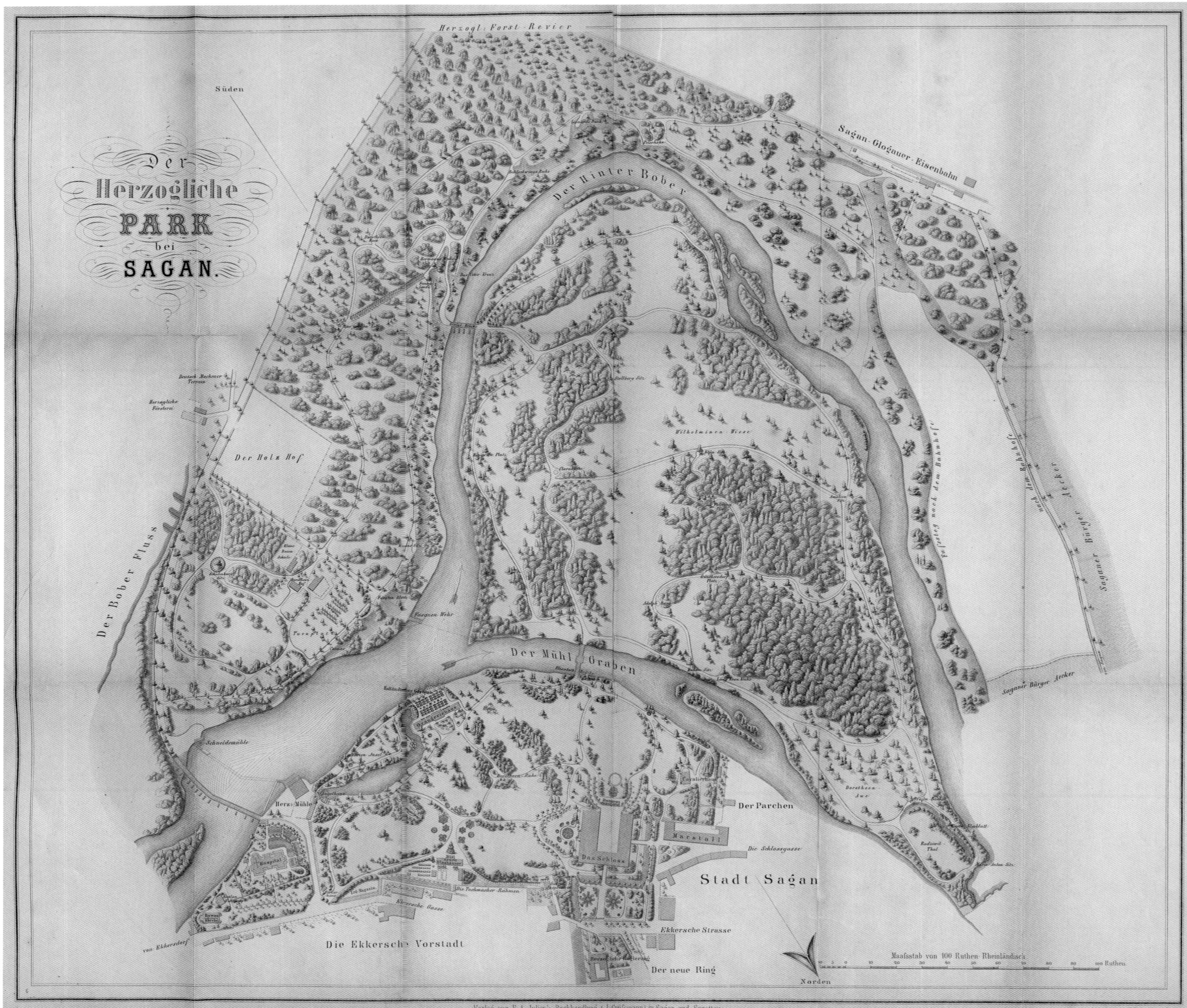

Herzogl. Forst-Revier
Süden
Der Herzogliche PARK bei SAGAN.
Sagan-Glogauer Eisenbahn
Der Hinter Bober
Der Holz Hof
Wilhelminen Wiese
Der Bober Fluss
Der Mühl Graben
Saganer Bürger Aecker
Schneidemühle
Herz: Mühle
Hospital
Der Parchen
Marstall
Die Schlossgasse
Das Schloss
Stadt Sagan
Ekkersche Strasse
Die Ekkersche Vorstadt
Der neue Ring
Norden
Maasstab von 100 Ruthen Rheinländisch
Verlag von F.A. Julien's Buchhandlung (J. Crüsemann) in Sagan und Sprottau

## Kursorische Anmerkung zur Geschichte des Saganer Schlossparks

Bei der Analyse der Gartengeschichte der imposanten Parkanlage am Bober kristallisieren sich drei entscheidende Phasen heraus, welche die überkommene Anlage prägen. Den Beginn übernimmt der energische Impuls Herzog Peter Birons von Kurland (1724–1800), Sagan ab 1786 zur kurländischen Ersatzresidenz zu erheben, zunächst noch vorausschauend, mit dem neun Jahre später eingetretenen Verlust seines baltischen Stammlandes dann umso entschiedener. Nach seinem Tod endet die kurze, primäre Dynamik der Ausgestaltung des Schlossparks, und es dauert bis zum offiziellen Regierungsantritt seiner vierten Tochter, Dorothea von Talleyrand-Perigord, im Jahr 1844, bevor wieder nennenswerte Bau- und Gartenaktivitäten entfaltet werden. Diese zweite wichtige Phase erfährt in den folgenden Absätzen eine ausführlichere Betrachtung. Nach dem Tod der „grande dame" [2] im Jahr 1862 übernimmt ihr Sohn, Herzog Ludwig (Louis-Napoléon; 1811–1897), das Saganer Erbe und widmet sich mit ähnlichem Elan wie seine Mutter der blumistischen und technischen Verfeinerung des Gartens sowie der Fortschreibung des Skulpturenprogramms. Als Garteninspektor und späterer Gartendirektor steht ihm hierbei der von Peter Joseph Lenné als Nachfolger für den 1862 entlassenen Friedrich Teichert empfohlene Friedrich A. H. Gireoud (1821–1896) zur Seite, womit eine weitere Verbindungslinie zur Potsdamer Gartenkunstzentrale gezogen wurde.[3] Mit dem Tod von Ludwig und Gireoud endet die dritte wichtige historische Phase und damit gleichzeitig die Hochzeit der Saganer Gartenkultur. Dem nächsten Saganer Herzog gelingt zwar als modische Supernova der Belle Époque der literarische Einzug in den Proust-Roman „Auf der Suche nach der verlorenen Zeit", die Gartenkunst bettete sich aber am Bober in einen anhaltenden Dämmerschlaf.[4]

Immer wieder wird in der Literatur erwähnt, dass bereits unter Wallenstein (1583–1634) und der Familie Lobkowitz, die im 17. Jahrhundert den Neu- und Umbau des Schlosses im Stil eines Palazzo in fortezza einleiteten bzw. durchführten, eine bemerkenswerte Parkanlage bestanden habe. Die häufig als älteste Quelle angeführte Beschreibung von Frederico Lucae aus dem Jahr 1689 verweist darauf, dass von dem Projekt des „Wunder-Palatinums" des Herzogs von Friedland und Sagan aus der Zeit um 1630 aufgrund seiner alsbald erfolgten Ermordung nur die angeschafften Baumaterialien verblieben. Diese lieferten dann angeblich noch Jahrzehnte später das Motiv zum Ausbau des Schlosses und für die Anlage eines zumindest 1689 noch unvollendeten Lustgartens.[5] Dieser kann sich allenfalls auf der eingezwängten Fläche zwischen dem nördlichen Schlossflügel und der angrenzenden Stadt, dem heutigen Schlossplatz, jenseits des Wallgrabens in geringer Dimensionierung erstreckt haben. Einer anderwärtigen Lage oder gar einem direkten, aufeinander bezogenen Raumgefüge von Architektur und Garten stand das starre Befestigungssystem der Stadt mit Gräben und Stadtmauer entgegen. Zudem ist zu beachten, dass der Stadtplan von 1751 deutlich eine geschlossene, strategisch sinnvolle und an die Stadtmauer

*Abb. 2*
*„Der Herzogliche Park bei Sagan.", Oskar Teichert, abgedruckt im 1858 erschienenen Parkführer „Der Herzogliche Park zu Sagan."*

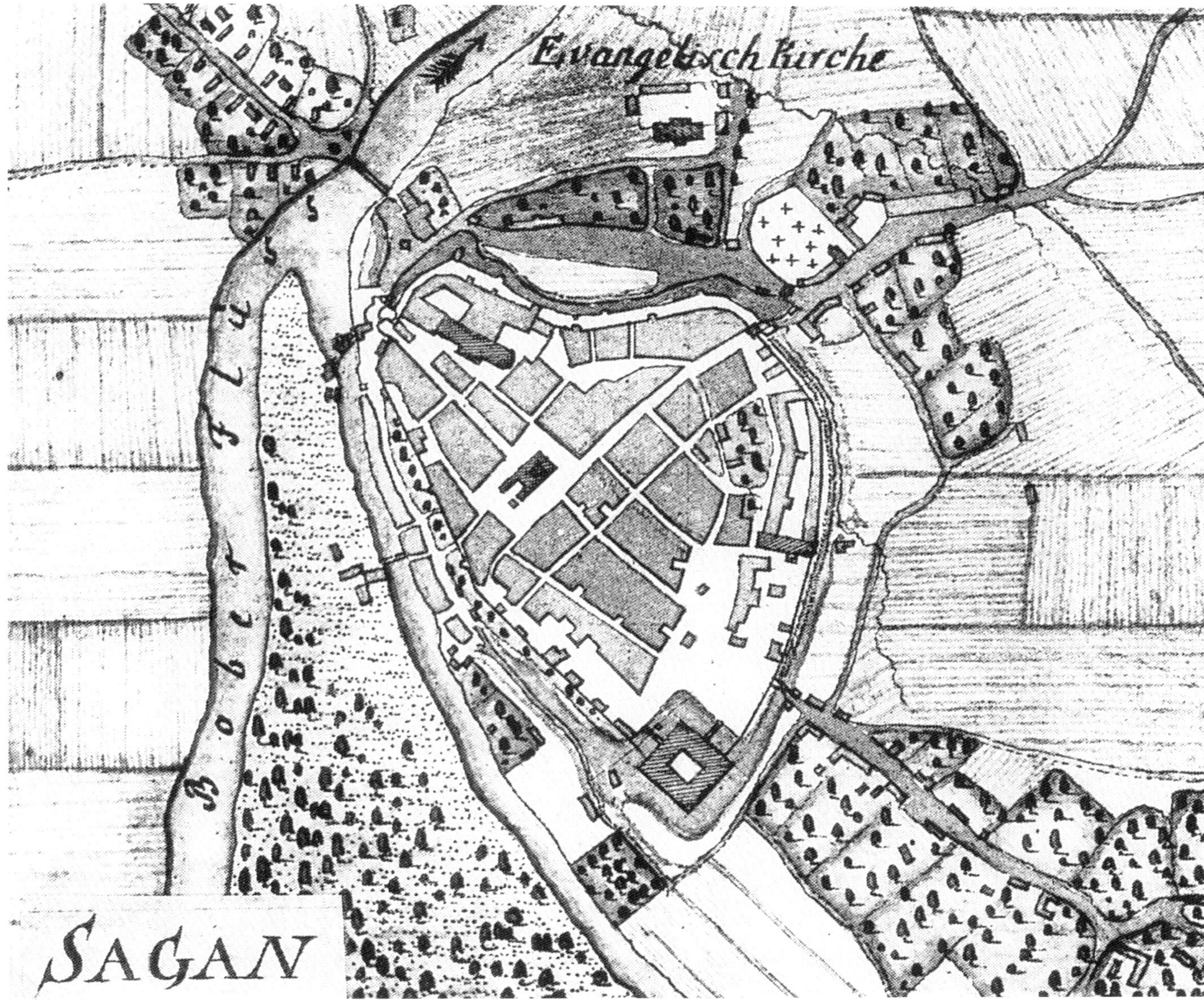


*Abb. 3*
*Christian Friedrich von Wrede, Stadtplan von 1751. Das vierflügelige, in die Befestigungsanlage eingebundene Schloss ist in der Mitte der unteren Bildhälfte mit dem Wallgraben und den beiden Schlossbrücken gut erkennbar.*

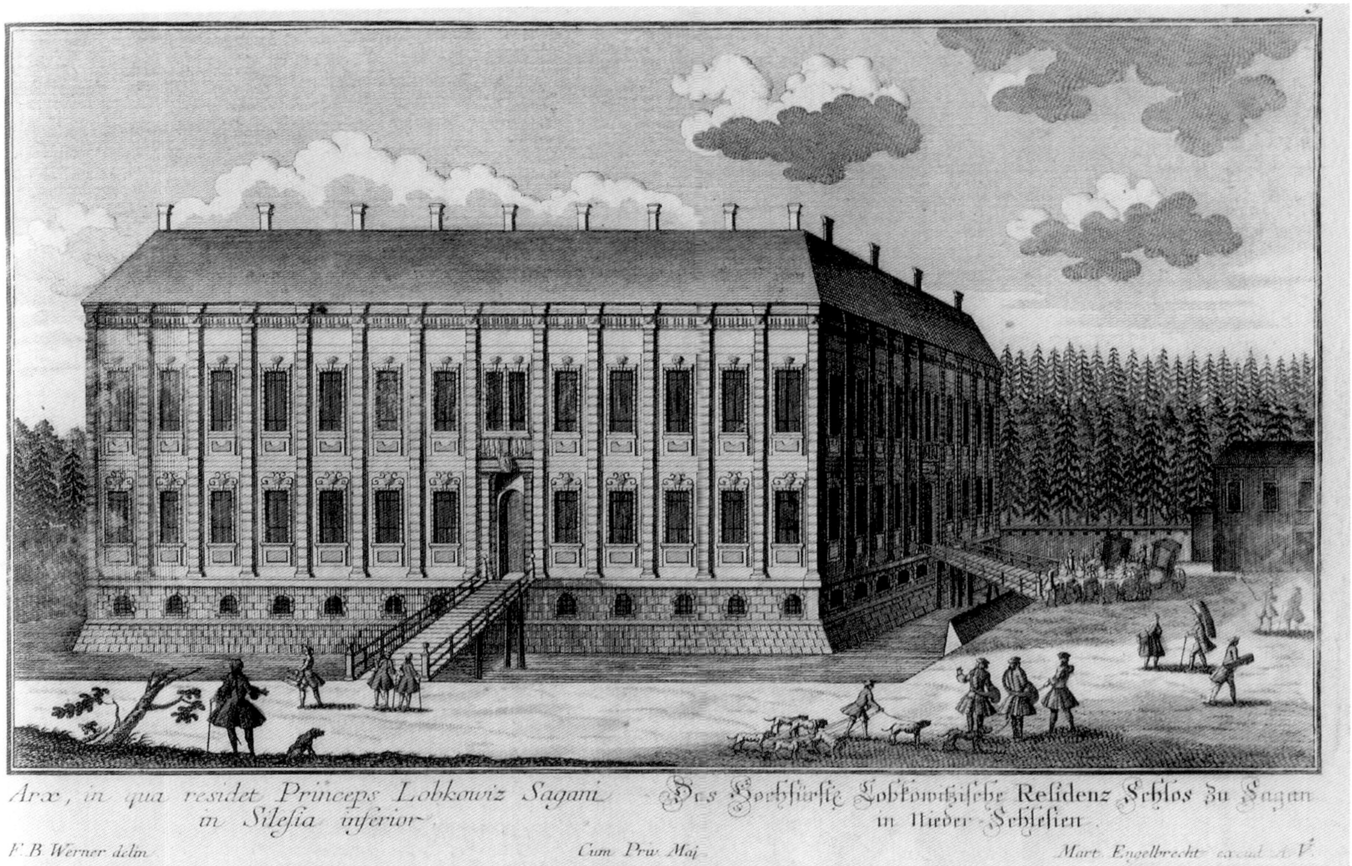


*Abb. 4*
*Friedrich Bernhard Werner (1690–1776), Martin Engelbrecht, „Das Hochfürstl. Lobkowitzische Residenz Schlos zu Sagan in Nieder-Schlesien“, Kupferstich des Saganer Schlosses (Nord- und Westansicht – der Ausbauzustand der anderen Fassaden bleibt offen), um 1730.*

anschließende Vierflügelanlage für das Schloss ausweist, die eine gestalterische Öffnung des Komplexes auch in Richtung Südwesten – hin zum damals existenten Tiergarten, wie sie heute mit Schloss- und Mittelpark gegeben ist – ausschloss (Abb. 3).[6]

Zu der eigentlichen Baugeschichte des Schlosses gibt es die widersprüchlichsten Angaben.[7] Der unter Fürst Ferdinand August von Lobkowitz (1677–1715) nach Plänen Antonio della Portas und Dominico Morighinis zum Ausklang des 17. Jahrhundert fertig gestellte Bau zeigt sich erstmals auf einem Kupferstich aus der Zeit um 1730 als blockartiger, risalitfreier Baukörper mit nördlicher und westlicher Schauseite (Abb. 4).[8] Die Asymmetrie des Nordflügels verweist deutlich auf bauliche Sachzwänge, die wahrscheinlich von dem begonnenen Schlossprojekt Wallensteins herrührten.

### Herzogin und Gärtner – Dorothea und Friedrich Teichert

Untrennbar verbunden mit dem Park ist seine legendäre Schöpferin, die Prinzessin von Kurland, Gräfin Périgord, Herzogin Dino, Herzogin Talleyrand – die Herzogin von Sagan (Abb. 5). Allein die Aufzählung ihrer Titel unterstreicht den prominenten Rang, den Dorothea in Politik und Diplomatie, Gesellschaft und Kultur im Europa des 19. Jahrhunderts einnahm. Ebenso untrennbar mit Sagan verknüpft bleibt dank der heute noch in Fachkreisen verbreiteten Publikation „Der Herzogliche Park zu Sagan“ der Gartenkünstler Friedrich Teichert. Von seinen insgesamt 33 dem Park gewidmeten Arbeitsjahren waren es allerdings bemerkenswerter Weise nur die letzten 18, die ihm als verantwortlichem Gärtner der Herzogin von Sagan eine überregionale fachliche Anerkennung eintrugen.[9]

Dorothea wurde 1793 in Berlin geboren, wo sie u. a. in Besitzungen ihrer Familie – Schloss Friedrichsfelde, dem Kurländischen Palais – gemeinsam mit den Söhnen ihrer Taufpatin Königin Luise (1776–1810), den späteren Königen Friedrich Wilhelm IV. (1795–1861) und Wilhelm I. (1797–1888), nahezu geschwisterlich vertraut aufwuchs. Die Sommer ihrer Kindheit verbrachte sie häufig im heute so verwaisten Löbichau, dem kleinen, feinen Musenhof ihrer Mutter. Während der Winter lernte Dorothea an der Seite ihres Vaters Sagan kennen. Eine von ihrer Mutter, dem französischen Außenminister Charles-Maurice Talleyrand (1754–1838) und dem Zaren mit dem Zweck der Etablierung eines informellen diplomatischen Gesprächskanals zwischen Russland und Frankreich arrangierte Ehe mit dem Grafen Edmond de Talleyrand-Périgord (1787–1872) führte die spätere Saganer Herzogin bereits in jungen Jahren nach Frankreich an den Hof Napoleons. Zur europäischen Berühmtheit avancierte die auf dem diplomatischen Parkett gewandte Gräfin, als sie auf dem Wiener Kongress in der Rolle der „Egeria“ des von ihr bewunderten Talleyrands, ihres Onkels, im Zusammenspiel mit ihren drei älteren Schwestern geschickt und machtbewusst entscheidende politische Weichenstellungen vorbereitete. Der von einer der Schwestern abgewiesene Friedrich von Genz (1764–1832), Sekretär und Berater Metternichs, sprach in diesem Zusammenhang wenig charmant von der „Churländische[n] Huren-Gesippschaft“.[10] Das partout nicht affärenfreie Leben Dorotheas erfuhr seinen skandalträchtigen Höhepunkt, als sie sich entschloss, ihr Leben ganz dem Staatsmann Talleyrand zu widmen.[11] Sie zog mit ihren Kindern zu ihm und stach als Hausherrin in Paris und Valençay fortan nicht nur die Fürstin Talleyrand, sondern auch die bevorzugte Mätresse des Grandseigneurs aus – ihre Mutter. Den Zenit ihres politischen Einflusses erlebte Dorothea an der Seite des betagten Talleyrand als „Ambassadrice en titre“ in London.[12]

Nach dem Tod ihres Lebenspartners zog es die Herzogin zurück nach Deutschland, wo sie ab 1840 den Erwerb Sagans von ihren schon zuvor ererbten schlesischen Besitzungen aus betrieb. Eine wichtige Rolle nahm dabei das barocke Herrenhaus in Günthersdorf (Zatonie) ein, das 1842 wohl vom Architekten Gülz zu einem eleganten klassizistischen Bau ausgebaut wurde.[13] Auf originelle Weise erfolgte dabei die direkte Anbindung eines reich dekorierten, mit eigenem Heizhaus versehenen Wintersalons an den kubischen Baukörper – eine Reminiszenz an milde, französische Winter. Anders als in Valençay, wo sich Talleyrand gegen jegliche Veränderungen des Besitzes gesperrt hatte, fungierte Dorothea wie bereits beim 1828 von ihr erworbenen Loire-Schlösschen Rochecotte in Günthersdorf als Auftraggeberin eines überschaubaren Landschaftsgartens. In Bezug auf Ausdehnung und topografische Lagegunst stand dieser allerdings hinter dem Park an der Loire zurück.[14]

Antipodisch zu den heftigen Amplituden in der Biografie Dorotheas gestaltete sich die Vita Friedrich Teicherts in langen, ruhigen Bahnen. Der 1804 in Niebusch Geborene erlernte den Beruf des Gärtners zunächst zuhause bei seinem Vater, bevor ihn der Besuch der Gärtnerlehranstalt in Potsdam-Wildpark sowie weitere Stationen und Bildungsreisen im In- und Ausland befähigten, 1829 die Stelle des Hofgärtners am Saganer Herzoghaus anzutreten.[15] Abgesehen von einigen virtuos kreierten Schmuckbeeten dürfte die dauerhafte Abwesenheit und das Desinteresse der Besitzer – zweier Schwestern und eines Neffen Dorotheas – eher zu einer fachlichen Unterforderung Teicherts geführt haben. Erst mit der Übernahme des Herzogtums durch Dorothea startete eine landschaftsgärtnerische Offensive, die laut Hermann Jäger zweifellos nicht „seine jetzige Gestalt ohne das nahe Muskau erhalten hätte“[16] und welche nun die gesamte Kompetenz des 1852 zum Garteninspektor beförderten Teicherts in Anspruch nahm.

Das Verhältnis der beiden Hauptprotagonisten bei der Gestaltung des Saganer Landschaftsgartens endete tragisch. Von schwerer Krankheit gezeichnet, ließ sich die Herzogin 1862 von ihrer Entourage überreden, eine Empfehlung Lennés für die Neubesetzung der Position des – aus welchen Gründen auch immer – nicht mehr gelittenen Teicherts durch einen „gebildeten und ehrenwerten Garten Dirigenten“ zu erbitten.[17] Die Empfehlung aus dem Potsdamer Gartenolymp benannte Friedrich Gireoud, der sich durch umfangreiche Erfahrungen in den zeitgenössischen englischen Gärten empfahl, in Potsdam-Wildpark hospitiert hatte und noch 1862 die Nachfolge des unrühmlich „zwangspensionierten“ Teicherts antrat.[18]

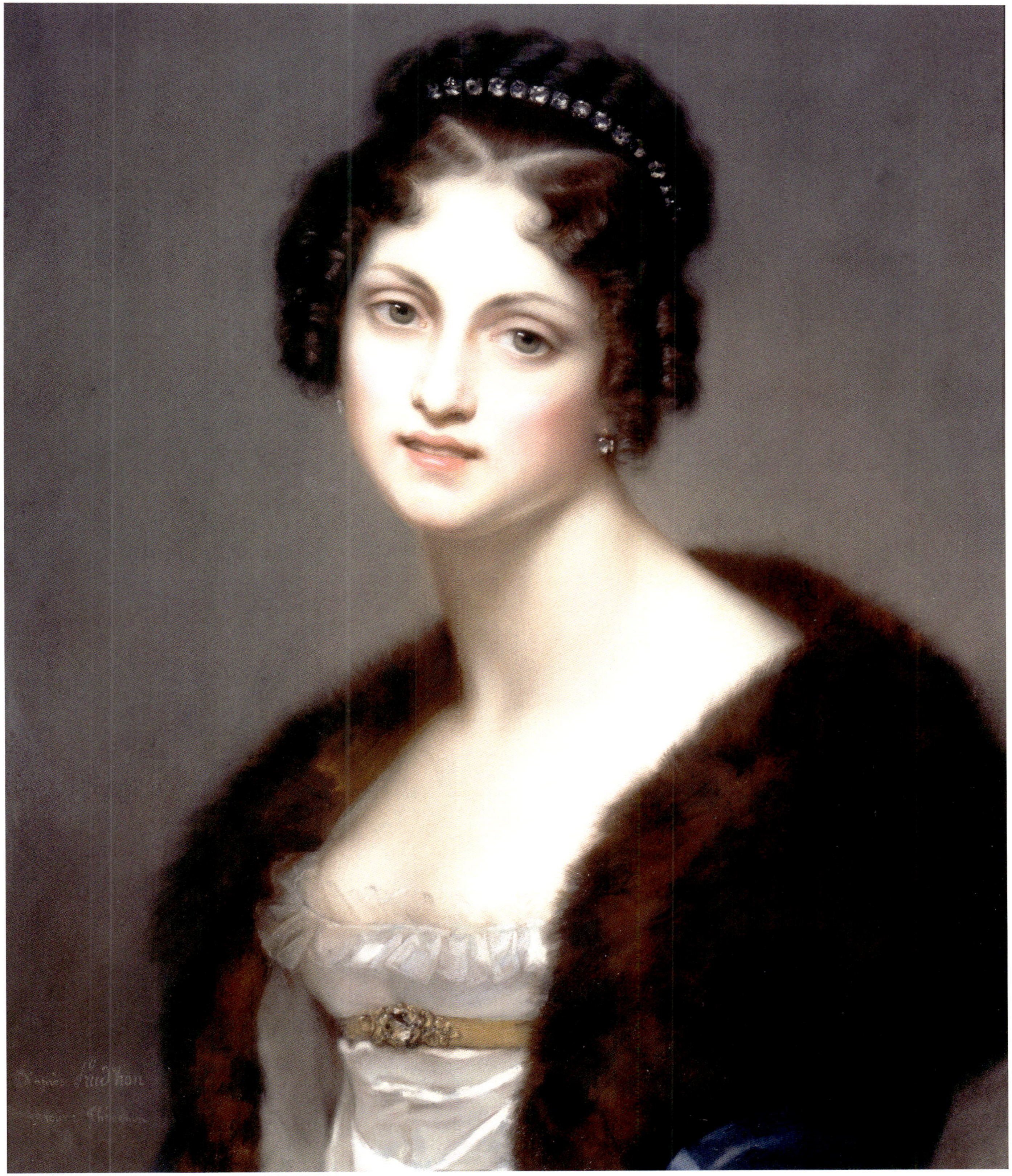

*Abb. 5*
*Dorothea von Talleyrand-Périgord, geborene Prinzessin von Kurland, ab 1845 Herzogin von Sagan.*

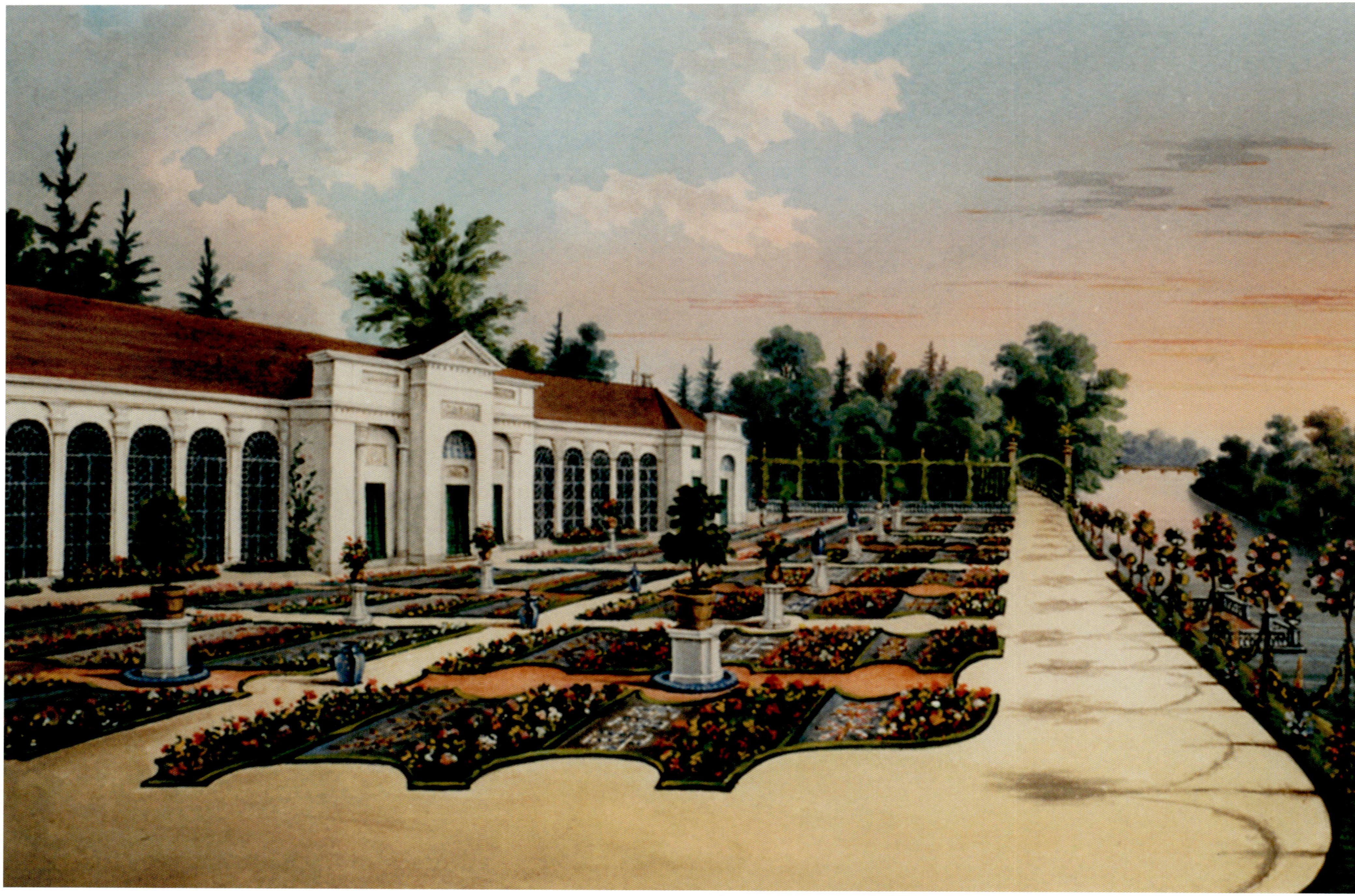

*Abb. 6*
*E. Hackert, Gouache mit der Orangerie von 1796 sowie dem zum Bober hin vorgelagerten regelmäßigen Garten – unter Herzogin Dorothea der „Holländische Garten", später dann der „Ludwigsgarten".*

Ebenfalls noch in diesem Jahr verstarb Dorothea in Sagan. Ihr langjähriger Gärtner verwand die erlittene Schmach nicht und folgte ihr vier Jahre später ins Grab.[19]

### Die Ausgangssituation für die landschaftsgärtnerischen Aktivitäten Herzogin Dorotheas in Sagan

Beschreibt Dorothea nach langer Abwesenheit bei ihrem Besuch 1840 in Sagan Schloss und Park „ als wirklich schön", stimmt Oskar Teichert in seinem Führer durch die Parkanlagen am Bober dagegen eine andere Melodie an, indem er vom „alten Chaos" und „Verwahrlosung" berichtet.[20]

Eine weitere Zeitzeugin bestätigt hingegen bereits 1790 das Vorhandensein eines durchaus attraktiven Parks.[21] Vermutlich wurde dieser in Verbindung mit weiteren, durch den Herzog von Kurland nach 1786 in Angriff genommenen Baumaßnahmen am Schloss angelegt. Erneut besteht Ungewissheit zum Umfang der Arbeiten, jedoch scheint es diese, bis 1800 währende Phase gewesen zu sein, in der sich die Metamorphose der landschaftsästhetisch gesehen autistischen Vierflügelanlage hin zum dreiflügeligen, nach Süden geöffneten Schloss vollzog. Eine bepflanzte, schräge Ebene führte nun an der Stelle des abgetragenen Südflügels[22] in die Tiefe der von Boberschleife und Mühlgraben determinierten Landschaft. Endlich ergab sich die Möglichkeit, den alten Tierpark, die nunmehrige Fasanerie (im Wesentlichen der heutige Mittelpark) mit ihrem prächtigen Alteichenbestand, räumlich-visuell dem baulichen Zentrum zuzuordnen. Das überleitende Areal zwischen Mühlgraben, Bober und Schloss, der heutige Schlosspark, erhielt konsequenterweise eine erste landschaftsgärtnerische Fassung, die Oskar Teichert als „Hirschfeldschen Idyllenstil" [23] schmälert. Die für diesen Bereich ebenfalls von Teichert erwähnte „wilderness" deutet auf eine dichte Bepflanzung, deren Zentrum ein solitärer Schaukelplatz markierte.[24] Den Kontrapunkt schlechthin zu den zentralen Pflanzmassiven in der Manier Englischer Bosketts setzte der von 1796 bis 1799 durchgeführte Bau einer peripher angeordneten, klassizistischen Orangerie mit einem zum Bober südlich vorgelagerten, regelmäßigen Garten (Abb. 6). Als Architekt tat sich Christian Valentin Schultze (1748–1831) hervor, Baudirektor der Kriegs- und Domänenkammer in Glogau. Er war es auch, der im Dezennium von 1792 bis 1802 für die Kurlands ein stattliches Bauprogramm umsetzte, das neben den Arbeiten am Schloss u. a. das wiederum klassizistisch gehaltene Kavalierhaus, den Marstall sowie eine massive Schlossbrücke beinhaltete.[25] Ebenfalls neu gestaltet wurde der heutige Schlossvorplatz, diejenige Fläche, auf der sich ein früherer Lustgarten befunden haben könnte. Es entstand eine unbegrünte, von Mauern und Linden umfasste Platzfläche, die über die nördliche Schlossbrücke an das Schloss angebunden war und zu diesem einen beträchtlichen Höhenunterschied aufwies.[26]

Weiterhin wissen wir aus den Beschreibungen des ersten Saganer Parks, dass

- ein Laubengang vom Schloss an den Mühlgraben führte,
- ein erstes Gewächshaus im Umfeld der Gehölzpflanzungen, vermutlich an der Stelle des späteren „Pflanzengartens", existierte,
- durchaus prächtige Wechselflorpflanzungen die Anlage zierten und am südlichen Schlosswall geschickt disponiert Nutzpflanzen gezogen wurden,[27]

mithin eine veritable, von Mauern und Toren gefasste Parklage in Verbindung mit der Fasanerie auf der Boberinsel das Schloss umkränzte.

Zusammen gefasst lässt sich konstatieren, dass zumindest im Schlosspark in der Zeit vor dem Besitzantritt Dorotheas von Talleyrand-Périgord im Jahr 1844 keinesfalls das von Oskar Teichert ausgerufene Chaos vorherrschte. Vielmehr gab es mit dem Orangeriehaus (wenngleich flutgeschädigt), dem Kavalierhaus sowie dem Marstall am nördlichen Parkrand anspruchsvolle Neubauten, die fixe Koordinaten für die Ausgestaltung des Schlossparks setzten. Gleiches gilt für die zentrale Stelle der Schaukelanlage, die uns später als Dorotheenruhe wieder begegnen wird, und den neugefassten Schlossvorplatz. Und schließlich wurde mit den umfangreichen Pflanzungen ein wertvolles Potenzial vegetabiler Modelliermasse geschaffen, das in der zweiten Entwicklungsstufe des Saganer Schlossparks neben den eindrucksvollen Eichen der Boberaue dankbar aufgegriffen werden sollte.

### Die Gestaltung und Glanzzeit des Saganer Parks im Zeitraum 1844 bis 1862

Die Um-, Aus- und Neugestaltung des Landschaftsgartens nahm Dorothea unmittelbar nach der offiziellen Übernahme der familiären Besitzungen im Jahr 1844 in Angriff. Den Impetus für das zügige und umfassende Angehen des Parkprojekts lieferte nicht nur die sich in Rochecotte und Günthersdorf erstmals manifestierte Begeisterung für Landschaftsgärten, sondern speziell der für diesen Zweig der Kunst nur zu gut bekannte, fürstliche Nachbar Pückler-Muskau. Seiner Einladung zum Besuch folgte die Saganer Herzogin, kurz nachdem sie 1843 die Bekanntschaft der Pücklers in Berlin gemacht hatte.[28] Über ihren dreitägigen Aufenthalt schreibt sie in ihren Erinnerungen begeistert, dass der Muskauer Park, „der frischeste, grünste, blühendste, und wohlgepflegteste ist, den man sich vorstellen kann" und auch die „sehr vornehme Rampe, eingefasst mit Orangenbäumen"[29] findet ihren Gefallen. Und weiter notiert sie rückblickend: „Der Fürst fuhr mich im Phaeton, da er wünschte, selbst der Cicerone dieser außergewöhnlichen Schöpfung zu sein. In England wäre es schön, hier ist es ein Wunder. Er hat nicht nur einen Park, er hat eine Landschaft geschaffen […]".[30]

Es liegt nahe, dass sich die ästhetische Beherrschung eines alles, „jedes und jeden"[31] umfassenden Landschaftsbildes à la Muskau entscheidend auf den Entschluss Dorotheas zur Erweiterung der Saganer Anlagen beiderseits der Boberschleife auswirkte. Zwar wurde unter der Herzogin auch der in seiner Grundfläche im Wesentlichen bereits existente Schlosspark ein Stück weit östlich arrondiert und ihm der Bereich um die Kreuzkirche angegliedert. Der entscheidende Unterschied zum ersten Saganer Landschaftsgarten besteht aber darin, dass nunmehr der Mittelpark ebenfalls gartenkünstlerisch überformt und vor allem das jenseitige Hochufer des Bobers mit in den Park einbezogen wurde. Auf diese Weise erwarb Dorothea den Garant, sich tatsächlich zur „Herrin der Sichten" aufzuschwingen, die in drei Himmelsrichtungen vom Schloss in die Landschaft ausstrahlten. Außerdem ergab sich die Möglichkeit, durch die Nutzung des steilen Reliefs des Boberhochufer prächtige Blicke auf den Fluss und den zentralen Parkteil zu inszenieren. Gerade die aus diesem topografischen Kontext heraus geschaffenen Veduten waren es, die den Reiz des neuen Parkteils, des Oberparks oder der Kammerau, bestimmten und das entscheidende Motiv vorgaben, den Parkrundgang über den Mittelpark hinaus auszudehnen.

Im Ergebnis der Parkerweiterungen unter Dorothea entstand jene strukturelle Dreiteilung, die den Saganer Park in etwa heute noch prägt (Abb. 9):[32]

- der Schlosspark mit dem nördlich dem Schloss vorgelagerten Schlossplatz, dem der Herzoginfamilie zur Nutzung vorbehaltene Komplex Marieninsel-Orangerie-Holländischer Garten sowie dem Annex des Gartens um die Kreuzkirche und das Dorotheen-Hospital;
- der durch die Elisabethbrücke über den Mühlgraben angebundene Mittelpark mit dem auenähnlichen Gehölzbestand, aus dem sich markante Alteichen abhoben;
- der über die neu errichtete Königsbrücke zu erreichende Oberpark entlang des Hochufers des „Hinterbobers" mit dem nicht mehr existenten Dorotheenhof als baulichem Bezugspunkt.

Naturgemäß lag die Konzentration der Parkarbeiten in den ersten Jahren auf dem Umfeld des Schlosses. Die gestalterischen Notwendigkeiten für die Süd- und Nordseite des voluminösen Bauwerks, der Übergang zum Park einerseits und die Anbindung an die Stadt andererseits, waren schon unter dem

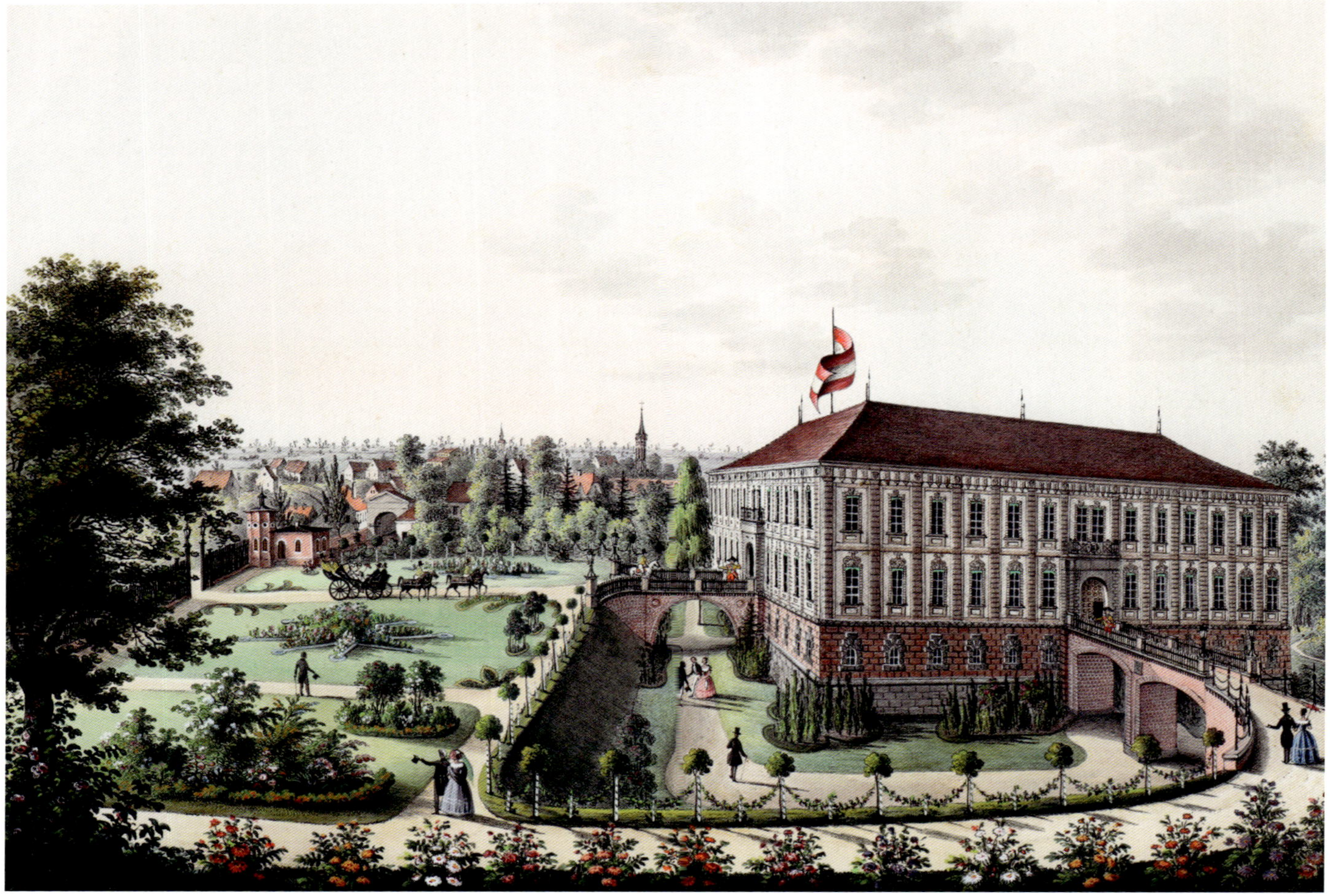

*Abb. 7*
*Kolorierte Lithographie nach E. Hackert, das „Herzogliche Schloss zu Sagan. Nordseite", aus nordwestlicher Richtung mit dem in den 1850er Jahren neu gestalteten Schlossvorplatz, um 1860.*

Herzog von Kurland erkannt worden. Die erzielten Ergebnisse freilich genügten den neuen Ansprüchen nicht mehr. Daher wurde mit großem Aufwand die Platzfläche vor dem Schloss in eine regelmäßige, zu diesem und zur Stadt hin offene Schmuckanlage umgewandelt und im Niveau angehoben, womit ein angenehmes, blumengeschmücktes Entrée entstand (Abb. 7).[33] Der wahrscheinlich zuvor noch durch die alte Stadtmauer östlich und südlich eingefasste Schlossgraben (Abb. 8) wurde als gärtnerischer Hohlweg in den angrenzenden Park eingebunden.

Für die Aufgabe an der Südseite griff der Saganer Planungsstab offensichtlich auf die zweiarmige Muskauer Rampenlösung zurück (Abb. 10 u. 11). Die anknüpfenden Wegetentakel, welche zum Mühlgraben hin ein unförmiges Oval umschließen, zitieren ein weiteres Muskauer, allerdings auch in anderen Anlagen ähnlich vorkommendes Gestaltungsmuster. Die sich aus dieser Anordnung ergebende freie Sichtbahn aus dem Schlossinnenhof in Richtung Süden wurde stringent durch den Mittelpark verlängert und bis zum jenseitigen Ufer des „Hinterbober", bis zur Peterhöhe geführt (Abb. 12). Der mit Muskau vergleichbaren Abfolge Schlossinnenhof-Rampe-Schlosswiese-Fluss-langgezogene Sichtbahn-höher gelegener Point de vue war allerdings nicht der gleiche ästhetische Erfolg beschieden. Die Schlossrampe hätte ausgedehnter, mit weniger Gefälle und somit weniger gestauchten Anläufen ausfallen müssen, um die massige Kubatur des Schlosskörpers harmonisch in ein weites Parkgelände abzuleiten. Die vorhandene Disposition der Fläche, das nahe Kavalierhaus und der nur in geringer Distanz verlaufende Boberarm, verhinderten aber eine proportional befriedigende Konfiguration innerhalb der Schlossparkgrenzen. Der noch heute zu erlebende Schlossblick vom parallel zum Mühlgraben verlaufenden Weg verdeutlicht diese Kritik (Abb. 13). Hermann Jäger (1815–1890) verstärkt diese in Bezug auf die anschließende, durch den Mittelpark gelegte Sichtbahn, die aufgrund der unzureichenden Breite und des mangelhaften Wechselspiels zwischen Vorpflanzungen und Kulissen auf ihn „nur den Eindruck einer breiten, unordentlich durch den Wald gehauen Allee macht". Wieder stimmen die Proportionen nicht, existieren „Schwächen und Mängel in malerischer Beziehung".[34]

Der kritische Tenor reißt nicht ab, wenn wir den unter Dorothea neugestalteten Orangerieplatz an der Ostseite des Schlosses betrachten. Wie im Muskauer Schlossgarten wurde ein von Humphrey Repton (1752–1818) übernommenes neogotisches Rosettenmotiv zum Zentrum einer überaus reich dekorierten Schmuckanlage bestimmt, die von untereinander durch Festons verbundenen Pomeranzenstämmen gerahmt wurde und sich rückseitig an die Fassade anlehnte (Abb. 14). Der betörenden Vielfalt gärtnerischer Pracht stand die unproportionierte, erdrückende Nähe zum hochaufragenden Schloss entgegen, die durch dessen Berankung nicht gemildert werden konnte.

Das klare bipolare Schema des bisherigen Schlossparks – hier die Boberorangerie mit regelmäßigem Sondergarten, da die dichten Gehölzmassive der „wilderness" – wurde mit der Schaffung neuer Bauten und Gartenpartien zugunsten eines polyzentrischen Netzes immer wieder neuer gestalterischer Höhepunkte aufgegeben. Der aus Glienicke, Babelsberg, Muskau und anderen Anlagen wohl bekannte Repton'sche Kanon der voneinander geschiedenen Bereiche Blumengarten-Pleasureground-Park weicht dem „Principle of Recognition" von

John Claudius Loudon (1783–1843). Sagan brachte eine neue, in der Fläche intensivst und evident artifiziell dekorierte Gartenform hervor, welche die pittoreske Naturidealisierung in den Hintergrund rückt und von Hermann Jäger als „Blumenpark“ [35], von Ernst von Reider (1784–1853) als „Aesthetik der Blumenmisterei“ [36] angesprochen wird. In seiner in Teilen „gardenesquen“ Ausformung betrachtet Friedrich Maecker den Schlosspark sogar „als Pendant des Marly-Gartens“ in Potsdam-Sanssouci.[37] Namentlich waren es

– der an Günthersdorf erinnernde „Decorationssalon“ mit Warm- und Kalthaus sowie nachgeordneter Gärtnerei (Abb. 15),
– das einem neu errichteten Fachwerkspeicher ungeschickt als Gartenabschluss vorgesetzte, später maurisch-neogotisch umdekorierte Angelhäuschen mit der zu einem eigenständigen Blumengarten auserkorenen Marieninsel (Abb. 16),[38]
– der wiederum üppig bepflanzte Garten um die neu gestaltete Kreuzkirche samt Pfarrhaus und das neu errichtete Hospital mit seinen Gemüsegärten (Abb. 17),
– das Gärtnerhaus im Schweizerstil (Abb. 18),
– der Pflanzengarten als Sommerquartier für exotische Kalthauspflanzen (Abb. 9),
– der runde Sitzplatz „Dorotheen Ruhe“ inmitten der aufgelösten „wilderness“ (Abb. 19),
– die neue, angeblich auf Vorschlag Friedrich Wilhelms IV. errichtete Rampenorangerie (Abb. 11) sowie
– die bereits erwähnten Plätze nördlich und östlich des Schlosses (Abb. 7 u. 14) und der überformte Orangeriegarten, der Holländische Garten (Abb. 6),

die den gestalterischen Pluralismus hervorbrachten. Eine nachvollziehbare Hierarchie zwischen den Gartenpartien bestand nicht.

Neben der Sichtachse vom Dachbalkon der Rampenorangerie mühten sich zwei weitere markante, vom Orangerieplatz ausstrahlende Sichten um die Schaffung prägnanter räumlicher Strukturen. Dieses ordnende Gegengewicht wurde aber gleichzeitig wieder konterkariert durch die überbordende Fülle an Zierrat und kleinteiligen Szenerien. Von diesen erlangten besonders die Blumeneiche, ein epiphytisch dekorierter, abgestorbener Baumstamm, und die Blumenfontäne weit über Sagan herausreichende Berühmtheit. Vergoldete Blumenampeln allerorten, bewegliche Chinesenfiguren, Glasperlenschnüre, Porzellan- und Tondekor, weiß besandete Wege[39] und die unüberschaubare Fülle unterschiedlichster Beetformen mit einer stupenden Pflanzenvielfalt ließen bei aller dargebotenen gärtnerischen Perfektion bereits Zeitgenossen zu dem Urteil gelangen, weniger hätte dem Zwecke durchaus auch Genüge getan.

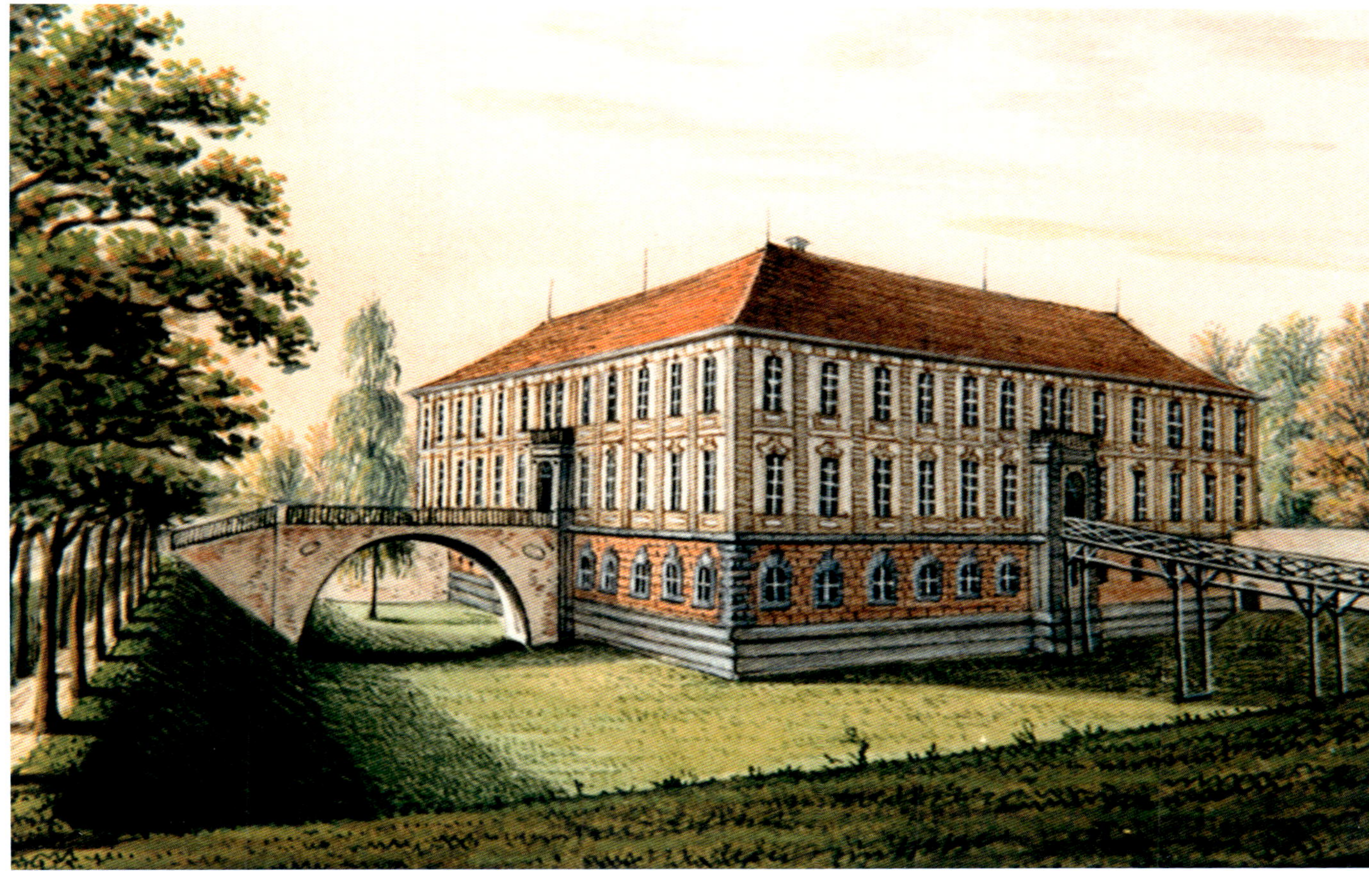

*Abb. 8*
*E. Hackert, der alte Schlossgraben vor der Umgestaltung und seiner Einbindung in den Schlosspark, vor 1860. Am Beispiel dieser Abbildung und Abb. 7 wird deutlich, dass für einige prominente Stellen im Schlosspark ganz bewusst eine Gegenüberstellung der Vorher-und Nachher-Situation vorgenommen wurde.*

Dem gärtnerischen „Overkill“ mit all seinen Capricen stand der einfach gehaltene Mittelpark mit den landschaftstypischen Gehölzen der Hartholzaue gegenüber. Räumlich stach neben der Längsachse zur Peterhöhe der quergelagerte Wiesenraum hervor, welcher den Namen der ältesten Schwester Dorotheas, Wilhelmine, trug (Abb. 7 u. 21). Die Öffnung eines weiteren langgezogenen Wiesenraums von der Mühlgrabenbrücke zur Querung über den Hinterbober, der Königsbrücke, deutet sich im Teichert-Plan von 1858 zwar an (Abb. 2), wird in ihrer tatsächlichen Ausprägung von Hermann Jäger jedoch stark relativiert.[40] Hier zeigt sich erstmals, dass der Teichert-Plan in den Abschnitten Mittel- und Oberpark stark geschönt ist und Situationen vorschützt, die in der Realität keinen Bestand hatten.

Das gartenkünstlerische Mühen für den Mittelpark scheint sich in der Dorothea-Zeit vornehmlich auf die Schaffung eines Wegesystems, die Anlage diverser Sitze und Plätze sowie eines rustikalen Pavillons auf dem Valençay-Platz beschränkt zu haben. Die kontinuierliche räumliche Ausdifferenzierung des Gehölzbestandes, das Ineinandergleiten von Haupt- und Nebenräumen, die raffinierte Auflösung der Gehölzmassive im Auf- und Grundriss fanden allenfalls in Ansätzen statt. Die generell im Landschaftsgarten angestrebten malerischen Effekte, sei es die Tiefenstaffelung der „Naturgemälde“ oder das Spiel mit Licht und Schatten, konnten sich daher nicht im perfekten Maße entfalten.

Die Teichert'sche Planillusion setzt sich im Oberpark fort, der als fertige Anlage gezeichnet ist. In seiner Beschreibung

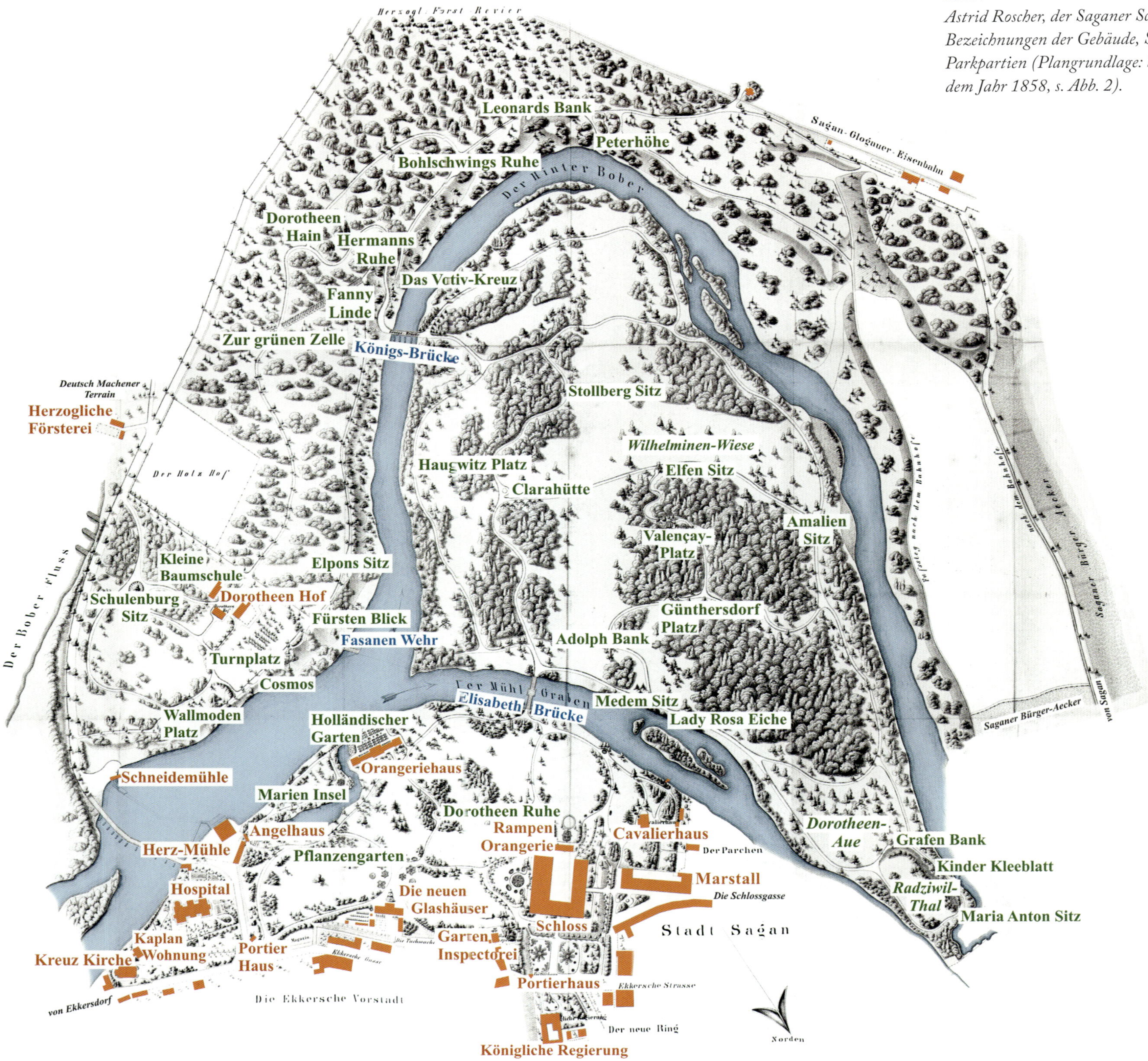


*Abb. 9*
*Astrid Roscher, der Saganer Schlosspark mit hervorgehobenen Bezeichnungen der Gebäude, Sitze, Plätze und besonderen Parkpartien (Plangrundlage: Sagan-Plan von Oskar Teichert aus dem Jahr 1858, s. Abb. 2).*

des Parks räumt Teichert ein, dass der Bereich entlang des westlichen Abschnitts der Boberschleife nur aus „gänzlich unvollendete[n] Theile[n]“ besteht und auf der gegenüberliegenden Seite des Oberparks zwischen Dorotheenhof und Peterhöhe „nur auf gut Glück gepflanzt“ wurde, um später aus dem angegangenen Bestand schöne Gehölze zu formieren.[41] Jäger befindet denn auch, dass der Oberpark „nicht den besten Eindruck macht“ und die Anlagen „noch sehr neu“ und „mangelhaft“ sind.[42] Der Abgleich mit dem heutigen Bestand zeigt, dass die vorgesehene gestalterische Überformung des Auenbereichs westlich der Boberschleife einschließlich einer weiteren Brückenverbindung zum Mittelpark nicht ausgeführt wurde[43] und der Abschnitt von der Peterhöhe bis zum Dorotheenhof – mit Ausnahme des erbarmend kümmerlichen Lindengangs zur Grünen Zelle (Abb. 9) – nur aus einem profanen, auf magerem Boden sich fortmühenden Mischwald besteht, der keinen Gedanken an Parkgestaltung aufkommen lässt. Verwilderte gärtnerische Strukturen als Zeugnisse historischer Gestaltungen finden sich erst im östlichen, sich trichterförmig verjüngenden Teil des Oberparks wieder. Hier wurden unter Dorothea die von Teichert als „grossartig“ im Sinne von erhaben beschriebenen Sichten vom Elphons-Sitz, vom Sitzplatz „Cosmos“ sowie der Fürstenblick entlang des Boberufers angelegt.[44] In dieselbe ästhetische Kategorie ordnet Teichert auch den Rückblick von der Peterhöhe durch den Mittelpark auf das Schloss ein. In den Abschnitt zwischen diesem Aussichtpunkt und der Königsbrücke wurden in den 1850er Jahren entlang der Reliefkante zum Bober weitere attraktive Sichten angelegt, die einzigen kognitiven Ankerpunkte einer landschaftskünstlerischen Überformung dieses Bereichs.

Neben den durch die neue Eisenbahnlinie abgeschnittenen Fragmenten des alten kurländischen Mausoleums, die in einem Parkwächterhaus aufgegangen waren (Abb. 20), stellte der ländliche, dreiflügelige Dorotheenhof (Abb. 22) das einzige Gebäude im Oberpark dar. Flankiert wurde es durch eine Baumschule sowie den gymnasialen Turnplatz, der im Zuge der Neugestaltung des Schlossplatzes hierher verlegt worden war. Als besonderer Punkt des dritten Teils des Saganer Parks ist noch der im Zentrum einer Wegekreuzung platzierte Schulenburgsitz zu erwähnen, der als exquisiter Freisitz von größeren Gesellschaften genutzt werden konnte (Abb. 9).[45]

Mittel- und Oberpark war gemein, dass sie eine Fülle von Bänken, Sitzen, Plätzen, Tälern, Einzelbäumen aufwiesen, die Namen von Verwandten, Mitstreitern und Freunden Dorotheas sowie der Stätten ihrer Besitzungen und früherer Aufenthaltsorte trugen, wodurch eine biografische Folie über den Park gelegt wurde – ein Prinzip, das wiederum an das Beispiel Muskau gemahnt.

In der Überschau ist festzuhalten, dass dem in überbordender Opulenz ausdekorierten, pluralistisch strukturierten Schlosspark ein sehr puristisch gehaltener Mittelpark in starkem Kontrast gegenüberstand, in dem die gartenkünstlerische Durchdringung erst in groben Zügen stattgefunden hatte. Der Oberpark schließlich zeigte sich größtenteils noch unvollendet und konnte nur mit den Sichten entlang des Boberufers und den Anlagen um den Dorotheenhof aufwarten.

Ein besonderer Schatz sind die während der Regierungszeit Dorotheas entstandenen, zahlreichen Gouachen, die flächendeckend und en détail – teilweise sogar mit Blick und Gegenblick – den Entwicklungsstand des Schlossgartens für den Zeitraum um 1860 ausleuchten. Zusätzlich gewähren sie den Überblick über 25 moderne, nach französischem und englischem Vorbild gestaltete Schlossräume, in deren Dekoration sich erneut die Blumenpassion der Herzogin spiegelte, sowie die übrigen, ebenfalls aufwändig verschönerten Besitzungen im Umfeld von Sagan und Grünberg. Im Auktionskatalog der 1989 versteigerten Gouachen wird F. Hackert als Urheber dieses einzigartig dichten Dokumentationsmaterials aus der Mitte des 19. Jahrhunderts genannt, und in der Tat zeigen aktuelle Bildquellen diverse, erneut in den Kunsthandel gebrachte Werke des Saganer Zyklus mit einem historischen Rahmen, auf dem in einer Plakette Hackert als Künstler benannt wird.[46]

### Der Parkführer und -plan von Oskar Teichert aus dem Jahr 1858

Oskar Teichert nennt als Ziel seiner auszugsweise vorab in der Hamburger Garten- und Blumenzeitung erschienen Publikation „Der Herzogliche Park zu Sagan“ deutlich, dass er beabsichtigte, „weiteren Kreisen ein Kunstwerk vor[zu]führen, welches einen ehrenvollen Platz in der Geschichte der Gartenkunst einzunehmen würdig ist“.[47] Als Motiv benennt er die einzigartige Beschaffenheit und den Vorbildcharakter des Schlossgartens. Gleichwohl liest sich seine Veröffentlichung stets auch ein Stück weit als Rehabilitationsschrift für seinen Vater Friedrich Teichert, dessen Könnerschaft möglicherweise bereits in den 1850er Jahren, noch vor seinem unfreiwilligen Ausscheiden aus dem Saganer Dienst, kritisch hinterfragt wurde, und der selber nicht zur Feder griff, sei es aus Mangel an Talent oder weil die Saganer Administration einer solchen Autorenschaft von vornherein ablehnend gegenüber gestanden hätte. Es fällt jedenfalls auf, dass außer Friedrich Teichert und der Herzogin keiner der anderen Akteure, die ihren Anteil an der Ausgestaltung des Schlossparks hatten, genannt und entsprechend gewürdigt wird. Allenfalls der frühzeitig verstorbene herzogliche Baurat Leonhard Dorst von Schatzberg (1809–1851) wird

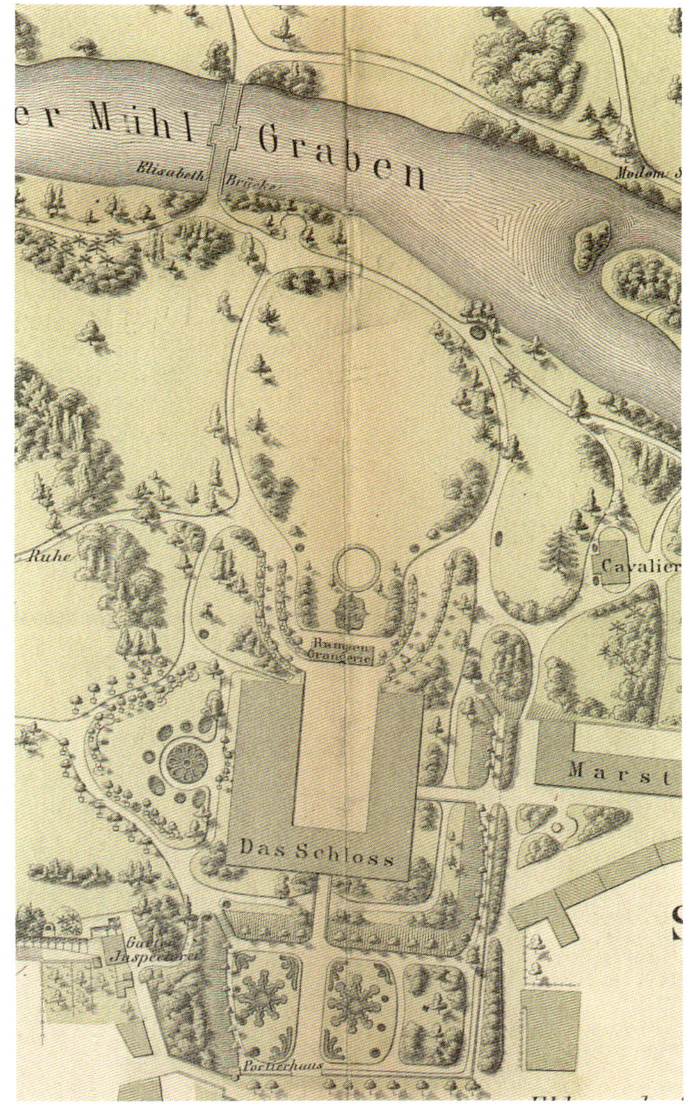


*Abb. 10*
*„Der Herzogliche Park bei Sagan.“, Oskar Teichert, abgedruckt im 1858 erschienen Parkführer „Der Herzogliche Park zu Sagan.“, Planausschnitt mit Schloss, südlich vorgelagerter Rampenorangerie und anschließenden Wegespangen (Ausschnitt aus Abb. 2).*

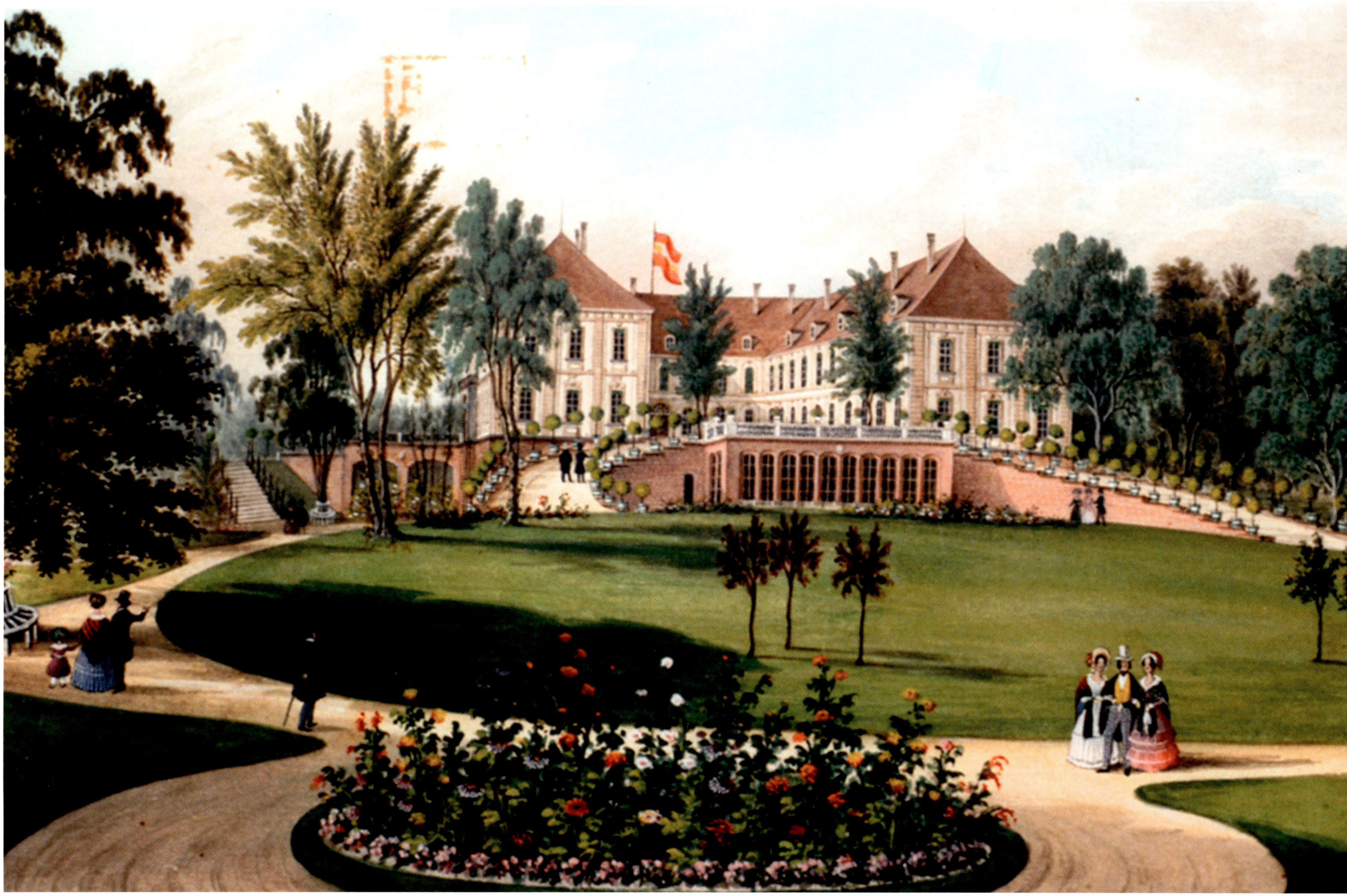

*Abb. 11*
*E. Hackert, Gouache mit Blick von Südwesten auf das Schloss mit vorgelagerter Rampenorangerie, um 1860. Von den an der Grenze zwischen Schlossinnenhof und Rampenorangerie als typische „Scharnierbäume“ gepflanzten vier Platanen (die Platanen sind in dieser Funktion auch an anderen Stellen im Park noch antreffbar) sind nur zwei erkennbar, offensichtlich sollte der Blick in die Tiefe des Innenhofs nicht verstellt werden. Die große Fontäne mit dem noch vorhandenen Wasserbecken wurde erst 1865 angelegt.*

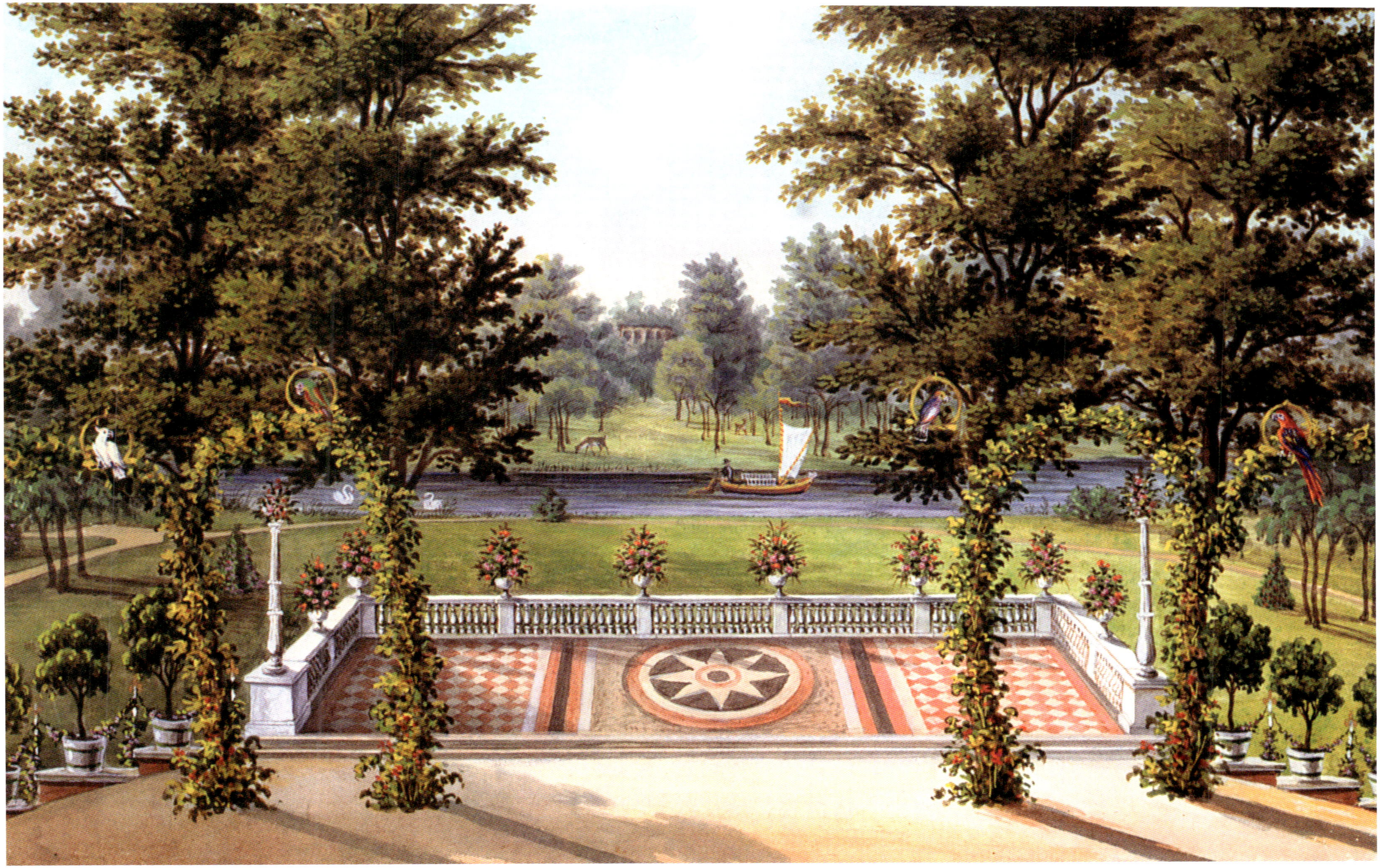

*Abb. 12*
*E. Hackert, Gouache mit Blick aus dem Schlossinnenhof über die Rampenorangerie, den Mühlbober und den Mittelpark zur Peterhöhe, um 1860. Die Aussichtsterrasse am Ende der Sichtachse wurde nicht realisiert.*

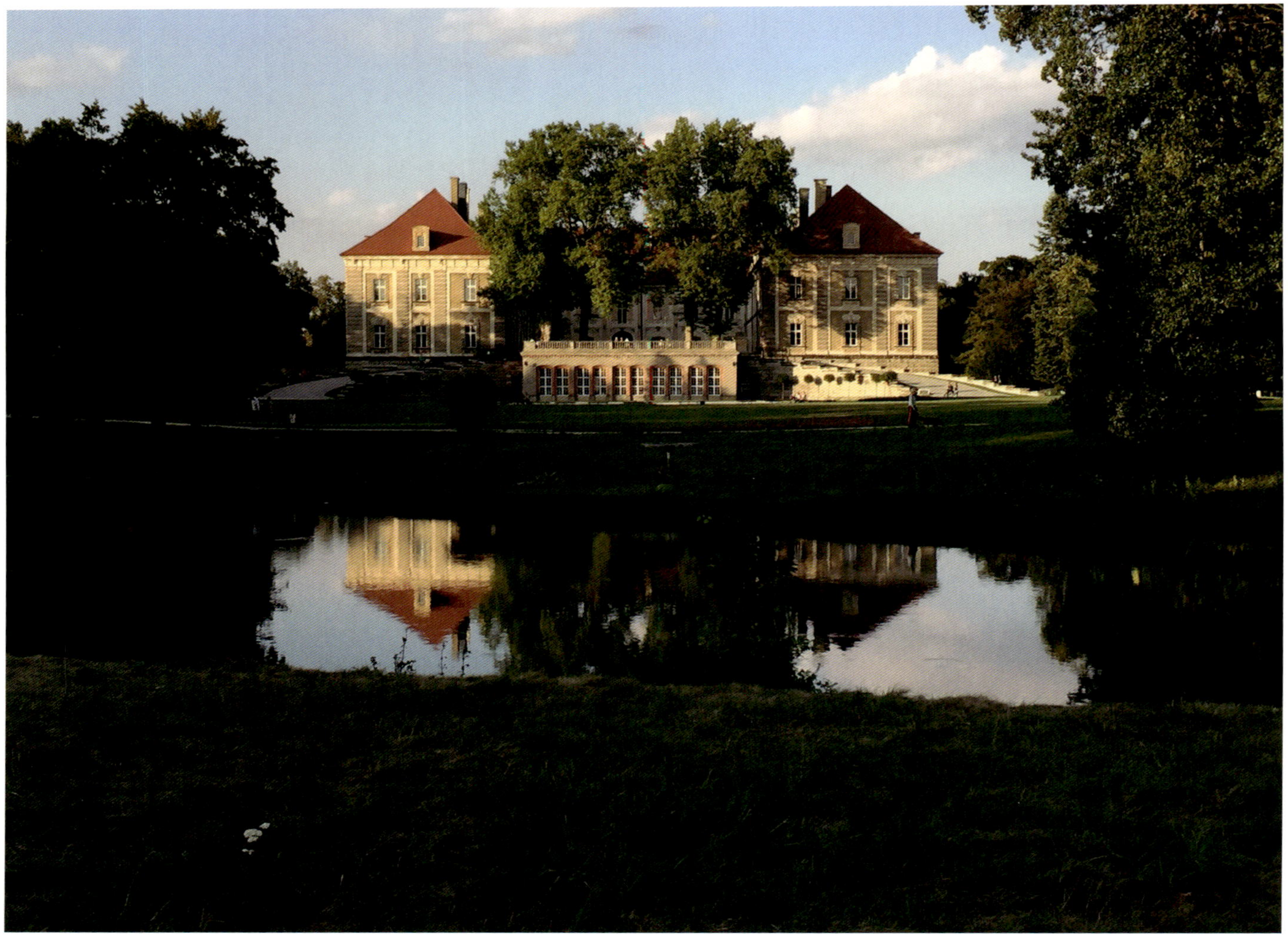

*Abb. 13*
*Gegenblick zum Schlossinnenhof mit der vorgelagerten Rampenorangerie vom Mühlgraben aus.*

knapp im Zusammenhang mit dem Umbau der Kreuzkirche und dem nach seinen Plänen posthum errichteten Dorotheenstift erwähnt[48], kein Wort aber zu seinem Anteil an der Parkplanung und den übrigen Parkbauten wie auch kein Wort zu seinem Nachfolger oder anderen beteiligten Architekten und Künstlern. Der „ehrenvolle Platz in der Geschichte der Gartenkunst" wird indirekt geschickt ausschließlich Friedrich Teichert zugeschrieben. Die Bedeutung seines Wirkens wird außerdem durch die negative Schwarz-Weiß-Malerei der Vorgängeranlage gesteigert (obwohl der ältere Teichert 15 Jahre für deren Unterhalt die Verantwortung trug). Schließlich werden, um die Leistung nochmals zu potenzieren, in dem der Publikation beigelegten Parkplan Mittel- und Oberpark als fertig gestellte und in weiten Teilen gartenkünstlerisch ausdifferenzierte Partien vorgestellt, was – wie wir von Hermann Jäger wissen – definitiv nicht der Fall war. Und anders als in dem kurz zuvor erschienenen, vermutlich vorbildgebenden Führer zu den Muskauer Anlagen[49], schweigt sich das Saganer Werk über die „Grundsätze und Motive [, die] bei dem Entwurf und der praktischen Ausführung derselben maßgebend oder von Einfluss gewesen sind", aus, woraus ein anonymer Rezensent der Teichert'schen Publikation kritisch die „muthmassliche Ermangelung eines […] weit greifenden Grundplans" schlussfolgert und damit einen weiteren im Parkführer überspielten Schwachpunkt im Werk von Friedrich Teichert benennt.[50]

Als letztes Kapitel der verstrickten Teichert-Story kommt ein weiterer Gartenplan ins Spiel, mit dem offensichtlich die Expertise von Peter Joseph Lenné zu dem Saganer Parkprojekt eingeholt werden sollte (Abb. 21).[51] Als Zeichner des mit dem Stempel der „Königl. Hof-Garten-Direction Sanssouci" registrierten Plans „des Herzoglichen Parkes zu Sagan", der allem Anschein nach den Bestand im Jahr 1853 getreulich wiedergibt, scheidet aufgrund der Autoreninitialen „E. T." der von Günther und Harksen vermutete Friedrich Teichert aus. Hingegen könnte ein weiterer Teichert, diesmal der 1808 in Potsdam geborene Eduard Teichert, der Verfasser sein, eine These, die durch die Altersnähe zum ein Jahr jüngeren Friedrich und durch die ungefähr parallel verlaufende Ausbildung der beiden an der Gärtnerlehranstalt in Potsdam-Wildpark zumindest nicht unlogisch erscheint.[52] Womöglich hat Eduard Teichert fachlich mit der Erarbeitung eines Bestandsplans zur Vorlage in Potsdam gezielt Hilfestellung geleistet, um ähnlich wie Oskar Teichert mit seinem Parkführer das Renommee Friedrich Teicherts in einer für diesen schwierigen beruflichen Phase zu festigen. Über eine direkte Reaktion des Potsdamer Gärtnerzirkels um Lenné auf den 1853er-Plan ist zwar nichts bekannt. Dennoch scheint als Ausfluss einer solchen der 1858er-Plan von Oskar Teichert (Abb. 2) entstanden zu sein, der – die Kritik Hermann Jägers antizipierend – nun versucht, mit den bekannten, wenn auch maßstäblich verzerrten Gehölzsignaturen der Potsdamer Lehranstalt die kompakten Massen des nur durch zwei einfache, kreuzartig verbundene Schneisen gegliederten Mittelparks in ein System korrespondierender Teilräume zu transformieren.[53] Die ganze Bandbreite kompositorischer Gehölzformationen wurde effektvoll eingesetzt, um einen pittoresken Landschaftsgarten hervorzubringen, der durch das rhythmische Wechselspiel von Kontraktion und Relaxation der Gehölzmassen ein abwechslungsreiches Spiel

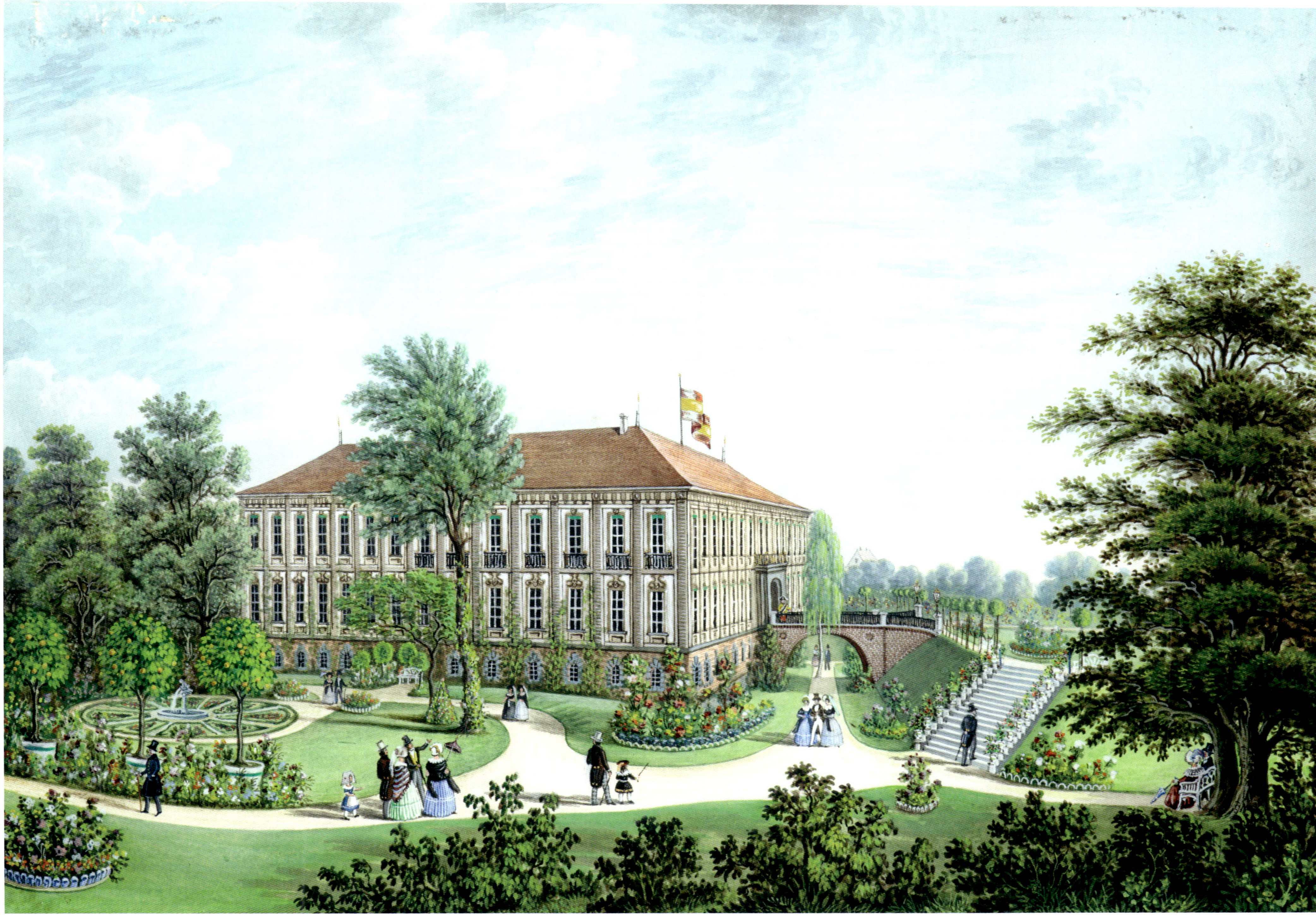

*Abb. 14*
*E. Hackert, Gouache des Orangerieplatzes vor der Ostfassade des Schlosses, um 1860.*

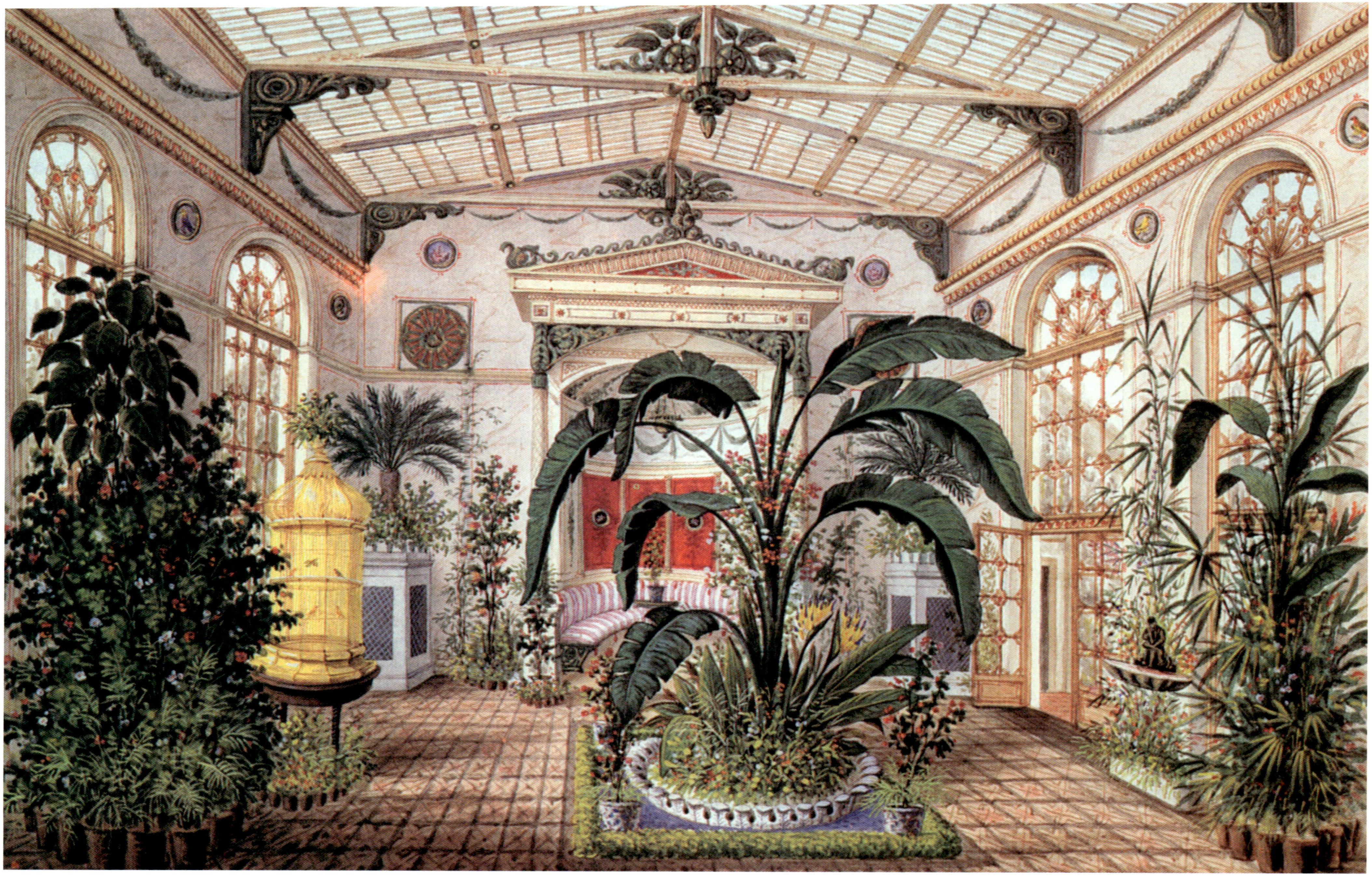

*Abb. 15*
*E. Hackert, Gouache des Wintergartens- oder auch „Decorationssalons" mit angegliedertem Kalt- und Warmhaus, um 1860.*

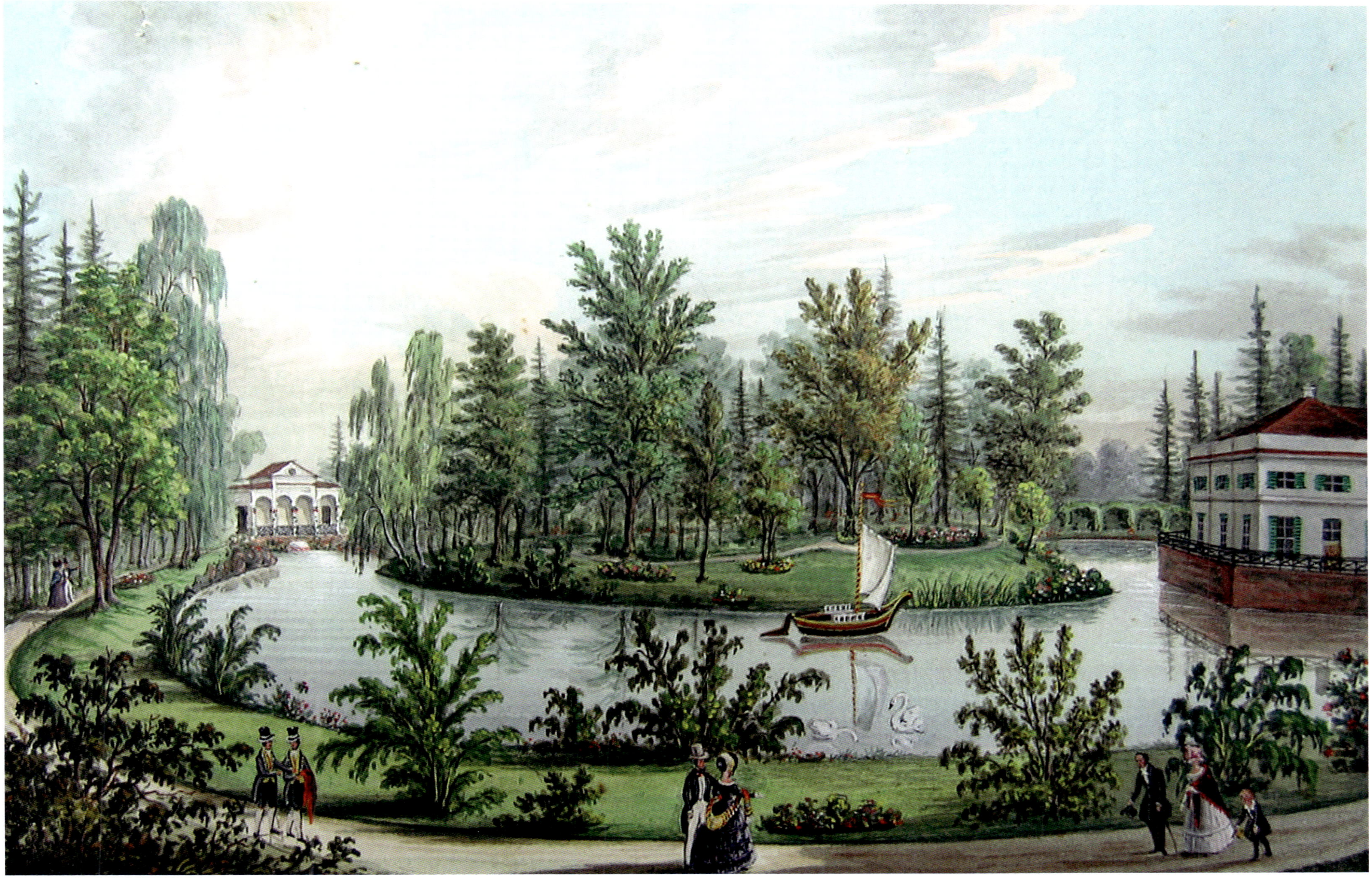

*Abb. 16*
*E. Hackert, „Canal an der Orangerie“, Gouache des sogenannten Angelhäuschens (noch vor dessen maurisch-gotischer Umdekorierung und ohne den störenden, schräg anschließenden Fachwerkspeicher im Hintergrund) am Ende des Karpfenteiches, eines abgeschnittenen Boberaltarms, sowie des östlichen Eckpavillons der Orangerie von 1796, dazwischen die der Herzogin Dorothea als Privatgarten vorbehaltene Marieninsel, um 1860.*

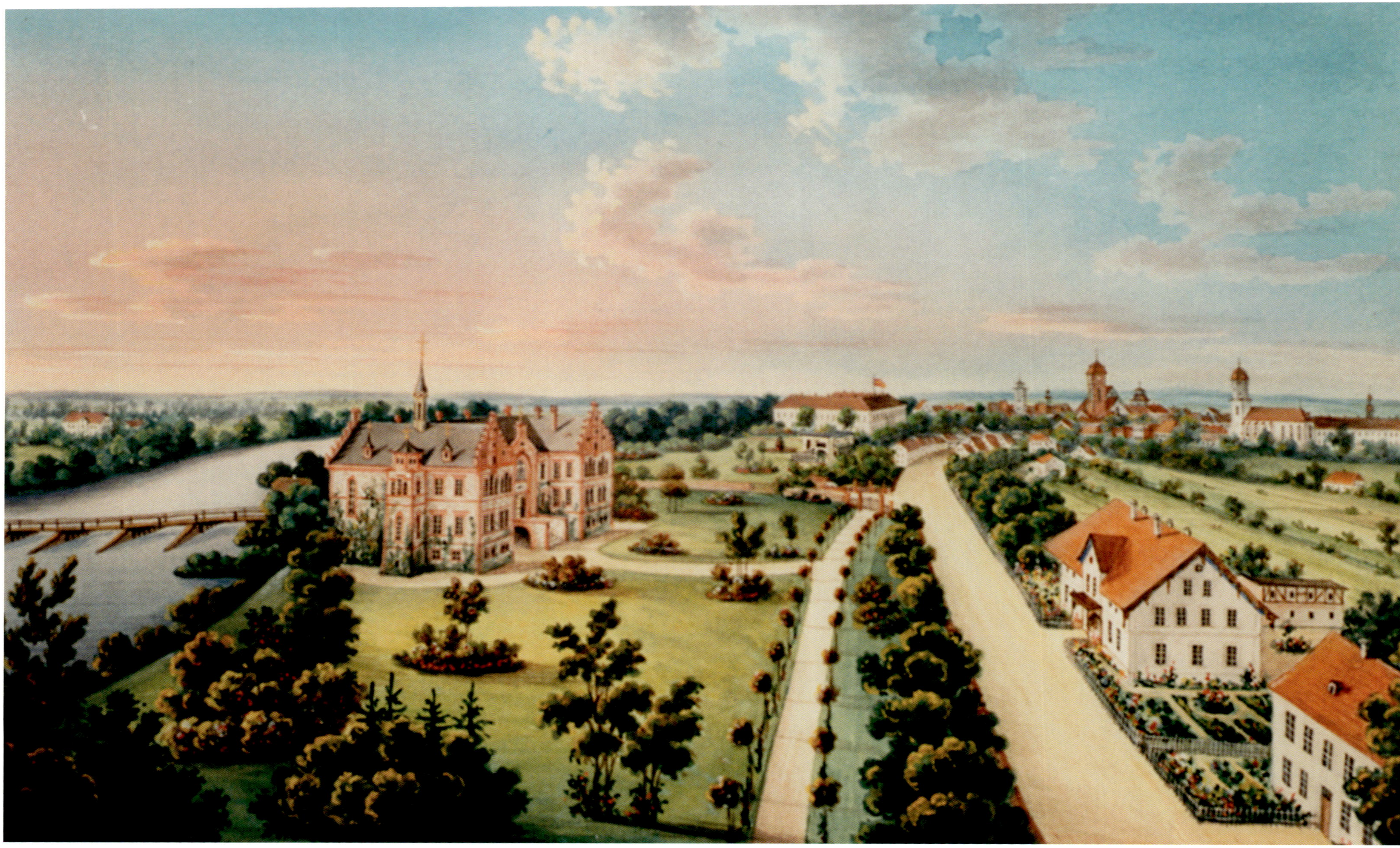

*Abb. 17*
*E. Hackert, Gouache mit Blick von der Kreuzkirche in Richtung Westen, um 1860. Links fließt der Hauptlauf des Bobers. Neben der Fahrbrücke das in den Jahren 1851 bis 1859 nach Plänen von Leonhard Dorst von Schatzberg errichtete Dorotheenstift, im Hintergrund die Ost- und Nordfassade des Schlosses.*

von Licht, Schatten und der Tiefe des Raumes ermöglicht. Im Oberpark hingegen wurden die im 1853er-Plan ausgesparten Flächen – dort offenherzig als hohe und niedrige Birkenpflanzungen ausgegeben – mit lockerem Schwung und kartoffeldruckartig verteilten Signaturen dem bestehenden Park zugeschlagen (vgl. Abb. 21 u. 2). Der Planvergleich lässt sich fortführen, z. B. anhand der aufgelösten Parterreflächen westlich des Dorotheen Hofs. Das Prinzip bleibt gleich: der nüchterne Bestandsplan wird lehrbuchartig überarbeitet und optisch gefälliger aufbereitet. Aus dem Zusammenspiel der Teicherts entsteht so das bis heute nachwirkende Bild eines formidablen Parks, der den Vergleich mit Vorbildern in Potsdam und Muskau nicht zu scheuen braucht. Die bereits 1859 angebrachte Kritik Hermann Jägers sowie der überkommene Bestand in Mittel- und Oberpark entlarven dieses Vexierspiel.

### Nachklang

Mit dem Antritt des Saganer Erbes durch Herzog Ludwig sowie des parallel berufenen neuen Garteninspektors Friedrich Gireoud setzte im Jahr 1862 die letzte wichtige landschaftsgärtnerische Phase ein. An der vorhandenen Grundstruktur der Anlage veränderte sich nichts mehr. Weder wurde das für die ursprüngliche Konzeption so wichtige westliche Ufer der Boberschleife in den Park einbezogen, noch wurden die rudimentären Flächen südlich und östlich der Flussbiegung zu einem realen Park aufgewertet. Was hingegen griff, war die bereits unter Dorothea geplante Technisierung des Parks durch Wasserleitungen, die mit Hilfe des Oberhofbaurats Moritz Gottgetreu (1813–1885) aus Potsdam bewerkstelligt wurde[54], sowie durch weitere Gewächshäuser. In der Folge gab es eine ganze Reihe von neuen Brunnen und Fontänen. Bei den erstgenannten nahm der 1874 erschaffene Neptunbrunnen im Zentrum des Orangerieplatzes einen besonderen Rang ein; bei den zweitgenannten war es der seit 1865 hochaufschießende Wasserstrahl vor der Rampenorangerie.[55] Den „Superlativ" bildete laut Friedrich Maecker ein aus Granitblöcken geformter Wasserfall, der sich in das Tal ergoss, das von der Hangkante des Oberparks zur Königsbrücke führte. Der von Maecker angestellte Vergleich mit dem Wasserfall unter der Teufelsbrücke im Glienicker Park, muss beim Anblick der heutigen Situation allerdings ernsthaft hinterfragt werden.[56]

Kopien von Plastiken von Rauch, Canova und anderen wurden aufgestellt, und auch die dekorativen Spielereien mit der Blumeneiche und der Blumenfontäne aufwändig perpetuiert. Letztere allerdings musste – Laune der Geschichte – einem echten Schalenbrunnen weichen und wurde in den Orangeriegarten verlagert. Das viktorianische „bedding" führte

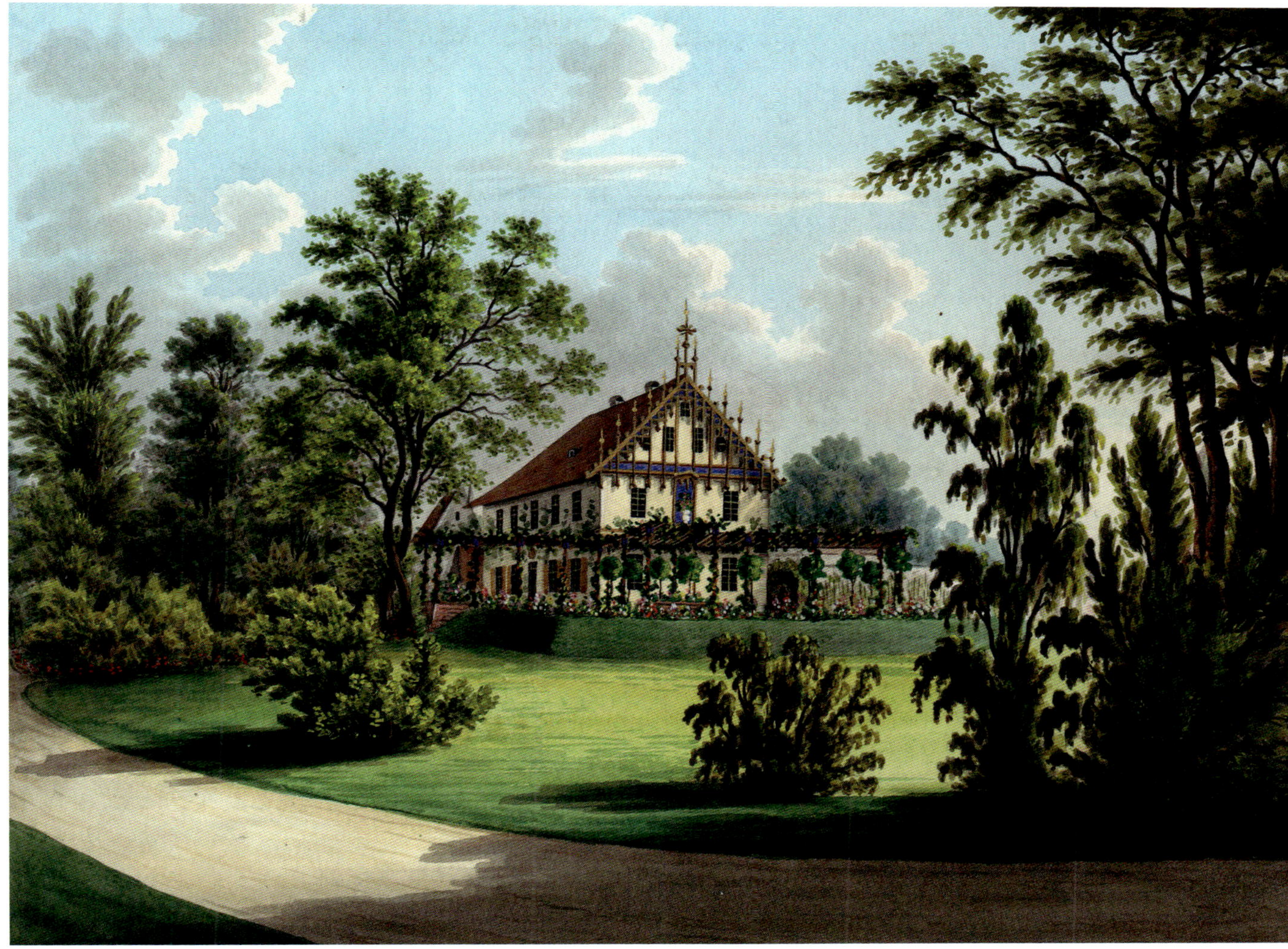

*Abb. 18*
*E. Hackert, „Wohnhaus des Garteninspector im Herzogl. Park zu Sagan", Gouache um 1860.*

Gireoud mit Erfolg in Sagan vor, und schließlich gab es im Mittelpark noch kleinere bauliche Modifikationen. Die umfangreichen Namensgebungen wurden bedingt beibehalten, wobei sich vor allem das Vorkommen von Bezeichnungen, die nun statt Dorothea den Vornamen des neuen Herzogs trugen, merklich mehrte (s. z. B. Ludwigs-Garten anstelle des Holländischen Gartens an der Orangerie). Der mehrfach ausgezeichnete, zwischenzeitlich zum Gartendirektor aufgestiegene Gireoud verstarb 1896[57], ein Jahr später Herzog Biron. Pracht, Luxus und Eleganz – und die eine oder andere kitschige, blu-

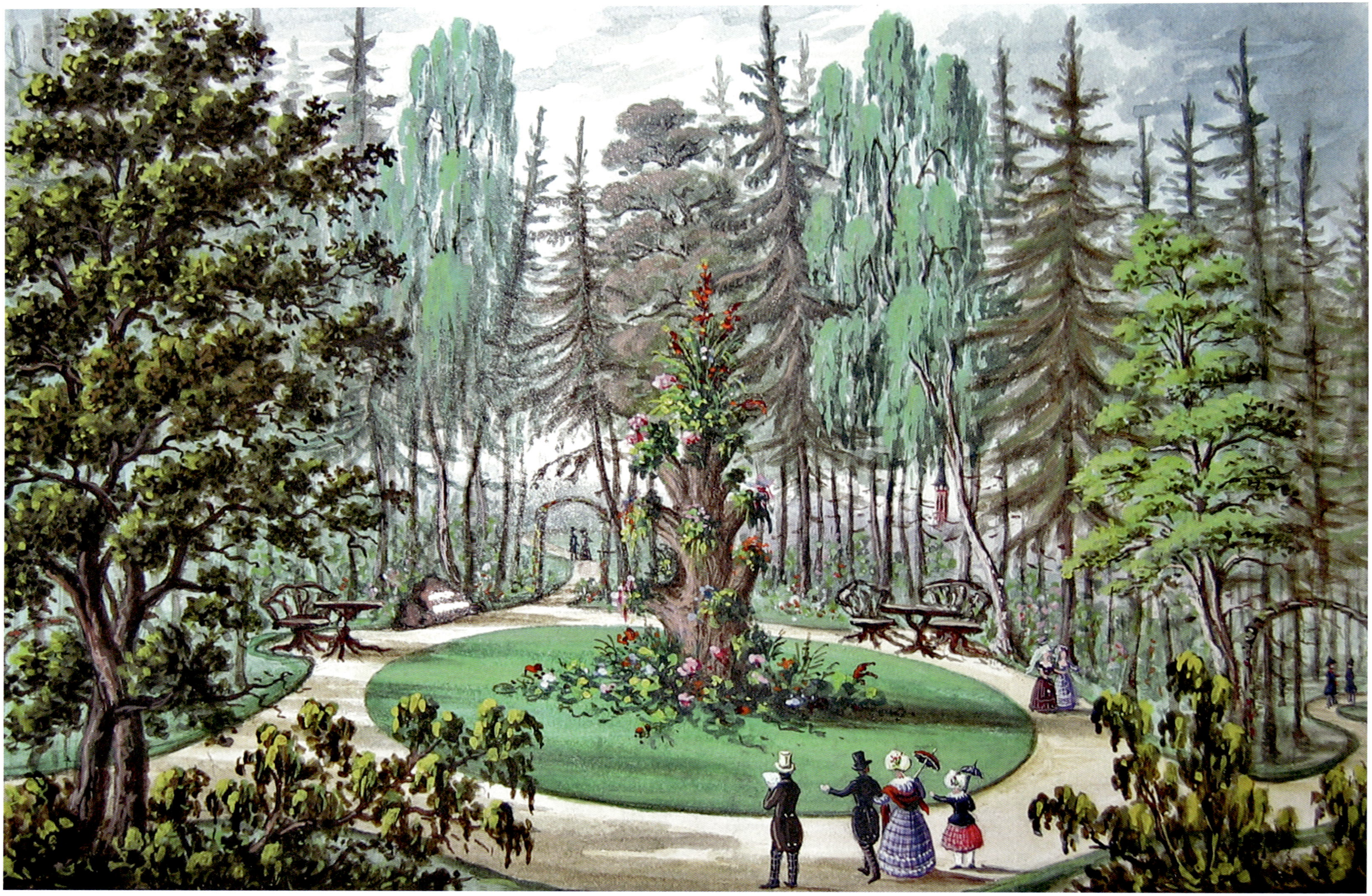

*Abb. 19*
*E. Hackert, Gouache vom Sitzplatz „Dorotheen Ruhe" (ehemaliger Standort einer großen Schaukel inmitten der „wilderness") mit der legendären Blumeneiche, später Ludwigseiche oder auch „Loulou Eiche", um 1860.*

mistische oder dekorative Übertreibung – wichen mit dem Ableben der beiden Gewährsträger der Gartenkunst aus dem weitgerühmten Saganer Blumenpark und fanden sich im 20. Jahrhundert nicht wieder ein.

**Lenné?**

Ähnlich wie Prinz Carl in Klein-Glienicke lavierte die Herzogin von Sagan geschickt zwischen den von Muskau und Potsdam ausstrahlenden gartenkünstlerischen Tendenzen, ohne sich zu stark an eine Seite oder eine Person zu binden. Muskau und Pückler beeinflussten Dorothea zweifellos im Großen, in der offensiven, integralen Ausgestaltung der gegebenen landschaftlichen Situation, wie im Kleinen, bei dem Arrangement vielfältiger Details von den Papageien im Schlossinnenhof (Abb. 12) über die gusseiserne Fuchsientreppe zwischen Schlossplatz und -park (Abb. 14) bis hin zu den aus dem Muskauer Herrengarten vertrauten Wurzelbänken. Selbst die Anlage des Cottage–Gartens Belaria als Ausflugslokal auf dem ehemaligen Weinberg vor den Toren der Stadt lässt an das Englische Haus in Muskau denken.[58] Gleichwohl bleibt Muskau in landschaftlicher Hinsicht unerreicht, wie Jäger feststellt, wenn er anmerkt, dass „Sagan ein Garten mit vielen schönen Einzelheiten [ist], die man beschreiben kann, Muskau [aber] eine Gegend […]“.[59] Und auch Oskar Teichert räumt nach dem Tod seines Vaters rückblickend ein, dass Sagan „als Landschaftsgarten […] trotz seiner Ausdehnung und seines günstigen Terrains hinter vielen anderen zurück“ blieb.[60] Bei der Hervorbringung außergewöhnlicher Schmuckbeetarrangements hingegen hatte der Saganer Park eine eigene Bestimmung gefunden und zur Mitte des 19. Jahrhunderts Muskau den Rang abgelaufen, wie Jäger resümiert: „Man könnte fast sagen, der ausgesuchte Blumenluxus sei nach Sagan gewandert […]“.[61]

So deutlich sich die Anlehnung an Muskau in vielen Punkten manifestiert, ist andererseits nicht außer Acht zu lassen, dass Dorothea engen Kontakt zur preußischen Königsfamilie unterhielt und seit Kindheitstagen gut mit Wilhelm I. und Friedrich Wilhelm IV. befreundet war. Letzterer gab nach Oskar Teichert nicht nur den Rat zum Bau der Rampenorangerie[62], sondern bezog auch nahezu jährlich die ihm vorbehaltenen luxuriösen Gemächer im Lobkowitzflügel des Saganer Schlosses, um ausgiebig Zeit mit der Herzogin zu verbringen[63]. Dass in diesem Rahmen das Parkprojekt ausführlich erörtert wurde und der preußische König die Beratung durch seine Hofgartendirektion anheim stellte, erscheint keineswegs abwegig. Den Schlosspark Sagan allein auf dieser Grundlage sowie der Tatsache, dass die beiden maßgeblichen Saganer Gärtner

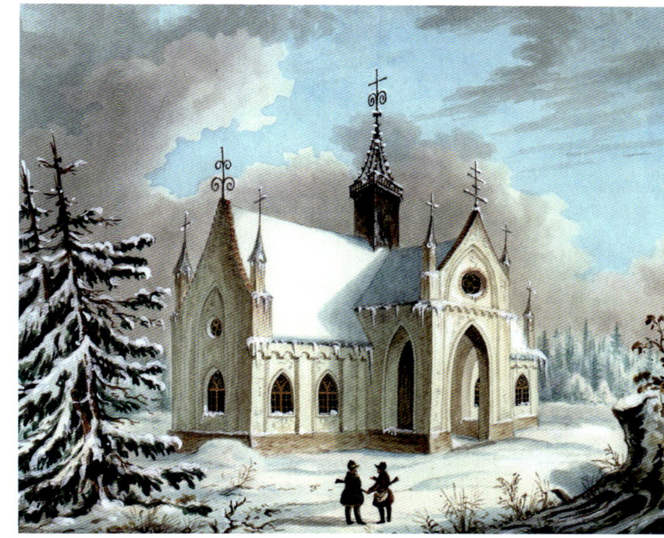

*Abb. 20*
*E. Hackert, „Äußere Parkwächter-Wohnung im Herzogl. Park zu Sagan.“, Gouache um 1860. Wächterhäuschen mit integrierten Resten des Mausoleums aus der Zeit Herzog Peters von Biron.*

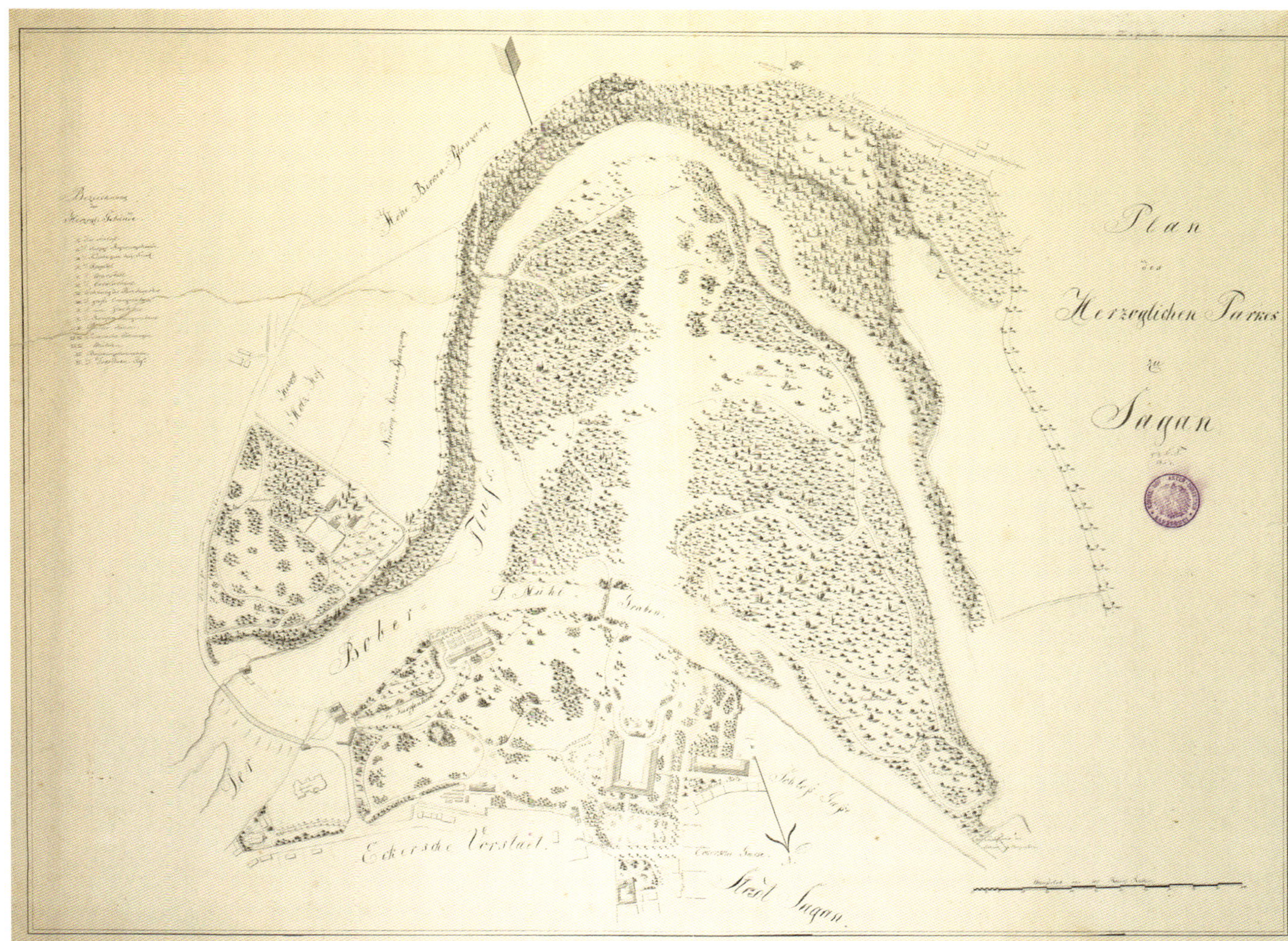


*Abb. 21*
*„Plan des Herzoglichen Parkes zu Sagan, gez. E. T. 1853/4.“*

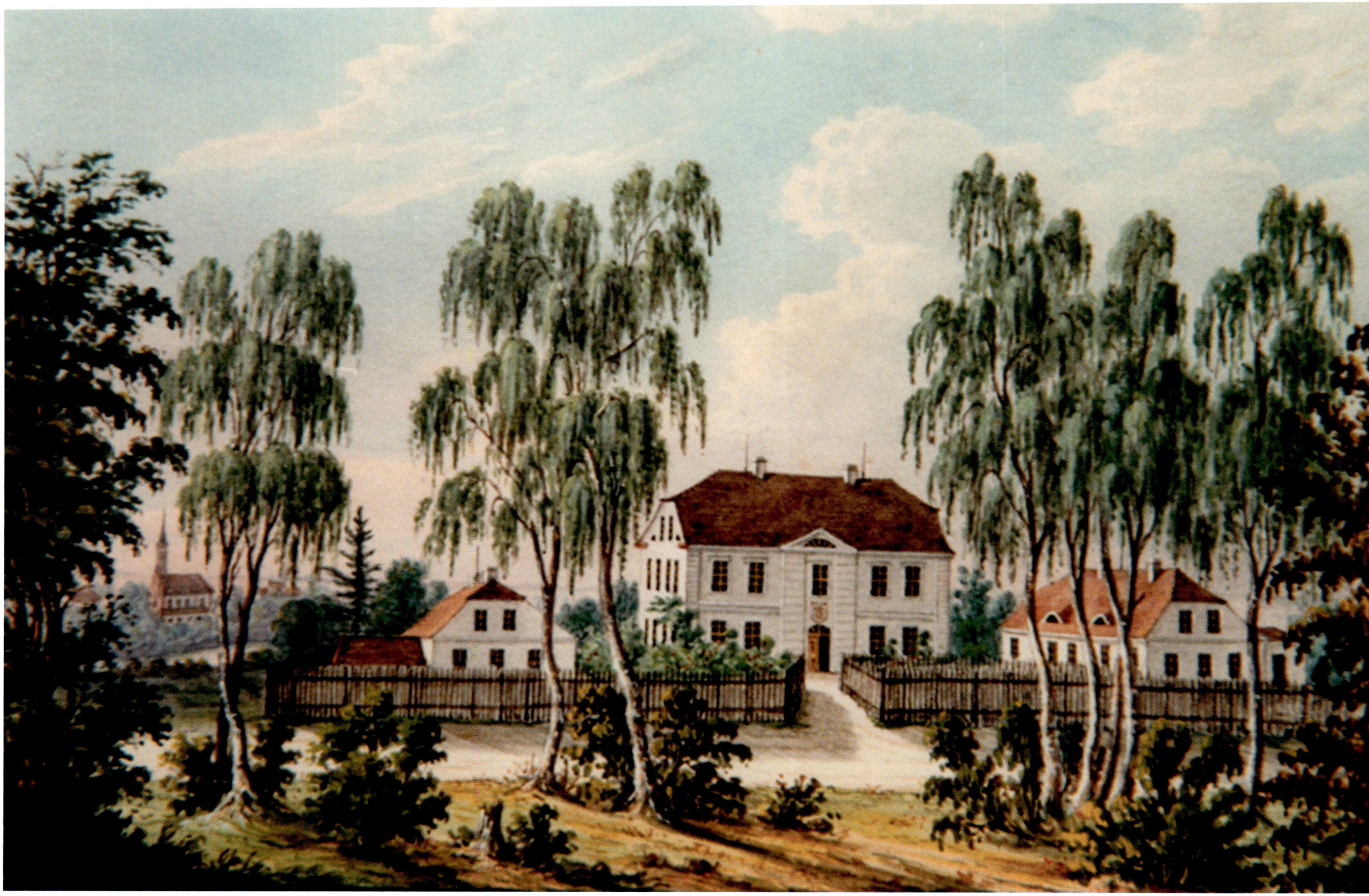

*Abb. 22*
*E. Hackert, der bereits im 18. Jahrhundert errichtete Dorotheenhof im Oberpark, links im Hintergrund die Kreuzkirche, um 1860.*

als Eleven die Gärtnerlehranstalt in Potsdam besuchten, der Lenné-Werkstatt zuzuschreiben, ist allerdings genauso wenig angemessen, wie in der Anlage am Bober eine morphologische Kopie Muskaus zu sehen. Vielmehr ist es das landschaftskünstlerische Prinzip der weitreichenden, bestmöglichen Verschönerung des eigenen Besitzes – auch aus einer gesellschaftlichen Verantwortung heraus[64] –, das Dorothea von Pückler übernimmt und mit Hilfe des von Potsdam-Wildpark aus verbreiteten gärtnerischen Know hows nach Kräften in ihren Latifundien umsetzt.

Der Part, den Joseph Peter Lenné beim Zustandekommen der beiden Sagan-Pläne von 1853 und 1858 einnahm, bleibt unklar. Der in Potsdam-Wildpark lange Zeit gelehrte, Legeler'sche Signaturenkodex für die dreidimensional wirkende Darstellung von Gehölzen[65], die Präsentation des künstlerisch in Bezug auf Räumlichkeit, Rhythmus, Staffelung und Plastizität modern ausdifferenzierten Mittelparks auf dem 1858er-Plan belegen aber deutlich, dass es eine fachliche Rückkoppelung Potsdam-Sagan und somit wohl auch eine konkrete Einschätzung Lennés zu dem eingereichten ersten Plan gegeben haben muss.

Ob Lenné mit seiner Empfehlung bei der offensichtlich nicht von Intrigen freien Neubesetzung der Saganer Gärtnerstelle des in den schlecht bezahlten Ruhestand entlassenen Friedrich Teicherts wirklich eine glückliche Rolle spielte, soll dahingestellt bleiben. Versöhnlich bleibt immerhin nachzutragen, dass Oskar Teichert nur ein Jahr nach dem Tod seines Vaters eine leitende Position an der Gärtnerlehranstalt übernahm.[66]

P. S.: Des Eingangsrätsels Lösung lautet: natürlich sind es vier – Sagan (Żagań), Sorau (Żary), Berlin, Stettin (Szczecin).

P. P. S.: Für die großzügige Überlassung von Quellenmaterial zur Geschichte des Saganer Schlossparks danke ich Herrn Marian Swiątek sehr herzlich.

## Anmerkungen

1 Teichert 1858 (b).
2 Erbe 2009, S. 1.
3 Günther/Harksen 1993, S. 190; Teichert 1866, S. 239 f.
4 Erbe 2009, S. 210.
5 Lucae 1689, S. 1079 (für die Übermittlung des Quellentextes danke ich Katrin Schulze, München).
6 Marsch 1992; s. a. kolorierten Kupferstich von Friedrich Bernhard Werner (1690–1776) „Sagan, wie es nach dem Ao. 1732 erlittenen großen Brand anzusehen." (in: Scenographia Silesiae Tab. II, Nürnberg vor 1737) mit dem in der Legende unter 3. aufgeführten „Thier-Garten", abgebildet in: Bein 1992, S. 12.
7 Gleich 1992, S. 54 u. 74; hier wiederum auch ein Hinweis auf die Vierflügelanlage.
8 Ebd., S. 74.
9 s. Teichert 1858 (b); Teichert 1866, S. 240.
10 Erbe 2009, S. 10.
11 Ebd., S. 65.
12 Ebd., S. 8.
13 Hinweis auf den Architekten Gülz auf der Informationstafel in Zatonie (Günthersdorf).
14 Für den, wie so häufig, reflexhaft als verantwortlichen Gartenkünstler genannten Peter Joseph Lenné (s. bspw. Erbe 2009, S. 124) fehlt in Günthersdorf jede Evidenz.
15 Teichert 1866, S. 239.
16 Jäger 1858 (a), S. 207.
17 Günther/Harksen 1993, S. 190; Teichert 1866, S. 240.
18 Anonymus 1896, S. 376 f.
19 Teichert 1866, S. 239 f.
20 Erbe 2009, S. 125; Teichert 1858 (b), S. 23 f.
21 Erbe 2009, S. 18.
22 Adamek-Pujszo/Świątek o. J., S. 12; Teichert 1858 (b), S. 23 – Erbe 2009, S. 130 verweist auf die Existenz eines Südflügels, schreibt dessen Abriss aber erst der Zeit nach 1845 zu.
23 Teichert 1866, S. 239.
24 Teichert 1858 (b), S. 23.
25 Tomczyk 1992, S. 50.
26 Gleich 1992; Teichert 1858 (b), S. 26.
27 Teichert 1858 (b), S. 24.
28 Erbe 2009, S. 167 f.
29 Ebd., S. 168.
30 Irrgang 1978, S. 95.
31 Karg 1986, S. 13.
32 Betrachtet man den Stadtplan von Żagań sowie die Luftbildansicht von Abb. 1 ergibt sich aufgrund der Bezeichnungen Kępa Ludwika (Ludwigsinsel nach dem Erben Dorotheas) und Folwark Pauliny (Vorwerk Pauline nach ihrer jüngsten Tochter) sowie der Texturen der Gehölze die Vermutung, dass im Zuge der Gestaltung des Saganer Parks später auch noch die von der östlichen Boberschleife gebildete Insel sowie der südlich anschließende Gehölzsaum entlang des östlichen Boberufers landschaftsgestalterisch überformt wurden. Eine Alleelinie im Übergang des Vorwerkumfelds in die offene östliche Feldflur stützt diese These.
33 Teichert 1858 (b) S. 26 f.
34 Jäger 1858 (a), S. 209.
35 Der Begriff Blumenpark geht auf Hermann Jäger zurück; zit. in: Teichert 1858 (b), S. 38; s. a. Jäger um 1857.
36 s. Wimmer 1989 (a), S. 245.
37 Maecker 1866, S. 470.
38 s. hierzu die historische Fotografie in Adamek-Pujszo/Świątek o. J., S. 86.
39 Jäger 1858 (a), S. 213.
40 Ebd., S. 210.
41 Teichert 1858 (b), S. 15, 25, 35.
42 Jäger 1858 (a), S. 208; s. a. Teichert 1866, S. 240.
43 Eine Brückenverbindung über den westlichen Hinterbober wurde an der Stelle des auf dem Teichert-Plan (Abb. 2) verzeichneten nördlichen Parkausläufers erst im 20. Jahrhundert, vermutlich im Zuge des Baus des Freibades auf der Dorotheen-Aue (Abb. 9) geschaffen.
44 Teichert 1858 (b), S. 35 f.
45 Ebd., S. 16.
46 Sotheby's 1989, S. 3 f., s. a. die abgebildeten Gouachen auf den Seiten 10 und 11; auf der Website http://www.artnet.de/künstler/e-hackert/auktionsresultate (Zugriff: 30. August 2015) sind mehrere Gouachen der „Vues de Sagan" mit Titel und Künstler abgebildet. Als Letzterer wird auf den Rahmenplaketten stets „E. Hackert" ausgewiesen.
47 Teichert 1858 (a), S. 148–157; Maecker 1866, S. 468; Teichert 1858 (b), S. 53.
48 Teichert 1858 (b), S. 30.
49 Petzold 1856 (ebenfalls mit einem Parkplan).
50 Anonymus 1858, S. 276.
51 Günther/Harksen 1993, S. 190; den Hinweis auf den Plan verdanke ich Christoph Haase.
52 Singhof/Köhler o. J.
53 Die eine Perspektive suggerierenden Planzeichen für unterschiedliche Gehölze wurden von Wilhelm Legeler (1801–1873), von 1828 bis 1866 als Lehrer an der Gärtnerlehranstalt in Potsdam verbreitet (Wimmer et al. 2004, S. 321). Hermann Jäger spricht bei dieser Plangrafik von der „beliebten falschen perspectivisch-malerischen Methode" und empfiehlt „sich einfach an die Umrisse zu halten" (Jäger 1859, S. 190), eine Entwicklung die sich durch die vorbildgebende Plandarstellungen Gustav Meyers (1816–1871) um die Mitte des 19. Jahrhunderts allmählich durchsetzte. Die unterschiedlichen Signaturgrößen im Teichert-Plan von 1858 werden bereits von Jäger moniert (Jäger 1859, S. 190). Offensichtlich hat Oskar Teichert den Plan von 1853 im Bereich des Schlossparks weitgehend übernommen und nur die beiden übrigen Parkteile komplett neugezeichnet, woraus sich dann – aus welchen Gründen auch immer – eine uneinheitliche und unstimmige Plangrafik ergab.
54 Maecker 1866, S. 470; die Angaben zu Martin Gottgetreu verdanke ich Jörg Wacker, Potsdam.
55 Adamek-Pujszo/Świątek o. J., S. 14; der Neptunbrunnen ersetzte eine von „Professor Troschel entworfene, in der Werkstatt von Kahle in Potsdam ausgeführte Fontäne" (G. 1873, S. 539).
56 Maecker 1866, S. 473.
57 Anonymus 1896, S. 376.
58 Teichert 1858 (b), S. 17 f.
59 Jäger 1858 (b), S. 230 f.
60 Teichert 1866, S. 240.
61 Jäger 1858 (b), S. 236.
62 Teichert 1858 (b), S. 26.
63 Erbe 2009, S. 133.
64 Pückler 1834, S. 265: „So nur, wenn Jeder in dem Seinigen auch all das Seinige rastlos und vollständig thut, und die tausend Facetten sich dann zu einem Ring leicht und schön verbinden, könnte jener liebliche Traum der St. Simonisten: einer allgemeinen Verschönerung unserer Mutter Erde, einst verwirklicht werden [...] Für die Regierung des Staats können wir in der That Alle nicht sorgen, sich aber und sein Eigenthum auf alle Weise zu veredeln versuchen, das kann ein Jeder [...]".
65 Seiler 1985, S. 131, Abb. S. 125; s. Anm. 50.
66 Singhof/Köhler o. J.; Wimmer et al. 2004, S. 334.

# Reichenbach als Muster einer Ornamented Farm und nationalsozialistischen Ideallandschaft?

**Gert Gröning**

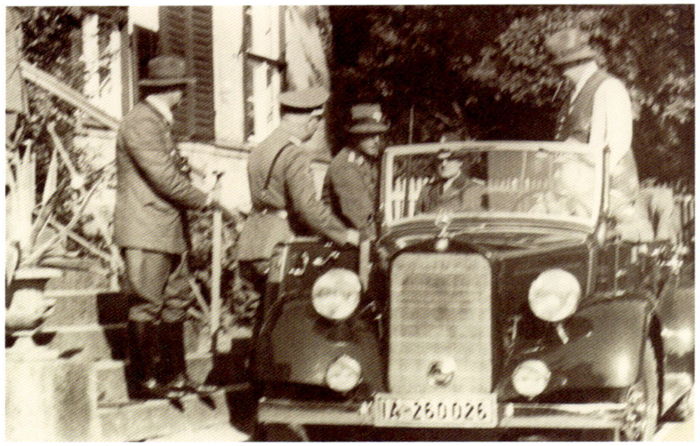

*Abb. 1*
*Empfang Hermann Görings (rechts) als Jagdgast auf Gut Reichenbach im Sommer 1939.*

Carl Gottlieb Bethe (1778–1840),[1] Peter Joseph Lenné (1789–1866) und das Gut Reichenbach (Radaczewo) sind eine spezielle, insgesamt recht bedeutsame Angelegenheit des frühen 19. Jahrhunderts, die in der Gartenkultur und Freiraumentwicklung deutlich mehr Aufmerksamkeit verdient, als ihr bislang zukam.[2]

Der 1778 in Dramburg (Drawsko Pomorskie) geborene Carl Gottlieb Bethe hatte 1795 an der Universität Frankfurt a. O. Jura studiert und ging danach 1798 als Assessor zum Stadtgericht in Stettin. Nach seinem Staatsexamen 1804 wurde er Assistenzrat bei der Kammerjustizdeputation in Stettin und 1805 Assessor bei der dortigen Kriegs- und Domänenkammer. Neben dieser Tätigkeit betrieb der aus bürgerlichem Haus stammende Bethe private Studien der Landwirtschaft, die schon bald zu seiner eigentlichen Berufung werden sollten. Wohl im Zusammenhang seiner Tätigkeit bei der Kriegs- und Domänenkammer stieß Bethe auf Schriften des Agrarwissenschaftlers Albrecht Thaer (1752–1828), der in kurzer Zeit zur bedeutendsten Autorität in Landwirtschaftsfragen aufgestiegen war. Von seiner Ausbildung her Arzt, entwickelte sich Thaer zunächst zum Gärtner.[3] Auf seinem bei Celle nahe Hannover eingerichteten Mustergut und als Mitglied der „Königlich großbritannisch kurfürstlich-braunschweigisch-lüneburgischen Landwirtschaftsgesellschaft“ erwarb er sich dann in den 1780er Jahren sowohl praktische als auch theoretische Kenntnisse der aktuellen Situation. Sein Interesse wurde wesentlich vertieft durch Studien der englischen Landwirtschaft in der Bibliothek der Celler Landwirtschaftsgesellschaft, die „zweifellos zu den rührigsten und bestsubventionierten Sozietäten der damaligen Zeit“[4] gehörte. Resultat dieser Studien war das dreibändige Werk „Einleitung zur Kenntnis der englischen Landwirtschaft“ von 1798–1800, das Thaer rasch in der Fachöffentlichkeit bekannt machte. 1809–1812 folgten in vier Bänden „Grundsätze der rationellen Landwirtschaft“, das erste Werk, das im vollen Sinne als „wissenschaftliche Darstellung der Landwirtschaftslehre bezeichnet werden darf“.[5] Thaer war zu diesem Zeitpunkt schon vom Staatskanzler Hardenberg angeworben worden, um in Preußen eine Musterwirtschaft und Lehranstalt einzurichten. 1804 begann er mit der Bewirtschaftung eines heruntergekommenen Gutes in Möglin östlich von Berlin und richtete dort 1806 ein landwirtschaftliches Institut ein, zu dessen Schwerpunkten die Schafzucht zählte.

In jenen Jahren, als Thaer immer bekannter wurde, hatte Bethe das Gut in Reichenbach erworben. Vorausgegangen war 1809 der Kauf eines Landbesitzes in der Nähe von Stargard (Stargard Szczeciński).[6] 1810 bat Bethe bei seinem damaligen Arbeitgeber, der Regierung in Stargard, um einen einjährigen Urlaub, weil er, angeleitet von Thaer, seine Studien zur Landwirtschaft vervollkommnen wollte. Dem Antrag wurde nicht stattgegeben. Bethe wurde jedoch, wie zuvor schon Thaer, von Staatskanzler Hardenberg nach Berlin berufen, um dort ab 1811 zunächst unter dem Staatsrat Friedrich Johann Christian Scharnweber bei den preußischen Agrarreformen mitzuwirken. Ab 1815 hatte Bethe eine Stelle als Regierungs- bzw. Oberregierungsrat im Ministerium des Innern und war speziell für landwirtschaftliche Aufgaben verantwortlich, darunter für die Vorbereitungen und Durchführung der Gemeinheitsteilungsordnung, der Ablösungsordnungen und schließlich der Gesetze über die gutsherrlich-bäuerlichen Verhältnisse im Großherzogtum Posen. 1839 zog sich Bethe aus gesundheitlichen Gründen aus dem Berufsleben zurück. Im Juli 1840 verstarb er.

In seinem 1877 erschienenen „Lehrbuch der Gartenkunst“ widmete Hermann Jäger (1815–1890), der Großherzoglich Sächsische Hofgarten-Inspektor zu Eisenach, zwanzig Seiten den „Verschönernden Pflanzungen auf dem Lande“ und der „Allgemeinen Landesverschönerung“,[7] doch fand Reichenbach darin keine Erwähnung. Wie Jäger in einer Fußnote zum Kapitel „Das verschönerte Landgut und landschaftliche Verschönerungen“ schreibt, hat er den Gegenstand Landesverschönerung „ausführlicher als jeder andere Schriftsteller in besonderen Arbeiten behandelt. So zuerst in meinem ‚Reichenau oder Gedanken über Landesverschönerung‘ (Leipzig 1851, Verlag von J. J. Weber), vorher kürzer im Feuilleton von W. Hamm's Agronomischer Zeitung; dann in Gartenzeitschriften, am ausführlichsten in der ‚Monatsschrift des Vereins zur Beförderung des Gartenbaues in den Königl Preußischen Staaten etc.‘ vom Prof. Karl Koch, 1. Jahrgang 1873; in einer kürzeren Darstellung in ‚Grenzboten‘ von Gustav Freytag; endlich in meiner eben erschienenen Schrift: ‚Die Nutzholzpflanzungen auf dem Lande, als Mittel zur landschaftlichen Verschönerung‘ im Verlag von Philipp Cohen in Hannover.“[8]

Gerhard Hinz (1904–1989), der sich 1939 mit einer Arbeit über die Tätigkeit Lennés in Mecklenburg habilitierte,[9] bildete in seinem 1937 erschienenen Buch „Peter Josef [sic] Lenné

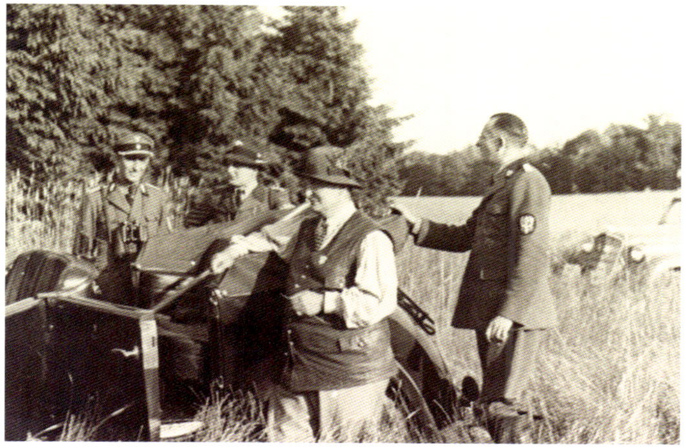

*Abb. 2*
*Jagdgesellschaft mit Hermann Göring (vorne links) in Reichenbach im Sommer 1939.*

und seine bedeutendsten Schöpfungen in Berlin und Potsdam" den Plan für Reichenbach[10] ab und schrieb in einem sehr kurzen Kommentar dazu: „Diese neuartige Planung und Bewirtschaftung eines Landgutes, wobei die Hauptsache nicht das Gut selbst, sondern dessen Einordnung in die Landschaft war, ist von größter Wichtigkeit für die Beurteilung von Lennés Schaffen. Lenné selbst maß dem Reichenbacher Plan große Bedeutung bei: Als der kurfürstlich hessische Landwirtschaftsverein zu Kassel ihn im Januar 1828 zum Ehrenmitglied ernannt hatte, schickte Lenné mit seinem Dankschreiben den Plan des Gutes Reichenbach und den Erläuterungsbericht Bethes über ‚Trift- und Feldpflanzungen'".[11] Hinz vertrat auch die Auffassung, „Lenné's Verschönerungspläne für die Insel Potsdam" würden „erst richtig verständlich durch das […] Beispiel für das Gut Reichenbach. Am Ruinenberg finden wir die für Reichenbach vorgesehenen Hainkoppeln wieder, in Bornim und auf den Äckern bei Lindstedt die offenen Felder, deren einzelne Schläge durch Heckenpflanzungen eingefriedigt sind".[12] 1963 meinte Hinz, die Vorschläge von Bethe und Lenné für Reichenbach hätten „für die großen landschaftlichen Bauvorhaben der Jahre 1930 bis 1960 viele Anregungen gegeben".[13]

Im gleichen Jahr wie Hinz, 1963, verwies auch Alfred Hoffmann (1916–1989), ein ausgewiesener Gartenhistoriker, der in der zweiten Hälfte des 20. Jahrhunderts in der Staatlichen Verwaltung der Schlösser und Gärten Hessen tätig war, in seinem Buch „Der Landschaftsgarten" auf Reichenbach Die Bedeutung dieses Plans läge, so Hoffmann, „auf der Linie viel allgemeinerer Bestrebungen, die nicht einmal auf Preußen beschränkt waren, sondern sich in fast allen Teilen Deutschlands nachweisen lassen. Wir meinen die Bestrebungen um ‚Landesverschönerung' […] aus dem das zu Anfang des 19. Jahrhunderts einsetzende Verlangen nach Verbesserung und Verschönerung des Landes in seinen vielseitigen, keinesfalls in ästhetischen Bemühungen sich erschöpfenden, Aufgaben klar hervorgeht".[14]

In der Tat lassen sich Bestrebungen, das Land bzw. bestimmte Gutsanlagen darin zu verschönern, auch an anderen Orten in Europa und in anderen Erdteilen auffinden.[15] Bezogen auf die deutschen Lande verweise ich hier besonders auf Bayern. Dort bemühte sich, ungefähr zeitgleich mit Bethe und Lenné, Gustav Vorherr (1778–1847) in einer eigens dafür herausgegebenen Zeitschrift, dem „Monatsblatt für Verbesserung des Landbauwesens und für zweckmäßige Verschönerung des baierischen Landes" darum, Agrikultur, Gartenkunst und Architektur im Kontext zu betrachten.[16]

1968 bezeichnete Konrad Buchwald, der von 1960 bis 1979 Direktor des Instituts für Landschaftspflege und Naturschutz an der Universität Hannover war, in nur einem Satz und ohne Bethe zu erwähnen, „Lennés landschaftspflegerische Arbeiten auf den Gütern Reichenbach in Pommern und Bornstedt-Bornim bei Potsdam" als „künstlerische, planerische und landschaftsökologische Pionierleistungen".[17] 1980 streift Adrian von Buttlar „Lennés Pläne(n) für die Gestaltung des Gutes Reichenbach in Pommern" ohne weiteren Kommentar in seinem Buch „Der Landschaftsgarten" als Folgeerscheinung der von Joseph Addison (1672–1719) mehr als ein Jahrhundert früher angedachten „ästhetische[n] Nobilitierung der Ökonomie".[18] In einem Artikel des „Spectator" vom 25. Juni 1712 hatte Addison gefragt: „But why may not a whole Estate be thrown into a kind of Garden by frequent Plantations, that may turn as much to the Profit, as the Pleasure of the Owner? […] a Man might make a pretty Landskip of his own Possessions".[19] Im Peter-Joseph-Lenné-Jahr 1989, als sich Lennés Geburtstag zum 200. Mal jährte, erschienen dazu einige, eher als Soliloquia zu bezeichnende Veröffentlichungen. So schrieb z. B. der für die Wiederherstellung des seit 1945 zu Polen gehörenden Teils des Muskauer Parks entscheidende Andrzej Michałowski in einem mit Marek Siewniak verfassten Beitrag über Reichenbach: „Während des 2. Weltkrieges ist auch die gesamte Gutsanlage in Radaczewo (Reichenbach bei Choszczno) untergegangen […] das Gut ist seit dem 2. Weltkrieg durch einen staatlichen Landwirtschaftsbetrieb bewirtschaftet. Es sind nur wenige Reste des Altbestandes geblieben".[20] Auch im frühen 21. Jahrhundert, in dem Reichenbach wieder privat bewirtschaftet wird, ist davon noch etwas zu sehen. Michałowski und Siewniak behaupten, dort sei „1870 nach dem Plan von Lenné ein kleiner barocker Gutspark umgewandelt" worden, „wodurch unter Berücksichtigung der gestalterischen und wirtschaftlichen Aspekte und Integrierung mit den umgebenden Fluren, Waldungen und Weiden ein etwa 1.000 Hektar großer Landschaftspark" entstanden sei; „die ca. 900 Hektar große Ackerfläche des Gutes" sei „geschickt mit feldheckenartigen Baumpflanzungen aufgeteilt"[21] worden.

Diese Ausführungen sind recht flüchtig, und bei der Jahresangabe scheint es sich um einen Fehler zu handeln. Da der Beitrag Bethes mit dem Plan von Lenné 1826 erschien, wäre eine Jahresangabe von 1826 angemessen. Auch das Verhältnis von Parkfläche zu landwirtschaftlicher Fläche entspricht nicht der auf dem Plan von Lenné zu sehenden Darstellung. Der Park dort mag allenfalls 30 Hektar groß sein, die landwirtschaftlich genutzte Fläche hingegen 800 bis 900 Hektar umfassen. Ob Reichenbach in der polnischen Literatur zur Landschaftsarchitektur eine Rolle spielt, scheint mir nach der Durchsicht der umfassenden Arbeit „Gärten in Polen" von Gerard Ciołek, die 1954 in deutscher Sprache in Warschau veröffentlicht wurde, unwahrscheinlich. Allerdings wies Michałowski in einem 1993 verfassten Beitrag „The Polish School of Landscape Architecture" darauf hin, Ciołek „has gathered documentation material to some 10,000 garden layouts and prepared some 2,000 plans of gardens, gathered about 6,000 catalogue items with archival extracts and the photo archive has about 5,000 items".[22]

*Abb. 3*
*Streckelegen und Schützenehrung vor dem Gutshaus in Reichenbach im Sommer 1939.*

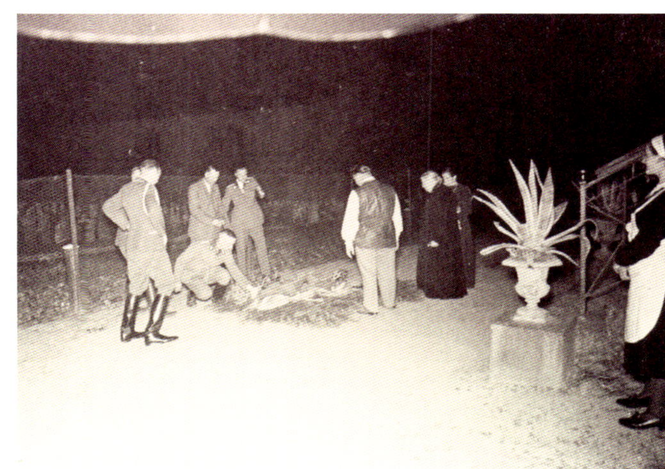

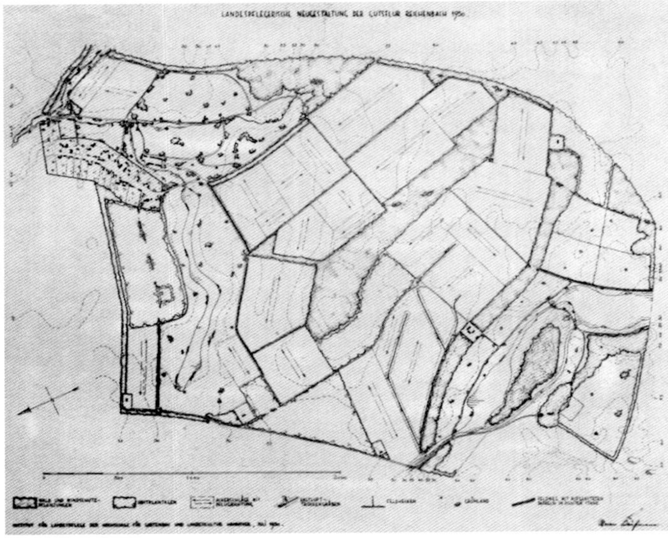

*Abb. 4*
*Entwurf für eine „Landespflegerische Neugestaltung der Gutsflur Reichenbach 1950" von Werner Kaufmann (Plan nach Osten ausgerichtet).*

Eine umfassendere Beschäftigung mit den „ökonomischen" und den „ästhetischen Beziehungen" in einer Gemarkung als die von Bethe ist mir bislang nicht bekannt geworden. Die in dem Bepflanzungsplan von Lenné für das Gut Reichenbach (s. S. 166, Abb. 2) aufgehobenen, differenzierten ästhetischen Vorstellungen sind m.E. bestenfalls ansatzweise dargelegt, nicht jedoch diskutiert worden.[23] Wiederum fehlt hier der Platz, dies nachzuholen, doch wäre eine solche Auseinandersetzung dazu geeignet, die Vermutung, die betheschen Vorstellungen vom Mustergut Reichenbach hätten als „nationalsozialistische Ideallandschaft" dienen können, als abwegig zu charakterisieren. Das zeigt auch die inhaltlich bei weitem nicht an die Ausführungen Bethes heranreichende Betrachtung, die der dem Nationalsozialismus sehr nahe stehende Heinrich Friedrich Wiepking (1891–1973)[24] 1966 zu Reichenbach meinte anstellen zu sollen.[25]

Bethe zufolge sollte das Gut Reichenbach nach „rationellen Prinzipien" bewirtschaftet werden und zugleich ästhetischen Ansprüchen genügen. In seinen einschlägigen Ausführungen orientierte er sich an Albrecht Thaer (1752–1828) und dessen damals für die Ökonomie der Landwirtschaft in deutschen Landen maßgeblichen Veröffentlichungen.[26] Seine Vorschläge stimmten mit der marktwirtschaftlichen Entwicklung in der zeitgenössischen Landwirtschaft überein. Bethes Ziel waren optimale betriebswirtschaftliche Ergebnisse im Sinne eines Gewerbebetriebes, wie sie Thaer für die Landwirtschaft gefordert hatte. Bethe wollte ein Beispiel für die Besitzer von Gütern liefern, „von so bedeutendem Flächen-Inhalte [...] wie sie in den Marken, Pommern und anderen benachbarten Provinzen vorkommen, solche nämlich, die Tausende von Morgen enthalten, welche dabei von fremder Aufhütung befreit, ihre Ländereien in zusammenhängenden Flächen haben und auf Weidewirthschaft eingerichtet sind".[27]

Bemerkenswert an der inhaltlichen Begründung des Entwurfs für das Gut Reichenbach ist, dass sie nicht von Lenné, der den Pflanzplan lieferte, stammt, wie es manche Gartenhistoriker gerne sähen,[28] sondern unmissverständlich von Bethe verfasst wurde. „Der Reichenbacher Bepflanzungsplan", so schrieb er selber, „kommt hierbei blos als Mittel zur Erläuterung und Versinnlichung jener, auf allgemeinere Anwendung gerichteten Ansichten und Ideen in Betracht".[29] Bethes Ausführungen „Ueber Trift- und Feldpflanzungen" sind umfänglich. Seine „Entwickelung und Begründung des Plans in ökonomischen Beziehungen" umfasst gut 25 Seiten, die „Nähere Entwickelung des Planes inästhethischen Beziehungen" knapp 40 und die „Anmerkungen zur Erläuterung der Zeichnung von dem Reichenbacher Trift- und Feld-Bepflanzungsplan" knapp sieben Seiten.[30] Wie es zu der Vorstellung kam, Reichenbach habe als „nationalsozialistische Ideallandschaft" herhalten müssen, ist mir bislang unerfindlich.

Zunächst einmal sei festgehalten, dass Bethes schriftliche Ausführungen in ihrer Genauigkeit die in den nur wenige Jahre früher entstandenen „Red Books" von Humphry Repton (1752–1818) deutlich übertreffen.[31] Im Einzelnen auf die recht präzisen Vorstellungen Bethes einzugehen, geschweige denn, entsprechende Vergleiche mit Ausführungen von u. a. Addison, Switzer, Whately und Repton herzustellen,[32] erlaubt der hier zur Verfügung stehende Platz nicht.

Folgte man Wiepking, dem ausgewiesenen Vertreter einer nationalsozialistisch orientierten Landespflege, dann müsste man Reichenbach als „Wehrlandschaft" verstehen können. Die „Wehrlandschaft" im Sinne der nationalsozialistischen „Wehrwirtschaft" war Wiepkings nationalsozialistische Ideallandschaft.[33] In seinem 1942 erschienenen, von nationalsozialistischer Ideologie durchdrungenen, „den deutschen Bauern und Soldaten zugeeignet[en]" Buch „Landschaftsfibel" finden sich keine Anmerkungen zu Reichenbach. Vielmehr wandte sich Wiepking explizit gegen die Berücksichtigung ästhetischer Überlegungen beim Entwurf von Landschaften: „Ästhetische Gedankengänge", so hatte er 1940 in einem Beitrag über „Landesverschönerungskunst" geschrieben, „spielen in der heutigen Landschaftspolitik keine Rolle. Wir wollen eine sinnvolle, genutzte und für alle Zeiten gesicherte Landschaft. Je sinnvoller sie ist, umso schöner wird sie sein. Die Ästhetik ist für den gesund empfindenden Menschen keine Frage, nur eine Selbstverständlichkeit; sie ist der sichtbare Ausdruck der Harmonie aller Dinge, auch die der Gegensätze. Eine unharmonische Landschaft ist der wahrnehmbare Ausdruck ihrer fehlerhaften Bewirtschaftung".[34] Wenig später, 1942, wiederholte Wiepking diese Auffassung in seinem Buch „Die Landschaftsfibel": „Eine ästhetische Betrachtung der Landschaft zum Zwecke ihrer Gestaltung", so schrieb er dort, „ist im Ganzen und einzelnen abwegig. [...] Es wäre gänzlich falsch, von ihr auszugehen, da sie der landschaftlichen Gestaltung als Grundlage ebenso wenig dienen kann, wie jedem anderen schöpferischen Werk, das Sinn und Inhalt hat".[35] Diese Abneigung Wiepkings gegen das „Schöne" kam auch in seinen Beiträgen zu der 1942 im Auftrag des nationalsozialistischen Reichsführers der Schutzstaffeln (SS), des Reichskommissars für die Festigung deutschen Volkstums, Heinrich Himmler (1900–1945), über die Gestaltung der Landschaft in den „eingegliederten Ostgebieten" veröffentlichten Allgemeinen Anordnung Nr. 20/VI/42, den „Landschaftsrichtlinien", zum Ausdruck.[36] Vor diesem Hintergrund überrascht Wiepkings Behauptung nicht, Reichenbach sei für Lenné „wohl [der] größte(n) Fehlschlag seines beruflichen Lebens"[37] gewesen.

Auf Carl Gottlieb Bethe folgte in Reichenbach dessen Sohn Helmut (1806–1899), der mit Karoline Gribel (1808–1839) verheiratet war. Deren Sohn war Theodor von Bethe (1835–1930).[38] Seine Tochter Martha wiederum verlobte sich 1933 mit Siegfried Blühdorn (um 1900–um 1980),[39] der 1924 „den väterlichen Besitz Gr., der schon seit Friedrich des Großen Zeiten nachweislich in der Familie war"[40] übernommen hatte. Das Kürzel „Gr." steht für Granow, ein Gut, das rund 15 Kilometer südlich von Arnswalde lag. In dieser Zeit „übernahm"[41] Blühdorn auch das rund 10 Kilometer nordwestlich von Arnswalde gelegene Gut Reichenbach und bewirtschaftete es bis zum Ende des Zweiten Weltkriegs. Letztmalig war er wohl 1943 „nach Weihnachten [...] auf 24 Stunden" dort, „das Eßzimmer und alle anderen Räume", so berichtete er 20 Jahre später, „waren vollgestopft mit Flüchtlingen [...] Und ich sollte meine Heimat nicht mehr wiedersehen".[42]

Zwar wusste Blühdorn, dass der Park am Gutshaus, „seinerzeit von Herrn Lenné, dem Gestalter des Tiergartens von Berlin angelegt"[43] wurde, doch die Abhandlung von Carl Gottlieb Bethe, dem Urgroßvater seiner Frau, scheint ihm nicht mehr geläufig gewesen zu sein. Blühdorn stand dem Nationalsozialismus offenbar recht nahe. Er soll „sehr gute Beziehungen zum

Reichsnährstand“[44] gehabt haben. „Auf Reichenbach kam regelmäßig Hermann Göhring [sic] zur Jagd“.[45] Von einem dieser Besuche des nationalsozialistischen Generalfeldmarschalls und als Nachfolger Hitlers vorgesehenen Hermann Göring (1893–1946) stammen die folgenden drei Abbildungen aus dem Sommer 1939 (Abb. 1–3).[46]

Diese nationalsozialistische Verbindung zu Reichenbach hatte jedoch nichts mit einer wie auch immer gearteten Rezeption der Betheschen Abhandlung über Trift- und Feld-Pflanzungen zu tun. Sie lag vielmehr in Blühdorns von der eigentlichen Gutswirtschaft ziemlich abgehobenem Interesse an der Hirschjagd. Wie abgehoben das war, lässt sich gut an dem von ihm 1964 im Selbstverlag erschienenen Buch „Meine unvergessene Heimat“ nachvollziehen. Darin werden außer einigen Anekdoten aus seiner Zeit als Landwirtschaftslehrling unter Überschriften wie „Mein erster Bock“, „Meine Hunde“, „Mein letzter Hirsch“ und dergleichen ausschließlich Jagdgeschichten erzählt.

Für Wiepking lag in der „Idee des ‚Schmückens‘ der Gutsflur […] einer der wesentlichen Gründe des Versagens in Reichenbach“.[47] Von irgendeiner Analyse der gesellschaftlichen und wirtschaftlichen Entwicklung, die zwischen 1826 und Mai 1944, als Wiepking „mit den größten Erwartungen“[48] das erste und wohl auch letzte Mal nach Reichenbach gefahren war, stattgefunden hatte, findet sich bei ihm kein Wort. Zwar ließ er 1950 Werner Kaufmann, einen seiner Studenten am Institut für Landespflege der Hochschule für Gartenbau und Landeskultur in Hannover und den späteren Gartendirektor von Stuttgart,[49] eine „Landespflegerische Neugestaltung der Gutsflur Reichenbach“ (Abb. 4) zeichnen, die er 1959 in einem Beitrag zu einem „kleinen Führer“ über die Fakultät Gartenbau und Landeskultur der TH Hannover veröffentlichte,[50] doch inhaltlich kam dazu wenig. Der Entwurf Kaufmanns zerstörte den alten Park an der Gutsanlage und ließ auch von der beeindruckenden Raumkonzeption Lennés nichts übrig. Die von Südwesten her zum Dorf führende Straße hob Kaufmann auf. Zwischen zwei breiten, von Südosten nach Nordwesten beinahe das gesamte Gelände durchziehende Wald- und Windschutzpflanzungen, legte Kaufmann zumeist rechteckige Ackerschläge mit Angabe der Pflugrichtung. Die von Bethe und Lenné so gut entworfene Lage für einen Aussichtsplatz am Hochberg verschwand bei Kaufmann im Dunkel eines Waldstreifens. Diese „landespflegerische Neugestaltung“ entsagte den „Bildungen der schönen Gartenkunst“, in denen Bethe einst „die schöne Natur genießen, also gemüthlich eben so sehr als geistig angeregt sein“[51] wollte. 1959 behauptete Wiepking: „Der Plan von Reichenbach, den Dr. Kaufmann[52] 1950 fertigte,

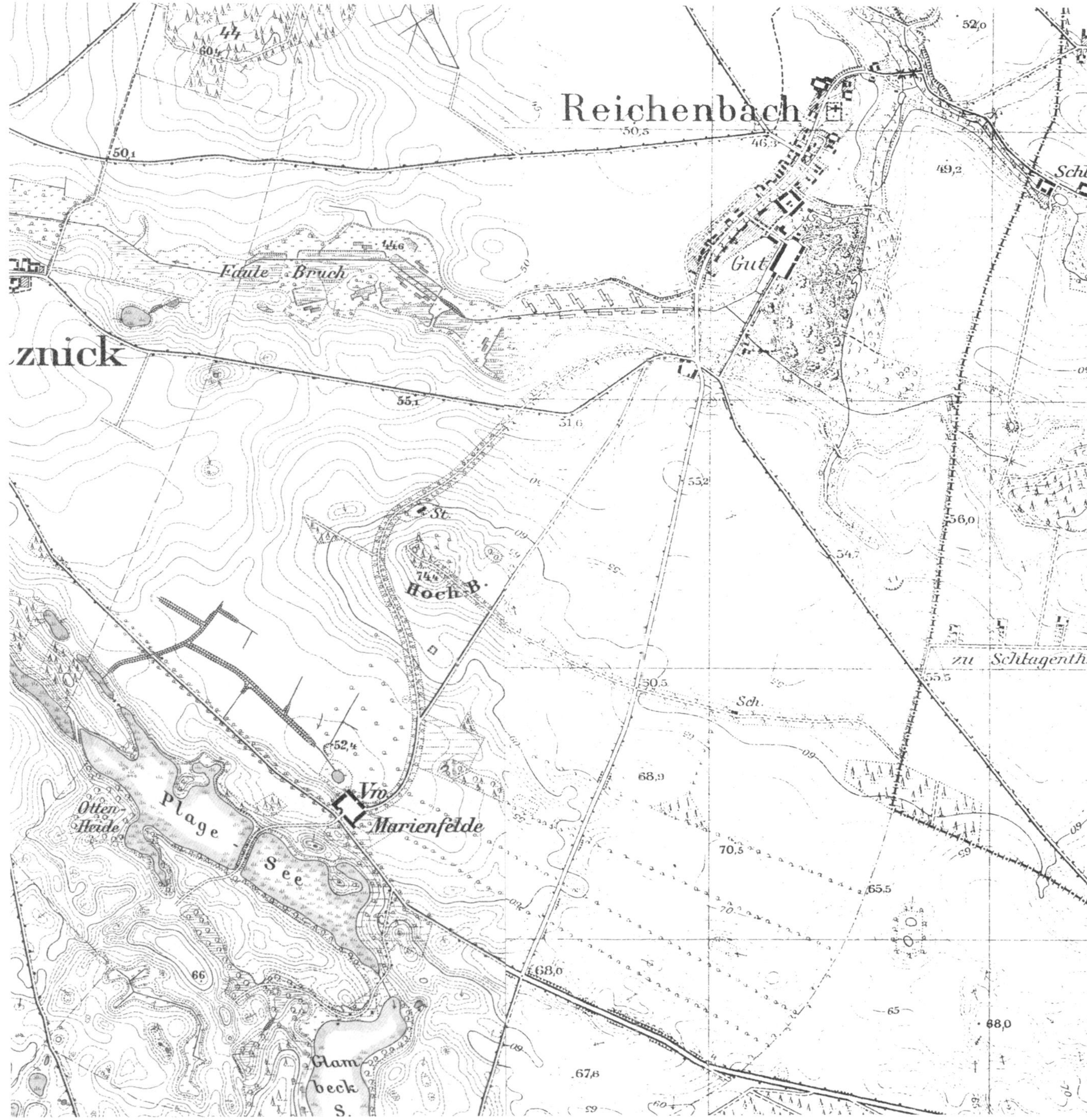


*Abb. 5*
*Dorf und Gut Reichenbach mit der umgebenden Feldflur auf dem Messtischblatt 2758 (Ravenstein), hrsg. 1892, berichtigt 1934 und dem Messtischblatt 1329 (Zachan), aufgenommen 1890, hrsg. 1891.*

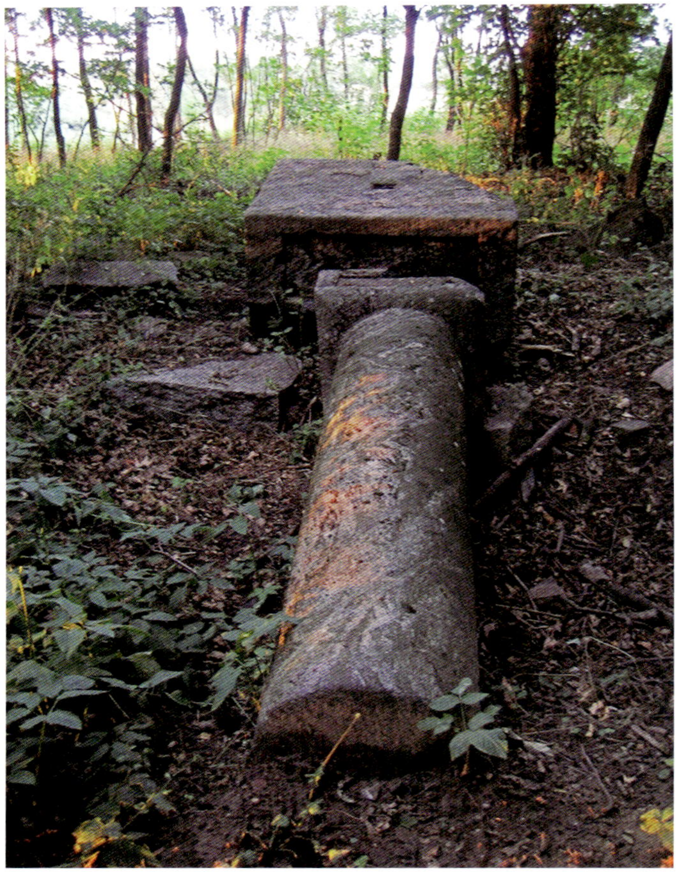

*Abb. 6*
*Umgestürzte Gedenksäule auf dem Hochberg südwestlich des Dorfes Reichenbach.*

zeigt deutlich, daß die ‚Heitere Einöde' einer fruchtbaren, aber dennoch schönen Wirtschaftslandschaft weichen mußte".[53]

1966 meinte Wiepking in einem weiteren Beitrag mit Bezug zu Reichenbach auf die „Kulturlandschaft der Bronzezeit" verweisen zu sollen, in der „die Wohn- und Wirtschaftsstätten […] stets […] am frischen Wasser; in diesem Fall an tief eingeschnittenen Schmelzwasserrinnen, die sich nach dem Abschmelzen des Eises mit Wasser füllten", gelegen hätten. Solche unfundierten Angaben über Zustände vor drei- bis viertausend Jahren kommen bei Wiepking immer wieder vor. „Der Kulthügel", so Wiepking weiter, „das Grab – hier der Hochberg – lag im Flächenschwerpunkt der landschaftlichen Schönheit, im Schnittpunkt tief gestaffelter Landschaftsachsen".[54] Nun, 1966, rückte er ein wenig ab von seiner kategorischen Zurückweisung ästhetischer Überlegungen zur Landschaft und meinte: „Schmuck und Nutzung sind in einem Werke der Landschaftsgestaltung oder gar der Landespflege kaum zu vereinigen".[55] Doch gleich anschließend wiederholte er: „Die Idee des ‚Schmückens' der Gutsflur ist einer der wesentlichen Gründe des Versagens".[56]

Bethe ging es nicht nur um die betriebswirtschaftlichen Belange. Das Gut Reichenbach sollte auch als Beispiel für eine musterhaft verschönerte Feldflur nach dem englischen Beispiel einer „ornamented farm"[57] dienen. Dazu bieten sich vielfältig genauere Untersuchungen der ästhetischen Überlegungen von Bethe und Lenné an, auf deren Notwendigkeit ich an anderer Stelle ansatzweise verwiesen habe.[58] Im Vergleich zu Lennés Plan von 1826 zeigt sich auf dem Messtischblatt von 1934 (Abb. 5), wie die ursprünglich leicht geschwungene Wegeführung von der Straße nach Arnswalde zum Gut Reichenbach begradigt wurde. Der Weg von Reichenbach nach Arnswalde scheint nahezu unverändert. Auch der weitgehend baumgesäumte Weg vom Gut Marienfelde, westlich am Hochberg vorbei, zum Gut Reichenbach war 1934 noch vorhanden, auf dem letzten Stück in Dorfnähe sogar noch als Triftstrecke. Das gilt ebenso für die Triftstrecke, die einst im großen Bogen von Schlagenthin (Sławęcin) her zum Hochberg verlief. Neu hinzu kam eine gerade Straße von Reichenbach östlich am Hochberg vorbei zum Gut Marienfelde sowie eine von nachfolgenden Generationen gepflanzte Baumreihe, die, nördlich vom Park,

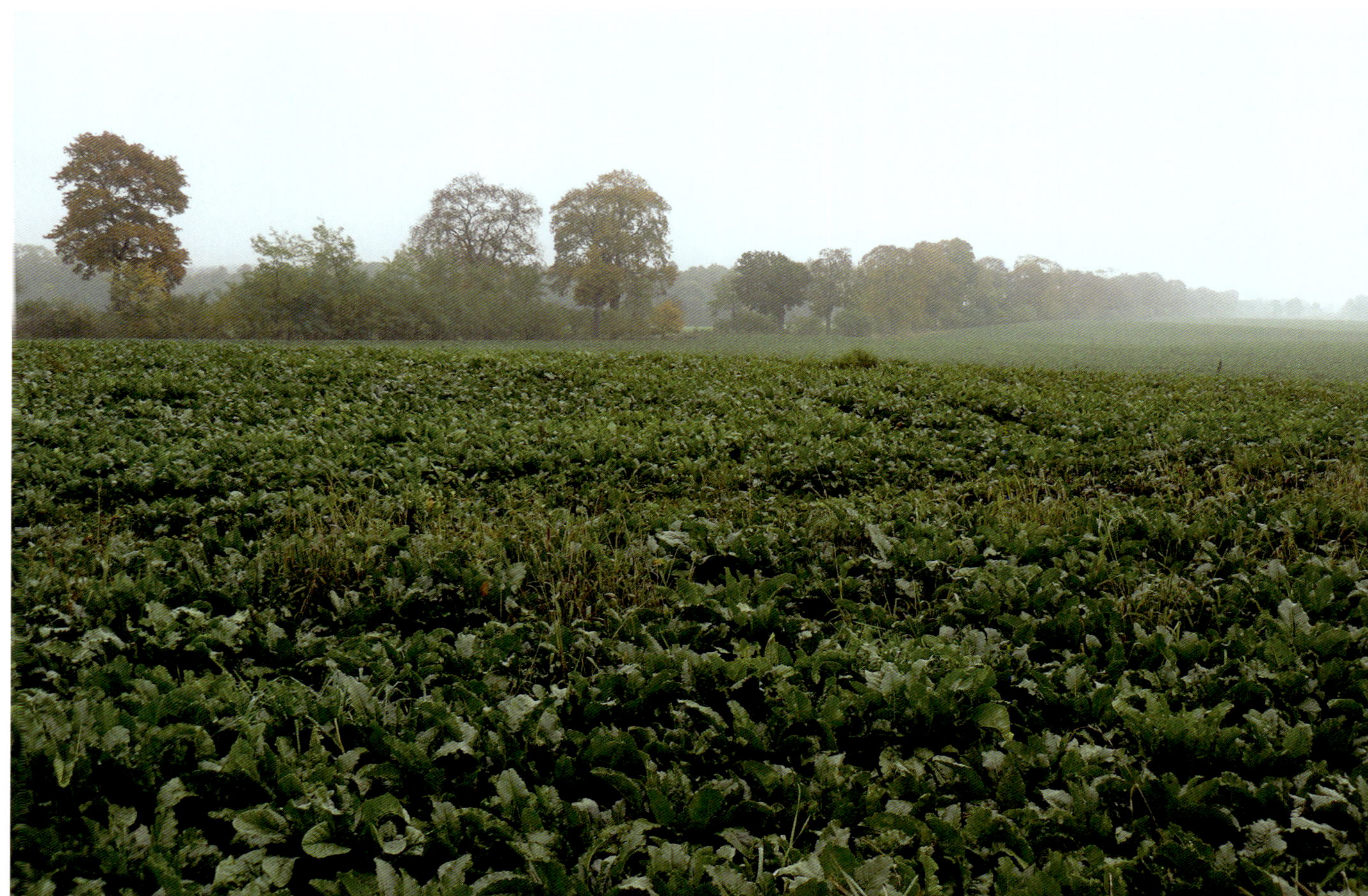

*Abb. 7*
*Noch heute strukturieren diverse Alleen und Feldhecken die Agrarlandschaft um Reichenbach, wie hier südöstlich der Ortslage.*

die von Süden her direkt auf den Gutshof zulaufende Achse verlängerte.

Vergleicht man die Situation der Parkanlage von 1826 mit der im frühen 21. Jahrhundert, so stellt man fest, dass Teile davon dem Bau landwirtschaftlicher Gebäude weichen mussten und aus dem einstigen „Schmuckgarten" mit offenen Wiesenflächen und Solitärbäumen ein nahezu unzugängliches Stück Wald wurde. In der Gegend am Hochberg blieb aufgrund der natürlichen Höhenunterschiede die Großform erhalten. Von der einst breit aus Osten zum Hochberg führenden Triftstrecke ist ein beidseitig von Bäumen und Sträuchern bestandener Weg übrig geblieben, und aus dem ursprünglich lichten Aussichtsplatz wurde ein kleiner Wald, in dem noch die umgestürzte Säule des dort einst errichteten Denkmals für Carl Gottlieb Bethe und seine Frau Charlotte Wilhelmine Eben liegt (Abb. 6). Auf der nur noch in Bruchstücken vorhandenen Tafel stand einst, das Denkmal sei den „Schöpfer(n) der Anlagen zu Reichenbach und der Gründer des Glückes der Nachkommen" gewidmet. Des Weiteren fanden sich auf dem Denkmal die Inschriften „Was vergangen kehrt nicht wieder, aber geht es leuchtend nieder, leuchtets lange noch zurück" und „Süß ist zu pflanzen, was ein geliebtes Kind einst erntet".[59] Einige der unmittelbar nördlich des Aussichtsplatzes stehenden Bäume mögen in den Zeiten von Bethe und Lenné gepflanzt worden sein.

Neben einen Vergleich makroökonomischer und ästhetischer Rahmenbedingungen müssten fokussierte regionale und lokale Recherchen treten, die außer der allgemeinen landwirtschaftlichen Ertragslage z. B. auch spezifische Absatzmärkte für die in Reichenbach erzeugten tierischen und pflanzlichen Produkte einbeziehen würden. Solche Ausführungen fehlen bislang. Sie sind im Rahmen dieses kleinen Beitrags nicht zu erbringen. Nicht zuletzt wäre es lohnend, eine wesentlich feinere zeitliche und entwurfliche Analyse folgen zu lassen und so die Musterhaftigkeit der bethe-lennéschen Vorstellungen präziser zu fassen. Damit würden sich auch Versuche als gegenstandslos erweisen, das Gut Reichenbach im Nachhinein als „nationalsozialistische Ideallandschaft" zu begreifen. Mehr noch, ich meine, es lohne sich das Gut Reichenbach, den Bedingungen eines landwirtschaftlichen Großbetriebs im frühen 21. Jahrhundert angepasst, modellhaft weiter zu entwickeln und dabei die historischen Bezüge bewusst aufzugreifen (Abb. 7).

Bei meinem Besuch in Radaczewo im Juli 2010 habe ich Martin Stentebjerg-Olesen, dem damaligen Pächter, vorgeschlagen, eine alte Eiche, die möglicherweise von Bethe und Lenné am oberen Rand des von dem kleinen Bachlauf der Ihna gebildeten Tals gepflanzt worden war, Bethe-Eiche zu nennen und sie als Naturdenkmal schützen zu lassen.[60] Ob er den Vorschlag aufgreifen und umsetzen konnte, entzieht sich meiner Kenntnis.

## Anmerkungen

1 Die folgenden Angaben zu Bethe nach Anonymus 1840/1842.
2 Siehe dazu z. B. Gröning 2010; siehe auch Gröning/Schneider 2007.
3 Siehe dazu Frauendorfer 1963, S. 206–227.
4 Ebd., S. 208.
5 Ebd., S. 213.
6 Anonymus 1840/1842.
7 Jäger 1877, hier S. 634–655.
8 Ebd., S. 634; in dem Artikel der „Monatsschrift" erwähnt Jäger Reichenbach nicht; die anderen hier erwähnten Titel hat der Verfasser nicht auf eine Erwähnung von Reichenbach hin durchgesehen.
9 Die Habilitation erschien 1940, 1941 und 1942 in einer Serie von Beiträgen in der Fachzeitschrift „Die Gartenkunst". Hinz 1940 (a); 1940 (b); 1941 (a); 1941 (b); 1942. 1989 erschien schließlich das Gesamtwerk (Hinz 1989).
10 Hinz 1937, hier S. 25; warum Hinz den 1826 veröffentlichten Plan auf 1820 datiert, bleibt unerfindlich.
11 Ebd., S. 26; siehe auch Hinz 1989, hier Band 1, S. 26.
12 Hinz 1937, S. 114; siehe auch Hinz 1989, S. 114.
13 Hinz 1963, hier S. 380.
14 Hoffmann 1963, hier S. 216–217.
15 Siehe dazu Gröning/Hennecke 2014, S. 671–692.
16 Siehe dazu Gröning 1996; siehe auch Gröning 1992, S. 164–182.
17 Buchwald 1968, hier S. 100.
18 Buttlar 1980, hier S. 58.
19 http://www.gutenberg.org/files/12030/12030-h/SV2/Spectator2.html#section414 – Zugriff: 8. Juli 2015.
20 Michałowski/Sewniak 1991, hier S. 154.
21 Ebd., S. 154.
22 Michałowski 1993, hier S. 12. Siehe auch Lissok 1992, hier S. 74.
23 Siehe besonders die Darstellung in Günther 1985, S. 91–98; Günther/Harksen 1993, S. 174–175 (hier auch die ältere Literatur); siehe auch Pruns 1994, S. 129–191.
24 Gröning 2001, S. 1429–1431; siehe auch Gröning/Wolschke-Bulmahn 1997, S. 415–419.
25 Wiepking 1965 (a), S. 5–12.
26 Siehe Thaer 1798–1800; siehe auch Thaer 1809–1812.
27 Bethe 1826, hier S. 271.
28 So z. B. Wimmer, der unter der Überschrift „Gedruckte Schriften von Lenné" anführt „Mit C. G. Bethe: Ueber Trift- und Feldpflanzungen. in: ebd., 2. 1826, S. 270–349 + tf.xiv (d)", was nachweislich falsch ist; siehe Wimmer 1989 (b), hier S. 302. Siehe auch Wimmer 2001; Wimmer verwendet dort in dem Beitrag zu „Peter Joseph Lenné (1789–1866)" (S. 180–185) verschiedentlich den Text von Bethe, zitiert den auch als solchen, erweckt jedoch den Eindruck, er sei von Lenné. Damit folgt er einer schon 1966, ohne jeden weiteren Beleg, aufgestellten Behauptung von Wiepking, die Ausführungen Bethes hätten „in ihrem Kern Lenné zum Verfasser" (Wiepking 1966 (b), S. 32–33). Auch Günther trug 1985 ohne einen Beleg zur diesbezüglichen Legendenbildung bei, indem er schrieb: „Bethe hatte sicherlich nicht ohne Lenné den Text ‚Ueber Trift- und Feld-Pflanzungen' geschrieben […]" (Günther 1985, S. 95). Die Abhandlung „Ueber Trift- und Feldpflanzungen" wurde in den „Verhandlungen des Vereins zur Beförderung des Gartenbaues in den königlich preußischen Staaten' nur unter Bethes Namen veröffentlicht. Allein der beigefügte Bepflanzungsplan stammt von Lenné.
29 Bethe 1826, S. 271.
30 Siehe den Teil A „Entwickelung und Begründung des Plans in ökonomischen Beziehungen" und den Teil B „Nähere Entwicklung des Planes in ästhetischen Beziehungen" in Bethes Abhandlung „Ueber Trift- und Feldpflanzungen" aus dem Jahr 1826.
31 Siehe Rogger 2007; siehe auch Gröning 1995; siehe auch Laurie 1982.
32 Siehe dazu Gröning 2008.
33 Siehe dazu das Kapitel „Über die Wald- und Wehrlandschaft in geschichtlicher und militärischer Hinsicht", in: Wiepking-Jürgensmann 1942, S. 320–328.
34 Wiepking-Jürgensmann 1940, hier S. 320.
35 Wiepking 1942, S. 32.
36 Gröning 2015, S. 243–254.
37 Wiepking 1966 (a), hier S. 10.
38 Siehe www.pommerndatenbank.de/data/book.html?a=leuchs_pommern_1913 – Zugriff: 27. Dezember 2010.
39 Blühdorn wurde um 1900 in Granow, Kreis Arnswalde, geboren und lebte von 1945 bis mindestens 1979 in Soltau (siehe Wortmeldung lt. Beschlussprotokoll über die 364. öffentliche Ratssitzung am Mittwoch, dem 30. Mai 1979 im Sitzungssaal des Rathauses, Poststraße 12, 3040 Soltau).
40 Siehe Blühdorn 1964, S. 24. Bethe hat Reichenbach um 1810 erworben; Friedrich II. von Preußen lebte von 1712 bis 1786.
41 Ebd., S. 53.
42 Ebd., S. 132.
43 Ebd., S. 81.
44 Lüders, Silke, nach Erzählungen von Hannes Meyer: Noch mehr aus Hitzdorf, http://www.hitzdorf-kreis-arnswalde.de/noch-mehr-aus-hitzd.html – Zugriff: 28. April 2011.
45 Ebd.
46 Library of Congress, Washington, DC, Prints and Photographs Division, Bestand Hermann „Göring's activities June 13–August 1939, LOT 3128 33, views of hunting trip with Mr. Blühdorn in Reichenbach" (www.loc.gov/pictures/item/2005675741/) – Zugriff: 19. Juni 2015.
47 Wiepking 1966 (a), S. 10.
48 Siehe Wiepking 1966 (b), hier S. 45.
49 Siehe Kaufmann 1963.
50 Wiepking 1959, hier S. 91.
51 Bethe 1826, S. 298.
52 1954 hatte Kaufmann mit der Dissertation „Vergleichende bodenkundliche Untersuchungen auf Löß und Vorschläge zur Wiederbegrünung ausgeräumter Bördelandschaften, am Beispiel eines Lößgebietes im nördlichen Deistervorland" an der Fakultät für Gartenbau und Landeskultur der TH Hannover promoviert.
53 Wiepking 1959, S. 94.
54 Wiepking 1966 (b), S. 43.
55 Ebd.
56 Siehe ebd.
57 Siehe dazu Goodchild 2010.
58 Siehe dazu Gröning 2010, S. 73–90.
59 Nach Wiepking 1966 (a), S. 10.
60 Siehe auch Schreiben des Verfassers an Stentjeberg-Olesen vom 28. Juli 2010.

# Das Erbe Peter Joseph Lennés heute

**Klaus von Krosigk**

## Bedeutung, Instandsetzung und Pflege historischer Gärten und Parks des Hirschberger Tals im Kontext der seit zwanzig Jahren anhaltenden Bemühungen um Anerkennung als Weltkulturerbe

Auch wenn der das Hirschberger Tal auszeichnende Wandel von einer ursprünglichen, heroischen Naturlandschaft in eine beglückende Kulturlandschaft vielfach beschrieben und gewürdigt worden ist, und in diesem Zusammenhang der preußische Gartenkünstler Peter Joseph Lenné (1789–1866) seine Anerkennung gefunden hat, so fehlt doch bis heute eine Gesamtbetrachtung seines Erbes in Polen.

Ohne Zweifel macht es nach 20 Jahren anhaltender gartendenkmalpflegerischer Bemühungen in Polen Sinn, die seit dem Ende des Kommunismus allenthalben festzustellenden konservatorischen Bemühungen im internationalen Kontext zu würdigen und zu werten, ihre Protagonisten zu benennen, aber auch die Nachhaltigkeit entsprechender gartendenkmalpflegerischer Maßnahmen herauszustellen. Bei den von Lenné, aber auch von anderen Gartenkünstlern und Eigentümern im Laufe der letzten 200 Jahre geschaffenen Gärten und Parks im Hirschberger Tal ist eine Besonderheit zu beachten: Es ist dies das Bewusstsein, dass das Hirschberger Tal, auch das Tal der Schlösser und Gärten oder „Schlesisches Elysium", eingeschlossen das lennésche Gartenerbe, stets vor dem Hintergrund der seit den 1990er Jahren anhaltender Weltkulturerbe-Diskussionen in der polnischen Denkmallandschaft quasi eine Sonderstellung einnimmt.

*Abb. 1*
*Blick durch den Park auf Schloss Erdmannsdorf.*

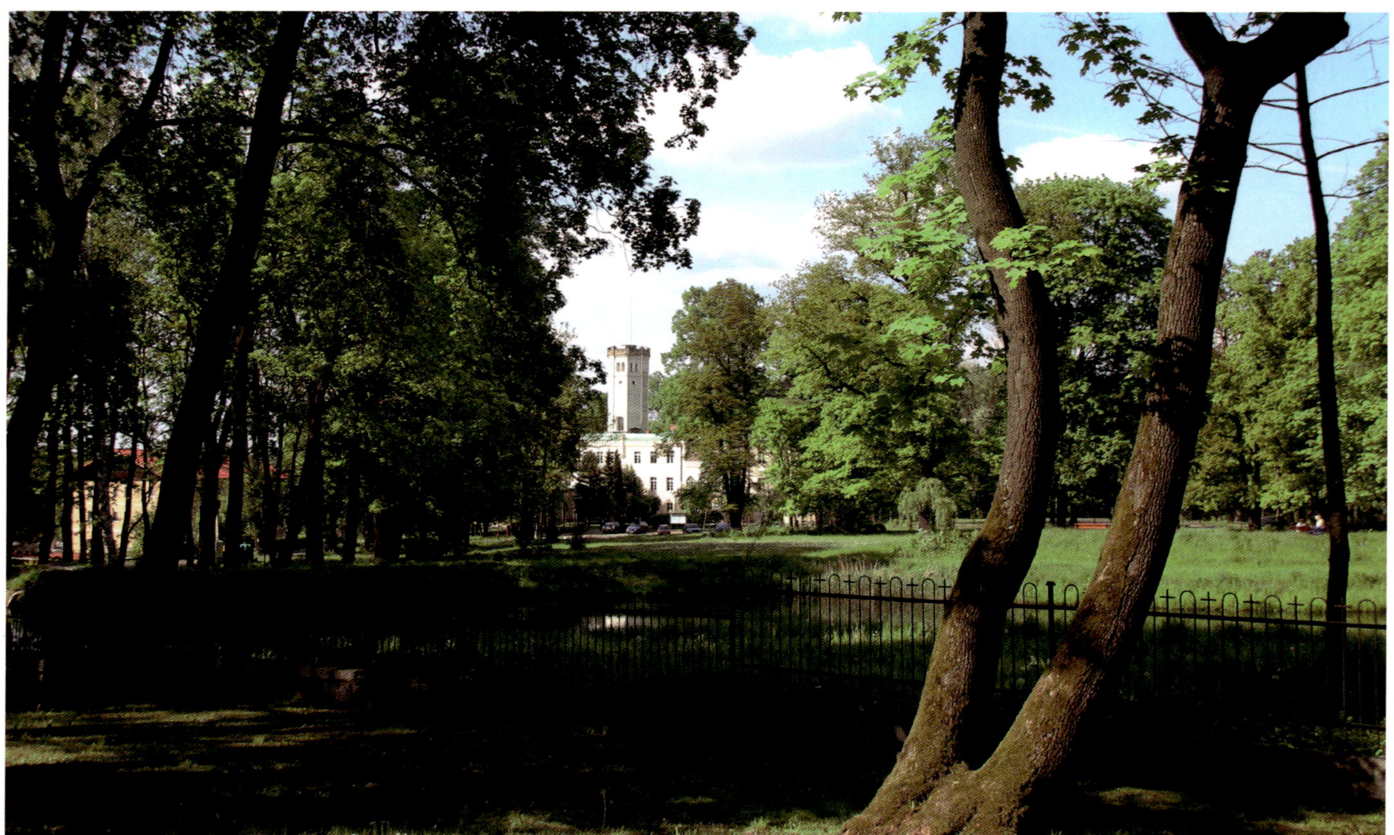

Alle praktisch-konservatorischen Maßnahmen seit 1992 waren daher von Anfang an eingebunden in übergeordnete Denkmalstrategien, die nie nur eingeschränkt das örtliche Objekt betrachteten, sondern immer von der Vorstellung ausgingen, dass es sich hier einerseits – wie Andrzej Tomaszewski einmal sagte – um eine Region Europas mit „doppelter Kultur", ja sogar mit „mehrfacher Kultur"[1] handele und andererseits alle Objekte vor dem Hintergrund eines wünschenswerten Kulturerbes sich zugleich auch einer ganz besonderen, ja einzigartigen Bedeutung erfreuen.

Schon seit 1992 bemühen sich verschiedene Projekte, Organisationen und erstmals auch Privatpersonen um Schutz und Pflege des Hirschberger Tals mit seiner in Europa ganz einzigartigen Schlösser- und Parklandschaft. Ohne Zweifel ist hier von Anfang an Schloss Lomnitz (Łomnica), das sich selbst als Kulturzentrum versteht, Mittelpunkt dieser Bemühungen. Anliegen aller Bestrebungen war grundsätzlich nicht nur die Rettung und Restaurierung der einzelnen Gärten und Parks der bedrohten Kulturlandschaft des Hirschberger Tals, sondern nach Möglichkeit auch die Aufnahme in die Liste der Weltkulturerbegüter.

Zu den unbedingt herausragenden Aktivitäten, die in Schloss Lomnitz stattfanden, bzw. von hier ausgingen, zählen vor allem drei vom Zentrum für den Erhalt historischer Kulturlandschaften (Ośrodek Ochrony Zabytkowego Krajobrazu – Narodowa Instytucja Kultury) in Warschau durchgeführte, mit internationalem Fachpublikum besetzte Tagungen, die unter dem Patronat ICOMOS – IFLA stattfanden.

Die 1997, 2000 und 2002 veranstaltenden Fachkonferenzen[2] haben nicht zuletzt bei der polnischen Denkmalpflege, aber auch bei ICOMOS – IFLA, für eine anhaltende Diskussion um das Weltkulturerbe des Hirschberger Tales gesorgt, sowie eingehend die denkmalpflegerisch-regionalplanerischen, aber auch Fragen der agrarökonomischen und vor allem touristischen Zukunft des Hirschberger Tals diskutiert.

Schon damals wies der Unterzeichner in dem im Jahr 2000 im Schloss Lomnitz veranstalteten Internationalem Symposium „Tourismus und Landschaftsschutz des Hirschberger Tals“ darauf hin, dass „nicht nur die landschaftsbelebenden Schlösser und Kirchen, sondern gerade auch Gärten und Parks in diesem Gesamtszenario der regionalen Erneuerung als Leitbilder und Maßstäbe für die Organisation einer nachhaltigen Entwicklung zu sehen sind. Jeder Versuch einer kurzfristigen Maximierung wird rasch scheitern und letztendlich ein System beschädigen, dass nur als Ganzes seine wohltuende Wirkung entfalten kann.“[3]

Robert de Jong, ICOMOS – IFLA Präsident, merkte im selben Symposium an: „Der zunehmende Kulturtourismus kann zur Entwicklung und Wiederbelebung von Regionen beitragen, jedoch auch zur Gefährdung für das kulturelle Erbe führen und Auswirkungen auf die Lebensqualität der Gastgemeinden haben.“[4] Es galt also die Chance einer regionalen Entwicklung unter dem Primat einer sorgfältigen Erhaltung und Pflege der Kulturlandschaft sowie eines sanften Tourismus in der Entfaltung einer regionalen Identität für die Bewohner und Besucher zu nutzen und zu entwickeln, immer eingedenk der Tatsache, dass „eine Landschaft verletzlich ist und die Erhaltung einer Landschaft, die man als einen lebenden Organismus betrachten kann, viel schwieriger ist als die eines historischen Wohnhauses oder eines Schlosses.“[5]

Im Rahmen der genannten Konferenzen entstand im Übrigen auch die Idee, ein deutsch-polnisches Ausstellungsprojekt „Das Tal der Schlösser und Gärten – das Hirschberger Tal in Schlesien – ein gemeinsames Kulturerbe“ – weitgehend durch den Beauftragten für Kultur und Medien der Bundesregierung finanziell gefördert – durch die Gesellschaft für interregionalen Kulturaustausch in Berlin auf den Weg zu bringen. Diese, inzwischen in vielen Städten Polens und Deutschlands gezeigte Ausstellung hat mit ihrem großartigen Katalog[6] in viel beachteter Weise das Interesse am Hirschberger Tal neuerlich geweckt und mit dazu beigetragen, dass das gemeinsame deutsch-polnische Kulturerbe sich inzwischen wieder zu einem touristischen Publikumsmagneten entwickelt hat.

Die inzwischen vielfach entstanden Initiativen zur Rettung der bedrohten Kulturlandschaft des Hirschberger Tals nahmen 1991 ihren Anfang, als die Gemeinden des Riesengebirges sich zur Euroregion Neiße zusammenschlossen. Längst gibt es zahlreiche weitere Ansätze eines sich langsam entwickelnden Netzwerkes der Eigentümer der Schlösser und Herrenhäuser sowie mittelständischer Tourismusunternehmungen, von gemeinnützigen Stiftungen und Vereinen aus den Bereichen Natur, Kultur und Umweltschutz, aber auch in einigen Gemeindeverwaltungen der betroffenen Dörfer, der lokalen Denkmalschutzbehörden in Hirschberg und dem zentralen Amt zur Erforschung und Dokumentation von Denkmälern.

Um die Vielfalt dieser Initiativen zu bündeln[7], wurde unter anderem im Jahr 2004 die Stiftung „Dominium Łomnica“ gegründet. Vor dem Hintergrund, dass in nur 14 Jahren in Lomnitz aus einem völlig verfallenden Schloss- und Gutsensemble ein Schmuckstück mit Leuchtturmcharakter entwickelt werden konnte, Lomnitz zugleich aber Forschungs- und Entwicklungsschwerpunkt der von ICOMOS begleiteten Weltkulturerbe-Aktivitäten war und ist, hat sich die Stiftung die Aufgabe gesetzt, durch eine nachhaltige Nutzung des vor allem durch die Schloss- und Parklandschaft gebildeten „Kapitals Kulturlandschaften“ eine angemessene Form des Kulturtourismus zu entwickeln und durch eine sanfte Form dieses Kulturtourismus der Bevölkerung in den Dörfern der Region eine wirtschaftliche Perspektive zu bieten.

Die mit sehr viel Enthusiasmus von den genannten Akteuren in den 1990er Jahren vorangetriebene erste große Restaurierungskampagne – erinnert sei hier vor allem an die 1997 von Andrzej Michałowski persönlich vor Ort in Buchwald (Bukowiec) organisierte Freilegung der völlig zugewachsenen Blickachse aus dem Belvedere auf die Schneekoppe – waren stets eingebettet in die Weltkulturerbediskussion, sodass sich schließlich nach Jahren erfolgreicher Vorbereitung nach 2000 der Eindruck ergab, dass auch die polnische Regierung, namentlich das Kultusministerium in Warschau, schon bald einen diesbezüglichen Antrag auf die polnische Tentativliste zum Weltkulturerbe stellen würde und es letztlich nur noch eine Frage der Zeit sei bis zur Welterbeanerkennung.

Durch die 2002 erfolgte politisch motivierte Abberufung des Direktors des Zentrums für den Erhalt historischer Kulturlandschaften Andrzej Michałowski, konnte denn auch der langjährige, dem Hirschberger Tal-Projekt gegenüber sehr aufgeschlossene ehemalige Generalkonservator, Andrzej Tomaszewski nicht mehr viel ausrichten.

Leider stand im Übrigen auch Robert de Jong durch seinen viel zu frühen Tod als wichtiger internationaler Motor der ganzen Angelegenheit dem Welterbezentrum in Paris nicht mehr zur Verfügung, so dass weder ein offizielles Antragsverfahren eingeleitet, noch das ganze Projekt offiziell weiter betrieben wurde.

Lediglich die oben beschriebenen, von Lomnitz ausgehenden Initiativen haben die „Welterbeflamme“ weiterhin am Brennen gehalten und dafür gesorgt, dass sich schließlich die Politik in Warschau vor wenigen Jahren neuerlich für das Hirschberger Tal zu interessieren begann, mit der Folge einer Eintragung des Hirschberger Tales als eine Kulturlandschaft von nationaler Bedeutung.

Die Hoffnung bleibt, dass der polnische Generalkonservator, in Verbindung mit dem Zentrum zum Schutz der historischen Landschaft wieder aktiv wird und endlich das schon so lange von polnischen, aber auch deutschen Institutionen und Denkmalpflegern sowie von ICOMOS – IFLA verfolgte Welterbe-Projekt neuerlich bearbeitet und zu einem guten Ende geführt wird.

**Rettung und Sanierung des gartenhistorischen Erbes**

*Erdmannsdorf*

In verschiedenen Fachbeiträgen ist der Verfasser in der Vergangenheit eingehend auf die von Peter Joseph Lenné und anderen Gartenkünstlern geschaffenen Parkanlagen für das Hirschberger Tal eingegangen[8], so dass hier vorrangig eine Betrachtung

*Abb. 2*
*Die Villa Liegnitz im Park von Erdmannsdorf.*

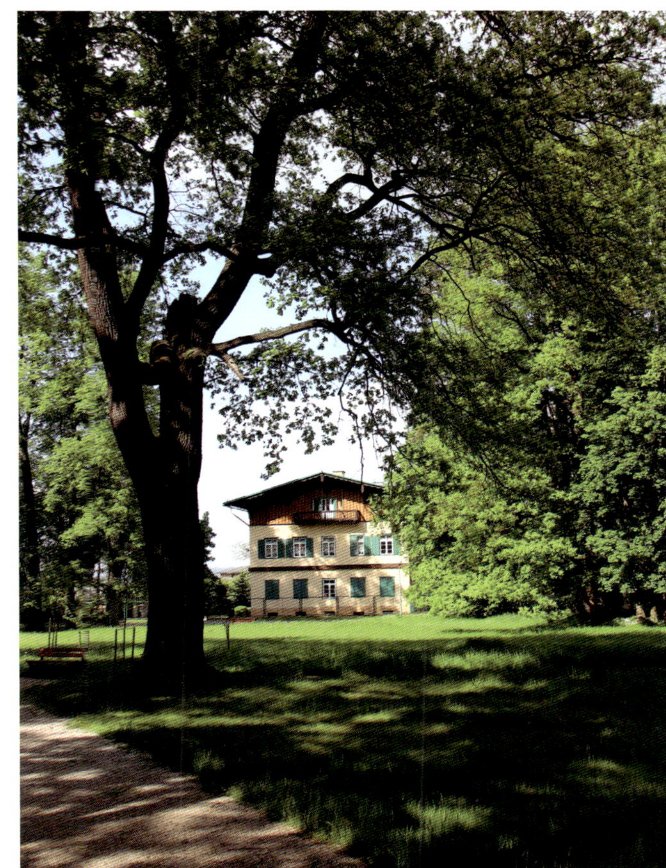

des aktuellen Zustandes gegeben, aber auch die Frage nach der Zukunft dargestellt und erörtert werden soll.

Im Zusammenhang mit der Würdigung Lennés steht sicherlich an erster Stelle der einzige im Hirschberger Tal wirklich nachweislich von ihm geschaffene Park von Schloss Erdmannsdorf (Mysłakowice) im Fokus der Betrachtung. Glücklicherweise blieb er in seinen Grundzügen erhalten, gehört heute der Gemeinde und wird in ihrem Auftrag unterhalten, bzw. sie lässt auch seit einigen Jahren erste Instandsetzungsmaßnahmen durchführen (Abb. 1).

Der in der Hochzeit des zonierten Gartenstils in der ersten Hälfte des 19. Jahrhundert entstandene königliche Park zu Erdmannsdorf gliederte sich mithin früher in deutlich voneinander unterschiedene Parkbereiche. Um das Schloss herum befand sich der intensiv gestaltende Pleasureground mit formalen Schmuckbereichen, wie dem großen Teppichbeet mit Fontäne, aber auch einem weich ausgezogenen gepflegten Bowlinggreen mit Schmuckstrauchgruppen und dem zur Kirche hin gelegenen kleinen, aus Teichzuflüssen gespeisten Wasserfall, sowie den in weiten Schwüngen elegant geführten Parkwegen und dem eigentlichen wasserreichen Landschaftspark.

Wie auch im benachbarten Fischbach (Karpniki), in Buchwald oder Stonsdorf (Staniszów) hatte man die an den eigentlichen Schlosspark angrenzenden landschaftlichen Besonderheiten und Vorzüge – den Blick auf die Schneekoppe eingeschlossen – in einem die umgebende Landschaft unbedingt einbeziehendes Gesamtkonzept umgesetzt.

Noch bis vor gar nicht langer Zeit präsentierte sich diese Inkunabel lennéscher Gartenkunst im Hirschberger Tal in einem mehr als verwahrlosten, ja in weiten Bereichen kaum noch zu erkennenden Zustand, und man hatte schon die Hoffnung auf Rettung und Sanierung aufgegeben. Nun stellt man aber seit wenigen Jahren mit Freude fest, dass das, was einer der besten Kenner Schlesiens, Arne Franke, noch 2008 beklagte: „Die Sichtachsen zwischen Kirche und Schloss sind heute zugewachsen und der Teich vor der Kirche weitgehend verlandet“[9], so glücklicherweise nicht mehr stimmt. Das besonders wichtige Bowlinggreen, die heute wieder gepflegten Rasenflächen zwischen Schloss und Kirche, sind weitgehend von sichthinderndem Wildwuchs befreit, so dass inzwischen die ursprüngliche Blickbeziehung zwischen Kirche und Schloss wiederhergestellt ist.

Erfreulicherweise hat man auch den kleinen Teich in unmittelbarer Nähe der schinkelschen Kirche, der ebenfalls auf Anregung Lennés angelegt wurde, damit sich die Kirche in ihm spiegeln könne, mit seinem romantischen Wasserfall wiederhergestellt und erstaunlicherweise sogar in der Nähe der seitlich gelegenen Villa Liegnitz (Abb. 2) – ein von Friedrich Wilhelm IV. für seine Stiefmutter errichtetes Schweizerhaus – eine steinerne Exedra aufstellen lassen. Obwohl diese halbrunde Gartenbank dort nie nachgewiesen ist, muss man doch anerkennen, dass die Gemeinde – jedoch ohne jegliche gartendenkmalpflegerische Beratung – bemüht ist, den jahrzehntelang völlig verwahrlosten Park wieder schrittweise in Ordnung zu bringen, auch wenn sie bei der Exedra weit über das Ziel hinausgeschossen ist.

Da die Zukunft des noch immer als Schule genutzten – und im Inneren leider seiner historischen Ausstattung völlig beraubten – Schlosses ungeklärt ist, ist an eine substantielle Restaurierung des Pleasuregrounds um das Schloss herum zurzeit nicht zu denken.

Der ursprünglich intensiv bewirtschaftete, auch auf Lenné zurückgehende und einstmals bestens gepflegte königliche Nutzgarten von Schloss Erdmannsdorf – eingespannt zwischen dem klassizistischen Gärtnerhaus und der Villa Liegnitz – macht ebenfalls keinen guten Eindruck. Auch hier wäre dringend eine sorgfältige Restaurierung des besonders schönen Gärtnerhauses erforderlich sowie eine Wiederherstellung des alten Nutzgartens, da wir genau wissen, was dort angebaut und geerntet wurde. Neben Lomnitz könnte so auch in Erdmannsdorf ein zweiter, historisch belegter und sorgfältig wiederhergestellter Nutzgarten des 19. Jahrhunderts als wertvolles Anschauungsmaterial für die Gartenkultur der Biedermeierzeit für interessierte Besucher und Gartenliebhaber präsentiert werden.

*Abb. 3*
*Das unlängst restaurierte Schloss Fischbach, Aufnahme 2015.*

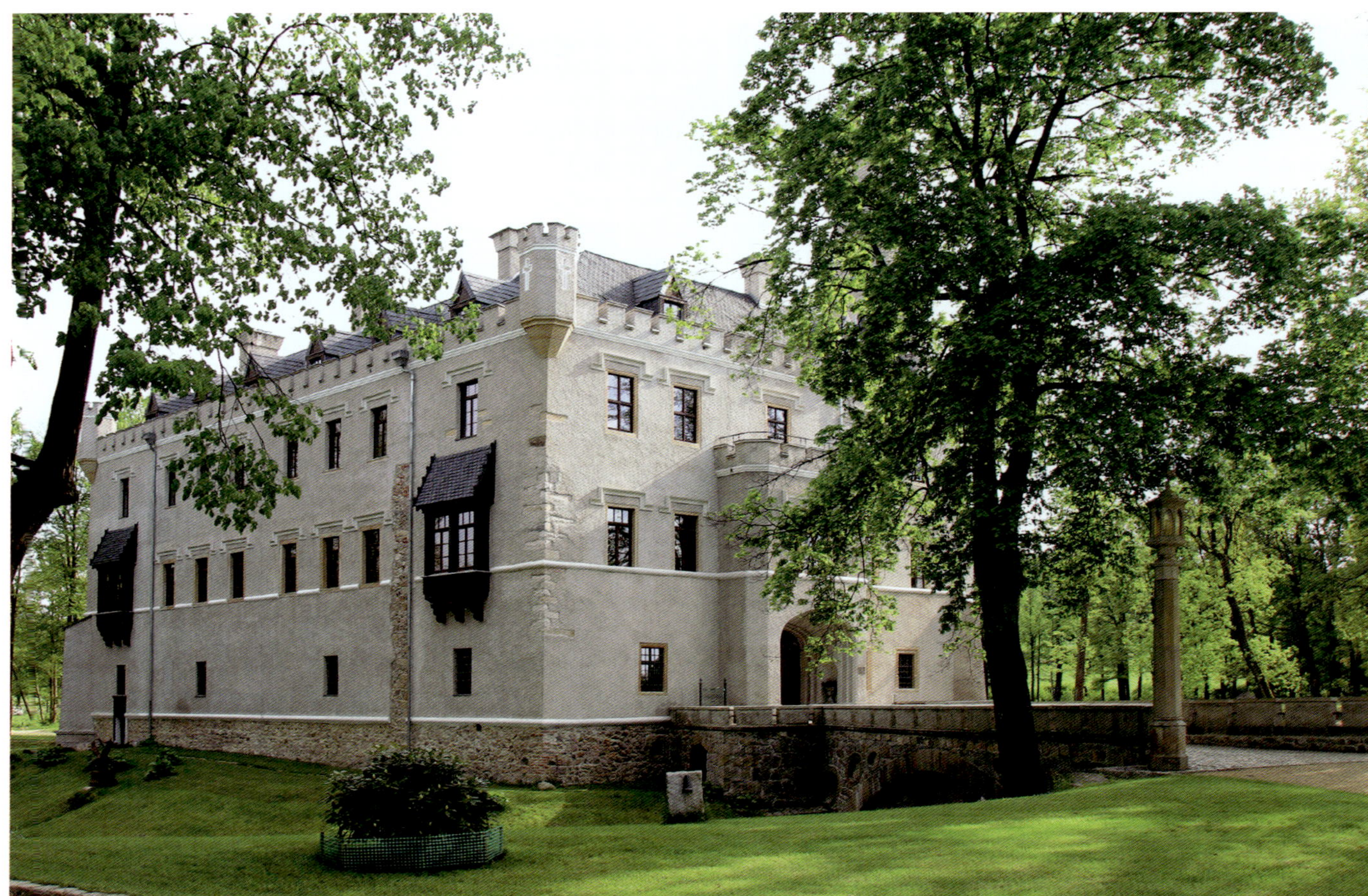

Nicht weit von Erdmannsdorf liegt Schloss Fischbach, seit 1822 erste Sommerfrische der Hohenzollern im Hirschberger Tal. Es gilt wegen seiner Lage am Fuß der Falkenberge, eingebettet in eine noch immer weitgehend unberührte Landschaft, als ein besonders kostbares Schloss. Mit Erdmannsdorf durch eine schöne alte Baumallee verbunden, präsentiert sich das im Kern 1603 errichtete Renaissanceschloss noch wie damals als „Festes Haus" mit feuchtem Graben (Abb. 3).

Durch einen vermögenden polnischen Investor vor wenigen Jahren erworben, konnte das Schloss inzwischen im Inneren nicht nur sorgfältig restauriert, sondern auch einer neuen Nutzung als Schloss-Hotel mit Restaurant zugeführt werden und gilt damit nach Jahrzehnten häufigen Besitzerwechsels und einem damit einhergehenden langsamen Verfall und des Verkaufes mancher noch erhaltenen wertvollen wandfester vormals prinzlicher Ausstattungsstücke, als gerettet.

Es bestand im Übrigen die berechtigte Hoffnung, dass die im Schloss geübte denkmalpflegerische Sorgfalt, eingeschlossen eine erstaunlich aufwendige Wiederherstellung und Rekonstruktion längst verloren geglaubter artifizieller Raumausmalungen und -ausstattungen zumindest auch im engeren Schlossparkbereich geübt würde. Leider hat sich das nicht bestätigt, nicht einmal das unter dem Buchwalder Gärtner Walter und unter fachkundiger Leitung von Prinzessin Marianne angelegte, an das Schloss anrainende historische Schlossparkgelände (Abb. 4) wurde sorgfältig gartendenkmalpflegerisch wiederhergestellt, sondern mehr oder weniger kritiklos den aktuellen Funktionsanforderungen folgend technisch-lieblos gestaltet. Heute dominiert leider ein gewaltiger Parkplatz; die empfindliche Eingangssituation und ein viel zu hoch angelegter Weg um den Wassergraben, der im Schlosseingangsbereich mit einer monströsen Lampe abends ausgeleuchtet wird, verwandelt leider den romantischen Schlossgraben in einen viel zu tiefen, unschönen kanalartigen Wasserlauf.

Was aber das bislang ziemlich ungestörte Erscheinungsbild der ursprünglich auch pflanzlich sehr diffizil gestalteten unmittelbaren Schlossumgebung in der Tat nachhaltig stören würde, wäre die angedachte wirtschaftliche Verwertung einer in großer Tiefe angebohrten warmen Wasserquelle und ihre Verwertung im Sinne eines Thermalbades.

Gegen diesen absolut inakzeptablen baulichen Eingriff in direkter Schlossnähe hat sich der Verfasser dann auch schon 2014 in einer gutachterlichen Stellungnahme gegenüber der polnischen Denkmalpflege mit folgendem Inhalt gewandt: „Wie wohl bei keinem der anderen Schlösser im Hirschberger Tal liegt das vormals fürstliche Schloß Fischbach von allen Sei-

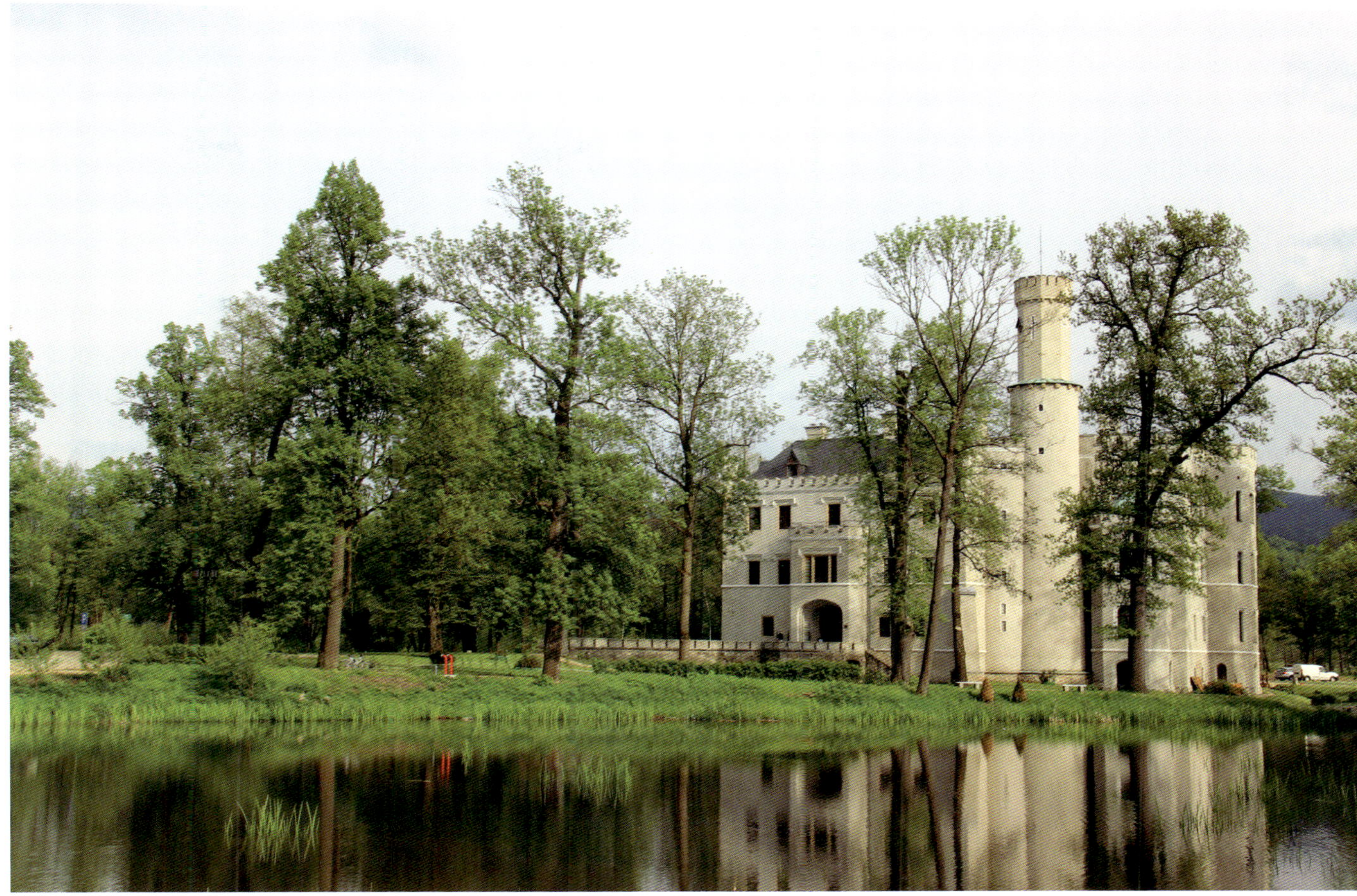

*Abb. 4*
*Schloss Fischbach mit Überbleibseln des umgebenden Parks, Aufnahme 2015.*

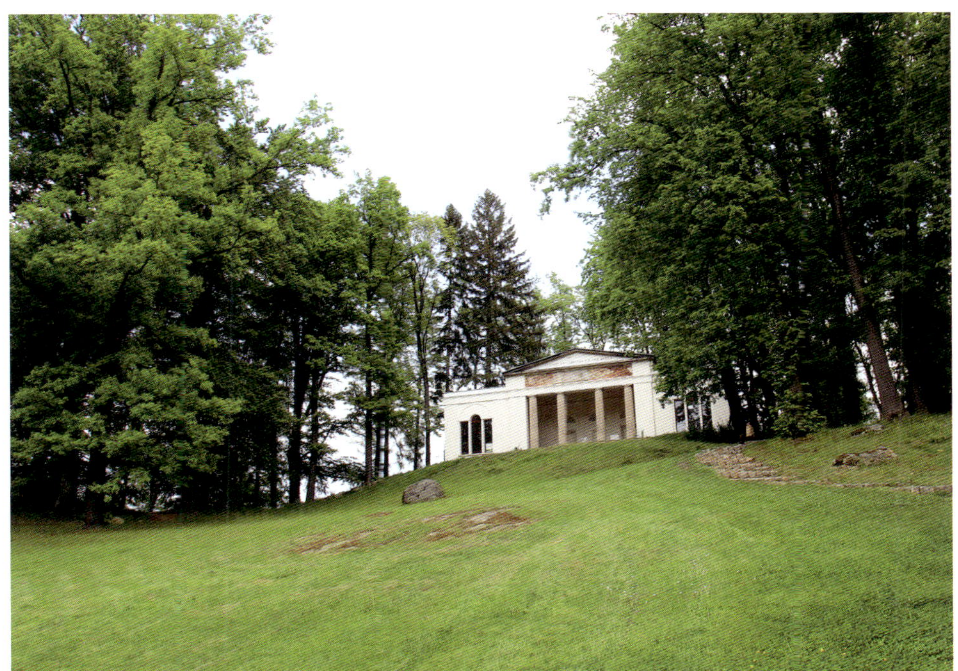

*Abb. 5*
*Das wiederhergestellte Belvedere im Park von Buchwald, Aufnahme 2015.*

ten einsehbar wie auf einem silbernen Präsentierteller – eine Situation die jegliche Zusatzbebauung von selber verbietet. Ein solches ‚Fenster in die Landschaft' durch ein modernes Hallen-Thermalbad in grober Weise zu verunstalten, ist aus meiner Sicht absolut inakzeptabel und wäre auch von den Welterbe-Bemühungen Polens her, eingeschlossen das Herzstück des Hirschberger Tales, nämlich Schloss Fischbach samt Garten und Park, ein unglaublicher Affront und Sakrileg".

Auch wenn Lenné in Fischbach selber nicht gearbeitet hat – obwohl dies fälschlicherweise in der Literatur nach wie vor behauptet wird – so ist doch bis heute noch immer der für das Hirschberger Tal und die Lenné-Zeit so bezeichnende Gleichklang von Garten, Park und Landschaft in wunderbarer Weise nachvollziehbar, und man wünschte sich, dass eine vom Zentrum für Kulturlandschaft nach wissenschaftlich konservatorischen Prinzipien begleitete Planung den ursprünglichen gartenhistorischen Reichtum Fischbachs mit seiner zauberhaften neugotischen Orangerie und den sorgfältig gesetzten Baum- und Strauchpflanzungen wiederherstellen würde.

An eine Wiederbelebung der ursprünglich reichen Ausstattung der näheren und weiteren Umgebung des Schlosses, wie dem Mariannen-Cottage, dem Schweizer Haus, oder dem mittelalterlichen Waldemarsturm, ist sicherlich nicht zu denken, womit allerdings dem weiträumigen Landschaftspark, oder besser der aufgeschmückten Landschaft, seine unbedingt malerische Ausstattung und sinnstiftende Prägung schmerzlich fehlt. Umso mehr sollte jede Sorgfalt auf die schmuckgärtnerische Instandsetzung der unmittelbaren Schlossumgebung gelegt werden. Vielleicht gelingt diese unbedingt zu wünschende sorgfältige, gartenhistorische Wiederherstellung in einigen Jahren im Zusammenhang mit dem Ankauf des noch nicht zum Schlossbesitz gehörenden großen Gutshofes.

*Buchwald*

Auch in Buchwald sei auf die vorzüglichen, schon seit langem vorliegenden Beschreibungen hingewiesen, die nicht nur das Schloss mit seiner wertvollen frühklassizistischen Ausstattung, sondern auch seine Besitzer Graf und Gräfin Reden, die kunsthistorisch wichtigen Gutsgebäude, sondern auch stets das „Berg- und Waldgut" mit seiner weiträumigen Parkanlage behandelt. An erster Stelle sind hier sicherlich die Beiträge von Günther Grundmann, vor allem sein Aufsatz in „Kunstwanderungen im Riesengebirge"[10] zu nennen. In unübertroffener Weise schildert Grundmann – der schon 1936 als schlesischer Provinzialkonservator nicht nur Instandsetzungsmaßnahmen in Buchwald initiieren, sondern auch das wertvolle Inventar unter Denkmalschutz stellen konnte – die hohe kunst- und baugeschichtliche Bedeutung Buchwalds für das Hirschberger Tal. Er weist aber auch zu Recht auf die Bedeutung des Parks im Sinne einer, wie er sagte „einzigartigen landschaftsbezogenen Gesamtschöpfung" hin, und gibt den entscheidenden Hinweis, dass „die weiträumige Anlage, die mit der für diese Zeit glücklichen Empfindsamkeit für die Natur gestaltet wurde, keine Umbildung im Sinne einer künstlichen Parkschöpfung sein will, sie ist selbst nur gestaltete Natur!"[11]

Der ca. 250 Hektar große Naturpark von Graf Reden, ab 1790 nach seiner dritten Englandreise im Sinne der damals aktuellen „ornamented farm" gestaltet, konnte die Wirren der Jahrzehnte nach dem Zweiten Weltkrieg ohne wirklich gravierende Beeinträchtigungen überstehen, lediglich der besonders wertvolle alte Schafstall – mit seinen gekuppelten palladianischen Säulen als ein exzellentes Beispiel der von Carl Gotthard Langhans (1732–1808) inspirierten schlesischen Landbaukunst – brannte im April 2005 ab, mit der Folge, dass das Bauwerk seitdem unablässig verfällt.

*Abb. 6*
*Die restaurierte Abtei im Park von Buchwald, Aufnahme 2015.*

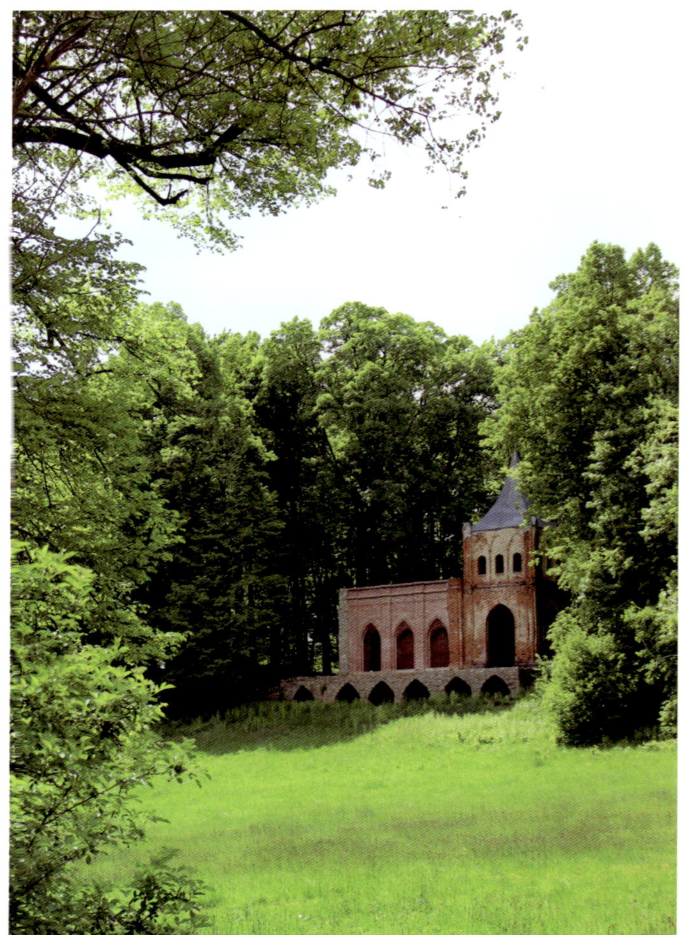

Inzwischen konnte jedoch die polnische Stiftung „Fundacja Doliny Pałaców i Ogrodów kotliny Jeleniogórskiej" (Stiftung Schlösser und Gärten im Hirschberger Tal) unter dem engagierten Vorsitzenden Piotr Napierała, der zugleich Eigentümer von Schloss und Park Schildau (Wojanów) ist, den Gutshof mit der weiträumigen Parkanlage übernehmen. Auch wenn sich Teile der Parkanlage noch im Besitz des polnischen Staatsforstes und einiger privater Besitzer befinden, bemüht man sich doch, das Ganze zu sehen und in einem langfristigen Gesamtrestaurierungsprogramm die „größte romantische Parkanlage im heutigen Polen" wieder erlebbar zu machen. Napierala schreibt selber: „Obwohl diese Arbeiten für mehrere Jahre geplant wurden, kann man schon heute das wiederaufgebaute Belvedere, den steinernen Aussichtsturm, die Abtei (Mausoleum) und das Amphitheater bewundern. Neue Bepflanzungen stellen die ursprüngliche Gesamtkonzeption wieder her."[12]

Das, was mit dem richtungsweisenden konservatorischen Einsatz im November 1997 unter Andrzej Michałowski begann – der persönlich zur Rettung des Belvedere mit der völligen Entfernung des Wildwuchses vor demselben und seiner anschließenden baulichen Sanierung beitrug – erfährt nun seine geordnete und gartendenkmalpflegerisch begründete Fortsetzung. Nicht nur konnte inzwischen das Belvedere (Abb. 5) mit seinen beiden baulichen Annexen wiederhergestellt, sondern neue Wege angelegt, aber auch die bauliche Instandsetzung des so schwer geschädigten, hochwertvollen Schafstalles als künftiges Hauptgebäude des geplanten Bildungs- und Kulturzentrums in Angriff genommen und die von völligem Einsturz bedrohte Abtei (Abb. 6) restauriert werden.

In der großen alten, ebenfalls restaurierten Scheune wird im Übrigen eine ausgezeichnete, auch mit deutschen Übersetzungen versehene Ausstellung über die Tätigkeit der Gräfin Reden und ihres Mannes als Begründer des oberschlesischen Bergbaus sowie über die Geschichte und Bedeutung der Buchwalder Parkanlage gezeigt. Diese Aktivitäten berechtigen zu der schönen Hoffnung, dass gerade Buchwald, neben Fischbach und Erdmannsdorf die wohl wichtigste „Parkanlage" im Hirschberger Tal, vor allem dank des vorbildlichen Einsatzes von Piotr Napierala und seiner Stiftung schon bald als gerettet und als ein Exemplum für einen denkmalpflegerisch geordneten und anspruchsvollen Umgang angesehen werden kann.

Für Schildau gilt leider das, was der Kunsthistoriker Arne Franke kürzlich schrieb: „Was die Denkmalschutzgesetze (in Polen) anbetrifft, so gibt es relativ wenig Unterschiede zu den Denkmalschutzgesetzen in Deutschland. Aber die polnischen Denkmalschutzbehörden sind personell völlig unterbesetzt und haben weitaus weniger Finanzmittel zur Verfügung als die Behörden in Deutschland […] Was die regionalen Denkmalschutzbehörden anbetrifft, so sind diese schon mit der Kontrolle der zahlreichen Baudenkmäler völlig überfordert […]"[13] und man könnte fortsetzen, mit der Kontrolle der Gartendenkmäler ohnehin.

Was sich in den letzten 20 Jahren als bedenklich gezeigt hat, ist in der Tat das Fehlen von Gartendenkmalpflege-Fachleuten, sowohl bei der Unteren Denkmalschutzbehörde in Hirschberg, als auch in der Oberen Behörde in Breslau. Leider vermisst man auch schmerzlich die Präsenz des Warschauer Zentrums für den Erhalt historischer Kulturlandschaften in Schildau. Auch wenn das Schloss unter seinem neuen und engagierten Besitzer nach den Bränden im Jahr 2005 gerettet und saniert werden konnte, und sich samt den umfangreichen Wirtschaftsgebäuden wieder in altem Glanz präsentiert – und auch der große Park instandgesetzt wurde – so vermisst man bei näherem Hinsehen doch die notwendige gartendenkmalpflegerische Sorgfalt. Nicht nur, dass der ursprünglich weitgehend offene und zum Vorfahren der Kutschen gedachte Hof durch einen hierher geschafften überdimensionierten barocken Brunnen, mit einer ebenfalls neuentstandenen schmuckgärtnerischen Umgebung (Abb. 7) im gutgemeinten Sinne „vergärtnert" worden ist, sondern auch der zum Bober hin gelegene, eigentliche Schlosspark, einschließlich des Pleasuregrounds, nach der vor wenigen Jahren abgeschlossenen Restaurierung seltsam leer und ungestaltet wirkt (Abb. 8).

Es spricht vieles dafür, dass der Schildauer Park um 1840, unter der Einflussnahme noch Friedrich Wilhelms III., der Schildau 1839 als Geschenk für seine Tochter Prinzessin Luise, Gattin des Prinzen Friedrich der Niederlande, erworben hatte, im lennéschen Geiste gestaltet wurde. Innerhalb der königlichen Familie war es üblich, nicht nur Karl Friedrich Schinkel, Ludwig Persius und Friedrich August Stüler zu beauftragen, sondern nach Möglichkeit auch Peter Joseph Lenné. Arne Franke weist zu Recht darauf hin, dass der mit dem Ankauf Schildaus beauftragte Staatsminister Rother schon 1839 an den König schrieb, dass der Park sich „in einem schlechten Zustand befinde und es dürfte der Garten-Director Lenné oder einer seiner Gehülfen zu hören sein."[14]

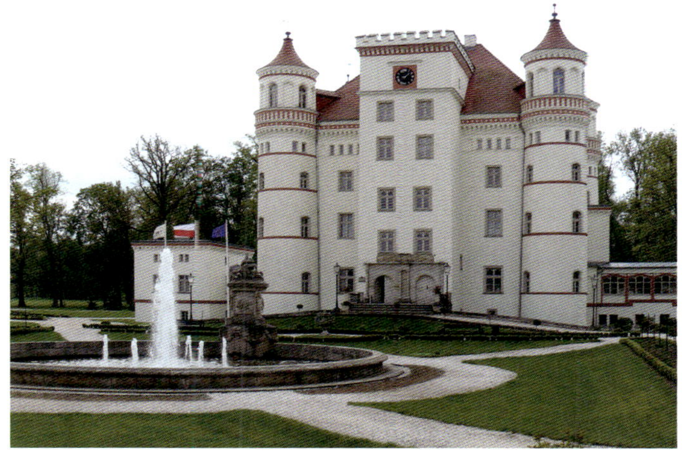

*Abb. 7*
*Schloss Schildau mit dem neu gestalteten Vorplatz, Aufnahme 2015.*

*Abb. 8*
*Blick über den Bober auf Schloss und Park Schildau, Aufnahme 2015.*

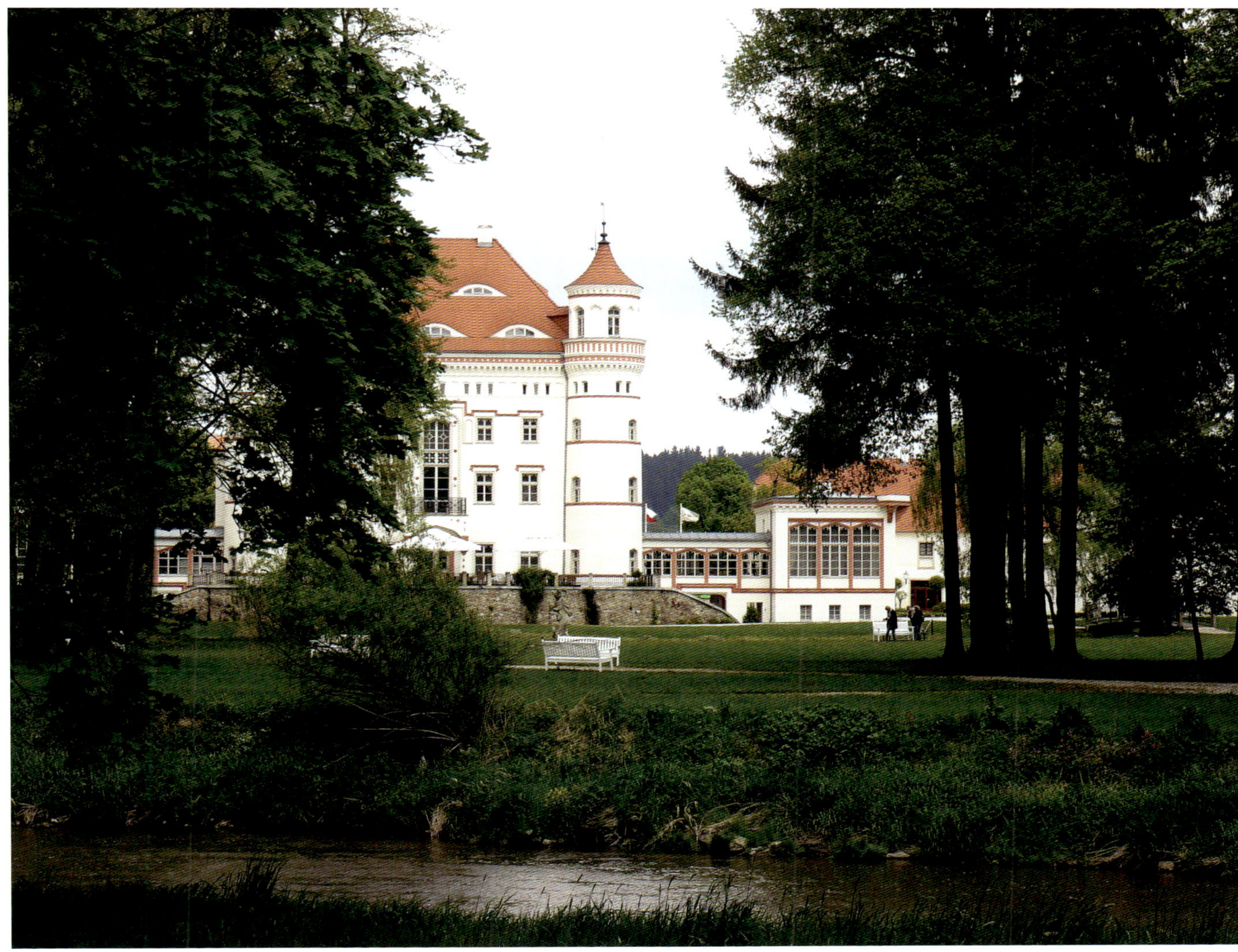

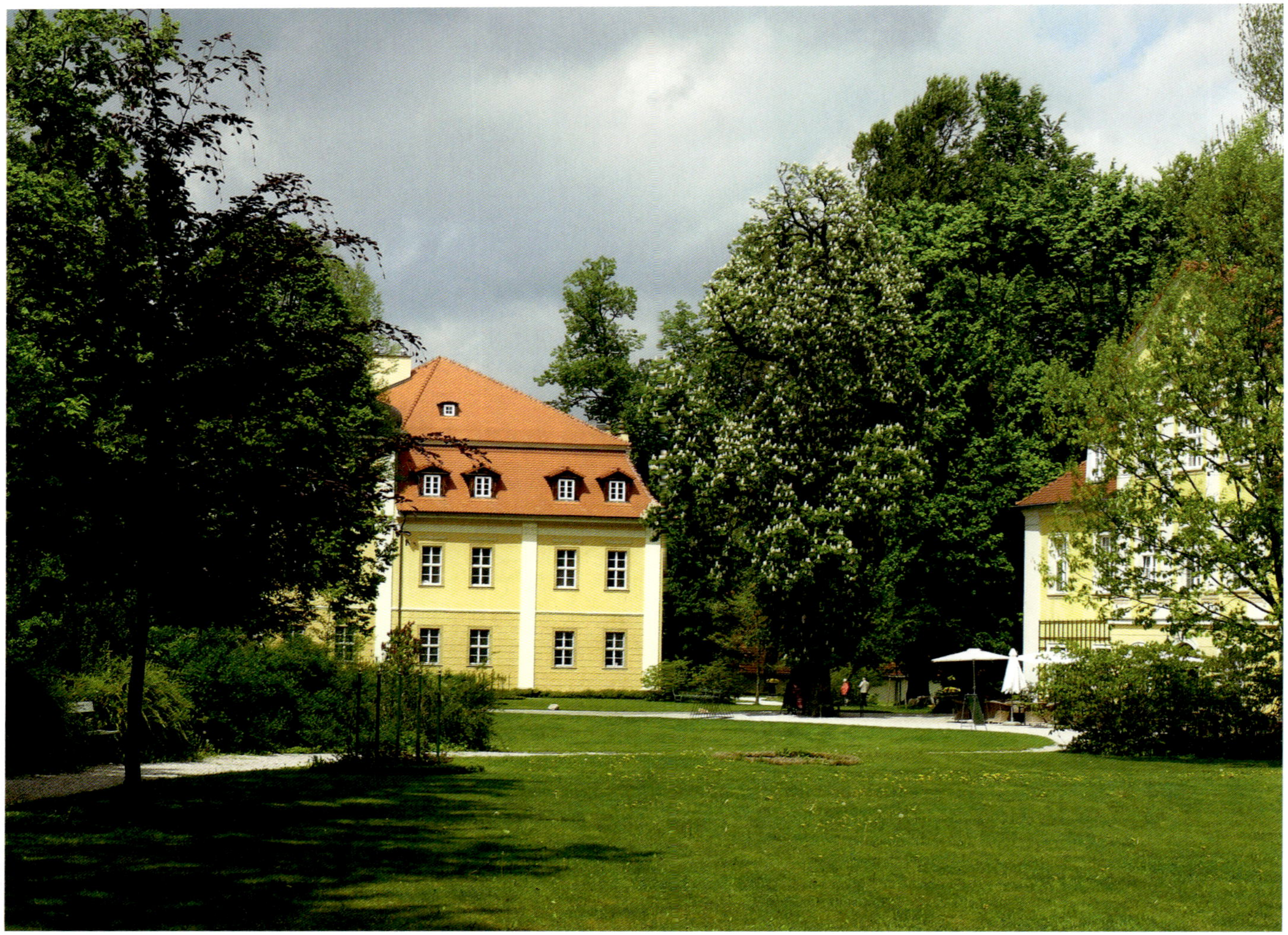

*Abb. 9*
*Blick aus dem Park auf den Pleasureground und die beiden Schlösser von Lomnitz.*

*Lomnitz*

Durch die längst weithin anerkannte Leuchtturmfunktion des Gutes von Lomnitz mit seinen zwei Schlössern, dem dazugehörigen Pleasureground und Landschaftspark (Abb. 9), aber auch seinen wiederhergestellten traditionellen Nutzgärten mit ihren historisch überlieferten Gemüsesorten, Kräutern und Blumen (Abb. 10) für die pädagogische Arbeit, sowie mit dem vor dem Verfall geretteten und reaktivierten lebendigen Gutshof, dem schlesischen Dominium, konnte in Verbindung mit ökologischem Landbau auf den leider vorerst nur angepachteten ehemaligen Gutsfeldern Beispiel gegeben werden für eine angemessene Inwertsetzung und Nutzung eines scheinbar vom Untergang bedrohten Schloss- und Gutsensembles, das im Hirschberger Tal eben seit Jahrhunderten prägendes Charakteristikum einer uralten europäischen Kulturlandschaft ist.

Es sind also nicht nur der längst gut angenommene Hotel- und Gaststättenbetrieb im sogenannten „Witwenschloss" und in den angrenzenden ehemaligen Wirtschaftsgebäuden, einschließlich dem schon gartendenkmalpflegerisch wiederhergestellten neun Hektar großen Landschaftspark entlang des Bobers mit dem blumenreichen Pleasureground an den beiden Schlössern, sondern auch der ehemalige Gutshof des Schlosses als museale, touristische und landwirtschaftliche Einrichtung sowie die dem Schloss unmittelbar benachbarte Scheune für größere Fest- und Kulturveranstaltungen, einschließlich der großzügigen Räume im Barockschloss, die seit 2004 für Konzerte, Seminare, Schulungen, sowie für wechselnde Ausstellungen und Kulturveranstaltungen bereitgehalten werden.

In letzter Konsequenz dienen die genannten Aktivitäten nicht nur als kulturelle und ökonomische Basis, sondern sind längst ein nachhaltiger Beitrag zur Identifikation der Bevölkerung mit ihrer Region sowie zur künftigen Entwicklung des Hirschberger Tals.

In kommunistischer Zeit wurde der sich am Bober hinziehende Landschaftspark jahrzehntelang als Müllkippe missbraucht, und die sich heute wieder als schöner Pleasureground präsentierenden Gartenflächen vor und zwischen beiden Schlössern wurden bis 1990, also bis zur Auflösung der im Lomnitzer Witwenschloss angesiedelten Verwaltung der großen landwirtschaftlichen Produktionsgenossenschaft, als Fahrwege und großzügig dimensionierte Parkplätze zweckentfremdet. Die im Auftrag des heutigen Besitzerehepaares zur Vorbereitung einer wissenschaftlich konservatorisch, gut vorbereiteten und anspruchsvollen Garten- und Parkinstandsetzung in Auftrag gegebenen Forschungen haben dann auch durch die vom Verfasser ausgewerteten, glücklicherweise erhaltenen Pflanzenbestelllisten und entsprechender Rechnungen der königlichen Baumschule in Potsdam den Schluss erlaubt, dass Lenné während seiner zeitgleich im benachbarten Schildau angenommenen Arbeiten, mit großer Wahrscheinlichkeit auch beratend in Lomnitz tätig war.[15]

Auch wenn wir durch die Arbeiten von Katrin Schulze darüber informiert sind, dass durch die „in den Außenstellen des polnischen Staatsarchivs in Hirschberg gefundenen Nachweise belegen, dass Jacob Heinrich Rehder (1790–1852) für den Lomnitzer Park eine Planung erarbeitet haben muss,"[16] und auch im Jahr 1837 mehrfach Pflanzenbestellungen aus der Muskauer Baumschule verzeichnet sind – die für die 1836 bis 1837 angelegten sogenannten „Neuen Anlagen" benötigt wurden – wissen wir doch, dass weitere größere Arbeiten im Lomnitzer Park, die 1842 bis 1843 durchgeführt wurden, eben nicht mehr unter Rehder erfolgt sind. Hier liegt in der Tat die Vermutung nahe, dass Lenné, der in jener Zeit mit hoher Wahrscheinlichkeit in Schildau tätig war, auch ein Augenmerk auf den unmittelbar benachbarten Park geworfen hat.

Es konnte dann etappenweise seit 2008 nicht nur der große, jedoch sehr schmale, sich am Bober hinziehende Landschaftspark von einer Müllkippe befreit und Schritt für Schritt wieder instandgesetzt werden, sondern es schlossen sich dann unter Anleitung und Aufsicht des Verfassers rasch die Restaurierung und Teilrekonstruktion des biedermeierlichen Pleasuregrounds in unmittelbarer Nähe der beiden Schlösser an. Sie vermitteln heute wieder mit ihren bepflanzten „Blumenkörben" und dem in jüngster Zeit vor dem großen Schloss neu angelegten Fächerbeet, aber auch den zahlreichen Schmuckstrauchpflanzungen, einen authentischen Parkeindruck des 19. Jahrhunderts.

In Lomnitz geht es heute darum, den glücklich zurückgewonnen „Gartenschatz“ durch kontinuierliche Pflege zu erhalten und zu mehren. Das, was in der Biedermeierzeit unter dem offensichtlich tüchtigen Lomnitzer Gärtner Flemming gelang, nämlich Anlage und Pflege mit hohem persönlichen Einsatz sicher zu stellen, sollte ohne Zweifel auch das Vorbild für heute sein, denn, wie sagte schon Peter Joseph Lenné: „Nichts gedeiht ohne Pflege, und selbst die vortrefflichsten Dinge verlieren durch unzweckmäßige Behandlung ihren Wert“.

## Schlussbetrachtung

Das lennésche Wirken in Schlesien, speziell im Hirschberger Tal, im Tal der königlichen Schlösser und Gärten, fasste der große Kenner und Biograph Gerhard Hinz resümierend in seinem Schlesien betreffenden Beitrag im Lenné-Standardwerk zusammen: „In Erdmannsdorf, Rogau, Schildau, Fischbach, Koitz und Lissa hat Lenné gewirkt, ob er auch in Buchwald, Ruhberg und Stonsdorf zu Rate gezogen worden ist, muß dahingestellt werden.“[17]

Heute wissen wir, dass es für ein Einwirken Lennés in Buchwald, Ruhberg, Stonsdorf und Fischbach keinerlei Belege gibt, und die fortschreitende Lenné-Forschung dieses auch – wie ich ebenfalls meine – zu Recht ausschließt. Für das Hirschberger Tal bleiben daher lediglich die Gärten und Parke von Erdmannsdorf, wohl auch Schildau und in diesem Zusammenhang der Blick auf Lomnitz.

Dennoch entsteht beim Betrachten des Hirschberger Tales der Eindruck, dass dieses in sich geschlossene und eben auch gärtnerisch ungemein aufgeschmückte Tal ganz im Sinne Lennés geformt und entwickelt worden ist. Die entscheidenden aristokratischen Schloss- und Parkbesitzer, die in der ersten Hälfte des 19. Jahrhunderts dort lebten und wirkten, kannten und schätzten Lenné, und man kann davon ausgehen, auch wenn er selbst nur ganz wenige Parks persönlich anlegen konnte, dass sein Geist noch heute in diesem Tal zu spüren ist.

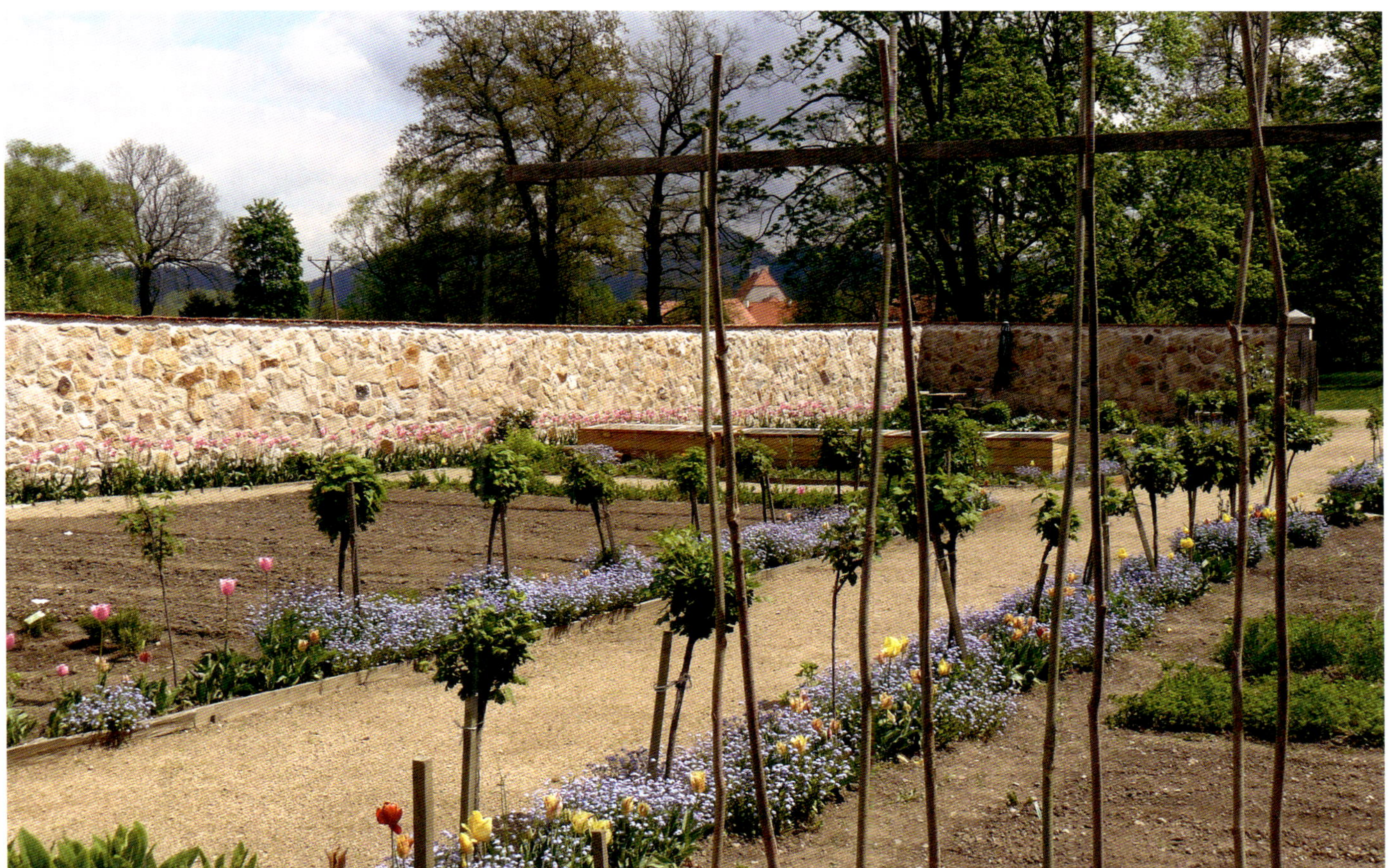

*Abb. 10*
*Der wiederhergestellte Nutzgarten des Gutes Lomnitz.*

## Anmerkungen

1 Tomaszewski 1997, S. 322.
2 Das 1997 in Lomnitz veranstaltete Fachsymposium I „Die Landschaft des Hirschberger Tals“ bot einen ersten Einstieg in die bis dahin wenig bekannte Welt des Hirschberger Tals und präsentierte im Übrigen den Stand der Forschung. Das schon 1998 veranstaltete Folgesymposium befasste sich mit der Arbeitsthese „Der Hirschberger Kessel – Rückkehr der romantischen Landschaft“ und das dritte, 2000 veranstaltete Symposium widmete sich dem Thema „Tourismus und Landschaftsschutz des Hirschberger Tals Dorf – Park – Palais“.
3 Krosigk 2000 (a), S. 22.
4 De Jong 2000 (b), S. 11.
5 De Jong 2000 (a), S. 156.
6 Gesellschaft für interregionalen Kulturaustausch e. V. Berlin 2003.
7 Beispielhaft seien hier genannt: der Verein zur Pflege schlesischer Kultur, die Stiftung für deutsch-polnische Zusammenarbeit in Warschau, die Abteilung Hirschberg im Denkmalpflegeamt der Woiwodschaft Niederschlesien, Monumenta Silesiae – Gesellschaft zur Restaurierung und Pflege schlesischer Bau- und Kulturdenkmäler e. V. Görlitz, Schlesisches Landesmuseum Görlitz, Deutsches Kulturforum östliches Europa e. V.
8 u. a. sei hier genannt: Krosigk 2000 (b), S. 57 ff.
9 Franke 2008, S. 77.
10 Grundmann 1965, S. 159–174.
11 Ebd., S. 173.
12 Napierala 2015, S. 27.
13 Franke 2015, S. 24 f.
14 Franke 2008, S. 153; zur Parkbeschreibung s. Krosigk 2000 (b), S. 64.
15 Krosigk 2003, S. 218.
16 Schulze 2009, S. 158.
17 Hinz 1989, S. 395.

Provinz Schlesien. Regierungs-Bezirk Liegnitz. Kreis Schönau.

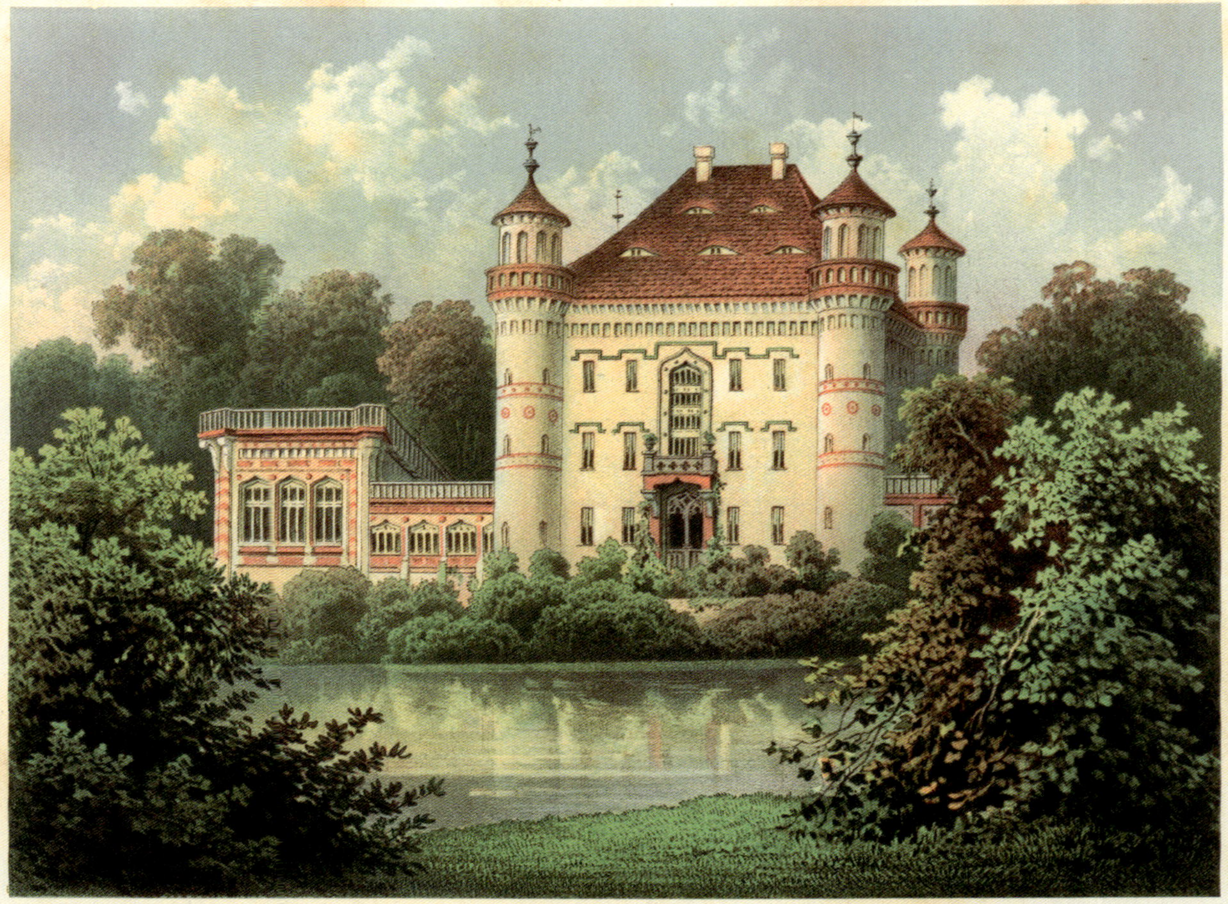

Nach ein. Orig.-Aufn. v. Th. Hennicke, ausgef. b. Winckelmann & Söhne. Verlag von Alexander Duncker, Königl. Hofbuchhändler in Berlin.

SCHILDAU.

# Zuschreibungen
## Marcus Köhler

### Allgemeine Zuschreibungen

Im Vorwort zu seinem Lenné-Werk umreißt Gerhard Hinz 1937 kurz die Quellen, auf die er seine Arbeit stützt: zum einen Aufzeichnungen im Besitz der Familie, zum anderen Akten, „zerstreut bei verschiedenen Behörden und teilweise in Privathand“, sowie Unterlagen „in der Plankammer der Preußischen Bau- und Finanzdirektion“.[1] Darüber hinaus arbeitete er mit dem lennéschen Nachlass, der heute im Geheimen Staatsarchiv in Berlin-Dahlem aufbewahrt wird. Da Hinz keiner wissenschaftlichen Zitierweise folgt, sind viele Fakten nicht belegt.[2] Dies betrifft leider auch zahlreiche Zuschreibungen, bei denen er sich auf „Aktenhinweise“ beruft. Welche Dokumente er jedoch damit meint, ist unklar und aufgrund von Kriegsverlusten wahrscheinlich auch nicht mehr eruierbar. Möglicherweise befanden sie sich im Besitz der Nachkommen und müssen heute als verloren gelten. Hinz führt unter dieser Werkgruppe folgende Objekte an:

- Dyrenfurth bei Nimkau/Schlesien, Gräfin Lazareff, Aktenhinweis o. D.
- Groß-Strehlitz/Schlesien, Aktenhinweis, Exzellenz v. Renard, auch Grundmann 1853
- Jarotschin, Reg. Bez. Potsdam, Aktenhinweis 1857
- Remowo (oder Rimowo) bei Nakel, Th. von Bethmann-Hollweg, Aktenhinweis 1855–56
- Retow in Litauen, Fürst Oginski, Aktenhinweis 1858
- Stuthof bei Altdamm/Pommern, Trütschler v. Falkenstein, Aktenhinweis 1862

Daneben gibt es eine Reihe Zuträger, auf deren Informationen sich Hinz stützt. Bei einigen hat er selber Zweifel und versieht die Zuschreibung mit einem Fragezeichen; ohne Fragezeichen führt er an:

- Chursdorf, Kr. Soldin, von Platen, Park angeblich Lenné, Hinweise Rave um 1860
- Sandow, Kr. Weststernberg/Mark, Senfft v. Pilsach, Plan um 1860 cf. Helmigk: Märkische Herrenhäuser[3]
- Fischbach/Schlesien bei Erdmannsdorf, Hinweis Grundmann ca. 1836
- Quittainen/Ostpreußen, briefl. Hinweis Gräfin Charlotte Dönhoff 1834
- Owinsk bei Posen, Mitteilung Frau von Treskow o. D.
- Radojewo bei Posen, Mittelung Frau Ilse v. Treskow o. D.

Diese Art der Zuschreibung wird häufig in der Literatur gerne unkommentiert übernommen. In diese Kategorie fallen auch Zuschreibungen wie beispielweise die vom Gutspark Günthersdorf, die Beissner im Tagungsbericht der Deutschen Dendrologischen Gesellschaft 1936 vornimmt.[4] Gleiches gilt für Hinz' Hinweis, dass Lenné den Garten der Kadettenanstalt in Wahlstatt angelegt hätte, wobei er sich auf Grundmanns Schinkelwerk bezieht.[5] Auch Heinrich Friedrich von Danckelmanns Gut Groß Peterwitz bei Kanth (Schlesien) wird von Hinz und Irrgang Lenné zugeschrieben.[6]

Wenig Klarheit bringt auch die neuere polnische Gartengeschichtsschreibung, die sich teilweise durch genaue Analysen des Denkmalbestands, weniger aber durch Quellenbelege auszeichnet. So basiert beispielsweise Skuratowicz' grundlegender Aufsatz oftmals auf Vermutungen.[7] Zuschreibungen werden zumeist aufgrund der Tatsache vorgenommen, dass ein Park Ähnlichkeiten zur Lenné-Meyerschen Schule aufweist, die damals im Verlauf des 19. Jahrhundert zum „Allgemeinvokabular“ wird.[8]

Die Zuschreibungen an verschiedene Mitarbeiter und Schüler, die bei Günther und Harksen noch gemacht werden, sind an dieser Stelle nicht wiederholt worden. Da häufig Signaturen auf den Plänen und Planskizzen fehlen, basierten die damaligen Zuordnungen wohl meist auf Vermutungen. Wimmer machte in seiner neuesten Publikation[9] auf diesen Umstand ebenfalls aufmerksam, indem er Mitarbeitern einen weit höheren Anteil am lennéschen Gesamtwerk zuerkennt. In Anbetracht der umfangreichen Aufgaben, ist dies fast unumgänglich.

### Zeitgenössische Zuschreibungen

Bereits zu Lebzeiten Lennés finden sich in Publikationen immer wieder Hinweise auf Anlagen, die mit ihm in Verbindung gebracht werden, so dass diesen Aussagen auch ein großer Wahrheitsgehalt zukommt. Da jedoch ein Großteil der hier beschriebenen Anlagen bedingt durch Kriegseinwirkung keine entsprechende archivalische Überlieferung mehr aufweisen kann, sind die Beschreibungen häufig die einzigen Funde, über die die Forschung bislang verfügt. Bei allen Anlagen ist auffällig, dass die mit den Gärten in Zusammenhang zu bringenden Familien eine besondere Loyalität zum preußischen

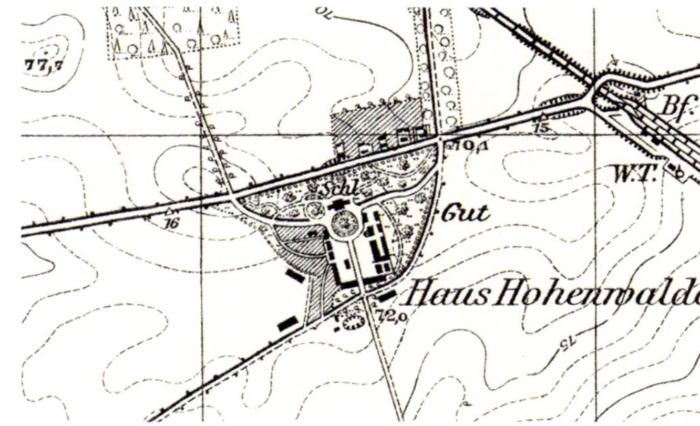


*Abb. 2*
*Der kleine Gutspark von Hohenwalde auf einem Ausschnitt des Messtischblattes 1703 (Hohenwalde), aufgenommen 1891, hrsg. 1893, berichtigt 1934.*

*Abb. 1*
*Ansicht von Schloss und Park Schildau, Alexander Duncker, Lithographie, 1867/68.*

Abb. 3
*Ansicht des Schlosses Schildau, KPM Berlin, so genannte Redensche Vase, um 1820, Bemalung um 1829.*

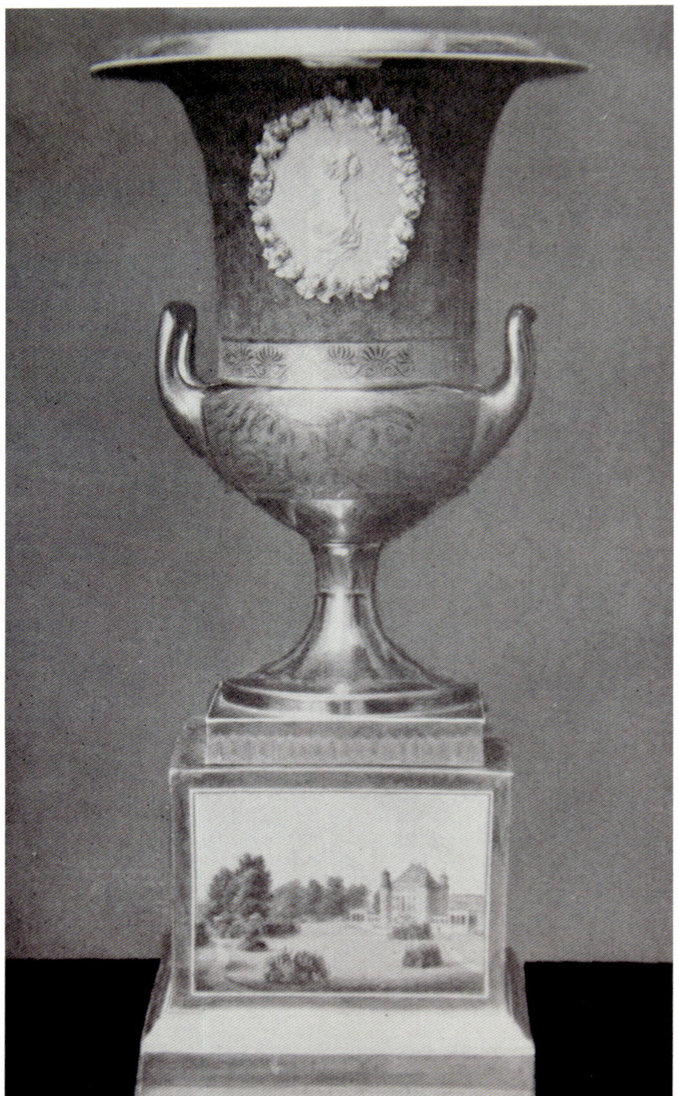

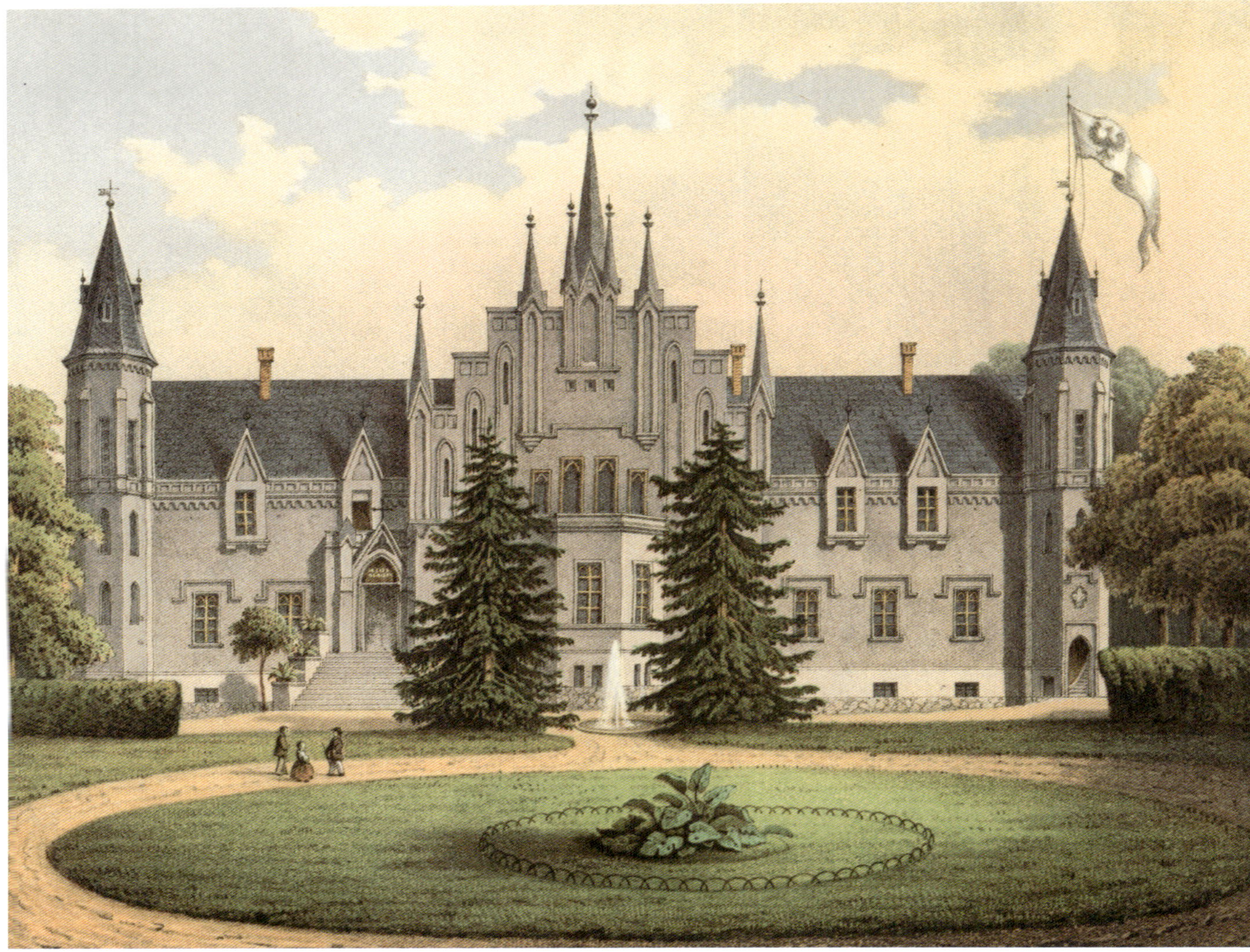

*Abb. 4*
*Ansicht des neuen Herrenhauses in Hohenwalde, Alexander Duncker, Lithographie, 1863/64.*

Königshaus auszeichnet bzw. sie selber aus dem diesem stammen.

**Schildau (Kreis Schönau, Provinz Schlesien)**

So berichtet beispielsweise Alexander Duncker im zehnten Band seines Sammelwerks über preußische Landsitze und Schlösser, dass auch der Garten des Schlosses Schildau (Wojanów) im Hirschberger Tal von Lenné gestaltet sei (Abb. 1).[10] 1839 schenkte Friedrich Wilhelm III. die Anlage seiner Tochter Luise und ihrem Ehemann, Friedrich von Oranien, dem späteren König der Niederlande.[11] Sie ließen das Landgut, das 1832 von Karl Friedrich Schinkel für den kurländischen Justizrat Karl Albrecht Ike umgebaut wurde, durch den Baumeister Friedrich August Stüler für ihre Zwecke in den Jahren 1839 bis 1840 herrichten. Da die Königstochter in eine andere Fürstenfamilie einheiratete und im Nachlass Lennés sich keine Unterlagen finden, müssen sie als verschollen gelten.[12]

Man darf jedoch davon ausgehen, dass der Staatsminister und Präsident der Preußischen Seehandlung Christian von Rother, der dem König bei der Neuanlage des Gartens in Erdmannsdorf (Mysłakowice) helfend zur Seite stand, eine ähnliche Rolle für Schildau einnahm, bekam er doch von Prinzessin Luise oder dem preußischen Monarchen eine Porzellanvase zum Geschenk, die im Sockel eine Ansicht der Gartenpartie vor der Schildauer Hauptfassade zeigte (Abb. 3).[13]

Um die in der Flussaue des Bober nebeneinander liegenden Gartenanlagen von Schildau und Lomnitz nicht zu verbinden, sondern ihnen einen eigenen Charakter zu geben, bedurfte es der geschickten Hand eines Gartenkünstlers; dies umso mehr, da es galt, die spärlich gesetzten Reize der engen Talsituation geschickt auszunutzen. Diese feine Differenzierung fehlt leider der Schildauer Anlage, die in der letzten Zeit zwar von Fehlentwicklungen bereinigt wurde, aber noch nicht die lennésche Formensprache zurückgewonnen hat. Das Schloss wird heute als Hotel genutzt.

### Hohenwalde (Kreis Landsberg, Provinz Brandenburg)

In seinen Wanderungen durch die Mark Brandenburg schildert Fontane Gröben und Siethen, zwei Stammgüter der Grafen von Schlabrendorff. Als besonders tüchtig beschreibt er den Grafen Leopold (1794–1851), der das Landleben dem städtisch-höfischen vorzog: „Sogar Landwirtschaftliches interessierte lebhaft, am meisten freilich den Grafen selbst, der [...] eine große theoretische Kenntnis und alsbald ein reiches Erfahrungswissen innehatte."[14] Nach dem Tod seines Vaters kaufte Schlabrendorff in einer Zwangsversteigerung das Gut Hohenwalde (Wysoka) bei Landsberg. „Dieser hob durch jahrelang fortgesetzte Meliorationen das Gut in allen seinen Branchen, legte eine Dampfbrennerei an und erbaute einen neuen geräumigen Wirthschaftshof, etwa eine achtel Meile von dem alten Gute und dem Dorfe entfernt, welchen er mit Parkanlagen, zu welchen der Gartendirector Lenné den Plan entworfen hatte, umgab."[15] Wie dieser Gartenplan aussah, den Hinz ohne Abgabe von Gründen auf 1841 datiert, ist nicht bekannt.[16] Die Ansicht, die Duncker wiedergibt, zeigt die zum Wirtschaftshof liegende Seite des Hauses. Auf dem Meßtischblatt (Abb. 2) kann man eine Gutsanlage erkennen, die zwar formal aufgebaut, jedoch durch malerisch geschwungene Wege mit der Landschaft verbunden ist. Sie erinnert an Lennés Planungen fürs Vorwerk Bornim.

Nach dem Tod des Grafen fiel das Gut durch weibliche Erbfolge an den Stiftshauptmann und Laien-Historiker Wilhelm von Kalckreuth (1816–1896), der nach dem Tod seiner Frau Marie, geb. Freiin von Uslar-Gleichen (1826–1860), mit den Planungen für ein neugotisches Schloss begann (Abb. 4), das 1861/62 ausgeführt wurde.[17] Auf Postkarten, die um 1900 aufgenommen wurden, sind im hausnahen Bereich schon Pflegerückstände deutlich zu erkennen. Heute ist das Herrenhaus verschwunden, ebenso ein Großteil des Wirtschaftshofes. Der Park ist in seinen groben Strukturen noch zu erkennen.

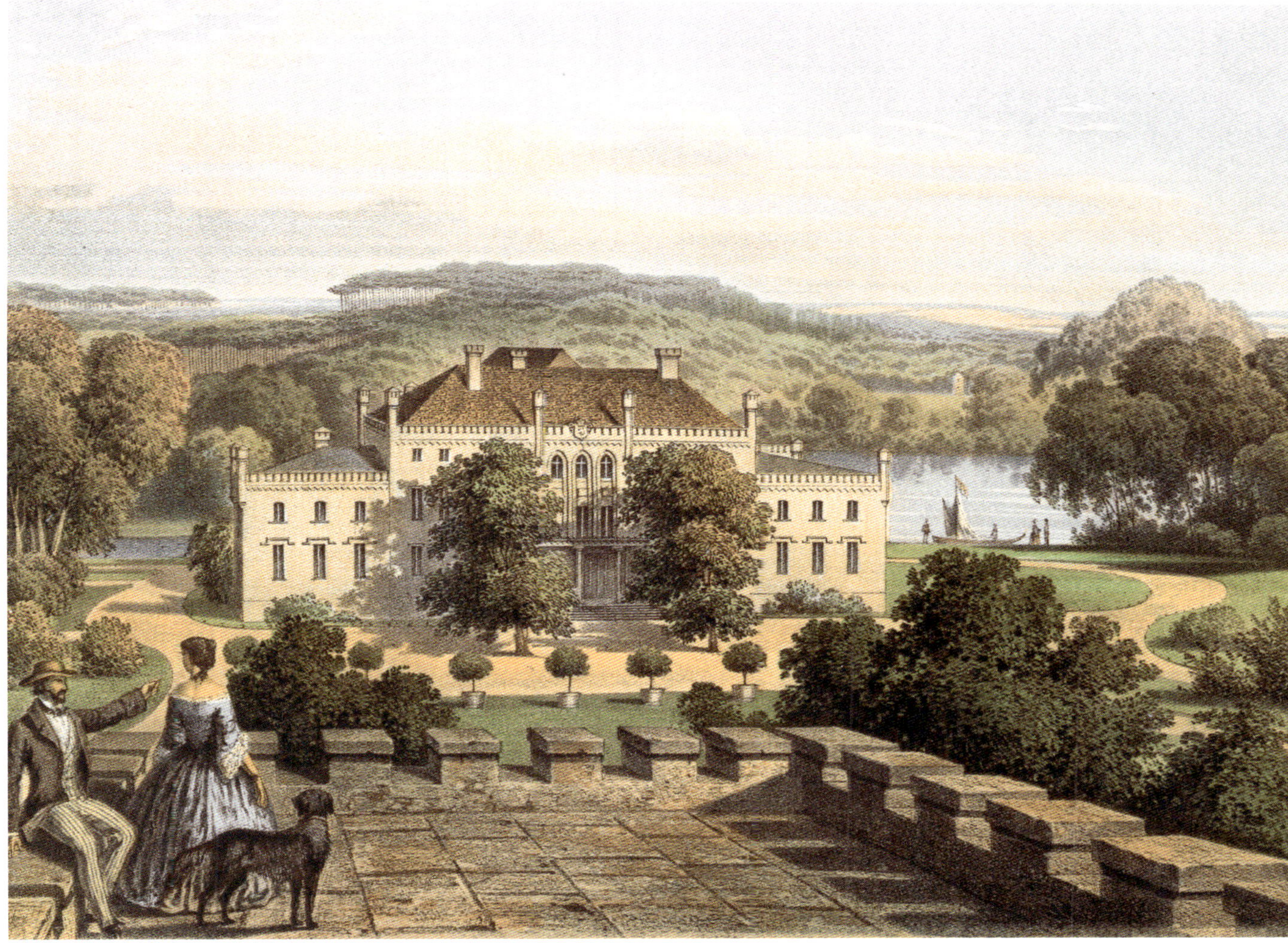

*Abb. 5*
*Ansicht des Herrenhauses und der umgebenden Parkanlage von Dölzig, Alexander Duncker, Lithographie, 1860/61.*

### Dölzig (Kreis Soldin/Neumark, Provinz Brandenburg)

Das Gut Dölzig oder Dolzk (Dolsk) gelangte erst im ausgehenden 18. Jahrhundert in die Familie von Tresckow. Oberstleutnant Karl Friedrich von Tresckow (1782–1836) erweiterte 1828 das vorhandene barocke Gutshaus (Abb. 5) und ließ Alexander Duncker zufolge 1832 von Lenné einen landschaftlichen Park anlegen.[18] Sein Sohn, der preußische Kammerherr Friedrich Karl Tassilo von Tresckow (1816–1897), verschönerte und erweiterte das Gutshaus noch einmal ab 1845 im Stile einer an Friedrich August Stüler erinnernden Tudorgotik und vergrößerte zudem den Park (Abb. 6 u. 7). Danach fiel der Besitz an die Grafen von Voss-Dölzig (ehemals Buch), die wahrscheinlich für die letzten Umbauten am Schloss und den Anbau des Turmes verantwortlich waren. Heute ist das Schloss in Privatbesitz.[19]

In dem mittlerweile verwilderten Baumbestand finden sich noch immer diverse dendrologische Besonderheiten. Mitte der 1930er Jahre hatte man den Park wegen seines bemerkenswer-

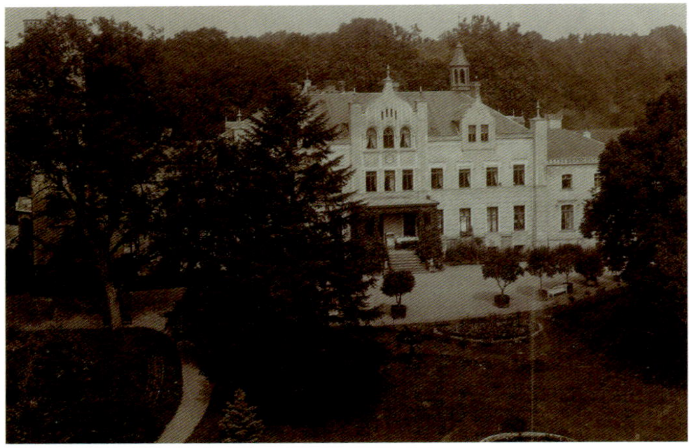

*Abb. 6*
*Schloss Dölzig mit angrenzenden, pleasuregroundartigen Gartenbereichen, um 1920.*

*Abb. 7*
*Blick aus dem Innern des Parks auf das Dölziger Schloss, Ansichtskarte, um 1920.*

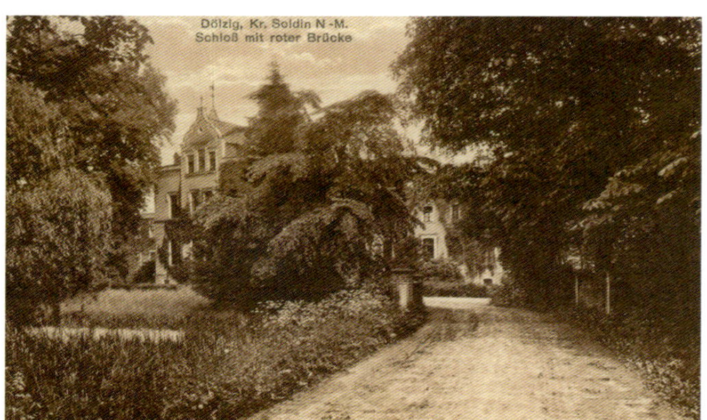


ten Baumbestandes unter Naturschutz gestellt. Das um 1850 auf einer Anhöhe vis-á-vis dem Herrenhaus errichtete Mausoleum ist nicht mehr vorhanden. Das südliche Ufer des angrenzenden Haussees wurde seinerzeit bei der Gartengestaltung geschickt eingebunden, so dass sich eine malerische Blickbeziehung über das Wasser zur Grabstätte der Tresckows hinwegsetzte, was die Duncker-Ansicht eindrucksvoll wiedergibt.[20]

In diesem Zusammenhang muss noch erwähnt werden, dass durch Sigismund Otto Joseph von Tresckow (1756–1825), der als erfolgreicher, allerdings unehelicher Sohn erst später vom Familienverband akzeptiert wurde, die bei Posen gelegenen Güter Owinsk (Owińska) und das benachbarte Radojewo in die Familie gelangten. Schinkel hat wohl gegen 1806 bereits das Gesamtensemble in Owinsk gestaltet. Für Sigismunds Sohn Karl (1787–1846) in Friedrichsfelde bei Berlin ist ein Gartenplan Lennés bekannt.[21] Laut Familientradition bzw. Hinz soll Lenné zudem für seinen Sohn Otto (1793–1855) in Owinsk und für Heinrich (1795–1861) in Radojewo einen Garten geplant haben.[22] Belege hierfür fehlen jedoch bislang.

### Oliva bei Danzig (Provinz Westpreußen)

Auf dem vergoldeten Lorbeerkranz, den Lennés Schüler und Kollegen 1866 anfertigen ließen, um ihm diesen zur 50jährigen Wiederkehr seines Dienstantritts in Preußen zu überreichen, wurden die Namen zahlreicher Gartenanlagen eingraviert, die mit dem Jubilar in Zusammenhang gebracht werden konnten. Darunter findet sich auch der Name der Abtei Oliva bei Danzig (Oliwa). Seit 1772 preußisch, residierte dort zwischen 1782 bis 1803 der Fürstbischof von Ermland und Abt Prinz Johann Karl von Hohenzollern-Hechingen (1732–1803). Unter seiner Ägide entstand beim 1754 errichteten Schloss ein anglo-chinoiser Garten, der in einem aufwändigen Plan von 1792 festgehalten wurde (Abb. 8).[23] Sein Nachfolger und Neffe, Joseph von Hohenzollern (1776–1836), fügte laut einer zeitgenössischen Reisebeschreibung „mit Schonung aller ältern Anlagen […] viel Neues im englischen Geschmack hinzug“[24], wofür sich Johann Georg Nikolaus Salzmann (1764–1831), Sohn des Hofgärtners Friedrich Zacharias Salzmann (1731–1801) in Sanssouci, verantwortlich zeigte. Das Kloster wurde zwar 1831 aufgehoben, doch blieb er dort wohnen, bis 1836 die preußische Krone schließlich das ganze Anwesen übernahm.[25] In jenem Jahr wurde auch der königliche Garteninspektor Gustav Schondorf (1810–1884) eingestellt, der zwischen 1836 und 1881 vor allem das Gehölzsortiment erweiterte.[26] Danach folgte von 1881 bis 1889 Garteninspektor Radicke (geb. 1825). Durch Ernst Wocke (1863–1941) wurde Oliva bis zu seiner Pensionierung 1929 vor allem durch seine alpine Pflanzensammlung bekannt.[27]

Der Vergleich zwischen dem Plan, den diversen Messtischblättern und dem heute immer noch gepflegten Garten zeigt, dass sich die Grundstrukturen des ausgehenden 18. Jahrhundert gut tradiert haben. Eine Beteiligung Lennés erscheint deshalb unwahrscheinlich. Hinz weist jedoch schon auf den Umstand einer Landesverschönerung hin, ohne jedoch näher darauf einzugehen: Joseph von Hohenzollern hatte nämlich „von der einen Spitze des Karlsbergs zur andern hernach über den ganzen Berg Spaziergänge angelegt […] Unten trifft man einen eingeschlossenen Park mit einigen Gartenhäusern. Auch auf der öffentlichen Promenade sind Einsiedeleien, Kiosks, Kreuze, Kapellen, Grotten u. dergl. angebracht.“[28] Aus der Keimzelle des Parks entstand im Verlauf des 19. Jahrhunderts eine mehrere Quadratkilometer große Landesverschönerung, die alle fünf Hügel, die eine Höhe bis zu 145 Meter Höhe erreichten, umfasste (Abb. 9). Damals gehörten sie wie auch das Schlossensemble der preußischen Krone.

In dem Park finden sich topographische Bezeichnungen wie Henrietten-, Ernst-, Schwaben-, und Freudental, Ellakamm, Dreiherren- und Kaffeberg, Wege wie der Pfaffenstieg, Prinz Heinrichritt oder Schwedendamm, ein Jagdstern, die Schweizerei mit dem Hammerwerk, das so genannte Mormonen-Schlösschen, der Aussichtsturm auf dem Karlsberg und diverse Denkmäler. Ein Teil dieser Ausstattung kam erst in der zweiten Hälfte des 19. Jahrhunderts im Zuge der ersten Ausflügler und Touristen hinzu.[29] Die Erschließung und planerische Durchdringung der Landschaft, wie man sie noch auf den Messtischblättern (Abb. 11) ablesen kann, würde jedoch dafür sprechen, Lenné hier und nicht im Schlosspark am Werke zu sehen. Schondorf, der zwischen 1826–1828 die Gärtnerlehranstalt Potsdam besuchte, diente möglicherweise als Verbindungsperson.

### Neudeck (Kreis Tarnowitz, Provinz Oberschlesien)

Über die neugotische, aus einem barocken Vorgängerbau erwachsene Schlossanlage der oberschlesischen Herrschaft Neudeck-Tarnowitz (Świerklaniec) sowie die sie umgebenden Gärten weiß Felix Triest in seinem Topographischen Handbuch Folgendes zu berichten: „Im Jahre 1849 endlich setzte der jetzige Besitzer, Graf Guido Henckel von Donnersmark über die abgeglättete Seite, auf welcher sich das Eingangsportal befindet, noch einen Stock, den er mit zwei mächtigen Thürmen schmückte, welche dem Schlosse ein imposantes Ansehen geben. In diesem neuen Stock befinden sich jetzt die werthvolle Bibliothek und Rüstkammer. Der schöne Park, welcher sich

*Abb. 8*
*„Grund Riss nebst 16 Perspectivischen Zeichnungen [...] des Lust Gartens zu Oliva, 1792“.*

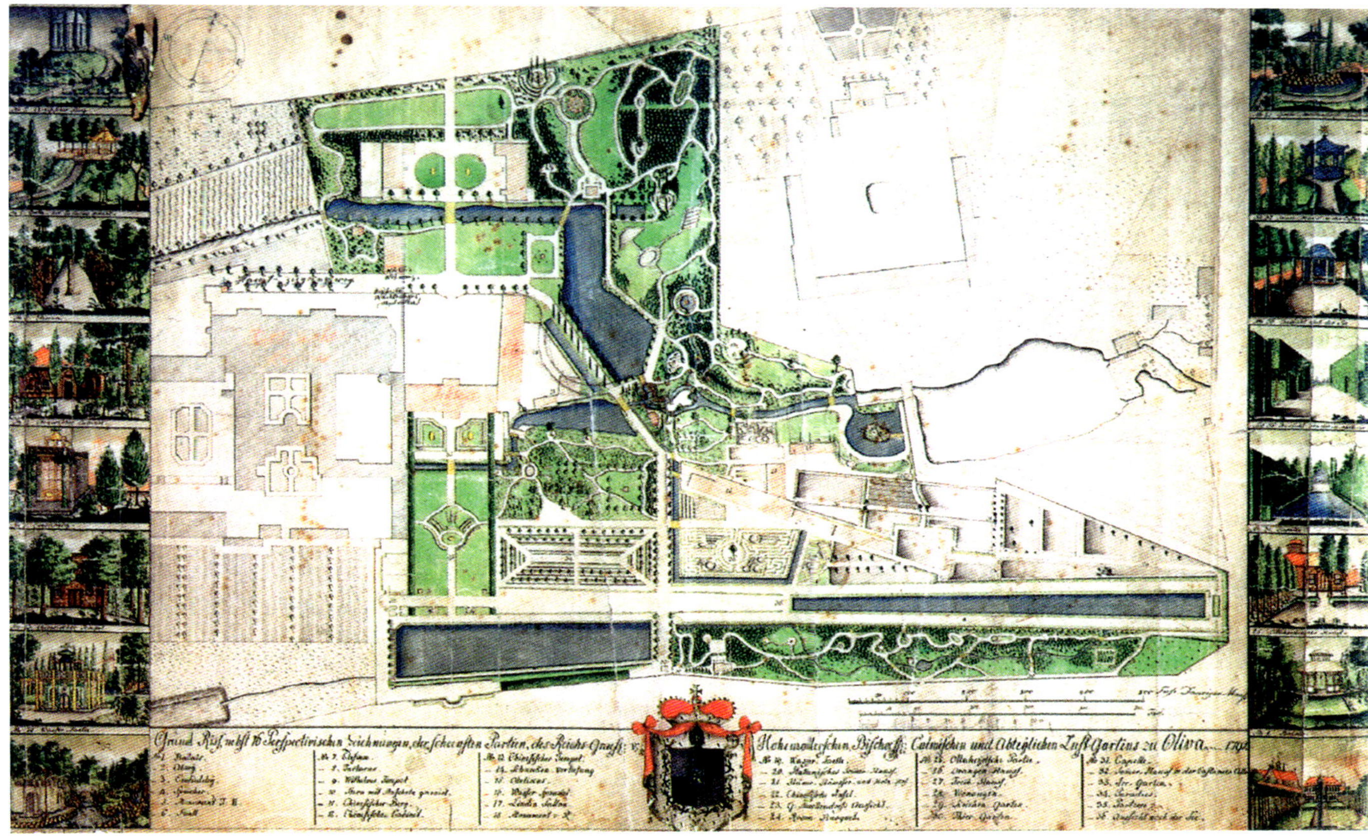

hinter dem Schlosse bis zur polnischen Grenze hinzieht, wurde von dem [...] freien Standesherrn Grafen Carl Lazarus angelegt und wird jetzt nach einem von dem General-Gartendirector Linné entworfenen Plane umgebaut.“[30]

Die Planungen für einen neuen Garten fielen zeitlich ungefähr mit dem Tod des betagten Grafen Lazarus (1772–1864) zusammen, gefolgt von Ideen zum Bau eines neuen Schlosses, das schließlich durch den Architekten des neuen Louvre, Hector Lefuel, zwischen 1869–1879 als imposantes Landschloss im Stil der französischen Renaissance ausgeführt wurde (Abb. 10). Da das alte Schloss (nunmehr Burg/Zamek genannt) erhalten blieb, baute man die neue

*Abb. 9*
*Ansicht des Klosters Oliva mit dessen Umgebung von Johann Poppel, Flachdruck, 1832–1839.*

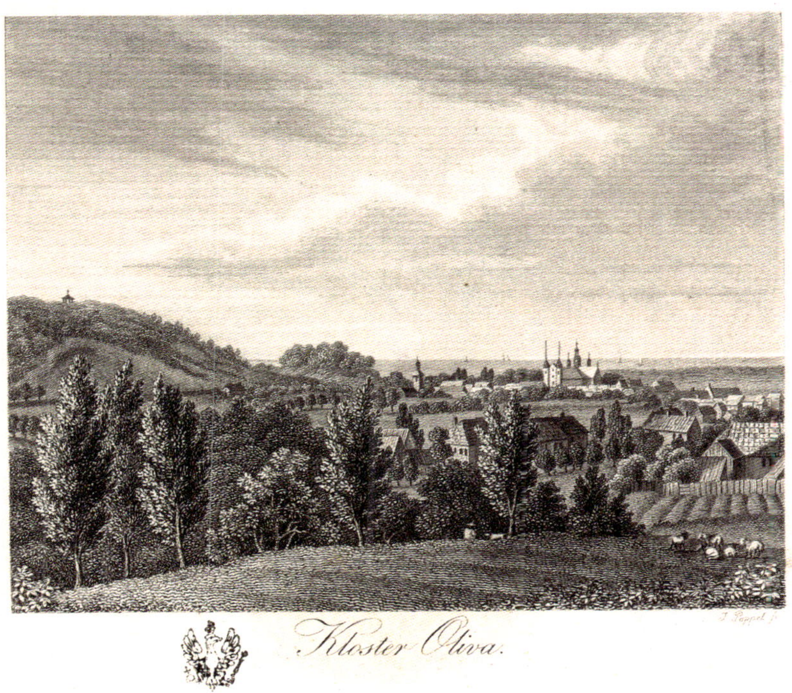


Schlossanlage ans Ufer des großen Parksees, was einerseits erhebliche Fundamentierungsarbeiten nach sich zog, aber auch die Möglichkeit bot, ein großes formales Parterre mit Brunnenanlagen anzulegen.

Bei Irrgang findet sich der Hinweis, dass Gustav Meyer die Planungen Lennés angeleitet und die Gartendirektoren Lüdtke und Fox sie ausgeführt hätten.[31] Er erwähnt noch, dass der Ire John Fox sich um die Erweiterung der Anlage gekümmert hätte, die am Ende 250 Hektar umfasste. Hermann Lüdtke (geb. 1830 in Potsdam), der 1846 bis 1850 Eleve der Potsdamer Gärtnerlehranstalt war, arbeitete von 1860–1868 in Neudeck. Diese Hintergründe legen nahe, dass Lenné lediglich die Grobplanungen für die Gesamtanlage des Gartens und Parks in Neudeck schuf. In diversen Beiträgen, die später über den Park in der Zeitschrift „Die Gartenkunst“ veröffentlicht wurden, wird deshalb wahrscheinlich immer nur Fox als Parkschöpfer angegeben. Da er von 1867 bis 1908/09 die Einbindung mehrerer beherrschender Park- und Gartengebäude vornehmen musste (beispielsweise Julius Raschdorffs Kapelle von 1895–1897 oder Ernst von Ihnes Kavalierspalast von 1903–1906), wird eine starke Prägung durch Fox nicht ausgeblieben sein, so dass man ihn als eigentlichen Gestalter ansehen

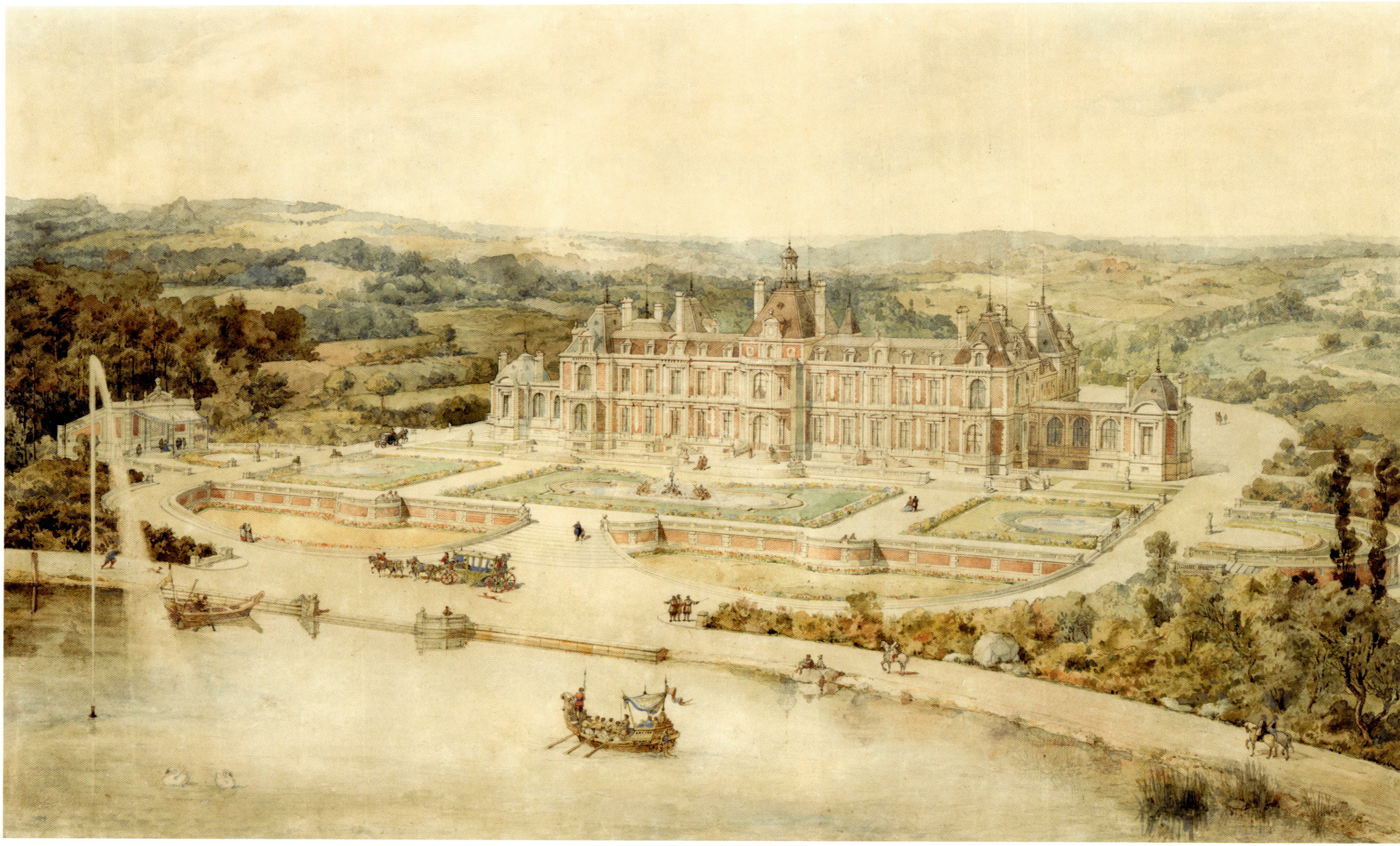

*Abb. 10*
*Hector Lefuel (1810–1881), Perspektivansicht von Schloss Neudeck in Schlesien, zwischen 1869 und 1876.*

muss.[32] Emil Ulrich (1867–1928) führte die Erweiterungsarbeiten fort, musste allerdings nach dem Ersten Weltkrieg schon Teile der Gärtnerei schließen.

Der Park selber ist heute im Kernbereich gut gepflegt, wenngleich auch das alte und das neue Schloss 1961 abgetragen wurden.

## Anmerkungen

1 Nach Hinz 1989, S. 7.

2 In dem hier besprochenen Zusammenhang sind beispielsweise Anlagen wie Eckerberg bei Stettin, ca. 1820–1830; Königsberg i. Pr., Prof. Simson, o. D.; Sandow, Kr. Weststernberg/Mark, ca. 1860; Tamsel bei Küstrin, Graf Schwerin, o. D. zu nennen, die ohne weitere Hinweise mit Lenné in Verbindung gebracht werden. Bei Tamsel müsste man in der Beschreibung von Fontane entsprechende Hinweise auf Lenné vermuten, da sie jedoch fehlen, ist die Zuschreibung anzuzweifeln. Zur Zuschreibungsproblematik in der Neumark siehe auch: Jager 2006, S. 114 f., Fußnote 39 (u. a. auch zu Tamsel).

3 Helmigk 1929, S. 164 ff. Der wahrscheinlich verschollene Plan der geometrischen Gartenanlage ist dort dargestellt (Abb. 83) – woher auch die Abb. bei Wendland/Wendland 2015, S. 204 stammt. Die Wendlands schreiben die Anlage ebenfalls Lenné zu und stützen sich dabei wiederum auf Hinz.

4 Rittergut Güntersdorf, ehem. von Unruh, 1842 Umbau des 1685 errichteten Schlosses durch Schinkel für Herzogin Dorothea von Sagan, Anlage eines Gartens durch Lenné (nach Beissner 1936, S. 299); s. a. Irrgang 1978, S. 212 f.

5 Bei Grundmann 1941, S. 138–140 findet sich jedoch kein Hinweis.

6 Bei Duncker 1873/74, Nr. 780 (Gross Peterwitz) heißt es über Heinrich Friedrich Carl von Danckelmann: „Er war ein geistvoller, den Künsten und Wissenschaften warm ergebener Mann, der für die Verschönerung von Gross-Peterwitz, durch die Anlegung eines englischen Parks wesentliche Verdienste hatte […] über dem tausendjährige Eichen ihre schattenreichen Aeste breiten […]“.

7 Skuratowicz 1992, S. 91–97.

8 Beispielsweise Zuschreibung Ostrometzkos von Chrotowska 1988, S. 25 (Architekt Artur Göbel, 1832–1840; Familie von Schönborn).

9 Wimmer 2016.

10 Duncker 1867/68, Nr. 541 (Schildau).

11 GStA PK, I. HA, Rep. 89, Nr. 3527. Ankauf des Gutes Schildau bei Hirschberg und die Übereignung desselben an die Prinzessin Luise, vermählte Prinzessin Friedrich der Niederlande, Tochter König Friedrich Wilhelms III., 1839–1841.

12 Eine Recherche im Reichsarchiv Den Haag blieb bislang ergebnislos.

13 Internationales Kunst- und Auktionshaus Berlin 1931, S. 12; Abb. Nr. 99 auf Tafel 8 (dort fälschlicherweise als Schloss Fischbach ausgewiesen).

14 Fontane 1882, S. 379.

15 Duncker 1863/64, Nr. 346 (Hohenwalde).

16 Hinz 1978, S. 533.

17 Kalckreuth 1871.

18 Duncker 1860/61, Nr. 129 (Doelzig).

19 Mudzo 2013, S. 19 f.

20 Wendland/Wendland 2015, S. 74.

21 Laut Günther/Harksen 1993, S. 144 ist der Plan seit 1945 verschollen; abgebildet bei Hinz 1989, S. 228.

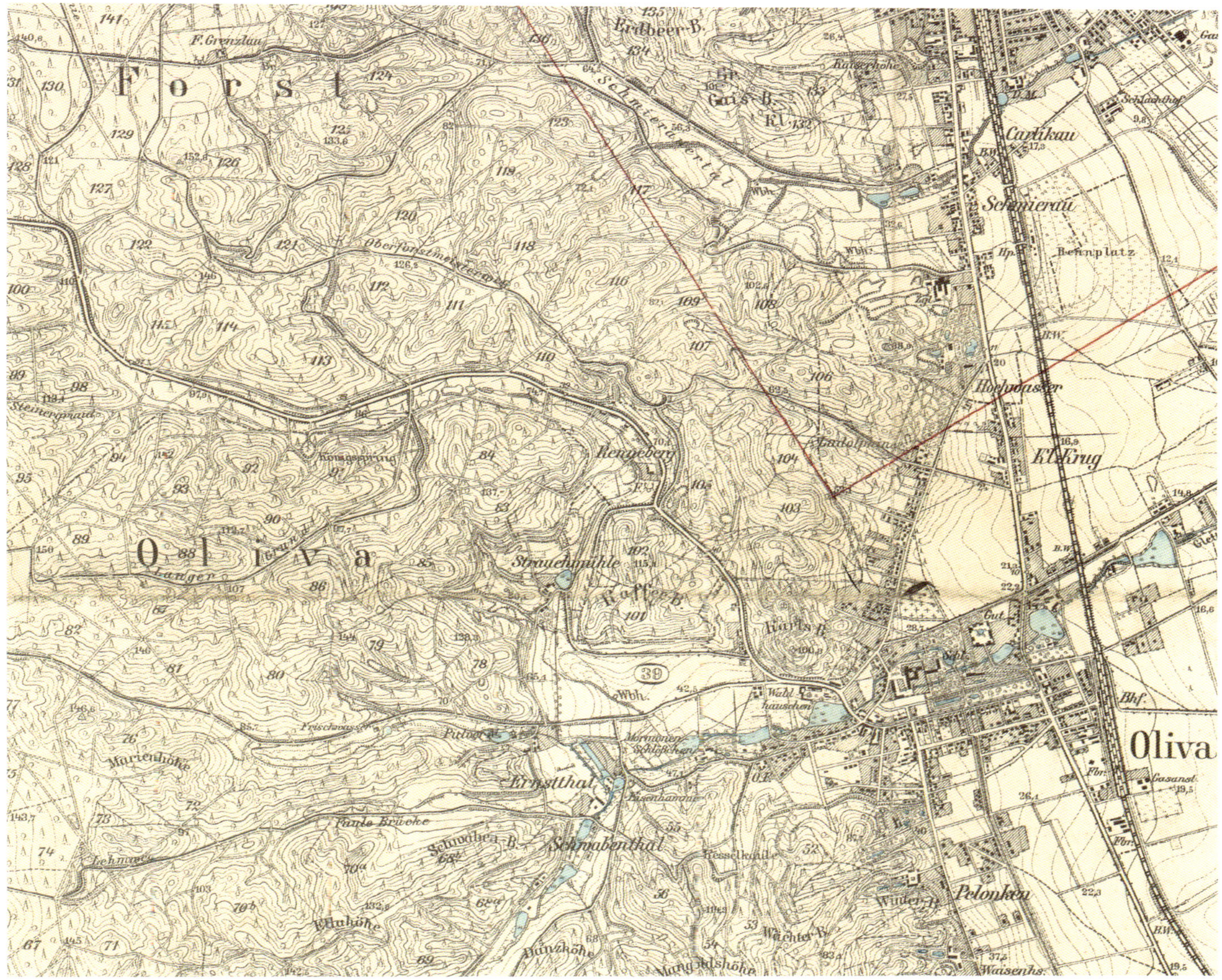


*Abb. 11*
*Das ehemalige Kloster Oliva mit dem westlich angrenzenden Forst auf einem Ausschnitt des Messtischblattes Zoppot (330/331), aufgenommen 1908.*

22 Zu den Zuschreibungen bzw. zum Werk Schinkels siehe: Börsch-Supan/Ostrowska-Kębłowska 2003, S. 148–165. Die Zuschreibung des Gartens in Owinsk geschah durch: Kuschel 1909, S. 460–463 sowie Beer 1910, S. 370. Hinz 1989, S. 535, 537 beruft sich auf einen Schriftwechsel mit Ilse von Tresckow. Siehe hierzu auch: Tresckow 2011, S. 117.

23 Zur Gartengeschichte siehe Lingenberg 1986, S. 206–217 und S. 233, sowie Lipowicz 2010, S. 88–99.

24 Meermann 1810, S. 594.

25 Vgl. GStA PK, I. HA, Rep. 89, Nr. 20708 Schloss Oliva 1836–1916.

26 Schondorf 1859, S. 94 ff.

27 Wocke 1904, S. 101–104; Kiehl 1931, S. 46 f.

28 Meermann 1810, S. 595. Die Anlagen wurden 1794 angelegt, vgl. Pawlowski 1889.

29 Hinzuweisen sei noch auf den Forstmeister Hubert Danz, der im Schwabental 1896 den Schriftzug „DANZ 1896“ durch Birken nachzeichnen ließ.

30 Tr est 1864, S. 405.

31 Irrgang 1978, S. 215.

32 S. C. 1911, S. 16. Nachruf auf den im Alter von 70 Jahren verstorbenen F. Schöpfer und Leiter der Fürstlich Henkel von Donnersmarckschen Parkanlagen in Neudeck, Oberschlesien. Siehe auch: Janorschke 1903 (a), S. 21–26; Janorschke 1903 (b), S. 57 f.; Hanisch 1910, S. 107–112.

# Katalog

# Berkenbrügge, Kreis Arnswalde, Neumark, Provinz Brandenburg

Brzeziny, Powiat choszczński, Województwo zachodniopomorskie

**Christoph Haase**

*Abb. 1*
*Das Schloss Berkenbrügge ca. 1900, Ausschnitt aus einer Ansichtskarte.*

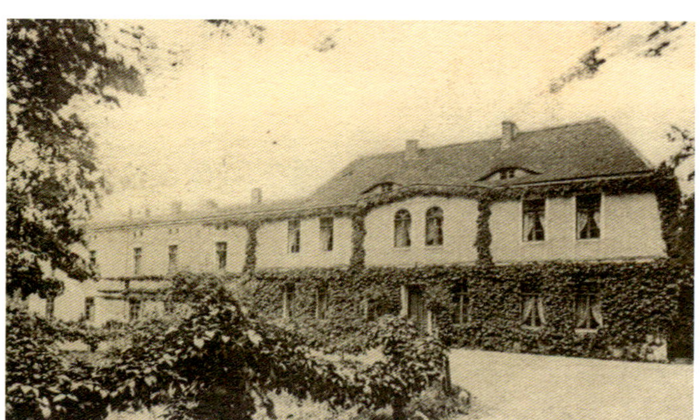

**„Berkenbrege Bethe gehörig"**

*Datierung:* 1824
*Zeichner:* Druck nach einer Zeichnung Lennés
*Bezeichnungen:* keine
*Ausrichtung:* nach Süden
*Maßstab:* ohne Angabe
*Technik und Maße:* Radierung in Schwarz – 53,5 x 43 cm
*Standort:* SPSG, GK II (1) 3454 (Günther/Harksen Nr. 402) (Abb. 3)

Das Rittergut Berkenbrügge bei Neuwedell (Drawno) gehörte dem Regierungsrat Carl Gottlieb Bethe (1778–1840), der sich seinerzeit intensiv mit aktuellen Fragen der Landwirtschaft und des Gartenbaus beschäftigte. Zusammen mit Lenné hatte er eine mustergültige Gesamtkonzeption zur Verbesserung und Verschönerung seines Gutes in Reichenbach (Radaczewo) entwickelt, die man 1826 in den damals jährlich erscheinenden Verhandlungen des Vereins zur Beförderung des Gartenbaues in den Königlich Preußischen Staaten publizierte.[1] Ebenfalls in dieser Ausgabe wurden die Ergebnisse eines 1824 ausgerufenen Wettbewerbs für die Planung großflächiger Obstpflanzungen in der Neumark bekanntgegeben. Mit dem Preisausschreiben sollte der Obstbau in dieser Gegend besonders gefördert werden. Bethe war einer von gerade mal drei Rittergutsbesitzern, die sich um den Preis bewarben. Die Teilnehmer verpflichteten sich, bei Erhalt der Siegerprämie, diese in vollem Umfang zur Ausführung der Planung zu verwenden. Die Pflanzungen sollten mindestens 8000 Obstbäume umfassen, die bei der Realisierung anteilig zu Sonderkonditionen von der Landesbaumschule in Potsdam zu beziehen waren. Neben wirtschaftlichen und gartenbaulichen Aspekten gingen auch die ästhetische Anordnung und landschaftliche Ausgestaltung in besonderem Maße in die Wertung ein.

Bethe bestimmte seine Ländereien in Berkenbrügge zum Planungsobjekt. Die sandige Feldflur im Westen des Dorfes sollte in eine ausgeschmückte und nutzbringende Landschaft aus Obstplantagen, Wiesen und Ackerflächen verwandelt werden.[2] Bei der Anfertigung eines entsprechenden Entwurfs setzte er auf die Hilfe Lennés, dessen Anteil vermutlich nicht nur in der zeichnerischen Umsetzung lag.

Eine Jury des Gartenbauvereins, der interessanterweise Lenné selbst angehörte, beurteilte die bis zur Entscheidung anonym behandelten Einsendungen. Schlussendlich gingen zwei gleichrangige Sieger aus dem Wettbewerb hervor – darunter die Arbeit für Berkenbrügge. Unter dem schlichten Titel „Obstgarten" wurde der in Potsdam als Radierung erhaltene Plan in den „Verhandlungen" des Gartenbauvereins abgedruckt. Die dazugehörige Beschreibung gibt Aufschluss über die Gestaltungsabsichten des Entwurfs:

„[…] Zur Bepflanzung mit Obstbäumen ist eine niedrig belegene Fläche von 100 Morgen [ca. 25,5 Hektar] zu beiden Seiten einer Wiesen-Strecke ausgewählt, welche aus dem oberhalb belegenen See […] bewässert wird. […] Die Obstbäume […] bilden […] keine vollständig zusammenhängenden Züge […]. In ihren Umrissen ist die größtmögliche Mannigfaltigkeit gebracht. Die Lücken zwischen denselben sollen dazu dienen, […] größere Durchsichtslinien offen zu halten. An die regelmäßigen Obstpflanzungen lehnen sich hin und wieder unregelmäßige Gruppen aus Obstbäumen und Waldhölzern an. […] Insbesondere […] hat die Parallel-Pflanzung von Waldhölzern auf der Höhe, außer den ökonomischen […] und den Schutz der Obstfelder gegen die Nord und Nordwestwinde gerichteten Zwecken die ästhetische Bestimmung, angenehme Hintergründe für die Anlagen in der Ebene zu bilden. […] Zu meh-

*Abb. 2*
*Das vor kurzem in der Fassung von nach 1900 restaurierte Schloss, Aufnahme 2014.*

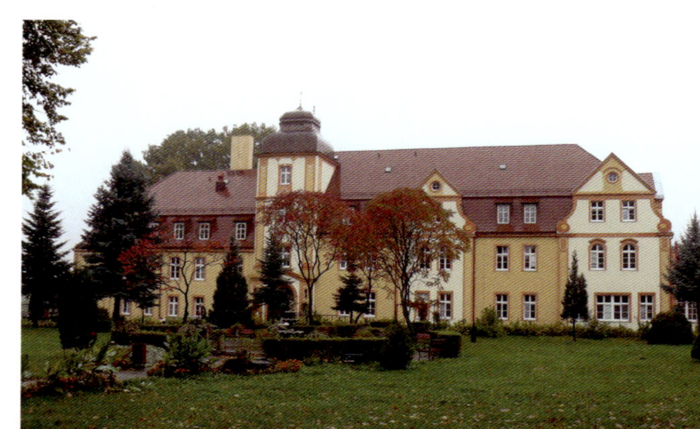

rerer Belebung dieser Pflanzungen sind die Wohnungen der zu ihrer Pflege bestimmten Arbeiter an die beiden äußersten Enden derselben verlegt. Dem Ganzen ist durch gefällig angelegte Wege Verbindung und Zusammenhang gegeben […].“[3]

Die äußerst schlüssige Planung für Berkenbrügge ist ein weiteres Musterbeispiel für Lennés Landesverschönerungen, das bislang aber immer hinter dem wesentlich größeren Reichenbach verschwand und nur wenig Aufmerksamkeit bekam. Ein Grund dafür liegt wohl darin, dass das ehrgeizige Projekt nie realisiert wurde. Möglicherweise hatte der karge Sandboden die Ausführungsarbeiten frühzeitig scheitern lassen. Später entstand im Norden ein kleiner, unbedeutender Park, der noch rudimentär vorhanden ist.[4] Umso beeindruckender ist das unter den folgenden Besitzern errichtete und immer wieder veränderte Schloss (Abb. 1).[5] Der liebevoll restaurierte Bau beherbergt heute ein Pflegeheim (Abb. 2).

## Anmerkungen

1 Siehe Bethe 1826, S. 270–349; siehe auch Aufsatz Reichenbach von Gert Gröning S. 78–83.

2 Ein im GStA PK, XI. HA Karten, Allg. Kartenslg., Rolle 7m vorhandener Flurplan von Berkenbrügge zeigt, dass es bereits um 1780 einen etwa einen Hektar großen „Herrschaftl. Obst Garten“ gab, der offenbar Ausgangspunkt für die geplante Landesverschönerung war (abgebildet bei Wendland/Wendland 2015, S. 99).

3 Anonymus 1826 (b), S. 190–200, Zitat S. 191 f.

4 Das Urmesstischblatt 1413 (Fürstenau) aus dem Jahr 1833 lässt keinerlei Strukturen der Planung von Lenné und Bethe erkennen (abgebildet bei Wendland/Wendland 2015, S. 100). Auf dem Messtischblatt 2860 (Fürstenau), hrsg. 1891, berichtigt 1934 sind nur die später entstandene, merkwürdig geformte Parkanlage sowie ein auf freier Fläche, ebenfalls im Norden gelegenes Erbbegräbnis zu sehen. Der ursprünglich zur Bewässerung der nicht realisierten Obstfelder vorgesehene Kleine Carpinsee ist zu dieser Zeit bereits verlandet.

5 Auf der Internetseite des Pflegeheims Berkenbrügge (http://www.dpsbrzeziny.pl/historia-placowki.html – Zugriff: 22. Januar 2016) werden für die Zeit des 19. Jahrhunderts bis in die 1930er Jahre neben Bethe folgende Besitzer für das Rittergut genannt: von Brandt, von Bonin, von Ratzner, von Morwitz, Solociński, von Ackermann, Rau, Sponholz, Sieghein, von Voss, von Cramm und Damcke. Im Dritten Reich diente des Schloss als Reicharbeitsdienstlager.

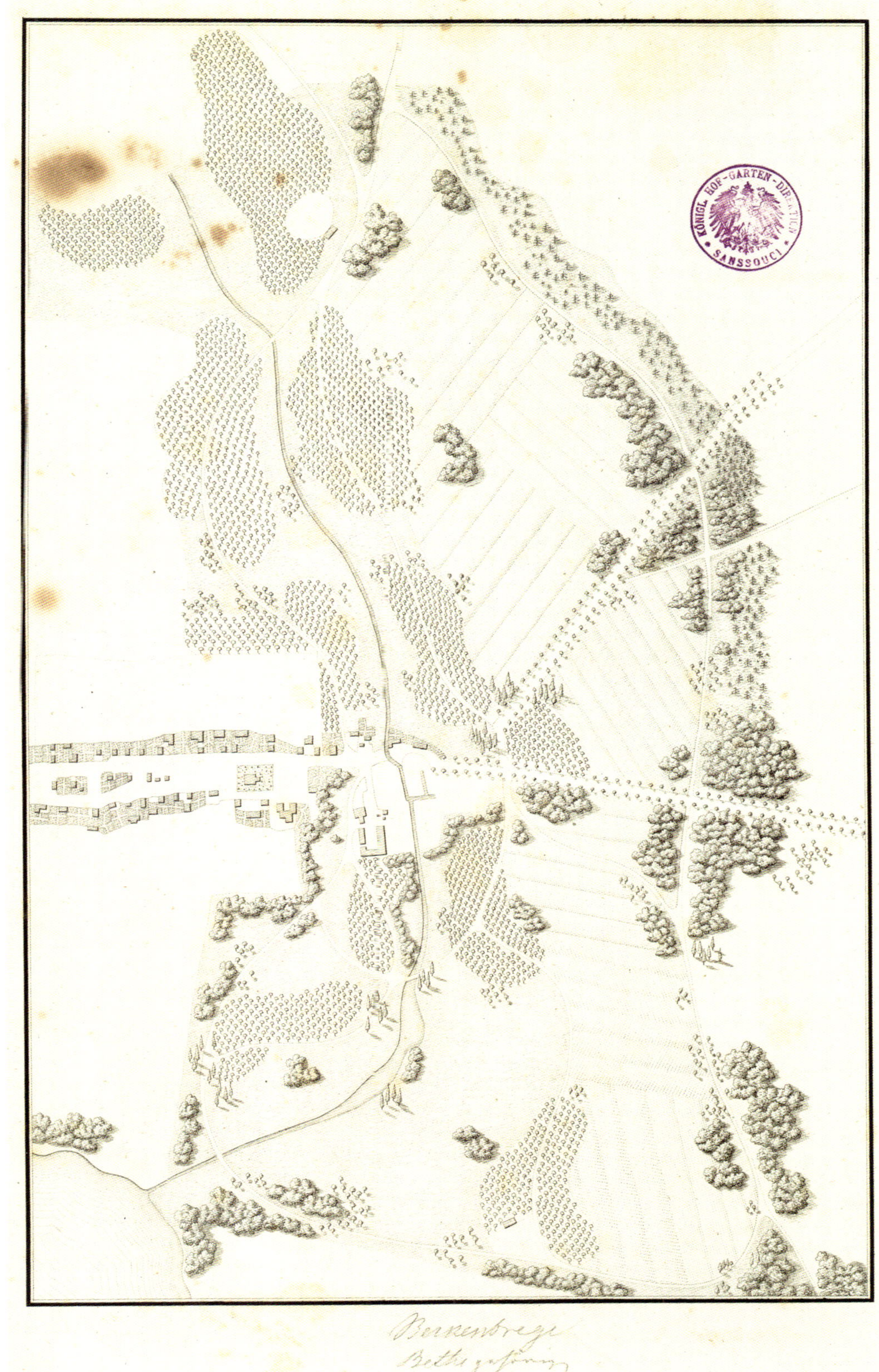

*Abb. 3*
*Entwurf für den Obstgarten von Berkenbrügge, 1824.*

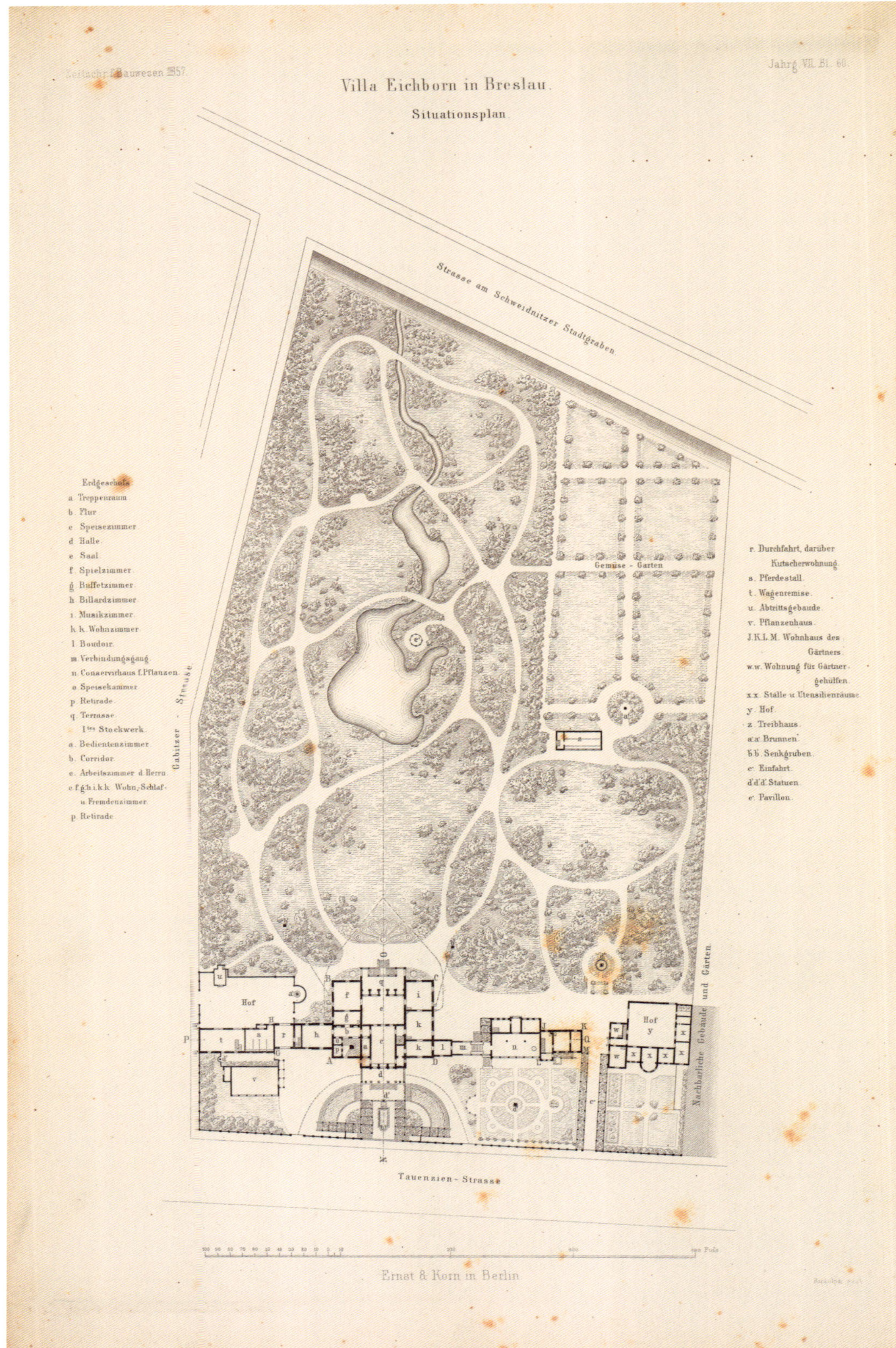
Villa Eichborn in Breslau.
Situationsplan.
Jahrg. VII. Bl. 40.
Strasse am Schweidnitzer Stadtgraben
Gemüse - Garten
Gabitzer - Strasse
Tauenzien - Strasse
Nachbarliche Gebäude und Gärten
Hof
Erdgeschoss
a. Treppenraum
b. Flur
c. Speisezimmer
d. Halle
e. Saal
f. Spielzimmer
g. Buffetzimmer
h. Billardzimmer
i. Musikzimmer
k. k. Wohnzimmer
l. Boudoir
m. Verbindungsgang
n. Conservirhaus f. Pflanzen
o. Speisekammer
p. Retirade
q. Terrasse
1tes Stockwerk
a. Bedientenzimmer
b. Corridor
c. Arbeitszimmer d. Herrn
e. f. g. h. i. k. k. Wohn-, Schlaf- u. Fremdenzimmer
p. Retirade
r. Durchfahrt, darüber Kutscherwohnung
s. Pferdestall
t. Wagenremise
u. Abtrittsgebaude
v. Pflanzenhaus
J. K. L. M. Wohnhaus des Gärtners
w. w. Wohnung für Gärtnergehülfen
x. x. Ställe u. Utensilienräume
y. Hof
z. Treibhaus
a'. a'. Brunnen
b'. b'. Senkgruben
c'. Einfahrt
d'. d'. d'. Statuen
e'. Pavillon
Ernst & Korn in Berlin

# Breslau, Provinz Schlesien

Wrocław, Województwo dolnośląskie

**Marcus Köhler**

**„Villa Eichborn in Breslau. Situationsplan."**

*Datierung:* 1857 (Situation)

*Zeichner:* Druck „Ernst & Korn in Berlin", „Rudolph gest.[ochen]"

*Bezeichnungen:* „Strasse am Schweidnitzer Stadtgraben.", „Tauenzien-Strasse.", „Gabitzer-Strasse.", „Nachbarliche Gebäude und Gärten.", „Gemüse-Garten", Buchstaben „a" bis „e'" mit Erläuterung: „Erdgeschoss. – a. Treppenraum. b. Flur. c. Speisezimmer. d. Halle. e. Saal. f. Spielzimmer. g. Buffetzimmer. h. Billardzimmer. i Musikzimmer. k.k. Wohnzimmer. l. Boudoir. m. Verbindungsgang. n. Conservirhaus f. Pflanzen. o. Speisekammer. p. Retirade. q. Terrasse. / 1stes Stockwerk. – a. Bedientenzimmer. b. Corridor. c. Arbeitszimmer des Herrn. e.f.g.h.i.k.k. Wohn-, Schlaf- u. Fremdenzimmer. p. Retirade. r. Durchfahrt, darüber Kutscherwohnung. s. Pferdestall. t. Wagenremise. u. Abtrittsgebaude. v. Pflanzenhaus. J.K.L.M. Wohnhaus des Gärtners. w.w. Wohnung für Gärtnergehülfen. x.x. Ställe und Utensilienräume. y. Hof. z. Treibhaus. a'.a'. Brunnen. b'.b'. Senkgruben. c'. Einfahrt. d'.d'.d'. Statuen. e. Pavillon."

*Ausrichtung:* nach Süden (?)

*Maßstab:* beziffert in Fuß

*Technik und Maße:* Stahlstich – 45,3 x 29,4 cm

*Standort:* aus Atlas zur Zeitschrift für Bauwesen 1857, Jahrgang 7, Blatt 60, hrsg. v. G. Erbkam – AM TUB, Inv.-Nr. ZFB 07, 060

(Abb. 1)

Im Jahr 1837 erbte Louis Eichborn (1812–1882) eines der ältesten, 1728 durch seinen Urgroßvater in Breslau begründeten Bank- und Handelshäuser Deutschlands. Vorausschauend hatte man sich dort am aufkommenden Hütten- und Textilwesen, aber auch an Eisenbahnen und anderen Industrien beteiligt, so dass der Kommerzienrat das Vermögen vermehren konnte.

Für die Familie baute der Königliche Baudirektor in Breslau, Hermann Friedrich Waesemann (1813–1879), in den Jahren 1854/55 ein ehemaliges Sommerhaus in der Schweidnitzer Vorstadt im Sinne der späten Schinkelschule um, wobei auch Anklänge an den ‚antikisierenden' Potsdamer Stil deutlich werden: So wurde beispielweise der Eingangsbereich als Impluvium mit Pergolen und einem zentralen Springbrunnen aufgefasst (Abb. 2) und die Wirtschaftshöfe als italienische Bauernhäuser konzipiert. Waesemann publizierte das Haus und den Garten in mehreren Blättern, wobei er in der Beschreibung ausdrücklich Lenné als Schöpfer der Gartenanlagen hervorhebt. Beide hatten wahrscheinlich schon bei der Ausgestaltung des Gutes Basedow durch Friedrich August Stüler 1839/40 miteinander gearbeitet und kannten sich aus der Schloss- und Baumkommission in Berlin. Nach seiner Breslauer Zeit 1855–1859 widmete sich Waesemann seinem Hauptwerk, dem Berliner Rathaus.

Die Aufteilung des Gartens in einzelne, dem Haus zugeordnete Räume ist sehr geschickt gelöst: Neben der repräsentativen Auffahrt setzt der Architekt auf der einen Seite vor den Wirtschaftshof mit den Stallungen ein Pflanzenhaus und auf der anderen – wie er schreibt – als „angenehmen Aufenthaltsort für den Winter" ein „Conservirhaus" für wärmeliebende Gewächse.[1] Zusammen mit der Gärtnerwohnung (Abb. 3) ergibt sich ein kleiner Baukomplex, vor dem ein separater Garten mit beherrschendem rundem Teppichbeet liegt. Der sich anschließende Hofbereich, auch Meierei genannt, erhält wiederum einen kleinen gesonderten Garten. Hinter der Villa erstreckt sich ein großer parkartiger Teil, in dem (auf dem Plan mit Strichlinien markiert) der Verlauf eines Kanals der Breslauer Wasserkunst eingezeichnet ist, der der Speisung des Gartenteiches, der Fontäne und eines wasserspeienden Löwenkopfes dient. Ein Pavillon auf einer kleinen Erhebung am Teich findet Erwähnung, ebenso wie das Gewächshaus, das am Rande des großzügigen, separiert liegenden Gemüsegartens steht.

Die schematische Gehölzandeutung auf dem gedruckten Situationsplan erinnert an die skizzierten Plankopien, die Lenné bzw. seine Mitarbeiter von einigen Gärten angefertigt haben. Da Waesemann von zwei Teichen spricht, auf dem Druck jedoch nur einer auszumachen ist[2], ebenso auch die Aufteilung der kleinen Schmuckanlage vor dem Gärtnerhaus in zwei Varianten vorliegt, muss man davon ausgehen, dass der Druck auf eine Handskizze zurückgeht.[3]

Der spätere Breslauer Stadtgartendirektor Hugo Richter (geb. 1853) verbrachte seine Lehrzeit von 1869–1872 im eichbornschen Garten.[4]

1907 wird das Haus, das bei allem Charme den Makel eines Umbaus nicht ablegen konnte, abgerissen und das gesamte Areal durch die Errichtung von Mietshäusern, dem Polizeipräsidium sowie einer kleineren Villa überbaut.

*Abb. 1*
*Situationsplan des Gartens der Villa Eichborn in Breslau, 1857.*

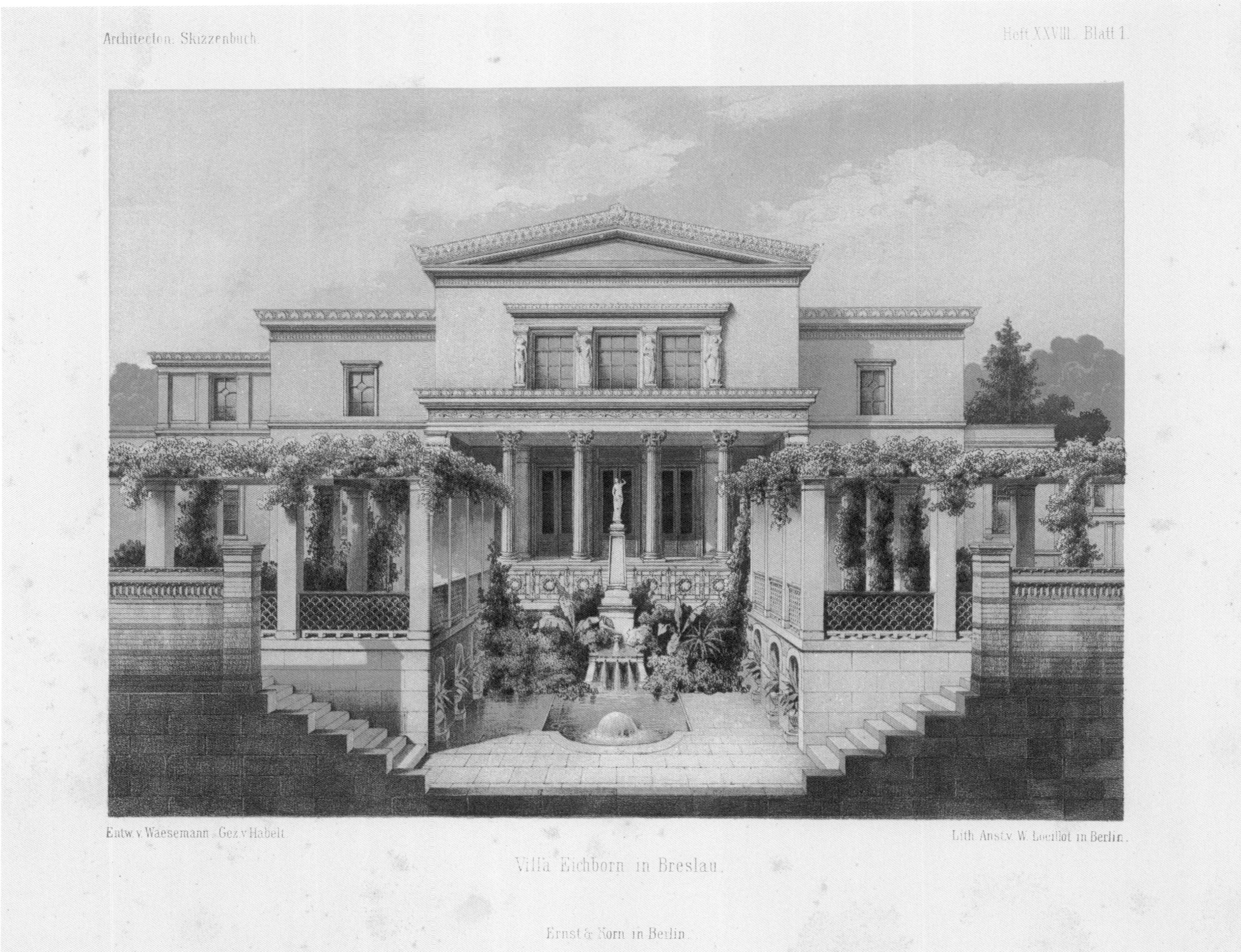
Architecten Skizzenbuch
Heft XXVIII. Blatt 1.
Entw. v. Waesemann. Gez. v. Habelt
Lith. Anst. v. W. Loeillot in Berlin.
Villa Eichborn in Breslau.
Ernst & Korn in Berlin.

## Anmerkungen

1 Waesemann 1857 (a), Sp. 501.
2 Wenn man den auf Höhe der mittleren Querachse des Gemüsegartens gelegenen Gewässerabschnitt als Wasserlauf wertet.
3 Vgl. Waesemann 1857 (b), Blatt 60 mit Waesemann 1857 (c), Blatt 3.
4 Höhere Gärtnerlehranstalt Berlin-Dahlem 1924, S. 29 (Verzeichnis ehemaliger Hörer und Hospitanten).

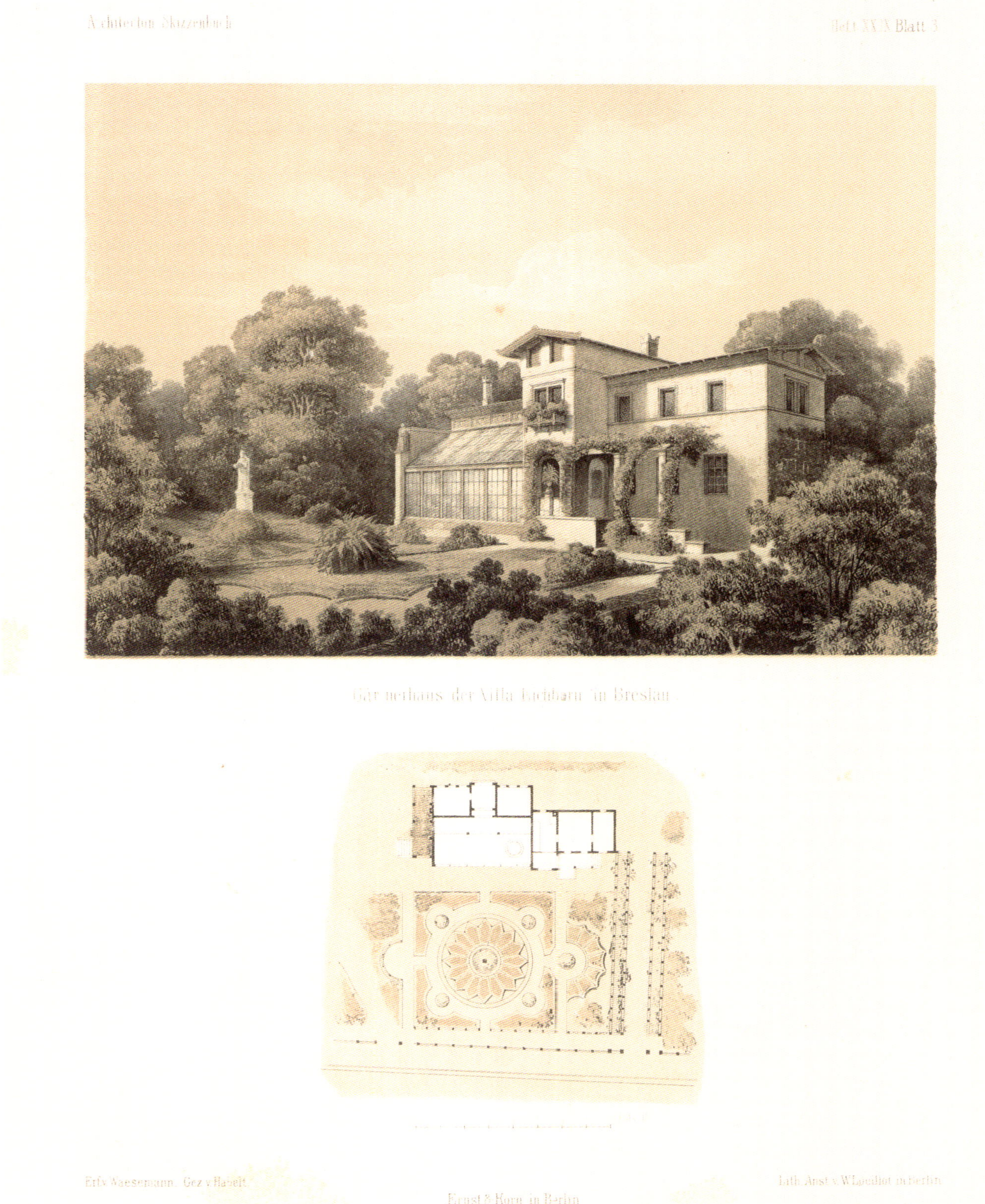


*Abb. 2 (links)*
*Villa Eichborn in Breslau, entworfen von Hermann Friedrich Waesemann, gezeichnet von Habelt, Farblithographie von 1856.*

*Abb. 3 (rechts)*
*Gärtnerhaus der Villa Eichborn in Breslau, Hermann Friedrich Waesemann, gezeichnet von Habelt, Lithographie von 1857.*

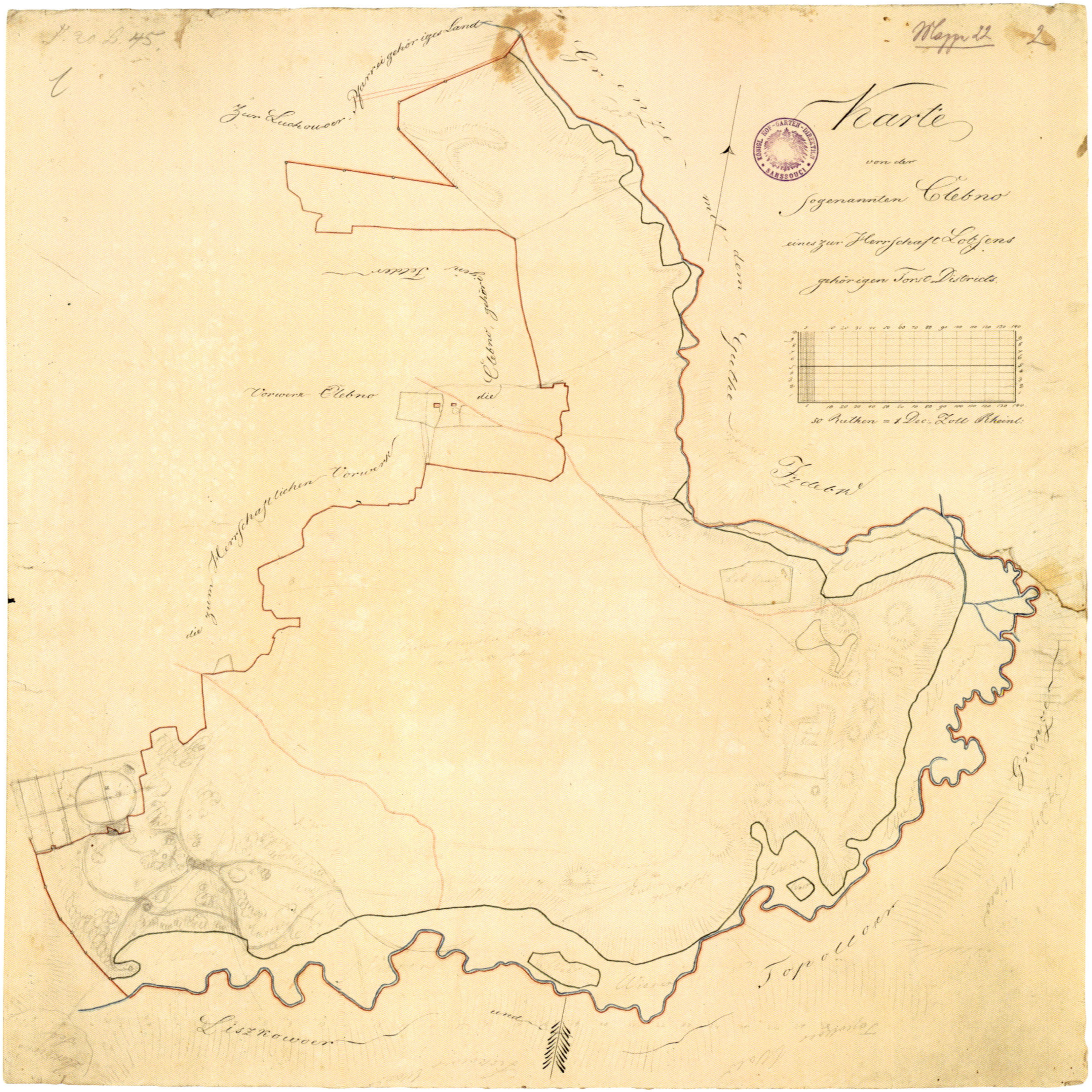
Karte
von der
sogenannten Clebno
eines zur Herrschaft Lobsens
gehörigen Forst Districts.
50 Ruthen = 1 Dec. Zoll Rheinl.
Vorwerk Clebno
Zur Luchowoer Herrschaft gehöriges Land
die zum Herrschaftlichen Vorwerk
Liszkowoer
und
Topolloer
Grenze

# Eberspark/Lobsens, Kreis Wirsitz, Provinz Posen

Chlebno (Łobżenica), Powiat pilski, Województwo wielkopolskie

**Marcus Köhler**

**„Karte von der sogenannten Clebno eines zur Herrschaft Lobsens gehörigen Forst-Districts"**

*Datierung:* um 1835

*Zeichner:* ohne Signatur (Situation) – Einzeichnungen von Lenné

*Bezeichnungen:* „Grenze mit dem Guthe Izdebke", „Liszkowoer und Topolloer Grenze", „Die zum Herrschaftlichen Vorwerk die Clebno gehörigen Felder", „Vorwerk Clebno", „Zur Luchowoer Pfarrei gehöriges Land", schwach in Bleistift: „Liskower See", „Liskower Wald", „Topolloer Wald", „Izedepker Wald" (2x), „Feld", „Eichen 70–90 Jahr", „Eichen 50 Jahr", „Eichen und einzelne Birken 50–70–80 Jahr", „Eichen 70–90 Jahr mit Haseln [?]", „B… [?]", „Sumpf-Blotte", „Blotte", mehrmals „Wald", „Wiesen", nummeriertes quadratisches Raster im Abstand von 20 Ruten, Maßangaben für ein Rondell: „12" x „19" Ruten

*Ausrichtung:* nach Norden

*Maßstab:* beziffert in Ruten („50 Ruthen = 1. Dec:-Zoll Rheinl:")

*Technik und Maße:* Feder in Schwarz und wenig Rot, Pinsel in Blau, Rot und Grün, Einzeichnungen in Bleistift – 57,8 x 57,0 cm

*Standort:* SPSG, GK II (1) 3499 (Günther/Harksen Nr. 477) (Abb. 1)

Bei Günther/Harksen[1] wird die Karte noch mit dem Gut Lischkowo in Zusammenhang gebracht, das der preußische Kriegsminister und Adjutant des Königs Job Karl von Witzleben 1834 übernahm. Es handelt sich jedoch – wie im Plankopf richtig angegeben – um eine Teilkarte der Herrschaft bzw. der Kleinstadt Lobsens.

Gegen 1834 beauftragte der Rittergutsbesitzer und Geschäftsmann Paul Ebers (1795–1865) den Hofbaurat Friedrich August Stüler mit dem Neubau eines Herrenhauses zwischen der östlich von Lobsens gelegenen Feldmark und dem Forstbezirk Chlebno, das durch seine „nischenartigen Ausbauten, die das Innere verschönern, Laubengänge, Terrassen und Treppenanlagen, die durch das Terrain bedingt sind und den Genuß der Natur erleichtern"[2], zu einem architektonischen Schmuckstück wurde. Ein Jahr später legte man dort einen Landschaftspark an und nannte den ganzen Landsitz von Chlebno in Eberspark um.[3]

In diese Zeit fällt auch die Planskizze, die Lenné mit Bleistift in eine, noch die alte Ortbezeichnung tragende Forstkarte zeichnete.[4] Da er nicht nur Wiesenräume an dem begrenzenden Flüsschen Lubtscha, sondern auch die Topographie und das Alter der zahlreiche Eichen (zwischen 50 bis 90 Jahre) festhält, muss man davon ausgehen, dass der Gartenbaudirektor selber vor Ort war. In der unteren, südwestlichen Ecke des Planes zeichnete er darüber hinaus nicht nur mehrere geschwungene Wege, sondern auch ein von einem Wegekreuz durchschnittenes Rund ein. Die Lage des Herrenhauses ist nur angedeutet. Wie die Messtischblätter aus der ersten Hälfte des 20. Jahrhunderts zeigen (Abb. 2), wurden die Planungen weitgehend umgesetzt, wobei große Obstwiesen und ein ovaler Platz oberhalb der tiefer liegenden Flussaue einer Ausdifferenzierung der Skizze gleichkommen. Der Übergang von gestalteten Parkflächen in den Wald, aber auch das Einbeziehen von Wiesenräumen, die später für die Pferdezucht dienten, zeigen, dass Angenehmes mit dem Nützlichen verbunden werden sollte. Der 1841 nachweisbare Garteninspektor Möklin war sehr wahrscheinlich für die Umsetzung der entsprechenden Ideen verantwortlich.[5]

Die Ausgestaltung von Eberspark hängt möglicherweise mit der Hochzeit von Paul Ebers' Tochter, Johanna Franziska (1808–1878) mit dem Grafen Friedrich Adrian von Limburg-Stirum (1804–1874) im Oktober 1834 zusammen, der aus einer international verbreiteten hochadligen Familie stammte. Dies ist umso beachtlicher, da der Großvater der Braut, Veitel Heine Ephraim (gest. 1832) erst 1816 eine Namensänderung in ‚Victor Ebers' erwirken konnte und sich 1828 in Leipzig auch taufen ließ. Der Name seines Urgroßvaters, Nathan Ephraim (1703–1775) ist mit dem Bau des so genannten Ephraim-Palais in Berlin verbunden. Ebers' Ehefrau hingegen, Seraphine Henriette Liepmann-Meyer-Wulff, war die Tochter des seinerzeit wohlhabendsten Unternehmers Berlins. Die Errichtung eines land- und fortwirtschaftlichen Betriebes durch eine Unternehmerfamilie war in jener Zeit zwar nichts Außergewöhnliches mehr, doch dürfte es kein Zufall sein, dass Ebers sich bei Lobsens niederließ, dessen Bevölkerung zu einem Drittel jüdischen Glaubens war.[6]

Heiraten zwischen wohlhabenden jüdischen Unternehmer- und uradligen Familien tauchen erstmals zu Beginn des 19. Jahrhundert auf, da die gesellschaftlichen Einschränkungen nach den Napoleonischen Kriegen niedriger waren als der Gewinn, den man sich aus der Verbindung von Stand und Geld erhoffte Dem entsprach auch die glückliche und lukrative

*Abb. 1*
*Entwurfsskizze für Eberspark, um 1835.*

Eheverbindung zwischen Woldemar von Heyden (1808–1871) und der Warschauer Bankierstochter Athalie Fraenkel (1814–1873), für deren Landsitz im vorpommerschen Kartlow Lenné 1840 einen Gartenplan entwarf, gefolgt von einem Herrenhaus, das auf Entwürfe Friedrich Hitzigs (1811–1881) zurückgeht.[7]

Das Herrenhaus in Eberspark wurde in den letzten Jahren mit großen Aufwand wiederhergestellt. In der Umgebung finden sich noch Reste der lennéschen Anlage, vor allem Pflanzungen und Alleensysteme.

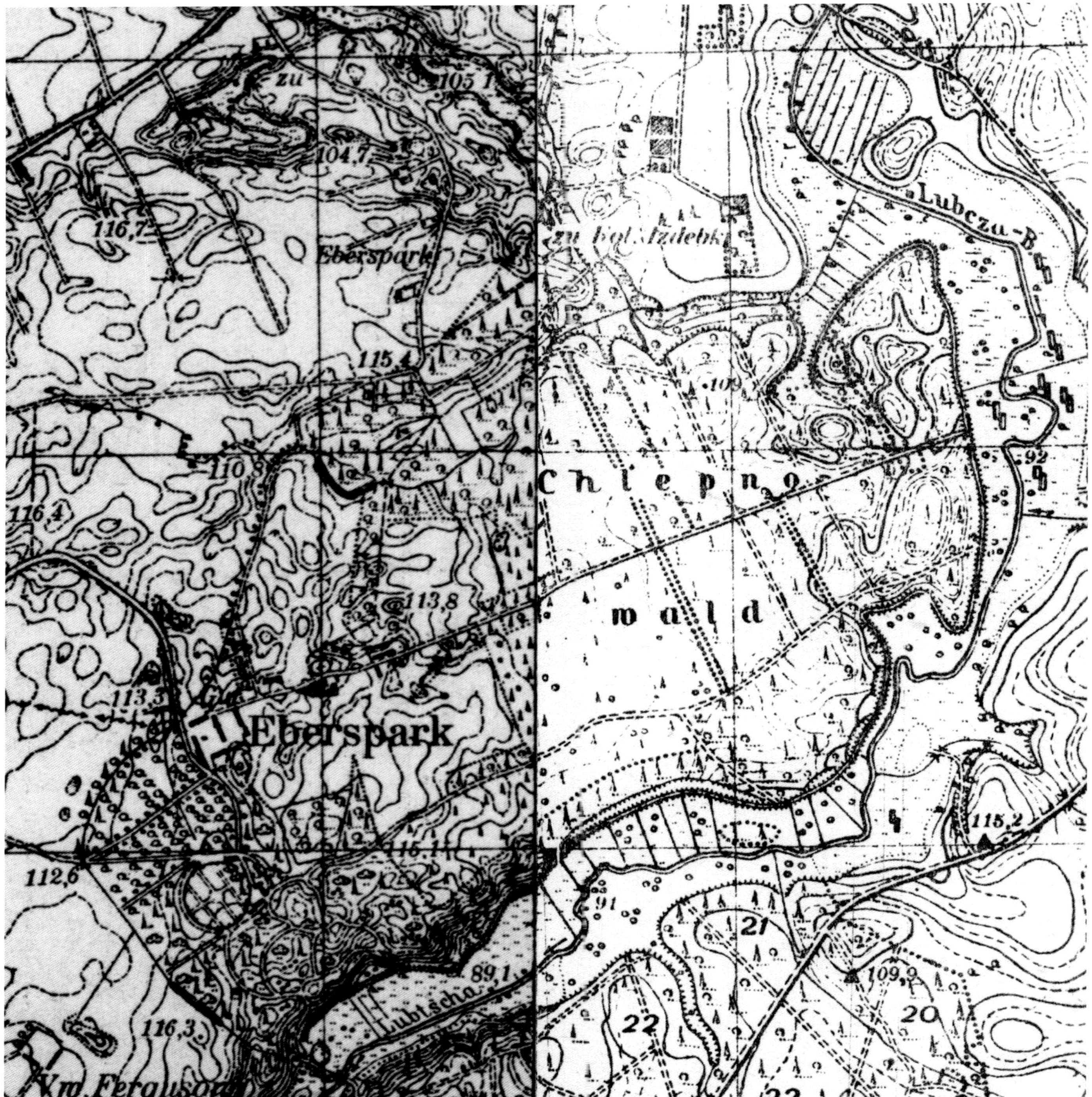


*Abb. 2*
*Eberspark mit dem zugehörigen Waldgebiet Chlebno, Ausschnitt aus den Messtischblättern 2769 (Wilhelmshof), aufgenommen 1934, Ausgabe 1940 und 2770 (Dembno), aufgenommen 1936, hrsg. 1940.*

### Anmerkungen

1 Günther/Harksen 1993, S. 179 f.

2 Egle 1843, S. 281–296, hier S. 291. Die Ausführung lag in den Händen von Hofbaumeister Martius, der auch in Schloss Kamenz tätig war.

3 Förster 1838, S. 105.

4 Die Familie Ebers und Lenné wohnten seinerzeit in derselben Straße in Berlin (Lennéstraße); 1838 ließ sich der Gartenkünstler dort eine Villa errichten.

5 Anonymus 1841, S. 126 (dort Gesuch nach einem Gärtnerlehrling für Eberspark).

6 Förster 1838, S. 105.

7 Köhler 2002, S. 41 f. und S. 81–86.

# Erdmannsdorf, Kreis Hirschberg, Provinz Schlesien

Mysłakowice, Powiat jeleniogórski, Województwo dolnośląskie

**Marcus Köhler**

**Entwurfsskizze 1836**
**„Situations-Plan von dem Königlichen Schlosse und dessen nächsten Umgebungen zu Erdmannsdorf“**

*Datierung:* 1836
*Zeichner:* Situation „copirt durch Beseler Berlin 9/2 36“ – eigenhändige farbige Einzeichnungen und Bleistiftskizzen Lennés
*Bezeichnungen:* „Das Schloss“, südöstlich davon „Der Schenken Teich“, „Der Hepper Teich“, „Der Kälber Teich“, „Der Maschinen Teich“, anschließend „Der Wirthschafts Hof“, bezeichnete Wege „von Arnsdorf“, „von Schmiedeberg“, „von Stonsdorf“, „nach Stonsdorf“, „nach Lomnitz“, Nummerierung einzelner Häuser (79-84, 87, 91, 114, 117, 137), südlich des Schlosses „Kretscham“, „Schule“, südwestlich „Richtung nach der Schneekoppe“, „Mühlgraben“, westlich „Mühle“, und „Spritzenhaus“ an „Der Lomnitz Bach“. Ums Schloss nördlich „Der Schloss-Teich“, westlich „Der Thier-Garten“, „Der Zier-Garten“ sowie südlich farbig markiert „Dominal-Feld“ und „Erkaufte Flächen“, ganz im Osten „Herrschaftliche Felder“
*Ausrichtung:* nach Westen
*Maßstab:* beziffert in „Ruthen“
*Technik und Maße:* Feder in Schwarz, laviert in Rot, Blau, Grün und Rosa, Einbesserungen in Bleistift – 37,9 x 50 cm
*Standort:* SPSG, GK II (1) 13178 (Günther/Harksen Nr. 487) (Abb. 1)

Im Jahr 1800 besuchten König Friedrich Wilhelm III. und Königin Luise das erste Mal das Hirschberger Tal und statteten dabei dem Bergwerkminister Friedrich Wilhelm von Reden in der wegen ihrer landschaftlichen und gärtnerischen Reize allgemein bewunderten Umgebung von Buchwald eine Visite ab. Im September 1827 folgte ein weiterer Besuch des Königs, u. a. auch beim Feldmarschall Graf Neidhardt von Gneisenau in Erdmannsdorf und im benachbarten Fischbach, dem Landsitz seines Bruders Wilhelm, den dieser 1822 gekauft und neugotisch hatte restaurieren lassen. Diesmal begleitete ihn seine zweite, morganatisch angetraute Ehefrau Auguste, die als Fürstin von Liegnitz damit gleichsam ihr Stammland bereiste.

1832 konnte Friedrich Wilhelm III. das Gut Erdmannsdorf schließlich von den Nachkommen Gneisenaus erwerben, worauf Schinkel noch im gleichen Jahr dorthin geschickt wurde, um erste Baumaßnahmen vorzunehmen. Ferner wurden durch den Buchwalder Gärtner Walter auf dem hinter dem Schloss sich erhebenden, so genannten Ameisenberg erste landschaftliche Anlagen umgesetzt, zu denen auch ein Aussichtspunkt mit einem Tisch gehörte.[1] Bereits 1830 ließen der König und die Fürstin Liegnitz sich von ihm an verschiedene Punkte im Buchwalder Park führen, die unter ihm und der Ägide Friederike von Redens entstanden waren, einer aktiven Förderin der Gartenkunst, des Landbaus und der Botanik.[2] Ein weiterer Besuch des Königs im Jahr 1835, der im direkten Vorfeld zur Kalischer Truppenschau stattfand, ließ neue Vorhaben reifen: Der Wegebaumeister Bigot aus Landshut sann über eine verbesserte Wegeanbindung von Erdmannsdorf (u. a. ein beleuchteter Weg nach Fischbach) nach, und Walter wurde vom Geheimen Staatsminister Christian Rother (1778–1849), der als Vermittler zwischen König und Bauleitung agierte, im Oktober gebeten, eine „Anfertigung eines vollständigen Plans der Erdmannsdorfer Garten Anlagen“ zu machen, den er im Februar 1836 auch überreichte.[3] Da Lenné zu diesem Zeitpunkt bereits eingebunden war, teilte Rother dem Gartendirektor mit, dass der Monarch bei seinem Besuch in Erdmannsdorf „so viel Interesse an den dortigen Garten-Anlagen genommen“, dass er zur Unterstützung des dortigen Hofgärtners Teichler Pflanzenlieferungen aus Potsdam erbat.[4]

Aber es sind nicht nur die geplanten Anpflanzungen, die nach der Hilfe des Potsdamers verlangten: Durch ungeschickte Wegeführungen, unkoordinierte Nutzungen und vorhandene Baulichkeiten erschien das Schlossgelände zersplittert, ungegliedert und ungestaltet. Lenné entwickelte daraufhin eigene Ideen, die er skizzenhaft in diesem Plan festhält. Sein Hauptaugenmerk lag darauf, das Schloss von Grünanlagen zu umgeben und als zweiten Höhepunkt eine von Schinkel geplante Dorfkirche landschaftlich einzubinden. Zudem sollten die Wege und Teiche, die vorher schon als „geschmackvoll“ bezeichnet wurden, harmonischer ausgebildet werden.[5] Um dies zu erreichen, schlug man vor, einige Hofstellen aufzukaufen, weshalb sich in den Unterlagen auch eine Lageskizze der Häuser im Schlossumfeld wiederfindet.[6] Sie wurden entfernt, so dass tatsächlich ein zusammenhängendes Gelände arrondiert werden konnte.

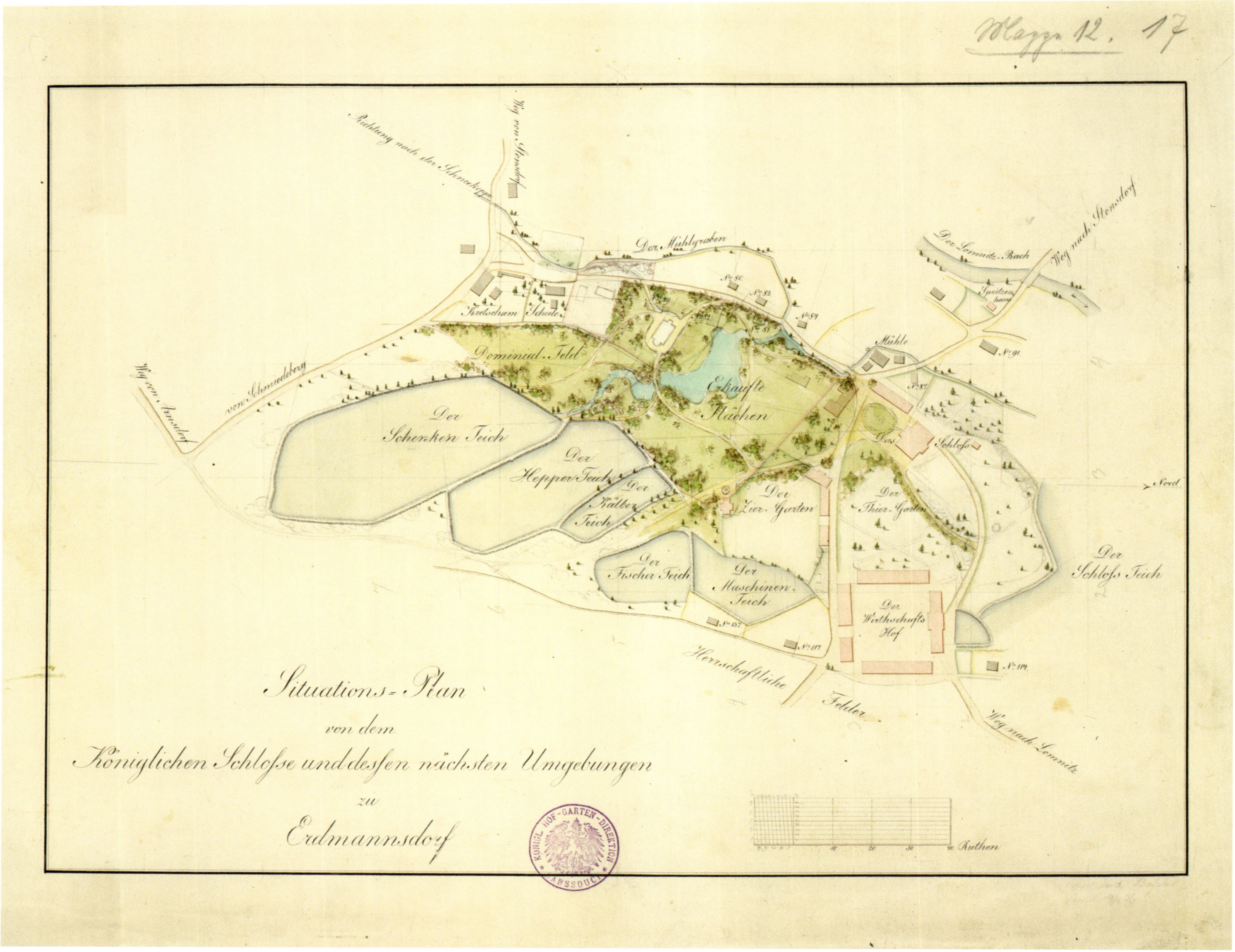
Situations-Plan
von dem
Königlichen Schloße und deßen nächsten Umgebungen
zu
Erdmannsdorf
Richtung nach der Schneekoppe
Weg von Stonsdorf
Der Mühlgraben
Der Lomnitz Bach
Weg nach Stonsdorf
Kretscham
Schule
Dominial Feld
Erkaufte Flächen
Mühle
Der Schenken Teich
Der Hepper Teich
Der Kälber Teich
Der Zier Garten
Der Thier Garten
Das Schloß
Nord
Der Fischer Teich
Der Maschinen Teich
Der Wirthschafts Hof
Der Schloß Teich
Herrschaftliche Felder
Weg nach Lomnitz
von Schmiedeberg
Ruthen
KÖNIGL. HOF-GARTEN-DIRECTION SANSSOUCI

**Situationsplan 1836**
**„Situationsplan von dem Königl. Schlosse und Park zu Erdmannsdorf.“[7]**

*Datierung:* 1836
*Zeichner:* „G. Koeber“
*Bezeichnungen:* „Weg nach dem Vorwerke Oberhof.“, „nach Arensdorfe.“, „nach Schmiedeberg.“, „Gastwirth Bornitz.“, „nach der Schneekoppe.“, „Schule.“, „Prediger Gehöft“, „Kirche.“, „Mühlgraben vom Lomnitz Bach“, „Mühle“, „Oeconomie Gebäude.“, „Pferdestall.“, „Treibhäuser“, „Gemüse Garten.“
*Ausrichtung:* nach Süden
*Maßstab:* beziffert in Ruten („R.D.“)
*Technik und Maße:* Bleistift, Feder in Schwarz/Grau und Braun, laviert in Rosa, Rot und Blau – 64,5 x 45,2 cm (auf Leinen aufgezogen)
*Standort:* SPSG, GK II (1) 13179 (Günther/Harksen Nr. 488) (Abb. 2)

Ein Jahr später, am 11. August 1836, erbat Rother von Lenné Instruktionen und Vorschläge für Erdmannsdorf, die er in einer Audienz dem König vortragen wolle, um sie bei seinem Besuch in Schlesien bereits anstoßen zu können.[8] Zudem äußerte er den Wunsch, dass ein „Gartenkünstler“ noch im gleichen Jahr nach Erdmannsdorf geschickt werden solle, um die Ausführung der lennéschen Pläne, deren Übersendung er schon am 11. Juli erbat, voranzubringen.[9] Dabei machte er deutlich, dass der dortige Hofgärtner Teichler zumeist nur mit den Ausführungen beschäftigt und durch die ständigen Bedenken und Einschränkungen, die der Baukondukteur Frey aus Schweidnitz in Zusammenhang mit der Errichtung der Kirche hervorbrächte, überfordert sei.

Daraufhin wurde der Mitarbeiter Gerhard Koeber, der auch zahlreiche Pläne für Lenné anfertigte, nach Erdmannsdorf sowie anschließend auch nach Rogau und Lissa geschickt. Er berichtete von den Problemen, einen Bepflanzungsplan zu erstellen, wollte aber die Hilfe des Buchwalder Gärtners Walter in Anspruch nehmen, der durch seine zuvor geleisteten Arbeiten den Ort besser kannte.[10] Lenné kam ebenfalls nach Erdmannsdorf, um Grundlegendes zu klären und sich einen Überblick zu verschaffen.

*Abb. 1 (links)*
*Entwurfsskizze für den Park von Erdmannsdorf, 1836.*

*Abb. 2 (rechts)*
*Entwurfsplan für den Park von Erdmannsdorf, 1836.*

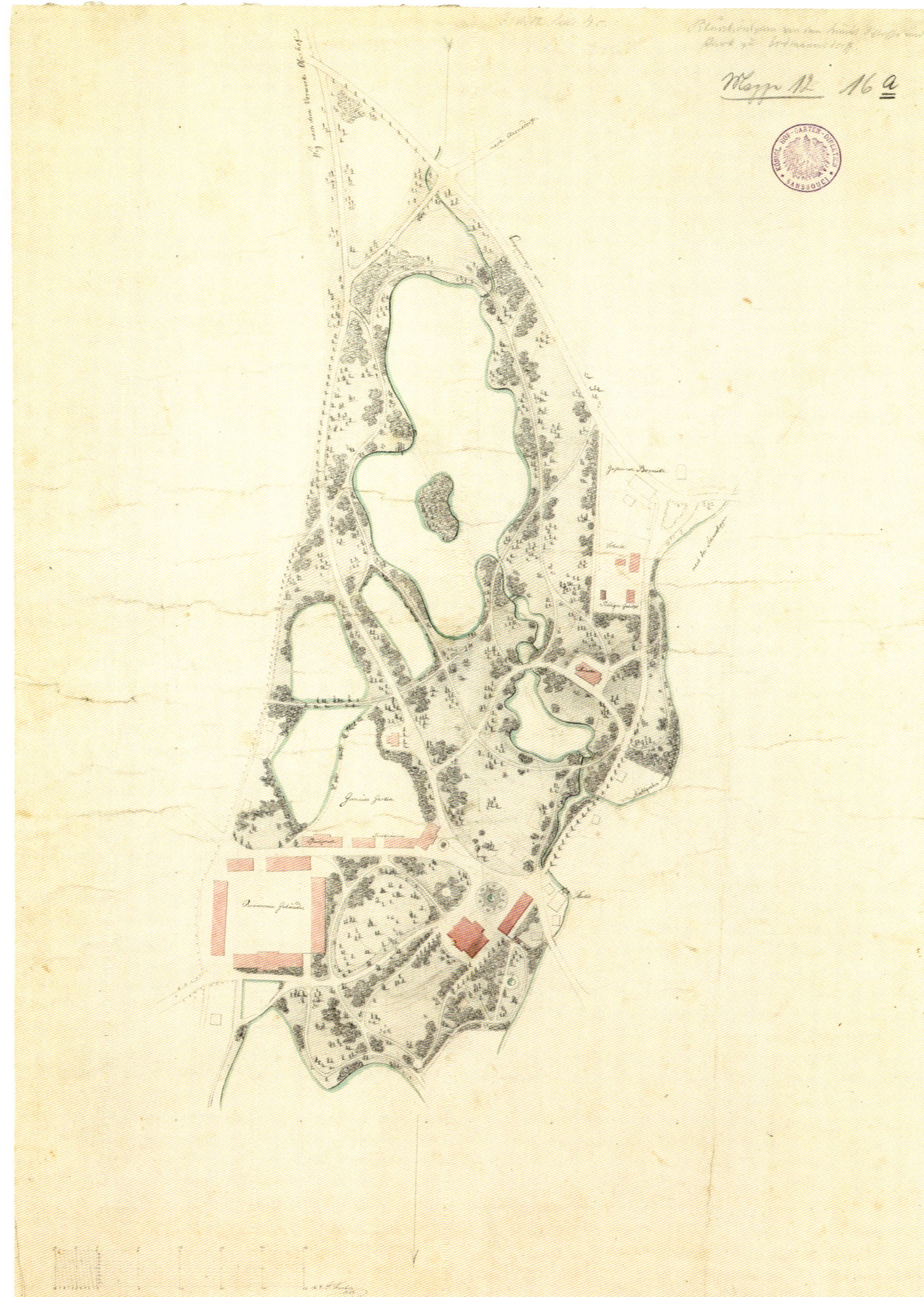

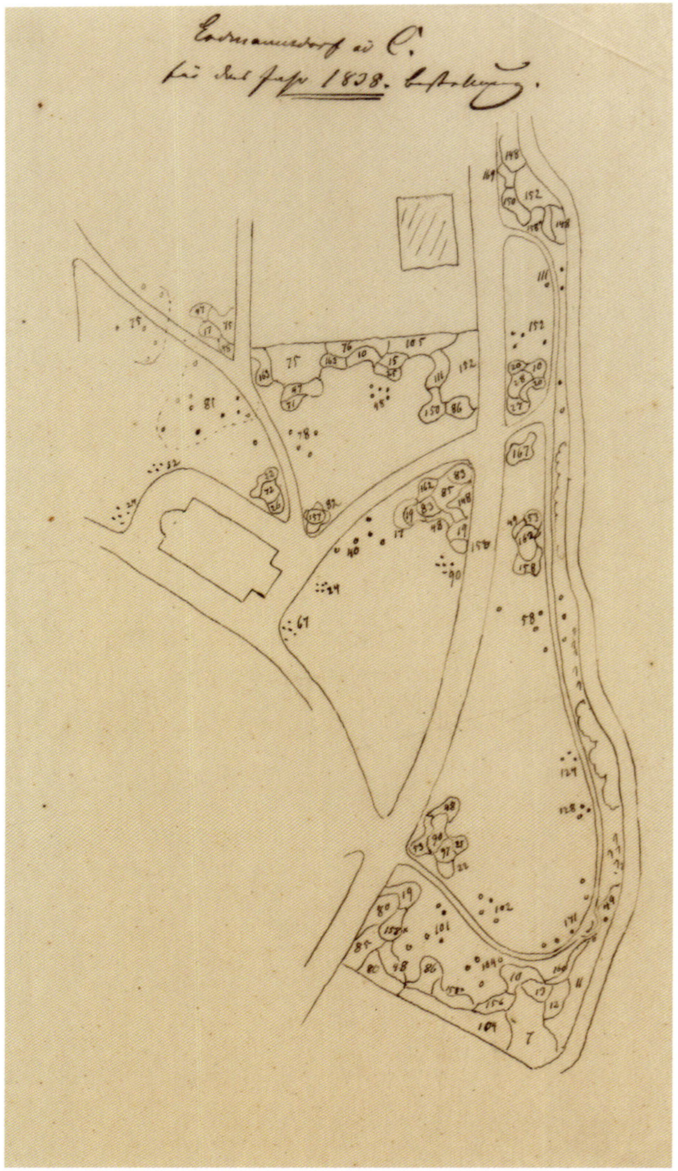

*Abb. 3*
*Bepflanzungsplan für das Umfeld der Kirche im Park von Erdmannsdorf, 1838.*

Bis Mai 1837 blieb Koeber in Schlesien, da sich die Probleme häuften und man zudem den König im Sommer jenes Jahres aus Teplitz kommend erwartete; man wollte wenigstens die wichtigsten Pflanzungen bewerkstelligt wissen. Als ein Resultat der Reise haben sich einige, detaillierte Arbeitsberichte erhalten, mit denen wohl auch diese Zeichnung in Zusammenhang steht, die eine Art Zielplanung darstellt. Einige schwach mit Bleistift angedeutete Wegemarkierungen (beispielsweise ums Schloss) zeigen, dass noch Veränderungen – möglicherweise sogar mit dem König – diskutiert wurden.

Ein Teil der fortlaufenden Arbeiten in Erdmannsdorf lässt sich anhand der monatlichen Arbeitsberichte ablesen, die dem König vom Baurat zugesandt wurden.[11] Sie sind bislang nur ansatzweise ausgewertet, belegen aber sehr deutlich, dass das Gros der Baumaßnahmen ab 1836 stattfand.

**Bepflanzungsplan Umfeld Kirche 1838**
**„Erdmannsdorf ad C. für das Jahr 1838. Bestellung."**

*Datierung:* 1838
*Zeichner:* wohl Lenné
*Bezeichnungen:* Nummern 7, 10–13, 15, 17, 19, 20, 22, 24–26, 27, 28, 40, 47–49, 52, 53, 58, 71, 72, 75, 76, 80, 81, 83, 85, 86, 90, 97, 101, 102, 104, 105, 111, 124, 128, 148, 150, 152, 156–158, 162, 164, 167, 169, 171
*Ausrichtung:* nach Süden
*Maßstab:* ohne Angabe
*Technik und Maße:* Feder auf Pergamentpapier – 17,8 x 27,3 cm
*Standort:* GStA PK, BPH, Rep. 192, Nl Lenné, Nr. 21, fol. 1 (Günther/Harksen Nr. 489)
(Abb. 3)

Ein weiteres Ziel von Koebers Schlesienreise war die Erstellung von detaillierten Pflanzplänen, die an denjenigen erinnern, den Lenné bereits 1822/23 für Flatow konzipiert hatte. Darin nummerierte er alle Gehölzpflanzungen und erstellte dazu jeweils korrespondierende Listen.[12] Sie sollten dem vor Ort tätigen Gärtner konkrete Anweisung geben. Wie man jedoch an den überkommenen Akten sehen kann, war dennoch ein intensiver Austausch mit der Gartenverwaltung in Potsdam vonnöten. Von den diversen Erdmannsdorfer Bepflanzungsplänen hat sich nur diese Pause mit der Situation um die Kirche erhalten, da wahrscheinlich gerade sie im Baugeschehen eine besondere, um nicht zu sagen schwierige Rolle spielte. Mit den 171 verschiedenen Gehölzen begannen auch die Probleme: Zum einen hatte Lenné keine Erfahrungen im Umgang mit dem rauen Bergklima und es traten Schwierigkeiten auf, die passenden Pflanzen zu beschaffen. Zum anderen aber bewirkte der Neubau der Kirche, dass eine neue Zuwegung mit Brücke zum Schloss und sogar eine neue Geländemodellierung erforderlich war. Grundlegend war der Wunsch des Königs, die Kirche nicht wie vorgesehen mit einer Mauer, sondern mit einer etwa 120 cm hohen Hecke zu umgeben, damit sie in engere Beziehung mit der Umgebung träte.[13] Koeber blieb deshalb fast sieben Monate vor Ort. Im Mai 1837 traf er nochmals Rother und reiste dann wieder nach Potsdam zurück. Der König kam übrigens erst im Folgejahr nach Erdmannsdorf.[14]

1838 wurden die meisten Arbeiten im Park fertiggestellt bzw. waren soweit gediehen, dass nur noch Ergänzungen vorgenommen werden mussten. Rother fühlt sich im Mai jenes Jahres sogar gezwungen, eine Parkordnung zu erstellen, die er kurz zusammenfasst: „Das Betreten der Rasenflächen so wie jede Beschädigung der Pflanzungen in den hiesigen Park-Anlagen, ist eben so wie das Mitbringen von Hunden und das Tabakrauchen untersagt."[15]

Anfang 1838 arbeitete man auch an den Wirtschaftsgebäuden und am Schloss, an Brücken und einem Gartenhaus (Pavillon?), was wiederum die Anwesenheit Schinkels sinnvoll erscheinen ließ. Schinkel schreibt am 2. Mai 1838: „ich habe bei meinem kurzen Aufenthalte in Erdmannsdorf alles was Park, Brücken, Kirche, Schulhaus, Predigerhaus und Schloss mit Umgebungen betrifft, so gut es gehen wollte angesehen und mich im Ganzen sehr gefreut über die schöne Wirkung der Anlage über die feine Aussicht […]"[16] Er meint, dass – wenn sich die Gärtner beeilten – der Garten zur Ankunft des Königs hergestellt werden könne, wobei vor allem die Anhebung des Wasserspiegels für den Gesamteindruck wichtig sei. Man überlegte sogar, eine Gondel für den Monarchen anzuschaffen.

In den parallel geführten Rechnungsbüchern wurden die Gartenarbeiten mit fast 5000 Talern, die Errichtung des Gartenhauses mit 4750 Talern und die der Kirche mit weit über 11 000 Talern angesetzt.

**Entwürfe Schlosshof 1843**
**„Situations Plan von dem Königl. Schlosse zu Erdmannsdorff."**

*Datierung:* „1843"
*Zeichner:* „Lenné"
*Bezeichnungen:* Buchstaben A–G bezogen auf zwei Schnittzeichnungen und deren Höhenverlauf: „Horizontale A/B/C/D/E mit der Schlossplinte", „Horizontale F/G mit der Schlossplinte"
*Ausrichtung:* nach Osten
*Maßstab:* zwei Maßstäbe: „[…] Fuss Längenmass", „Zoll […] Fuss Höhenmass"
*Technik und Maße:* Feder in Grau und wenig Rot, laviert in Grün, Grau, Rosa und Blau – 59,8 x 52,8 cm
*Standort:* SPSG, GK II (1) 13180 (Günther/Harksen Nr. 490) (Abb. 4)

Im Mai 1840 war Lenné erneut in Erdmannsdorf, da man den König für den Sommer dort erwartete.[17] Im Juni starb jedoch Friedrich Wilhelm III., dessen schlesischen Landsitz ein Journalist kurz nach dessen Tod mit den Worten lobte: „Erdmannsdorf mit seiner großartigen Anlage, war das moderne Sanssouci des Enkels, dem der große Ahnherr es vor hundert Jahren eroberte, und ist ein so reizender Wallfahrtspunkt für den Naturfreund […]"[18] Den Besitz erbte nun die Fürstin Liegnitz, veräußerte ihn jedoch sofort an den neuen König, der noch vor seiner Thronbesteigung in Königsberg den Ort besuchte, worüber in einer Zeitung berichtet wurde: „Nach eingenommenen Diner machte Se. Majestät […] einen kleinen Spaziergang durch die herrlichen Parkanlagen vor dem Schlosse."[19]

Mit dem neuen König kamen auch neue Dynamiken auf, was zu einer dritten, großen Bauphase in Erdmannsdorf führte: Zunächst wurde zwischen 1838 und 1840 auf dem malerisch gelegenen Zoelfelsberg (ab 1840 Rothersberg) das nach Ideen Schinkels errichtete Haus im Tiroler Stil fertiggestellt. Zudem erhielt die Fürstin Liegnitz neben dem Schloss eine eigene Villa im Schweizerstil, die 1844 bezugsfertig war.[20] Auch schritt die Kirche ihrer Vollendung entgegen.[21] Ein weiteres Augenmerk lag auf der Neugestaltung des Schlosses, für dessen neugotische Umbauten sich Friedrich August Stüler verantwortlich zeichnete. Ein wichtiger Punkt stellte dabei der Anbau eines Fest- und Speisesaales dar, dessen Funktion bis

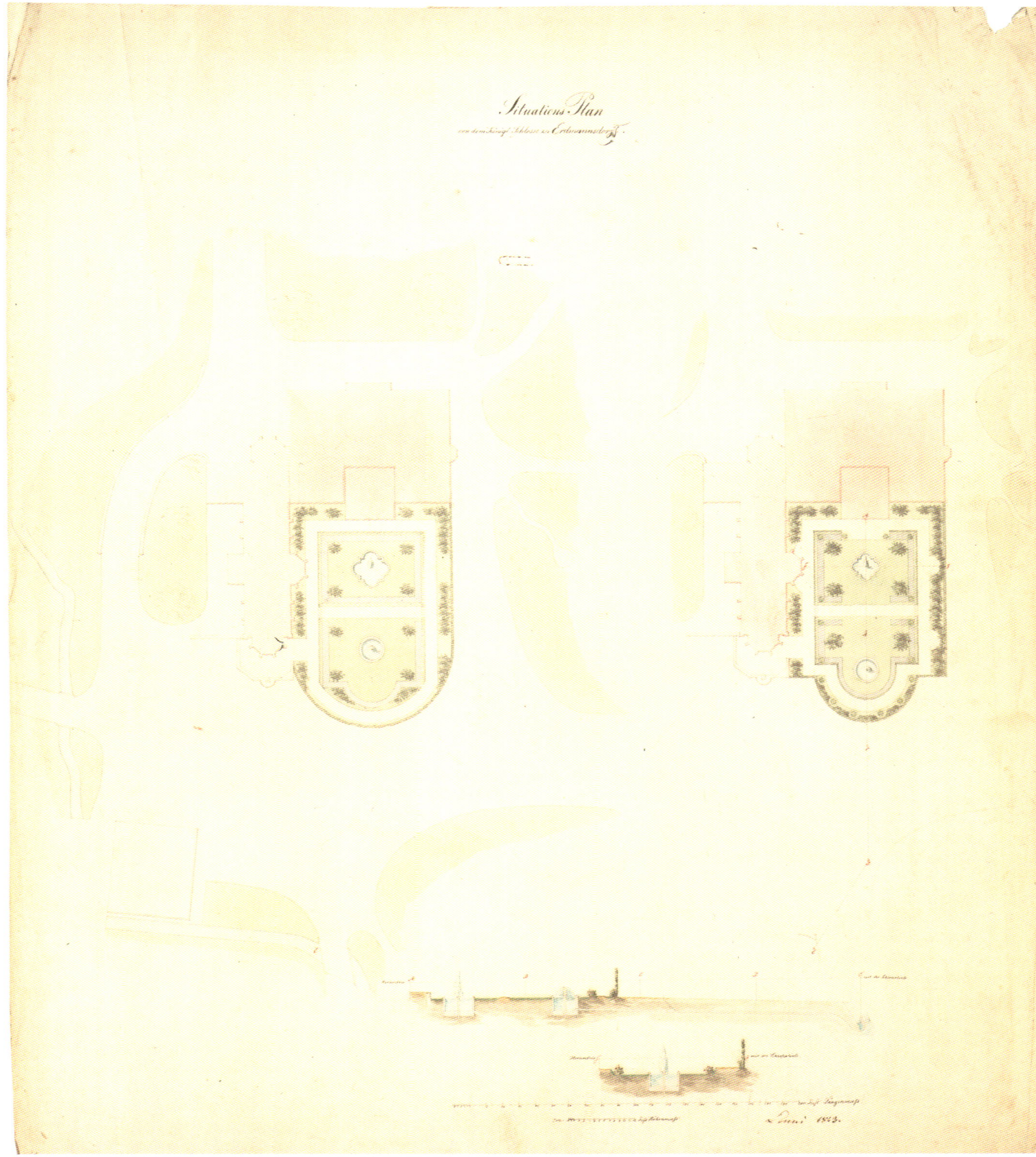


*Abb. 4*
*Entwürfe für den Schlosshof von Erdmannsdorf, 1843.*

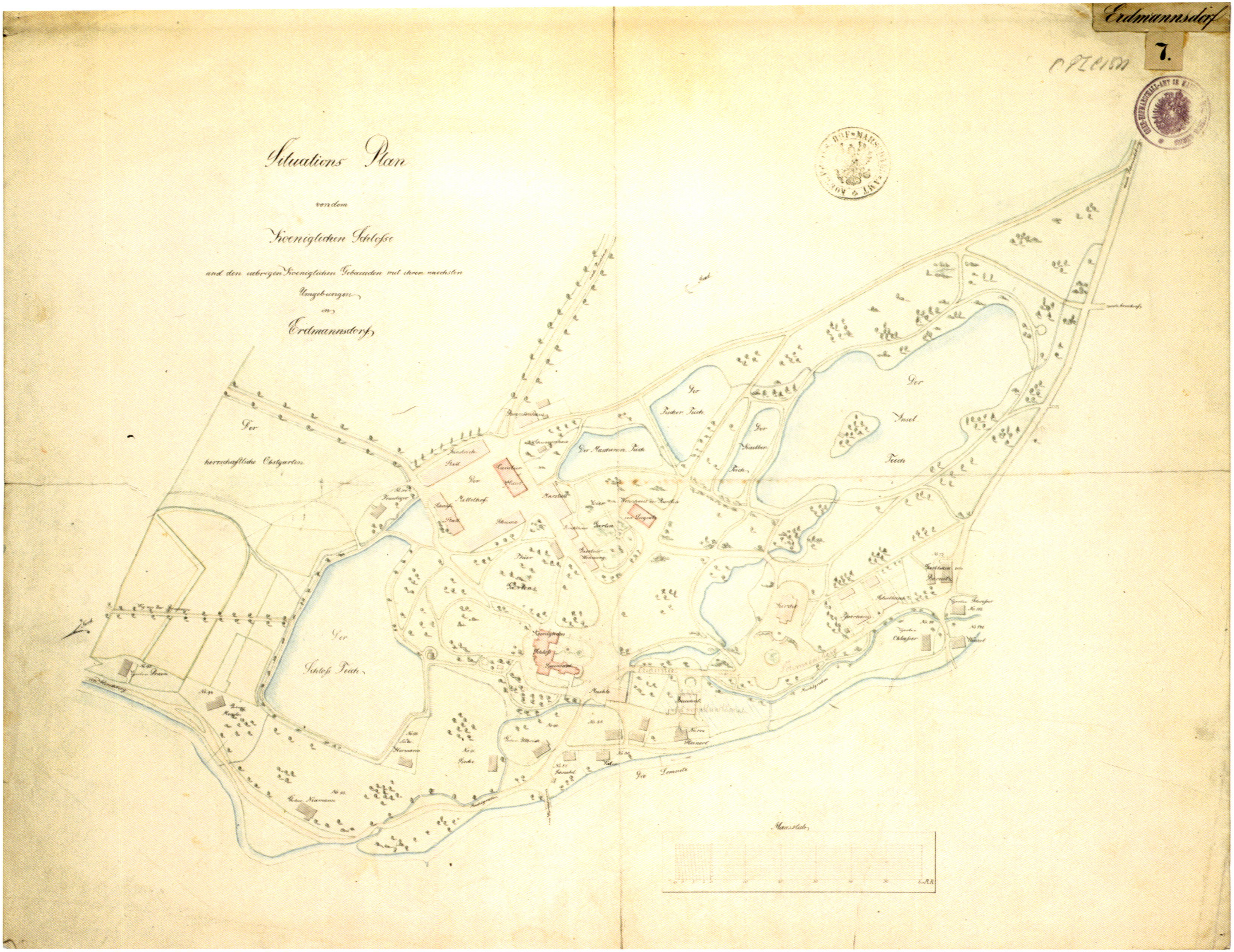
Erdmannsdorf
7.
Situations Plan
von dem
Koeniglichen Schlosse
und den uebrigen Koeniglichen Gebaeuden mit ihren naechsten
Umgebungen
in
Erdmannsdorf
Der
herrschaftliche Obstgarten
Der
Schloss Teich
Der
Insel
Teich
Der Fischer Teich
Maasstab

dahin ein Zelt erfüllen musste. Nach seiner Fertigstellung 1842 unterbreitete Lenné Vorschläge für ein formales Parterre zwischen Schloss und Saalanbau. Wie man anhand späterer Pläne sehen kann, wurden sie jedoch nicht umgesetzt; vielmehr wählte man eine rechteckige Form mit halbrunden Abschluss.[22] Laut einer 1841 angefertigten Zeichnung, die aus der Hand Stülers oder Hamanns stammt, ist in der Achse des Saales auch noch ein Fontänenbecken geplant.[23]

**Situationsplan nach 1844**
**„Situations Plan von dem Koeniglichen Schlosse und den uebrigen Koeniglichen Gebaeuden mit ihren naechsten Umgebungen in Erdmannsdorf"**

*Datierung:* nach 1844
*Zeichner:* ohne Signatur
*Bezeichnungen:* „Koenigliches Schloss", „Speisesaal", „Mühle", „Bauamt" (in Bleistift darunter: „ […] von Münchhausen"), „Kirche", „Pfarrhaus", „Schulhaus", „Wohnhaus der Fuerstin von Liegnitz", „Marstall", „Fruchthaus", „Gaertner Wohnung", „Der Mittelhof" umgeben von „Cavalier-Haus", „Scheune", „Schaafs-Stall" und „Rindvieh-Stall", „Beamtenhaus", „Schwanenhaus", „Thier Garten", „Zier Garten", „Der herrschaftliche Obstgarten", „Der Schloss Teich.", „Der Maschinen-Teich", „Der Fischer-Teich.", „Der Kaelber-Teich.", „Der Insel-Teich.", „Muehlgraben" (2x), „Die Lomnitz", „No. 77 Gasthaus von Bornitz", „No. 112 Tyroler Schoesser", „No. 141 Wenzel", „No. 78 Tyroler Oblasser", „No. 144 Steinert", „No. 88 Vater", „No. 87 Schnabel", „No. 90 … [?] Ulbrich", „No. 91 Siecke", „No. 92 … [?] Hermann", „No. 93 … [?] Neumann", „No. 94 … [?] Mencke", „No. 95 Tyroler Praim", „No. 114 Freudiger", Wege „von Hirschberg", „von der Brauerei", „nach Fischbach", „nach Schmiedeberg", „nach Arnsdorf", „von Warmbrunn", in Bleistift: „Chaussee nach Schmiedeberg"
*Ausrichtung:* nach Südosten
*Maßstab:* beziffert in Rheinischen Ruten („R.R.")
*Technik und Maße:* Feder in Gau, laviert in Grau, Rosa, Blau, Gelb und Grün – 41,2 x 51,6 cm
*Standort:* SPSG, GK II (1) 13181 (Günther/Harksen Nr. 491) (Abb. 5)

Der Plan ist – wie auch der Titel nahelegt – nicht als Gartenplan aufzufassen, da er nur schematisch Gehölzverteilungen angibt. Die Lage der Gebäude, Gewässer und Wege wird jedoch genau kartiert, so dass der Plan als Momentaufnahme fungierte. Günther und Harksen schlagen hier das Jahr 1845 vor, wobei dies zu hinterfragen ist: Der Plan ist definitiv zwischen 1842/44, dem Bau der Villa Liegnitz, und wahrscheinlich 1854, dem Umbau der erwähnten Brauerei ins Krankenhaus Bethanien entstanden (siehe Wegebezeichnung). Das Bauamt hingegen scheint noch nicht durch das Tirolerhaus des Schlosshauptmanns von Zedlitz ersetzt worden zu sein, für das der Baurat Hamann die Pläne entwarf, der seit 1838 die Bauleitung auf dem Gute innehatte.[24] Eine spätere mit Bleistift eingefügte Notiz weist auf Karl von Münchhausen, dem Nachfolger Zedlitz' hin, der jedoch erst in den 1860er Jahren seinen Dienst als Schlosshauptmann antrat.[25]

*Abb. 5*
*Situationsplan des Parks von Erdmannsdorf, nach 1844.*

**Situationsplan 1862**
**„Koenigl: Schloss-Garten Erdmannsdorf."**

*Datierung:* „1862."
*Zeichner:* „fec. Bruno Teichler"
*Bezeichnungen.* keine
*Ausrichtung:* nach Süden
*Maßstab:* beziffert in Ruten („R. D ")
*Technik und Maße:* Feder in Grau und Schwarz, laviert in Grün, Braun, Blau, Grau, Rosa und Gelb – 130,6 x 73 cm
*Standort:* SPSG, GK II (1) 13182 (Günther/Harksen Nr. 492) (Abb. 6)

**Situationsplan 1866**
**„Königlicher Schloss-Garten Erdmannsdorf."**

*Datierung:* „1866."
*Zeichner:* „fec B. Teichler."
*Bezeichnungen:* Nummern 1–13 mit „Erklaerungen: No. 1. Schloss., 2. Wirthschafts-Hof., 3. Cavalier-Haus., 4. Inspector-Wohnung., 5 Stallung., 6. Marstall., 7. Orangerie-Haeuser, 7a. Hofgaertner-Wohnug., 8. Palais der Fürstin von Liegnitz., 9. Königl: Schloss-Mühle, 10. Intendanten-Wohnung., 11. Kirche, 12. Pastor-Wohnung, 13. Schule.", „Lomnitz-Bach", in Bleistift: „Siecke Gasthaus", daneben „Post & Telegraphen Station"
*Ausrichtung:* nach Süden
*Maßstab:* „Maaßstab – 1:1250" bezifferter Ruten („R. D.")
*Technik und Maße:* Feder in Schwarz, wenig Blei- und Farbstift, laviert in Grün, Blau, Rosa und Gelb, auf den Wegen ums Schloss teilweise spontane Buntstifteinzeichnung in Blau – 77,5 x 52,0 cm
*Standort:* SPSG, GK II (1) 13183 (Günther/Harksen, Nr. 493) (Abb. 7)

Bruno Teichler (gest. 1906) wurde als Sohn des Hofgärtners 1842 in Erdmannsdorf geboren, seit 1869 vertrat er den dortigen Hofgärtner und übernahm 1878 schließlich komplett dessen Stelle.[26] Nach seiner Lehrzeit in Erdmannsdorf wechselte er 1862/63 an die Gärtnerlehranstalt Potsdam, an der möglicherweise der erste Gartenplan (SPSG, GK II (1) 13182 – Abb. 6) entstand, der noch Anklänge an SPSG, GK II (1) 13181 (Abb. 5) zeigt. Nach seiner Reise und Lehrstationen in Kew Gardens und dem Jardin des Plantes in Paris zeichnete er den zweiten Plan (SPSG, GK II (1) 13183), der eine Art Kopie ist. Die Bäume sind nun ausgewachsener, doch fehlen Differenzierungen. So werden keine Nadelgehölze mehr dargestellt. Die rechtseitige Legende lässt zudem die Vermutung zu, dass der Plan zu Unterrichts- oder Publikationszwecken vorgesehen war. Teichler stellte auf beiden Zeichnungen den Garten in seiner Vollendung dar, d. h. letztendlich so, wie Lenné ihn einst gedacht hatte.

Aus der Hand Teichlers stammt noch ein weiterer Plan von 1872, den Günther und Harksen aufgenommen haben.[27] Da dieser Plan ebenso wie auch ein „Situations-Plan des Blumen und Gemüse Gartens […]"[28] und ein „Situations-Plan von dem Königlichen Schlosse und den übrigen Königlichen Gebäuden mit ihren nächsten Umgebungen zu Erdmannsdorf"[29], der auf die beiden oben beschriebenen von 1862 und 1866 zurückgeht, erst nach dem Tod Lennés angefertigt wurden, werden alle drei hier nicht aufgenommen. In diesem Zusammenhang wären überdies auch der „Lageplan des Königlichen Schlosses in Erdmannsdorf nebst Entwurf einer Drainierung"[30] des Baurats Jungfer aus dem Jahr 1890 und Bauzeichnungen zur Hofgärtner-Wohnung aus dem Jahre 1877[31] zu nennen.

Das Gut fiel schließlich dem Bruder des letzten deutschen Kaisers, Prinz Heinrich, und danach seiner Schwester Charlotte zu, die es 1909 an einen Privatmann verkaufte. Von 1906 bis 1909 war Robert Meyer der letzte Hofgärtner in Erdmannsdorf. Kurz vorher beschrieb es noch einmal der Naturforscher Helmholtz: „[…] der Park des Schlosses ist besonders schön durch das Grün seiner Wiesen; von hier bis zu den Bergen hin ziehen sich grüne Felder, und darin, sowie auf den nahe gelegenen Hügeln und am Gebirge liegen zerstreut die Häuser der hier angesiedelten Tyroler; dazu kommen noch einige, wenn auch kleine Seen. Das Ganze sieht so friedlich, reinlich und lieblich aus, und doch so ernst und erhaben durch das dunkle hohe Gebirge mit seinen Felswänden und Tannenwäldern, dass man wohl begreift, wie die Idylle entstehen konnte."[32]

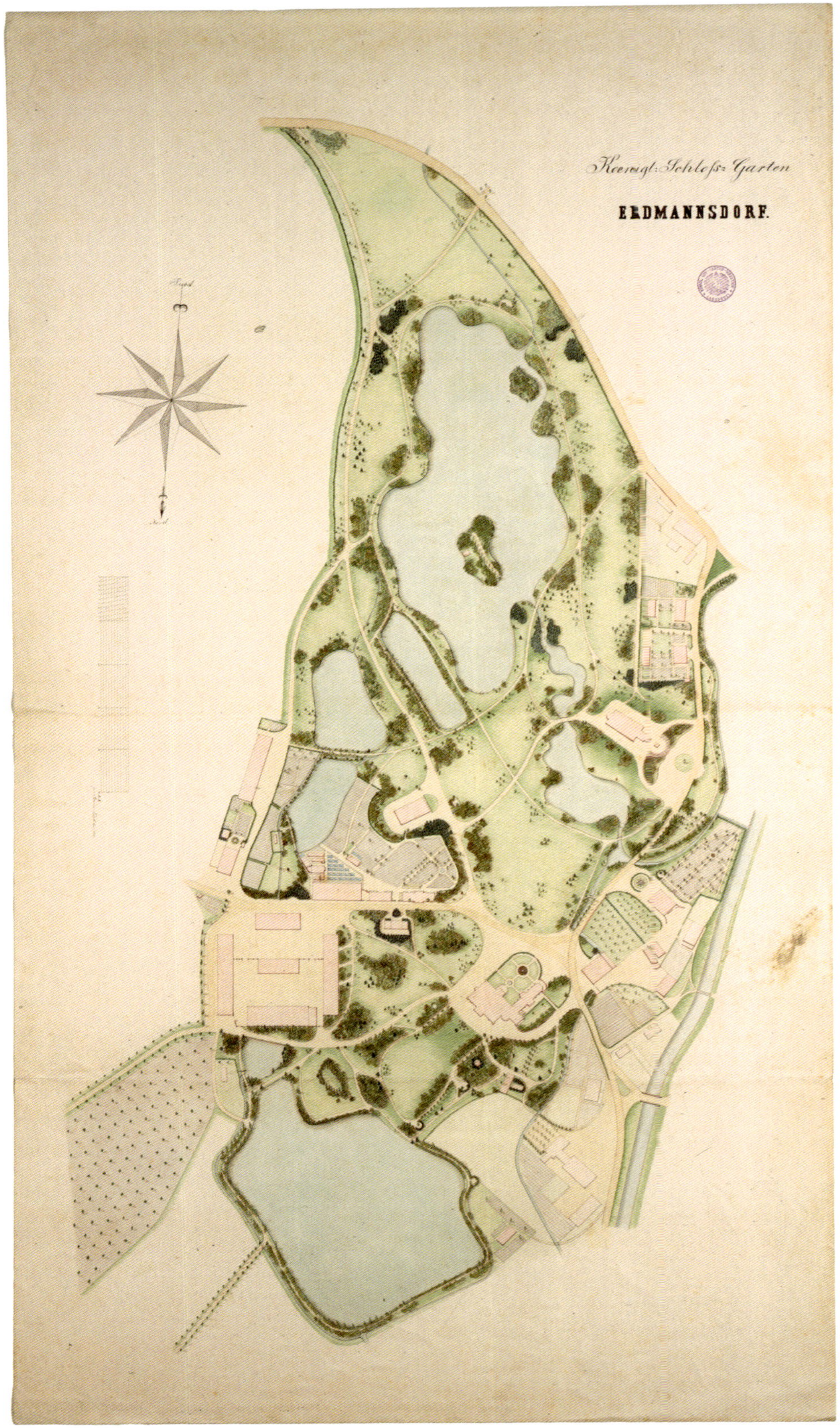


## Anmerkungen

1 GStA PK, I. HA, Rep. 100, Nr. 3109, Schreiben Rothers, Mai 1835, Sandsteintisch mit eingelegter Marmorplatte nach einer Idee Walters.

2 Reuß 1888, S. 462 f. Dort wird vom Engagement der Gräfin berichtet, aber auch von vielen, heute verschwunden Plätzen, Aussichten und Architekturen, etwa dem Muttersitz, dem Schwesterngang, der Steinseiche, dem Katerstieg, der Kesselbank (vgl. ebd., S. 194), dem Thaer-Denkmal von 1810 (S. 204 f.), dem Schweizerhaus (S. 368) usw.

3 GStA PK, I. HA, Rep. 100, Nr. 3109/1, 20. Oktober 1835.

4 GStA PK, BPH, Rep. 192, Nl Lenné, Nr. 21, fol. 1, 2.

5 Zedlitz 1828, S. 263.

6 GStA PK, I. HA, Rep. 100, Nr. 3109.

7 Mit Bleistift später ergänzt.

8 GStA PK, BPH, Rep. 192, Nl Lenné, Nr. 21, fol. 8 f. Zur Reise siehe fol. 15.

9 Ebd., fol. 7 f.

10 Ebd., 16. Oktober 1836, fol. 10, 15; fol. 15 auch Zitat zu Rogau und Lissa.

11 GStA PK, I. HA, Rep. 100, Nr. 3111 (unpaginiert). Die folgenden Hinweise entstammen, wenn nicht anders angegeben, dieser Akte.

12 GStA PK, BPH, Rep. 192, Nl Lenné, Nr. 21, fol. 1 und 19: „Verzeichnis deren zur Bepflanzungs Abtheilung C nöthigen Gehölze: eine reiche Auswahl von 36 verschiedenen Baum- und Straucharten", 14. Februar 1838. „Bepflanzungs Register für ad C, der Erdmannsdorfer Gartenanlage reservirte Gehölze pro 1838".

13 GStA PK, I. HA, Rep. 100, Nr. 3110, Koeber an Lenné 14. Juli 1837: Änderung des Höhenniveaus an der Kirche. Das Brückenprojekt zwischen Schloss und Kirche war ursprünglich nicht angedacht. Am 7. Oktober 1837 gibt es Abstimmungen zwischen Schinkel und Lenné über das Umfeld der Kirche, zumal der König eine gärtnerische Einbindung wünscht. Lenné folgt den Vorschlägen Schinkels, eine Rampenanlage zu erbauen und zur Abgrenzung des Kirchenterrains niedrige Hecken anzulegen.

14 GStA PK, I. HA, Rep. 89, Nr. 32561 Reise Friedrich Wilhelms III. nach Erdmannsdorf und Badereise nach Teplitz, 1838; I. HA, Rep. 89, Nr. 32571 Reise Friedrich Wilhelms IV. von Preußen nach Erdmannsdorf, Königsberg i. Pr. und Stargard i. P, 1849; I. HA, Rep. 89, Nr. 32571 Reise desselben u. a. nach Erdmannsdorf.

15 GStA PK, I. HA, Rep. 100, Nr. 3111, 21. Mai 1838, altpaginiert fol. 223.

16 Ebd., fol. 164 alt.

17 Börsch-Supan/Müller-Stüler 1997, S. 97–100.

18 Anonymus 1840 (a), S. 1015.

19 Anonymus 1840 (b), S. 810. In jenem Sommer war auch das russische Kaiserpaar vor Ort, so dass der Journalist (wie Anm. 18 ebd.) vermerkt: „Hier sieht man von Zeit zu Zeit die höchsten Kreise versammelt, und das göttliche Thal wimmelt vor fürstlicher Hoheit."

*Abb. 6*
*Situationsplan des Parks von Erdmannsdorf, 1862.*

20 GStA PK, I. HA, Rep. 100, Nr. 3121. Ursprünglich sollte ein Schweizerhaus auf dem Zoelfelberg gebaut werden, doch dann entschied sich der König für ein kleineres Haus im Tiroler Stil. Kurz vor der Einweihung 1840 wird es bereits als Rothersberg bezeichnet. Lenné macht Vorschläge für den Außenbau (Substruktionen und zwei Lauben an den Ecken). 1840 wird auch die Straße von dort nach Stonsdorf angelegt.

21 GStA PK, BPH, Rep. 192, Nl Wittgenstein, W. L. G. zu, III Nr. 2.

22 s. z. B. SPSG, GK II (1) 11729.

23 AM TUB, Inv.-Nr.: 17264.

24 Hamann 1856, Blatt 1.

25 Die Zedlitz' besaßen noch im 18. Jahrhundert das Gut Erdmannsdorf. Münchhausen wiederum war durch seine Frau, eine geborene Scharnhorst, schon vorher in Kontakt mit dem Ort gekommen.

26 Mittelbar kann man den Akten (GStA PK, I. HA, Rep. 100, Nr. 3111) entnehmen, dass Teichler bereits in dritter Generation in Erdmannsdorf gewirkt haben muss. Rother erkundigte sich nämlich 1838 beim Baurat Frey, warum der Gartengehilfe Teichler jun. die Stelle im Garten Johann Friedrich Loeschs in Cammerswaldau nicht angetreten habe.

27 SPSG, GK II (1) 13184, bei Günther/Harksen 1993, Nr. 494.

28 SPSG, GK II (1) 11731. Der Ausschnitt zeigt den Bereich nördlich und nordöstlich der Villa Liegnitz.

29 SPSG, GK II (1) 11730.

30 „zum Kostenanschlage d.d. Hirschberg den 10. November 1890 der Baurath Jungfer", SPSG, GK II (1) 11792.

31 Unbekannter Zeichner, SPSG, GK II (1) 11772.

32 Koenigsberger 1902, Bd. 1, S. 40.

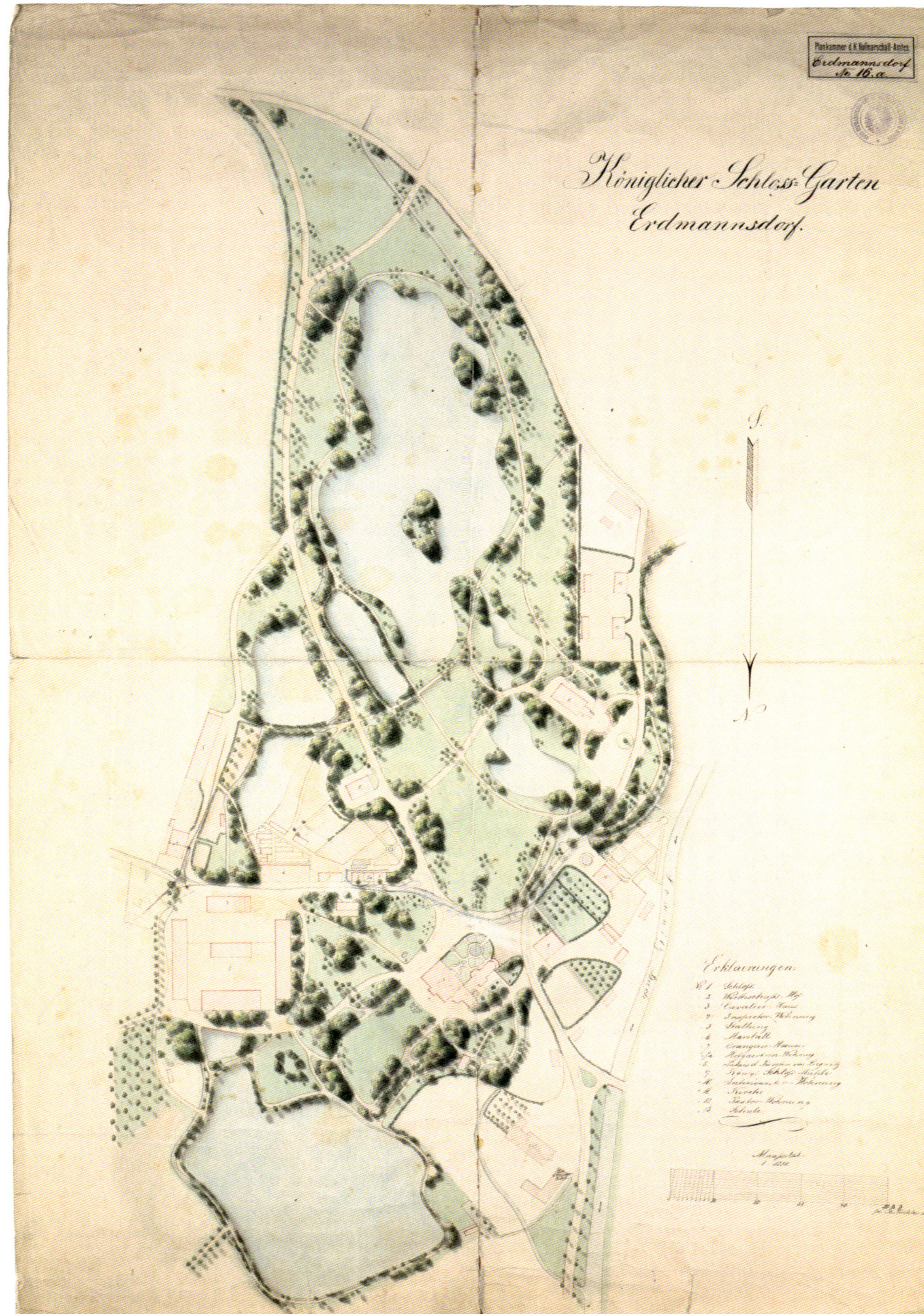


*Abb. 7*
*Situationsplan des Parks von Erdmannsdorf, 1866.*

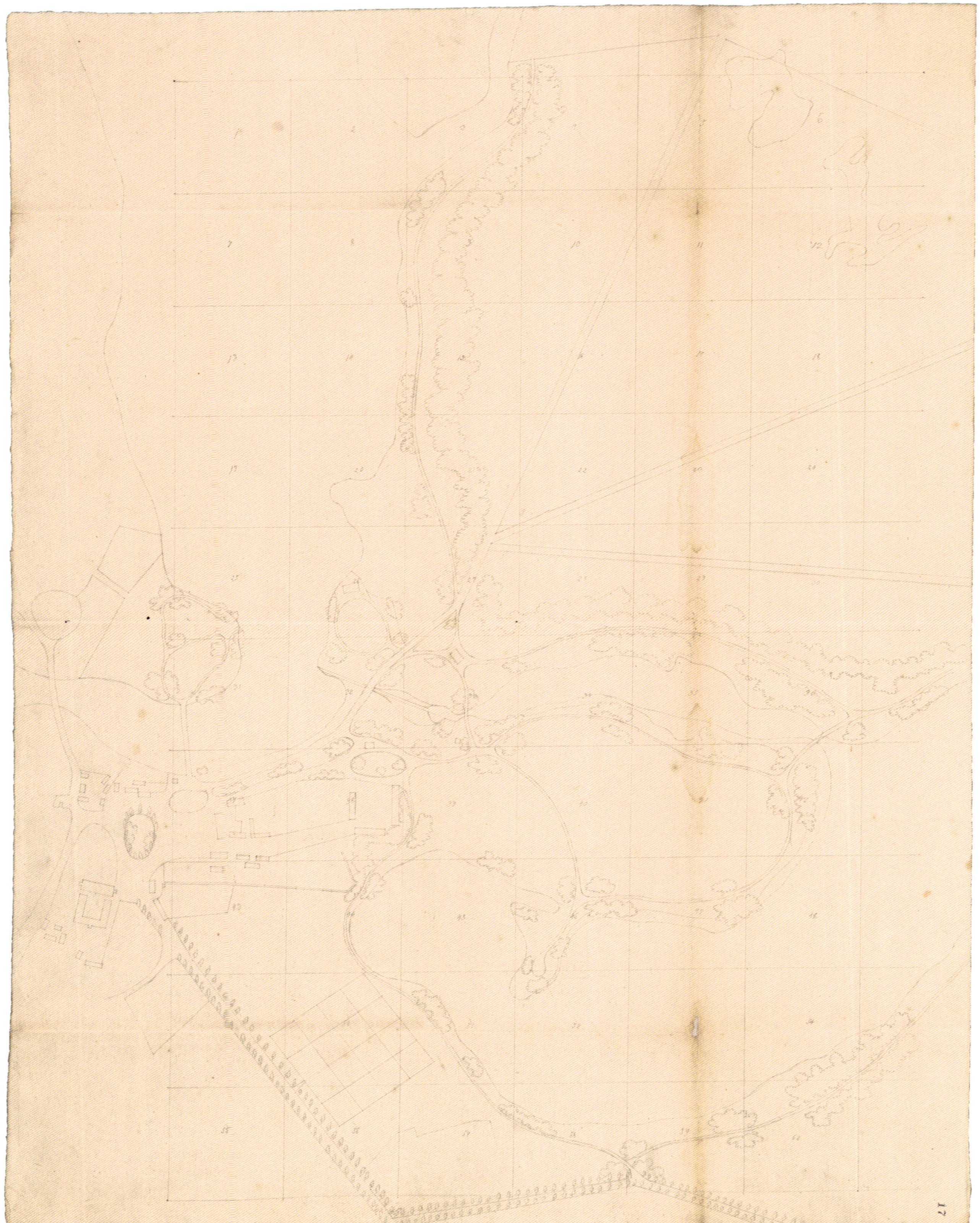

# Flatow, Provinz Westpreussen

Złotów, Powiat złotowski, Województwo wielkopolskie

**Marcus Köhler**

**Skizze**
**(ohne Angabe)**

*Datierung:* 1822
*Zeichner:* Lenné
*Bezeichnungen:* keine (nummeriertes quadratisches Raster)
*Ausrichtung:* nach Süden
*Maßstab:* ohne Angabe
*Technik und Maße:* Bleistiftskizze – 65 x 50,2 cm
*Standort:* GStA PK, XI. HA, AKS, F 53872 – ehem. GStA PK, BPH, Rep. 192 Nl Lenné, Nr. 23 Flatow, fol. 17 (Günther/Harksen Nr. 479)
(Abb. 1)

Eine Bleistiftzeichnung, die als Pause gedient hat. Sie ist etwas kleinräumiger als die farbige Zeichnung, wobei sie keine Bezeichnungen aufweist. Bezifferte Quadrate überziehen die gesamte Fläche.

**Schauplan**
**(ohne Angabe)**

*Datierung:* „1822"
*Zeichner:* „Lenné"
*Bezeichnungen:* Buchstaben A bis X, Zahlen 1 bis 161, „Katholische Kirche", „Brennerei", „Förster Wohnung", „Mühle", „Lusthaus", „Vorwerck", „Schloss", „Baum Schule", „Thiergarten", „nach Blanckartt", „nach Petzin"
*Ausrichtung:* nach Süden
*Maßstab:* beziffert in Ruten
*Technik und Maße:* Feder in Grau, laviert in Grün, Braun, Grau und Rosa – 65,5 x 62,7 cm
*Standort:* GStA PK, XI. HA, AKS, E 53942 – ehem. GStA PK, BPH, Rep. 192 Nl Lenné, Nr. 23 Flatow, fol. 16 (Günther/Harksen, Nr. 480)
(Abb. 3)

1820 kaufte Friedrich Wilhelm III. über den Staatsminister von Hardenberg vom Kriegs- und Domänenrat Johann Friedrich Wilhelm von Fahrenheit (1747–1834) die Herrschaft Flatow. Einstmals einer der reichsten Männer Ostpreußens war dieser in Folge der Napoleonischen Kriege in finanzielle Schwierigkeiten geraten.[1] Zusammen mit dem Gut Krojanke (Krajenke) und dem brandenburgischen Frauendorf errichtete der König mit Flatow ein prinzliches Fideikommiss.[2] Über den Oberfinanzrat Christian Rother, der bei den Anlagen in Koitz und Erdmannsdorf eine herausragende Rolle spielte, wurde Lenné beauftragt, den Schloßgarten und die dazuzurechnenden Ländereien möglichst kostenneutral in Stand zu setzen, wobei der König Details des Auftrags dem Intendanten der königlichen Schlösser Burchard von Maltzahn und Rother überließ.[3] Aufgrund seiner Reise im März konnte Lenné bereits Ende Mai 1822 einen Plan mit einer äußerst detaillierten Beschreibung Maltzahn oder Rother übergeben, dessen Ziel war: „Es soll vielmehr aus der ganzen das königliche Schloß umgebenden Landschaft ein großes Bild der schönen Gartenkunst zusammengesetzt werden." Dabei wird es sehr deutlich, dass Lenné hier zum ersten Mal in seiner Laufbahn das Vorhaben einer Landesverschönerung umzusetzen gedenkt: „Die ökonomischen Zwecke sind bei diesen Anlagen die vorherrschenden, die Benutzung der zu Feld- und Obstbau nicht tauglichen Landstrecken zum Waldbau auf Schlagholz, ein möglichst weit ausgedehnter Obstbau, und die Benutzung dieser Wald- und Baumpflanzungen zur Einhegung der hochgelegenen und dürren Bodenflächen, ingleichen eine auf das Erschwingliche gerichtete Baumschulen, sowohl zum eigenen Verbrauch als zum Absatz pflanzbarer Stämme, sind hierzu aufzuwendende Mittel."[4]

Dabei gibt Lenné nicht nur detaillierteste Pflanzanweisungen für mehr als 160 Standorte, sondern unterteilt das Gebiet in verschiedene, bezifferte Räume: „Vorfindliche Gärten" (Lustgarten A, Schloßgarten B, Rasenstück C, ein geräumiger Platz D), der „Hauptweg" (E), „Pflanz- und Samenschulen" (G), das Obstfeld (H), „das Plateau" (J, mit einem Lusthaus, sowie dem Referenzpunkt K), das Rasenstück (L) und die zu erbauenden Häuser (wie die Waldmühle M, Förster Wohnung N und die Brennerei O); P bezeichnet einen „Fischbehälter", d. h. einen kleinen Teich, R „die Halbinsel" und T den „Thiergarten" mit den Referenzpunkten U und Z sowie schließlich W das Vorwerk und X ein Weg. Für die Umgebung der Gebäude unterbreitet er spezielle Vorschläge.[5] Der Plan ist so präzise gezeichnet, dass er eine genaue Vorstellung der Wegebeziehungen, Wiesenräume und Waldungen sowie Sichtbeziehungen gibt. Es verwundert deshalb kaum, dass unmittelbar nach des Königs Genehmigung der General-Verwalter und Geheime Regierungsrat Wilhelm Schirmeister im Oktober

*Abb. 1*
*Skizze für die Landesverschönerung von Flatow, 1822.*

*Abb. 2*
*Der Flatowturm im Park Babelsberg.*

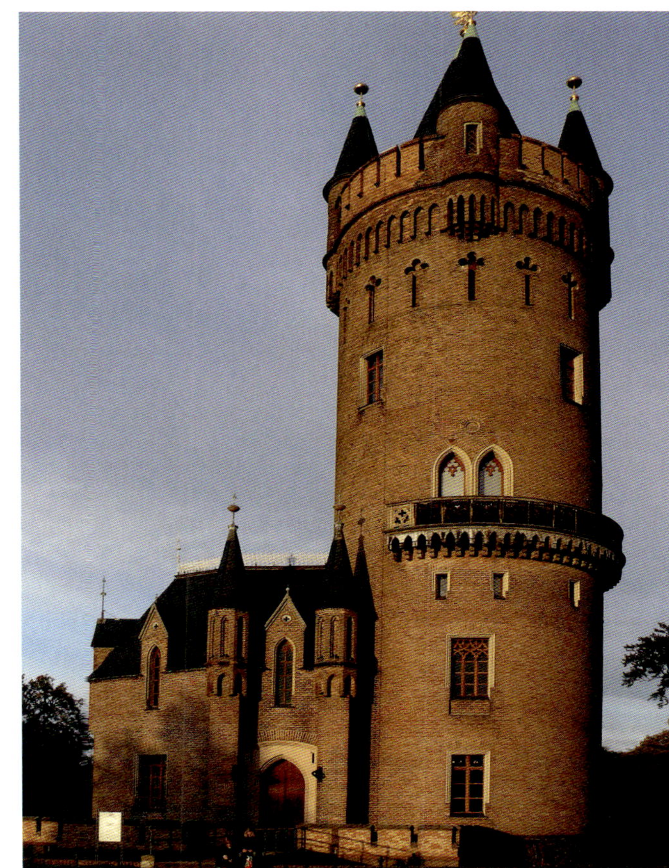

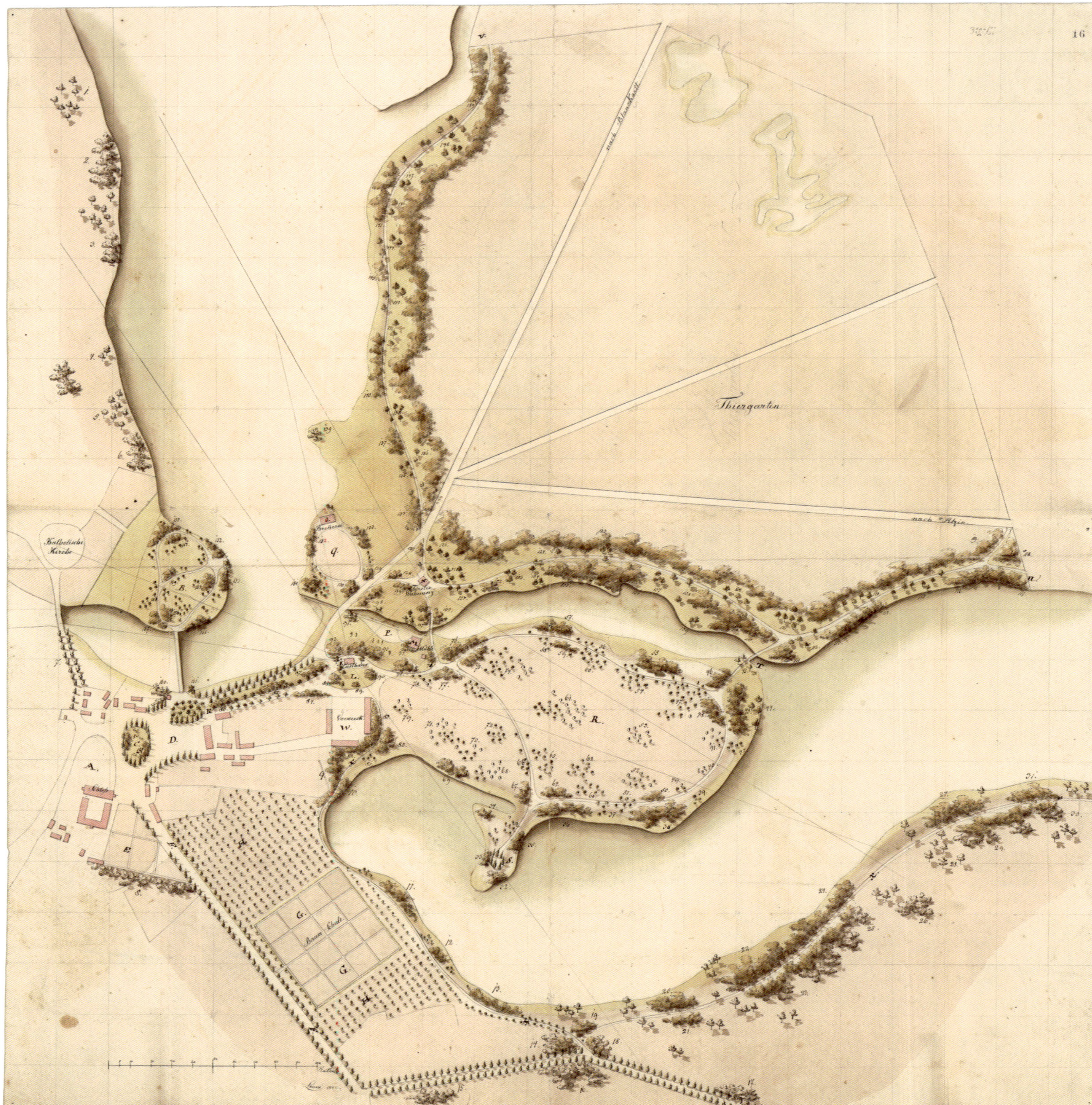
16
Thiergarten

und November 1822 schon erste Arbeiten vornehmen ließ. Ende des Monats schickte schließlich Lenné einen jungen Gärtner namens F. Nain nach Flatow, der vorher bei Ludwig Sello im Terrassenquartier in Sanssouci gearbeitet hatte und möglicherweise ein Verwandter war.[6] In dessen Gepäck befanden sich unter anderem 2601 pflanzfähige Gehölze sowie 3435 einjährige Sämlinge.[7] Einheimische Arten sollten vor Ort bezogen werden. So berichtete Schirmeister im August 1823 nach Sanssouci: „Unsere Anpflanzungen gedeihen im Ganzen vortrefflich, besonders die Baumschule."[8] Schirmeister und der gartenbegeisterte Rother begleiteten das Projekt mit großem Enthusiasmus und sannen in Absprache mit Lenné über die Lage und das Aussehen diverser Gartengebäude nach, zumal 1826 auch der König seinen Besuch angekündigt hatte. Nachdem sich aber die Anpflanzungen und Vorhaben im Endeffekt schlecht entwickelten, musste man sich 1828 jedoch einen Misserfolg eingestehen.[9]

Die Hoffnungen, die man in die Landesverschönerung und damit einhergehend in die Verbindung von Schönem und Nützlichem setzte, waren durchaus berechtigt, war doch die westpreußische Leistungsfähigkeit der Obst- und Gehölzproduktion bekannt. Dennoch scheint Lenné, wie auch Nain schreibt, im Regenwinter 1821/22 zu Fehleinschätzungen gekommen zu sein. Zudem gab es 1825 und 1826 extrem regenarme Sommer, so dass Ausfälle vorprogrammiert waren.[10] Ein Mangel an Arbeitskräften, den Nain ebenfalls festhielt, mag das Übrige getan haben, um aus dem einst geplanten Vorzeige- lediglich ein Renditeobjekt zu machen. Da man 1829 große Teile des Besitzes verpachtete, muss das Projekt zu diesem Zeitpunkt als gescheitert angesehen werden.[11] Als der designierte König auf dem Weg nach Königsberg Krojanke anschaute, besuchte er den dortigen Garten des Generalpächters Dörschlag und beabsichtigte, in Flatow lediglich „sodann in nahe belegenen Thiergarten einige Dammhirsche zu schießen".[12] In einem wohl zeitgleichen Promemoria wird noch ein Dominial-Gärtner erwähnt, der „Garten- und Park-Anlagen" in Stand zu halten hat.[13]

Aus Einnahmen des Gutes ließ Prinz Wilhelm von Preußen (Wilhelm I.) 1853–1856 schließlich den Babelsberger Flatowturm errichten (Abb. 2).

*Abb. 3*
*Schauplan für die Landesverschönerung von Flatow, 1822.*

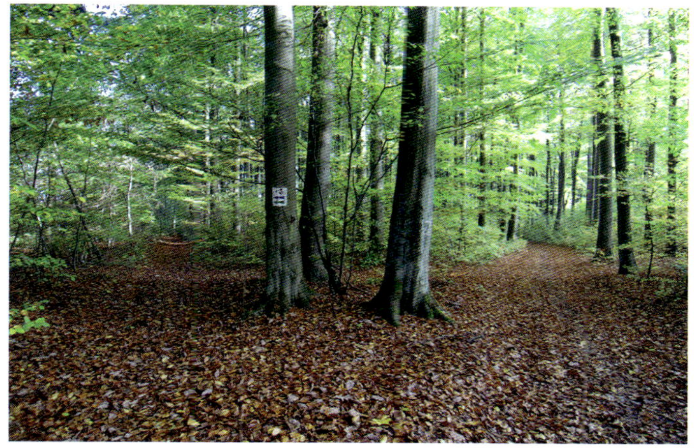

*Abb. 4*
*Im Park Zwierzyniec, dem ehemaligen Flatower Tiergarten.*

Auf den Messtischblättern aus der ersten Hälfte des 20. Jahrhundert ist von der angedachten Gestaltung Lennés fast gar nichts mehr zu erkennen. Lediglich der Tiergarten mit einem Denkmal und der nach der Kaiserin und Schwägerin des vorletzten Besitzers Prinz Friedrich Leopold von Preußen (1865–1931) benannte Augustenhain sind noch als Grünanlage zu erkennen. Der Tiergarten wird heute als Park Zwierzyniec genutzt (Abb. 4).

In Lennés Schaffen gab es noch einmal eine vergleichbare Situation, als er nämlich für den Hof Pflanz-Planungen für das schlesische Erdmannsdorf einreichen musste: diese waren nicht nur detailliert, sondern sollten auch den dorthin empfohlenen Gärtner in die Lage versetzen, die Anlage auszuführen. Dem drohenden Misserfolg griff Lenné in diesem Fall durch eine Reise nach Schlesien vor. Ebenso kann in diesem Zusammenhang auf ein weiteres Scheitern hingewiesen werden: Die idealistischen Obstbaumpflanzungen in der russischen Kolonie Alexandrowka gingen aufgrund der Unfähigkeit der ehemaligen Leibeigenen größtenteils zugrunde. Dass andere Pflanzungen wie beim Fabrikanten Jacobs und der Stadt Magdeburg (Klosterberge) besser oder sogar sehr gut gerieten, war für Lenné sicherlich Bestätigung für die Notwendigkeit der Gründungen der Landesbaumschule (1823), der Gärtnerlehranstalt (1823/24) und des „Vereins für die Beförderung des Gartenbaus in den Preußischen Staaten" (1822), die parallel zum „Flatower Experiment" erfolgten.

## Anmerkungen

1 Vgl. Krüger 1900 (s. a.: http://www.angerapp.com/geschichte/fritz-von-farenheit/ – Zugriff: September 2015).

2 GStA PK, BPH, Rep. 192, Nl Wittgenstein, W. L. G. zu, III Nr. 8, 2 c: Etat des Privatgutes Flatow 1827/30 (Abfassung des Testaments Friedrich Wilhelms III.) Siehe auch: GStA PK, I. HA, Rep. 100, Nr. 3194 Flatow.

3 GStA PK, BPH, Rep. 192, Nl Lenné, Nr. 23 Flatow, fol. 5. Dementsprechend: Hinz 1989, S. 357.

4 Wie vorherige Anm., zit. nach: Hinz 1989, S. 359 (ohne Quellennachweis).

5 Die Denkschrift findet sich bei Hinz größtenteils abgedruckt. Hinz 1989, S. 359–363 (das Original befindet sich in: GStA PK, BPH, Rep. 192, Nl Lenné, Nr. 23 Flatow, fol. 7–10 Manuskript Lennés, 30. Mai 1822, fol. 11–15 Reinschrift.

6 Der Namensstamm der Lennés lässt sich wohl auf eine Gärtnerfamilie aus Lüttich zurückführen, die noch „Le Nain" hieß. Zu den beschriebenen Umständen siehe Günther/Harksen 1993, S. 180 f.; zum Namen s. a. Wimmer 2016, S. 17.

7 Vgl. GStA PK, BPH, Rep. 192, Nl Lenné, Nr. 23 Flatow, fol. 29–32 – Pflanzlisten/Vorschläge von Lenné. Am 22. Oktober 1823 denkt Lenné über Gehölze und Gehölzlieferungen nach Flatow nach.

8 Zit. nach Hinz 1989, S. 367.

9 GStA PK, BPH, Rep. 192, Nl Lenné, Nr. 23 Flatow, fol. 38 f., 44–47. Am 8. Februar 1823 klagte Nain über die Zustände. 25. Mai 1823: Nain berichtet, wie er die Baumschule unterhält und pflanzt; der Schlossgärtner hilft ihm zuweilen. Im August 1823 war auch ein Preußenprinz dort, der allerdings kein Interesse zeigte. Siehe auch: GStA PK, BPH, Rep. 192, Nl Lenné, Nr. 1, fol. 17, Bericht C. v. Treskow aus Flatow am 19. April 1824.

10 Anonymus 1825, S. 676; Anonymus 1826 (a), S. 45.

11 Anonymus 1829, S. 176 f.

12 GStA PK, I. A, Rep. 100, Reise des Prinzen von Preußen, Rother 24. August 1840 aus Erdmannsdorf.

13 Ebd.

# Gross Cammin, Kreis Landsberg/Warthe, Provinz Brandenburg

Kamień Wielki, Powiat gorzowski, Województwo lubuskie

**Christoph Haase**

*Abb. 1*
*Das Schloss mit Schlossgarten und die Gärtnerei des gräflichen Gutes Groß Cammin (links) auf einer Ansichtskarte, um 1900.*

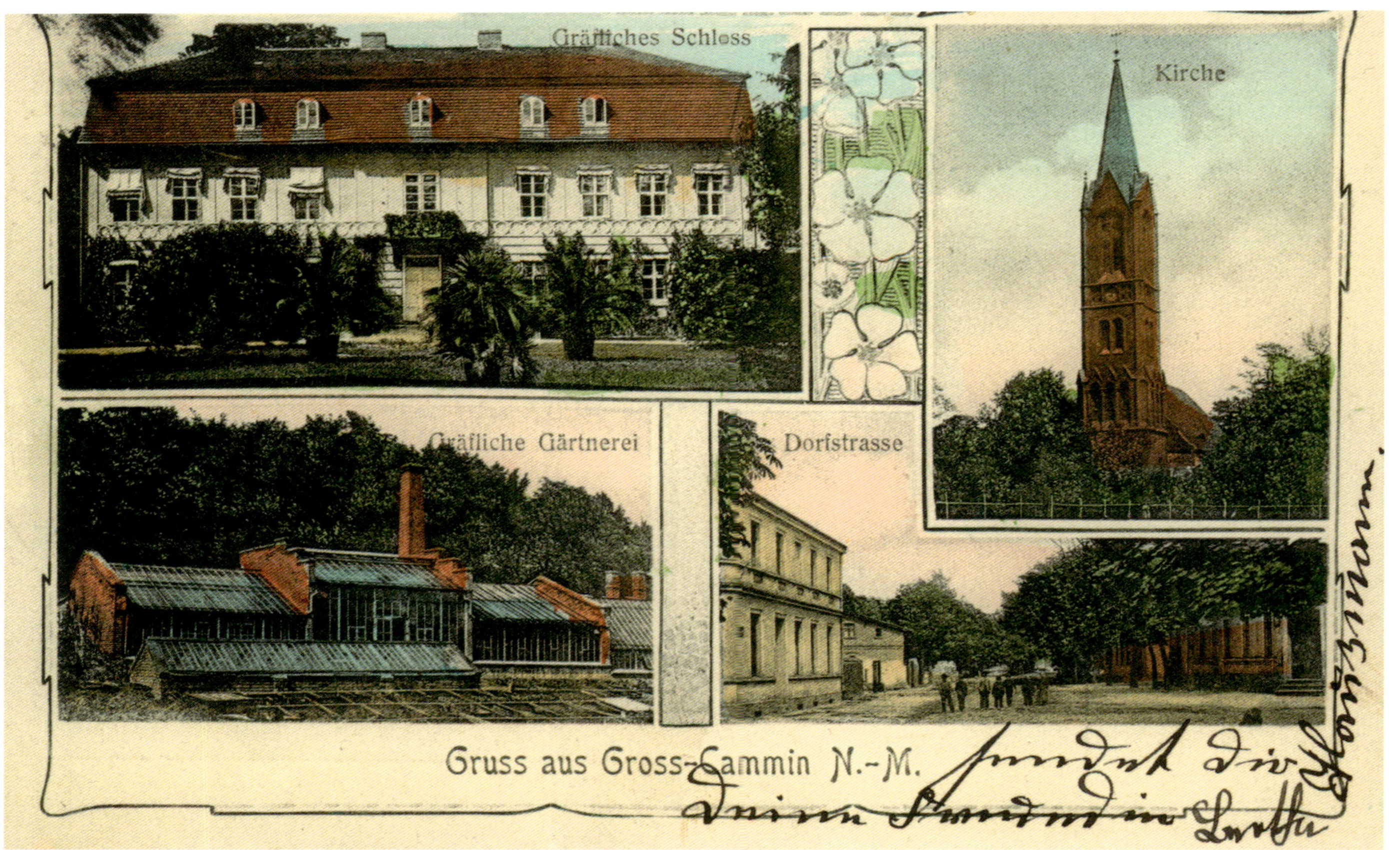


Um die Verbindung Lennés nach Groß Cammin zu klären, muss der Blick zunächst auf das nur wenige Kilometer entfernte Tamsel (Dąbroszyn) gerichtet werden. 1819 gelangte Graf Johann Christoph Hermann von Schwerin (1776–1858) durch vorherige Heirat der Rosalie Ulrike von Dönhoff (1789–1865) in den Besitz des Rittergutes, dessen Schlossbau noch auf den berühmten General-Feldmarschall und Kriegshelden Hans Adam (II.) von Schöning (1641–1696) zurückging.[1] Von Schwerin war Erbherr auf Wolfshagen, für das Lenné 1832 die Neuanlage des Gartens plante.[2] Es liegt daher vorerst nahe, dass Lenné auch zur Verschönerung des geschichtsträchtigen Parks von Tamsel herangezogen wurde. Bei Alexander Duncker wird die Bedeutung der Anlage deutlich: „Der Garten daselbst, welcher seit Übernahme der Güter durch den jetzigen Besitzer [Bogislav Graf von Schwerin, 1833–1889] den heutigen Ansprüchen gemäß gänzlich umgeändert und verschönert wurde […] ist durch Friedrich den II., der ihn als Kronprinz während seiner Prüfungszeit in Küstrin oft zur Erholung wie zum Besuche der damaligen Besitzer [von Wreech] benutzte, zu einem auch geschichtlich denkwürdigen Ort geworden. Die im Garten […] noch vorhandenen […] Denkmäler und Statuen zeugen noch heute von der Pracht der alten Zeit […]. An der Stelle, wo die ältesten Leute des Ortes sich erinnern wollen, den Kronprinzen gesehen zu haben, hat Graf Hermann Schwerin ihm ein Denkmal errichtet, mit Rauchs Victoria gekrönt […].“[3]

Im Zuge der Errichtung des Obelisken für Friedrich den Großen 1840 hatte man sicherlich auch die angrenzenden Gartenpartien verändern lassen, eine grundlegende Umgestaltung schreibt Duncker allerdings Hermann von Schwerins Sohn Bogislav zu, der das Gut erst 1859 übernahm. Der Name Lenné wird an keiner Stelle erwähnt.[4] Eine Mitwirkung des Potsdamer Gartenkünstlers an den Anlagen von Tamsel bleibt also reine Spekulation.[5]

Umso wahrscheinlicher ist es aber, dass Hermann von Schwerin Lenné ins benachbarte Groß Cammin vermittelte, das seiner Schwägerin Amalie Constanze von Dönhoff (1798–1879) und ihrem Ehemann, Konrad Anton von Romberg (1783–1833), gehörte. Beide hatten vermutlich bei einem Besuch des Schwagers in Wolfshagen die Arbeit Lennés in Augenschein genommen und dies als Anreiz zur Verschönerung des eigenen Gutes genommen. In Groß Cammin hatte man schließlich bislang nur mit einem bescheidenen Schlossgarten nebst Nutzgarten vorliebnehmen müssen. Amalie von Romberg beschrieb das Gut später als „[…] unser damals [1819] noch so kahles und unschönes Camin, dem mein Mann es aber gleich anfühlte, wie lieb es uns einmal werden würde […].“[6]

Schritt für Schritt setzte man in Groß Cammin die Vorstellungen vom eigenen Park um, wobei Lenné über mehrere Jahre hinweg für die Familie von Romberg tätig war. Zunächst wurde 1833 der kleine Schlossgarten unmittelbar vor dem Haus (Abb. 1) bearbeitet, bevor ein Jahr später aus Küchen- und Baumgarten eine erste kleine parkartige Anlage entstehen sollte. 1836 nahm man schließlich eine umfassende Erweiterung zu einem mehr als 20 Hektar großen Landschaftspark in Angriff. Da Baron von Romberg bereits im April 1833 verstarb, dürfte er höchstens noch die Verschönerungsarbeiten am

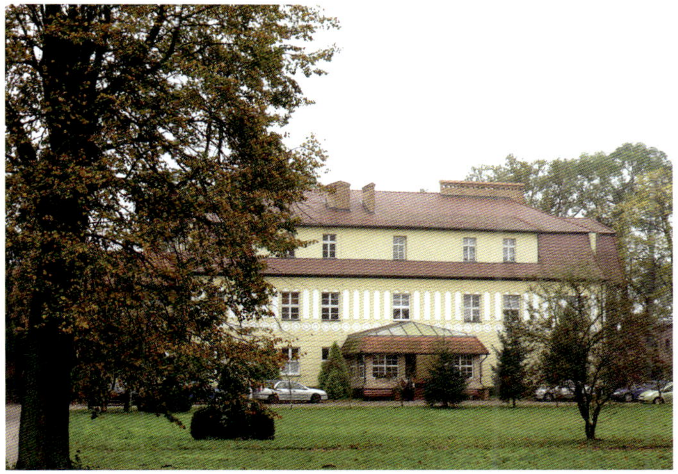

*Abb. 2*
*Das heute als Pflegeheim genutzte Schloss von Groß Cammin.*

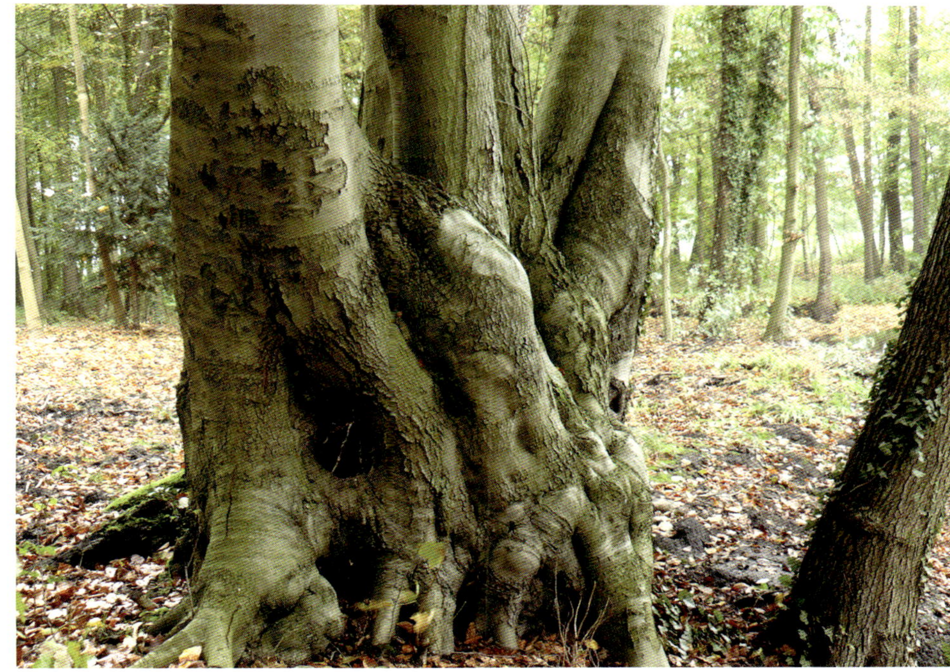

*Abb. 3*
*Bündelpflanzung aus Rot-Buchen im südöstlichen Teil des Parks von Groß Cammin.*

Schlossgarten erlebt haben. Alle anderen Gestaltungen fanden unter der verwitweten Amalie statt, die noch über vier Jahrzehnte das Gedeihen der Anlagen verfolgen konnte. Durch Hochzeit der Tochter Marianne (1821–1884) gelangte das Gut an die Grafen zu Stolberg-Wernigerode und blieb in deren Besitz bis zum Verkauf und Aufsiedlung im Jahr 1922. Vor dem Zweiten Weltkrieg wechselten Schloss und Park noch mehrfach den Eigentümer.[7]

Heute befindet sich ein Pflegeheim in dem erhaltenen Herrenhaus (Abb. 2). Die umliegenden Bereiche sind stark überformt. An der Stelle des ehemaligen Baumgartens gibt es inzwischen wieder eine große Obstbaumpflanzung.[8] Der Park selbst zeigt sich mittlerweile zwar eher waldartig, beinhaltet aber noch immer wertvolle Altbäume aus der Lennéschen Gestaltung, darunter stattliche Hainbuchen, Eichen und Kastanien. Eine solitäre Platane sowie diverse Bündelpflanzungen aus z. B. Rot-Buchen (Abb. 3) oder Linden gehören zu den Besonderheiten des Bestandes. Einzeln nummerierte Baumstämme, bewusst belassene Strauchgruppen sowie freigehaltene Uferpartien (Abb. 4) und Wegeverbindungen zeugen von einer engagierten Pflege vor Ort.

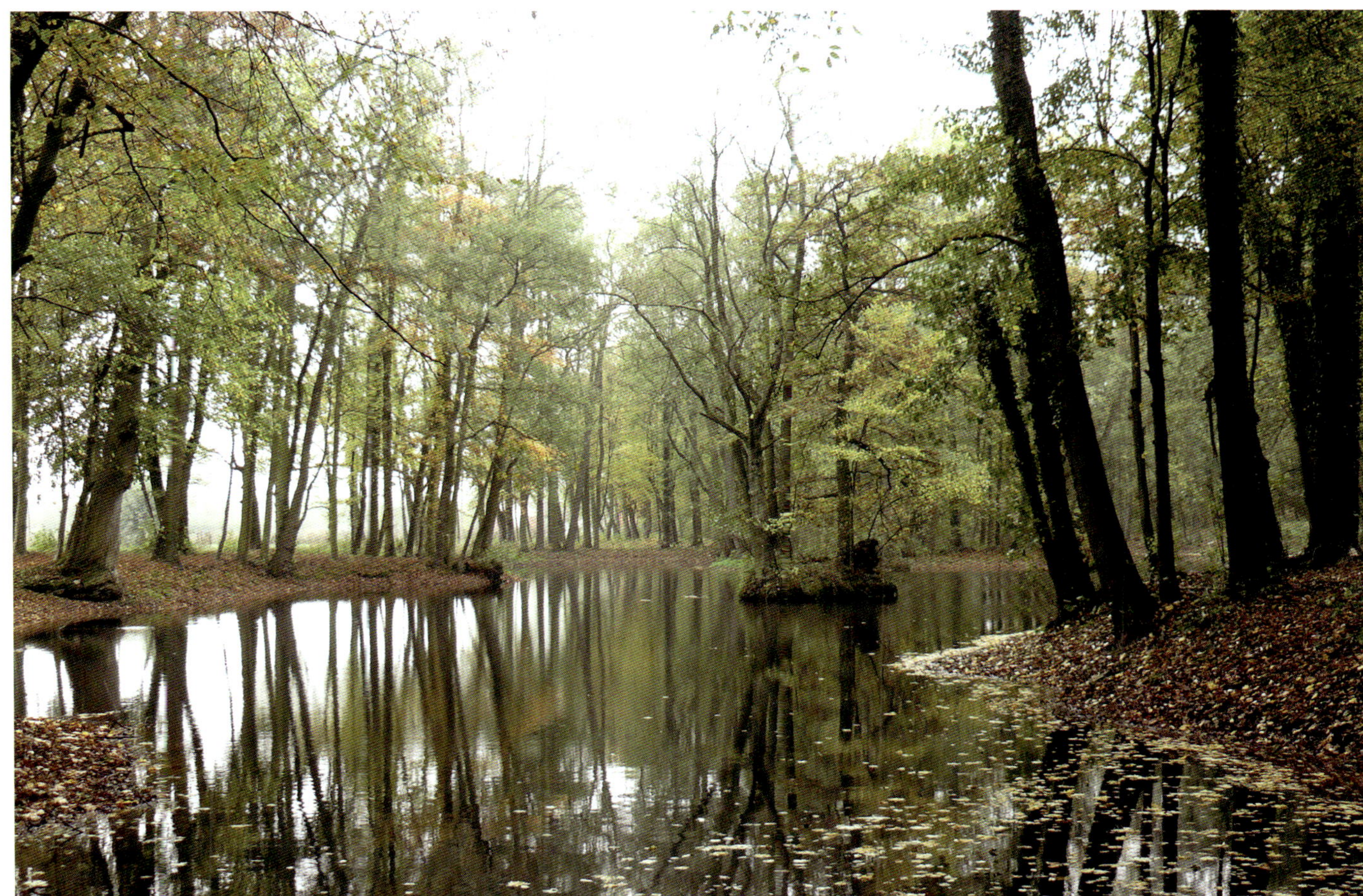

*Abb. 4*
*Teich im südöstlichen Teil des Groß Camminer Parks.*

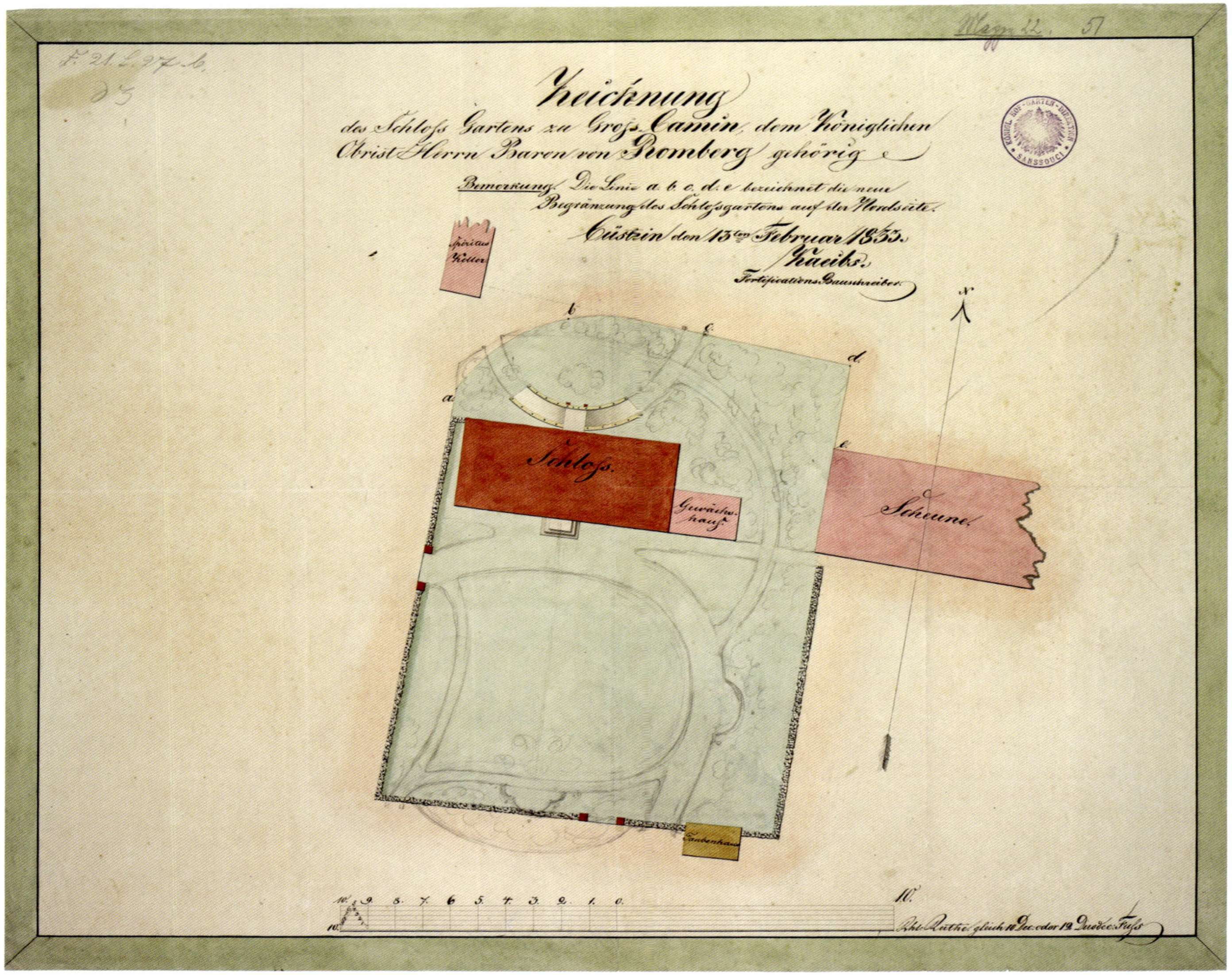


*Abb. 5*
*Vorzeichnung für den Schlossgarten von Groß Cammin, 1833.*

**Vorzeichnung Schlossgarten**
**„Zeichnung des Schloss Gartens zu Groß-Camin, dem Königlichen Obrist Herrn Baron von Romberg gehörig“**

*Datierung:* „Cüstrin den 13ten Februar 1833“ (Situation)
*Zeichner:* „Kaeibs, Fortifications Bauschreiber.“ (Situationsplan) – Einzeichnungen von Lenné
*Bezeichnungen:* zum Bestand (Feder): „Spiritus Keller“, „Schloss“, „Gewächshaus“, „Scheune“, „Taubenhaus“, „Bemerkung. Die Linie a. b. c. d. e bezeichnet die neue Begränzung des Schlossgartens auf der Nordseite.“
*Ausrichtung:* nach Norden
*Maßstab:* beziffert in Rheinländischen Ruten
*Technik und Maße:* Feder in Schwarz, farbig laviert in Rot, Rosa, Grün und Gelbgrün Situationsplan, Einzeichnungen mit Bleistift – 45 x 54,7 cm
*Standort:* SPSG, GK II (1) 3492 (Günther/Harksen Nr. 422) (Abb. 5)

Die Folge der in Potsdam erhaltenen Pläne von Groß Cammin lässt Arbeitsweise und Gestaltungsansätze Lennés beispielhaft nachvollziehen. Dieser erste Entwurf wurde direkt auf den von einem örtlichen Vermesser angefertigten Situationsplan skizziert. Aus der Vorzeichnung gehen bereits die geplanten Veränderungen am alten Schlossgarten und dessen Erweiterung hervor. Aus der kleinen, rechteckigen Fläche im Süden wird ein differenzierter Gartenraum mit vielfältigen Teilbereichen. Vis-à-vis der südlichen Freitreppe des Schlosses soll ein nischenartiger Sitzplatz entstehen, vor dem sich auf einer zentralen Rasenfläche ein Schmuckbeet ausbreitet. Als Hintergrund fungiert eine hohe Gehölzpartie, die zugleich die altmodische Schnitthecke auflöst. An der Ostseite befindet sich orthogonal versetzt ebenfalls ein halbrunder Platz. Dichte Strauchpflanzungen umgeben ihn und kaschieren das bestehende Taubenhaus. Eine harmonisch geschwungene Zufahrt, von der kleinere Erschließungswege abzweigen, durchzieht den Garten. Der Übergang zur Erweiterung im Norden ist dicht bepflanzt, auch um der großen Scheune etwas Dominanz zu nehmen. Der Raum öffnet sich erst wieder an der Schlossrampe. Der Plan sieht drei neue Eingänge zum Garten vor. Nur das alte Tor im Westen sollte offenbar erhalten bleiben.

**Schauplan Schlossgarten**
**„Camin. dem Oberst Herrn von Romberg gehörig“**

*Datierung:* 1833
*Zeichner:* ohne Signatur
*Bezeichnungen:* keine
*Ausrichtung:* Süden (Signatur der Gehölze) bzw. nach Osten (Beschriftung)
*Maßstab:* ohne Angabe
*Technik und Maße:* Feder in Grau, laviert in Grüntönen und Rosa – 36,3 x 22,2 cm
*Sonstiges:* auf Grundlage des vorangehenden Arbeitsplanes (SPSG, GK II (1) 3492) erstellter Schauplan
*Standort:* SPSG, GK II (1) 3494 (Günther/Harksen Nr. 423) (Abb. 6)

Es handelt sich hierbei um einen aus der vorhergehenden Skizze entwickelten Schauplan, der zur Präsentation beim Auftraggeber vorgesehen war. Die detailliert dargestellten und differenziert kolorierten Pflanzungen vermitteln einen lebhaft-räumlichen Eindruck der Gestaltung. Im Vergleich zum Vorentwurf gibt es geringfügige Änderungen. Die Linienführung der Wege ist leicht überarbeitet. Der nischenartige Sitzplatz wurde um 90 Grad an die Ostseite versetzt. Davor gibt es nun ein von Zierwegen eingefasstes Schmuckbeet. In der Mittelachse des Herrenhauses, südlich der zentralen Rasenfläche ist offenbar eine berankte, halbrunde Laube vorgesehen, die im Schatten der angrenzenden Gehölze liegt. Die davor befindliche symmetrische Pflanzung wurde aus der Skizze übernommen. Die geschickte Verteilung von verschiedenartigen Einzelgehölzen, Gruppen und zusammenhängenden Massen verleiht dem kleinen Garten ein abwechslungsreiches und weitläufig wirkendes Erscheinungsbild.

Ganz offensichtlich wurden auf dem Schauplan auch die bestehenden Strukturen idealisiert. Die Grundstücksgrenzen verlaufen hier exakt rechtwinkelig zum Schloss und sind zudem etwas enger gefasst. Das klobige Taubenhaus am südöstlichen Rand schrumpft zu einer unscheinbaren, dicht abgepflanzten Architektur. Anstelle des vormaligen Gewächshauses an der Ostfassade des Schlosses ist augenscheinlich ein Erweiterungsbau vorgesehen. Die benachbarte Scheune ist nicht dargestellt. Unklar ist, warum die Gestaltung des nördlichen Teils nicht auf der Zeichnung auftaucht. [9]

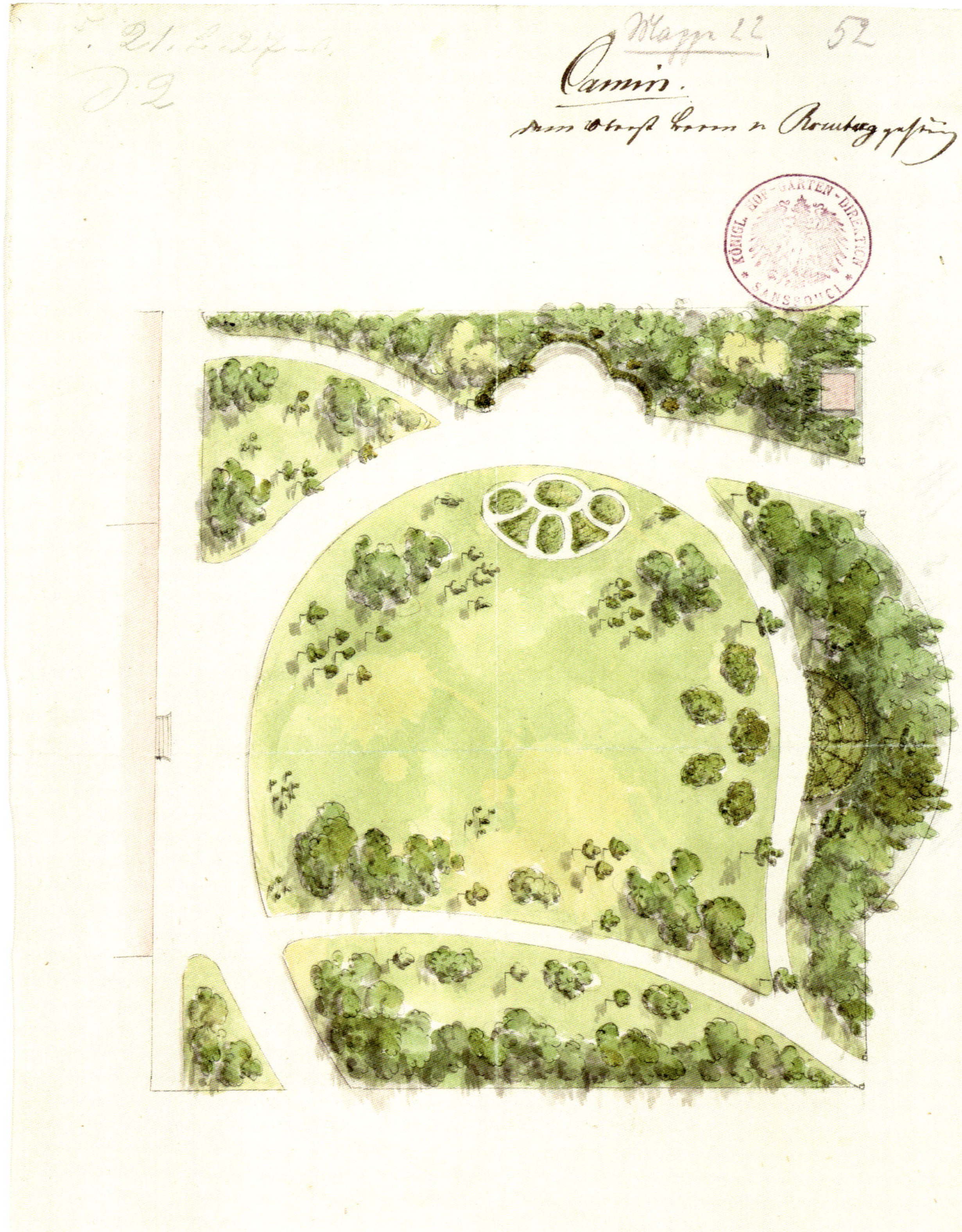


*Abb. 6*
*Schauplan für den Schlossgarten von Groß Cammin, 1833.*

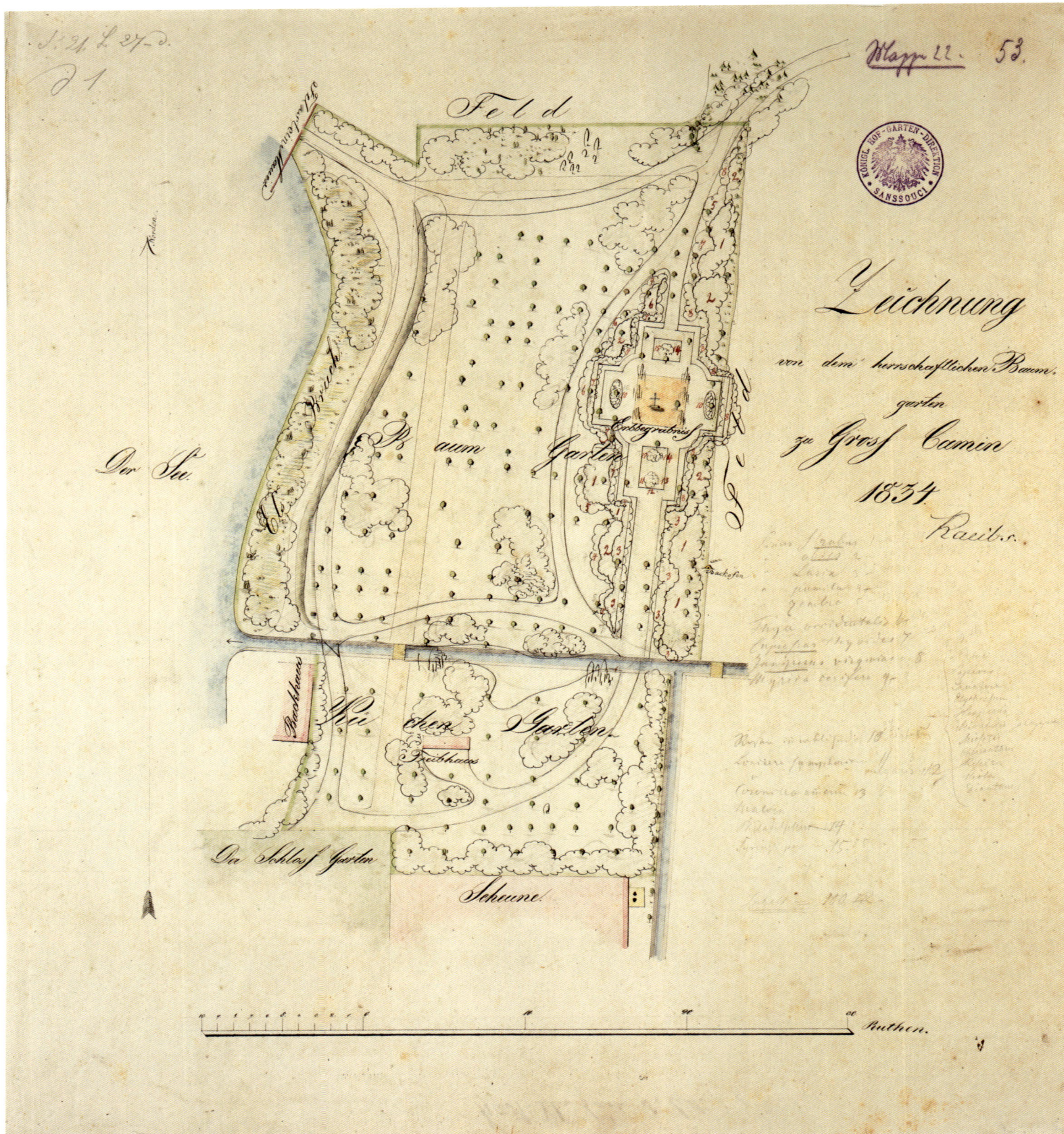
Mappe 22. 53
KÖNIGL. HOF-GARTEN-DIRECTION SANSSOUCI
Feld
Zeichnung
von dem herrschaftlichen Baum-
garten
zu Gross Camin
1834
Der See
Baum Garten
Erbbegräbniss
Küchen Garten
Treibhaus
Der Schloss Garten
Scheune
Ruthen.

**Arbeitsplan zur Umgestaltung des Baumgartens „Zeichnung von dem herrschaftlichen Baumgarten zu Gross Camin“**

*Datierung:* „1834“ (Situation)
*Zeichner:* „Kaeibs“ (Situationsplan) – Einzeichnungen von Lenné
*Bezeichnungen:* zum Bestand (Feder): „Der Schloss Garten“, „Scheune“, „Backhaus“, „Treibhaus“, „Küchen Garten“, „Der See“, „Els Bruch“, „Baum Garten“, „Erbbegräbniss“, „Backofen‘, „Feld“ (2x), „Feldsteinmauer“; zum Entwurf (Bleistift, Feder in Rot): Bepflanzung am Erbbegräbnis bestehend aus „Pinus Strobus 1, Pinus abies 2, Pinus Larix 3, Pinus pumila 4, Pinus zembra 5, Thuja occidentalis 6, Cupressus thyoides 7, Juniperus virginiana, 8 , Myrica cerifera 9, Rosen immerblühende 10“; Einfassung der Rosen mit „Malva, Papaver, Lavatera, Elychrisum, Hespiris, Mirabilis jalappa, Miosotis, Cheiranthus, Reseda, Viola, Dianthus; weitere Sträucher: „Lonicera symphoric. 11, Lonicera vulgaris 12, Coronilla emerus 13, Malva [?], Philadelphus 14, Syringa persica 15“ (jeweils mit Angabe von Stückzahl und Qualität), „Inhalt = 900 … [?]“
*Ausrichtung:* nach Norden
*Maßstab:* beziffert in Ruten
*Technik und Maße:* Feder in Grau, Schwarz und Rot, laviert in Rosa, Blau, Gelb und Grün, Bleistift – 45,6 x 42 cm
*Standort:* SPSG, GK II (1) 3493 (Günther/Harksen Nr. 424) (Abb. 7 )

Dieser Arbeitsplan veranschaulicht eindrucksvoll Lennés Kunstfertigkeit, den monotonen Küchen- und Baumgarten nördlich des Schlossgartens bereits auf dem Papier in eine abwechslungsreiche kleine Parkanlage zu verwandeln. Geschwungene Wege und landschaftlich geformte Gehölzgruppen lösen das strenge Pflanzraster auf, wobei ein Teil der alten Obstbäume offenbar in die Gestaltung integriert wird. Säulenförmige und hängende Baumkronen setzen vereinzelt Akzente. Dichte Strauchpartien schirmen Nutzgebäude wie Scheune und Backhaus ab. Das Treibhaus hingegen wird so umpflanzt, dass es an ausgewählten Stellen als Blickfang fungiert. Vom Schloss aus ist eine lange Diagonalsicht durch den Garten möglich. Der in den westlich angrenzenden See mündende Graben wird zu einem natürlich anmutenden Teich erweitert.

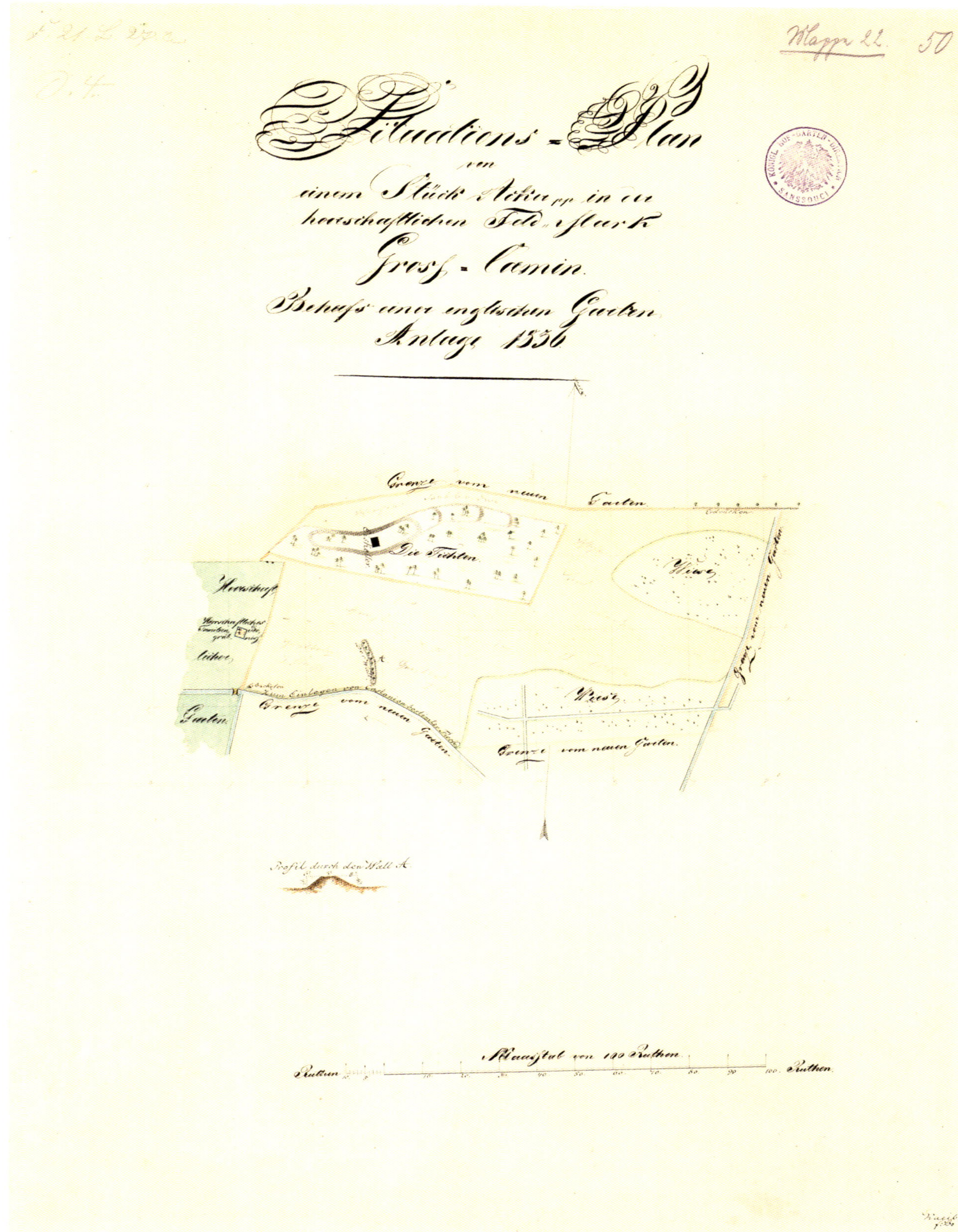


*Abb. 7 (links)*
*Arbeitsplan zur Umgestaltung des Baumgartens von Groß Cammin, 1834.*

*Abb. 8 (rechts)*
*Plangrundlage für den Entwurf des Landschaftsparks von Groß Cammin, 1836.*

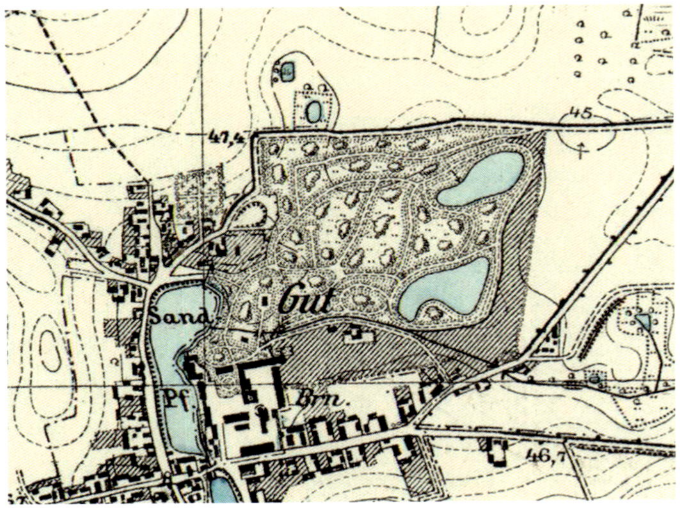


*Abb. 9*
*Gut und Park von Groß Cammin auf einem Ausschnitt des Messtischblatts 1773 (Tamsel), aufgenommen 1891, berichtigt 1923.*

*Abb. 10*
*Torpfeiler am nordöstlichen Parkeingang in Groß Cammin.*

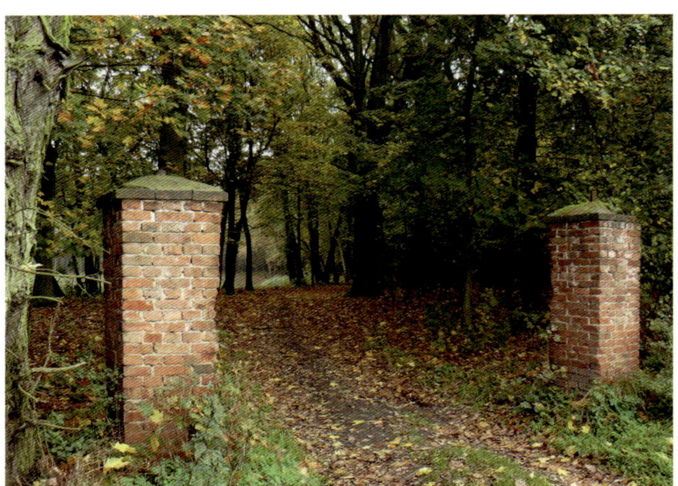

Schwerpunkt der Gestaltung ist das im Osten gelegene Erbbegräbnis, das einen würdigen Rahmen erhält. Es wird von einem geometrisch gegliederten Platz umgeben, der dem kreuzförmigen Grundriss einer Kirche gleichkommt.[10] Auf der dem Schloss zugewandten Seite führt ein gerader, breiter Gang zu der Ruhestätte – am anderen Ende verläuft ein Weg (fast schon programmatisch) im weiten Schwung in die freie Landschaft. Durch dichte seitliche Bepflanzungen aus unterschiedlichsten Koniferen entsteht ein abgeschlossener Raum. In unmittelbarer Nähe der Gräber sind verschiedene Blütensträucher, Rosen und Blumen vorgesehen. Ein Umgehungsweg ermöglicht einen Rundgang durch den Garten, ohne dass das Begräbnis passiert werden muss.

**Plangrundlage für den Entwurf des Landschaftsparks „Situations-Plan von einem Stück Acker pp in der herrschaftlichen Feld-Mark Gross-Camin. Behufs einer englischen Garten Anlage 1836“**

*Datierung:* „1836“ (Situation)
*Zeichner:* „Kaeibs. F. B.“ (Situationsplan) – Einzeichnungen von Lenné
*Bezeichnungen:* zum Bestand (Feder): „Herrschaftlicher Garten“, „Herrschaftliches Familien-Begräbnis“, „Grenze vom neuen Garten“ (4x), „Backofen“, „Zum Einlegen von Castanien bestimmter Fleck“, „Der Wall A.“, „Wiese“ (2x), „Erdrücken“, „Die Fichten“, „Eiskeller“, „Profil durch den Wall A.“; zum Entwurf (Bleistift): „schlechter Sandboden“ (2x), „höher … [?]“, „Gerstboden I … [?]“, „Gerstboden II … [?]“ (2x), nummeriertes quadratisches Raster im Abstand von 20 Ruten
*Ausrichtung:* nach Norden
*Maßstab:* beziffert in Ruten
*Technik und Maße:* Feder in Grau und Schwarz, laviert Grün, Blassbraun und Blau, Bleistift – 52 x 42,7 cm
*Standort:* SPSG, GK II (1) 3491 (Günther/Harksen Nr. 425) (Abb. 8)

Der Plan zeigt die Ausgangssituation der zur Anlegung des Parks vorgesehenen Fläche, die sich aus Äckern, Wiesen und einem kleinen Fichtenbestand zusammensetzt. Ein langgezogener Hügel mit Eiskeller prägt den nördlichen Teil. Im Westen grenzt der aus dem vormaligen Nutzgarten hervorgegangene „Herrschaftliche Garten“ (vgl. Abb. 7 ) an. Der Zeichnung lässt sich entnehmen, dass die Auftraggeberin entlang des südlichen Grabens eine Pflanzung aus Kastanien wünschte.

Die mit Bleistift vorgenommenen Eintragungen der unterschiedlichen Bodenverhältnisse sowie die Rasterung der Fläche stammen sehr wahrscheinlich von Lenné persönlich und weisen darauf hin, dass er möglicherweise selbst zur „Grundlagenermittlung“ vor Ort war. Da sich keinerlei Entwurfszeichnungen auf dem Blatt befinden und weitere Pläne fehlen, kann man sich zur Beschreibung der Parkgestaltung nur auf das Messtischblatt (Abb. 9) und überkommene Strukturen des Bestandes stützen.

Die Teilbereiche Schlossgarten und „Herrschaftlicher Garten“ wurden in den Park integriert. In der Mitte der Anlage gab es eine große, dreigeteilte Wiesenfläche. Auf den feuchten Wiesen im Osten entstanden zwei buchtenreiche Teiche mit kleinen Inseln. Die Anhöhe am Eiskeller diente vermutlich als Aussichtspunkt. Den kleinen Erdrücken im Nordosten formte man offensichtlich in einen kleinen, runden Hügel um, der sehr wahrscheinlich Standort eines Pavillons war. Von hier sind Blicke in die umliegende Landschaft und auf den nördlichen Teich möglich. In unmittelbarer Nähe dazu existieren noch immer die Torpfeiler eines Parkeingangs (Abb. 10). Unklar ist die Bedeutung der im Messtischblatt dargestellten Wegachse (über „Gut“), die in einem kleinen Platz endet und von der stationsartig kurze Seitenwege abzweigen. Ob die Linden- und Eichen-Alleen im Westen und Norden der Anlage auch Teil der lennéschen Planung oder spätere Zutaten sind, kann nicht mit Gewissheit gesagt werden.

**Anmerkungen**

1 Duncker 1863/64, Nr. 360 (Tamsel).
2 Günther/Harksen 1993, S. 167.
3 Duncker 1863/64, Nr. 360 (Tamsel). Auch im benachbarten Groß Cammin soll Friedrich II. 1730 und 1731 im Schloss der verwitweten Juliane Charlotte von Schöning zu Besuch gewesen sein, um dort u. a. den Grafen von der Schulenburg zu treffen (Müller 1997, S. 74).
4 In aller Regel erwähnt Duncker in seinen Beschreibungen, wenn Persönlichkeiten wie Lenné oder Schinkel vor Ort gewirkt haben. Auch beim Zeitgenossen Theodor Fontane, der sich in seinen Wanderungen durch die Mark Brandenburg ausführlich dem Park von Tamsel widmet, erfolgt keine Nennung Lennés.
5 Hinz hält eine Gestaltung durch Lenné nicht für ausgeschlossen, liefert aber außer der Verbindung zu Wolfshagen keine weiteren Argumente (Hinz 1989, S. 254). Günther und Harksen stützen sich wiederum auf Hinz und schreiben, dass Schwerin Lenné mit der Gestaltung Tamsels beschäftigt hätte (Günther/Harksen 1993, S. 167).
6 Romberg 1862, S. 44.
7 Müller 1997, S. 133; 168; 177–179.
8 Das Erbbegräbnis hatte man bereits 1929 auf einen Waldfriedhof im Groß Camminer Forst verlegt (ebd., S. 182 f.).
9 In der Regel verblieben Schaupläne bei den Auftraggebern, daher handelt es sich möglicherweise um eine Kopie, die Lenné von einem seiner Schüler – vielleicht als Musterplan – anfertigen ließ.
10 Mit Langhaus, Querschiff und Chor.

# Hohenlübbichow, Kreis Königsberg in der Neumark, Provinz Brandenburg

Lubiechów Górny, Powiat gryfiński, Województwo zachodniopomorskie

**Christoph Haase**

**„Hohen-Lübbichow"**

*Datierung:* um 1825
*Zeichner:* ohne Signatur
*Bezeichnungen:* keine
*Ausrichtung:* nach Norden
*Maßstab:* beziffert in Ruten („R.D.")
*Technik und Maße:* Feder in Grau und Braun, farbig laviert – 43,6 x 52,7 cm (Wasserzeichen von 1821)
*Standort:* SPSG, GK II (1) 3487 (Günther/Harksen Nr. 427) (Abb. 2)

Hohenlübbichow liegt am Oderbruch, zwischen Bad Freienwalde und Königsberg in der Neumark (Chojna). Seit 1821 gehörte das Rittergut dem Geheimen Kommerzienrat Ernst Gottlieb von Endell (1781–1856), der 1840 durch König Friedrich Wilhelm IV. in den Adelsstand erhoben wurde. Neben Hohenlübbichow zählten die beiden, jeweils mit einer Ziegelei ausgestatteten Dörfer Niederlübbichow (Lubiechów Dolny) und Bellinchen (Bielinek) sowie die Vorwerke Markentun (Markocin) und Zychlin (nicht mehr vorhanden) zum Gesamtbesitz. Von den insgesamt etwa 2600 Hektar umfassenden Ländereien waren mehr als die Hälfte Forst.[1] Bereits kurz nach dem Erwerb des Gutes erwuchs die Idee zur Anlegung eines Parks, womit sich die Handelsfamilie Endell an Lenné wandte.

In dem um 1825 möglicherweise von Gerhard Koeber zeichnerisch umgesetzten Entwurf sind neben den geplanten Veränderungen auch die bestehenden Garten-, Gewässer- und Wegestrukturen eingetragen, wodurch sich der Umfang der Neugestaltung gut ablesen lässt. Der große Küchengarten sollte als essenzielles Element der Gutswirtschaft weitestgehend unangetastet bleiben und wurde zum Kernbereich der Neuanlage. Um eine Dominanz zu verhindern, kaschieren ihn auf dem Plan teilweise Gehölzpflanzungen. Auch die zahlreichen Wirtschafts- und Stallgebäude sowie auf die Fläche des Parks übergreifende Bauwerke erhalten einen Sichtschutz. Unmittelbar hinter dem Herrenhaus ist ein Rondell vorgesehen. Eine symmetrisch geschwungene Wegegabelung stellt den Übergang zum streng geometrischen Nutzgarten her. Fließend knüpfen die organisch geformten Parkwege an. Selbst der winkelige Verlauf der nach Norden führenden Fahrstraße wird aufgebrochen und in das landschaftliche Wegenetz eingebunden. Auch die geradlinigen, der Entwässerung der feuchten Niederung dienenden Gräben werden natürlichen Formen angepasst und stellenweise teichartig verbreitert. Auf den Wiesenflächen, insbesondere aber im Bereich von Wegekreuzungen, sind verschiedenartige Gehölzgruppen angeordnet, die abwechslungsreiche Blickführungen bewirken. Breite Sichtfenster zwischen den eher punktuell gesetzten Pflanzungen beziehen die weitläufige und bewegte Feldflur in die Gestaltung ein. Auf einer Anhöhe im Norden dient ein Pavillon als Aussichtspunkt.[2]

Lenné band die umliegenden Flächen allerdings nicht nur optisch ein. Geschwungene Wege erschließen die Ackerflächen und führen bis an den Rand des nördlich gelegenen Hohenlübbichower Forstes, wo eine Art Fortsatz der Anlage geplant war. Hier befindet sich auch ein topographisch bedeutungsvoller Punkt: der sogenannte Galgenberg, der eine beeindruckende Fernsicht in das malerische Odertal ermöglicht.[3]

Die gärtnerische Gestaltung dieser Exklave war insgesamt weniger intensiv und eher ökonomischer Natur, denn es war offenbar eine großflächige Obstplantage vorgesehen. Landschaftlich geformte Gehölzstreifen lösen im Plan den strengen Pflanzrhythmus auf und leiten zum Wald über. Auch bei den auf den Wiesenflächen des eigentlichen Parks dargestellten Baumgruppen[4] handelt es sich vermutlich (zumindest teilweise) um Obstpflanzungen. Die weitgreifende Neugestaltung berücksichtigte also neben der Ausschmückung des Gutes in großem Maße auch nützliche Aspekte. An dieser Stelle wird klar, dass Lenné wahrscheinlich auch für Hohenlübbichow eine Art der Landesverschönerung entwickelte. Ganz ähnliche Bepflanzungsmuster finden sich auf den Plänen für Berkenbrügge und Flatow wieder, die etwa zur gleichen Zeit bzw. kurz zuvor entstanden (s. S. 103, Abb. 3 bzw. S. 122, Abb. 3).

Es bleibt die Frage, was von dem etwa 30 Hektar umfassenden Entwurf wirklich umgesetzt wurde. Im Dezember 1830 teilte der Hofgärtner Kellner aus Schwedt Lenné mit, dass er 100 hochstämmige Kastanien an den Geheimrat Endell zu Hohenlübbichow geliefert habe.[5] Die Bäume waren möglicherweise für die heute noch existierende Allee im Norden des Gutes bestimmt. Ein Blick auf das Messtischblatt von 1888 (Abb. 1) ist ernüchternd. Abgesehen von einer kleinen Schmuckfläche hinter dem Wohnhaus hatte man auf einer gerade einmal anderthalb Hektar großen Fläche westlich des

*Abb. 1*
*Das Gut Hohenlübbichow mit der angrenzenden Feldflur auf einem Ausschnitt des Messtischblatts 3051 (Zachow), aufgenommen 1888, letzte Nachträge 1941.*

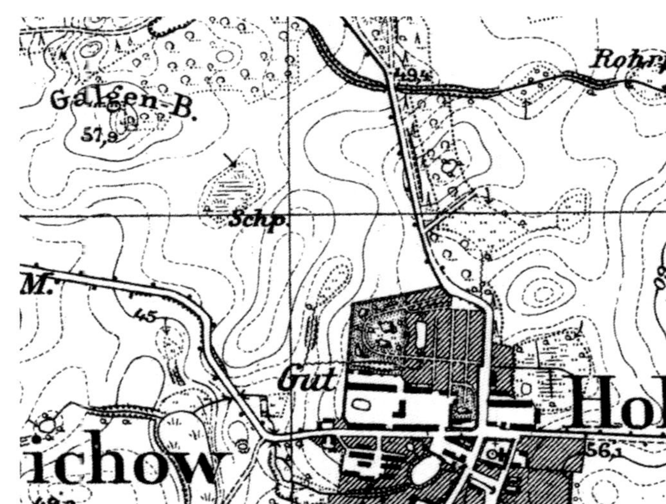

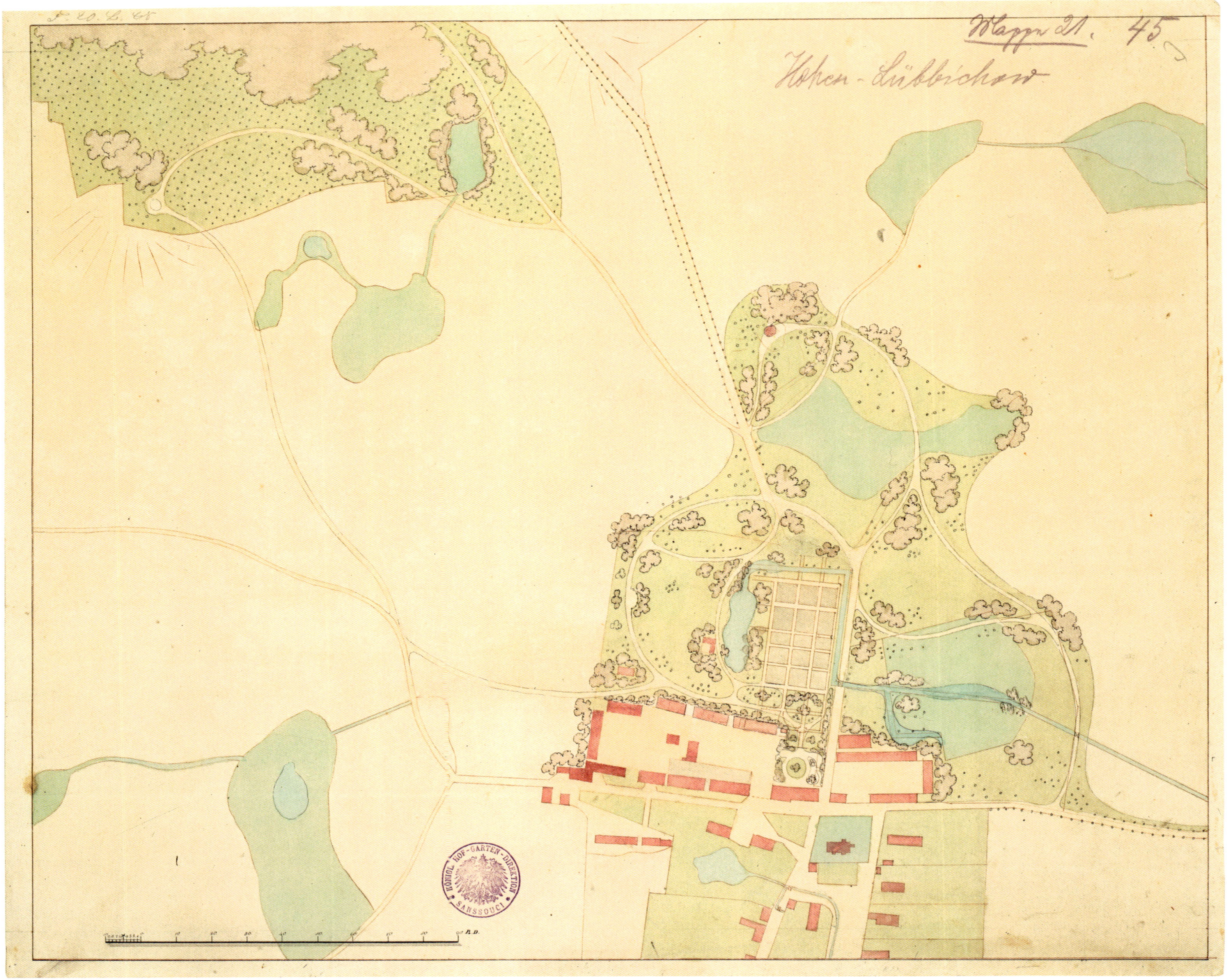




Christoph Haase: Hohenlübbichow, Kreis Königsberg in der Neumark, Provinz Brandenburg

Küchengartens eine schlichte, parkartige Gestaltung vorgenommen, die nichts mit der Planung gemeinsam hatte. Entgegen der von Lenné konzipierten Offenheit erhielt der Garten eine umfassende Gutsmauer, die augenscheinlich jeglichen Sichtbezug zur angrenzenden Landschaft behinderte. Um 1900 entstand auf einer der Rasenflächen ein Tennisplatz (Abb. 3).

Die großen Gutsgebäude samt Herrenhaus bestimmen noch heute das Ortsbild von Hohenlübbichow (Abb. 4). Der kleine landschaftliche Garten ist mittlerweile verwildert. Der bereits auf dem Lenné-Plan dargestellte Teich ist nach wie vor erhalten. Mehrere Reihen inzwischen ausgewachsener Hainbuchen zeugen noch immer von den Heckenstrukturen des ehemaligen Nutzgartens. Kleine Gruppen von u. a. Silber-Pappeln, Eschen und Fichten sowie eine Hänge-Buche weisen auf eine einst vorgenommene Überformung dieses geometrischen Bereichs hin.

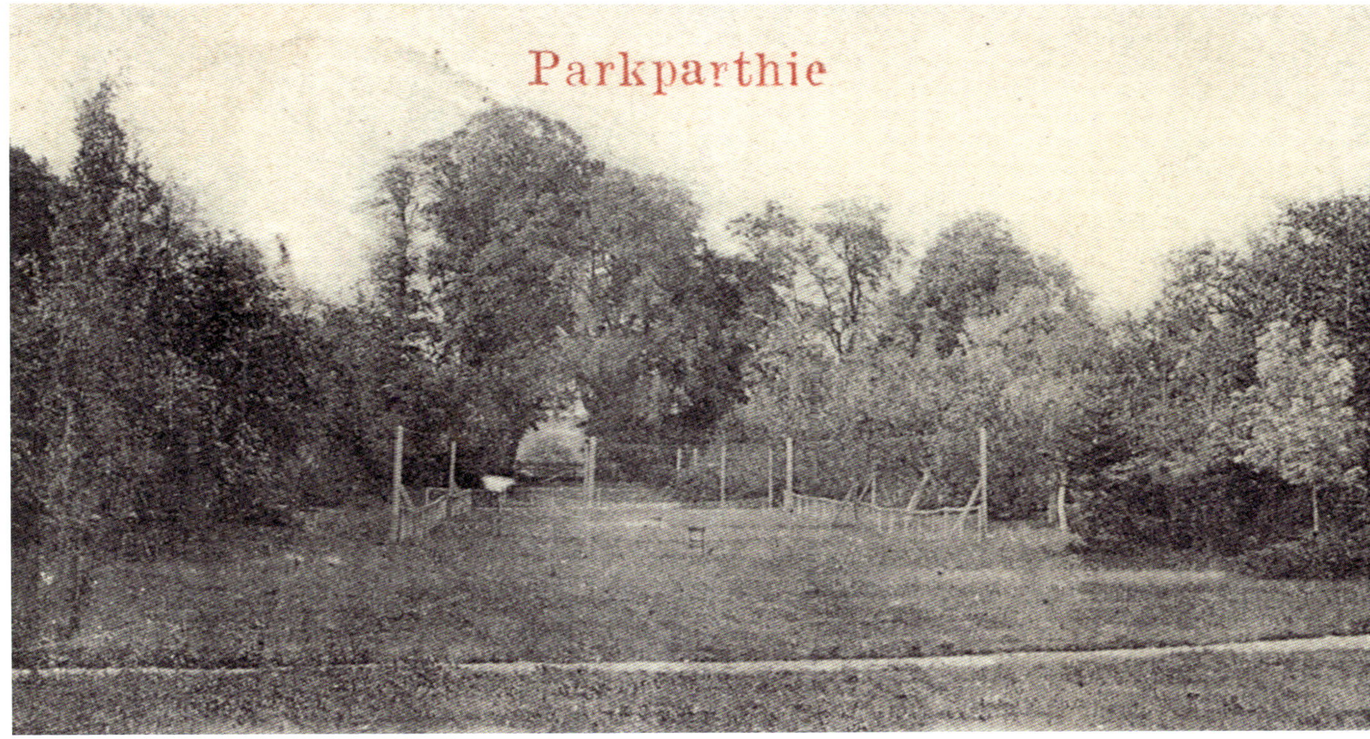


*Abb. 3*
*Tennisplatz auf einer Freifläche des kleinen Parks in Hohenlübbichow. Ausschnitt einer Ansichtskarte von 1900.*

*Abb. 2*
*Entwurfsplan für den Park von Hohenlübbichow, um 1825.*

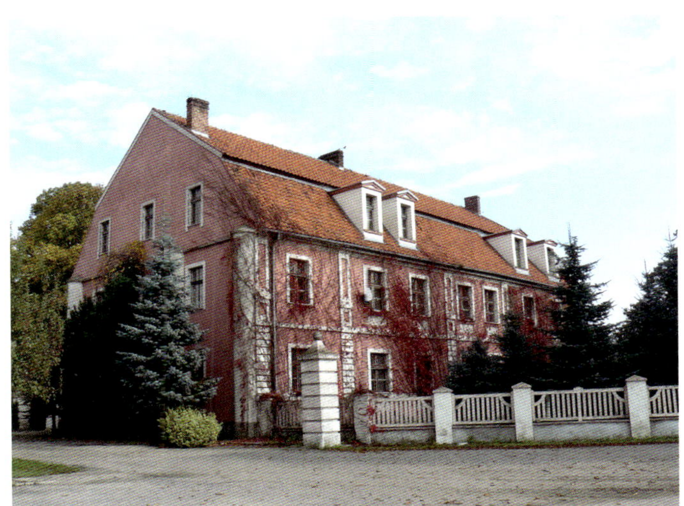

*Abb. 4*
*Das Gutshaus im Ortskern von Hohenlübbichow, Aufnahme 2014.*

## Anmerkungen

1 Berghaus 1856, S. 407–409. Nach Ernst Gottlieb von Endells Tod 1856 gelangte das Rittergut Hohenlübbichow über seine Tochter Amalie (1818–1846) an deren Mann, den preußischen Minister Freiherr Erasmus Robert von Patow (1804–1890). Die gemeinsame Tochter Hedwig von Patow (1842–1882) vermählte sich mit dem vermögenden Robert von Keudell (1824–1903), der den Besitz später übernahm. Er war ein bedeutender preußischer Diplomat, u. a. Gesandter in Rom, sowie enger Vertrauter Otto von Bismarcks (Angaben zu den Familien- und Dienstverhältnissen aus Heinrich 2001). Seit 1912 bewirtschaftete Robert von Keudells Sohn Walter (1884–1973) das Gut. Er machte sich als Forstmann einen Namen. Unter ihm wurde der Hohenlübbichower Forst zum Vorzeigerevier für naturgemäße Waldwirtschaft. Näheres in: Landesforstanstalt Eberswalde 2008.

2 Wendland/Wendland 2015, S. 35 schreiben von einem von Schinkel entworfenen Gartenhäuschen, das sich allerdings südwestlich des Teiches befinden haben soll und angeblich bereits 1880 abgerissen wurde. Eine konkrete Quelle wird nicht benannt.

3 An dieser Stelle sei auf den nahe gelegenen Park von Criewen verwiesen, der direkt an einen Nebenarm der Oder grenzt. Lenné gestaltete die Anlage 1823 für Otto von Arnim (Günther/Harksen 1993, S. 152 f.)

4 Sie haben die gleiche Signatur: kleiner Punkt bzw. Kreis.

5 Hinz 1989, S. 239. Gemeint ist Julius Carl Hermann Kellner (1812–1880), der Hofgärtner in Schwedt und in Charlottenburg war (SPSG 2004, S. 317).

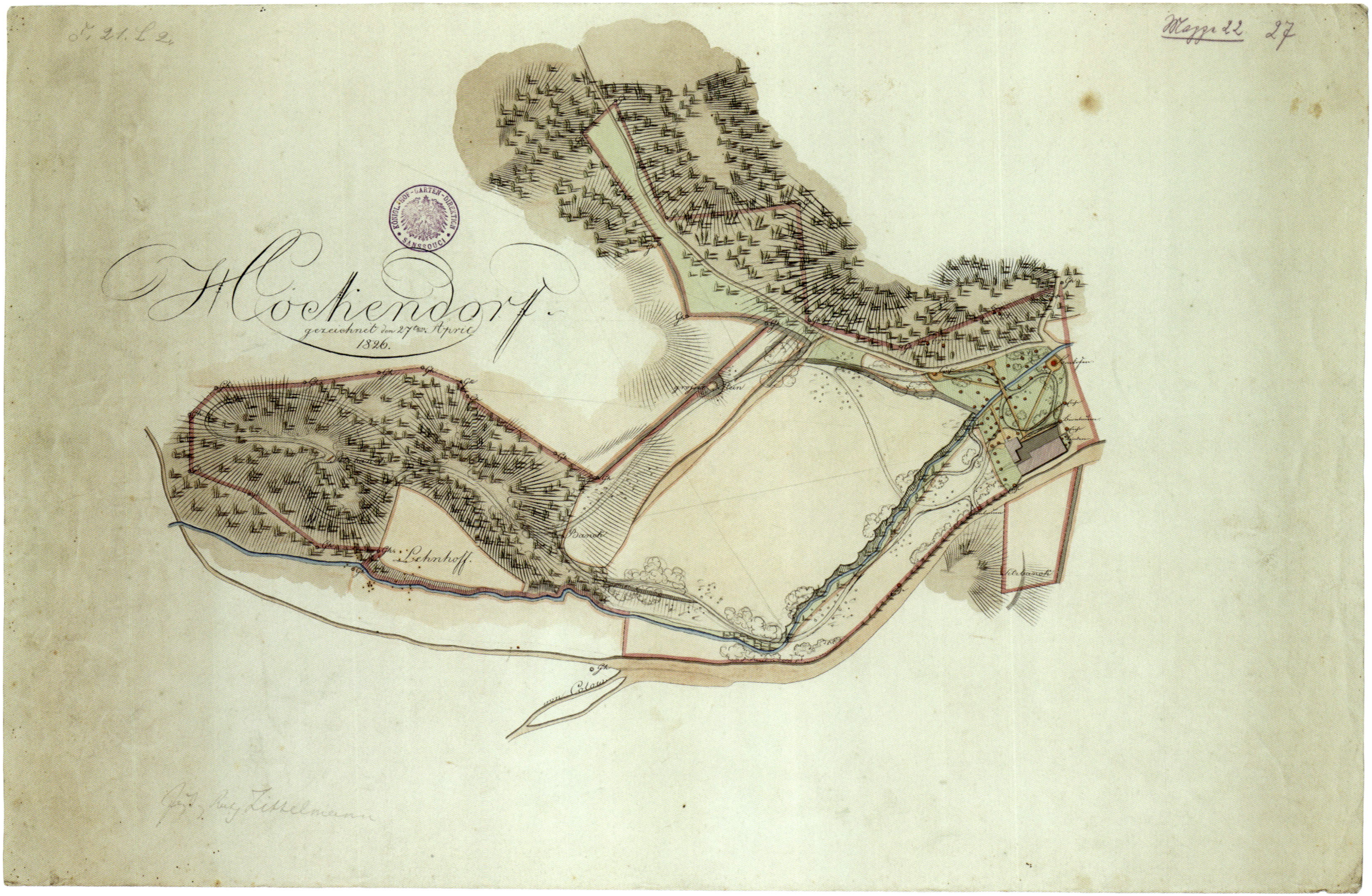


*Abb. 1*
*Entwurfsskizze für den Garten Zitelmann in Hökendorf, 1826.*

# Hökendorf, Kreis Greifenhagen, Provinz Pommern

Klęskowo, Miasto Szczecin, Województwo zachodniopomorskie

**Christoph Haase**

**Garten Zitelmann**
**„Höckendorf", „Justiz Rath Zittelmann"**

*Datierung:* Situationsplan „gezeichnet den 27ten April 1826."
*Zeichner:* Einzeichnungen von Lenné
*Bezeichnungen: zum Bestand:* „Backofen", „großer Stein", „Banck", „Sitzbanck" (2x), „Lehnhoff", „von Colow", „Birnbaum" (2x), „Buche" (3x), „Eiche" (5x), „Eichen", „Linden"
*Ausrichtung:* nach Westen
*Maßstab:* ohne Angabe
*Technik und Maße:* Feder in Grau, laviert in Grau, Braun, Grün, Gelb, Rosa und Rot, Einzeichnungen mit Feder und Bleistift – 43,7 x 66,3 cm
*Standort:* SPSG, GK II (1) 3484 (Günther/Harksen Nr. 455) (Abb. 1)

Der Plan zeigt die Ausgangssituation des am südlichen Ende von Hökendorf gelegenen Grundstücks des Stettiner Justizrats Carl Wilhelm Otto Zitelmann (1777–1844). Am Wohnhaus im Norden gibt es einen Garten mit Obstpflanzungen sowie bereits einigen markanten Einzelbäumen. Geradlinige, dilettantisch angelegte Wege führen quer über die Fläche zu den Randbereichen, wo sie meist in einem Rundplatz enden (z. B. am Backofen). Anklänge einer landschaftlichen Gestaltung finden sich lediglich bei der geschwungenen Platzfläche direkt vor dem Haus. Südlich des vorhandenen Gartens liegt eine große Niederung, die nahezu frei von Gehölzen ist. Nur das Ufer des Baches ist von Bäumen gesäumt. Es schließt sich ein hügeliges, mit Buchen überzogenes Terrain an. Nordwestlich des Grundstücks bildet dichter Waldbestand eine geschlossene Kulisse.

Lennés dünn mit Bleistift und Feder eingetragener Vorentwurf weist keine tiefgreifenden Veränderungen auf, wie er sie typischerweise bei Anlegung eines Parks vorgenommen hätte. Es handelt sich offenbar vielmehr um eine Ausschmückung der gegebenen landschaftlichen Situation, was mit nur wenigen aber durchaus wirkungsvollen Mitteln sowie unter Ausnutzung der abwechslungsreichen Geländeverhältnisse bewerkstelligt wird. Der bestehende Gartenbereich im Norden erhält durch geschwungene Wege und geschickt positionierte Strauchgruppen eine deutliche Überformung. Ein wenig verzweigtes Wegesystem führt durch die weitläufigen angrenzenden Partien; es hat auf einer südlich gelegenen Anhöhe seinen Wendepunkt. Bereits vorhandene Stationen wie der „große Stein" und diverse Sitzbänke werden erschlossen. Begleitpflanzungen an den Seiten der Wege lösen die Monotonie der großen Freifläche im Mittelteil auf. Es sind verschiedene Sichtachsen eingetragen, die durch die Anlage selbst und in die Umgebung verlaufen. Die Beibehaltung des Buchenbestandes, großflächige Wiesenstücke sowie anscheinend angedeutete Streuobstpflanzungen weisen auf die Berücksichtigung nützlicher Aspekte hin. Der Entwurf könnte so betrachtet durchaus den Landesverschönerungen Lennés zugeordnet werden. Die Anlage wurde sehr wahrscheinlich in dieser oder ähnlicher Form umgesetzt, ist jedoch heute, mit Ausnahme einiger Altbäume, nicht mehr vorhanden.

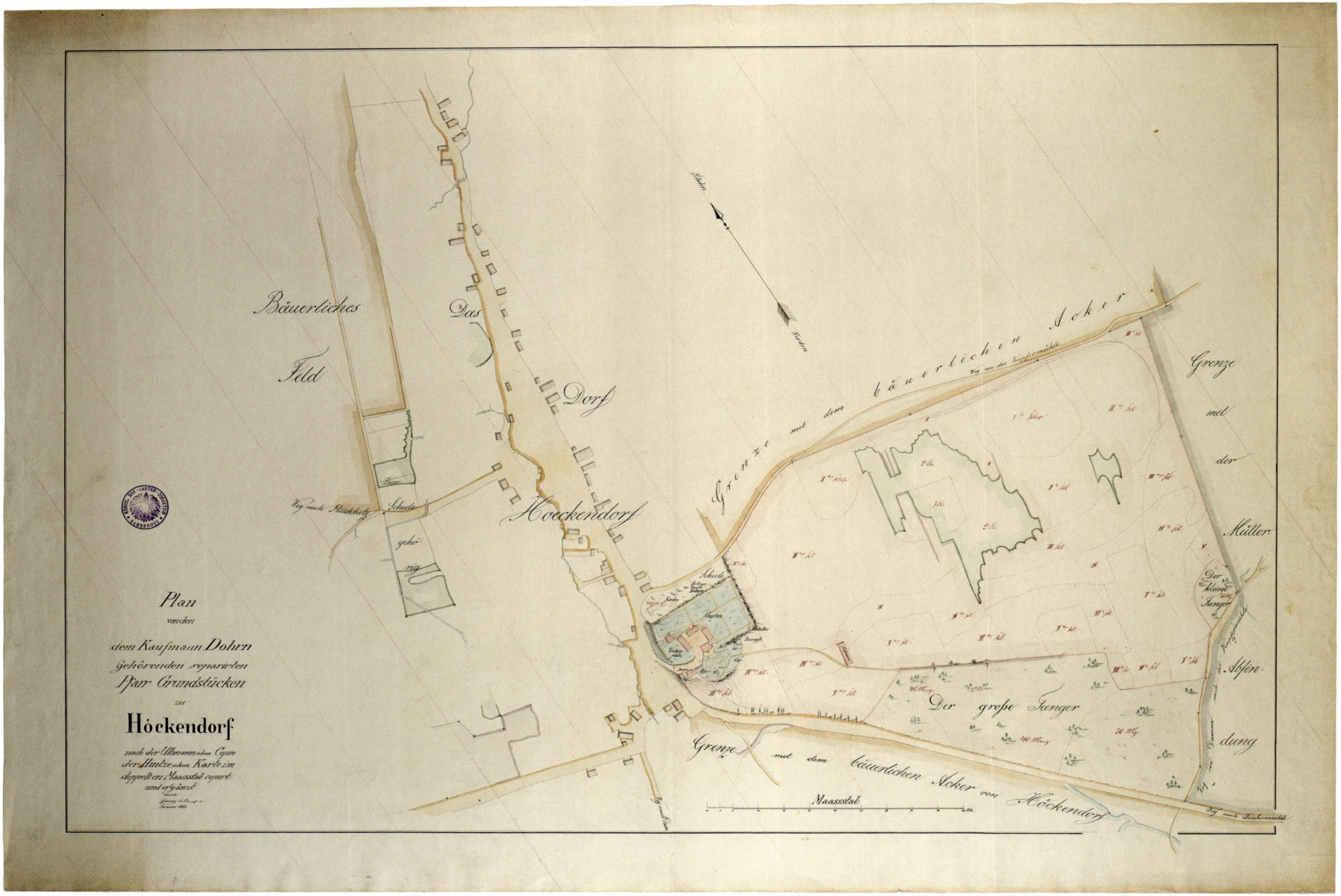


*Abb. 2*
*Plangrundlage für den Entwurf des Gartens Dohrn in Hökendorf, 1853.*

**Garten Dohrn**
**„Plan von den dem Kaufmann Dohrn gehörenden separirten Pfarr Grundstücken zu Höckendorf"**

*Datierung:* „Januar 1853"
*Zeichner:* Situation „nach der Ullmannschen Copie der Hintzeschen Karte im doppelten Maßstab copirt und ergänzt durch Francke Feldmesser" – keine Einzeichnungen
*Bezeichnungen:* „Hoeckendorf", „Das Dorf", „Bäuerliches Feld", „Zur Schule gehörig", „Weg nach Buchholz", „Grenze mit dem bäuerlichen Acker", „Grenze mit dem bäuerlichen Acker von Höckendorf", „Grenze mit der Müller-Abfindung", „Weg von der Kupfermühle", „Weg von Damm nach der Kupfermühle", „Weg nach Finkenwalde", „Der große Tanger", „Der kleine Tanger", „Schule", „Kirche", „Erbbegr. der Familie Dohrn", „Garten", „Trockenplatz", „Eiskeller", „Baumpfl.", „Pumpe", „Scheune", diverse Angaben zur Bodengüte und Flächengröße von Teilstücken
*Ausrichtung:* nach Süden
*Maßstab:* beziffert in Ruten
*Technik und Maße:* Feder in Schwarz, Grau und Rot, laviert in Grün, Rosa, Gelb, Blau und Grau – 67,2 x 97,5 cm (Wasserzeichen von 1851)
*Standort:* SPSG, GK II (1) 3485 (Günther/Harksen Nr. 456) (Abb. 2)

Mit dem Stettiner Kaufmann und Schöngeist Carl August Dohrn (1806–1892) hatte Lenné einen weiteren Auftraggeber in Hökendorf. Ihm gehörte das auf dem Situationsplan dargestellte Pfarrgut im Norden des Dorfes. Die verschiedenen Hofgebäude sind in eine geometrische Anlage eingebettet, die vermutlich vorwiegend als Nutzgarten diente. Eine Querachse des Wegesystems führt auf das Erbbegräbnis der Familie Dohrn zu, das nicht auf dem benachbarten Kirchhof, sondern einem separaten, der Schule zugewiesenen Grundstück liegt. Vor dem Wohnhaus im Norden gibt es einen landschaftlich gestalteten Ziergarten mit geschwungenen, teils kreisrunden Wegen. Kleine Baum- und Strauchgruppen sind angedeutet. Quer durch diesen Bereich verläuft ein von der Hofzufahrt abzweigender Erschließungsweg, der in die westlich angrenzende Feldflur überleitet. An diesem Punkt sollte vermutlich die Neuanlage anknüpfen, für die die blassrosa kolorierten, teils sumpfigen (grüne Kolorierung) Flächen vorgesehen waren.

Der Plan enthält keinerlei Einzeichnungen. Der Entwurf Lennés für den nordöstlich des Hofes entstandenen Landschaftsgarten ist nicht überliefert. Das mittlerweile verwilderte Areal gehört heute zu einem Waldpark. Vom ehemals Dohrnschen Gut sind nur Überreste einiger Wirtschaftsgebäude erhalten.

(Näheres zu den Gärten Zitelmann und Dohrn auf S. 19–22)

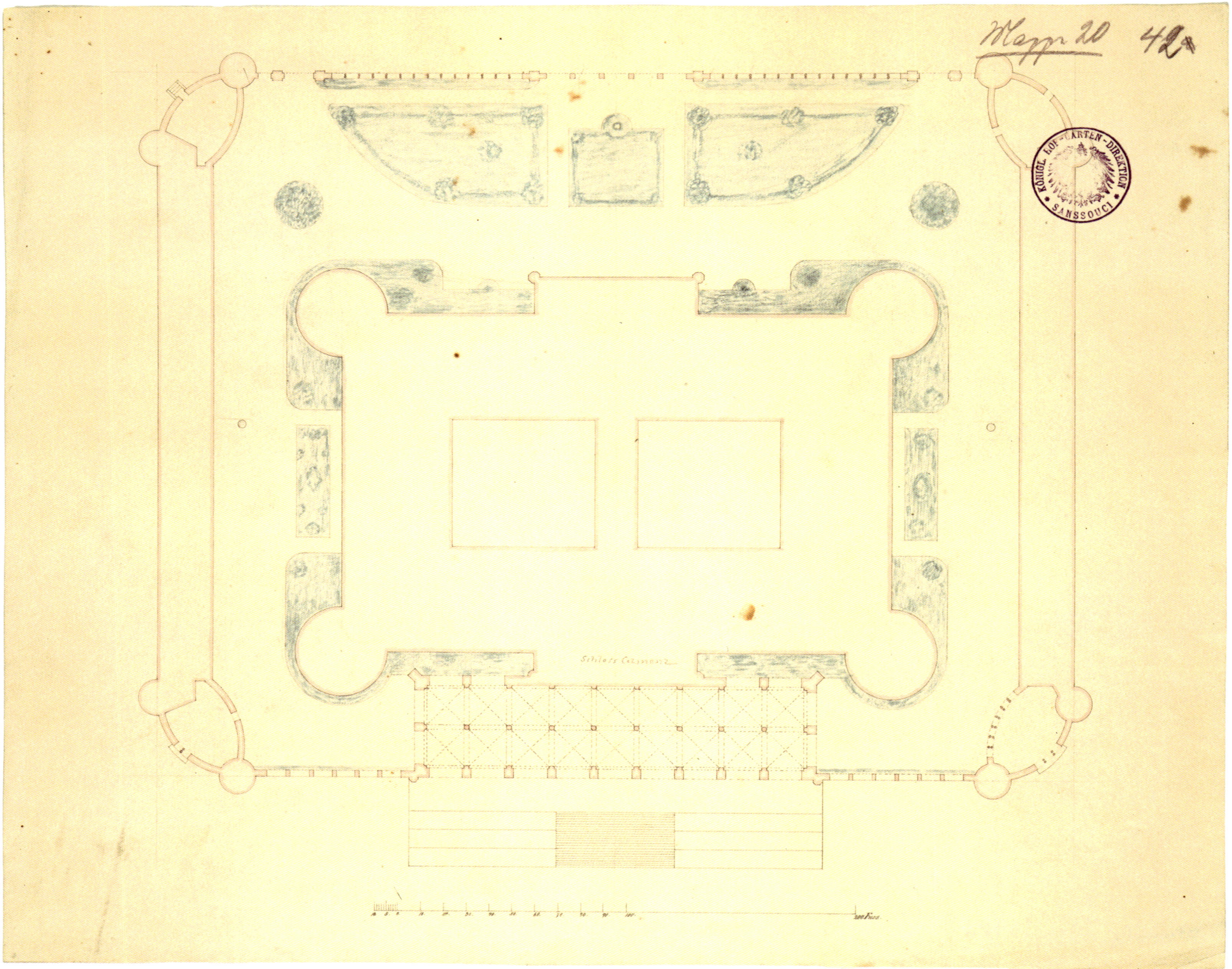

Mappe 20
42
KÖNIGL. HOF-GARTEN-DIREKTION SANSSOUCI
Schloss Camenz

# Kamenz, Kreis Frankenstein, Provinz Schlesien

Kamieniec Ząbkowicki, Powiat ząbkowicki, Województwo dolnośląskie

**Marcus Köhler**

Die Planungsgeschichte von Kamenz ist äußerst kompliziert. Zum einen kam es, wie Grundmann[1] detailliert darlegt, zu Bauunterbrechungen und –aufschüben. Zum anderen müssen aber auch ganz besonders biographische Verbindungen berücksichtigt werden, die in ihrer kunsthistorischen Bedeutung bisher noch nicht ausgewertet wurden: nachdem Ende 1810 das Zisterzienserkloster Kamenz aufgelöst wurde, erwarb es 1812 zusammen mit dem schlesischen Kloster Heinrichsau die in England exilierte Prinzessin Friederike Luise Wilhelmine (1774–1837), eine Schwester des preußischen Königs Friedrich Wilhelms III. und Gattin Wilhelms I. (1772–1843), des ersten Königs der Niederlande.[2] Ihr zweitgeborener Sohn Friedrich, der 1825 seine Cousine Luise (1808–1870), eine Tochter des preußischen Königs, heiratete, ließ sich seine Erbansprüche durch eine jährliche Apanage ausbezahlen, die ihm u. a. auch 1849 den Erwerb der niederschlesischen Standesherrschaft Muskau ermöglichte – das Meisterwerk des Fürsten Pückler, das dieser wegen Überschuldung verlassen musste. Bereits zehn Jahre zuvor hatte sein Schwiegervater Friedrich Wilhelm III. das etwa eine Tagesreise von Muskau entfernt liegende Hirschberger Gut Schildau seiner Tochter Luise, Friedrichs Gemahlin, geschenkt. Aufgrund der fast regelmäßigen niederländischen Aufstände erschien es den Oraniern wie auch dem unmittelbar dynastisch und freundschaftlich verbundenen preußischen Königshaus ratsam, für die Verwandtschaft standesgemäße und wirtschaftlich lukrative Herrschaften zur Sicherung der persönlichen finanziellen Unabhängigkeit zu erwerben, wozu auch Schildau und Muskau gehörten.

Vor diesem Hintergrund bedachte auch Friederike Luise Wilhelmine testamentarisch ihre einzige Tochter Marianne (1810–1883) mit Kamenz und einer erheblichen Summe Bargelds, die es dieser zudem ermöglichte, relativ unabhängig von ihrem Gatten, Prinz Albrecht von Preußen (1809–1872), dem jüngsten Sohn Friedrich Wilhelms III., zu agieren. Dies führte u. a. dazu, dass unmittelbar nach dem Ableben der Mutter das Kamenzer Prinzenpaar sofort Schinkel damit beauftragen konnte, Pläne für eine riesige Schlossanlage anzufertigen, deren überdimensionierte Ausmaße auch heute noch Erstaunen hervorrufen. Wahrscheinlich kann man sie im Zusammenhang mit dem antikischen Orianda auf der Krim sehen, einer von Schinkel für das russische Kaiserpaar – d. h. für Albrechts Schwester und Mariannes Großcousine – entworfenen Residenz.

In Schlesien setzte Schinkel das neugotische Neubauprojekt auf den Harthaberg, den ehemaligen Kamenzer Klosterforst. Am Geburtstag des preußischen Kronprinzen, der von dem Bauvorhaben seines jüngsten Bruders begeistert war, fand am 15. Oktober 1838 die Grundsteinlegung statt. Aufgrund von politischen und familiären Problemen wurde jedoch die Gesamtanlage erst 1873 vollendet.

Bereits 1839 engagierte man auf Lebenszeit den Hofgärtner Bernkopf, der nicht aus dem Berlin-Potsdamer Kulturkreis zu stammen scheint, sondern bis dahin – lediglich durch Reisen gebildet – äußerst kenntnisreich dem allseits gelobten Garten des Grafen Wilhelm von Magnis (1786–1861) im benachbarten Ullersdorf vorstand.[3] Ein Interimsposten kam dem Gärtner C. Hempel zu, der zwischen 1846 bis 1849 nachweisbar ist.[4] 1850 erfolgte ein vollkommener Baustopp. Bernkopfs Nachfolger wurde 1858 der Hofgärtner Braun, dessen Sohn Adolf (geb. 1848) – Eleve der Gärtnerlehranstalt – ihn zunächst unterstützte.[5] Bevor er selber 1890 Obergärtner wurde, leitete ab 1875 Hermann Schlegel (geb. 1837) das Gartenrevier. Schlegel erweiterte die Anlagen unter anderem um das Mausoleum und den Hutberg, zeigte sich aber auch für die Umgestaltung des flussnahen Geländes, des sog. „Pilzwaldes“ und die Anlage des „Nassausteins“ – eines Aussichtspunktes – verantwortlich.[6] Später folgte noch der Gärtner Ginzel[7] sowie der 1899 geborene Henry Kraft, der die Görlitzer Gartenkunst des 20. Jahrhunderts beeinflussen sollte.

Angesichts der ungestalteten Nordostecke des Schlosses muss laut Grundmann Lenné auch „einen Plan für die Umwandlung des Steinbruches in eine Gartenanlage mit Wasserbecken angefertigt“ haben, der jedoch verschollen ist.[8] Nach 1866 wurde sie in anderer Form umgesetzt.

*Abb. 1*
*Entwurfsplan für den Schlossinnenhof in Kamenz, 1858.*

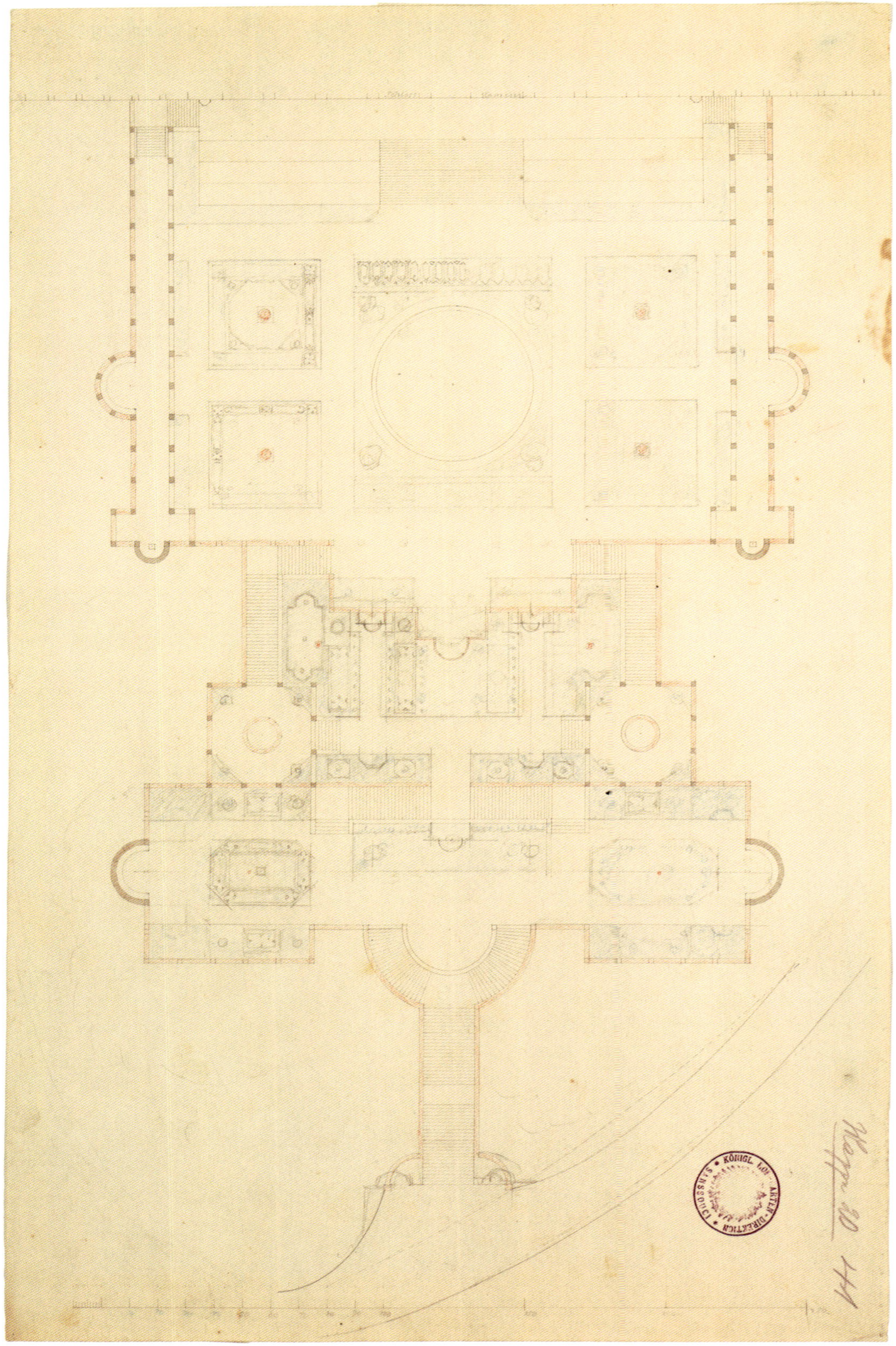

**Südwestliche Schlossterrassen**
**„Schloss Camenz“**

*Datierung:* 1858
*Zeichner:* ohne Signatur
*Bezeichnungen:* keine
*Ausrichtung:* nach Südwesten
*Maßstab:* beziffert ohne Angabe der Maßeinheit (wohl Fuß)
Technik und Maße: Feder in Grau, Blei- und Farbstift – 53,7 x 34,2 cm (Wasserzeichen von 1856)
*Standort:* SPSG, GK II (1) 13185 (Günther/Harksen Nr. 496) (Abb. 2)

Schinkel plante westlich des Schlosses ursprünglich eine große Freitreppe, die – seitlich mit Kübelpflanzen bestückt – den Zugang vom Festsaal in einen landschaftlichen Garten ermöglichen sollte.[9] Durch Planänderungen – wie etwa der Hinzufügung eines Mezzanin – wurde auch die Situation der Anbindung des Gartens an das Schloss beeinträchtigt: dem Festsaal wurde an Stelle einer Treppe ein riesiger Altan vorgelagert, so dass man den zur Abendseite gelegenen Gartenteil nun lediglich von der Hauptvorfahrt für die Kutschen betreten konnte.[10]

Ein wesentlicher Impuls, die Planungen zu überdenken, mag die Volljährigkeit Albrechts (d. J.) von Preußen, des Sohnes von Prinzessin Marianne, am 8. Mai 1858 dargestellt haben, zumal er es auch war, der sich in den folgenden Jahrzehnten um den Ausbau der Anlagen kümmerte. Es wird deshalb kein Zufall sein, dass Lenné sich vom 15. bis zum 17. Juli jenes Jahres in Kamenz aufhielt und dort wahrscheinlich auch die vorliegende Planskizze anfertigte.

Auf dem Plan ist die westliche Terrasse des Schlosses dargestellt, die sich unterhalb des großen Festsaales erstreckt. Die architektonischen Grundstrukturen scheinen vom Kamenzer Baubüro vorgegeben worden zu sein, so dass Lennés Aufgabe darin bestand, die verschiedenen Parterre- und Rasenflächen anzudeuten und auszuschmücken. Anhand der Einzeichnungen werden erste Ideen skizziert, u. a. ein rechteckiges Schmuckbeet im gotisierenden Geschmack. Die dargestellten Elemente finden sich mit wenigen Abwandlungen auch auf seinem großen Schauplan von 1860 wieder (s. u.).

*Abb. 2*
*Entwurfsplan für die südwestlichen Schlossterrassen in Kamenz, 1858.*

Einen wesentlichen Einfluss auf die Gartenanlagen übte auch Hermann Schlegel (geb. 1837) aus, der 1875 zunächst als Obergärtner eingestellt wurde, dann aber die Aufgabe bekam, „unter anderem auch die dekorative Ausstattung der großartigen, von Schinkel geschaffenen und von Lenné gärtnerisch ausgestalteten Schlossterrassen zu erledigen [...] [So] ist insbesondere der Entwurf für die Bepflanzung der zweiten Terrasse sein eigenstes Werk aus dieser Zeit".[11]

Die von Harksen und Günther vorgenommene Zuschreibung an Gustav Meyer ist fraglich.

**Schlossinnenhof**
**„Schloss Camenz"**

*Datierung:* 1858
*Zeichner:* ohne Signatur
*Bezeichnungen:* keine
*Ausrichtung:* nach Südwesten
*Maßstab:* beziffert in Fuß
*Technik und Maße:* Feder in Grau, Blaustift, laviert in Blassrosa – 34,2 x 42,2 cm
*Standort:* SPSG, GK II (1) 13186 (Günther/Harksen Nr. 497)
(Abb. 1)

Im Muzeum Narodowe in Breslau wird eine von Martius angefertigte Plankopie verwahrt, die den östlichen Vorhof des Kamenzer Schlosses zeigt.[12] Sie soll sich laut Grundmann auf die schinkelschen Planungen aus dem Jahr 1838 beziehen und weist eine Umgrünung des Palastes, sowie eine große Rabatte auf der südlichen Terrasse und ein großes ovaloides Schmuckbeet in gotisierenden Formen vor der Ostfassade auf. Zwischen der Umfahrung des Schlosses und dem Vorhof sah Schinkel eine Abgrenzung vor, die seitlich für die Kutschen und mittig als Sichtachse geöffnet war.[13]

Die in Potsdam verwahrte Zeichnung, die sich auf die Situation – allerdings in einem großen zeitlichen Abstand – bezieht, ist sehr wahrscheinlich nach dem Besuch Lennés im Jahr 1858 entstanden, da einige Formen skizziert werden, die nicht nur in dem großen Ausführungsplan von 1860 wieder auftauchen (s. u.), sondern auch die zeitgenössischen Gegebenheiten widerspiegeln. Hierzu gehörte in erster Linie die Abgrenzung, die sich als Spitzbogen-Arkade öffnete, um den Blick vom Schloss auf den anschließenden formalen Garten zu ermöglichen, dessen Mitte ein großes Wasserbassin einnahm.

Lenné schlug für den Schlossinnenhof deshalb eine sehr einfache, geradezu neutrale Gestaltung vor, die es ermöglichte, zwischen Architektur, Umraum und Verkehrsflächen zu vermitteln, weshalb auch eine feinteilige gärtnerische Durchbildung unterblieb. Sie ergibt mit dem auf dem großen Schauplan eingezeichneten, vorgelagerten Wasserparterre eine ovaloide Gesamtform.

In diesem Zusammenhang mag auch Prinzessin Mariannes Anordnung stehen: „Zum Bau der oberen Terrasse vor dem hiesigen Schlosse, welche nach dem Plane des Generaldirektors Lenné ausgeführt werden soll, bewillige ich vorläufig für die Zeit bis zum 1. Juli 1859 die Summe von 4000 Thalern. Mit dem Versetzen der Bäume und Sträucher durch den Hofgärtner Braun soll noch in diesem Herbst vorgegangen werden, der Bau der Mauern aber im kommenden Frühjahr beginnen."[14] Wie Fotografien um 1900 zeigen, wurde den Ideen Lennés auch gefolgt.

**Großer Schauplan/Erweiterung**
**„Schloß Kamenz in Schlesien.**
**Die Erweiterung der Terrassenanlagen"**

*Datierung:* „entworfen am 26. September 1860 von Lenné"
*Zeichner:* unbekannt
*Bezeichnungen:* keine
*Ausrichtung:* nach Südwesten
*Maßstab:* unbekannt
*Technik und Maße:* Feder, aquarelliert – 165 x 61 cm
*Standort:* ehemals auf Schloss Kamenz, Kriegsverlust[15]
(abgebildet bei Hinz 1989, S. 387 und Grundmann 1941, S. 115, Abb. 80[16], Beschreibung bei Günther/Harksen Nr. 495, dort ohne Abb.)
(Abb. 3)

Die beiden oben genannten Detailskizzen sind Grundlage für diesen großen Schauplan, der jedoch noch östlich und westlich des Schlosses Ergänzungen aufweist, mit der im Plantitel wahrscheinlich die „Erweiterungen" gemeint sind. Er steht in Zusammenhang mit einer Ansicht der Terrassenanlage, die Martius wohl zeitgleich angefertigt hat, um sie dem Prinzen Albrecht bei seinem Besuch 1860 vorzulegen.[17]

Das riesige Neubauprojekt fand mit dem Bau der Gasanstalt am Maschinenteich, von dem das Wasser in Bassins auf dem Harthaberg gepumpt wurde, im Jahr 1864 zunächst seinen Abschluss. Nichtsdestoweniger baute man auch nach dem Krieg von 1866/67 noch weiter an den Kaskaden.

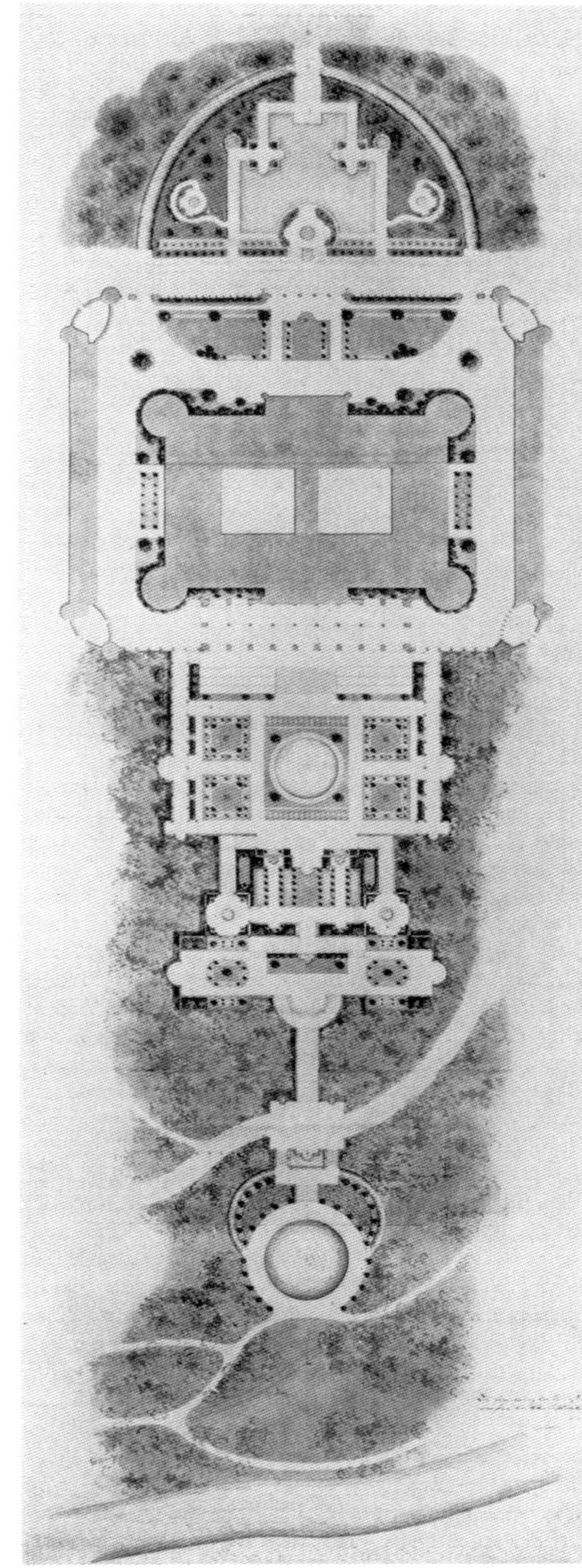

*Abb. 3*
*Schauplan für die Erweiterung der Terrassenanlagen in Kamenz, 1860.*

Parallelen zu den Terrassenanlagen an der Großen Orangerie in Sanssouci und am Schloss in Ballenstedt, die Lenné ebenfalls planerisch begleitete, sind offensichtlich, wobei man wohl auch an Projektideen Friedrich Wilhelms IV. und Schinkels denken muss (Ruinenberg, Pfingstberg, Belriguardo, Orianda u. a.).[18] Da die Grundsteinlegung des Schlosses am 43. Geburtstag des Kronprinzen stattfand, darf man davon ausgehen, dass dieser das Baugeschehen mit großem Interesse begleitete und möglicherweise auch wesentliche Ideen beisteuerte.

Lennés Arbeiten für Kamenz beschränken sich wahrscheinlich nur auf diese Terrassenanlage, die allgemein große Beachtung erfuhr.

Es ist kaum davon auszugehen, dass der 71jährige Lenné den Plan selbst gezeichnet hat, zumal ihm damals genug fähige Kräfte in solchen Aufgaben unterstützen konnten. Eine Autorschaft von Gustav Meyer – wie bei Harksen und Günther angenommen – ist allerdings nicht belegt.

## Anmerkungen

1 Zur Baugeschichte s. Grundmann, 1941.

2 Man muss davon ausgehen, dass ihre Tante und Schwiegermutter Wilhelmine Anteil am Kauf nahm. Dies führte wohl auch dazu, dass der spätere Wilhelm II. sich 1812 für einige Monate in Kamenz aufhielt. 1817 brannten Teile der Klosteranlage, zu der 31 Gutsdörfer zählten, ab.

3 Anonymus 1839, S. 159; vgl. auch Dittrich 1816, S. 111–115.

4 GStA PK, BPH, Rep. 60, I Prinz Albrecht d. Ä., Nr. 55 Arbeitsverträge, s. a. ebd. Nr. 56 Etats für Parks und Gärten, 1846–1868.

5 „Braun, Adolf, Königl. Prinzl. Obergärtner, geb. am 11. VIII. 1845; Lehrzeit in Erfurt bei Ferd. Jühlkes Nachfolger vom 1. III. 1868 bis 1. III. 1869. Nach beendeter Lehrzeit an der Anstalt bis Ende III. 1872 (vom 18. VII. 1870 bis 13. VII. 1871 zur Fahne einberufen)[;] vom IV. 1872 bis I. 1873 in der Handelsgärtnerei von Meredith in Garston bei Liverpool. War vom I. 1873 bis Ende IV. 1874 in der Handelsgärtnerei von Carter & Co. in London tätig. Im V. 1874 aus England zurückgekehrt, war er im Kamenzer Hofgarten unter Leitung seines Vaters als Gehilfe beschäftigt. Ist seit 1890 als Königl. Prinzl. Obergärtner daselbst angestellt. Kriegsdenkmünze 1870/71, Landwehrdienstauszeichnung, Kaiser-Wilhelm-Erinnerungsmedaille." (Echtermeyer1913, S. 193 f.).

6 Hermann Schlegel, geb. 1837 in Triest als Sohn eines deutschen Gärtners. Seine Ausbildung genoss er an der Gartenschule in Genf. Anschließend war er im Botanischen Garten in Zürich und im Schlossgarten Klein-Glienicke tätig. In den Folgejahren arbeitete er in Groß Rauden (Rudy Wielkie) bei Ratibor (Racibórz), in Österreich, Frankreich, Hamburg und in Böhmen. Im Jahr 1875 wurde er in Kamenz engagiert, wo er zunächst als Obergärtner tätig war. Nach dem Tod des Hofgärtners Braun übernahm er dessen Amt (Anonymus 1901, S. 107 f.). Rd. Hinweis von Justyna Jaworek.

7 Mutzek 1925, S. 640; Gabriel 1926, S. 146.

8 Grundmann 1941, S. 116.

9 Zeichnungen von Martius nach Schinkel, 1838, Muzeum Narodowe we Wrocławiu, Inv.-Nr. VII – 5447; SW-Repr. bei Grundmann 1941, S. 85, Abb. 58 und S. 86, Abb. 59.

10 Martius 1850, S. 177–184.

11 Anonymus 1901, S. 107 f.

12 Plan parteru pałacu oraz stajni i wozowni, po bokach plany piętra nad stajnią i wozowni – wersja druga projektu z 1838, Rysunek F. Martius, podpisany przez K. F. Schinkla, Muzeum Narodowe we Wrocławiu, nr. inw. VIII-5449. Siehe bei Grundmann 1941, S. 81, Abb. 55.

13 Gezeichnet von Martius mit Sichtungsvermerk von Schinkel, 1838. Siehe bei Grundmann 1941, S. 87, Abb. 60.

14 Zit. nach Gabriel 1926, S. 141 und Irrgang 1978, S. 212.

15 Nach Grundmann 1941 (S. 122) fand sich die Zeichnung im Nassau-Oranien-Niederländischen Familienfideikomiß, Prinzliche Generaldirektion in Kamenz, Verschiedenes 131. F.I.1. Im gleichen Konvolut F 1-436 befanden sich, laut Grundmann, auch Zeichnungen zu den Terrassen, Parks und Gärten. Auch sie sind Kriegsverlust.

16 Dort beschrieben als „Plan für die Gartenterrassen. Entwurf von Martius in Verbindung mit Lenné, 1860", ebd., S. 115.

17 Ostansicht des Schlosses mit der Gartenterrasse, Zeichnung von F. Martius, 1860, SW-Repr. bei Grundmann 1941, S. 117, Abb. 81.

18 Vgl. Projekte und Bühnenentwürfe Schinkels für Berg- und Felsenschlösser. Siehe auch: Ferdinand von Arnim: Belvedere auf dem Pfingstberg, 1856 (SPSG, GK II (1) 5771). Im Nachlass Friedrich Wilhelms IV. findet sich zudem eine Zeichnung von Kamenz nach der ersten Veränderung (siehe: SPSG: GK II (12) V-1-A-19 Zeichnung).

# Klein Küssow, Kreis Pyritz, Provinz Pommern

Koszewko, Powiat pyrzycki, Województwo zachodniopomorskie

**Christoph Haase**

**„Plan zum Garten in Klein Kuessow“**

*Datierung:* um 1832

*Zeichner:* Situation „aufgenommen von Maaß I. nach einem vergrößerten Maaßstabe gezeichnet von Maaß III.“ – Einzeichnungen von Lenné

*Bezeichnungen:* zum Bestand (Feder): „Kirche“, „Thurmspitze“, „Hoflage“, „Rondehl“, Zahlenfolge 1 bis 23 (einzelne Bereiche und Gebäude bezeichnend); zum Entwurf (Bleistift): „Wohnhaus“, „Wirtschaftshaus“, „[…] Haus [?]“, „[?]“ (weiteres Hofgebäude), Sichtachsen nach „Verchland“ und „Stargard“, „Straße“

*Ausrichtung:* nach Norden

*Maßstab:* „ist 6,66… R. = 1 Dec. Z.“

*Technik und Maße:* Feder in Schwarz, farbig laviert, Bleistifteinzeichnungen, auf Leinen aufgezogen und mit grünem Band eingefasst – 54,7 x 77,6 cm

*Standort:* SPSG GK II (1) 3517 (Günther/Harksen Nr. 459) (Abb. 2)

Klein Küssow (Koszewko) liegt unweit von Stargard (Szczeciński) am sagenumwobenen Madü-See (Jezioro Miedwie). Bereits seit dem Spätmittelalter besaß hier die Familie von Küssow eine Burg. Letzter Vertreter der Klein-Küssowschen Linie war der Regierungsrat und Ritter des Johanniterordens Jochen Friedrich von Küssow (1709–1777). Er wurde 1752 durch Friedrich II. in den Grafenstand des Königreichs Preußen erhoben. Da sein einziger Sohn noch vor ihm starb, gingen die Güter Verchland (Wierzchląd), Kunow (Kunowo) und Klein Küssow auf seine Tochter Friederike Gottliebe über. Sie war mit dem Oberst Otto Bogislav von Zastrow verheiratet. Nach dem Tod ihres Mannes gründete sie 1801 für das zuvor allodifizierte Verchland und Klein Küssow ein Fideikommiss zu Gunsten des Geschlechts von Zastrow. Im gleichen Zuge erwirkte sie, dass der Name Küssow im Familiennamen weitergeführt wurde. 1804 wird ihr Großneffe Friedrich August Christian Leopold Alexander von Zastrow, genannt Küssow, als Eigentümer der beiden Güter erwähnt.[1]

Wegen Überschuldung veräußerte man den Besitz 1820 für eine Summe von 92 000 Talern an den preußischen Regierungsrat Carl Wilhelm Ludwig Geibler (1768–1846), der in den Jahren 1822–1823 zunächst die Auslagerung der Ländereien der Kirche und einiger Kossaten von Klein Küssow nach dem von ihm neu angelegten Dorf Ludwigsthal im Osten des Ortes durchführte.[2] Auf diese Weise konnte er die freigewordenen Einzelgrundstücke im Westen des Gutshofes zu einer großen, zusammenhängenden Fläche verbinden, auf der später der Park angelegt wurde.

Auch wenn die alte Küssowsche Burg längst geschliffen war, existierte bei der Übernahme durch Geibler noch immer ein großer Rundwall slawischen Ursprungs, der das Gartengelände dominierte. Erste Gestaltungen in diesem Bereich fanden 1826 statt. Anlass hierfür war ein bevorstehender Besuch König Friedrich Wilhelms III. und seiner Familie im September. Die Vertreter der pommerschen Stände organisierten hierfür ein Fest in Klein Küssow. Die vorab durchgeführten Erdarbeiten am Wall dürften vorrangig dazu gedient haben, die historische Stätte auf eine Besichtigung durch den König vorzubereiten, da man u. a. einen bequemen Aufstieg errichtete und stark verfallene Bereiche ausbesserte.[3] Gartenbauliche Aspekte standen zu diesem Zeitpunkt offenbar noch nicht im Vordergrund.

1832 gelang Carl Wilhelm Ludwig Geibler die Erhebung in den Adelsstand.[4] Den neuen Gegebenheiten entsprechend sollte das Gut nun eine repräsentative Hof- sowie Parkanlage erhalten. Für die Planung des Gartens wurde Lenné herangezogen, den möglicherweise Friedrich Wilhelm III. selbst nach Klein Küssow vermittelt hatte. Dem überlieferten Vermessungsplan mit den Bleistifteinzeichnungen Lennés lassen sich folgende Details über die geplanten Veränderungen entnehmen: im Osten ist ein neues, auf den Park ausgerichtetes Wohnhaus geplant. Das vormalige Gutshaus wird zum Wirtschaftsgebäude und reiht sich in einen Seitenflügel der symmetrisch konzipierten Hofanlage ein. Der Garten erstreckt sich zwischen Gutshof und Seeufer. Durch Einbeziehung der angrenzenden Kossatengrundstücke wird die auf einem Hügel gelegene Kirche (Abb. 3) in die Gestaltung integriert. Im Süden des als „Rondehl“ bezeichneten Burgwalls ist ein erhöhter Platz mit einem Pavillon vorgesehen, von wo aus Fernsichten in die Umgebung möglich sind, u. a. bis nach Stargard. Offenbar soll der Wall teilweise aufgelöst werden, um den Garten in Richtung Madü-See zu öffnen und große Wiesenräume zu schaffen. Mit weiten Schwüngen zieht sich das Wegenetz durch die Anlage. Längere Strecken entlang des Ufers und auf dem Wall ermöglichen Panoramablicke. Ein bestehendes Gebäude im Südosten (dem Grundriss nach eine kleine Begräbniskapelle) wird im Entwurf nicht berücksichtigt.

*Abb. 1*
*Das Gutsdorf Klein Küssow mit dem etwa fünf Hektar großen Park auf einem Ausschnitt des Messtischblatts 2755 (Werben), hrsg. 1891, berichtigt 1934.*

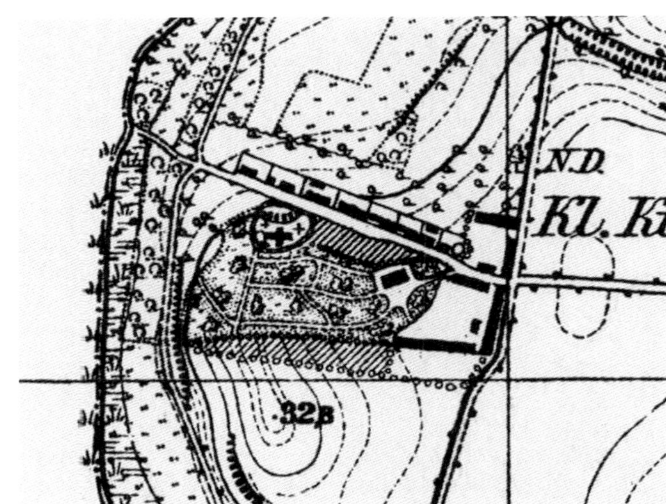

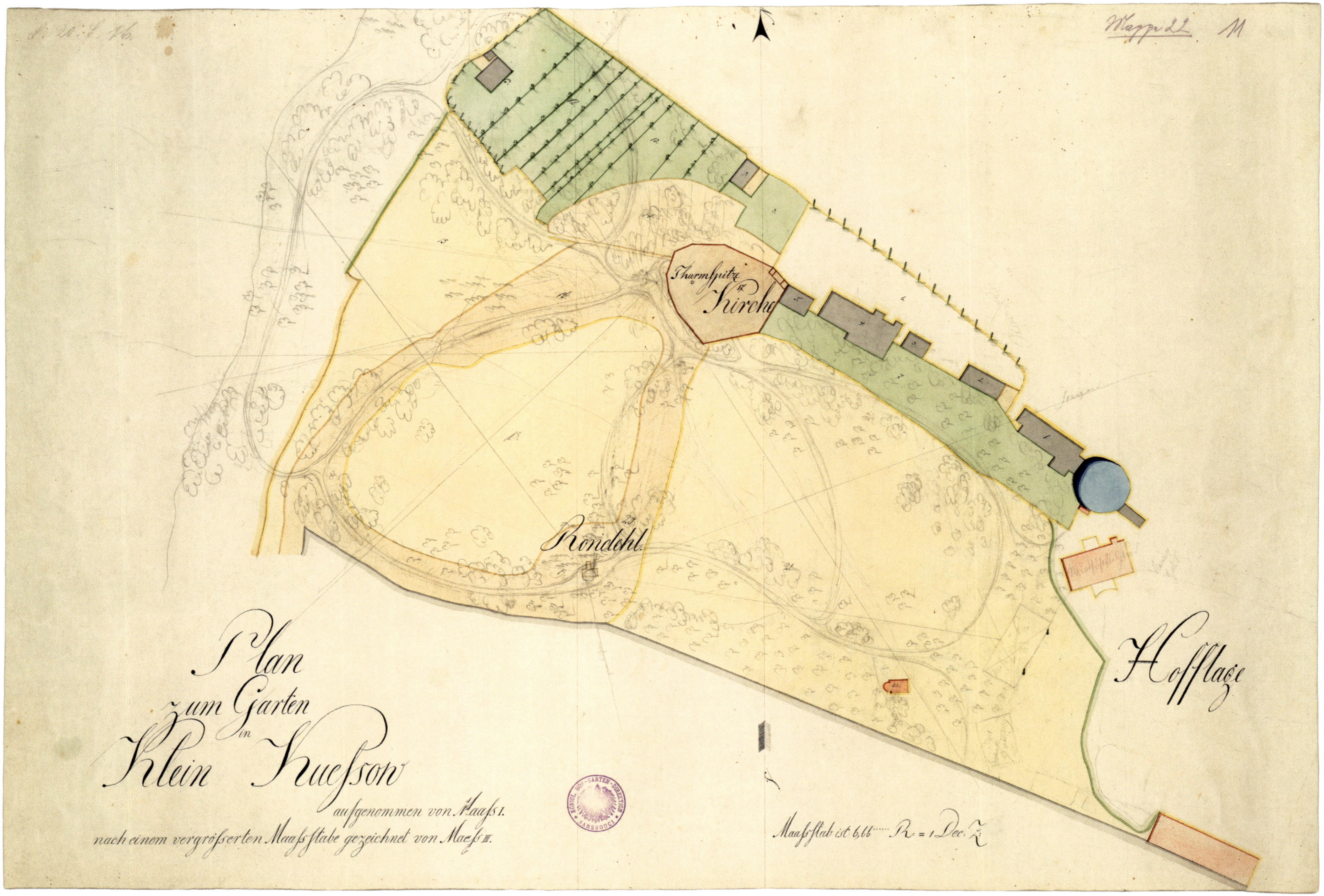


*Abb. 2*
*Entwurfsskizze für den Park von Klein Küssow, um 1832.*

Die genaue Bezeichnung der Sichtachsen zu den umliegenden Orten sowie das skizzierte Seeufer lassen darauf schließen, dass Lenné selbst vor Ort war und die Zeichnung dort anfertigte. Allerdings wurden weder Park noch Gutshof nach dieser Gestaltungsidee umgesetzt, wie das Messtischblatt von 1891 (Abb. 1) zeigt: Der Garten ist wesentlich kleiner und reicht nicht bis zum Seeufer. Ein schlichtes Wegesystem durchzieht die Anlage. Das alte Wohnhaus bleibt als solches bestehen und ist in den Garten integriert.

Das im späten 19. Jahrhundert erweiterte und klassizistisch umgestaltete Gutshaus wurde vor wenigen Jahren restauriert. Im Umfeld des Gebäudes sind noch einige Altbäume aus der Zeit um 1840 erhalten. Vom einstigen Gutshof zeugen lediglich zwei Torpfeiler mit dem geiblerschen Wappen (Abb. 4). Der Park zeigt sich heute hainartig, aber der ehemalige Burgwall lässt sich im Gelände noch immer nachvollziehen. Vom Standpunkt der Kirche aus ist nach wie vor eine Sicht Richtung Verchland möglich.

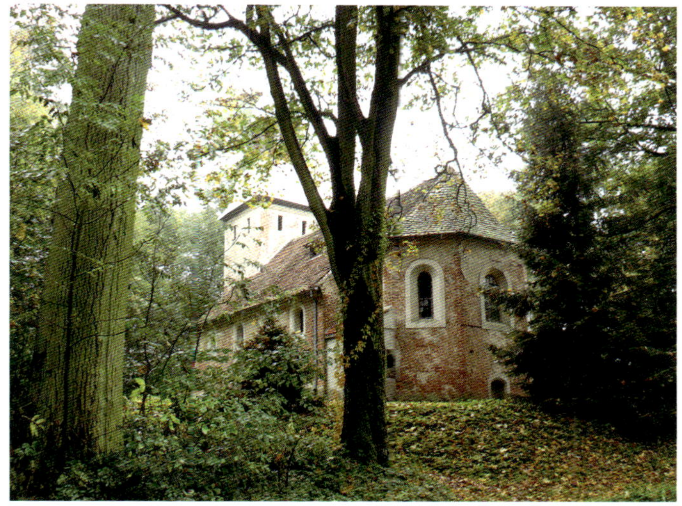

*Abb. 3*
*Die Dorfkirche im Park von Klein Küssow.*

## Anmerkungen

1 Berghaus 1868, S. 658 f.
2 Ebd., S. 658 f., 69 f., 710 f.
3 Ebd., S. 804 f. – In Klein Küssow konnte man Besuch nicht nur mit slawischen Altertümern beeindrucken, sondern auch mit Sagen vom Madü-See und der darin vorkommenden Maräne (eine Fischart). In der Staatsbibliothek zu Berlin ist im Zusammenhang mit dem Empfang der Königsfamilie folgendes Schriftstück überliefert: „Die Legende von der Maräne: Ihrer Königlichen Hoheit der Frau Kronprinzessin Elisabeth von Preußen in tiefster Ehrfurcht überreicht von dem Fischermädchen der Madue. Klein Küssow den 10. September 1826.“ (Signatur: 50 MA 29236).
4 Straubel 2009, S. 298.

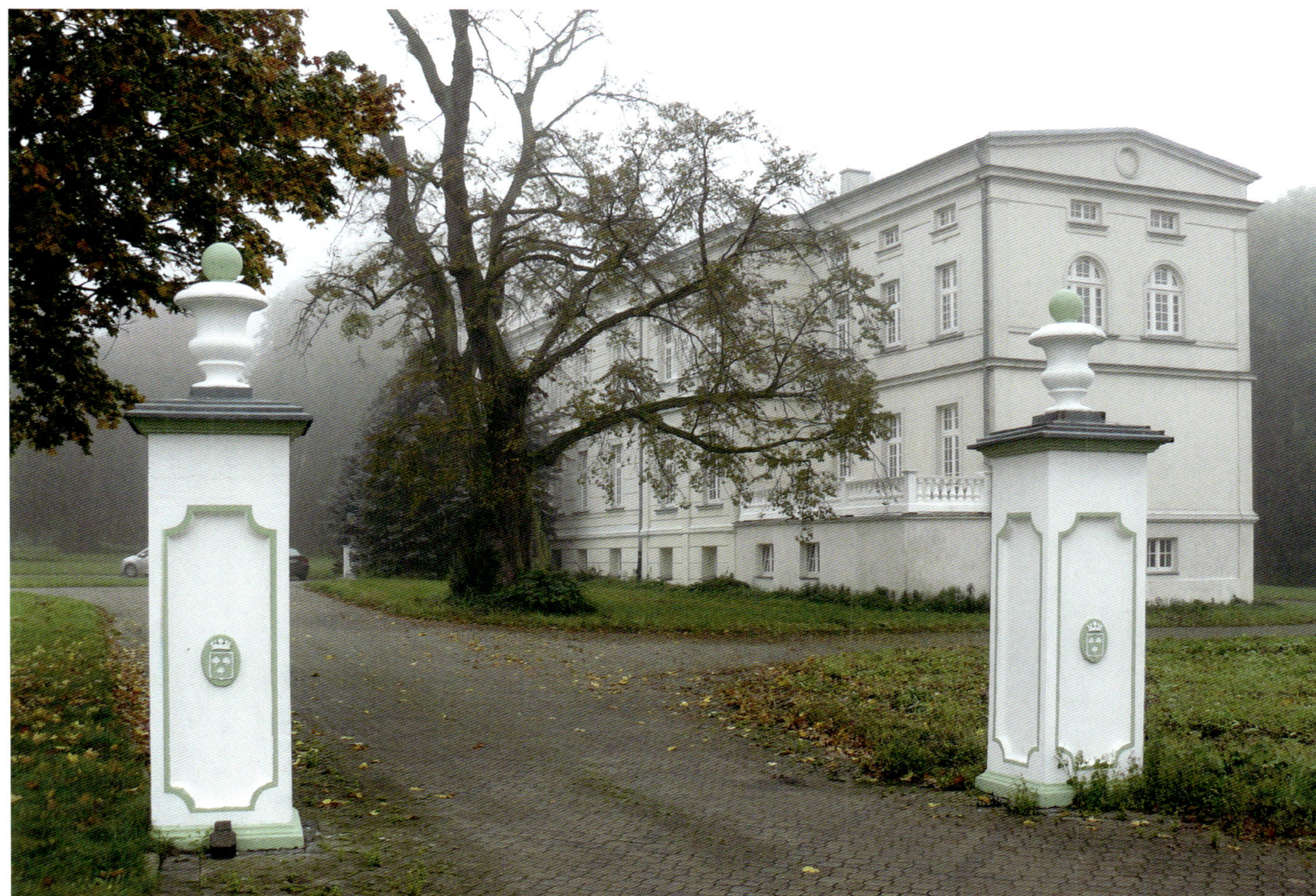

*Abb. 4*
*Den Zufahrtsbereich zu Herrenhaus und Park von Klein Küssow zieren noch immer die Torpfeiler mit dem geiblerschen Wappen.*

# Koitz, Kreis Liegnitz, Provinz Schlesien

Kawice, Powiat legnicki, Województwo dolnośląskie

**Marcus Köhler**

**„von Rother zu Koitz in Schlesien"**

*Datierung:* um 1840
*Zeichner:* ohne Signatur
*Bezeichnungen:* „Acker u. Garten des Bauer Koch", „aha!", „Straße von Berlin nach Breslau", „nach dem Oberhofe", „Gebäude" (2x), „Wirthschafts Gebäude", „Spiritusfabrik", „Schloß", „Gasthaus", „Gewölbe" (2x), „projec: Treibaus", „Stall"
*Ausrichtung:* nach Osten
*Maßstab:* beziffert in Ruten („RD.")
*Technik und Maße:* Feder in Grau auf Seidenpapier – 49,6 x 41,5 cm
*Standort:* SPSG, GK II (1) 3512 (Günther/Harksen Nr. 498) (Abb. 2)

*Abb. 1*
*Das Herrenhaus Koitz mit einer vorgelagerten Schmuckpflanzung auf einer Ansichtskarte von 1927 (oben links).*

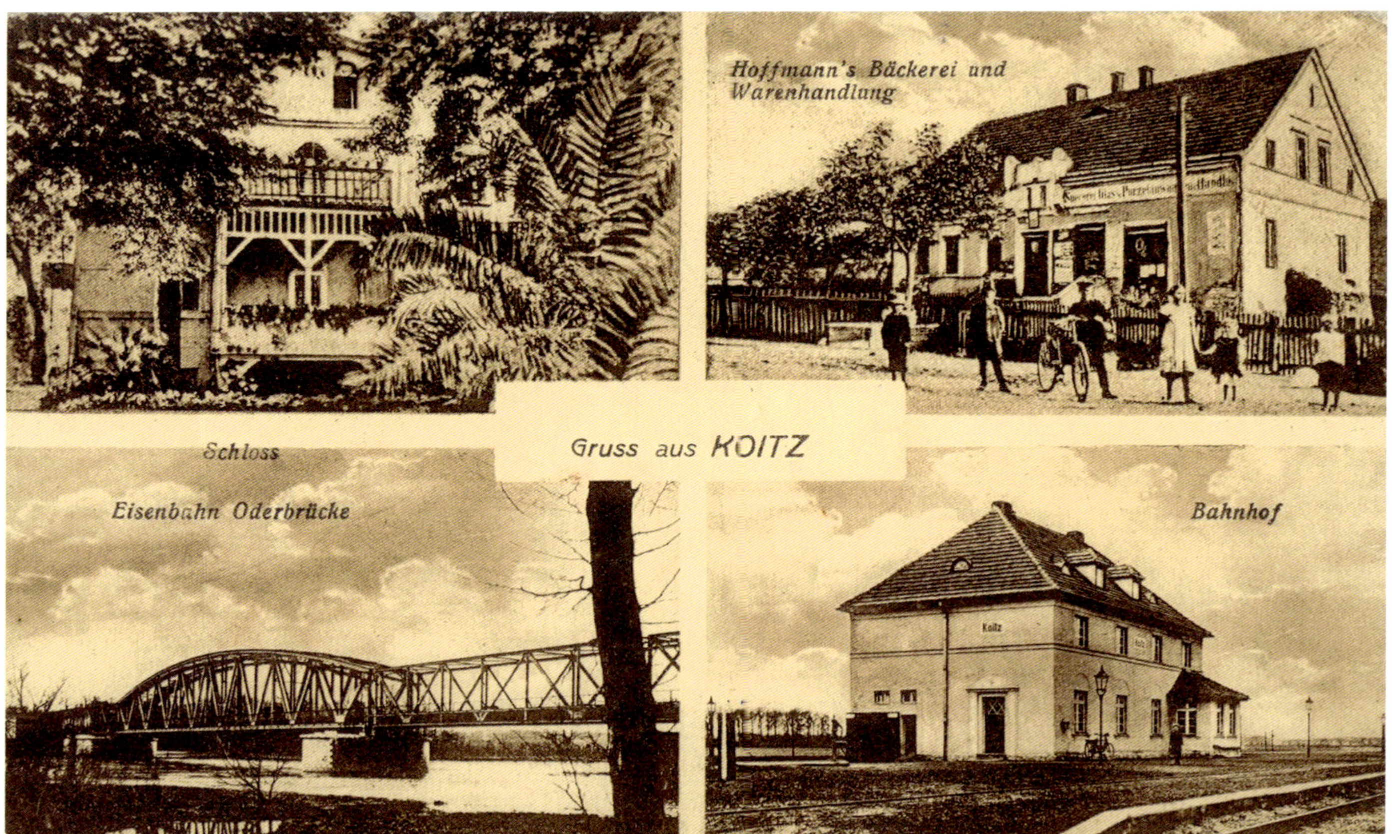


Aus dem Besitz des säkularisierten Klosters Leubus kaufte der Oberfinanzrat Christian von Rother (1778–1847) 1816 vom preußischen Staat das Gut Rogau (Rogów Legnicki) sowie das benachbarte Koitz (Abb. 1). Als er 1836 zum Staatsminister ernannt wurde, beauftragte er Karl Friedrich Schinkel in Rogau ein Herrenhaus zu entwerfen, ebenso wie auch die Patronatskirche in Koitz. Im gleichen Jahr muss Gerhard Koeber vor Ort gewesen sein, da er am 16. Oktober 1836 Lenné aus Erdmannsdorf berichtet, dass er „dann noch die zu machenden Sachen in Lissa [...] und Rogau [...] besichtigen will."[1] Da Lenné und Rother auch persönlichen Kontakt pflegten, kann man davon ausgehen, dass bei der gärtnerischen Ausgestaltung von Rogau Lennés Rat eingeholt wurde, wenngleich auch kein Plan dafür überliefert ist.[2] Aktenkundlich ist lediglich die Tätigkeit des Maurermeisters Urban aus Neumarkt, der 1841 einen Entwurf für ein Gewächshaus anfertigte.[3]

Der Plan Lennés für das Rogauer Nebengut Koitz zeigt einen Wirtschaftshof und die neue „große Brauerei mit Spiritus-Fabrik nach englischer Art erbaut"[4], die mit dem „Schloss" eine Baueinheit bildet. Durch eine Pergola ist dieses mit dem Gasthaus verbunden, das als eigentliches Hauptgebäude zu bezeichnen ist, zumal es nach Lennés Entwurf auch einen leicht geschwungenen Treibhausanbau erhalten sollte. Zwischen dem Haus und der Landstraße liegt ein großes Schmuckbeet, das die Aufmerksamkeit auf den Gasthof lenken soll. Südlich davon gibt es eine landschaftliche Gartenpartie mit Rundweg und im Norden einen kleinteiligeren, nach Außen abgepflanzten Privatgarten, den man dem „Schloss" zuordnen muss. Im Osten schließen sich die Felder des Nutzgartens an. Eine Sichtachse führt vom Gasthaus aus über die Rasenfläche des landschaftlichen Teils in die freie Umgebung, wobei beide Teile – nur durch einen Aha-Graben getrennt – optisch ineinander übergehen. Die Anlage, die etwa 1,3 Hektar groß ist, entspricht in ihrem Duktus eher einem Haus- als einem Gutsgarten.

Rother, der in seiner Funktion als Präsident der Preußischen Seehandlung vor allem als kluger Finanz- und Wirtschaftsexperte preußische Geschichte schrieb, besaß darüber hinaus das persönliche Vertrauen der königlichen Familie.[5] Mehrfach wurde er von Friedrich Wilhelm III. beauftragt, die Gartenplanungen in Erdmannsdorf mit Lenné zu koordinieren und ihm zu berichten. Er übernahm damit die Rolle eines inoffiziellen

Hofmarschalls vor Ort. Es ist kaum verwunderlich, dass sich in seinem Besitz Hofgeschenke wie die große KPM-Vase mit dem Reliefbildnis der Prinzessin Luise befanden, auf deren Sockel die Gartenansicht des Schlosses Schildau abgebildet ist (s. S. 94, Abb. 3). Die Vase trägt das Datum 1839, d. h. genau das Jahr, in dem der König die Anwesen für seine Tochter kaufte.[6] Ein besonderes Geschenk erhielt er 1840 vom König, nämlich den sogenannten Affenberg (auch Zoevelsberg) bei Erdmannsdorf, auf dem er ein Haus im Schweizerstil inmitten einer kleinen Gartenanlage errichten ließ. Ihm zu Ehren wurde die Erhebung in Rothersberg umbenannt (vgl. S. 34).[7]

Die Gartenanlage in Koitz ist heute noch vorhanden, ebenso das Gasthaus und in stark veränderter Form auch der Wirtschaftshof. Das Herrenhaus in Rogau besteht nicht mehr, der Garten ist jedoch in seinen Grundzügen noch erlebbar.

### Anmerkungen

1 GStA PK, Rep. 192, Nl Lenné, Nr. 21, fol. 11 und 15.

2 Irrgang 1978, S. 213. Irrgang schreibt, dass die Urheberschaft Lennés überliefert sei Abgesehen von Resten des Gartens und zwei Wirtschaftsgebäuden ist das dortige Schloss nicht mehr vorhanden. Vgl. Hinz 1989, S. 16.

3 Grundmann 1941, S. 54.

4 Knie 1830, S. 348.

5 Es ist bekannt, dass er u. a. die Finanzen der Fürstin Liegnitz regelte und mit Prinzessin Luise Glückwünsche austauschte.

6 Internationales Kunst- und Auktionshaus Berlin 1931, S. 12; Abb. Nr. 99 auf Tafel 8 (dort fälschlicherweise als Schloss Fischbach ausgewiesen).

7 Einst diente die unfruchtbare Erhebung als Schafweide. Nach der Umstellung auf frühindustrielle Flachsgarnspinnerei und -weberei in Erdmannsdorf, an der die Preußische Seehandlung beteiligt war, wurde dieses Stück Land freigegeben.

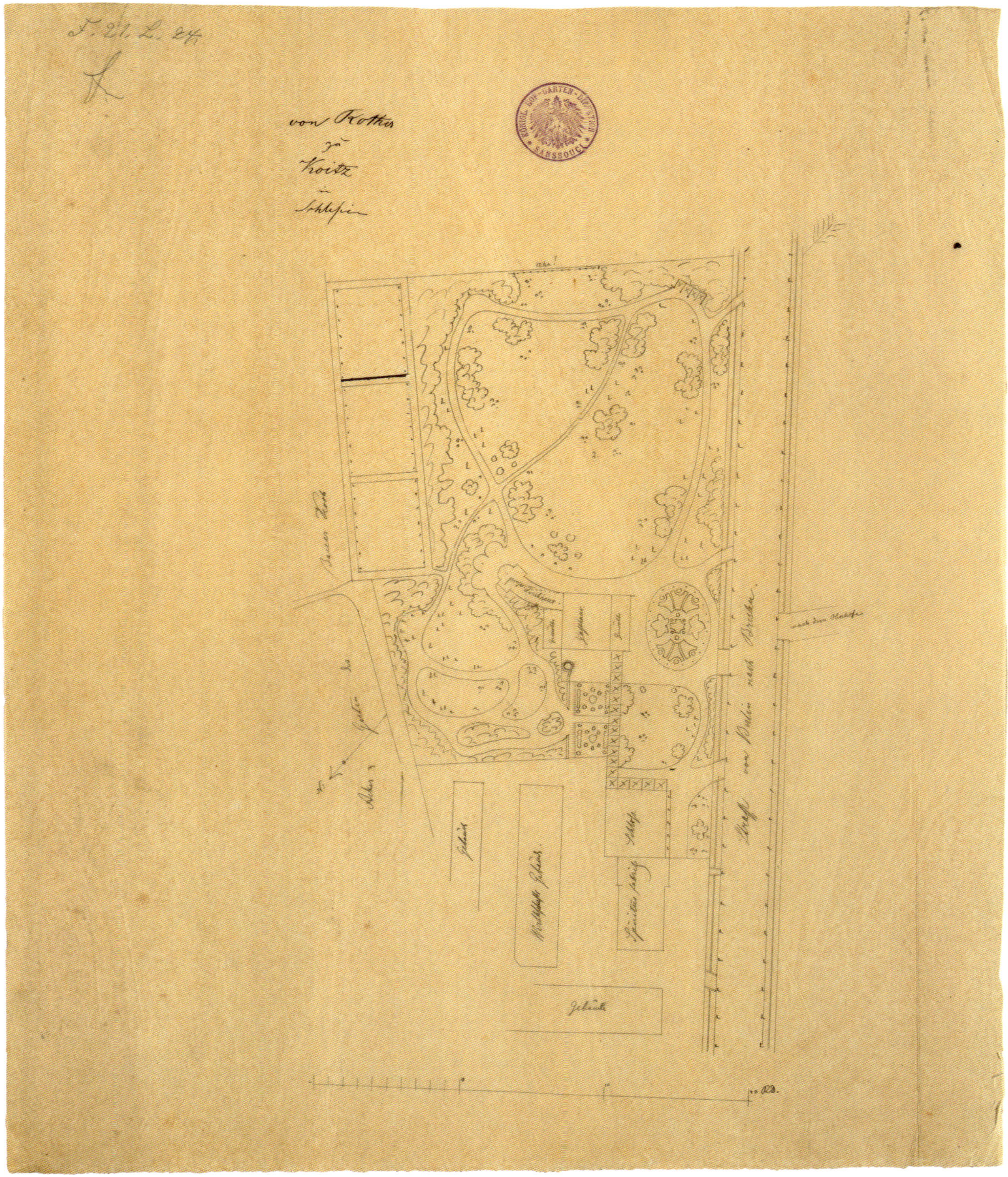

*Abb. 2*
*Entwurfsplan für den Garten von Koitz, um 1840.*

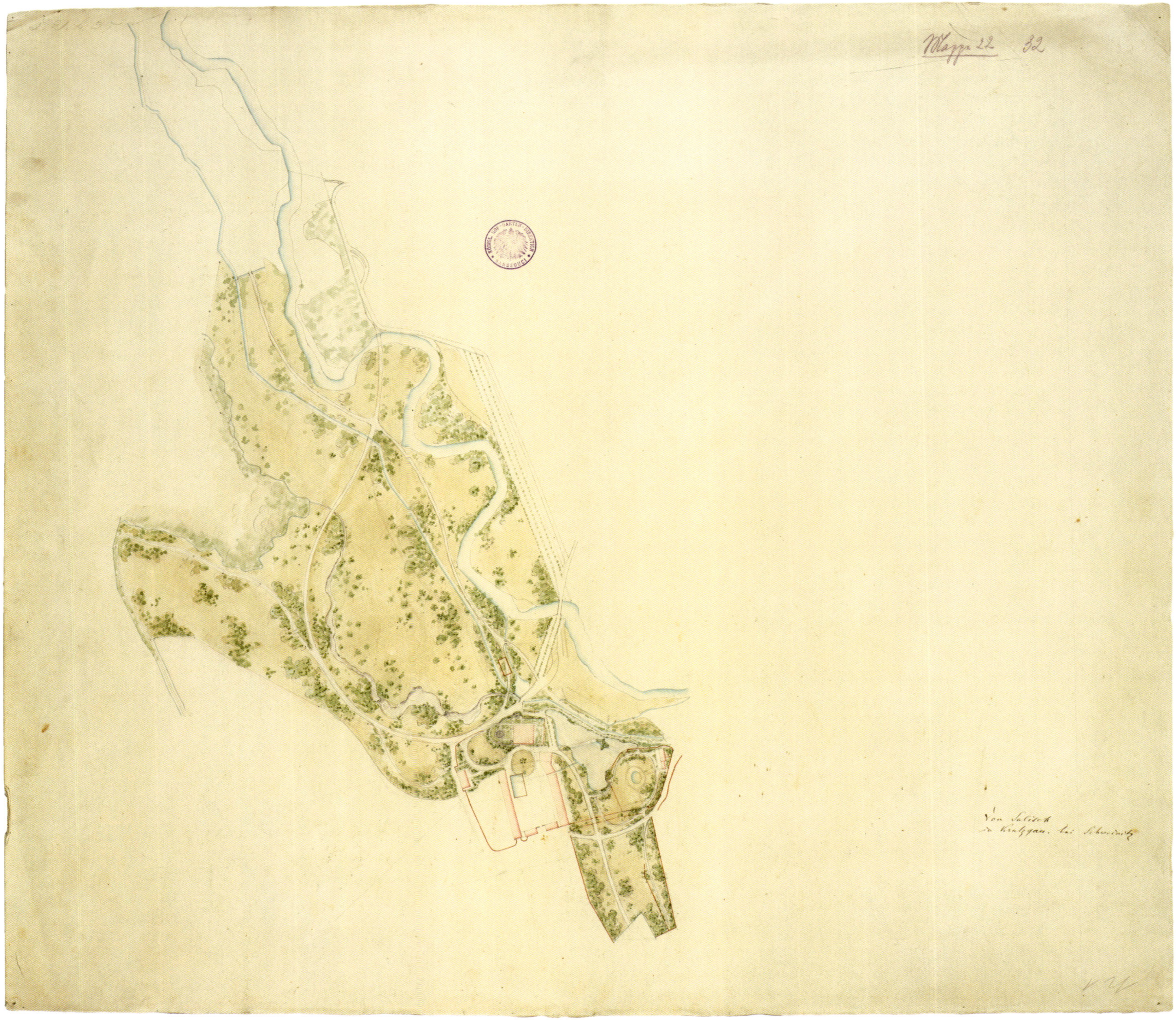
Mappe 22 32
Von Salisch
zu Kratzkau. bei Schweidnitz

# Kratzkau, Kreis Schweidnitz, Provinz Schlesien

Kraskόw, Powiat świdnicki, Województwo dolnośląskie

**Magdalena Zalewska, Marcus Köhler**

**„Von Salisch in Kratzgau. bei Schweinitz"**

*Datierung:* 1848
*Zeichner:* ohne Signatur
*Bezeichnungen:* keine
*Ausrichtung:* nach Nordwesten
*Maßstab:* ohne Angabe
*Technik und Maße:* Feder in Grau, wenig Rot, laviert in Grün, Blau und Rosa, wenige Bleistifteinbesserungen – 68,1 x 77, 2 cm (Wasserzeichen von 1844, auf Leinen aufgezogen)
*Standort:* SPSG, GK II (1) 3514 (Günther/Harksen Nr. 499) (Abb. 1)

Auf Grundlage eines Vertrags vom 7. März 1848, der der Gräfin Charlotte Friederike von Zedlitz eine Leibrente garantierte, übertrug sie ihrem Neffen, Georg Gustav Rudolf von Salisch und Stübendorff (auch Siebendorff, 1797–1861), das Gut und das barocke Schloss von Kratzkau, das 1746 unter Graf David Sigismund von Zedlitz auf Resten einer im 14. Jahrhundert erwähnten Burg errichtet worden war.[1] Sowohl die Architektur des Schlosses als auch dessen Skulpturenschmuck waren von hoher Qualität und wiesen Verbindungen zur süddeutschen und österreichischen Kunst, vor allem zu den Werken Johann Bernhard Fischers von Erlach, auf.[2]

Alexander Duncker äußerte sich sehr positiv über die Gesamtanlage und lobte die „anmuthige" Umgebung des Gutes. Hierüber schrieb er: „Für die Gartenanlagen in der nächsten Umgebung des Wohnhauses hat der Königliche General-Garten-Director Lenné im Jahre 1848 einen Plan entworfen, welcher zum Theil ausgeführt ist und mit dessen weiterer Ausführung der gegenwärtige Besitzer zur Zeit beschäftigt ist."[3]

Über die genaueren Umstände berichtet Heinrich von Salisch (1846–1920), Bruder des Besitzers, in seinem 1885 erschienenen, weit verbreiteten Buch „Forstästhetik", einer Publikation, in der er eine detailreiche Anleitung zur praktischen Verbindung von forstwirtschaftlichen mit gartenkünstlerischen Aspekten niederlegte.[4] Einige Anregungen hatte er dafür bereits im väterlichen Kratzkau bekommen, sammelte sie aber weitgehend auf dem eigenen schlesischen Gut Postel (Postolin), das ebenfalls zum Stammbesitz der Familie gehörte. An einer wichtigen Stelle des Buches diente ihm Kratzkau als Beispiel, um seinen Lesern zu erklären, dass die Hinzuziehung eines Gartenfachmannes zuweilen unabdingbar ist. Als sein Vater 1848 das Gut erbte, ergab sich nämlich folgendes Bild: „Er fand daselbst ein sehr stattliches Wohnhaus vor. Dies aber, zwischen Wirtschaftshof und Busch im sumpfigen Wallgraben gelegen, bot aus seinen Fenstern nichts weniger als eine erfreuliche Aussicht. Dort entsendete die Huld Friedrich Wilhelm IV. (der König kannte den Ort vom flüchtigen Sehen bei Gelegenheit eines Manövers) zu zwei verschiedenen Malen den Kgl. Generalgartendirector Lenné, einen der ersten Landschaftsgärtner jener Tage, damit er für die Verschönerung des Besitzes einen Plan entwerfe. Lennés Werk war nun die Zeichnung für einen nur sehr kleinen Garten, aber für freie ausgedehnte Anlagen, mit denen es alsbald rasch vorwärts ging. Genau in Befolgung des künstlerischen Planes wurden schön abgegrenzte Wiesen durch Rodung gewonnen, auf diesen wurden auf geeignete Stelle Horste von Buschwerk, sowie einzelne Bäume übergehalten, nach Erfordernis auch mittels Pflanzung (Fichtenhorst, eine Eschengruppe) ergänzt. In der Folge ward dann auch für schön geführte Fuß- und Fahrwege, die zugleich wirtschaftlichen Zwecken dienen, gesorgt. Das Gelingen förderte die Freude am Schaffen. Dem Lennéschen Plan ist nachher manch wertvolles Glied (durch Rönnekamp) hinzugezeichnet, und von meinem Bruder verwirklicht worden. Fährt nun jemand, der die Geschichte dieses landschaftlichen Kunstwerkes nicht kennt, durch die Gegend, so sagt er: Wie schön, wie herrlich, hier sieht man doch wieder einmal: ‚Die freie Natur ist und bleibt allemal das Schönste'."[5] Überdies bildete Heinrich von Salisch eine Situation der „Kratzkauer freien Anlagen" ab, die zwei Eichen zeigt, die auf Anregung des Feldmarschalls von Moltke aufgeastet wurden, um einen Durchblick auf die Landschaft zu ermöglichen.[6]

Der besagte Ernst Rönnekamp taucht noch einmal auch in einem verzweifelten Brief des jüngeren Salisch an Lenné vom 9. Mai 1865 auf: Lenné war so freundlich, Rönnenkamp zu beurlauben, damit er einige Maßnahmen in Kratzkau ausführen konnte. Nun aber zeigte sich, dass die Terrainbewegungen, die täglich 50 Arbeiter vornähmen, nicht ausreichten, um die geplanten Vorhaben (beispielsweise „Rasenkanten zu legen") zu Ende zu führen.[7] Weder Salisch, noch sein alter Gärtner sahen sich in der Lage, die Ideen umzusetzen. Lenné kam den flehenden und schmeichelhaften Worten des Barons nach und gewährte eine Verlängerung des Aufenthalts von Rönnekamp,

*Abb. 1*
*Entwurfsplan für den Park von Kratzkau, 1848.*

*Abb. 2*
*Schloss und Park Kratzkau, Alexander Duncker, Lithographie, 1864/65.*

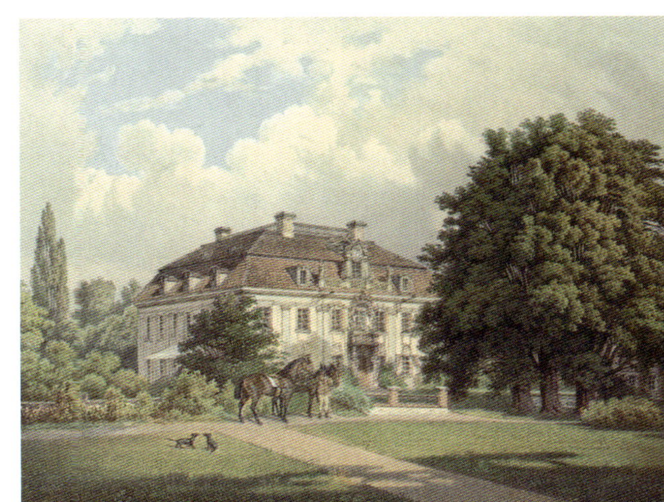

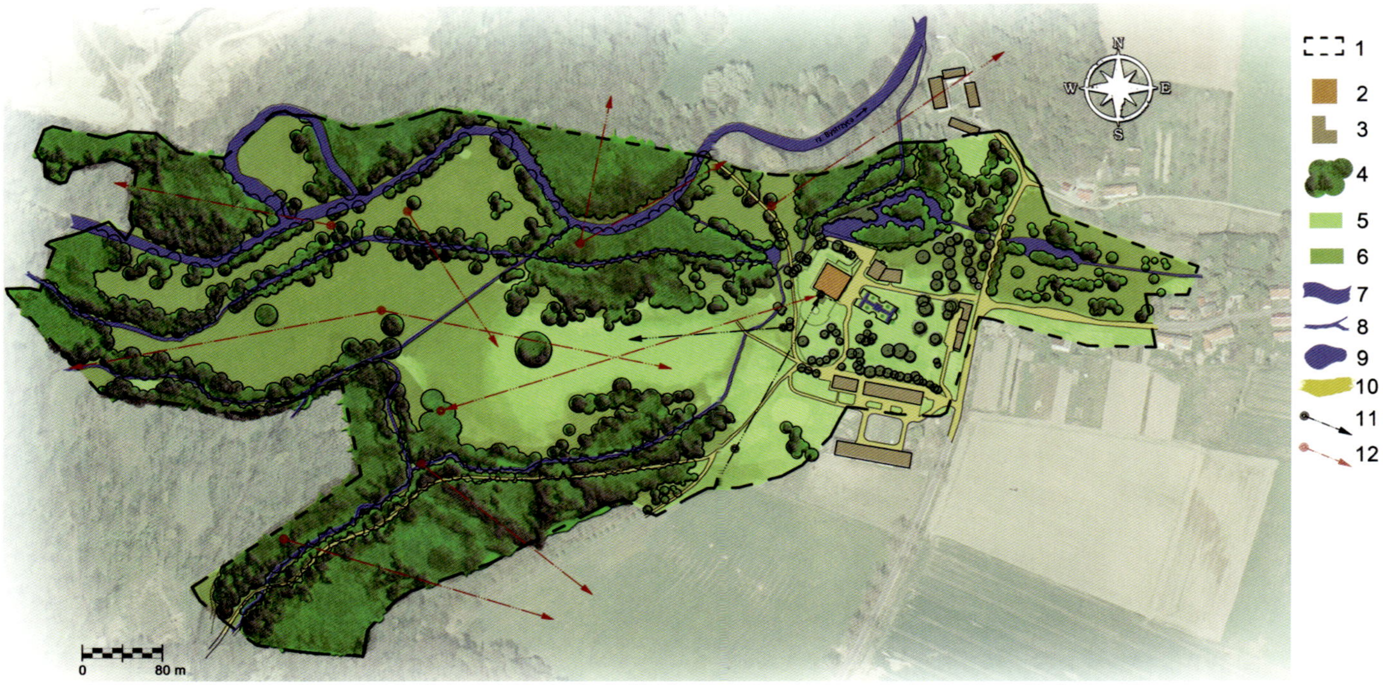


*Abb. 3*
*Bestandsplan des Kratzkauer Parks aus dem Jahr 2013.*

der 1891 als geachteter Garten-Inspektor, d. h. Revierleiter des Humboldt-Hains in Berlin, starb. Seine Nachfolge trat Axel Fintelmann an.[8]

Doch wie sahen die Vorhaben Lennés konkret aus? Basierend auf seiner Planung aus dem Jahr 1848 gestaltete man das ufernahe Gelände in der Umgebung des Schlosses in einen weitläufigen Landschaftspark um, was aufgrund des sumpfigen Geländes kostspielig und sehr arbeitsaufwändig war.[9] Die großflächige Parkanlage zeigte eine klare Zonierung: Die zum Schloss führende Zufahrt war von Wirtschaftsgebäuden flankiert (Abb. 2). An der südwestlichen Schlossfassade wurde eine Terrasse mit Freitreppe errichtet, die zum Garten hinab führte. Die geometrische Anlage mit Blumenbeeten und einem kreisrunden Brunnen entstand auf einem leicht abgesenkten Gelände, das durch eine Stützmauer aus Ziegeln von der Umgebung abgetrennt war. Im nördlichen Teil legte man einen großen Parkteich an, in dessen Wasser sich das Schloss spiegelte. Zwischen dem Gewässer und dem Mühlenfließ entstand ein Damm, der mit Lindenreihen bepflanzt war. Das aufgeschmückte Gelände in direkter Umgebung des Schlosses wurde durch Alleen mit dem eigentlichen Landschaftspark verbunden, der sich entlang der Schweidnitzer Weistritz (Bystrzyca) flussaufwärts erstreckte.

Die weiten Feldfluren in der Umgebung des Schlosses gaben Anlass für zahlreiche Sichtachsen.[10] Von der Terrasse eröffnete sich ein Ausblick auf eine großflächige Wiese mit vereinzelt stehenden alten Eichen. Von der Frontseite wiederum war das Zobten-Massiv (Masyw Ślęży), der höchste Berg des Sudetenvorlandes (Przedgórze Sudeckie), zu sehen. Die umliegenden Bergrücken bildeten den natürlichen Hintergrund der Parkanlage.[11] Weitere Ausblicke eröffneten sich vom nahegelegenen Kiefernberg auf das Panorama der Eulenberge (Góry Sowie), des Waldenburger Berglandes (Góry Wałbrzyskie), des Landeshuter Kamms (Rudawy Janowickie) und sogar des Riesengebirges.[12]

Die Komposition der Parkanlage wurde von der Schweidnitzer Weistritz mit dem Mühlenfließ und einem System kleiner Wasserläufe bestimmt. Einen, an der südlichen Parkgrenze fließenden Lauf nutzte Lenné, um einen malerischen Bach anzulegen.[13] Die entlang des Flusslaufs angepflanzten Baumreihen markierten zugleich den Randbereich der großflächigen Wiese, auf die die beherrschende Sichtachse ausgerichtet und um die ein Spazierweg angelegt war, der über lichte Grasflächen an alten Eichen und Wasserläufen vorbeiführte und vielfältige Ausblicke auf das Schloss und den Fluss bot. Eine schräg in südwestlicher Richtung zum Schloss angelegte, flussnahe Wiese erinnert an den Park von Schildau (Wojanów) im Hirschberger Tal.[14]

1861 erbte der zweitgeborene Sohn Artur Otto Rudolf von Salisch (1829–1885), königlicher Assessor und Oberleutnant der Kavallerie, das Gut.[15] Schloss Kratzkau und der dazugehörige weitläufige Landschaftspark blieben bis zum Ausbruch des Zweiten Weltkrieges im Besitz der Familie von Salisch. Die Kriegszeit überstand der Schlossbau zwar unbeschadet, doch erfolgten in der Nachkriegszeit Verwüstungen.[16] Damals wurde der Park auch zwischen drei Eigentümern aufgeteilt, was sich negativ auf seinen Erhaltungszustand auswirkte.[17] Infolge der mangelnden Instandhaltung der Wasserläufe kam es zu einer Störung der hydrologischen Verhältnisse und zur Überflutung des südlichen Teils der Parkwiese. Durch wilden Pflanzenwuchs wurden die einstigen Baumgruppen und Haine im Westen der Anlage Teil eines großen Waldkomplexes (Abb. 3). Von ihrer einstigen Existenz zeugen heute noch erhaltene Baumgruppen – stattliche Eichen, Eschen und Linden, die sich vor dem dichtgewachsenen Hintergrund von Schwarzerlen deutlich abheben. Die vernachlässigten Uferwiesen wurden nach und nach von krautigen Pflanzen und wildem Gehölzaufwuchs überwuchert, die einstigen Spazierwege sind inzwischen von Gras überwachsen (Abb. 4). Auch die Verbindung zum anderen Flussufer existiert nicht mehr; einen Überrest des einstigen Weges bildet die bis heute erhaltene Lindenallee. Trotz dieser weitgehenden Veränderungen sind noch Teile der Parklandschaft erhalten, die weiterhin von hohem historischem und künstlerischem Wert sind. Dazu zählen mit Sicherheit der nördliche Teil der Parkwiese und die direkte Umgebung des Schlosses mit dem weiten Ausblick auf die landschaftliche Wiese und den Zobtenberg (Ślęża).

1992 erwarb eine Privatperson das Anwesen, woraufhin in den Folgejahren Schloss und Wirtschaftsgebäude saniert wurden. Anschließend diente das Schloss bis 2014 als Hotel, die Hofgebäude wurden als Restaurant, Konferenzräumlichkeiten und Reitzentrum genutzt.[18] Es steht nun wieder zum Verkauf. Damals sanierte man auch einen Teil des einstigen Schlossgartens und führte einige neue Elemente ein, u. a. ein geometrisches Bassin mit Springbrunnen (Abb. 5). Die Maßnahmen umfassten allerdings nicht das verwahrloste Parkgelände. Aufgrund seines besonderen kulturellen und natürlichen Wertes gehört es jedoch heute zum Landschaftsschutzpark „Tal der Schweidnitzer Weistritz“ (Park Krajobrazowy „Dolina Bystrzycy“.

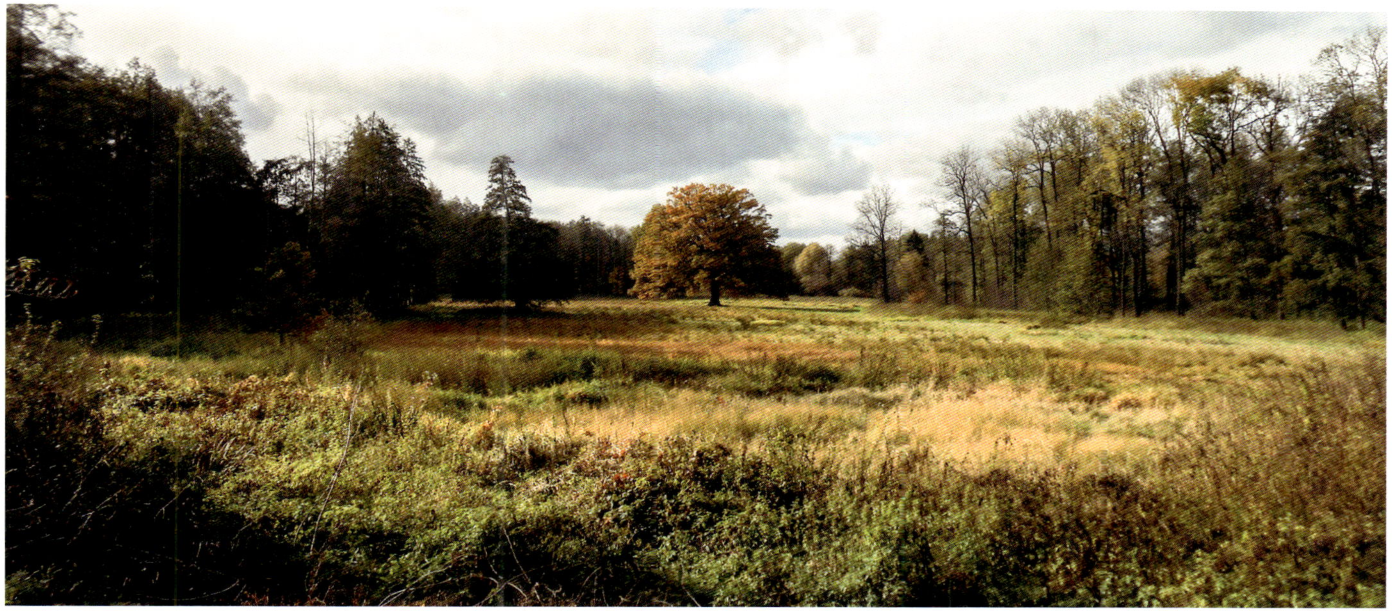

*Abb. 4*
*Blick über den großen Wiesenraum im Westen des Kratzkauer Parks.*

*Abb. 5*
*Das Kratzkauer Schloss heute.*

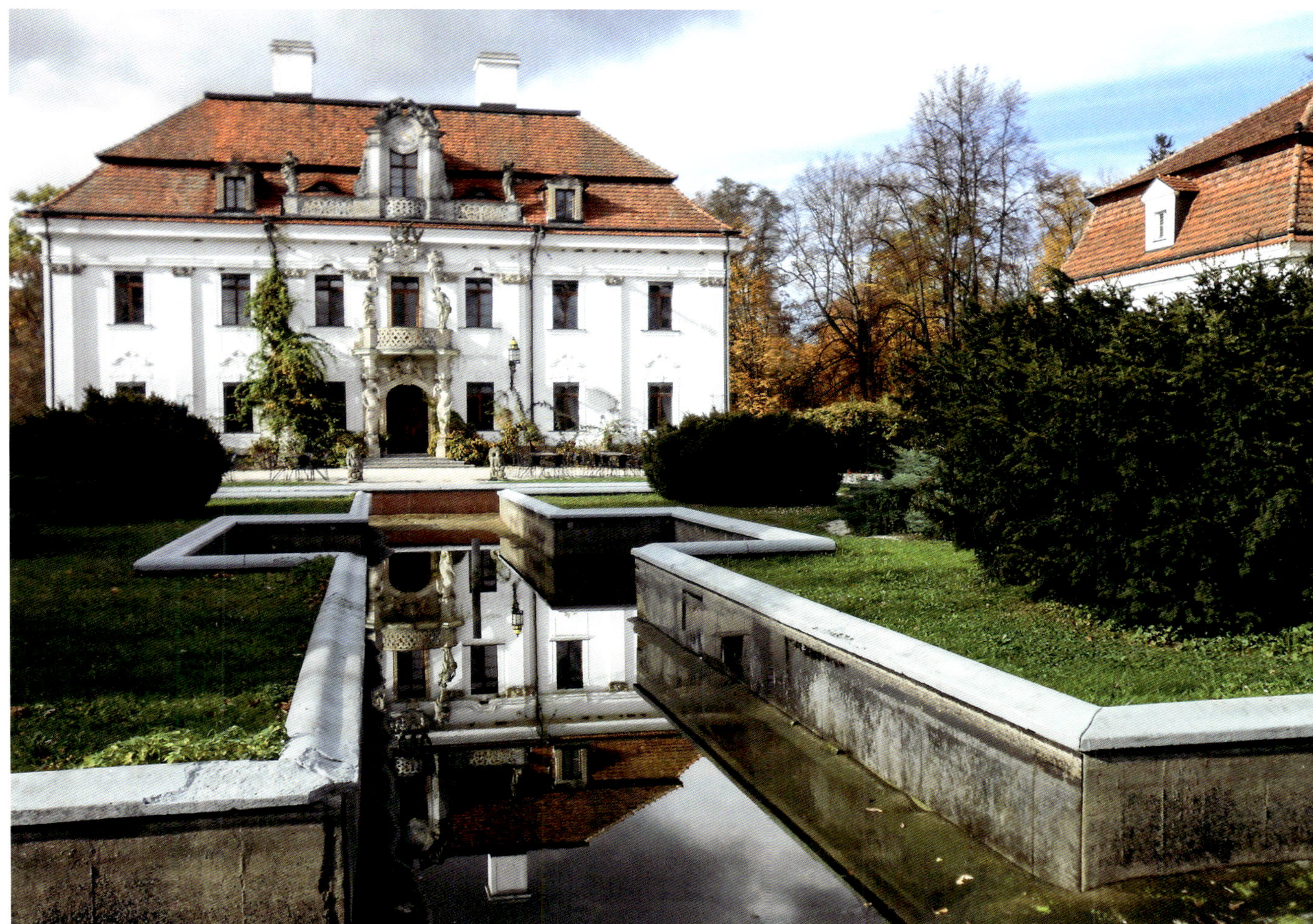

## Anmerkungen

1 Duncker 1864/65, Nr. 391 (Kratzkau); Guerquin 1957, S. 54; Łuczyński 2001.
2 Jeżewska 1968, S. 1 f.
3 Duncker 1864/65, Nr. 391 (Kratzkau).
4 Wiśniewski 2013.
5 Salisch 1885, S. 343.
6 Abb. 103, ebd.
7 GStA PK, BPH, Rep. 192, Nl Lenné, Nr. 10, fol. 874 f.
8 Dietrich 1843, S. 204; Rönnekamp 1879, S. 33–34, 49–50. Ernst Rönnekamp, Städtischer Garteninspektor, geb. in Berlin; besuchte 1854 bis 1857 die Anstalt; wurde 1870 Stadtobergärtner und Leiter des zweiten Parkreviers; 1877 städtischer Garteninspektor und Vorsteher des ersten Parkreviers (Humboldthain);er starb im Jahre 1891.
9 Günther/Harksen 1993, S. 189–190.
10 Łukasik 2009, S. 168.
11 Irrgang 1978, S. 213.
12 Duncker 1864/65, Nr. 391 (Kratzkau).
13 Günther/Harksen 1993, S. 189–190.
14 Krosigk 2003, S. 21.
15 Weber 1910, S. 17; Łuczyński 2001, S. 76
16 Jeżewska 1968, S. 37–38.
17 Kujawa 1976, S. 10.
18 Łuczyński 2001, S. 76; Staffa 2005, S. 257.

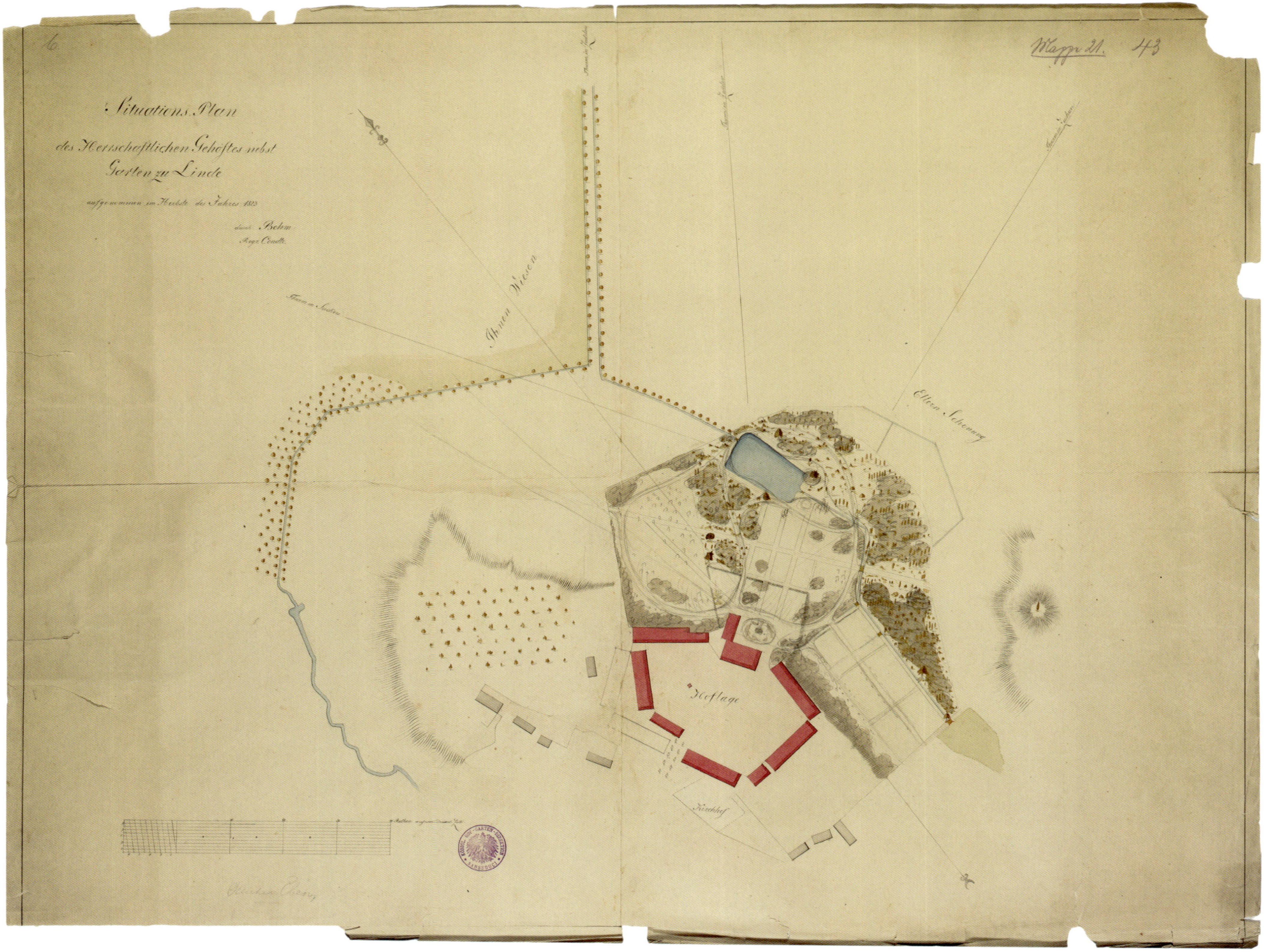
Situations Plan
des Herrschaftlichen Gehöftes nebst
Garten zu Linde
aufgenommen im Herbste des Jahres 1823
durch Behm
Regr. Condt.
Mappe 21.
43
Hofslage
Kirchhof
Ellern Schonung

# Linde, Kreis Pyritz, Provinz Pommern

Lipka (Dolice), Powiat starogardzki, Województwo zachodniopomorskie

**Marcus Köhler**

**„Situations-Plan des Herrschaftlichen Gehöftes nebst Garten zu Linde"**

*Datierung:* Situation „aufgenommen im Herbste des Jahres 1823" – Einzeichnungen vermutlich nach 1823
*Zeichner:* „Behm Regr. Condtr." – Einzeichnungen von Lenné
*Bezeichnungen:* „Ihnen Wiesen", „Ellern Schonung", „Hoflage", „Kirchhof", Blickachsen: „Thurm in Suckow", „Thurm in Zadelow" (2x), „Thurm in Zachan", in Bleistift: „Aecker [?] Eben"
*Ausrichtung:* nach Nordosten
*Maßstab:* „Ruthen 10 auf einen Dezimal Zoll."
*Technik und Maße:* Feder in Grau, laviert in Grau, Blau, Rot und Gelb, Einzeichnungen in Bleistift – 69,8 x 88,4 cm
*Standort:* SPSG, GK II (1) 3527 (Günther/Harksen Nr. 462) (Abb. 1)

Das Gut Linde, das einst zum Kreis Saatzig zählte, gehörte im 18. Jahrhundert der in Pommern ansässigen Familie von Oesterreich.[1] 1816 kaufte es Wilhelm Ferdinand Eben (1784–1870), Enkel des gleichnamigen preußischen Hofebenisten und Bildhauers Franz Ephraim (1726–1804). Da er wahrscheinlich sehr gut wirtschaftete, konnte er 1829 zusätzlich das im Kreis Arnswalde liegende Gut Schlagenthin (Sławęcin) erwerben. Obwohl dieses Hauptwohnsitz wurde und der Architekt Friedrich Hitzig sogar zwischen 1854–1857 dort ein neugotisches Herrenhaus errichtete, beauftragte Eben nach 1823 Lenné mit einem Parkentwurf für das kleinere Linde.[2] Warum es dazu kam, ist bislang nicht bekannt. Möglicherweise wurde er durch die Planungen im benachbarten Reichenbach (s. S. 166, Abb. 2) angeregt, die ebenfalls in den Händen Lennés lagen. Reichenbach gehörte dem Geheimen Oberregierungsrat Carl Gottlieb Bethe, der mit einer Eben-Tochter, Charlotte Wilhelmine Marie, verheiratet war.[3]

Nordöstlich des zweiflügeligen Gutshauses schloss sich ein formaler Garten an, den Lenné in seinem Plan auflöst und – wahrscheinlich an seiner Stelle – südöstlich einen Nutzgarten vorschlägt. Der Garten ist trotz seiner geringen Größe sehr kompakt, da es Lenné gelingt, durch zwei neue Rundwege, Hervorhebung von alten Einzelgehölzen im und außerhalb des Parks, sowie Auflösung des strengen Teichumrisses, große landschaftliche Formen ins Kleine zu übertragen. In der Entwurfsskizze sind Sichtachsen in die benachbarten Ortschaften bzw. auf die Kirchtürme von Zadelow (Sadlowo), Suchow (Żukowo) und Zachan (Suchań) angegeben.

Das Messtischblatt von 1891 zeigt, dass die Gutsgebäude zwar immer noch um einen gemeinsamen Hof mit einem Baumrondell gelagert waren, sich jedoch der Baubestand erheblich erweitert hatte. Das ehemalige Gutshaus ging nunmehr im Gebäudekomplex unter. Der Elsbruch, der in die Ihna-Aue übergeht, ist deutlich erkennbar und weist eine parkartige Wegestruktur auf. Zudem wurde die Gartenanlage in Richtung Südosten erweitert (Abb. 2).

Der Gutsbetrieb wurde in neuerer Zeit als industriell geführter Agrarbetrieb ausgebaut, der die waldartigen Bestände, die nur noch Ansätze des ehemaligen Parks erkennen lassen, nicht mehr pflegt bzw. als Abstellflächen nutzt. Von dem kleinen Dorf zweigen beachtliche historische Alleen ab.

## Anmerkungen

1 Abel 1735, S. 25.
2 Parallel zur Errichtung des neuen Herrenhauses legte der Obergärtner des Königlichen Schlossgartens von Charlottenburg Eduard Neide (1818–1883) in Schlagenthin einen Landschaftspark an (Wendland/Wendland 2015, S. 115).
3 Stulz-Herrnstadt 2002, S. 86 f.

*Abb. 1*
*Entwurfsskizze für den Park von Linde, vermutlich nach 1823.*

*Abb. 2*
*Das Gut Linde mit dem Park auf einem Ausschnitt des Messtischblatts 1329 (Zachan), aufgenommen 1890, hrsg. 1891.*

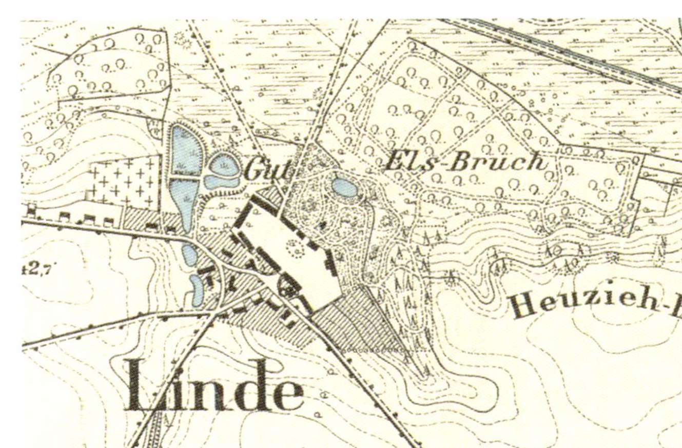

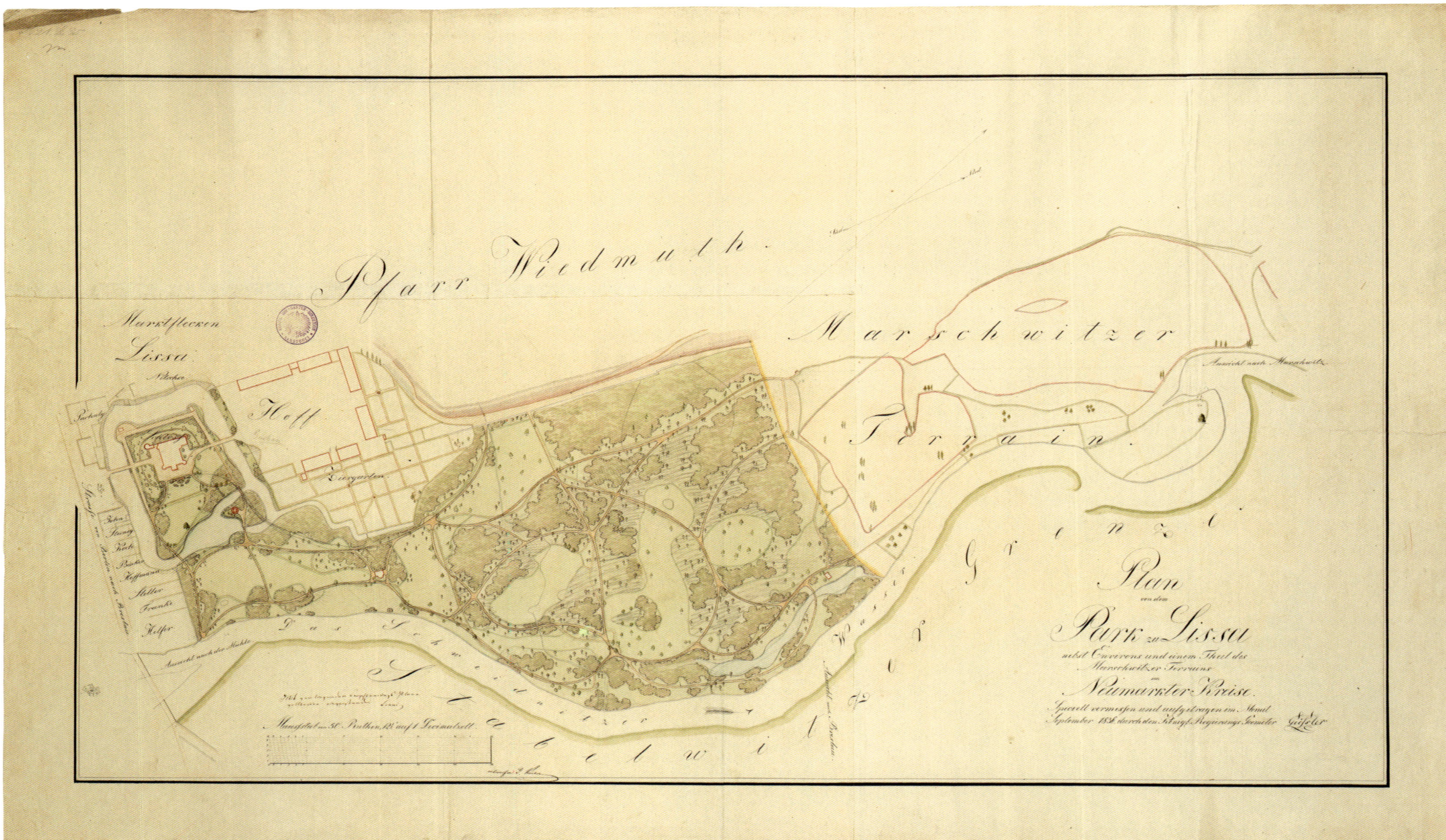


*Abb. 1*
*Entwurfsplan für den Park von Lissa, 1836.*

# Lissa, Kreis Neumarkt, Provinz Schlesien

Leśnica, Miasto Wrocław, Województwo dolnośląskie

**Justyna Jaworek**

**„Plan von dem Park zu Lissa nebst Environs und einem Theil des Marschwitzer Terrains im Neumarkter Kreise"**

*Datierung:* „Speciell vermessen und aufgetragen im Monat September 1836" (Situation)

*Zeichner:* „Königl. Regierungs Geometer Geissler" (Situationsplan) – „entworfen G. Koeber", „Mit vorliegendem Verschönerungs Plane vollkommen einverstanden / Lenné"

*Bezeichnungen:* „Pfarr Wiedmuth.", „Marschwitzer Terrain.", „Stabelwitzer Grenze.", „Das Schweidnitzer Wasser." „Marktflecken Lissa.", „Straße von Berlin nach Breslau.", „Schloss.", „Hoff." (in Bleistift darunter: „Buchen"), „Ziergarten.", „Aussicht nach der Mühle.", „Aussicht nach Breslau.", „Aussicht nach Marschwitz.", Eigentümernamen angrenzender Grundstücke: „Nitschke., Pachaly., John., Steinig., Koch., Bäcker., Hoffmann., Stoller., Franke., Helfer."

*Ausrichtung:* nach Nordwesten

*Maßstab:* „Maassstab von 50 Ruthen, 12 1/2 auf 1 Decimalzoll."

*Technik und Maße:* Feder in Grau, laviert in Grün, Grau, Blau, Ocker und Rosa, Gebäude ziegelrot umrandet – 71,2 x 118,2 cm

*Standort:* SPSG, GK II (1) 3528 (Günther/Harksen Nr. 500) (Abb. 1)

Im Jahr 1836 ging das Landgut Lissa (Leśnica) in den Besitz des preußischen Staats- und Schatzministers Graf Carl Friedrich Heinrich von Wylich und Lottum (1767–1841) über. Ein Jahr später wurde nach dem Zusammenschluss der Güter Lissa, Muckerau (Mokra) und Rathen (Ratyń) das Majorat Lissa gestiftet, das bis zum Zweiten Weltkrieg in den Händen der Nachkommen bleiben sollte. Letzter Fideikommiss- und Schlossherr war Ludolf von Veltheim-Lottum.[1]

Die heute überkommene barocke Gestalt erhielt das Schloss 1733 im Zuge von Umbauarbeiten eines einst von einer niedrigen Mauer und Bastionen umgebenen Vorgängerbaus aus der Renaissance.[2] Nach 1836 wurden die Innenräume nach Entwürfen von Heinrich Boshardt im klassizistischen Stil modernisiert.[3] Gleichzeitig gab der Lissaer Gutsherr die Umgestaltung des spätbarocken Jardin anglo-chinois in Auftrag.[4] Auf einer Karte von 1833/34 sind noch Überreste der Anlage zu erkennen. Das Schloss war einst von einem Schlossgraben umgeben, der in eine unregelmäßige Teichanlage mit einer Insel umgewandelt wurde. Die korrespondierenden Stege führten in Richtung Gutshof, zur Verbindungsstraße zwischen Breslau und Neumarkt (Środa Śląska) sowie in Richtung der Wiesen und des Kirchwaldes. Das flussnahe Gelände wurde in Form einer ‚wilden Promenade' gestaltet (Abb. 3).

Im Jahr 1836 zeichnete Gerhard Koeber, der damals gleichzeitig die Ausführung der Parkgestaltung in Erdmannsdorf (Mysłakowice) beaufsichtigte, den vorliegenden Entwurf für den Lissaer Garten.[5] Am Schloss entstand ein Pleasureground und zwischen der Schweidnitzer Weistritz (Bystrzyca) und dem Gutshof mit seinem Ziergarten wurde ein Landschaftspark angelegt (Abb. 4). Gehölzpflanzungen an den Rändern der Schlossinsel dienten als rahmende Elemente für die weiten Ausblicke zum Gutshof und auf die Uferwiesen. Der einstige Schlossgraben wurde durch Wasserkanäle mit der Schweidnitzer Weistritz und einem ihrer Altarme verbunden. Zur Anlage gehörten mehrere Gartengebäude – eine Gartenlaube, ein Belvedere, das Gärtnerhaus und die Orangerie mit einem Palmenhaus.[6] Geschwungene, durch dichte Gehölzpflanzungen führende Parkwege waren mit dem auf den umliegenden Feldfluren angelegten Wegenetz verknüpft. Hier, am Rande des Parks, schuf man eine Sichtachse in Richtung Marschwitz (Marszowice). Das hohe Flussufer wurde durch lockere Gehölzpartien ausgeschmückt, zwischen denen sich Ausblicke auf Breslau und die Lissaer Mühle eröffneten.[7] Im zentralen Teil der Anlage wurden zwei Teiche geplant, die durch Fließe mit der Schweidnitzer Weistritz verbunden wurden.

Durch eine Erbschaft kamen die Grafen von Wylich-Lottum 1854 in den enormen Besitz der Fürsten von Putbus auf Rügen, deren Titel sie auch 1861 übernahmen.

Um 1900 kam es zu Änderungen in der Parkanlage, was auf dem Messtischblatt von 1887 und einem Stadtplan von Breslau aus dem Jahr 1935 zu erkennen ist.[8] Zu dieser Zeit wurde der Baumbestand im nördlichen Teil des Parks verdichtet und ein geschlossener Hain geschaffen. Die südlichen und westlichen Abschnitte des Schlossgrabens wurden zugeschüttet (Abb. 2 u. 6). In den Jahren 1935–1945 erbaute man nach einem Entwurf von Alfred Götsch und Ludolf von Veltheim-Lottum östlich vor dem Schloss ein Amphitheater.[9] Auf Anregung des Letzteren richtete man im Schloss eine historische Ausstellung ein, in der Erinnerungsstücke aus Zeiten früherer Schlossherren sowie Gegenstände gezeigt wurden, die mit dem Aufenthalt Friedrich Wilhelms II. in Lissa in Verbindung standen.[10]

*Abb. 2*
*Lissaer Park und Schloss auf einem Ausschnitt des Messtischblatts 2827 (Lissa), aufgenommen 1885, hrsg. 1887.*

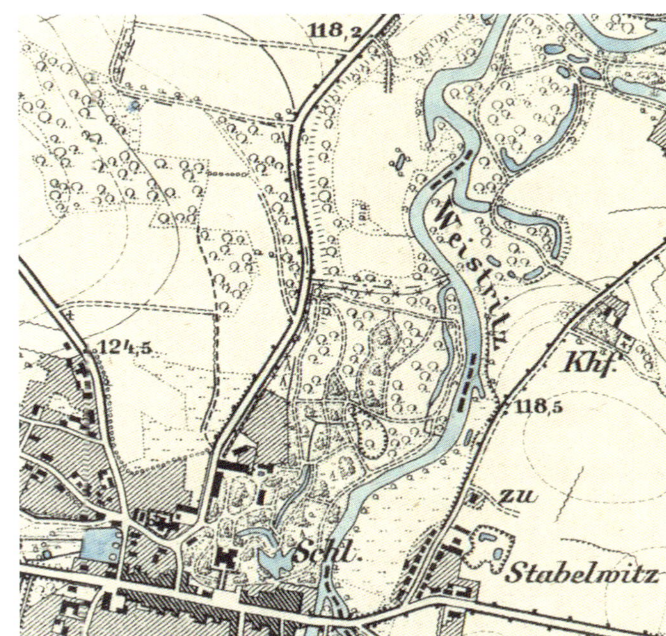

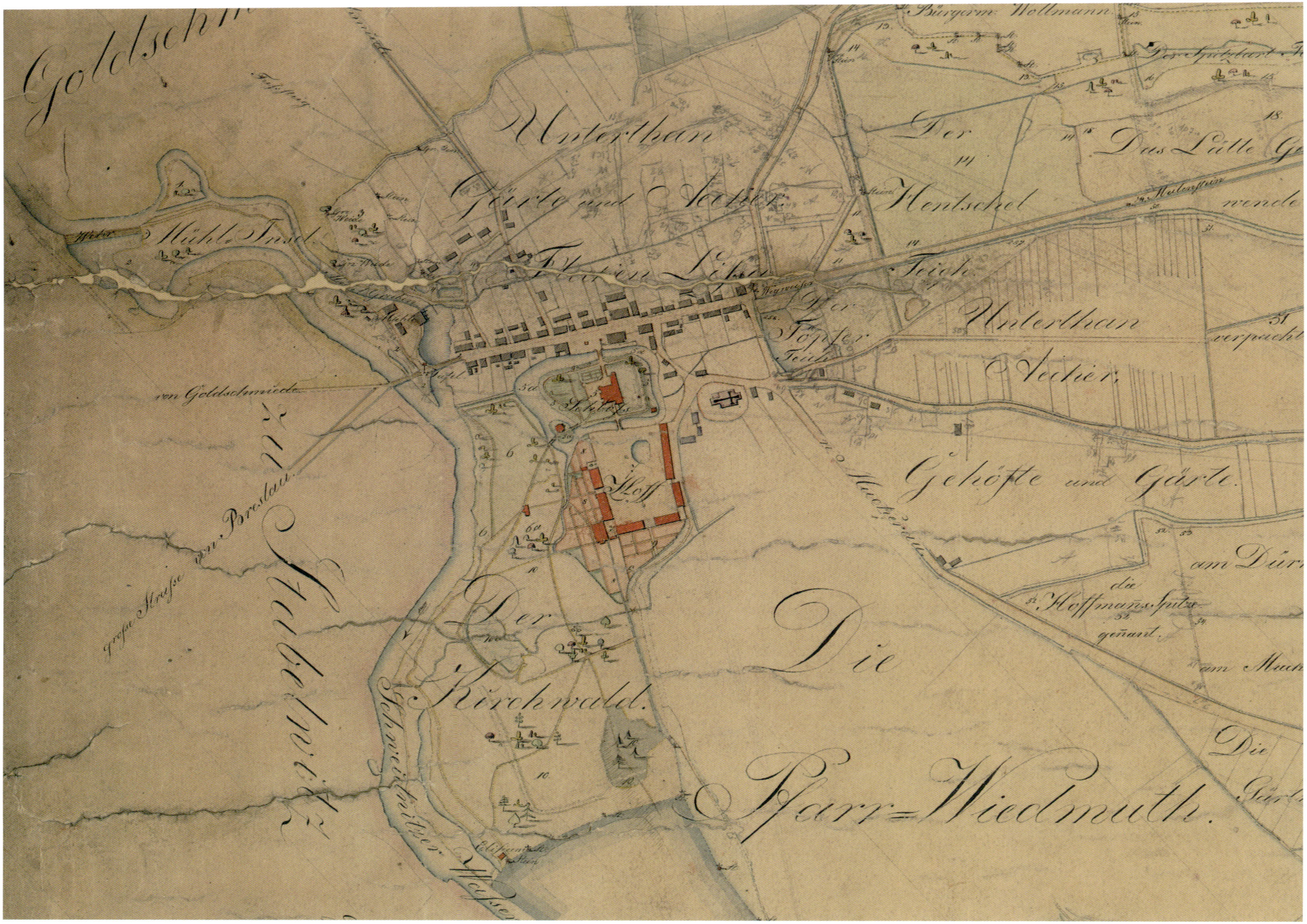


*Abb. 3*
*Ausschnitt aus der „Karte von den Gütern Lissa und Muckerau", 1833/34.*

Im Jahr 1953 brach im Schloss ein Feuer aus. Das Gebäude wurde in den Jahren 1959–1963 wiederaufgebaut, 1974 wurden die Kellerräume und Kasematten einer kulturellen und gesellschaftlichen Nutzung angepasst. In den Jahren 1995 und 2008 führte man eine Sanierung der Schlossfassaden durch. 1995 begann auch die Sanierung des Lissaer Parks. Gegenwärtig beherbergt das Schloss das Kulturzentrum „Zamek“ (Abb. 5).[11] Das umgebende Parkgelände ist nach 1945 verwüstet worden. Aufgrund fehlender Pflege ist die ursprüngliche Komposition der Bepflanzung kaum noch wahrnehmbar. Die einstigen Sichtachsen gingen verloren. Die Gartengebäude, ein Teil der Parkmauer und auch ein Wirtschaftsgebäude wurden abgetragen.

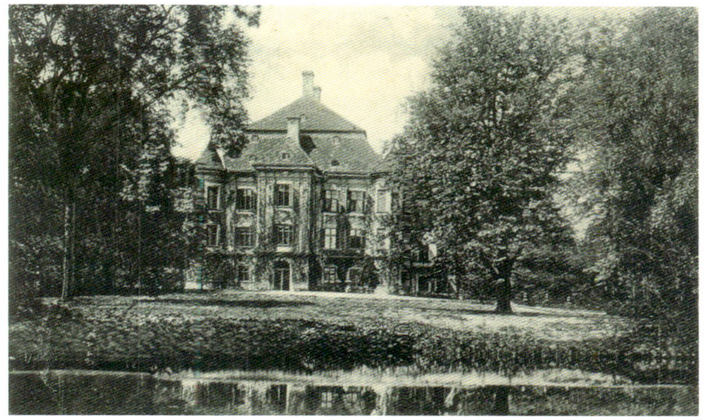

*Abb. 4*
*Ansicht des Schlosses von Osten, Anfang des 20. Jahrhunderts.*

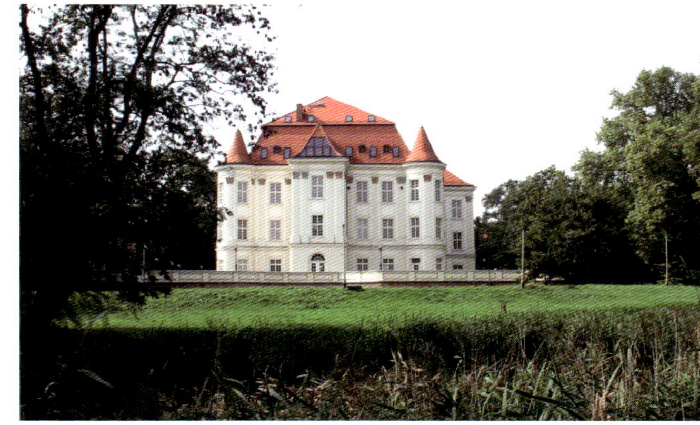

*Abb. 5*
*Park und Schloss von Lissa heute, von Osten gesehen.*

## Anmerkungen

1 Jurkowska/Wrabec 1984, S. 2; Burak et al. [o. J.], S. 8.
2 Der Entwurf stammte wahrscheinlich vom Baumeister Christian Hackner. Früher befand sich hier eine Burg aus der ersten Hälfte des 15. Jahrhunderts, die anstelle eines fürstlichen Burgwalls errichtet worden war (Bimler 1944, S. 38–53; Guerquin 1957, S. 56).
3 Hierzu und zu den landschaftlichen Ausmalungen s. Meinert 1939.
4 Die Komposition des Gartens mit seinen naturalistischen, chinesischen Gärten nachempfundenen Elementen ist auf einer Karte von 1795 zu erkennen (abgebildet bei Jurkowska/Wrabec 1984, Abb. 2; Burak et al. [o. J.], S. 14).
5 Günther/Harksen 1993, S. 190.
6 Bończuk-Dawidziuk 2013, S. 469.
7 Auf dem Plan von 1836 wurden die Sichtachsen auf Breslau und die Lissaer Mühle eingetragen (SPSG, GK II (1) 3528).
8 Messtischblatt 2827 (Lissa), aufgenommen 1885, hrsg. 1887, Sign. Kart. Rej. Wr. VIII/170, Staatsarchiv Breslau; Stadtplan Breslau 1:1000, 1935, Sign. Kart Rej. Wr. IV/308, Staatsarchiv Breslau.
9 Ludolf von Veltheim-Lottum, Architekt und Schüler von Hans Poelzig, führte breit angelegte Restaurierungsarbeiten durch (Bimler 1944, S. 39; Brzezowski 2011, S. 681).
10 Vor der Schlacht bei Leuthen am 5. Dezember 1757 diente das Schloss als Stabssitz der österreichischen Truppen unter Führung des Prinzen Karl von Lothringen. Nach der Schlacht hielt sich wiederum der preußische König Friedrich II. im Schloss auf, der anschließend noch mehrere Male in Lissa weilte (Burak et al. [o. J.], S. 8; Chudzyński/Wieczorek 2009, S. 166–171).
11 Brzezowski 2011, S. 682.

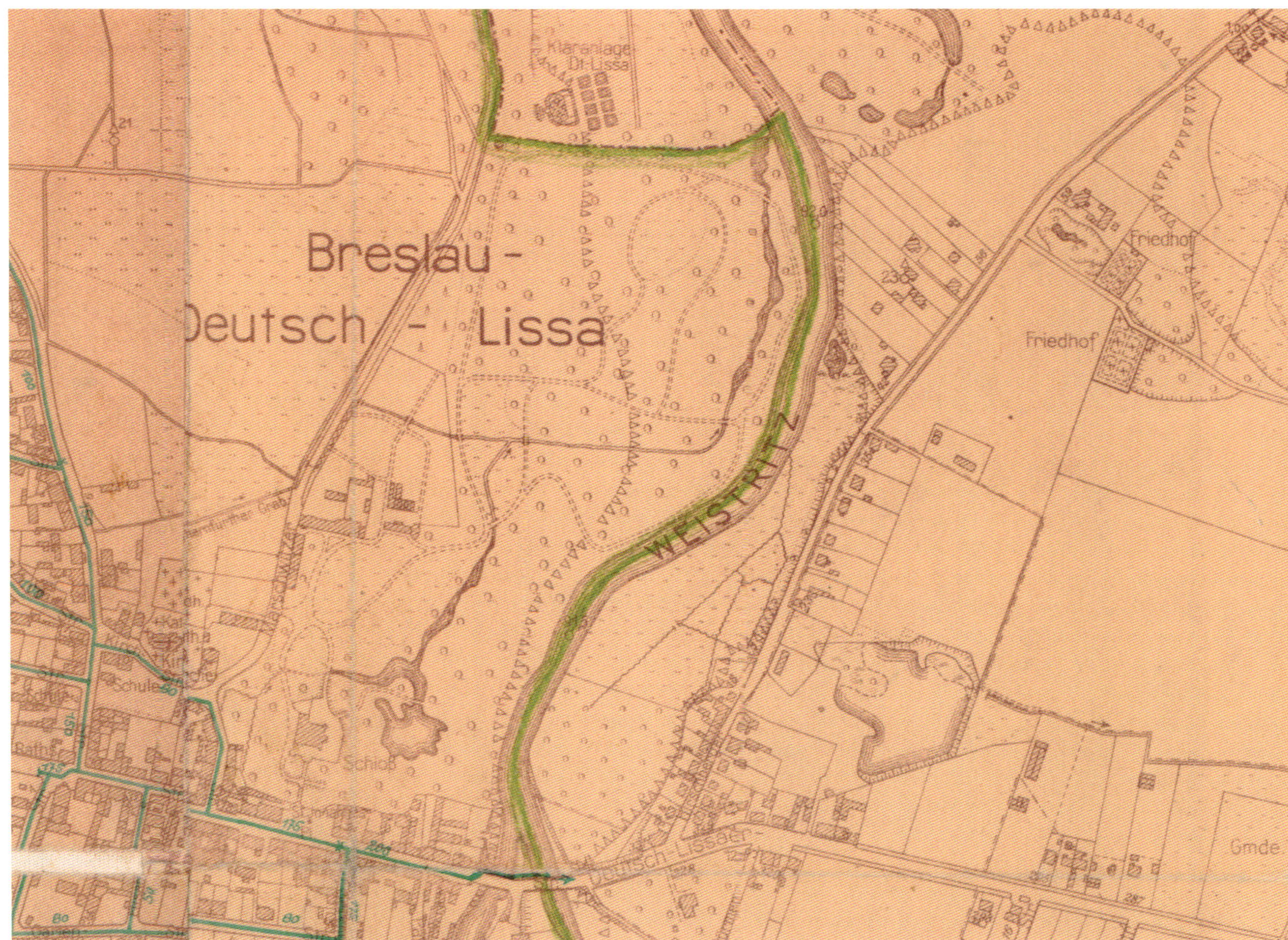


*Abb. 6*
*Ausschnitt aus einem Stadtplan von Breslau aus dem Jahr 1935.*

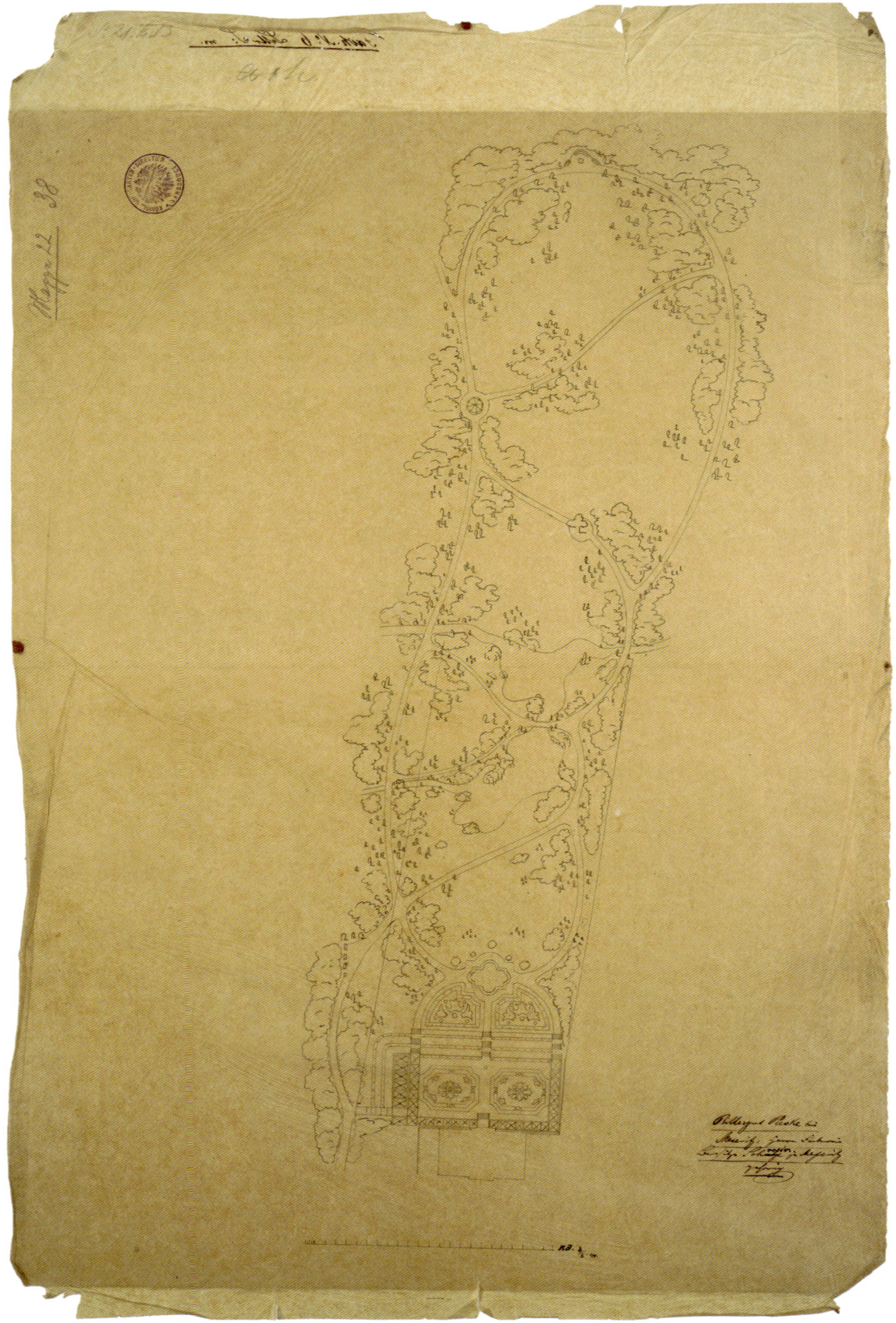

# Pieske, Kreis Meseritz, Provinz Brandenburg

Pieski, Powiat międzyrzecki, Województwo lubuskie

**Christoph Haase**

**„Rittergut Pieske bei Meseritz: Herrn Färberei Besitzer [Schulze, korrigiert] Schröder zu Meseritz gehörig“**

*Datierung:* „8. 2. [18]40“
*Zeichner:* ohne Signatur
*Bezeichnungen.* keine
*Ausrichtung:* nach Süden
*Maßstab:* unbeziffert in Ruten („R. D.“)
*Technik und Maße:* Feder in Grau, auf Seidenpapier – 75,7 x 49,7 cm
*Standort:* SPSG, GK II (1) 3546 (Günther/Harksen Nr. 443) (Abb. 1)

Das Rittergut Pieske (Pieski) gehörte dem Färbereibesitzer Carl August Schröder aus Meseritz (Międzyrzecz), einem Freund des in Frankfurt a. O. ansässigen Weinhändlers Michael Martin Lienau. Dieser war ein leidenschaftlicher Pflanzensammler und Mitglied im Verein zur Beförderung des Gartenbaues in den königlich preußischen Staaten. Als Stadtrat und Gartenenthusiast unterstützte Lienau die Umwandlung eines Teils der ehemaligen Frankfurter Stadtbefestigung in eine öffentliche Grünanlage[1] – ein Projekt, mit dem seit 1835 Lenné betraut war. Selbigen konnte er bei dieser Gelegenheit für die Umgestaltung seines eigenen, unmittelbar angrenzenden Gartens gewinnen.[2]

1840 wandte sich Schröder mit der Gestaltung seines Gutsparks in Pieske an Lienau, der nunmehr als Vermittler zu Lenné auftrat. Einen direkten Kontakt zwischen Auftraggeber und Auftragnehmer scheint es nie gegeben zu haben. Über die Entstehung des Gartenplanes ist eine aufschlussreiche Korrespondenz überliefert.[3] Schröder hatte bereits zuvor einen Plan von einem anderen Gartengestalter[4] anfertigen lassen, den Lienau jedoch nicht für gut befand, da „[…] das Wasser garnicht benützt worden ist, sondern gerade fortläuft […]“. Er hatte nicht nur in diesem Punkt das Potential der Anlage erkannt.

Da man möglichst schnell mit der Ausführung beginnen wollte, schickte man einen Bestandsplan, den vorherigen Entwurf sowie eine sehr genaue Beschreibung des Geländes nach Potsdam, sodass Lenné nicht erst vor Ort eintreffen musste. In dem Erläuterungsbericht macht Lienau nicht nur Angaben zur Situation, sondern lässt eigene gestalterische Vorschläge einfließen, die sich im Entwurf Lennés wiederfinden – ihm muss daher eine nicht unbeachtliche Mitwirkung beigemessen werden.[5]

Die mit Weinspalieren versehene Terrasse hinter dem Wohnhaus sollte unbedingt erhalten und wegen der Aussicht nur niedrig bepflanzt werden, wofür Lienau Blumenanlagen vorschlug. Lennés Plan zeigt in diesem Bereich einen anmutigen, symmetrisch gegliederten Garten mit Teppichbeeten. Am Übergang zum eigentlichen Park liegt ein Wasserbecken. Die gesamte Anlage ist so konzipiert, dass eine zentrale Sichtachse vom Haus bis zur gegenüberliegenden Anhöhe am Ende des Grundstücks verläuft, wo sich ein exedraartiger Sitzplatz befindet. Zwischen beiden Punkten verläuft der Blick über Wiesenräume und das zu einem buchtenreichen Teich ausgeweitete Mühlenfließ. Dabei wird eine bestehende alte Solitäreiche tangiert. Es werden Sichten von der Terrasse sowie einer bereits vorhanden Laube auf eine im Osten gelegene Wassermühle

*Abb. 1*
*Entwurfsplan für den Park von Pieske, 1840.*

*Abb. 2*
*Koniferengruppe (links) und Terrassengarten (rechts) vor dem Gutshaus in Pieske, Ansichtskarte, um 1930.*

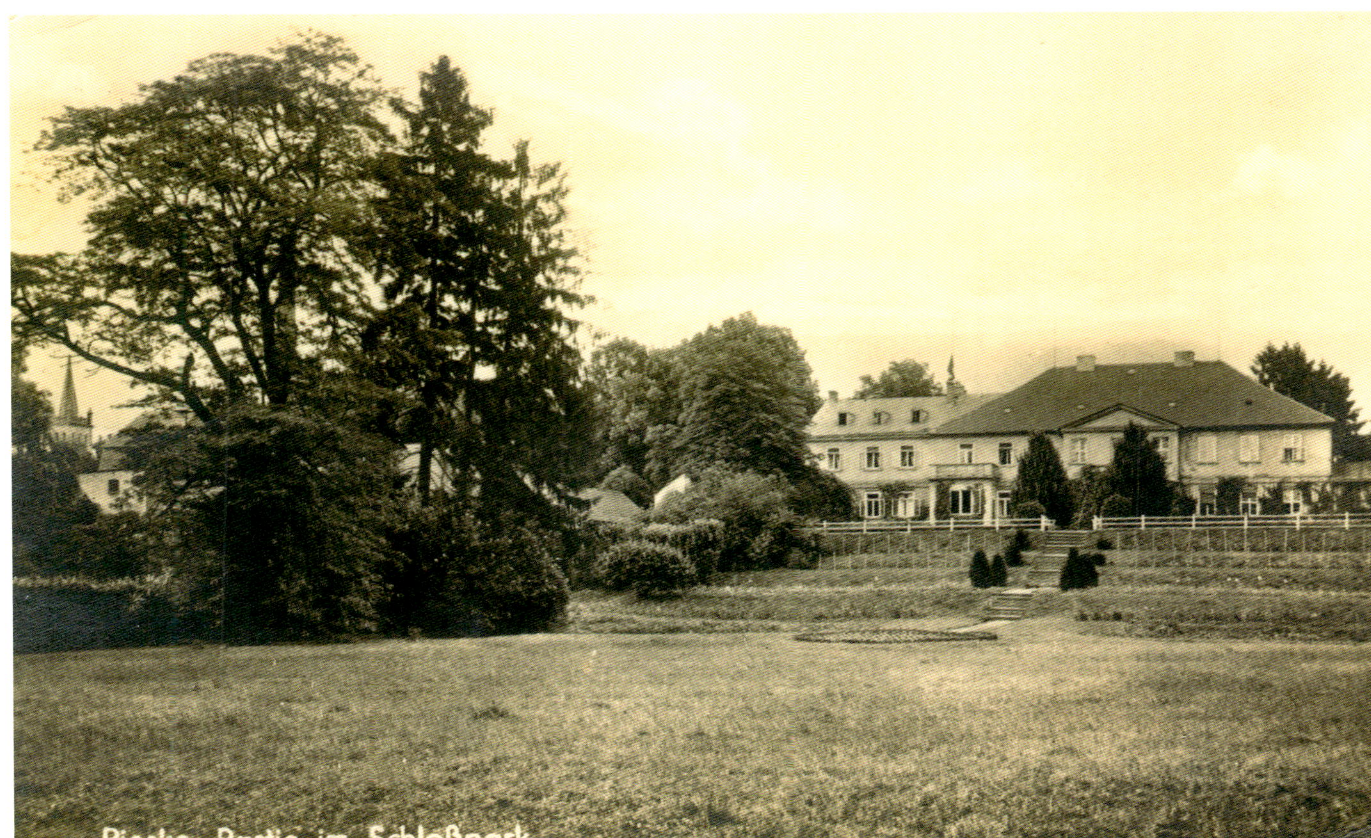

berücksichtigt. Im Westen erfolgt eine abschnittsweise Öffnung der Anlage zu den angrenzenden herrschaftlichen Wiesen.

Nahezu alle Vorgaben Lienaus finden im Plan Berücksichtigung. Allerdings darf an dieser Stelle die Leistung Lennés nicht außer Acht gelassen werden. Er ist es, der die verschiedenen Ideen in einem schlüssigen Gesamtplan künstlerisch umsetzt und durch die geschickte Verteilung von Wegen, Wasserläufen und Pflanzungen spannungsreiche Parkszenerien schafft.

Was die Wahl der Gehölze angeht, so ließ man Lenné freie Hand. Er solle nur das Beste aussuchen, da Schröder, der ein sehr wohlhabender Mann sei, alles daran liege, seinen Garten so schön wie nur möglich auszuschmücken. Für die in einer Niederung befindlichen Gewässerpartien schlägt der Pflanzenkenner Lienau Gruppen aus Andromeden, Azaleen, Rhododendren, Kalmien und Magnolien vor.[6] Ein aus Pieske angeforderter Bepflanzungsplan ist leider nicht überliefert.

Insgesamt ist der Entwurf ein mustergültiges Beispiel für den gemischten Stil, den Lenné zu dieser Zeit bei seinen Planungen verstärkt anwandte.[7] Dass er umgesetzt wurde, bestätigen neben dem Messtischblatt von 1892[8] diverse Ansichtskarten aus dem Zeitraum 1900–1935 (Abb. 2). Heute lassen sich vor Ort nur noch wenige Spuren der einstigen Gartengestaltung ablesen (Abb. 4). Die Wiesenflächen sind überwuchert und der Teich verlandet. Die Niederung am Mühlenfließ hat sich zu einem Erlenbruch entwickelt. Im waldartigen Bestand sind einige Bäume aus der ursprünglichen Gestaltung erhalten, darunter stattliche Buchen, Eichen, Fichten und Lärchen. Als botanische Besonderheiten zeigen sich Silber-Pappeln sowie eine veredelte Kastanie. Die bereits von Lienau erwähnte Solitäreiche – der wahrscheinlich markanteste Baum der Anlage – ist erst vor wenigen Jahren abgestorben. Der niederliegende Torso weist einen Umfang von mehr als viereinhalb Metern auf (Abb. 3).

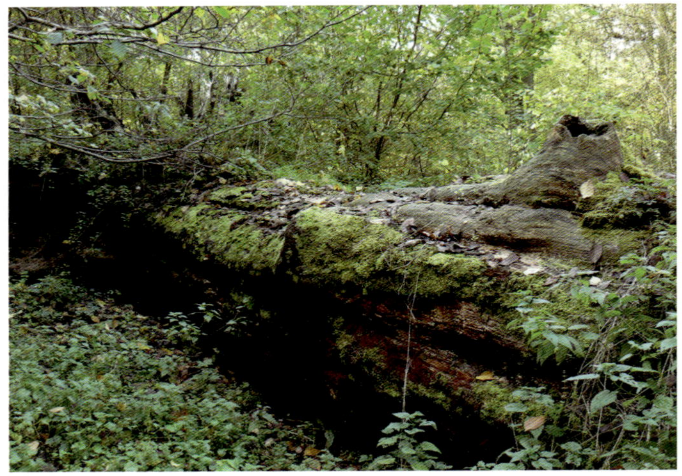

*Abb. 3*
*Torso der entwurzelten Solitäreiche im ehemaligen Piesker Gutspark.*

Der ehemalige Gutshof wird heute von einem landwirtschaftlichen Betrieb genutzt. Während ein Großteil der Wirtschaftsgebäude noch vorhanden ist, fehlt vom Herrenhaus jede Spur. Die große Weinterrasse am Übergang zum Park lässt sich noch immer im Geländeverlauf nachvollziehen.

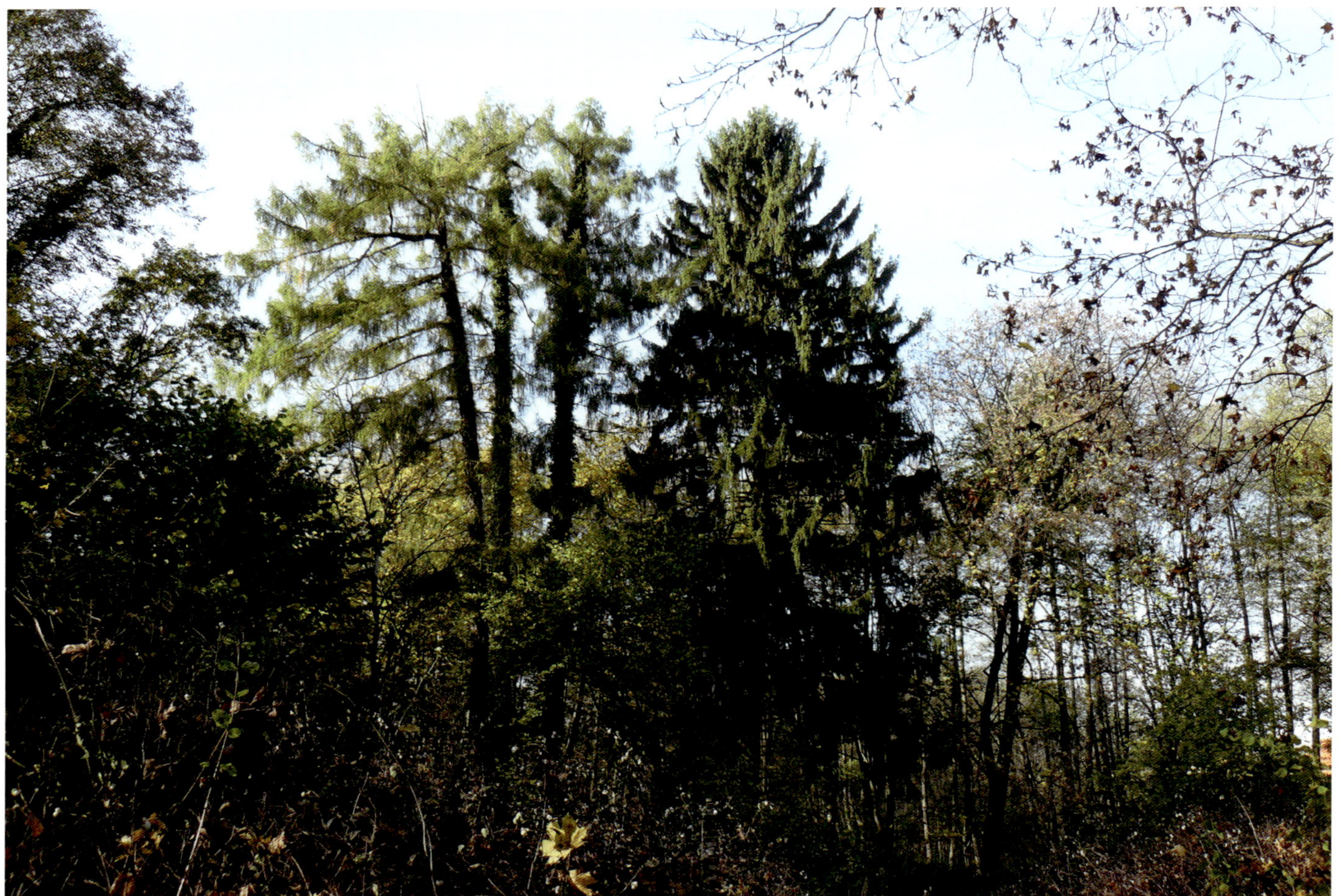

*Abb. 4*
*Die mittlerweile ausgewachsene Koniferengruppe im heute verwilderten Gutspark von Pieske.*

## Anmerkungen

1 Heutiger Lennépark in Frankfurt a. O.

2 Günther/Harksen 1993, S. 154 f., 165; Hinz 1989, S. 257–262.

3 SPSG, Graphische Sammlung, zu GK II (1) 3546 gehörig: Briefe des Kaufmanns Lienau aus Frankfurt a. O. an Lenné, betreffend den Park Pieske bei Meseritz, vom 30. Januar und 2. März 1840 (hier nach einer Abschrift). Die folgenden Schilderungen beziehen sich auf diese Quelle.

4 Der Name wird nicht erwähnt.

5 Lienau beteuerte, dass sich Lenné nicht an diese Vorgaben zu binden bräuchte und jede beliebige Änderung vornehmen könne.

6 Am 15. Juli 1839 berichtet der Komponist Carl Loewe in einem Brief an seine Frau von einem Besuch bei Lienau: „Linau ist ein großer Blumenfreund und Botaniker, er hat die grösste Sammlung von Eriken, die ich je gesehen habe, zudem viele seltene Sachen aus fremden Welttheilen, und wundervolle Camelien." (Loewe 1870, S. 290).

7 Vgl. z. B. Planungen für Gültz und Zarrentin (SPSG, GK II (1) 3483 u. 3565 – Günther/Harksen 1993, Nr. 454 u. 475), ebenfalls 1840.

8 Messtischblatt 3558 (Tempel), aufgenommen 1892, hrsg. 1894.

# Pyritz, Provinz Pommern

Pyrzyce, Województwo zachodniopomorskie

**Marcus Köhler**

**(ohne Angabe)**

*Datierung:* 1825
*Zeichner:* ohne Signatur
*Bezeichnungen:* „Baum Stämme", „das Kreuz", „die Quelle", „Thüre" (3x), „Ausfluß der Quelle"
*Ausrichtung:* nach Osten
*Maßstab:* beziffert in Fuß
*Technik und Maße:* Bleistift, Feder in Braun – 75,7 x 54,8 cm
*Standort:* SPSG, GK II (1) 15130 (Günther/Harksen Nr. 463) (Abb. 2)

Aus Anlass der Erbhuldigung Kurfürst Friedrichs III. von Brandenburg gab es bereits um 1700 Überlegungen, die Quelle bei Pyritz, an der der heilige Otto von Bamberg 1124 die ersten Pommern getauft haben soll, baulich zu fassen. Dazu kam es jedoch nicht; Ende des 18. Jahrhunderts gab es lediglich einen Fischteich, an dessen Ecken vier alte Linden standen.

Um 1820 machte erneut der Pyritzer Amtsrat Sehmsdorff für den so genannten „Gesundbrunnen" einen Gestaltungsvorschlag, der auch beim Besuch des Kronprinzen, dem man 1822 die Quelle zeigte, angesprochen wurde. Friedrich Wilhelm fertigte daraufhin eine Skizze (Abb. 3) an und involvierte Karl Friedrich Schinkel in die Planungen, die der Stettiner Oberpräsident Johann August Sack organisatorisch beförderte, so dass schließlich am 15. Juni 1824 zur 700-Jahr-Feier des genannten Ereignisses die neue Quellfassung sowohl vor Ort eingeweiht als auch in Berlin gefeiert werden konnte.[1] Die königlichen Prinzen steuerten die nötigen Finanzen bei.

Schinkel legte 1823 zunächst zwei Entwürfe vor, wobei man seine einfachere Variante bevorzugte, zumal noch an die Errichtung eines Armenhauses gedacht war. Man führte daraufhin einen von einer halbhohen Granitmauer mit Bänken begrenzten Raum aus, in dem mittig die Quelle, in einer Apside jedoch ein Kreuz aufgestellt war (Abb. 4). Umlaufend fand sich die Inschrift: „ad fontem vitae hoc aditu properate Lavandi constantis vitae Janua ΧΡΣ erit". Die umgebende Landschaft und die Assoziationen einer Kirche ergaben hier eine stimmungsvolle Einheit für „jenes historisch und landschaftlich zugleich anziehende Denkmal", wie ein Zeitgenosse schrieb.[2] 1826 wurde das in den Formen der englischen Neugotik gehaltene Ottostift in eine Achse zum Brunnen gesetzt (Abb. 1). Es war als Seminar für Landschullehrer bzw. „Armen-Erziehungs-Anstalt für 12 bis 15 Kinder" gedacht.[3]

Das Grundstück um den Brunnen wurde ursprünglich nur durch die vier im Quadrat gesetzten Linden bestimmt. Sie sollten, nach Schinkel, „auf das sorgfältigste konserviert werden […], daß die Wurzeln dieser Bäume nicht leiden."[4] Zunächst reichte ein nicht näher bezeichneter Schmitz einen Plan für eine gärtnerische Einfassung der Quelle ein, die trotz der Genehmigung des Regierungsrates Scabell nur wenig Beifall fand. Daraufhin wurde Lenné hinzugezogen, der am 26. August 1825 seine Pläne dem Präsidenten Sack in einem Schreiben vorstellte: Demnach sollte eine mit Linden bestandene Allee auf den Brunnen zuführen, „die mit den beiden Seitenwegen ein edelgeformtes Kreuz bilden sollte. Dessen Endpunkte sollten mit hochgehenden, schattenreichem Laubgebüsch umkränzt werden, unter dem Ruhebänke Platz finden könnten. Eine kreisförmige Pflanzung im Westen [am Ausfluss des Brunnens] werde aus niedrig nachwachsenden Schmucksträuchern zusammengesetzt, über welche die Aussicht nach der Stadt Pyritz und die reichen Fluren der Umgebung sichtbar würden." Im Übrigen war noch mannigfaltiger Schmuck, unter anderem ein Rasenplatz vorgesehen, dessen Länge leider, da die zu den Briefen gehörige Zeichnung sich nicht mehr bei den Akten befindet, nicht mehr genau angegeben werden kann. Die Akten enthalten jedoch ein Verzeichnis der angepflanzten Baumarten.[5]

Der überkommene Plan geht auf die Grundrissdisposition zurück, die Schinkel in seiner zweiten Zeichnung vorstellte.[6] Es sind jedoch keine genaueren Planungen festgelegt. Die zeitgenössischen Ansichten zeigen eine Gartenanlage, wobei die Linden bereits im 19. Jahrhundert abgängig sind. 1902 wird das Ensemble durch eine Büste Bischof Ottos ergänzt, ein Geschenk Kaiser Wilhelms II. Ebenso wie das 1867 in ein Altersheim umgewidmete Ottostift besteht sie heute nicht mehr.

Der Ottobrunnen, der heute Teil des Ortes Pyritz ist, befindet sich in einem restaurierten Zustand (Abb. 5). Die massiven gusseisernen Türen haben den Krieg allerdings nicht überlebt. Ein aktiver Quellaustritt ist ebenso nicht mehr vorhanden. Dieser hatte sich im Laufe der Zeit mehrfach verändert. Zuletzt mündete das Wasser in ein Becken am westlichen Ende des Gartens, wo noch immer ein Halbrund aus Rot-

*Abb. 1*
*Das 1825 nach einem Entwurf Schinkels entstandene Armenschulhaus (Ottostift) mit den umgebenden Grünanlagen des Ottobrunnens in einem Stich von H. Fincke, nach einer Zeichnung von Ludwig August Most.*

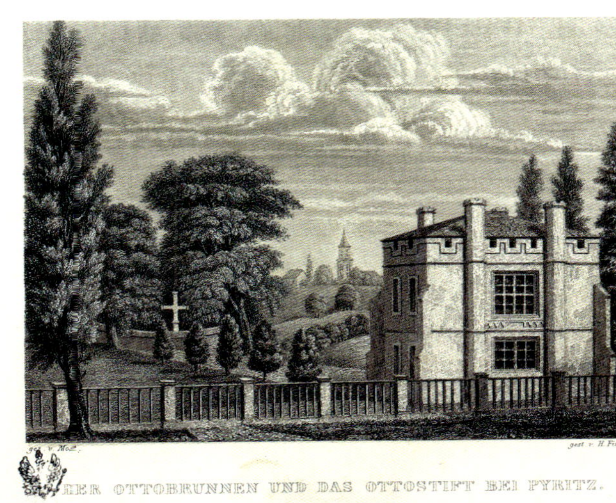

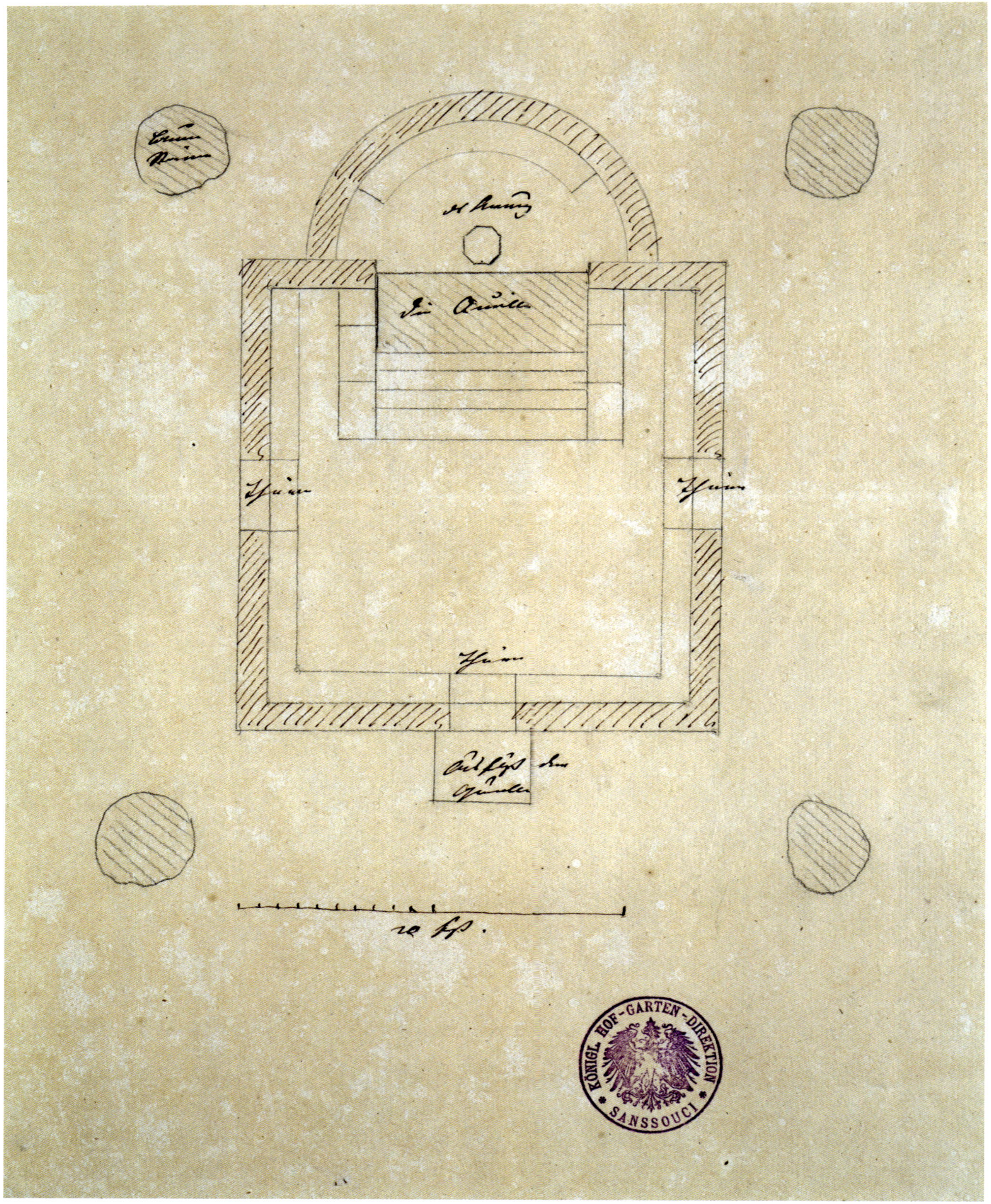


*Abb. 2*
*Grundrisszeichnung des Ottobrunnens in Pyritz, 1825.*

*Abb. 3*
*Skizze des Pyritzer Ottobrunnens von Friedrich Wilhelm IV., wahrscheinlich 1823.*

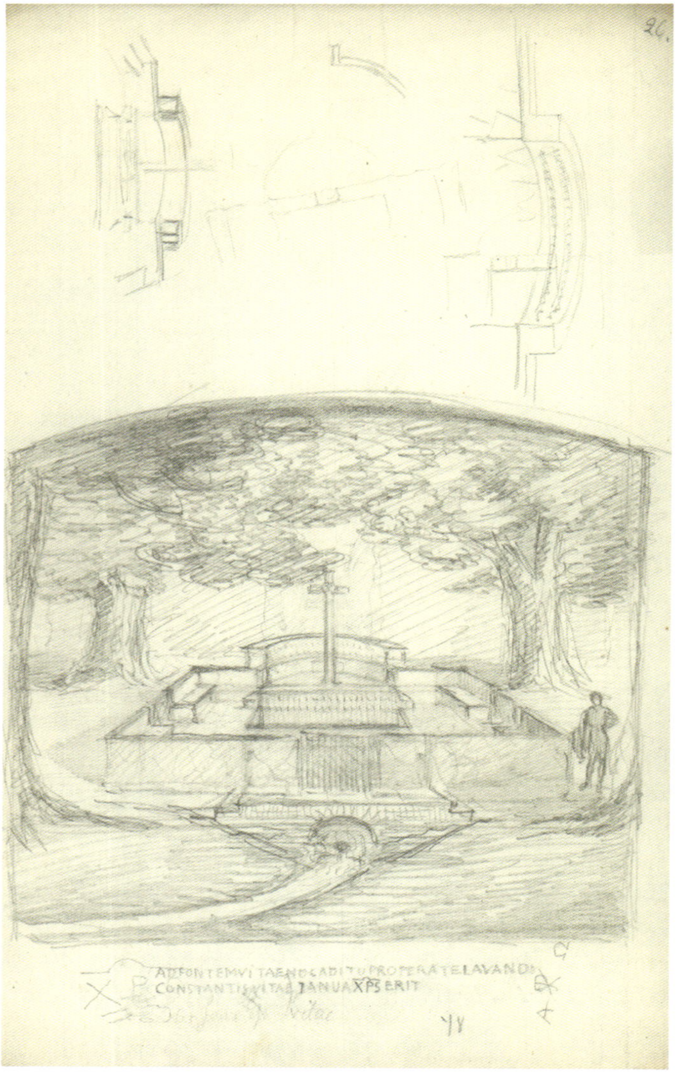

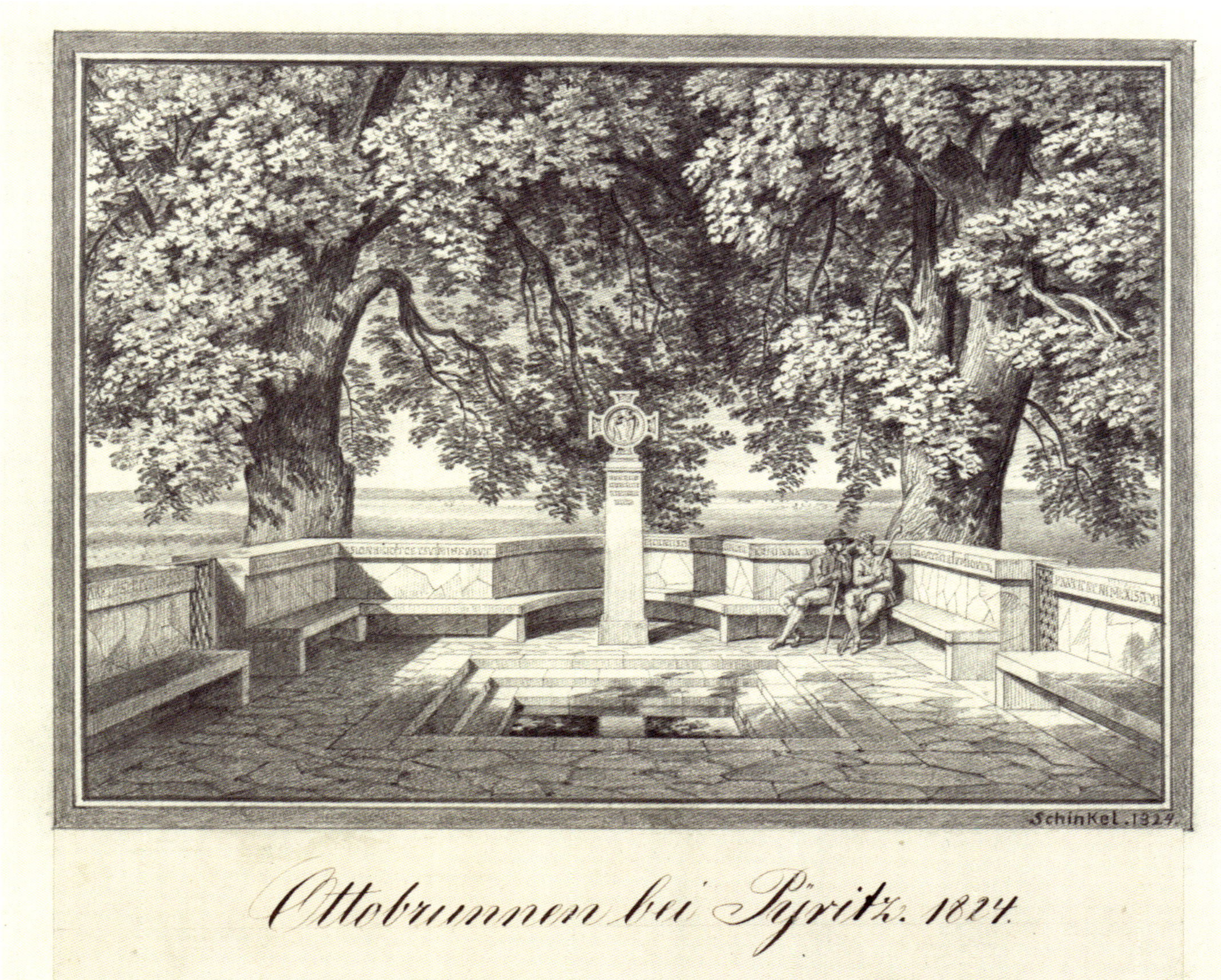


*Abb. 4*
*Entwurf Karl Friedrich Schinkels für den Ottobrunnen in Pyritz, 1824.*

Buchen den Abschluss bildet. Die umgebende Grünanlage zeigt sich ansonsten hainartig und wird von großen Ulmen dominiert. Ein modernes, großzügiges Wegesystem durchzieht die Fläche. An den Ecken des Brunnens wurden die einst so markanten Linden nachgepflanzt. Der westliche Teil der Anlage (ehemaliger Standort des Ottostifts) ist mit Wohnhäusern bebaut. Nach Süden kann der Blick auf angrenzende Grünflächen schweifen, im Osten wird die Atmosphäre des heiligen Ortes allerdings durch angrenzende Schuppen und Betonzäune gestört.

*Abb. 5*
*Der restaurierte Ottobrunnen in Pyritz.*

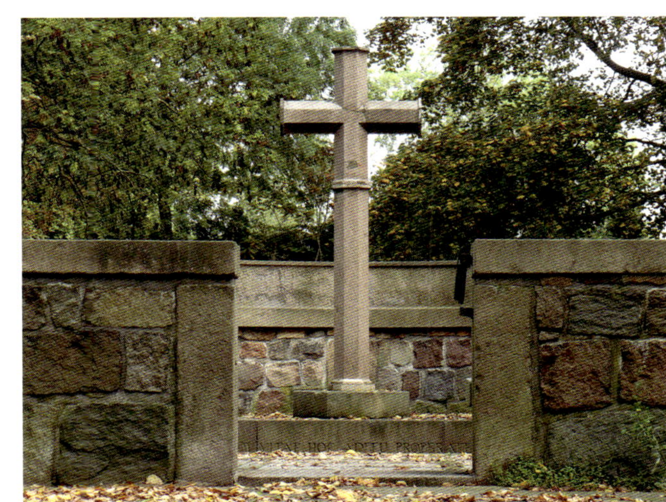

## Anmerkungen

1 Laut Vogel 1952 ( S. 51–57) sollte es auch eine Bleistiftskizze des Kronprinzen Friedrich Wilhelm in der Schlossbibliothek Berlin gegeben haben. Wahrscheinlich ist GK II (12) VI-Ae-14 in der Graphischen Sammlung der SPSG gemeint, wo noch weitere Skizzen dieser Art zu finden sind. Zur missliebigen Einweihung in Berlin siehe: Anonymus 1824 (a), Sp. 8 f., dort Erwähnung eines Festes, das die Pommern in Berlin im Kemperschen Lokal im Thiergarten ausrichteten. In dem Zusammenhang wurde betont, dass der „Geheimenrat und Ober-Präsident der Provinz Brandenburg" von Heydebreck einen Toast auf Otto und Bugenhagen aussprach. Siehe auch Anonymus 1824 (b). Der König nahm Anstoß an der Veranstaltung, da sogar in den Zeitungen zu diesem Festessen eingeladen wurde, wobei Heydebreck sich am 26. Juni 1824 ausführlich verteidigte. Der König ließ seinen guten Willen erkennen und die Angelegenheit auf sich beruhen.

2 Barthold 1840, S. 39. Zudem gab es Inschriften, die auf die Donatoren und den Anlass hinweisen, siehe ebd. Die lateinische Inschrift geht auf Zeno von Veronas 35. Traktat: Einladung zum Taufbrunnen IV, Vers 2 zurück.

3 Im Kupferstichkabinett SMB PK sind die 1825er Bauzeichnungen des realisierten Armenschulhauses von Schinkel erhalten (Ident.-Nr. SM 45a.6), ferner Zeichnungen für ein Stallgebäude (Ident.-Nr. SM 45a.7). Vgl. Wolzogen 1864, Nr. 2914-2918 Zeichnungen für den Ottobrunnen und das Schullehrer-Präbendenhaus, demzufolge z. B.: Schinkelmuseum, MXXIIIc, Nr. 42 Schauzeichnung mit umgebender Landschaft . Archivalien unter: GStA PK, I HA, Rep. 89, Geh. Zivilkabinett, jüngere Periode, Nr. 23520, fol. (?). Am 6. September 1826 kam demnach noch einmal ein Schreiben von Sack (?), in dem er von der Zuarbeit Schinkels und Lennés berichtet. Die königliche Verwaltung notierte auf der Akte: „Die vier seinen Majestät übergebenen Zeichnungen". (Vgl. Parallelüberlieferung Altbestand: Preußisches Staatsarchiv Stettin, Rep. 60, Acc. 28583, Nr. 61, vol. I–VI).

4 Schinkel, zit. nach Günther/Harksen 1993, S. 174.

5 Schön 1930, S. 174–179.

6 Vgl. die vorhandenen Pläne von 1823/24 im Schinkelmuseum Kupferstichkabinett SMB PK Ident.-Nr.: SM 23c.42; SM 23b.41; SM 36a.100.

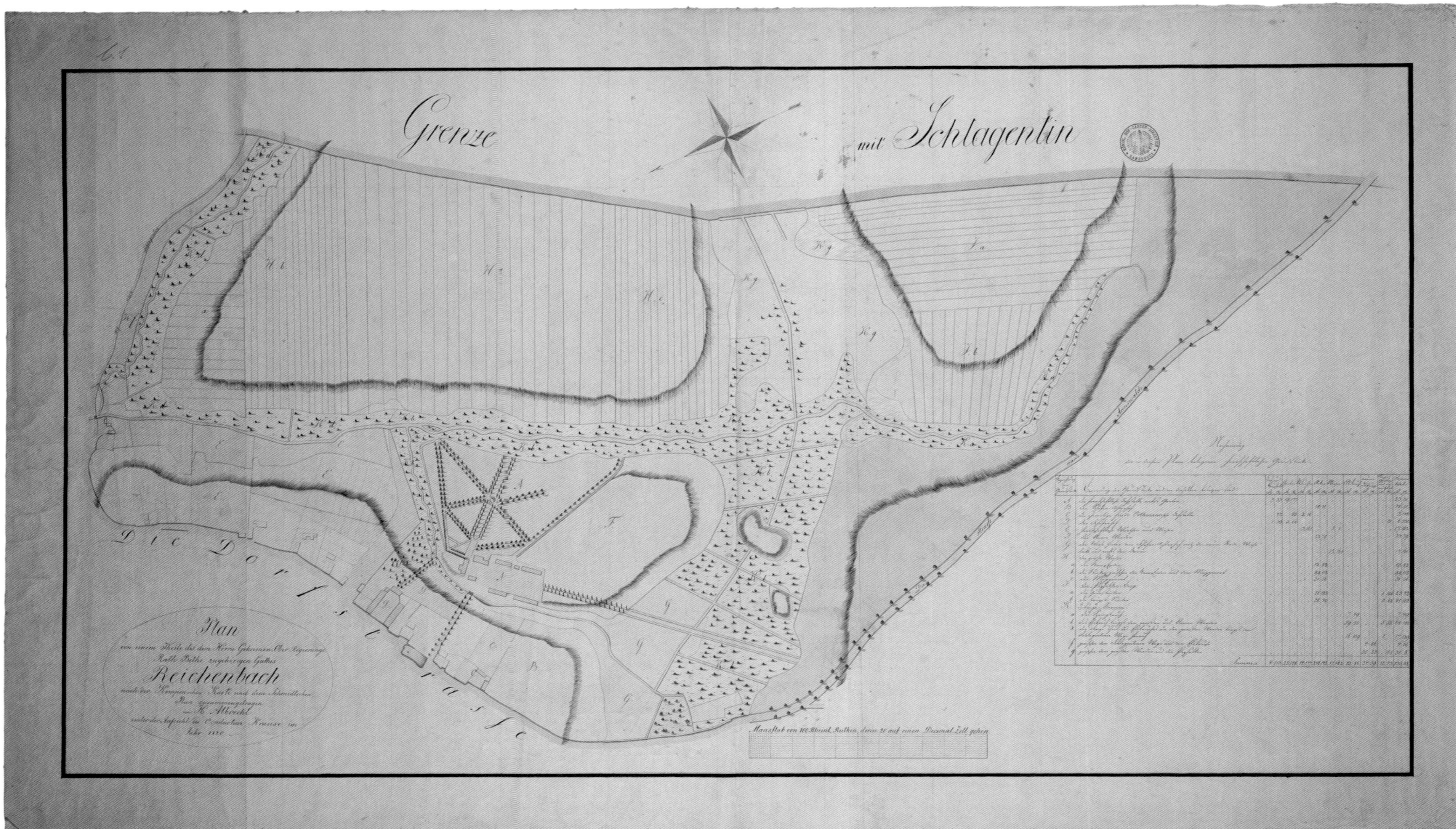


*Abb. 1*
*Situationsplan des Gutes Reichenbach von 1820.*

# Reichenbach, Kreis Pyritz, Provinz Pommern

Radaczewo, Powiat choszczeński, Województwo zachodniopomorskie

**Marcus Köhler**

**Situationsplan**
**„Plan von einem Theile, des, dem Herrn Geheimen-Ober-Regierungs-Rath Bethe zugehörigen Guthes Reichenbach“**

*Datierung:* „im Jahr 1820“
*Zeichner:* „nach der Kempenschen Karte und dem Schmidtschen Plan zusammengetragen von H. Albrecht unter der Aufsicht des Conducteur Krause“
*Bezeichnungen:* „Die Dorfstrasse“, „Grenze mit Schlagentin“, „Weg nach Schlagentin“, „Die Strasse nach Arnswalde“, Buchstaben a bis g und A bis K in Zusammenhang mit tabellarischer „Nachweisung der in diesem Plane belegenen herrschaftlichen Grundstücke.“ – „Bezeichnung der Grundstücke / Benennung der Grundstücke und wo dieselben belegen sind.“ (gefolgt von einer tabellarischen Aufstellung nach Nutzungsart und Größe[1] ) „A Die herrschaftliche Hofstelle nebst Garten / B Der Schäfer-Achterhof / C Die ehemalige Friedr. Orthmannsche Hofstelle / D Der Schäferhof / E Herrschaftliche Wurthen und Wiesen / F Der kleine Werder / G Die Wiese hinter dem Schäfer-Achterhof incl. der neuen Rade-Wiese links und rechts dem Damm [?] / H Der große Werder, a Die Kamp Enden [?], b Die Stücke zwischen den Kamp Enden [?] und dem Müggenort, c Der Müggenort / J Der Paphülken Berg [?], a Die Querstücken, b Die längste Stücken / K Hutungs Reviere, a Der Springbruch, b Das Elsbruch längst dem großen und kleinen Werder, d Der übrige Theil des Elsbruches um den großen Werder längst dem Schlagentiner Wege hinauf, f zwischen dem Schlagentiner Wege und dem Elsbruche, g zwischen dem großen Werder und dem Paphülken [?]“.
*Ausrichtung:* nach Südosten
*Maßstab:* „Maasstab von 100 Rheinl. Ruthen, deren 20 auf einen Decimal Zoll gehen.“
*Technik und Maße:* Feder in Schwarz, laviert in Grün, Rot, Gelb, Blau und Grau – 72,8 x 125,5, cm(auf Leinen aufgezogen)
*Standort:* SPSG, GK II (1) 3547 (Günther/Harksen Nr. 464)
(Abb. 1)

Die als Situationsplan anzusprechende Grafik zeigt einen Teil der Reichenbacher Gutsgemarkung, bestehend aus Feldern, Wiesen und Waldungen. An der Querseite des Herrenhauses erstreckt sich ein trapezförmiger Garten, in den ein sechsläufiger Alleenstern eingeschrieben ist. Er stammt wahrscheinlich noch aus dem 18. Jahrhundert. Der Plan diente Lenné als Grundlage, seine eigenen Vorschläge für die Verschönerung des Besitztums anzugehen. Da der vorliegende Plan nur etwa einen Fünftel der späteren Fassung umreißt, muss man davon ausgehen, dass der ursprüngliche Plansatz größer war.

**Entwurf**
**„Bepflanzungs-Plan von dem Gute Reichenbach“**

*Datierung:* 1825
*Zeichner:* „Entworfen und gezeichnet von Gartendirector Lenné.“ – Druckvorlage „Gez: u. gravirt von Schwarzkopff“
*Bezeichnungen:* „von Schlagenthin“, „Grenze mit der Feldmarck Schlagenthin.“, „Arnswalder Weg“, „Grenze mit der Feldmarck Schoenwerder.“, „Hoch-Strasse“, „n. Schoenwerder“, „Grenze mit der Feldmarck Petzenick“, „Petznicker Südweg“, „Petznicker Nordweg“, „Dorfsweg“, „Mühl Bach“, „Das Hof Fliess“, „Glambeck See.“, „Plag See.“, „Erklaerung der Signaturen. / Futter u. Handelsgewächse. / Koppeln gem: Feldkultur. / Offene Felder. / Park. / Triftzüge u. Strecken. gemischte Hainpflanzung. / Niederung. Fliess. / Obstfelder. Waldgruppen. / Häuser u. Gärten nebst Hecken.“, einzelne Bezifferungen und Nummerierungen.
*Ausrichtung:* nach Südosten
*Maßstab:* „Maasstab von 240. Ruthen. 60 auf 1. Dec: Zoll.“
*Technik und Maße:* Kupferstich – 79,2 x 55,7 cm
*Standort:* SPSG, GK II (1) 3548 (Tafel XIV bei Bethe 1826 – Günther/Harksen Nr. 465)
(Abb. 2)

Zusammen mit den beiden Nachbargütern Schlagenthin und Linde (s. S. 153), die der Familie seiner Frau gehörten und für die Lenné zur gleichen Zeit Verbesserungsvorschläge vornahm, entwarf der Geheime Oberregierungsrat Carl Gottlieb Bethe für Reichenbach in seiner Publikation[2] das Idealbild einer Kulturlandschaft. Die mustergültige Verbindung von Landwirtschaft und Gartenbau verfolgen ehrenwerte Absichten.

Aus seiner Ehe mit Charlotte Marie Wilhelmine Eben gingen zwei Söhne hervor; (wohl) einer der Enkel, Hermann Carl Bethe, wurde 1824 durch Friedrich Schleiermacher getauft; Paten waren unter anderen Staatsrat Thaer aus Möglin, Gartendirektor Lenné und der verwandte Handelsmann Eben aus Linde.[3] Dies allein zeigt, in welchem Umfeld das Werk Bethes entstand und woher er seine Inspiration bezog.

Auf dem Messtischblatt 2758 (Ravenstein) von 1934 wird deutlich, dass man zwar den Park östlich des Gutshofes angelegt, jedoch die Landesverschönerung kaum in Angriff genommen hatte. In der Umgebung des Dorfes lassen sich noch immer strukturierende Pflanzungen wie Hecken und Alleen finden. Am südlichen Ortseingang hat sich beispielsweise eine Reihe aus Säulen-Eichen erhalten. Der ehemalige Gutshof ist heute stark verändert. Das Herrenhaus existiert nicht mehr.

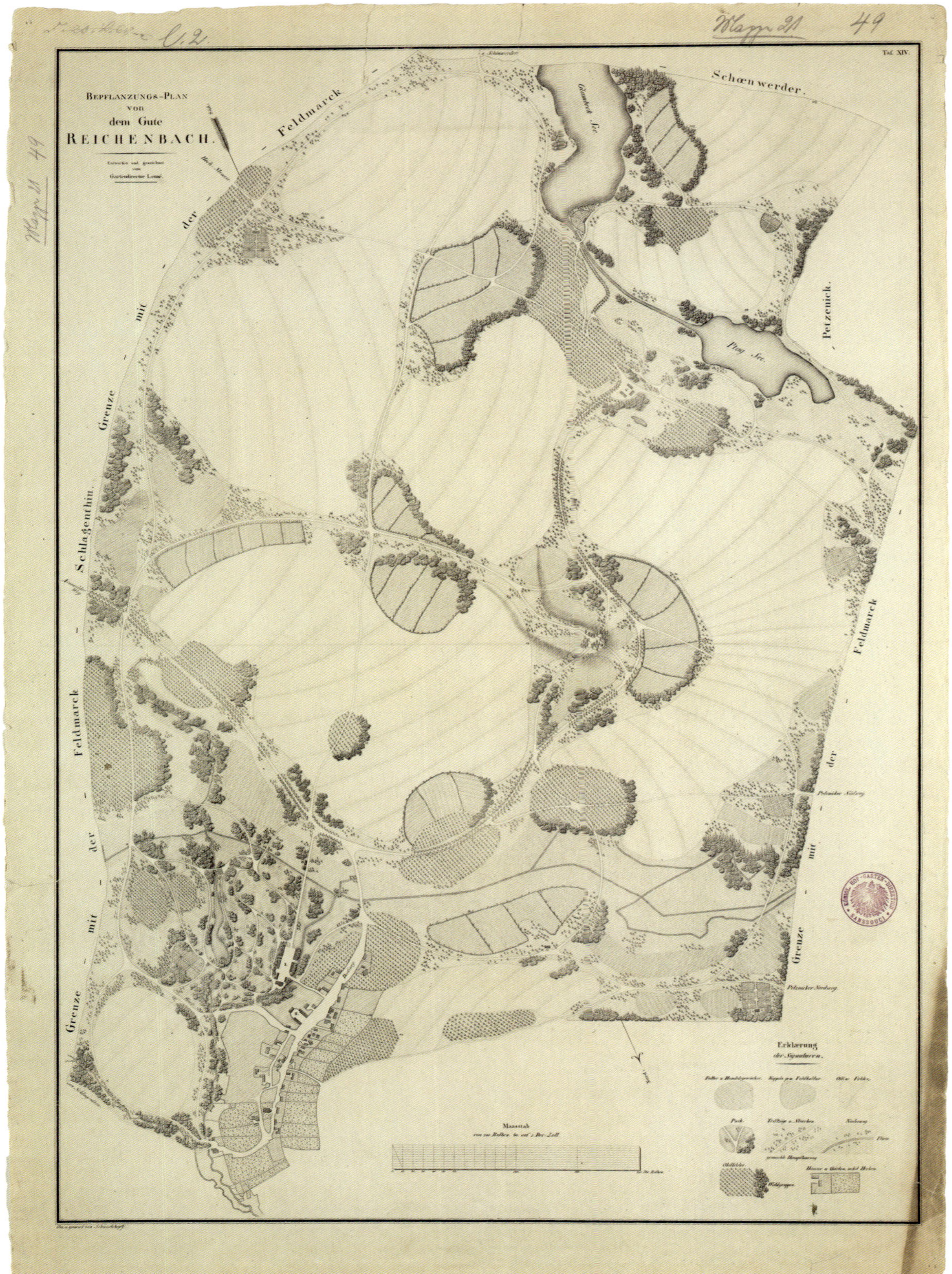


Der eigentliche Park befindet sich in einem stark verwilderten Zustand. Einige Baumgruppen und Solitäre der originären Gestaltung haben dennoch überdauert, darunter auch botanische Besonderheiten wie die Schwarznuss (Juglans nigra).

(Näheres zu Lennés Wirken in Reichenbach auf S. 78–83.)

## Anmerkungen

1 Diese sind dem Original zu entnehmen und werden hier nicht einzeln aufgeführt.
2 Bethe 1826.
3 Stulz-Herrnstadt 2002, S. 86 f.

*Abb. 2*
*Verschönerungsplan für das Gut Reichenbach, 1825.*

# Rutzau, Kreis Neustadt, Provinz Westpreussen

Rzucewo, Powiat pucki, Województwo pomorskie

**Marcus Köhler**

**„Project eines Gartens zu Rutzau Consul Schroeder an der Ostsee dem [gestrichen: Hr v. Röder] gehörig."**

*Datierung:* „den 3. [?] Aug. 1828"
*Zeichner:* „gz. Lenné"
*Bezeichnungen:* „Neu zu erbauendes Schloss", „zu erbauender Wartthurm", „Oekonomiegebaude", „Kuchengarten", „Schaferei", „Linden Alléé 4 Reihen Bäume", „Tempel … [?]", „Ost-See", „Feld"
*Ausrichtung:* nach Osten
*Maßstab:* beziffert in Ruten („R D")
*Technik und Maße:* Bleistift auf Seidenpapier – 42,5 x 54,5 cm
*Standort:* SPSG, GK II (1) 3465 (Günther/Harksen Nr. 485) (Abb. 2)

Duncker berichtete noch Mitte des 19. Jahrhunderts von barocken Grundstrukturen des Parks in Rutzau, die Ende des 17. Jahrhunderts entstanden sein sollen, als der polnische König Jan Sobieski und seine Gemahlin und Erbin Maria Kasimira de la Grange, verw. Radziwill, das Gut besaßen. Er hob eine vierreihige, etwa einen Kilometer lange Lindenallee aus jener Zeit hervor, die auch auf dem Plan Lennés deutlich zu erkennen ist. Über die Radziwills und die Grafen Prebentow (Przebendowski) gelangte der Besitz 1774 an den aus Schottland stammenden Danziger Kaufmann Alexander Gibsone (gest. 1811). Sein Neffe, Graf Alexander Otto von Keyserlingk (gest. 1820), kaufte es 1796 für 200 000 Reichstaler. Damals soll dort nur ein Schloss aus zwei Seitenflügeln gestanden haben, dessen Mittelbau fehlte. Da die Gebäude bei der Belagerung Danzigs als Lazarett dienten, wurde der Herrensitz devastiert und verfiel schließlich. Nach dem Tod der Gräfin Emilie von Keyserlingk im Jahr 1840 entschloss sich ihre einzige Tochter und Erbin Emma (1799–1856), die 1820 den Major und Adjudanten des preußischen Kronprinzen Gustav Friedrich Eugen von Below (1791–1852) geheiratet hatte, zusammen mit ihrem Gatten ein neues Herrenhaus errichten zu lassen.[1]

Die Vorbilder neugotischer Schlösser Großbritanniens, die wie Cullean Castle (Robert Adam, 1777–1792), East Cowes Castle (John Nash, 1798) oder Dalmeny House (William Wilkins, 1817) oberhalb des Meeres standen, führten wohl dazu, dass der Bauherr zusammen mit Friedrich August Stüler zwischen 1840 und 1845 einen Schlossbau im „Queen-Elizabeth-Stil" ersann, der sich malerisch in die vorherrschende Ostsee-Landschaft einpasste. Die Anregung dazu gab der befreundete Kronprinz.[2] Duncker berichtet von alten Rotbuchen und Linden, die an der Steilküste bis an den Strand des Putziger Wiecks hinunter standen und „ein wundervolles Bild, das eine Vereinigung von Wald und Meer in seltener Schönheit zeigt" ausmachten.[3] Dem entspricht auch die Ansicht, die bei Duncker wiedergegeben wird (Abb. 3).

Die Rolle, die die Planung Lennés im Baugeschehen des Gutes einnimmt, ist unbekannt. Man kann nur festhalten, dass trotz der durch seine im Plankopf fälschlich ergänzten Bezüge zu den angegebenen Auftraggebern und einer wohl auf den Plan von Rützow (s. S. 172, Abb. 3)[4] zu beziehenden Datierung die Konzeption noch vor den Planungen Stülers niedergelegt wurde, da heutige Grundrisse und Standorte der Gebäude vom Plan abweichen.

Lenné entwickelte dabei zwischen der östlich verlaufenden alten Lindenallee und der Ostsee den langgestreckten Hauptteil des Parks, der im Norden von einem noch zu erbauenden Wartturm und im Süden von einem Tempel akzentuiert werden sollte. Große, ineinander übergehende Wiesenräume mit eingrenzenden Pflanzungen ergeben eine Tiefenwirkung, die durch Ausblicke auf das Wieck zusätzliche Reize gewinnt. Das Schloss, dessen Baukörper durch eine Pergola in Richtung Ostsee verlängert werden sollte, liegt im nördlichen Teil des Parks. Südlich der Lindenallee erstrecken sich die landschaftlich eingefassten Bereiche des Wirtschaftshofes und der Schäferei sowie der Küchengarten. Die Grenze von Park und Feldflur sollte fließend gestaltet werden.

Auf dem Messtischblatt von 1908 (Abb. 1) sieht man, dass im Unterschied zum Entwurf Lennés das Schloss stärker an die Lindenallee und den Wirtschaftsbetrieb angebunden war. Zudem zeigt die Vermessung im Süden eine als Rondell angelegte Auffahrt. Die bereits bei Duncker als „im Gange" beschriebene Ziegelei hat nunmehr den kompletten südlichen Teil des Parks eingenommen, was zur Abtrennung des – auf dem von Lenné ursprünglich für den Tempel vorgesehenen Platz – im Jahr 1853 errichteten Erbbegräbnisses vom eigentlichen Park führte. Auf einem Luftbild aus der ersten Hälfte des 20. Jahrhunderts erkennt man im Umfeld des Schlosses eine differenzierte und artenreiche Gehölzverwendung, wie beispielsweise an einer Ecke des Schlosses eine ausgeprägte Koniferengruppe (Abb. 4).[5]

*Abb. 1*
*Gut und Park Rutzau auf einem Ausschnitt des Messtischblatts 1376/77 (Rheda), aufgenommen 1908, hrsg. 1910.*

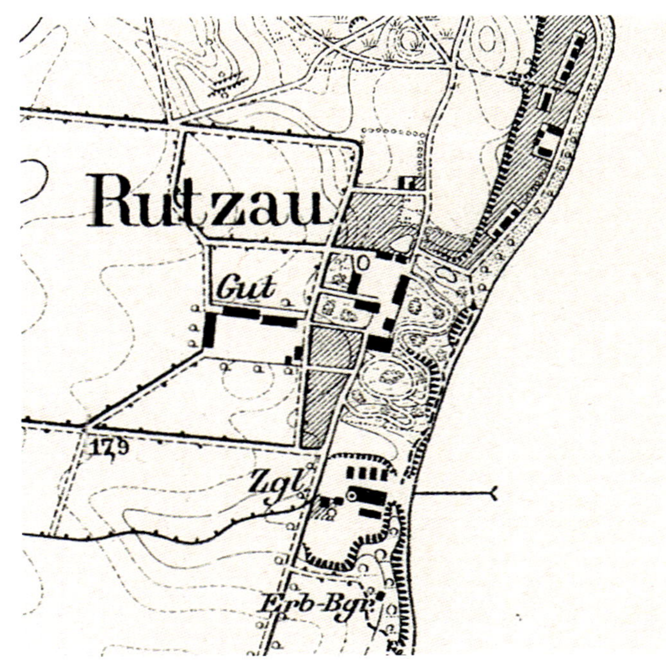

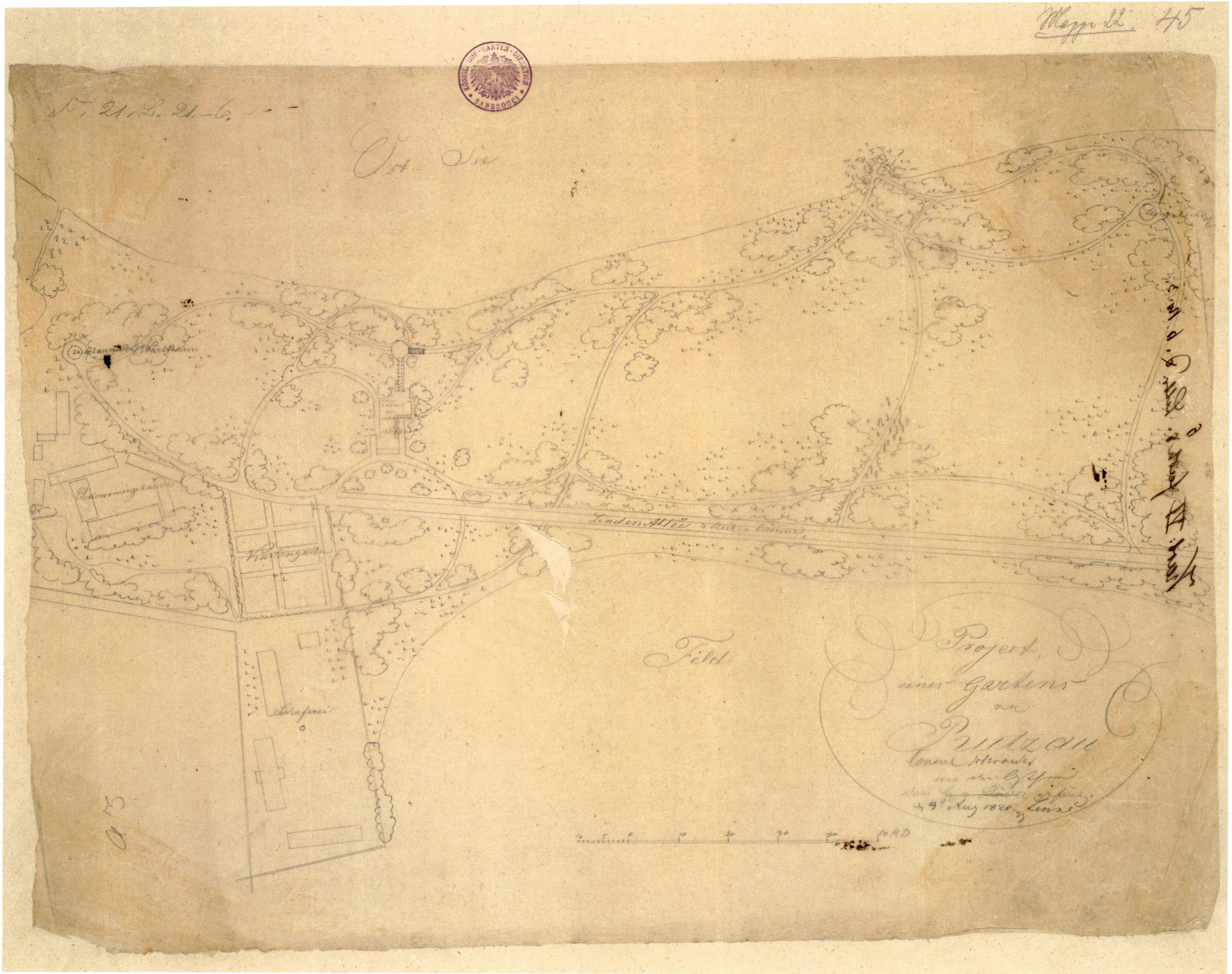

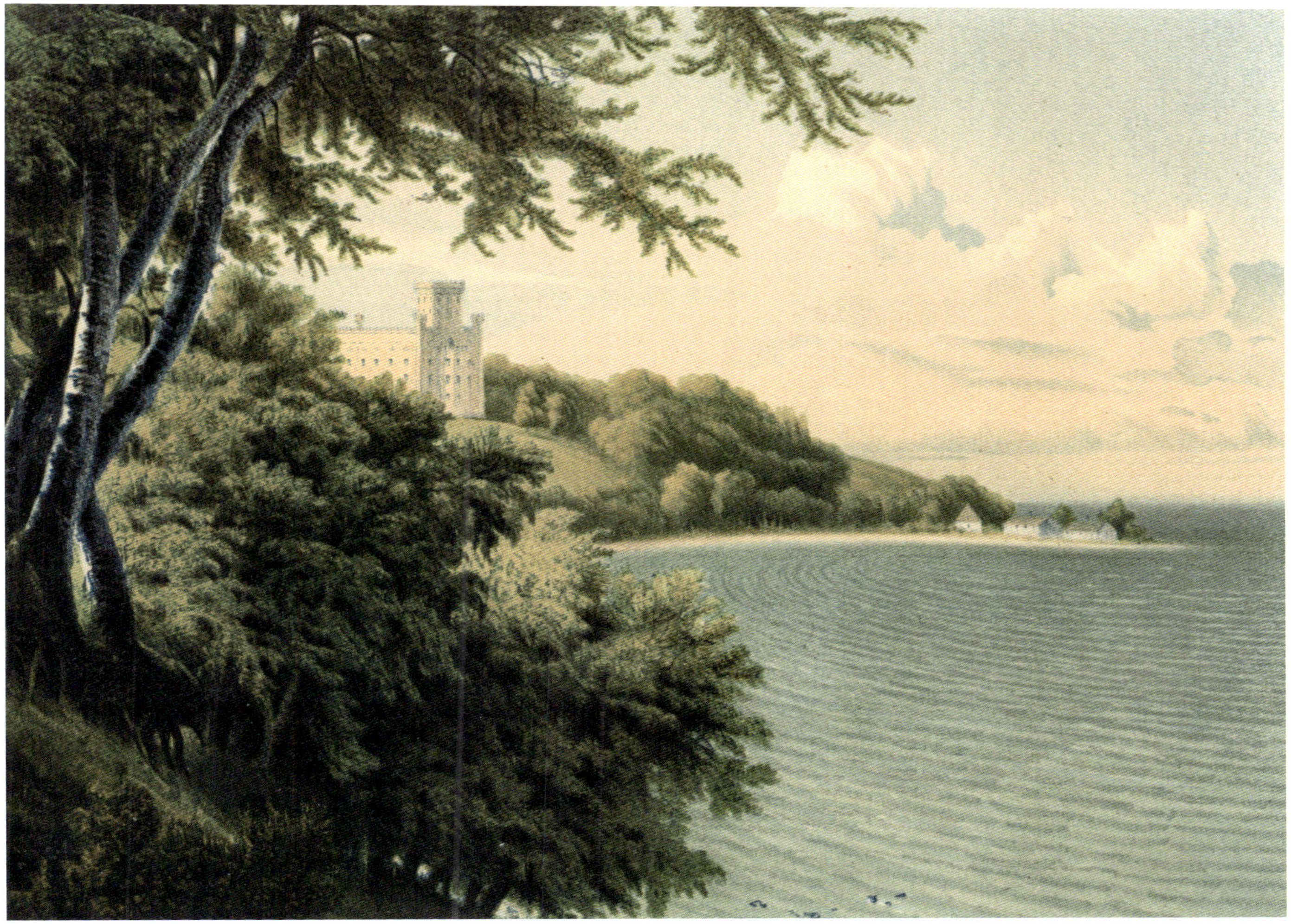

*Abb. 3*
*Park und Schloss von Rutzau, Alexander Duncker, Lithographie, 1857/58.*

Durch die Enkelin des Erbauers gelangte das Schloss im Erbfall wieder in die Familie der Grafen Keyserlingk, die es bis 1945 besaßen. Es ist sicherlich kein Zufall, dass nach den Rückführungen, die Georg Potente in den zwanziger und dreißiger Jahren im Park von Sanssouci zugunsten der einstigen Planungen Lennés machte, er 1942–1943 auch zu Beratungen nach Rutzau gebeten wurde.[6] Man muss davon ausgehen, dass auch dort vergleichbare Sanierungsmaßnahmen anstanden.

Das restaurierte Schloss beherbergt heute ein Hotel. Der Park wird gärtnerisch gepflegt.

*Abb. 2*
*Entwurfsplan für den Park von Rutzau, 1828.*

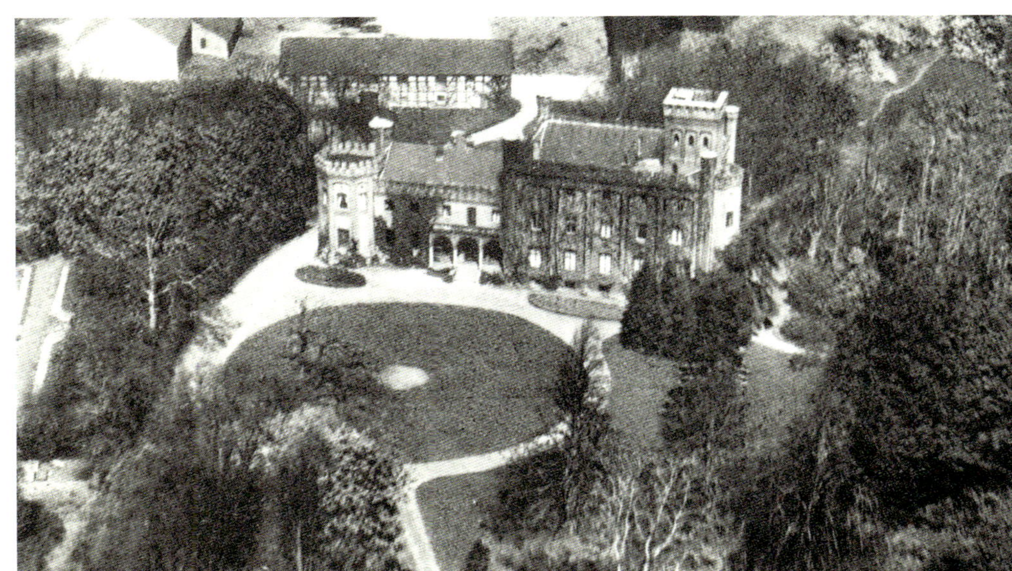

*Abb. 4*
*Schrägluftbild vom Herrenhaus Rutzau, 1931.*

## Anmerkungen

1 Die Übertragung des Besitzes geschah zunächst auf die Tochter (1833) und später auch auf den Schwiegersohn (1835), siehe: Schultz 1903, S. 187 ff.

2 Ebd., S. 193 (laut Familiennachrichten); allgemein: Börsch-Supan/Müller-Stüler 1997.

3 Duncker 1857/58, Nr. 11 (Rutzau).

4 Vgl. Günther/Harksen 1993, S. 176 u. 184.

5 Der Garteninspektor Schondorf berichtet von einer fruchtenden Castanea vesca in Rutzau (Schondorf 1859, S. 95).

6 Wacker 2003, S. 26 f.: Parkberatung in Oslanin-Rutzau für von Keyserlingk.

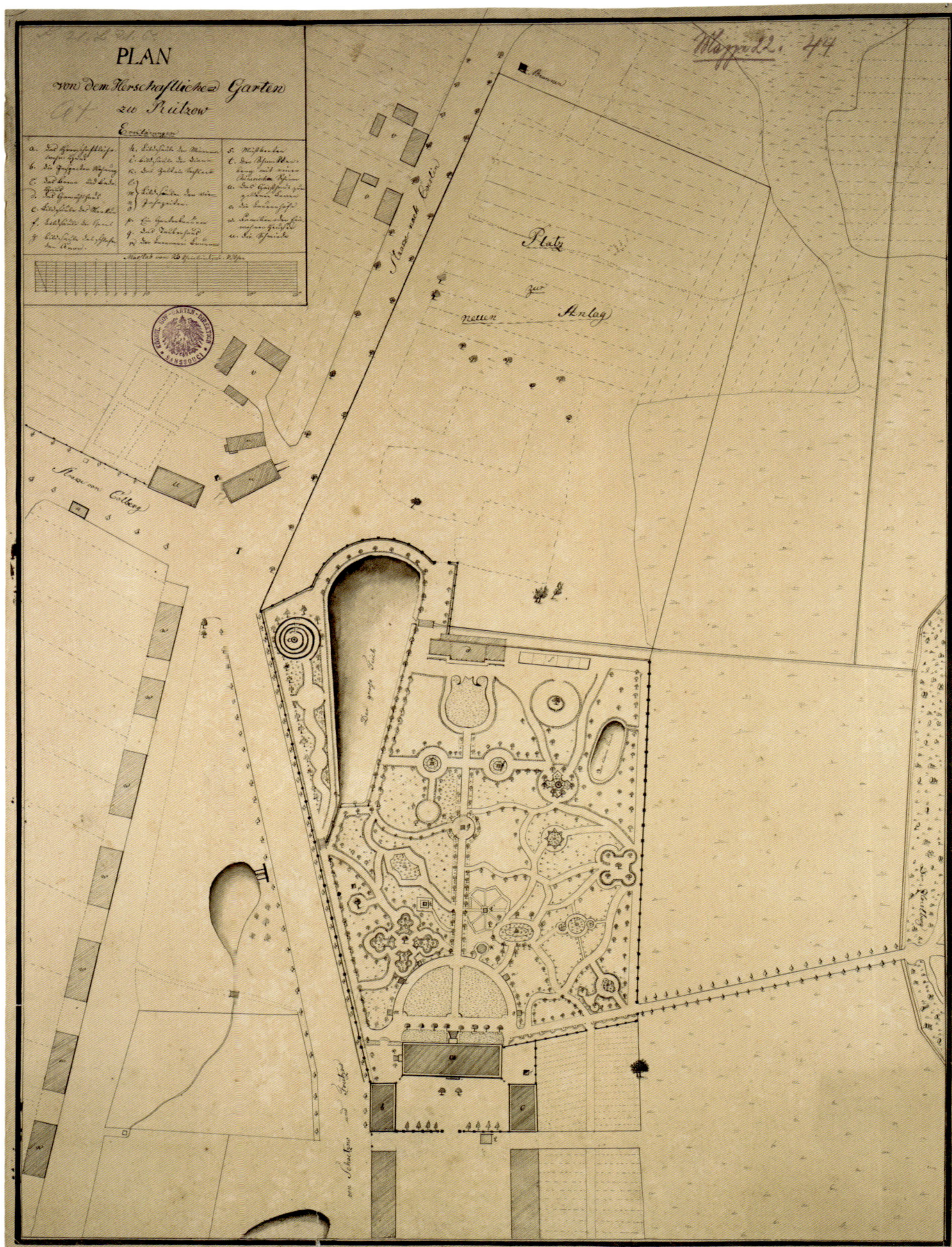
PLAN
von dem Herschaftlichen Garten
zu Rützow
Platz zur neuen Anlag

# Rützow, Kreis Kolberg, Provinz Pommern

Rusowo, Powiat kołobrzeski, Województwo zachodniopomorskie

**Marcus Köhler**

**Situationsplan**
**„PLAN von dem Herrschaftlichen Garten zu Rützow"**

*Datierung:* um 1827
*Zeichner:* ohne Signatur
*Bezeichnungen:* Buchstaben a bis x mit „Erklärungen: a. das herrschaftliche Wohn-Haus, b. die Inspector Wohnung, c. das Brenn und Bade-Haus, d. das Gewächshaus, e. Bildsäule des Merkur, f. Bildsäule der Ceres [?], g. bildsäule des schlafenden Amors, h. Bildsäule der Minerva, i. Bildsäule der Diana, k. das Zelt im Sechseck, l.m.n.o. Bildsäulen der vier Jahreszeiten, p. Ein Gartenbrunnen, q. das Taubenhaus, r. der Brennerei Brunnen, s. Mistbeeten [?], t. der Schneckkenberg mit einen Chinesischen Schirm, u. das Gasthaus zum goldenen Lowen, v. die Bauernhöfe, w. Familien oder Einwohner Häuser, x. die Schmiede"; „Strasze von Colberg", „Strasze nach Coeslin", „von Schoetzow und Frietzow", „Brunnen", „Der große Teich" , „Platz zur neuen Anlag", „Der Horstberg"
*Ausrichtung:* nach Norden
*Maßstab:* „Maßstab von 25 Rheinländische: Ruthen"
*Technik und Maße:* Feder in Grau und Schwarz – 70,2 x 52,7 cm
*Standort:* SPSG, GK II (1) 3464 (Günther/Harksen Nr. 467) (Abb. 1)

**Entwurf**
**„Garten der Frau Consul Schröder zu Rutzow bei Colberg"**

*Datierung:* 1828
*Zeichner:* ohne Signatur
*Bezeichnungen:* „Herrn von Treskow zu Friedrichsfelde" (in Feder am Rand)
*Ausrichtung:* nach Norden
*Maßstab:* beziffert in Fuß (bezogen auf die Skizze am Rand)
*Technik und Maße:* Bleistift, Feder in Grau. Auf Seidenpapier – 53 x 41,2 cm
*Standort:* SPSG, GK II (1) 3466 (Günther/Harksen Nr. 468) (Nach Hinz 1989, S. 537 soll es einst drei Pläne gegeben haben.) (Abb. 3)

Der erste Plan (SPSG, GK II (1) 3464) gibt die Situation der Gutsanlage vor den Veränderungsvorschlägen Lennés wieder. Das Herrenhaus ist als Dreiflügelanlage mit abgeschlossenem Vorhof konzipiert, hinter der sich nördlich ein Garten erstreckt, der stilistisch in eine Übergangsphase vom formalen zum landschaftlichen Garten gehört: zum einen finden sich kleine gewundene Wege und asymmetrische Kompartimente, zum anderen gibt es noch einen oblongen, gefassten Teich, eine Zentralachse, die in der Orangerie endet und eine Menge Ausstattungsstücke, wie sie im 18. Jahrhundert üblich waren, etwa die Figuren der Diana, des Apollo oder den Schneckenberg mit der „Bildsäule des Merkur".[1] Das halbrunde Rasenparterre, das von Figuren der vier Jahreszeiten umstanden wird, wirkt wie eine kleine Reprise auf das Neue Palais in Potsdam-Sanssouci. Eine Allee verbindet den Lustgarten mit dem Horstberg, der wahrscheinlich schon zu dieser Zeit als waldartiger Parkteil zum Gesamtensemble gehörte.

Auch wenn mit den vierpassartig angelegten Blumenbeeten bereits Elemente des Biedermeiers Einzug gehalten haben, so liegt hier ein veralteter anglo-chinoiser Garten vor, der wahrscheinlich noch auf den Finanzrat Friedrich Wilhelm von Gerlach (1711–1780) bzw. einen seiner Söhne zurückging, in deren Familie das Gut 1768 gelangte.

Dies, aber auch der Umstand, dass sich das einfache, eingeschossige, 13-achsige Gutshaus in der Nähe Kolbergs als sommerlicher Landsitz eignete, war wohl der Grund dafür, dass Henriette Schröder, geb. Kalsow (1778–1837), 1828 Lenné beauftragte, den Garten zu verändern und – wie es auf dem Situationsplan vermerkt ist – zu erweitern. Als Auftraggeberin sticht die Witwe aus der Masse der Lenné'schen Klientel heraus: Ihr 1812 verstorbener Ehemann, der Kaufmann, Reeder, Major und dänische Konsul Ernst Friedrich Samuel Schroeder (1770–1812), ging zwar 1807 während der Kolberger Belagerung ein erhebliches Risiko ein, als er fast sein ganzes Vermögen für die Versorgung der Stadt zur Verfügung stellte,[2] doch sollte sich dies auszahlen, als Kolberg auf Grund alter Privilegien seine Zollfreiheit im Sund behielt und manche Stettiner Reederei in dieser Zeit ihren Handel über Kolberg abwickelte. Auch agierte er in der politischen und wirtschaftlichen Besatzungszeit geschickt und kaufte die Güter Rützow, Fritzow, Schötzow und Lübchow[3] für seine vier Söhne an.

Auf den Konsul gehen wahrscheinlich auch die Kontakte in den Berlin-Potsdamer Kulturkreis zurück, da er nicht nur August Neidhardt von Gneisenau und Karl August von Hardenberg kannte, sondern auch gute Beziehungen zum preußischen Königshaus pflegte. So wird berichtet, dass der „Kron-

*Abb. 1*
*Situationsplan des Gartens von Rützow, um 1827.*

*Abb. 2*
*Der Rützower Park mit den östlich gelegenen Architekturen: Erbbegräbnis (1), Tempel (2) und Aussichtsturm (3) auf einem Ausschnitt des Messtischblatts 1860 (Degow), aufgenommen 1891, berichtigt 1938.*

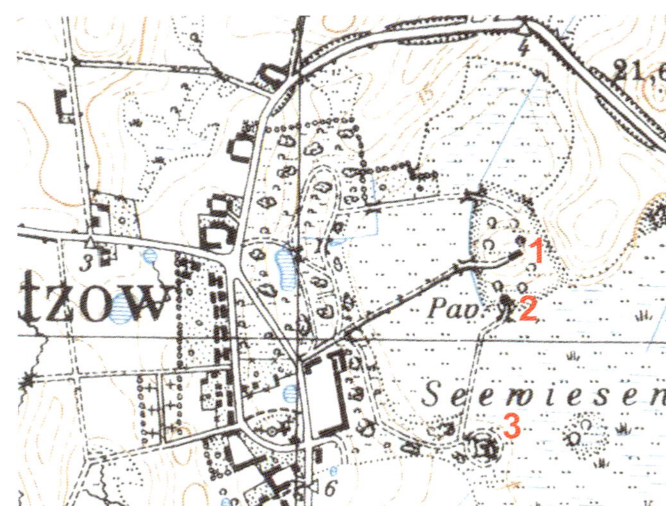

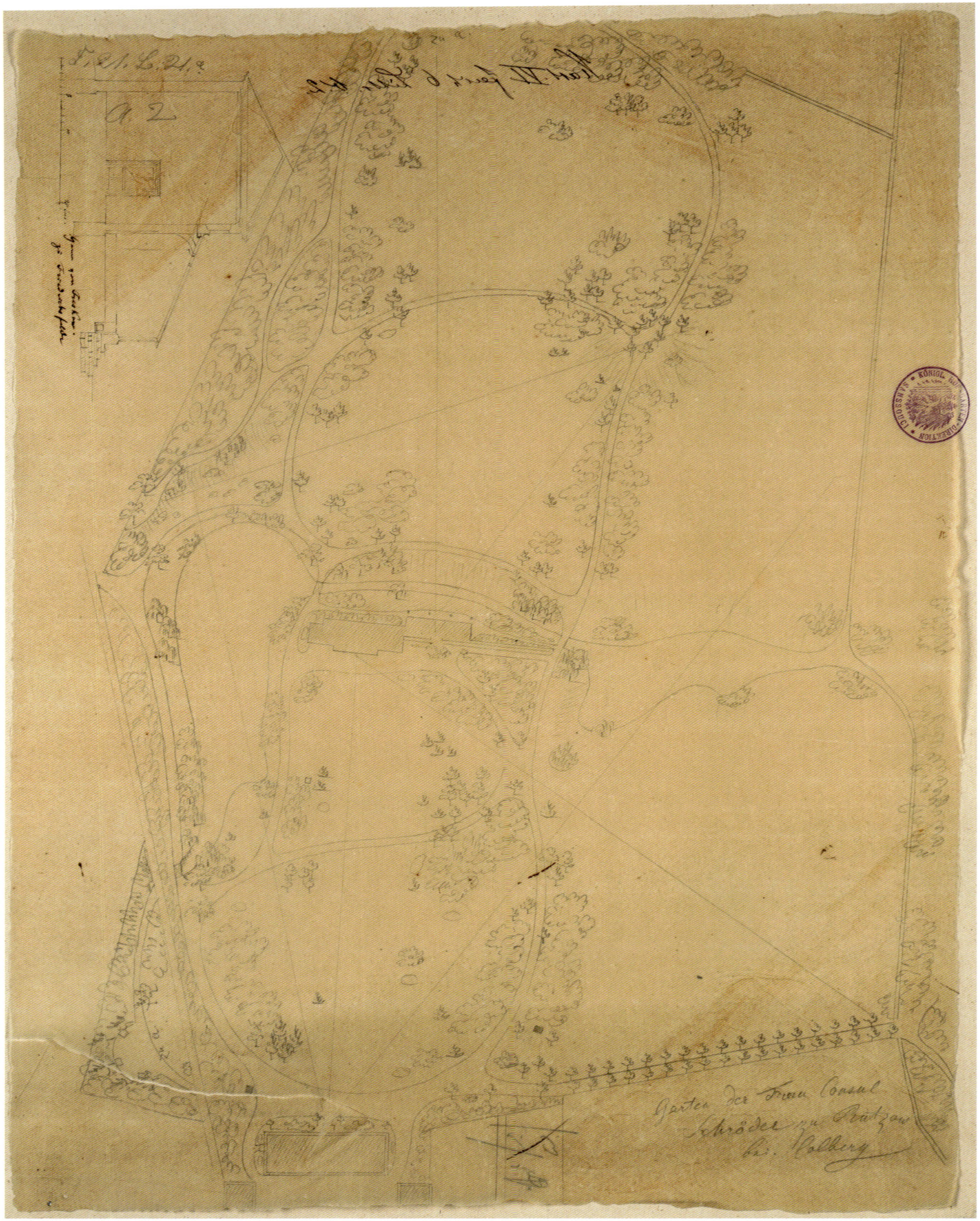

prinz Friedrich Wilhelm, damals Militärgouverneur und Statthalter der Provinz Pommern […] bei seinen Kolberger Besuchen stets im Schroederschen Hause“ übernachtete.[4] Man muss davon ausgehen, dass die Kontakte zu Lenné daher rührten.

Lenné entwickelte für Rützow einen vollkommen neuen, d.h. modernen Gartenraum. Von der Terrasse des Hauses führten drei Sichtachsen in den Park: eine auf den westlich gelegenen Teich, in dem ab 1910 eine Neptunstatue stand, die andere auf die Orangerie mit ihren beiden Bauteilen (Pflanzenhalle und Gärtnerhaus?) und eine weitere über einen Wasserlauf in einen offenen Wiesenraum. Der oblonge Teich wurde verlandschaftet und der Schneckenberg entfernt. Die zum Dorf hin gelegene Seite des Gartens sollte dicht abgepflanzt, hingegen der Bereich zwischen Park und Horstberg offener gestaltet und durch einen kleinen Teich akzentuiert werden. Kleinere Quadrate lassen darauf schließen, dass die Figuren der ursprünglichen Anlage wieder aufgestellt werden sollten. Zwei zu Anfang des 20. Jahrhunderts entstandene Fotografien zeigen, dass es auf der Rasenfläche vor der Terrasse einen von Teppichbeeten umgebenen Springbrunnen mit einer Reiherfigur gab (Abb. 4).

Auf der Plankopie befindet sich ein Querschnitt durch einen Gewächshausbau, der laut Inschrift Berlin-Friedrichsfelde zuzuordnen ist. Inwieweit dies als Hinweis auf den Umbau der Rützower Orangerie zu werten ist, bleibt unklar.

Das Messtischblatt von 1891 zeigt, dass der Entwurf Lennés in ähnlicher Form ausgeführt wurde. Außerdem ist darauf ersichtlich, dass es auf dem östlich angrenzenden Gebiet mit dem Horstberg eine Reihe von Parkstaffagen gab (Abb. 2). Die bereits auf dem Situationsplan von 1827 verzeichnete Allee führte zu dem von Bäumen umgebenen, direkt auf der Kuppe des Berges gelegenen Erbbegräbnis. Nur wenige Meter südlich davon befand sich ein Pavillon (wohl in der Form eines griechischen Tempels). Von dort aus führte ein Weg über eine große Wiese zu einer weiteren Station des später offensichtlich nach Südosten erweiterten Parks. Hier errichtete man auf einem künstlich aufgeschütteten Hügel einen oktogonalen, von einem Wassergraben umgebenen, mittelalterlich anmutenden Turm, der noch rudimentär erhalten ist.

Nach Einrücken der Roten Armee in den Ort im Frühjahr 1945 wurde das Gutshaus geplündert und in den Folgejahren gänzlich zerstört. Im Park sind heute nur noch Reste der Fundamente des Gutshauses und ein Teil des oktogonalen Turmes

*Abb. 3*
*Entwurfsplan für den Park von Rützow, 1828.*

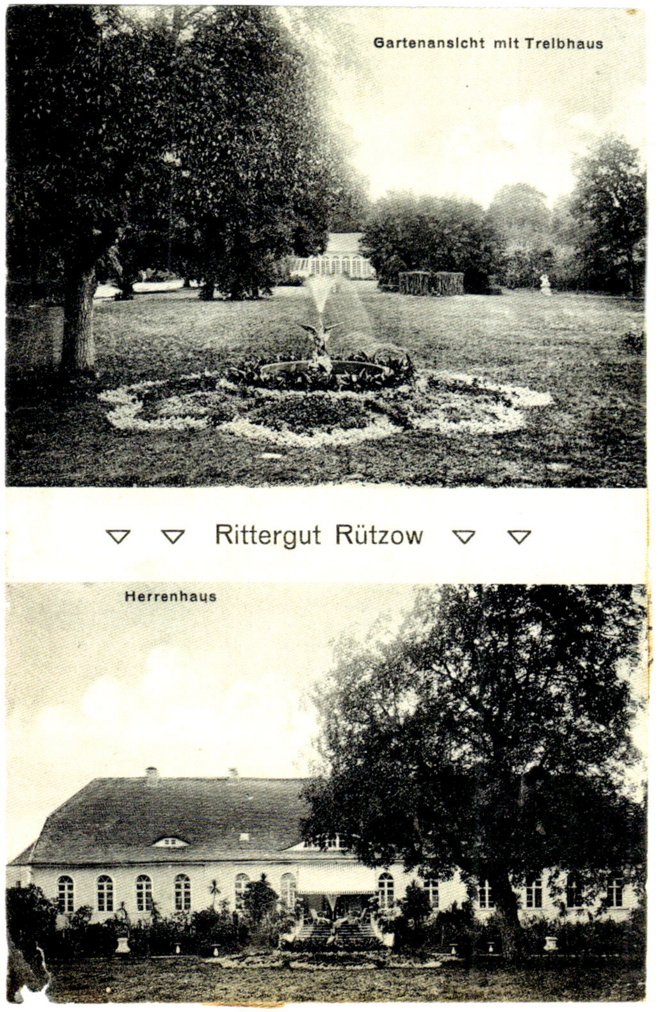


*Abb. 4*
*Blick von der Terrasse des Rützower Herrenhauses in den Park mit der Orangerie (oben) und Gegenblick (unten) auf einer Ansichtskarte, um 1910.*

zu sehen, der wahrscheinlich erst nach dem Ableben der Konsulin 1837 errichtet worden war. Die angelegten Gräben und der zweite Teich sind nur noch zu erahnen. Das Postament der Neptunstatue steht noch im Teich (Abb. 5). Eigentümer des 1976 in das polnische Denkmalregister aufgenommenen Parks ist die Gemeinde Ustronie Morskie, zu der Rützow heute gehört.

Der Park ist heute größtenteils überwachsen. Bei einer 2002 durchgeführten Bestandsaufnahme zählte man 1226 Altbäume, wobei als Solitärgehölze vor allem eine 280 Jahre alte Platane, eine 30 Meter hohe Esche, eine Blutbuche, sowie vier stattliche Winterlinden in der Nähe des Teiches hervorstechen.[5]

*Abb. 5*
*Der große Teich mit dem Postament der Neptunstatue von 1910 im Rützower Park, Aufnahme 2014.*

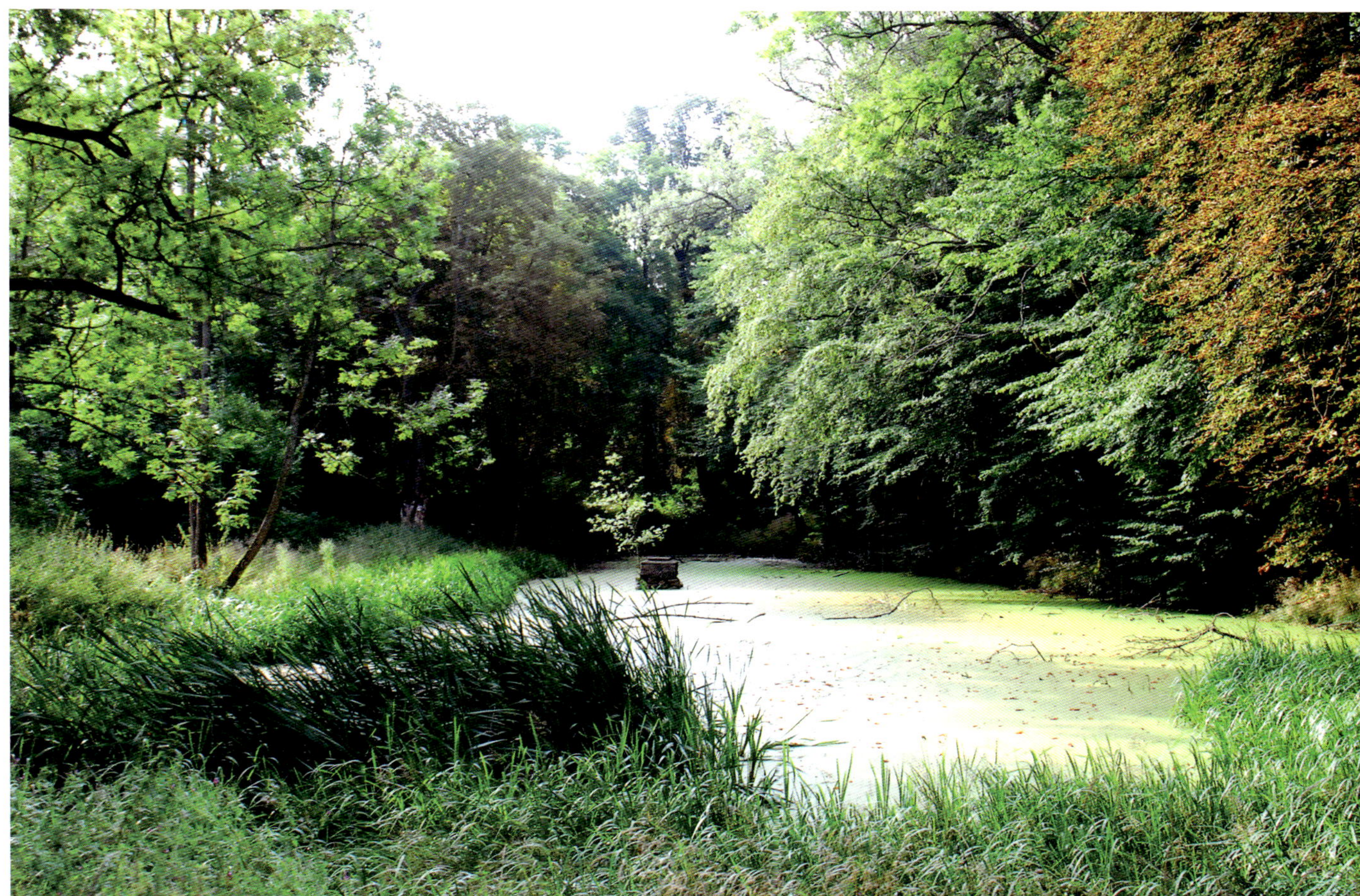

## Anmerkungen

1 Plankopf, siehe „Erklärungen".
2 Jessen 2009, S. 39–58, hier Fußnote 112 (Brief Friedrich Wilhelm III.). Siehe auch: Gneisenau 2011, S. 6 f. (an Graf Münster).
3 Zu Lübchow (Lubiechowo) siehe: Duncker 1863/64, Nr. 304 (Lübchow). Dort wird von einem der Söhne 1835 auch ein Park neu angelegt.
4 http://schroeder-deutschland.de/Fritzow.html – Zugriff: 11. März 2015.
5 http://www.pomeraniaparks.info/seite/206663/der-lenn%C3%A9-park-rusowo-%28pl%29.html – Zugriff 11. März 2015.

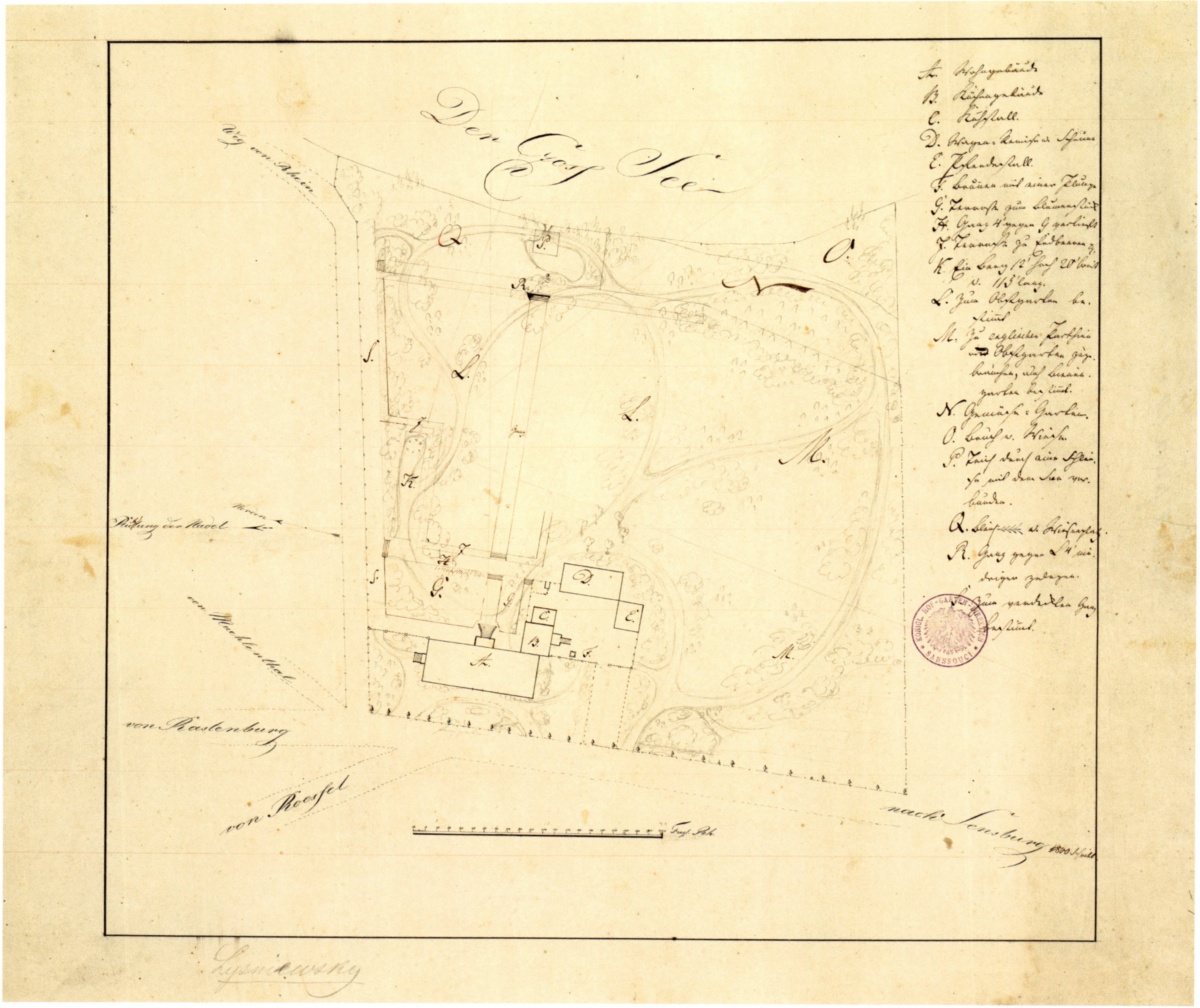

von Rastenburg
von Roessel
nach Sensburg

# Sensburg, Provinz Ostpreussen

Mrągowo, Województwo warmińsko-mazurskie

**Marcus Köhler**

**„Lysniewsky“**

*Datierung:* 1824

*Zeichner:* ohne Signatur

*Bezeichnungen:* „Der Czoss See“, „Weg von Rhein“, „von Muehlenthal“, „von Rastenburg“, „von Roessel“, „nach Sensburg“ (ergänzt „800 Schritt“), „Gang“, auf dem Gartengelände Buchstaben A bis S mit rechtsseitiger Legende: „A. Wohngebäude, B. Küchengebäude, C. Kuhstall, D. Wagen-Remise u. Scheune, E. Pferdestall, F. Brunnen mit einer Plumpe, G. Terraße zum Blumenstück, H. Gang 4' gegen G ver… [?], J. Terraße zu Erdbeeren etc., K. Ein Berg 12' hoch 20' breit u. 115' lang., L. Zum Obstgarten bestimmt, M. Zu englischen Parthien und Obstgarten zu gebrauchen, auch Baumgarten bestimmt., N. Gemüse-Garten., O. Bruch u. Wiese, P. Teich durch eine Schleuse mit dem See verbunden., Q. Bleich- u. Wiesenplatz., R. Gang gegen L 4' niedriger gelegen., S. Zum verdeckten Gang bestimmt.“ (Rasterung durch blassrote, quer verlaufende Linien im Abstand von 70 Fuß)

*Ausrichtung:* nach Osten

*Maßstab:* beziffert in Rheinischen Fuß

*Technik und Maße:* Feder in Schwarz, wenig Braun und Rot, Bleistift – 51 x 53,7 cm

*Standort:* SPSG GK II (1) 3793 (Günther/Harksen Nr. 486) (Abb. 1)

Nachdem 1822 ein Großbrand das Zentrum der Kleinstadt Sensburg vernichtet hatte, erbaute sich August von Lysniewski (gest. 1856), der ab 1819 als erster Landrat des Kreises Sensburg amtierte, ein bescheidenes Anwesen vor den Toren der Stadt. Mit dem Bau erfolgten wahrscheinlich schon die ersten Gartenplanungen. Nachdem er bereits 1823 in der ersten Sitzung in den Verein zur Beförderung des Gartenbaus in den Königlich Preußischen Staaten eintrat, erhielt er nicht nur Kontakt zu Lenné, sondern bat ihn am 17. August 1824 direkt um einen Gestaltungsvorschlag:

„Die von mehreren Seiten bekannt gewordene Gefälligkeit von Ew. Wohlgeboren wird auch meine Bitte Nachsicht finden lassen.

Der hiesige große Brand nöthigte mich, einen Bau selbst zu unternehmen u. da es im Orte an schlichten und geräumigen Baustellen mangelte, so wurde ich bewogen außerhalb der Stadt u. zwar auf einer Anhöhe zu bauen.

Die mitkommende Zeichnung, welche nicht ganz vollständig, jedoch zum beabsichtigten Zwecke hinreichend seyn dürfte, wird die Lage entnehmen laßen. Zur Vervollständigung der Zeichnung ist ein Promemoria beigefügt u. sind in demselben meine Ideen enthalten. Zwar habe ich in meinem früheren Militair-Verhältniß genug Gelegenheit gehabt, manchen schönen Garten zu sehen, doch aber nie diejenigen Aufmerksamkeit verwendet, daß ich jetzt allein eine vollständige Anlage durchführen könnte.

Ew. Wohlgeboren habe ich daher ganz ergebens bitten wollen, gütigst zu bestimmen in welcher Art u. was für Anlagen in den ganzen Raum zu machen seyn dürften. Um den Sommer nicht ganz ungenutzt zu laßen, sind die Blumenterraße /GG./ u. die verschiedenen Gänge geebnet, auch die umlaufende Terraße /J.J./ abgeschrägt worden um Erdbeeren pflanzen zu können. Sollte ein oder das andere nicht Ihrer Ansicht entsprechen so bitte sogleich um Abänderung zutreffen u. überhaupt das Ganze nach eigener Idee gütigst ausführen zu wollen.

Unendlicher Wert wird dann der Garten für mich mehr haben u. mich stets anspornen auf sorgfältige Ausführung bedacht zu seyn.

Zugleich erlaube mir folgende Bitte:

1. könnte ich nicht im Herbst vorzügliche Obstsorten ungefähr 30 Stämme für leichten Boden u.
2. einige schöne u. wohlriechende Sträucher u. Blumen erhalten. Ich würde schon die Transportkosten neben den Einkaufspreisen gern tragen um etwas Vorzügliches zu erhalten. Jedoch nur solche, die ohne Treibhaus u. in Stuben gedeihen.
3. Verbinde ich noch die Anfrage: ob ich nicht durch Ihre Bekanntschaft einen tüchtigen unverheiratheten Gärtner zum künftigen Frühjahr erhalten könnte u. unter welchen Bedingungen.

Entschuldigen Ew. Wohlgeboren gütigst gethane Bitte u. geben mir wo möglich Gelegenheit irgend auf [?] eine Weise gefällig seyn zu können.“[1]

Die ursprüngliche Situation zeigt, dass das etwa 30 Meter lange Haus des Landrats von der Gartenseite erschlossen wurde. Zwei Terrassen und eine als „Gang“ bezeichnete Mittelachse, die zwischen dem Czoos-See und dem Haus liegt, sind die einzigen gestaltgebenden Elemente des ursprünglichen Entwurfs. Lenné greift einzelne Vorschläge, die Lysniewski selber in der Legende festgehalten hat, auf und entwickelt im Osten und Süden des Hauses einen landschaftlichen Garten. Von dem etwa dreieinhalb Meter hohen Berg zeichnet er Sichtachsen auf den See und in die Stadt Sensburg. Vor dem Haus schlägt er eine halbkreisförmige Auffahrt vor und legt zusätzlich südlich des Hauses noch einen Nutzgarten an.

Man kann davon ausgehen, dass der Hausgarten tatsächlich umgesetzt, 1912 allerdings beim Bau des neuen Kreishauses, ebenso wie das Wohnhaus Lysniewskis, abgeräumt wurde.

## Anmerkungen

1 GStA PK, BPH, Rep. 192, Nl Lenné, Nr. 1, fol. 19/20.

*Abb. 1*
*Entwurfsskizze für den Garten Lysniewski in Sensburg, 1824.*

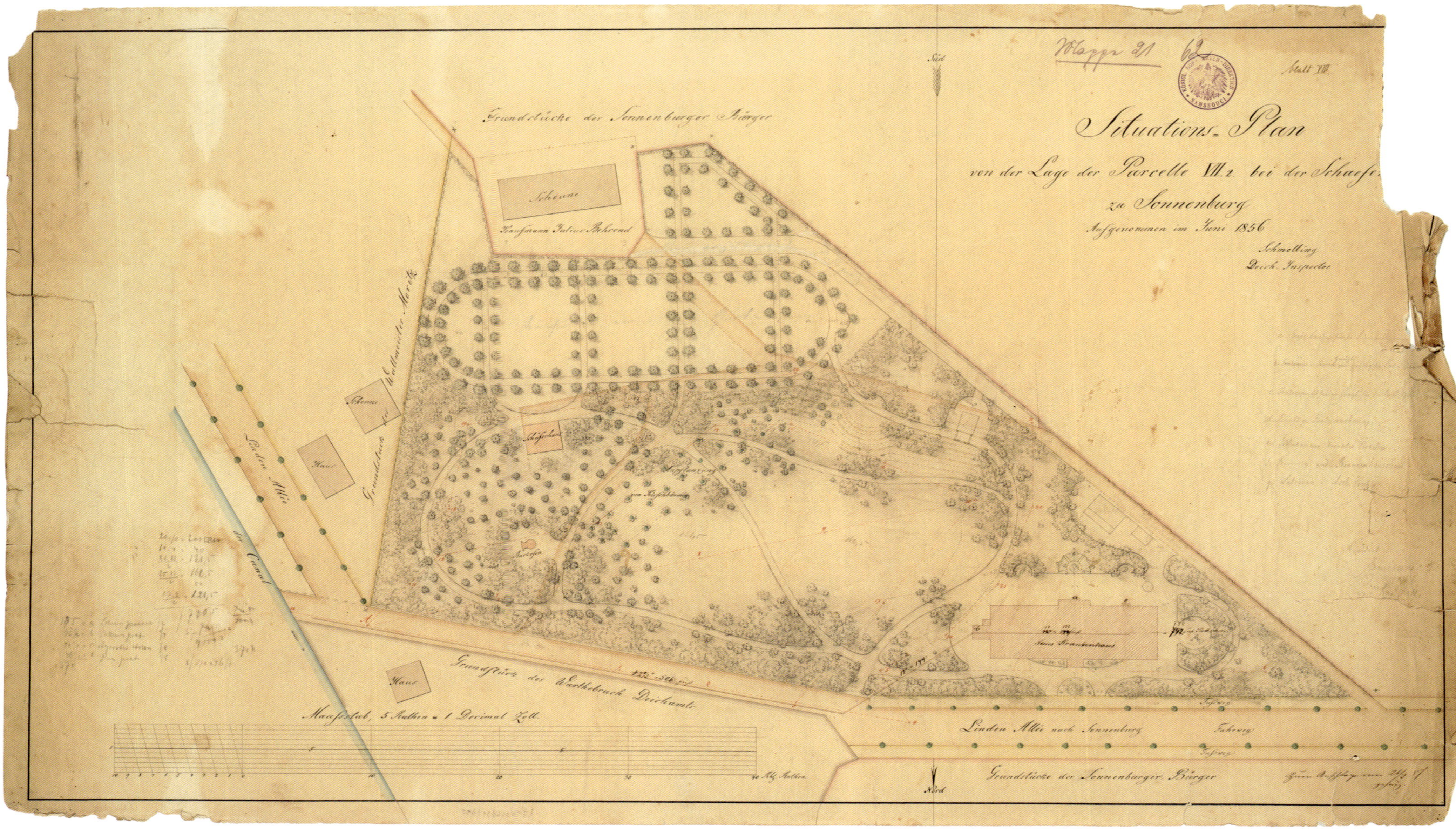


*Abb. 1*
*Entwurfsplan für den Krankenhausgarten in Sonnenburg, 1857.*

# Sonnenburg, Kreis Oststernberg, Provinz Brandenburg

Słońsk, Powiat sulęciński, Województwo lubuskie

**Marcus Köhler**

**„Situations-Plan von der Lage der Parcelle VII. 2. bei der Schaefe[rei ] zu Sonnenburg“**

*Datierung:* „Aufgenommen im Juni 1856“ (Situation), „Zum Anschlage vom 26/3 [18]57 gehörig“ (Entwurf)

*Zeichner:* „Schmolling Deich-Inspector.“ (Situationsplan) – Einzeichnungen ohne erkennbare Signatur

*Bezeichnungen:* zum Bestand (Feder): „Grundstücke der Sonnenburger Bürger“ (2x), Grundstück „Kaufmann Julius Behrend.“ mit „Scheune“, „Grundstück des Warthebruch Deichamts“ mit „Haus“, „Grundstück des Wallmeister Moritz“ mit „Haus“ und „Scheune“, „Linden Allèe“, „Linden Allèe nach Sonnenburg“, „Fahrweg“, „Fußweg“ (2x), „der Canal“; auf dem Grundstück des Krankenhauses: „Schäferhaus“, „Backofen“, „Anpflanzung von Kirschbäumen“, „Neues Krankenhaus“ (mit Buchstaben a bis c) „780 Fuß Kotröhren“ (sowie weitere Längenangaben) , diverse rote Zahlen und Buchstaben (vermutlich Messpunkte); zum Entwurf (Bleistift): „Gemüse Garten [?]“, „Kuhstall“, „Hof-Einfahrt und … [?]“, rechtsseitige Legende: „a. Große Laube für die … [?], b. [gestrichen: Freitreppe und Perron zur] Haupteingang der Kirche … [?], c. Freitreppe des Hausausgangs [?] für die … [? – a bis c beziehen sich vermutlich auf das Krankenhaus], d. Künftige Gärtnerwohnung, e. Totenkammer, darunter Eiskeller, f. Brunnen und Brunnenhäuschen, g. Latrinen u. Asch Grube“, links unten Angaben zu Rasenmischung bestehend aus „Lolium perenne, Phleum prat., Agrostis stolon., Poa prat.“, diverse Flächen- und Längenangaben, Buchstaben, Radierspuren

*Ausrichtung:* nach Süden

*Maßstab:* beziffert in Rheinländischen Ruten („5 Ruthen = 1 Decimal Zoll“)

*Technik und Maße:* Feder in Grau, laviert in Rosa, Gelb, Blau, Braun und Grau, Bleistift – 50 x 86 cm (Wasserzeichen von 1854)

*Standort:* SPSG, GK II (1) 3556 (Günther/Harksen Nr. 446) (Abb. 1)

Von 1426 bis zur Auflösung des „Ritterlichen Hospitaliter-Ordens St. Johannes von Jerusalem“ im Jahr 1811 war Sonnenburg Sitz des Herrenmeisters, der stets durch den Brandenburger Kurfürsten eingesetzt wurde.[1] Zu seinem Geburtstag, am 15. Oktober 1852, rief König Friedrich Wilhelm IV. den Johanniterorden wieder ins Leben, wobei er seinen Bruder Carl (Abb. 4) als Herrenmeister bestätigte. Mit dieser Wiedereinrichtung kam auch Sonnenburg als traditioneller Sitz des Ordens eine erhöhte Aufmerksamkeit zu. So entschloss man sich dort ein mustergültiges Krankenhaus zu errichten, das Anlass für weitere Hospitalbauten des Ordens weltweit geben sollte. 1859 berichtet Adolf von Winterfeld (1824–1889): „Das Haus ist […] nach den Plänen und unter Leitung des Regierungs- und Bauraths Flaminius im Sommer 1856 begonnen und im Frühjahr dieses Jahres vollendet worden […] Die Anstalt umfasst mit dem nach den Angaben des Königlichen General-Garten-Directors Lenné begonnenen aber noch nicht ganz vollendeten Parke und Gemüsegarten ein Areal von 9 1/2 Morgen […] Von der Stadt aus gelangt man durch eine prächtige Lindenallee […] in wenigen Minuten zum Krankenhaus, welches auf einer Anhöhe gelegen, eine ebenso gesunde und freundliche Lage hat […]“[2]

Es entstand ein neugotischer Ziegelbau mit reichem Staffelgiebel auf der Querseite, die gleichzeitig als Schaufassade diente (Abb. 2). 1891 wurde eine „Kinderverwahranstalt“ hinzugefügt, und 1910 erfolgten stilistisch ähnliche An- und Umbauten durch das Charlottenburger Architekturbüro Mohr & Weidner (Abb. 3).[3]

Der von dem Baubeamten und „Deich-Inspector“ Schmolling 1856 aufgemessene Situationsplan diente Lenné als Grundlage für seinen Entwurf. Das Krankenhaus mit dem kleinen Wirtschaftshof liegt am westlichen Rande eines landschaftlichen Gartens, der durch eine große, östlich an das Hauptgebäude sich anschließende Rasenfläche bestimmt wird. Nach außen komplett abgepflanzt, konzentriert sich der Garten nach innen und bietet den Rekonvaleszenten einen geschützten Erholungsraum. Südlich schließt sich ein hippodromartig gestalteter Nutzgartenbereich an. Das bestehende Schäferhaus und den Backofen integriert Lenné in seine Planungen, schlägt allerdings auch im Südwesten auf einem erhöhten Geländesprung eine tempelartige „Totenkammer“ über einem Eiskeller vor. Mit Bleistift notierte er auf dem Blatt einen Vorschlag für eine Rasenmischung, bestehend aus Lolium perenne (1/2), Phleum pratense (1/4), Agrostis stolonifera (1/8) und Poa pratensis (1/8).

Lenné setzte sich wiederholt mit dem neuen Typus des Krankenhausgartens auseinander, wie beispielsweise 1834 an der Berliner Charité, 1843 am dortigen Bethanien-Krankenhaus, 1853 in Aachen und gleichzeitig an der Heil- und Pflegeanstalt Lengerich. 1864 folgten abschließend die Außenanlagen des evangelischen Krankenhauses Berlin-Moabit. Im Unterschied zu diesen weitaus prächtigeren und größeren Krankenhaus-Komplexen ist die Kleinteiligkeit der Sonnen-

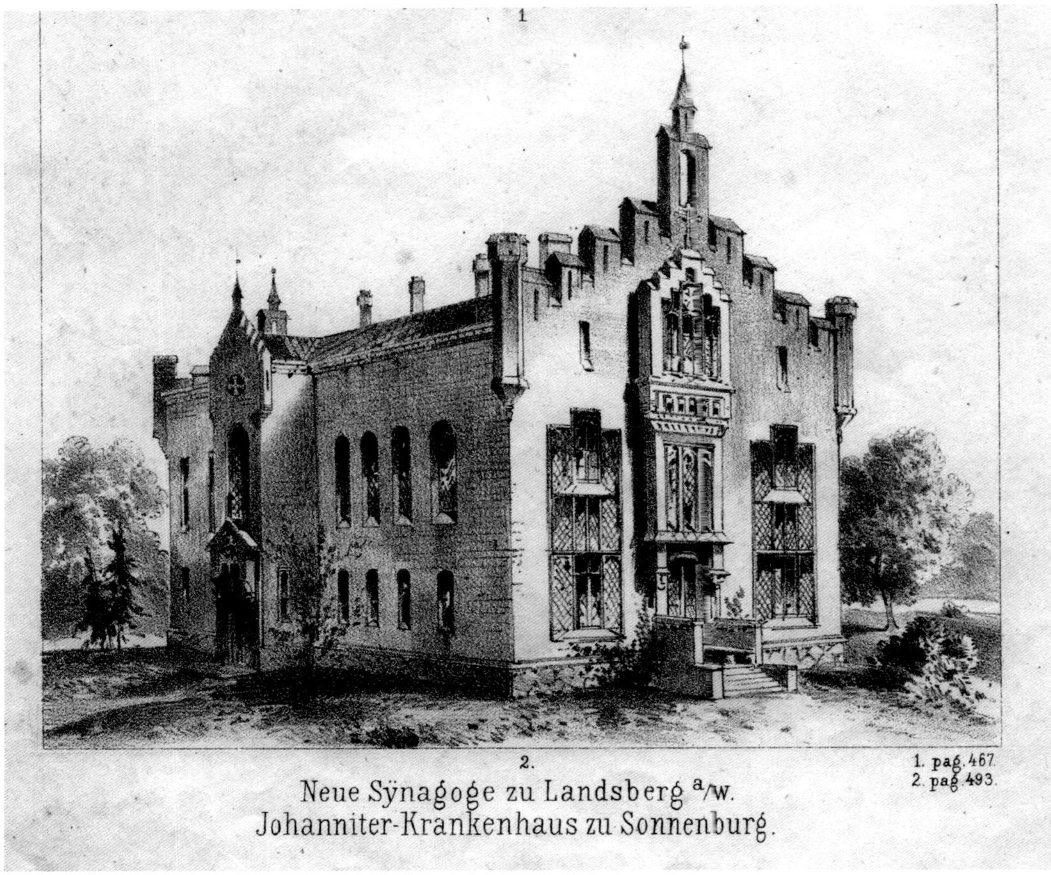


*Abb. 2*
*Das im neugotischen Stil errichtete Johanniter-Krankenhaus zu Sonnenburg, Lithographie, um 1860.*

*Abb. 3*
*Das Johanniter-Krankenhaus in Sonnenburg auf einer Ansichtskarte, um 1910.*

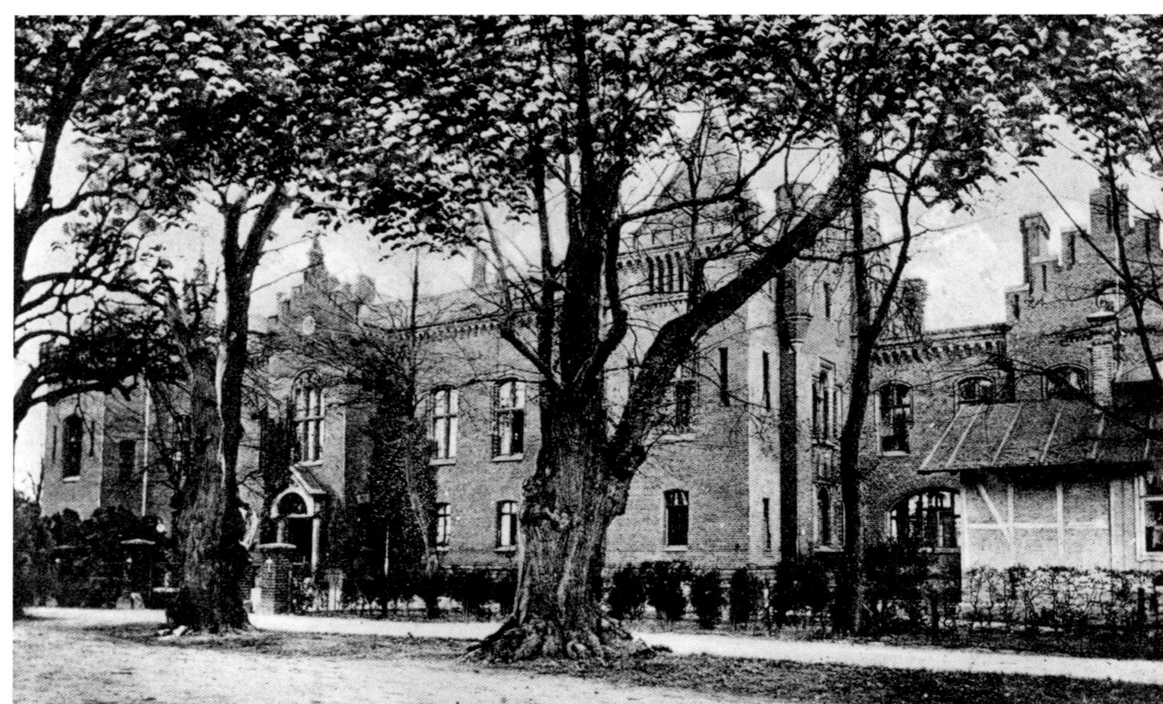

burger Anlage auffällig: Schmuckanlagen wie formale, Architektur begleitende Beetstrukturen fallen hier deutlich bescheidener aus.

Auf den ehemaligen Krankenhauskomplex fernab der Ortslage weist heute lediglich noch der Straßenname (Szpitalna) hin. Die Fläche liegt komplett brach – von Gebäuden keine Spur mehr. Bei einer Besichtigung fiel lediglich eine herumliegende Terrakotta-Baukeramik (neugotischer Dreipass) auf. Altbäume der Lindenallee, die einst an der Anlage vorbei bis zum Gasthaus Charlottenhof am Warthebruch führte, sind vereinzelt anzutreffen. Der hippodromartige Umriss des Nutzgartens lässt sich heute noch als langgestreckter Wiesenraum ablesen.

## Anmerkungen

1 Schumann 2006.
2 Winterfeld 1859, S. 862.
3 Zu Lenné: Hinz 1989, S. 268 f.; zum Krankenhausbau: Herrlich 1904, S. 71–76 – Die Kranken- und Siechenhäuser. Das Büro setzte sich zusammen aus Carl Mohr (1878 Neubrandenburg – 1958 Berlin) und Paul Weidner (1874 Berlin – 1954 Berlin).

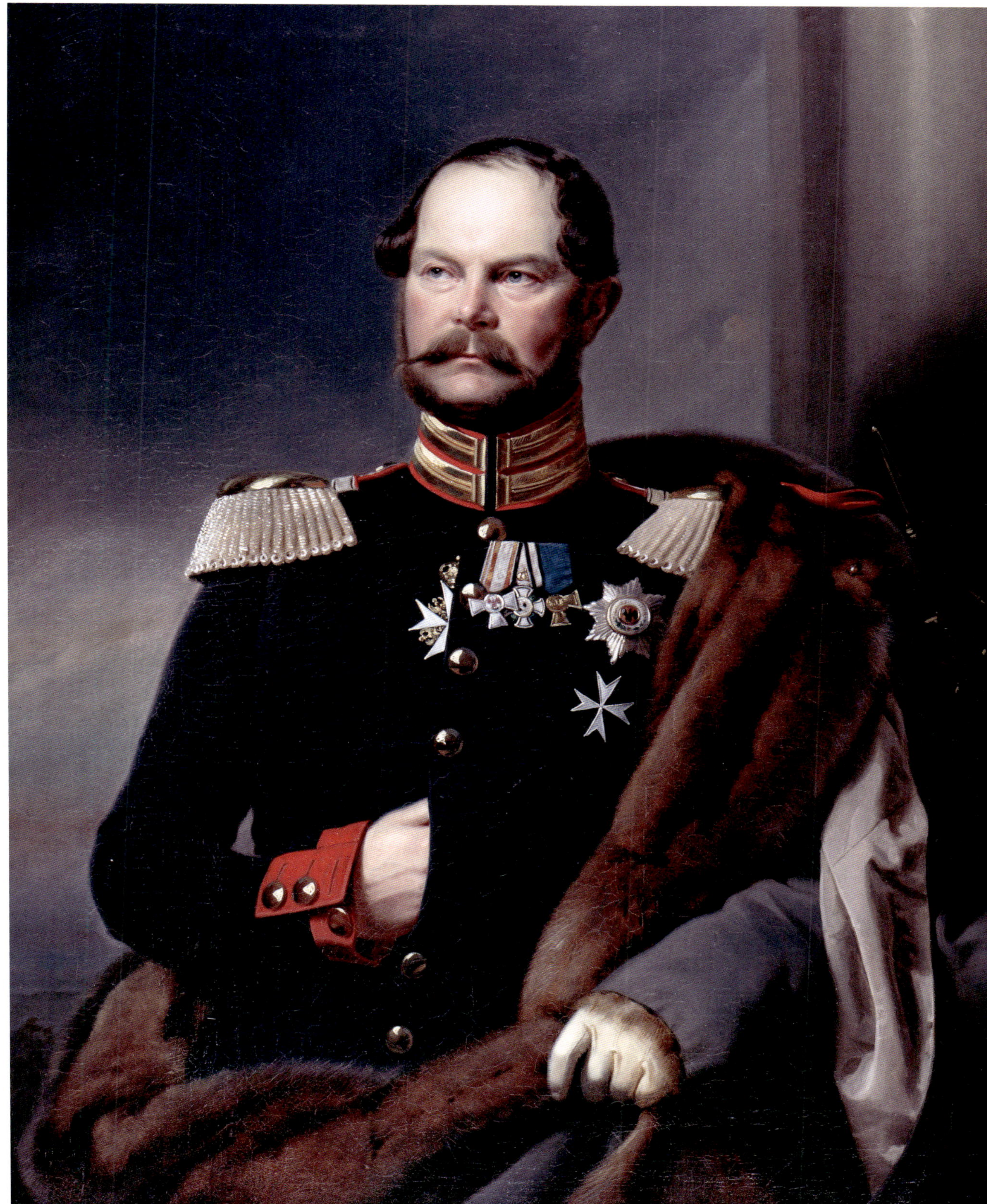

*Abb. 4*
*Prinz Carl von Preußen, Gemälde von Franz Krüger, 1852.*

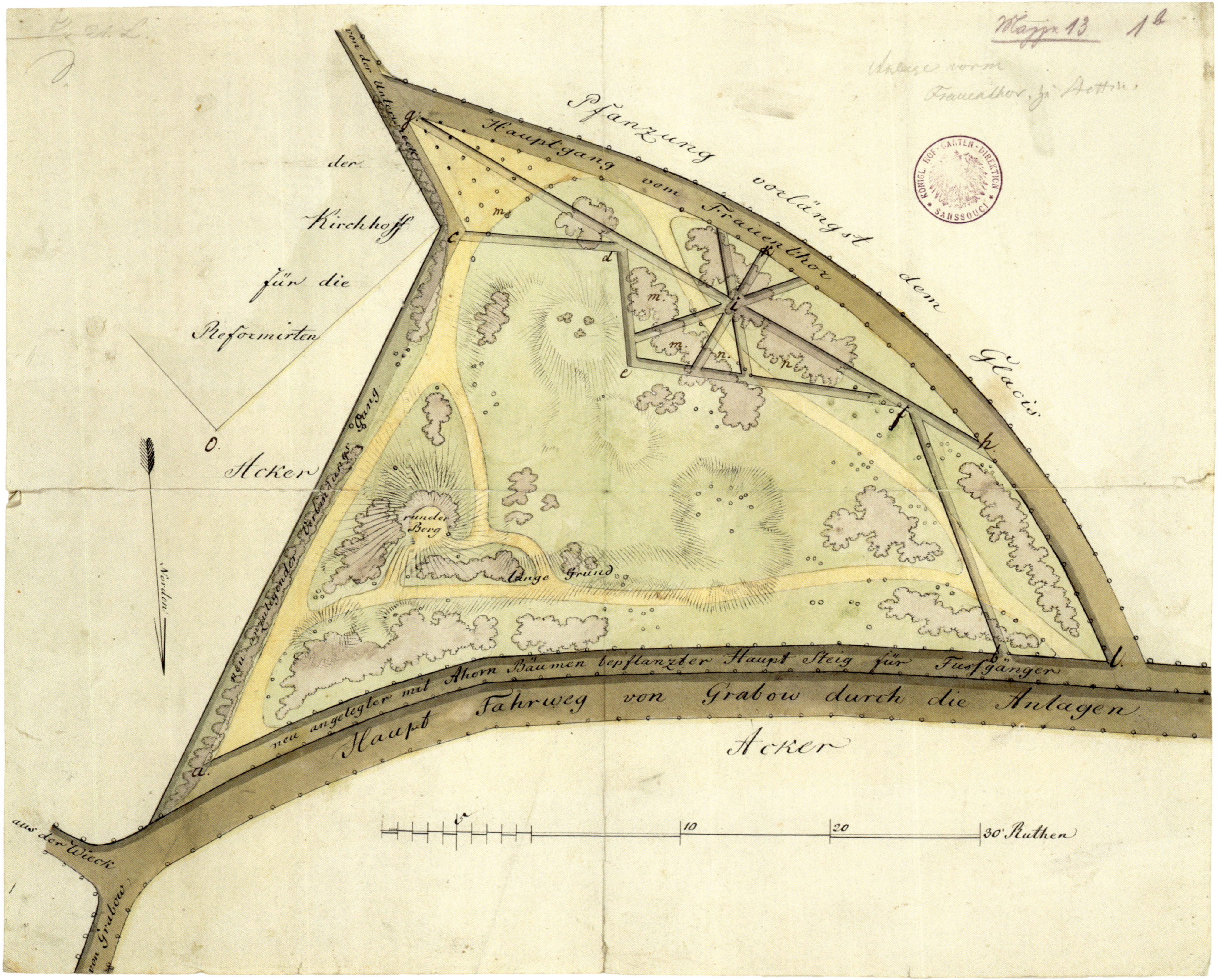
Mappe 13
Anlage vorm Frauenthor zu Stettin
Pflanzung vorlängst dem Glacis
Hauptgang vom Frauenthor
der Kirchhoff für die Reformirten
Acker
Norden
runder Berg
lange Grund
neu angelegter mit Ahorn Bäumen bepflanzter Haupt Steig für Fussgänger
Haupt Fahrweg von Grabow durch die Anlagen
Acker
aus der Wieck
von Grabow
5
10
20
30 Ruthen
KÖNIGL. HOF-GARTEN-DIRECTION SANSSOUCI

# Stettin, Provinz Pommern

Szczecin, Województwo zachodniopomorskie

**Christoph Haase**

**Anlage vor dem Frauentor**
**„Anlage vorm Frauentor zu Stettin“**

*Datierung:* um 1825
*Zeichner:* ohne Signatur
*Bezeichnungen:* zum Bestand: „Acker“ (2x), „der Kirchhoff für die Reformirten“, „Pflanzung vorlängst dem Glacis“, „aus der Wieck“, „von Grabow“, „neu anzulegender Verbindungs Gang“, „von der Unterwieck“, „Hauptgang vom Frauenthor“, „neu angelegter mit Ahorn Bäumen bepflanzter Haupt Steig für Fussgänger“, „Haupt Fahrweg von Grabow durch die Anlagen“, Buchstaben „a“ bis „n“
*Ausrichtung:* nach Süden
*Maßstab:* beziffert in Ruten
*Technik und Maße:* Feder in Schwarz und Grau, laviert in Grün, Grüngrau, Hellocker und Grau – 36,6 x 45,4 cm
Standort: SPSG, GK II (1) 3558 (Günther/Harksen Nr. 470)
(Abb. 1)

Die nahezu dreieckige Fläche liegt vor dem Glacis am Fort Leopold und nicht am Frauentor, wie der Titel fälschlicherweise vermuten lässt. Es handelt sich um ein Teilstück des seit 1810 durch den städtischen Anlagen- und Verschönerungsverein initiierten Grünzugs im nordöstlichen Vorfeld der Stettiner Festungswerke. Der Entwurf Lennés sieht die Aufhebung der alten, starren und unzweckmäßigen Wegeachsen vor, an deren Stelle das harmonische Wegenetz der kleinen Parkanlage rückt. Von einem hainartig bepflanzten Vorplatz an der südöstlichen Ecke fällt ein weiter Blick durch den offenen, mit nur wenigen Baumgruppen gespickten Wiesenraum in der Mitte. Die seitlichen Bereiche sind dagegen dichter bepflanzt und somit von den angrenzenden, stark frequentierten Hauptwegen abgeschirmt. Gestalterischer Schwerpunkt ist ein auf einer Anhöhe gelegener, intimer Sitzplatz.

Der Entwurf wurde seinerzeit nur teilweise und in abgewandelter Form umgesetzt. Nach Schleifung der unmittelbar anschließenden Festungsanlagen in den 1870er Jahren änderte sich das Aussehen der Anlage in der Folgezeit immer wieder. Sie gehört heute zum Stefan-Żeromski-Park.

**Vorplatz des Schauspielhauses am Königsplatz**
**„Situationsplan vom Königsplatz“**

*Datierung:* um 1848
*Zeichner:* Situationsplan mit Einzeichnungen von Lenné
*Bezeichnungen:* „Schauspiel Haus“, „Straße“, „Allee“, „Frd. Wh. Statue“, „Pflanzung“, Maßangaben in Fuß, Erläuterungstext des Auftraggebers
*Ausrichtung:* nach dem Schauspielhaus (etwa Westen)
*Maßstab:* beziffert in Fuß
*Technik und Maße:* Feder in Braun (Vorlage), Bleistift (Einzeichnungen), auf blaugrauem Schreibpapier – 27,9 x 22,1 cm
*Standort:* SPSG, GK II (1) 3557 (Günther/Harksen Nr. 471)
(Abb. 2)

In den Jahren 1846 bis 1849 ließ die Stettiner Kaufmannschaft am östlichen Ende des Königsplatzes ein neues Theater nach den Plänen von Carl Ferdinand Langhans errichten. Vor dem beeindruckenden Neubau ehrte man den wenige Jahre zuvor verstorbenen König Friedrich Wilhelm III. (1770–1840) mit der Aufstellung eines von Friedrich Drake geschaffenen Marmorstandbildes. Um 1848, kurz vor Beendigung der Bauarbeiten, wandte sich ein Vertreter der Kaufmannschaft namens Goltdammer mit einer einfachen Zeichnung der Situation an Lenné. In einem Begleitschreiben bittet er diesen, einen Pflanzplan für die kleine, nierenförmig dargestellte Fläche zwischen dem Denkmal und dem Theaterbau zu entwerfen.

Ungeachtet dessen skizzierte Lenné einen großzügigen, auf die Architektur bezogenen Schmuckplatz in die Vorlage. Die Statue des Königs erhält dabei einen eigenen, von drei Kompartimenten gefassten Platz, wodurch sie besser zur Geltung kommt. Der Mittelteil der Grünanlage ist mit dem halbrunden Abschluss an den Grundriss des Gebäudes angelehnt. In den Randbereichen gibt es zwei nischenartige Sitzplätze die auf das Denkmal ausgerichtet und durch eine Querachse miteinander verbunden sind. Die seitlich angeordneten Baumreihen führen den Blick vom Königsplatz auf den Theaterbau.

Der Entwurf wurde wahrscheinlich nicht in dieser Form umgesetzt. Das Schauspielhaus und dessen Vorplatz fielen den Folgen des Zweiten Weltkriegs zum Opfer.

(Näheres zu Lennés Wirken in Stettin auf S. 15–18.)

*Abb. 1*
*Entwurfsplan für die „Anlage vor dem Frauentor“ in Stettin, um 1825.*

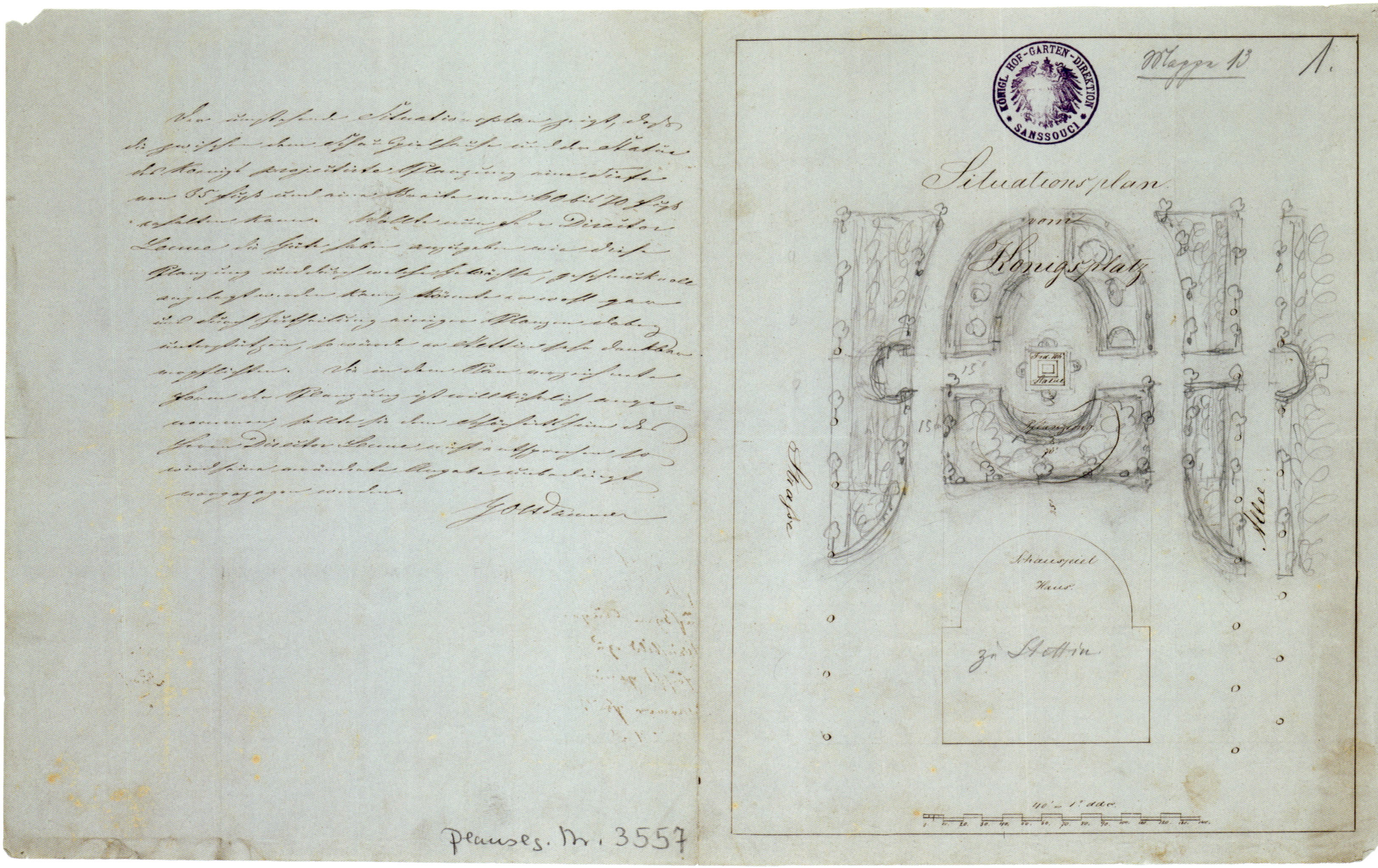


*Abb. 2*
*Entwurfsskizze für den Vorplatz des Schauspielhauses am Stettiner Königsplatz, um 1848.*

# Swinemünde, Kreis Usedom-Wollin, Provinz Pommern

Świnoujście, Województwo zachodniopomorskie

**Christoph Haase**

**Kurpark**
**„Verschoenerungsplan von den Umgebungen des Seebades zu Swinemünde“**

*Datierung:* „entw. im Aug. 1826“
*Zeichner:* „ Lenné“
*Bezeichnungen:* „Ostsee“, „Swineflz.“, „Stadt Swinemünde“
*Ausrichtung:* nach Norden
*Maßstab:* unbeziffert in Ruten („RD“)
*Technik und Maße:* Feder und Bleistift auf Seidenpapier – 68 x 83 cm.
*Standort:* SPSG, GK II (1) 3560 (Günther/Harksen Nr. 472)
(Abb. 1)

Bei dem Plan handelt es sich um die Vorzeichnung für einen Entwurf des Kurparks von Swinemünde. Die Anlage sollte aus einem zwischen der Stadt und dem Ostseestrand befindlichen Erlenwald (Plantage genannt) entstehen. Die noch aus dem 18. Jahrhundert stammenden, sternförmig verlaufenden Schneisen löste Lenné in der Zeichnung an nur wenigen Stellen auf und ersetzte sie durch landschaftliche geschwungene Wegabschnitte. Der dichte Baumbestand sollte vor allem im mittleren und südlichen Teil gelichtet und durch verschiedenartige Baumgruppen und Einzelgehölze strukturiert werden. Im östlichen, von Wiesenflächen geprägten Bereich, waren nur wenige, akzentuierende und gliedernde Pflanzungen vorgesehen. Auf den angrenzenden Dünen sind im Osten sowie im Westen Aussichtspunkte verzeichnet. Am Ende der in Nord-Süd-Richtung verlaufenden Mittelachse befindet sich das Gesellschaftshaus, an das sich eine kleine, regelmäßig gestaltete Partie anschließt.

Der vollendete Entwurfsplan gilt als verschollen. Bei Hinz ist die dazugehörige Denkschrift Lennés abgedruckt.[1] Durch schwierige Bodenverhältnisse und knappe Finanzen konnte das Projekt nur ansatzweise umgesetzt werden. Der Kurpark wurde in der Folgezeit mehrfach gärtnerisch überformt, wobei die prägnanten Wegeachsen stets erhalten blieben.

**Umgebung des Gesellschafts- und Schifffahrts-Amtshauses**
**„Verschönerungs-Plan der Umgebung des Königl. Schiffahrts-Amthauses mit denen des Gesellschafts-Hauses zu Schwinemünde“**

*Datierung:* 1838
*Zeichner:* ohne Signatur
*Bezeichnungen:* „Stadt“ (2x), „Lootseen Straaße“, „Gesellschafts Haus“, „Saal“, „Schiffahrts Commis. Haus“
*Ausrichtung:* nach Norden
*Maßstab:* beziffeter Maßstab (vermutlich in Ruten)
*Technik und Maße:* Bleistift, Beschriftung mit Feder in Braun – 41,7 x 49,4 cm
*Standort:* SPSG, GK II (1) 3559 (Günther/Harksen Nr. 473)
(Abb. 2)

1838 griff Lenné auf Bitten des Hafenbauinspektors den Bereich um das Gesellschaftshaus erneut auf. Wie bereits auf dem großen Gesamtplan (GK II (1) 3560) angedacht, ist auch auf dieser Planskizze der Bereich vor dem Gebäude formal gestaltet. Die großen Rasenstücke unterhalb der Lotsenstraße schließen ein von Bäumen umgebenes Rondell ein. Der noch 1826 direkt vor dem Gesellschaftshaus vorgesehene, regelmäßig bepflanzte Hain findet sich nun am südlichen Eingang der Grünanlage wieder, wodurch der Blick auf die Architektur frei wird. Der landschaftliche, großräumig gestaltete Abschnitt im Nordosten leitet zu den weitläufigen Partien des Kurparks über.

Die kleine, dem Schifffahrts-Amtshaus zugeordnete Anlage im Südosten stellt einen separaten Raum dar. Sie erinnert an einen Hausgarten. Im Osten befindet sich ein durch eine umlaufende Pergola gefasster Ziergarten mit halbrundem Abschluss. In der Mitte dieses Teilbereichs ist ein Postament angedeutet. Westlich schließt sich eine etwa dreimal so große, landschaftlich gestaltete Fläche an, deren Randbereiche dicht bepflanzt sind.

Offenbar nicht zur Verfügung stehende Grundstücke unterbrechen stellenweise die Verbindung der einzelnen Teilbereiche und zum Kurpark. Das dargestellte Areal wurde Anfang des 20. Jahrhunderts überbaut.

(Näheres zu Lennés Wirken in Swinemünde auf S. 22–25.)

**Anmerkungen**

1 Hinz 1989, S. 346 f.

*Abb. 1*
*Entwurfsplan für den Kurpark von Swinemünde, 1826. (S. 184)*

*Abb. 2*
*Entwurfsplan für die Umgebung des Gesellschafts- und Schifffahrts-Amtshauses in Swinemünde, 1838. (S. 185)*

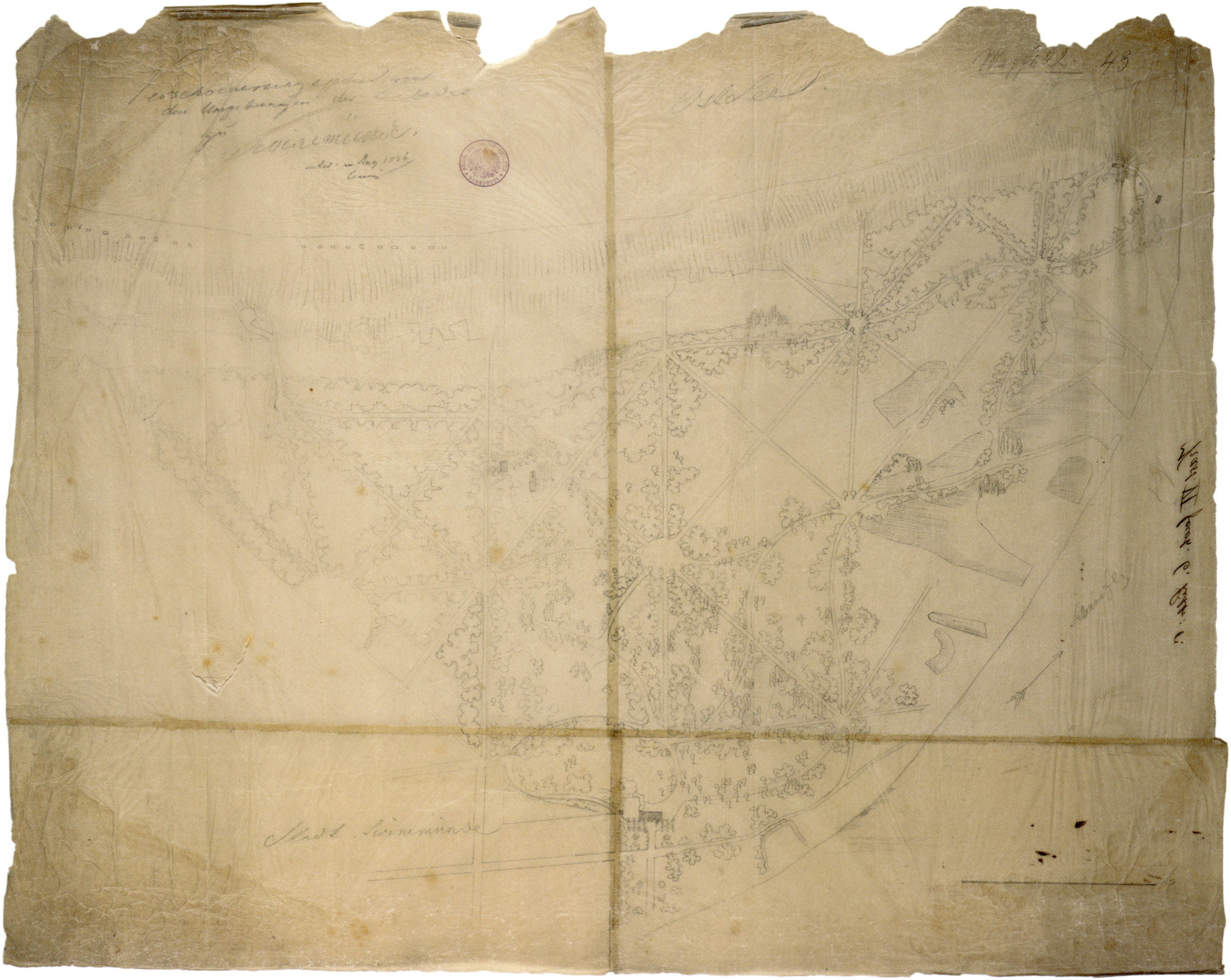

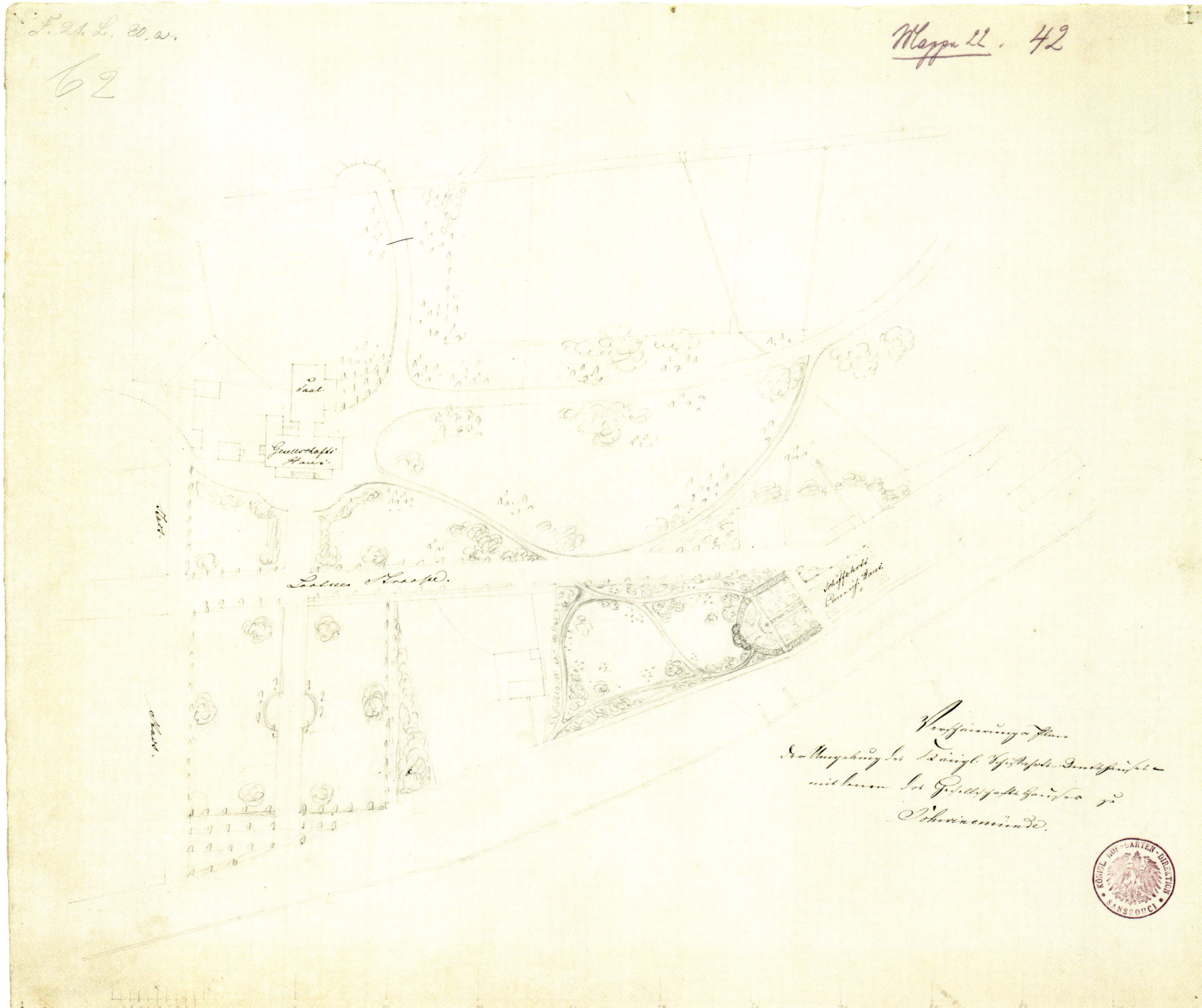
62
Mappe 22. 42
Saal
SANSSOUCI

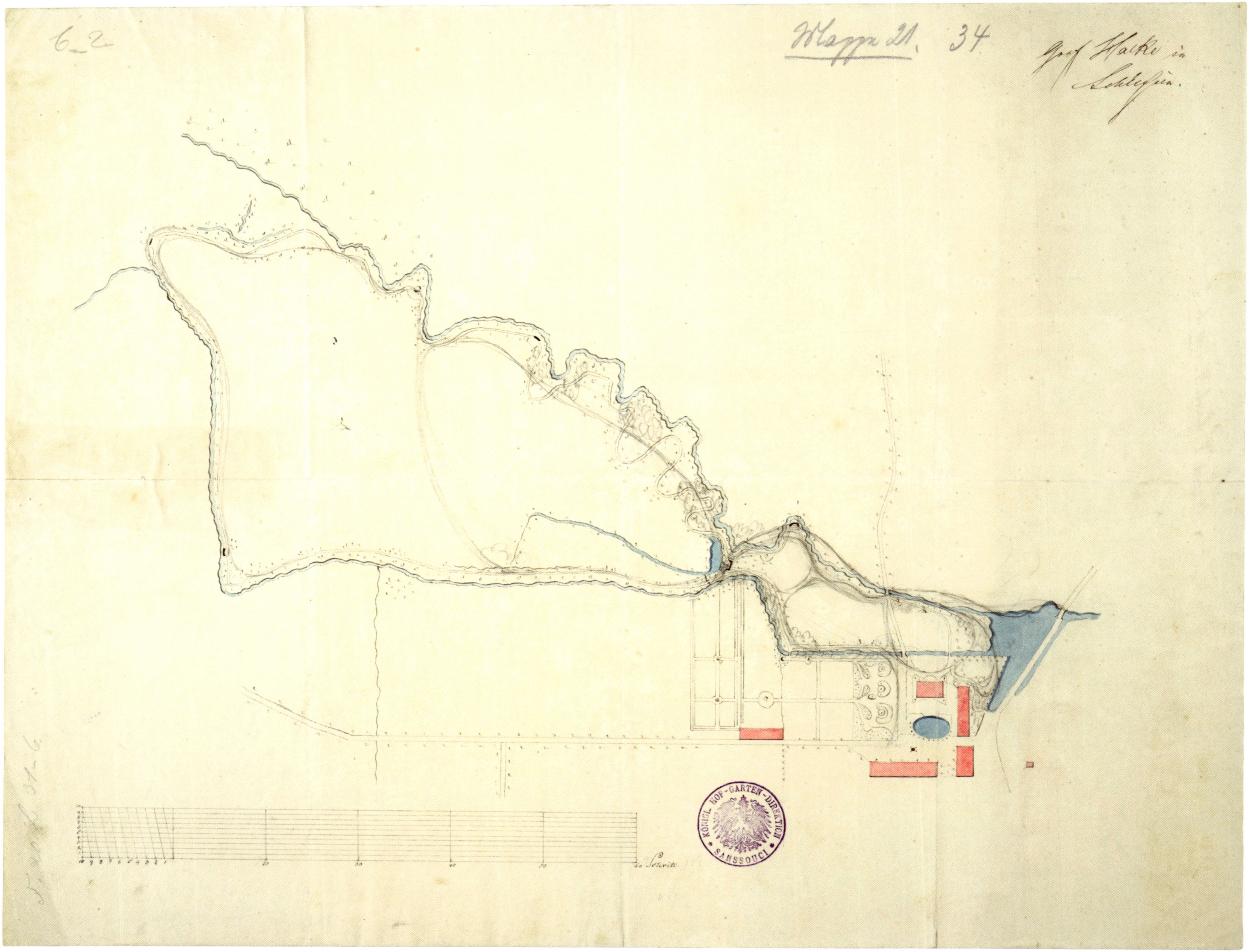
6_2
Mappe 21. 34
KÖNIGL. HOF-GARTEN-DIRECTION
SANSSOUCI
Schritte

# Unbekannte Anlage (wohl Schlesien)

Marcus Köhler

**„Graf Hacke in Schlesien."**

*Datierung:* nach 1819
*Zeichner:* ohne Signatur
*Bezeichnungen:* keine
*Ausrichtung:* unbekannt
*Maßstab:* beziffert in Schritt
*Technik und Maße:* Feder in Grau, laviert in Blau und Rosa, Einzeichnungen mit Bleistift – 37,3 x 48,0 cm (Wasserzeichen von 1819)
*Standort:* SPSG, GK II (1), 13187 (Günther/Harksen Nr. 502) (Abb. 1)

Wie bereits bei dem mit „Bosemb" bezeichneten Lenné-Plan (s. S. 189), gibt auch bei diesem Blatt die Zuschreibung „Graf Hacke in Schlesien" Rätsel auf.[1] Die baulich asymmetrische, wenig ansprechende Grundstruktur des Hofes und das nur etwa 25 Meter lange Gutshaus deuten darauf hin, dass es sich nicht um einen repräsentativen Adelssitz handelt. Diesem würde auch der ausführliche Familieneintrag in dem von Zedlitz 1836 herausgebrachten ‚Neuen preußischen Adels-Lexicon' entsprechen, der die schlesischen Besitztümer der Hackes nicht einmal namentlich aufführt.

Lenné wurde durch Graf Karl Georg Albrecht von Hacke (1769–1833), dem preußischen Gouverneur in Koblenz, 1816 an den Berliner Hof empfohlen und fertigte im Auftrag von dessen Großneffen Wilhelm Georg von Hacke (1785–1841) im Jahre 1821 für sein, gerade aus dem Familienbesitz seiner Ehefrau Julie von Marschall (1795–1854) erworbenes Landgut Dahlwitz bei Berlin einen Gartenplan an. Von den beiden Hackes lassen sich jedoch keine Verbindungen zu dem vorliegenden Plan herstellen.[2] Dies wird auch schon dadurch in Frage gestellt, dass der Plan (laut Wasserzeichen) erst nach 1819 entstanden sein muss, als der fünfzigjährige und kinderlose ehemalige Gouverneur und damalige Kriegsminister seinen Lebensmittelpunkt nach Berlin verlegte. Hierauf weist auch seine Bitte an Lenné hin, ihm einen geeigneten Gärtner für seinen Berliner Garten zu nennen.[3] Erst 1845 gibt es einen Bezug nach Schlesien, als Adolfine Beate (1828–1874), die Tochter seines Großneffen Ludwig Friedrich Albert von Hacke (1791–1854), im schlesischen Erdmannsdorf den königlichen Kammerherren und dortigen Schlosshauptmann Anton Otto von Zedlitz-Neukirch auf Patschkau heiratete, der dienstlich Kontakte zu Lenné unterhielt. Zudem befinden sich zwei sehr persönlich gefasste Schreiben in den Unterlagen Lennés, die wahrscheinlich von Editha von Hacke, Hofdame Königin Elisabeths, verfasst wurden: 1861 wird ihm darin seitens der Königin Augusta gestattet, wegen Krankheit der Beerdigung Friedrich Wilhelms IV. fernzubleiben; und am 12. Januar 1863 erkundigt sie sich über den Fortgang der Veränderungen an den Koblenzer Fortifikationen.[4] Der Kontakt Lennés zu den verschiedenen Zweigen der Familie scheint ihn also die gesamte Dienstzeit über begleitet zu haben.

In dem vorliegenden Plan zeichnet Lenné seine Verbesserungsvorschläge über eine Lageskizze, die mit der relativ seltenen Maßeinheit „Schritt" bezeichnet ist: Die vorhandene Situation wird durch einen links vom Hof liegenden formalen Garten bestimmt, der vom Herrenhaus durch einige an Teppichbeete erinnernde landschaftliche Strukturen getrennt wird. Die Umgebung, die durch zwei Bachläufe und einen Teich bestimmt ist und in keiner Weise mit der Gutsanlage korrespondiert, wird mittels geschwungener Wege harmonisiert und zu einem Gesamtkonzept zusammengeführt. Das Blatt stellt wahrscheinlich eine Ideenskizze dar, wobei fraglich ist, inwieweit sie tatsächlich ausgeführt und umgesetzt wurde.

### Anmerkungen

1 Die auf den verschiedenen Plänen angegebenen Signaturen führen diesbezüglich nicht weiter, da sich daraus keine Systematik und somit keine Zusammenhänge ableiten lassen.

2 Wilhelm Georg Werner von Hackes Schwestern Wilhelmine Juliane Amalie (1769–1811) und Elisabeth Wilhelmine Philippine (geb. 1782) heirateten in die Familie Marschall, aus deren Familie durch Erbgang und Ablösung u. a. die Güter Dahlwitz und Altranft stammten. (Der Hinweis auf die Familie Hacke in Dahlwitz und Altranft in Verbindung mit Lenné ist Arne Franke zu verdanken.).

3 GStA PK, BPH, Rep. 192, NI Lenné, Nr. 15a. Schreiben (3. Juli, o. J.). Kriegsminister von Hacke schickt ihm auch einen Plan des Gartens (d. i. der von Reußische Garten in der Friedrichstraße). Auf fol. 7r wird in einer Auflistung genannt: „An der Mauer des Porcellan Gartens". Lenné bekommt für seine Beratungen Zwölf Louis d'Or (fol. 15, Juni 1822).

4 Gräfin von Hacke an Lenné, 1861, SPSG, GK II (17) NL Lenné, Kassette Nr. V. 9, sowie 18. Februar 1863, SPSG, GK II (17) NL Lenné, Kassette Nr. V. 4. Zu Koblenz siehe auch: Haprock-Henrich 2011.

*Abb. 1*
*Entwurfsskizze eines Parks für „Graf Hacke in Schlesien", nach 1819.*

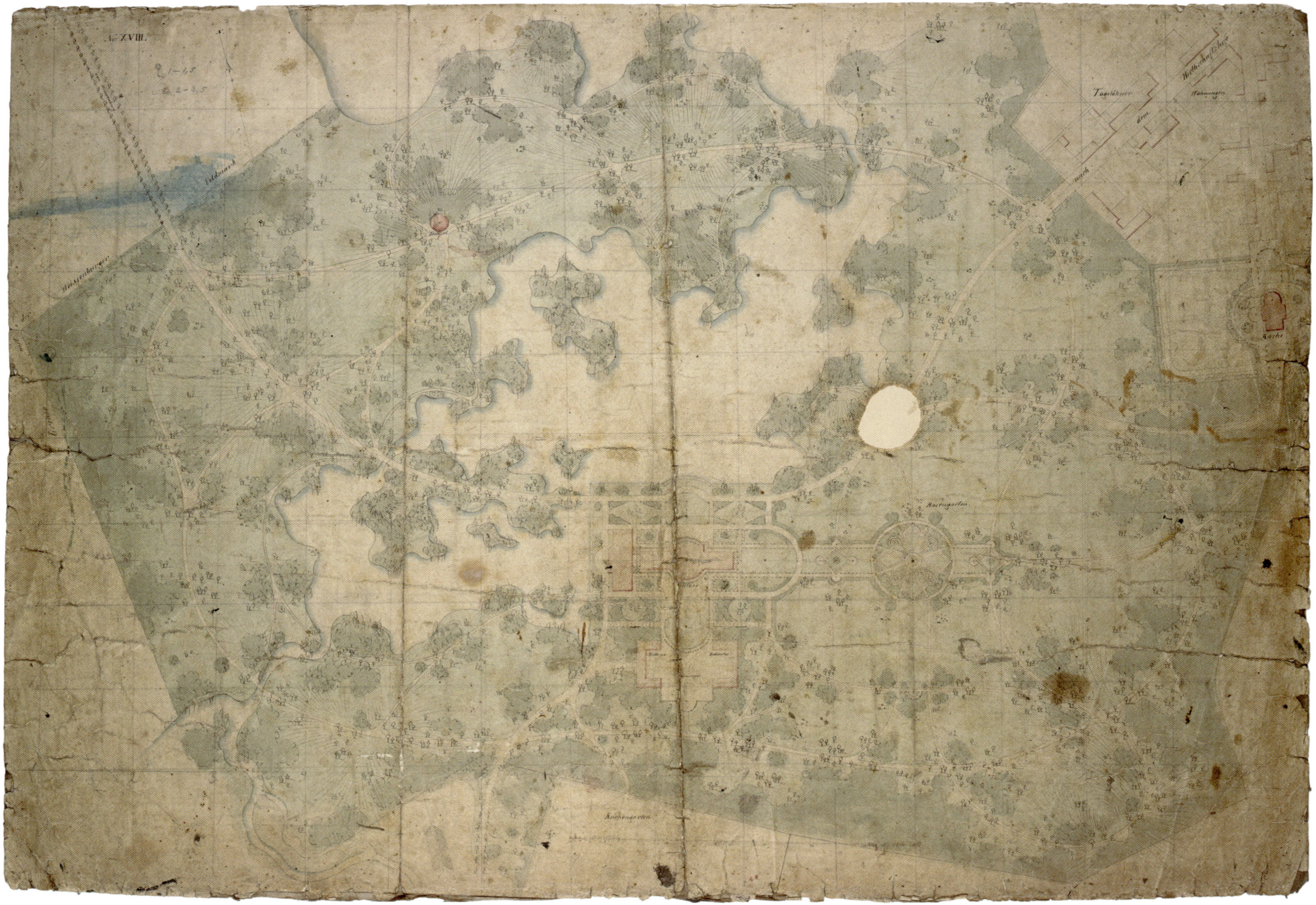

# Unbekannte Anlage

## Christoph Haase

**„No: XVIII."**

*Datierung:* um 1840
*Zeichner:* ohne Signatur
*Bezeichnungen:* „Grenze mit der Weissenburger Feldmark", „von Weissenburg", „nach dem Wirtschaftshofe", „Tagelöhner Wohnungen", „Kirche", „Tempel", „Schloss", „Ställe und Bedienten Wohnungen", „Rosengarten", „Küchengarten", Symbol für Einzelbaum mit Angabe „1–1,5", Symbol für Gehölzgruppe mit Angabe „2–2,5", nummeriertes quadratisches Raster
*Ausrichtung:* nach Norden
*Maßstab:* beziffert in Ruten
*Technik und Maße:* Feder in Grau und Schwarz, laviert in Grün, Blau, Rosa und Rot, wenig Bleistift, auf Leinen aufgezogen – 48 x 67 cm
*Standort:* SPSG GK II (1) 5666 bzw. 15127 (Günther/Harksen Nr. 478)
(Abb. 1)

Schon auf den ersten Blick wird klar, dass es sich hier nicht um den Entwurf eines gewöhnlichen Gutsparks, sondern einer wesentlich bedeutungsvolleren Anlage handeln muss. Das fernab des Gutshofs, inmitten des Parks eingebettete Schloss mit den vorgelagerten Seitenflügeln (Kavalierhaus und Marstall) lässt vermuten, dass man es mit einem Anwesen des Hochadels zu tun hat. Um das Schloss mit dem orthogonal versetzten Nebengebäude bauen sich die verschiedenen Kompartimente des streng auf die Architektur ausgerichteten Ziergartens auf. Das im Westen weit in den Pleasureground ragende Rosarium erscheint wie eine Reprise aus Lennés Entwurf für Charlottenhof im Park Sanssouci (1835). 1850 griff er dieses Motiv bei der Gestaltung der Roseninsel im Starnberger See erneut auf.[1]

Der eigentliche Park ist von einem großen Gewässer geprägt, das von einem kleinen Zulauf im Südwesten gespeist wird und in einen nördlich angrenzenden See mündet. Durch die auffällig vielen Buchten und Inseln wirkt diese kleine Wasserlandschaft vom Ufer aus betrachtet schier endlos. Von keiner Stelle kann die gesamte Wasserfläche eingesehen werden.

Wie die auf den Festlandbereichen dargestellten Schraffuren zeigen, ist das Gelände sehr bewegt, was entweder natürlich bedingt ist oder aber mittels der Aushubmassen des geplanten Gewässers erreicht werden soll. Die Erhebungen fungieren meist als Aussichtspunkt, wobei der mit einem Tempel bekrönte Hügel im Nordwesten heraussticht. Von dort aus können offenbar große Teile der Anlage, als auch der angrenzenden Landschaft überschaut werden. Dünne Bleistiftlinien deuten Sichtachsen vom Schloss zum Tempel und sogar bis zum großen, außerhalb gelegenen See an. Die vielfältig angeordneten Gehölzmassen bedingen unzählige weitere Blickbeziehungen, schirmen aber auch bestimmte Bereiche wie Gutshof oder Küchengarten ab. Wiesen- und Rasenbereiche sind reich mit Einzelbäumen und Gruppen ausgestattet.

Von Süden, der Allee im Nordwesten sowie dem Gutsdorf im Nordosten führen drei Hauptfahrwege quer durch die Anlage zum Schloss. Zahllose Nebenwege zweigen in kunstvollen Schwüngen davon ab und ermöglichen abwechslungsreiche Spaziergänge. Durch schmale Uferwege und eine Vielzahl von Brücken ist stets die Nähe zum Wasser hergestellt.

Insgesamt betrachtet erscheint der Entwurf absolut stimmig, geradezu perfekt. Alles ist minutiös durchgeplant, nichts dem Zufall überlassen. Es handelt sich offenbar um eine komplette Neuplanung – angefangen vom Schloss mit dem prachtvollen Schmuckgarten, über den aufwendig gestalteten Park, bis hin zur Kirche samt deren Grünanlagen. Dies wäre ein äußerst seltener Fall und zudem ein extrem kostspieliges Projekt. Es verwundert daher umso mehr, dass der Plan für ein derart bedeutendes Objekt nicht betitelt ist. Lediglich auf Grund der Angaben „von Weissenburg" (an der Allee) und „Grenze mit der Weissenburger Feldmark" lässt sich der Versuch einer Zuordnung anstellen. Harri Günther und Sybille Harksen haben den Plan kurzerhand mit Bosemb (Bożе) bei Weißenburg (Wyszembork) in den Masuren in Verbindung gebracht.[2] Bei einem Vergleich der topographischen Situation und der tatsächlich ausgeführten Gartenanlage wie sie auf dem entsprechenden Messtischblatt[3] zu sehen sind, finden sich nicht die geringsten Übereinstimmungen. Stellt man die Zeichnung anderen „Weißenburgs" oder auch „Weißenbergs" (respektive deren Nachbarorten) auf den Karten der Königlich Preußischen Landesaufnahme gegenüber, kommt man prinzipiell zu gleichen Ergebnissen.[4]

Interessanterweise nahm der Hofgärtner Hans Jancke (1850–1920)[5] – wahrscheinlich während seiner Ausbildung – die Zeichnung als Vorlage für einen eigenen Musterentwurf (Abb. 2). Auch der „Musterplan eines verschönerten Landsit-

*Abb. 1*
*Entwurfsplan für eine unbekannte Anlage, um 1840.*

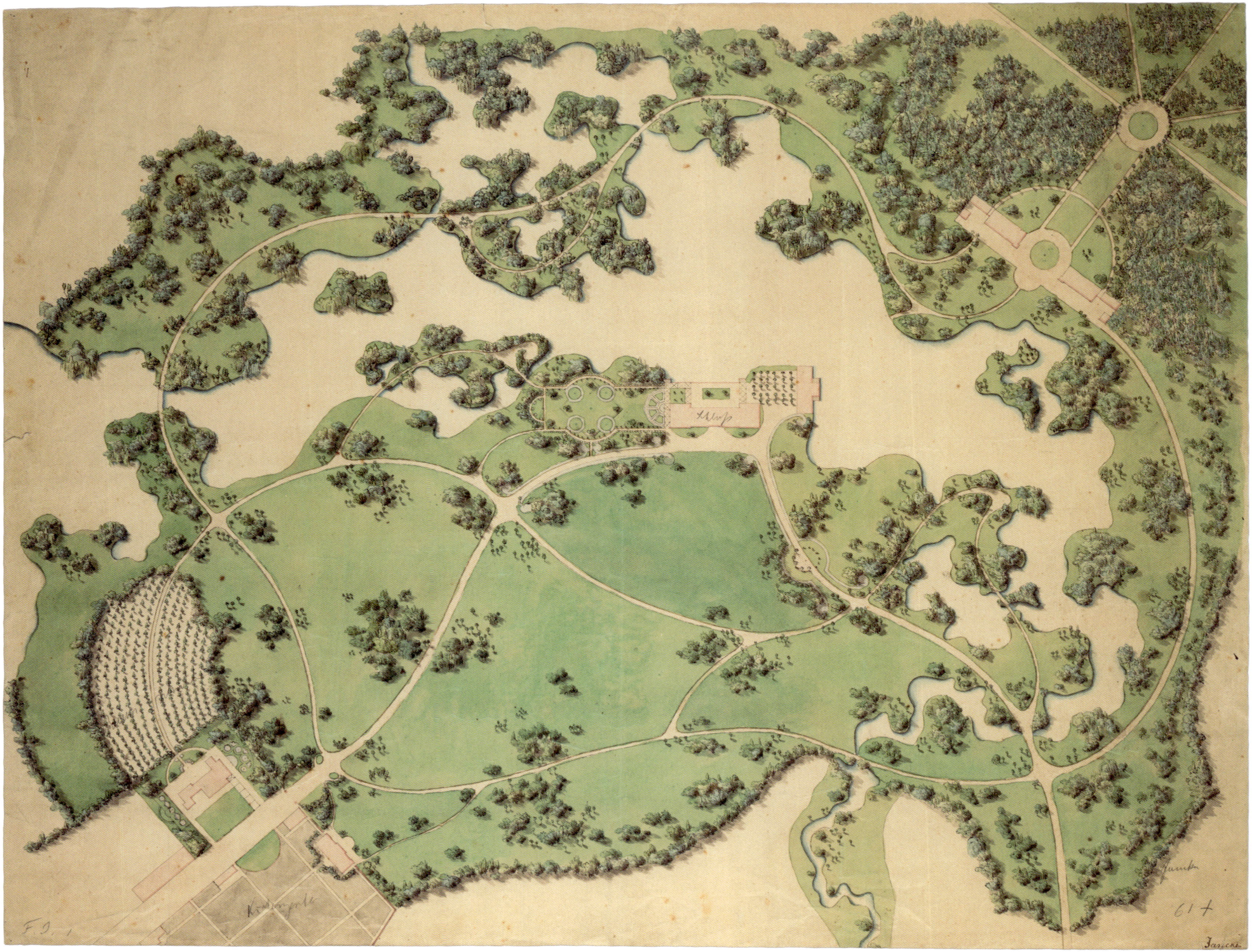

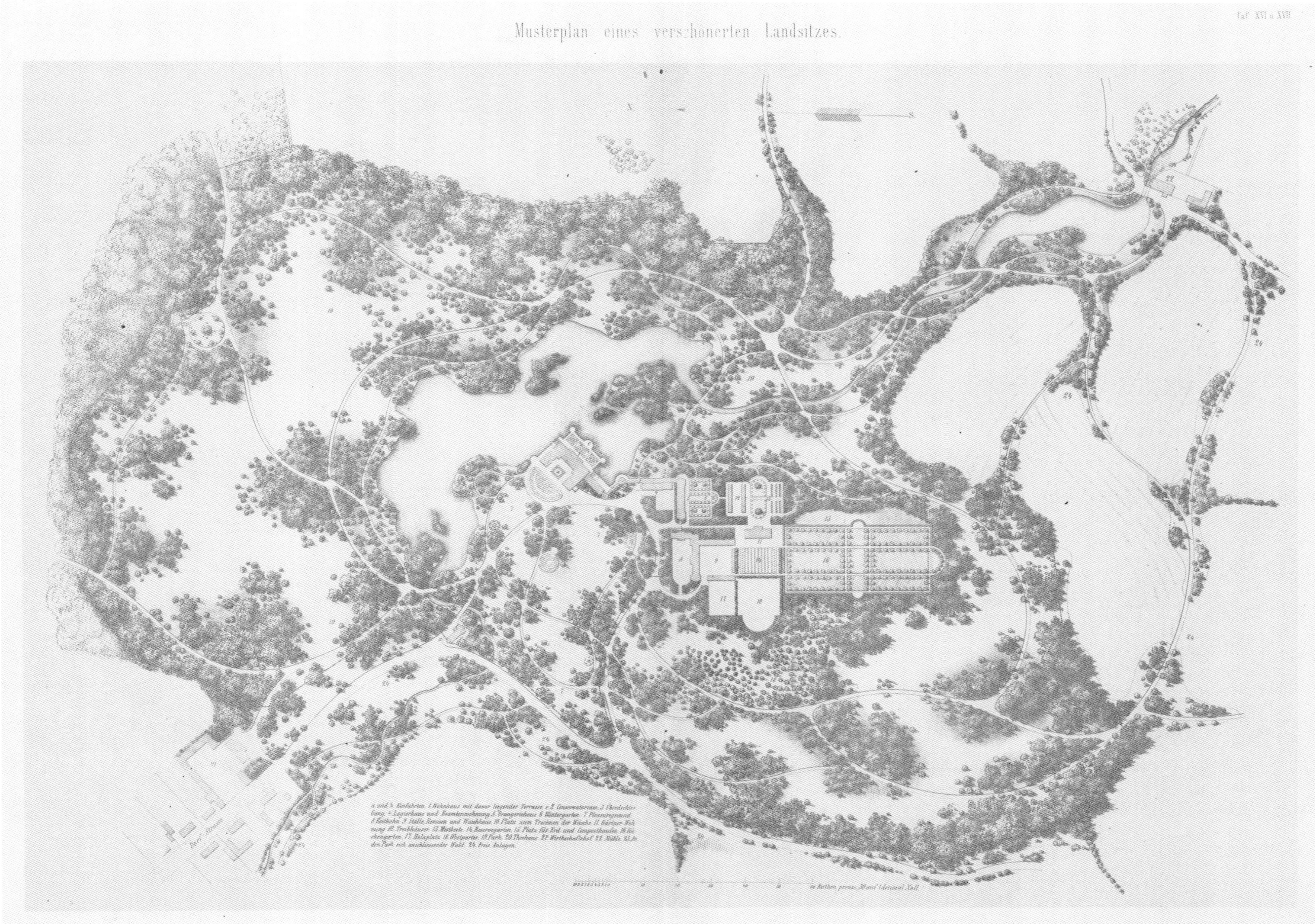


*Abb. 3*
*Musterplan eines verschönerten Landsitzes aus Gustav Meyers Lehrbuch der schönen Gartenkunst, Tafel XVI u. XVII.*

*Abb. 2*
*Musterentwurf von Hans Jancke, vermutlich 1870.*

zes“ in Gustav Meyers (1816–1877) Lehrbuch der schönen Gartenkunst geht ganz offensichtlich darauf zurück (Abb. 3). Es handelt sich also möglicherweise nur um ein fiktives Projekt, das den Eleven der Königlichen Gärtnerlehranstalt als Vorbild und Übungsstück dienen sollte.

## Anmerkungen

1 Vgl. Günther/Harksen 1993, Nr. 122 u. 578. – Charlottenhof war Sommersitz Friedrich Wilhelms IV. (1795–1861) und seiner Frau Elisabeth von Bayern (1801–1873). Das Casino auf der Roseninsel im Starnberger See diente wiederum als Sommerhaus des bayerischen Königs Maximilian II. (1811–1864), der mit Marie von Preußen (1825–1889) verheiratet war. Hinter dem Motiv des Rosen-Rondells lässt sich schon fast ein familiäres Symbol vermuten. Ein Zusammenhang des vorliegenden Plans mit der preußischen bzw. bayerischen Königfamilie ließ sich allerdings bislang nicht herstellen.

2 Ebd., S. 180, Nr. 478.

3 Messtischblatt 2094 (Weißenburg), hrsg. 1927, einzelne Nachträge 1928.

4 Lediglich in Biedrusko (später Weißenburg bzw. Truppenübungsplatz Warthelager) bei Owinsk (Owińska) findet sich eine überraschende Ähnlichkeit des Straßenverlaufs mit dem großen u-förmigen Fahrweg auf dem Lenné-Plan (vgl. Messtischblatt 3467 (Owinsk), hrsg. 1890, berichtigt 1911). Hier entstand zwar ein Park mit zentral gelegenem Schloss, doch an ganz anderer Stelle. Auch finden sich sonst keine vergleichbaren Strukturen wie beispielsweise ein großer angrenzender See. Das Gut gehörte der Familie von Treskow, die hier erst 1877–1880, lange nach Lennés Tod, ein Herrenhaus errichten ließ (Angabe zu Erbauung des Herrenhauses Biedrusko unter http://www.treskowpage.com/03_orte/03_orte_Biedrusko.html – Zugriff: 26. September 2015).

5 Nach seiner Ausbildung an der Gärtnerlehranstalt sammelte Jancke berufspraktische Erfahrungen während seiner Wanderjahre in Metz, Gent und Liverpool. In Knowsley (1874–1875) arbeitete er in den Gewächshäusern und Nutzgärten des Earl of Derby, worüber er einen umfassenden, gartenhistorisch äußerst bedeutsamen Reisebereicht verfasste (s. Jancke 1874/75).

# Anhang

# Autorenverzeichnis

Gert Gröning
Universität der Künste Berlin

Christoph Haase
Stiftung „Fürst-Pückler-Park Bad Muskau“

Justyna Jaworek
Naturwissenschaftliche Universität Breslau
Uniwersytet Przyrodniczy we Wrocławiu

Marcus Köhler
Technische Universität Dresden

Klaus von Krosigk
Landesdenkmalamt Berlin, i. R.

Cord Panning
Stiftung „Fürst-Pückler-Park Bad Muskau“

Magdalena Zalewska

# Abkürzungen

| | |
|---|---|
| AM TUB | Architekturmuseum der Technischen Universität Berlin in der Universitätsbibliothek |
| AP | Archiwum Państwowym we Wrocławiu (Staatsarchiv Breslau) |
| bpk | Bildarchiv Preußischer Kulturbesitz – Bildagentur für Kunst Kultur und Geschichte |
| GStA PK | Geheimes Staatsarchiv – Preußischer Kulturbesitz |
| KPM | Königliche Porzellan-Manufaktur Berlin |
| MAt | Muzeum Architektury we Wrocławiu (Architekturmuseum Breslau) |
| NID | Narodowy Instytut Dziedzictwa (Nationales Institut für Kulturelles Erbe der Republik Polen) |
| SLUB | Sächsische Landesbibliothek – Staats- und Universitätsbibliothek Dresden |
| SMB PK | Staatliche Museen zu Berlin – Preußischer Kulturbesitz |
| SPSG | Stiftung Preußische Schlösser und Gärten |
| WUOZ | Wojewódzki Urząd Ochrony Zabytków we Wrocławiu (Denkmalamt der Woiwodschaft Niederschlesien in Breslau) |
| ZLB | Zentral-und Landesbibliothek Berlin |

# Literatur


Abel, Caspar: Preußische und Brandenburgische Reichs- und Staats-Geographie, 2. Teil: Preußischer Ritter-Saal, Leipzig/Gardelegen 1735.

Adamek-Pujszo, Katarzyna; Świątek, Marian: Pałac i park w Żaganiu na dawnej karcie pocztoweij [Schloss und Park in Sagan auf alten Ansichtskarten], Lubsko o. J. (nach 2006).

Altenburg, Otto: Gutspark Eckerberg und Lenné, in: Stettiner Generalanzeiger, 1941.

Altenburg, Otto: Stettin im Urteil eines Reisenden von 1844, in: Monatsblätter der Gesellschaft für pommersche Geschichte und Altertumskunde, Jg. 43, Nr. 8/9, 1929, S. 136–142.

Anonymus (a): Das Erinnerungsfest an die Einführung des Christenthums in Pommern, in: Berlinische Nachrichten von Staats- und gelehrten Sachen, Nr. 140, 17. 6. 1824, Sp. 8 f.

Anonymus (a): Landwirthschaftliche Berichte. 2. Preußen. Ende September, in: Oekonomische Neuigkeiten und Verhandlungen, Bd. 1, Nr. 6, 1826, S. 45.

Anonymus (a): Projectierte Umwandlung des Scheitniger Parks, in: Breslauer Zeitung, Nr. 197, 1865, S. 1139.

Anonymus (a): Spaziergang durch das Hirschberger Thal (Teil 2), in: Morgenblatt für gebildete Leser, Nr. 254, 23.10.1840, S. 1015.

Anonymus (b): [Nachricht] in: Bayreuther Zeitung, Nr. 203, 25. 8. 1840, S. 810.

Anonymus (b): Der Zoologische Garten, in: Breslauer Zeitung, Nr. 281, 1865, S. 1663.

Anonymus (b): Nachricht von den, aus dem neumärkschen Meliorations-Fonds bewilligten Prämien zur Beförderung großer Obstpflanzungen, in: Verhandlungen des Vereins zur Beförderung des Gartenbaues in den Königlich Preußischen Staaten, Bd. 2, Berlin 1826, S. 190–200.

Anonymus (b): Nachrichten, Stettin vom 21. Juni, in: Berlinische Nachrichten von Staats- und gelehrten Sachen, Nr. 147, 25. 6. 1824.

Anonymus: Amtsblatt der Königlich Preußischen Regierung zu Marienwerder, Nr. 18, 1. Mai 1829, S. 176 f.

Anonymus: Anzeigen verschiedenen Inhalts, in: Öffentlicher Anzeiger. Beilage des Amtsblatts No. 16 der Königlich Preußischen Regierung Marienwerder, den 16ten April 1841.

Anonymus: Bethe, in: Neuer Nekrolog der Deutschen, Bd. 8, 1840/1842.

Anonymus: Der Herzogliche Park zu Sagan [anonyme Rezension], in: Verhandlungen des Vereins zur Beförderung des Gartenbaus in der Königlich Preußischen Staaten, N. R., Jg. 6, 1858, S. 276–278.

Anonymus: Der Randowsche Kreis, in: Pomerania. Geschichte und Beschreibung des Pommernlandes zur Förderung der pommerschen Vaterlandskunde, Buch VI, Stettin 1846, S. 271–295

Anonymus: Die Abtey bey Buchwald, in: Der Breslauische Erzähler, Jg. 4, Nr. 7, 1803, S. 97.

Anonymus: Friedrich A. H. Gireoud [Nachruf], in: The Gardeners Chronicle. A Weekly Illustrated Journal of Horticulture and Allied Subjects, July to December 1896, S. 376 f.

Anonymus: Inland-Rundschau: Königsberg i. Pr., in: Die Gartenwelt, Jg. 31, Nr. 41, 1927, S. 631.

Anonymus: Landwirthschaftliche Berichte. 3. Preußen. Ende Juli, in: Oekonomische Neuigkeiten und Verhandlungen, Bd. 2, Nr. 85, 1825, S. 676.

Anonymus: Personalnachrichten, in: Die Gartenkunst, Jg. 3, H. 5, 1901, S. 107–108.

Anonymus: Personalnachrichten, in: Die Gartenkunst, Jg. 7, H. 1, 1905, S. 18.

Anonymus: Tagesgeschichte: Königsberg [Platz zwischen königlichem Schloss und Schlossteich], in: Die Gartenwelt, Jg. 4, H. 20, 1900, S. 239.

Anonymus: Über das Erdmannsdorfer Schloß, in: Der Bote aus dem Riesengebirge, Nr. 115, 1888, S. 4.

Anonymus: Varietäten: Aus Schlesien, in: Blumen-Zeitung, Jg. 12, Nr. 2, 18. 5. 1839, S. 159.

Anonymus: Zoologischer Garten, in: Breslauer Zeitung, Nr. 477, 1864, S. 2664.

Ballach, Jan: Zur Geschichte des Schlesischen Gartenbaues, in: Zeitung der Schlesischen Gewerbe und Industrie-Ausstellung im Jahre 1881, Nr. 33, Breslau 1881, S. 2.

Barthold, F. W.: Geschichte von Rügen und Pommern. Zweiter Teil: Von der Bekehrung Pommerns zum Christenthume bis zum Tode Barnims I. i. J. 1278, Hamburg 1840.

Beer, Paul: Burgen und Schlösser im Posener Lande, in: Aus dem Posener Lande 5, 1910, S. 357–373.

Bein, Werner (Hg.): Sagan und Sprottau in der schlesischen Geschichte. „Les vues de Sagan", Würzburg 1992.

Beissner, Ludwig: Tagungsbericht, in: Jahrbuch der Deutschen Dendrologischen Gesellschaft, o. O. 1936, S. 299.

Berger, Alfred: Edelsitze im Hirschberger Tal, in: Der Wanderer im Riesengebirge, Jg. 47, Nr. 9, Breslau 1927, S. 119–121.

Berghaus, Heinrich: Landbuch der Mark Brandenburg und des Markgrafthums Nieder-Lausitz in der Mitte des 19. Jahrhunderts. Bd. 3, Brandenburg 1856.

Berghaus, Heinrich: Landbuch des Herzogtums Stettin. Von Kamin und Hinterpommern, Landbuch von Pommern und Rügen, Teil 2, Bd. 3, Anklam 1868.

Bethe, Carl Gottlieb: Ueber Trift- und Feldpflanzungen, in: Verhandlungen des Vereins zur Beförderung des Gartenbaues in den Königlich Preußischen Staaten, Bd. 2, Berlin 1826, S. 270–349.

Bimler, Kurt: Die schlesischen massiven Wehrbauten, Bd. 1, Breslau 1944.

Bińkowska (a), Iwona: Julius Herrmann Edmund Lösner – współtwórca zieleńca na dawnym placu Królewskim [Julius Herrmann Edmund Lösner – Mitbegründer der Grünanlage auf dem ehemaligen Königsplatz], in: Przedmieście Mikołajskie we Wrocławiu [Die Nikolaivorstadt von Breslau], Muzeum Miejskie Wrocławia, Wrocław 2011.

Bińkowska (b), Iwona: Natura i miasto. Publiczna zieleń miejska we Wrocławiu od schyłku XVIII do początku XX wieku [Natur und Stadt. Öffentliche städtische Grünanlagen in Breslau vom Ende des 18. bis zum Beginn des 20. Jahrhunderts], Wrocław 2011.

Bińkowska, Iwona; Grajewski, Grzegorz; Ilkosz, Jerzy: Studium historyczno-urbanistyczne Parku Szczytnickiego i Terenów Wystawowych we Wrocławiu [Historisch-städtebauliche Studie zum Scheitniger Park und dem Ausstellungsgelände], Wrocław 1995.

Bińkowska, Iwona; Szopińska, Elżbieta (Hg.): Leksykon zieleni Wrocławia [Lexikon der Breslauer Grünanlagen], Wrocław 2013.

Blühdorn, Siegfried: Meine unvergessene Heimat, Soltau 1964.

Bończuk-Dawidziuk, Urszula: Park w Leśnicy [Der Park von Lissa], in: Leksykon zieleni Wrocławia [Lexikon der Breslauer Grünanlagen], hg. v. Iwona Bińkowska u. Elżbieta Szopińska, Wrocław 2013.

Borecka, Anna: Architektura romantycznego pałacu w Kamieńcu Ząbkowickim [Die Architektur des romantischen Schlosses Kamenz], in: Z dziejów sztuki Śląskiej [Aus der Geschichte der schlesischen Kunst], hg. v. Z. Świechowski, Warszawa 1978, S. 353–382.

Börsch-Supan, Eva: Fryderyk August Stüler a pałace w Mysłakowicach, Karpnikach i Wojanowie [Friedrich August Stüler und die Schlösser in Erdmannsdorf, Fischbach und Schildau], in: Krajobraz Kotliny Jeleniogórskiej [Die Landschaft des Hirschberger Tals], Studia i Materiały, Krajobrazy 21 (33), Warszawa 1998, S. 60–68.

Börsch-Supan, Eva: Schinkel, Stüler i inni w Kotlinie Jeleniogórskiej [Schinkel, Stüler und andere im Hirschberger Tal], in: Dolina Zamków i Ogrodów. Kotlina Jeleniogórska – wspólne dziedzictwo [Das Tal der Schlösser und Gärten. Das Hirschberger Tal – gemeinsames Erbe], hg. v. Olgierd Czerner u. Arno Herzig, Berlin/Jelenia Góra 2003, S. 182–196.

Börsch-Supan, Eva; Müller-Stüler, Dieter: Friedrich August Stüler 1800–1845, München/Berlin 1997.

Börsch-Supan, Eva; Ostrowska-Kębłowska, Zofia: Die Provinzen Ost- und Westpreußen und Großherzogtum Posen. Karl Friedrich Schinkel. Lebenswerk, Bd. XVIII, Berlin/München 2003.

Brade, Johanna: Piękny widok. Idealizujące i romantyczne przedstawienia śląskich miast, krajobrazów oraz przemysłu od około 1800 do 1850/60 roku [Schöne Aussicht. Idealisierte und romantische Darstellungen schlesischer Städte, Landschaften und Industrie von etwa 1800 bis 1850/60], in: Podróże w czasie. Dawne widoki Śląska na grafikach z kolekcji Haselbacha [Zeitreisen. Historische Ansichten Schlesiens in Grafiken der Sammlung Haselbach], 2007, S. 44–61.

Brzezowski, Wojciech: Centrum Kultury Zamek [Kulturzentrum Zamek], in: Leksykon architektury Wrocławia [Lexikon der Breslauer Architektur], hg. v. Eysymontt, Rafał; Ilkosz, Jerzy; Tomaszewicz, Agnieszka; Urbanik, Jadwiga, Wrocław 2011.

Buchwald, Konrad: Geschichtliche Entwicklung von Landschaftspflege und Naturschutz in Deutschland während des Industriezeitalters, in: Buchwald, Konrad; Engelhardt, Wolfgang (Hg.), Handbuch für Landschaftspflege und Naturschutz, Bd. 1, Grundlagen, München 1968, S. 97–114.

Burak, Marek; Dwojak, Andrzej; Gołda-Krajewska, Halina; Kwaśniewski, Krzysztof; Mazurkiewicz, Jerzy: Zamek w Leśnicy [Das Schloss von Lissa], Wrocław [o. J.].

Burkhardt, Robert: Geschichte des Hafens und der Stadt Swinemünde, Swinemünde 1931.

Buttlar, Adrian von: Der Landschaftsgarten. Heine Stilkunde, Bd. 22, München 1980.

Chrotowska, Jolanta: Ostromecko Park [Manuskript], Thorn 1988.

Chudzyński, Lesław; Wieczorek, Roman (Hg.): Parki i ogrody Wrocławia [Die Parks und Gärten von Breslau], Wrocław 2009.

Cohn, Ferdinand Julius: Vergangenheit und Zukunft des Scheitniger Parks, in: Jahresbericht der Schlesischen Gesellschaft für vaterländische Cultur, Nr. 68, Breslau 1890, S. 111–123.

Czartoryska, Izabela: Dyliżansem przez Śląsk. Dziennik podróży do Cieplic w roku 1816 [Mit der Postkutsche durch Schlesien. Tagebuch zur Reise nach Bad Warmbrunn im Jahr 1816], Zakład Narodowy im. Ossolińskich, Wrocław/Warszawa/Kraków 1968.

De Jong (a), Robert: Das Hirschberger Tal in Schlesien. Internationales Symposium zur Zukunft einer Kulturlandschaft von europäischer Bedeutung. 4.–5. September 1997, Schloss Lomnitz, in: Publikation des Internationalen Symposiums, publiziert von: The centre for the preservation of historic landscape – a national Institution for Culture, krajobrazy 21 (33), Warschau 2000, S. 156.

De Jong (b), Robert: Kulturlandschaft und Tourismus. Fachreferat anlässlich der Konferenz Tourismus und Landschaftsschutz des Hirschberger Tals, Dorf – Park – Palast, vom 8.–10. 9. 2000. In: Publikation des Internationalen Symposiums, publiziert von: The Centre for the Preservation of Historic Landscape – a national Institution for Culture, krajobrazy 31 (34), Warschau 2000, S. 11.

Dietrich, Albert: Bericht über die Pflanzen-Ausstellung in Berlin am 18. Juni 1843, in: Allgemeine Gartenzeitung, Jg. 11, Nr. 26, 1843, S. 201–207.

Dittrich, Johann Joseph: Bemerkungen auf einer Reise durch die Grafschaft Glatz, Schweidnitz 1816.

Donat, Theodor: Erdmannsdorf. Seine Sehenswürdigkeiten und Geschichte, Hirschberg 1887.

Duncker, Alexander: Die ländlichen Wohnsitze, Schlösser und Residenzen der Ritterschaftlichen Grundbesitzer in der Preussischen Monarchie nebst den Königlichen Familien-, Haus-Fideicommiss- und Schatull-Gütern in naturgetreuen, künstlerisch ausgeführten, farbigen Darstellungen nebst begleitendem Text, Bd. 1, Berlin 1857/58.

Duncker, Alexander: Die ländlichen Wohnsitze, Schlösser und Residenzen der Ritterschaftlichen Grundbesitzer in der Preussischen Monarchie nebst den Königlichen Familien-, Haus-Fideicommiss- und Schatull-Gütern in naturgetreuen, künstlerisch ausgeführten, farbigen Darstellungen nebst begleitendem Text, Bd. 3, Berlin 1860/61.

Duncker, Alexander: Die ländlichen Wohnsitze, Schlösser und Residenzen der Ritterschaftlichen Grundbesitzer in der Preussischen Monarchie nebst den Königlichen Familien-, Haus-Fideicommiss- und Schatull-Gütern in naturgetreuen, künstlerisch ausgeführten, farbigen Darstellungen nebst begleitendem Text, Bd. 6, Berlin 1863/64.

Duncker, Alexander: Die ländlichen Wohnsitze, Schlösser und Residenzen der Ritterschaftlichen Grundbesitzer in der Preussischen Monarchie nebst den Königlichen Familien-, Haus-Fideicommiss- und Schatull-Gütern in naturgetreuen, künstlerisch ausgeführten, farbigen Darstellungen nebst begleitendem Text, Bd. 7, Berlin 1864/65.

Duncker, Alexander: Die ländlichen Wohnsitze, Schlösser und Residenzen der Ritterschaftlichen Grundbesitzer in der Preussischen Monarchie nebst den Königlichen Familien-, Haus-Fideicommiss- und Schatull-Gütern in naturgetreuen, künstlerisch ausgeführten, farbigen Darstellungen nebst begleitendem Text, Bd. 10, Berlin 1867/68.

Duncker, Alexander: Die ländlichen Wohnsitze, Schlösser und Residenzen der Ritterschaftlichen Grundbesitzer in der Preussischen Monarchie nebst den Königlichen Familien-, Haus-Fideicommiss- und Schatull-Gütern in naturgetreuen, künstlerisch ausgeführten, farbigen Darstellungen nebst begleitendem Text, Bd. 13, Berlin 1873/74.

Echtermeyer, Theodor: Die Königliche Gärtnerlehranstalt in Dahlem. Denkschrift zur Erinnerung an das zehnjährige Bestehen der Anstalt in Dahlem, Berlin 1913.

Egle, Joseph: Bericht über die Ausstellung zu Bamberg, in: Allgemeine Bauzeitung, Jg. 8, 1843, S. 281–296.

Eisenmänger, Theodor: Der Kreis Hirschberg. Seine Natur, Industrie, Bewohner, Verwaltung und Ortschaften, Hirschberg 1879.

Elsner, Moritz: Flora von Hirschberg und dem angrenzenden Riesengebirge, Breslau 1837.

Erbe, Günter: Dorothea Herzogin von Sagan (1793–1862). Eine deutsch-französische Karriere, Köln/Weimar/Wien 2009.

Erlbeck, Alfred: Die ältesten botanischen Gärten, in: Die Gartenwelt, Jg. 27, Nr. 36, 1923, S. 287–288.

Flemming, Irene: Fischbach im Riesengebirge: ein Erinnerungsbuch, Hameln 1998.

Fontane, Theodor: Wanderungen durch die Mark Brandenburg. Spreewald, Bd. 4, Berlin 1882.

Förster, Friedrich Christoph: Statistisch-topographisch-historische Uebersicht des Preußischen Staates, Berlin/Leipzig 1838.

Franke, Arne: Das schlesische Elysium. Burgen, Schlösser, Herrenhäuser und Parks im Hirschberger Tal, 3. überarbeitete u. erweiterte Auflage, Potsdam 2008.

Franke, Arne: Das schlesische Elysium: Burgen, Schlösser, Herrenhäuser und Parks im Hirschberger Tal, 2. überarbeitete u. erweiterte Auflage, Potsdam 2005.

Franke, Arne: Die Baugeschichte des Schlosses Kamenz/Historia budowy pałacu w Kamieńcu Ząbkowickim, in: 900 Jahre Kamenz (Kamieniec Ząbkowicki), Spuren deutscher und polnischer Geschichte [900 lat Kamieńca Ząbkowickiego (Kamenz). Ślady niemieckiej i polskiej historii], hg. v. J. Rzepa, A. Franke u. W. Grzelak, Landesmuseum Schlesien, Görlitz 1996, S. 75–85.

Franke, Arne: Schlesiens Schlösserlandschaft ist nach wie vor gefährdet. Im Gespräch: Arne Franke, Kunsthistoriker und Erfolgsautor über die Adelssitze in Schlesien, in: Schlesien heute. Unabhängiges Magazin für Nieder- und Oberschlesien, Nr. 8, 2015, S. 24 f.

Frauendorfer, Sigmund von: Ideengeschichte der Agrarwirtschaft und Agrarpolitik im deutschen Sprachgebiet, Bd. I: Von den Anfängen bis zum Ersten Weltkrieg, München 1963.

G.: Sagan, Breslau und Neudeck, in: Monatsschrift des Vereines zur Beförderung des Gartenbaus in den Königl. Preuss. Staaten für Gärtnerei und Pflanzenkunde, Jg. 16, Februar 1873, S. 536–551.

Gabriel, Heinrich: Am Born der Heimat. Ein Heimatbuch für Jung und Alt im Kreise Frankenstein, Frankenstein 1926.

Gaworski, Marek: Pałac w Kamieńcu Ząbkowickim. Architektura i właściciele [Schloss Kamenz. Architektur und Besitzer], Strzelce Opolskie 2009.

Generaldirektion Kulturelles Erbe Rheinland-Pfalz/Landesmuseum Koblenz (Hg.): Peter Joseph Lenné – Eine Gartenreise im Rheinland, Begleitpublikation zur Sonderausstellung, Koblenz 2011.

Gesellschaft für interregionalen Kulturaustausch e. V. Berlin (Hg.): Das Tal der Schlösser und Gärten [Dolina Zamków i Ogrodów], Das Hirschberger Tal in Schlesien - ein gemeinsames Kulturerbe [Kotlina Jeleniogórska – wspólne dziedzictwo]. Publikation zur Ausstellung, vorbereitet durch die Gesellschaft für interregionalen Kulturaustausch e.V. Berlin in Zusammenarbeit mit dem Görlitzer Verein Monumenta Silesiae e.V., dem Muzeum Okregowe aus Jelenia Góra/Hirschberg, dem Architekturmuseum Breslau und dem „Zentrum für den Schutz historischer Landschaften“ Warschau, 3. ergänzte Auflage, Berlin/Hirschberg 2003.

Gleich, Friederike: Das Schloß zu Sagan, in: Sagan und Sprottau in der schlesischen Geschichte. „Les vues de Sagan“, hg. v. Werner Bein, Würzburg 1992, S. 58–62.

Gneisenau, August Neidhardt von: Briefe – 1813, Paderborn 2011.

Goodchild, Peter: The ‘ornamented farm’ and its history in England: From Switzer to Repton, in: Die ‘ornamental farm’. Gartenkunst und Landwirtschaft, Muskauer Schriften, Bd. 7, hg. v. d. Stiftung Fürst-Pückler-Park Bad Muskau, Zittau 2010, S. 13–28.

Göppert, Heinrich Robert: Über unsere Promenaden [in Berichten der Promenaden-Verwaltung vom 8. Juli 1860], Breslau 1860.

Grajewski, Grzegorz: Park kulturowy w Kamieńcu Ząbkowickim „Góra Zamkowa, Dolina Budzówki i Nysy Kłodzkiej". Ogólna waloryzacja cech krajobrazu kulturowego [Der Kulturpark in Kamenz „Harthaberg, Pausenbachtal und Tal der Glatzer Neiße"], maszynopis [Manuskript], Wrocław 2014.

Gröning, Gert: Anmerkungen zu Gustav Vorherrs Idee der Landesverschönerung, in: Umweltgeschichte – Methoden, Themen, Potentiale, hg. v. Günter Bayerl, Norman Fuchsloch u. Torsten Meyer, Cottbuser Studien zur Geschichte von Technik, Arbeit und Umwelt, Bd. 1, Münster 1996, S. 159–186.

Gröning, Gert: Das Gut Reichenbach (Radaczewo), Pommern – eine musterhaft verschönerte Feldflur?, in: Die 'ornamental farm'. Gartenkunst und Landwirtschaft, Muskauer Schriften, Bd. 7, hg. v. d. Stiftung Fürst-Pückler-Park Bad Muskau, Zittau 2010, S. 75–92.

Gröning, Gert: Hermann Fürst von Pückler-Muskau und Humphry Repton: A Map of Influence, in: Landschaftsgärten des 18. und 19. Jahrhunderts: Beispiele deutsch-britischen Kulturtransfers, Prinz-Albert-Studien, Bd. 26, hg. v. Franz Bosbach u. Gert Gröning, München 2008, S. 49–78.

Gröning, Gert: Humphry Repton: The Red Books for Brandsbury and Glemham Hall, with an introduction by Stephen Daniels [Buchbesprechung], in: Die Gartenkunst, Jg. 7, H. 2, 1995, S. 356–358.

Gröning, Gert: The idea of land embellishment. As exemplified in the Monatsblatt für Verbesserung des Landbauwesens und für zweckmäßige Verschönerung des baierischen Landes [Monthly for improvement of rural architecture and appropriate embellishment of the state of Bavaria], from 1821 to 1829, in: Journal of Garden History, Bd. 12, H. 3, 1992, S. 164–182.

Gröning, Gert: Wiepking-Jürgensmann, Heinrich Friedrich (1891–1973), German Landscape Architect, in: Chicago Botanic Garden Encyclopedia of Gardens, History and Design, Bd. 3, hg. v. Candice A. Shoemaker, Chicago 2001, S. 1429–1431.

Gröning, Gert: Zu Genese und Bedeutung der Landschaftsrichtlinien (1941–1943), in: Herrschaftsverhältnisse und Herrschaftslegitimation. Bau- und Gartenkultur als historische Quellengattung hinsichtlich Manifestation und Legitimation von Herrschaft, Hephaistos, Sonderband, Bd. 11, hg. v. Joachim Ganzert u. Inge Nielsen, Berlin 2015, S. 243–254.

Gröning, Gert; Hennecke, Stefanie: Urban Greening – Macro-Scale Landscaping, in: Horticulture: Plants for People and Places; Dixon, Geoffrey R. and David E. Aldous (eds.), volume 2, Environmental Horticulture, Dordrecht 2014, S. 671–692.

Gröning, Gert; Schneider, Uwe: Gut Reichenbach (Radaczewo), Pommern – Modellhafte landwirtschaftliche Einflüsse bei einer Gutsanlage der ersten Hälfte des 19. Jahrhunderts, in: Landgüter in den Regionen des gemeinsamen Kulturerbes von Deutschen und Polen – Entstehung, Verfall und Bewahrung [Majątki ziemskie na obszarze wspólnego dziedzictwa polsko-niemieckiego – problemy rozwoju, degradacji i konserwacji], hg. v. Birte Pusback u. Jan Skuratowicz, in: Das Gemeinsame Kulturerbe – Wspólne Dziedzictwo, hg. v. Małgorzata Omilanowska, Bd IV, Warschau 2007, S. 177–192.

Gröning, Gert; Wolschke-Bulmahn, Joachim: Grüne Biographien, Biographisches Handbuch zur Landschaftsarchitektur des 20. Jahrhunderts in Deutschland, Berlin 1997.

Grundmann, Günther: Die königlichen Schlösser Erdmannsdorf, Fischbach und Schildau mit ihren Parkanlagen, in: Kunstwanderungen im Riesengebirge. Studien aus 50 Jahren 1917–1967, München 1969.

Grundmann, Günther: Karl Friedrich Schinkel. Lebenswerk. Gesamtwerk, Bd. Schlesien. Berlin 1941.

Grundmann, Günther: Kunstwanderungen in Schlesien, München-Passing 1966.

Grundmann, Günther: Schloss Buchwald und seine Besitzer Graf und Gräfin Reden, in: Kunstwanderungen im Riesengebirge. Studien aus 50 Jahren 1917–1967, München 1965, S. 159–174.

Gudden-Lazik, Birgit: Berühmte Persönlichkeiten in Stettin – dort geboren oder gewirkt, in: Chronik der Stadt Stettin, hg. v. Ilse Gudden-Lüddeke, Leer 1993, S. 616–645.

Gudden-Lüddeke (a), Ilse: Soldaten und Kasernen in Stettin, in: Chronik der Stadt Stettin, hg. v. Ilse Gudden-Lüddeke, Leer 1993, S. 614–615.

Gudden-Lüddeke (b), Ilse: Das kulturelle Leben in Stettin bis 1945, in: Chronik der Stadt Stettin, hg. v. Ilse Gudden-Lüddeke, Leer 1993, S. 593–613.

Guerquin, Bohdan: Zamki Śląskie [Schlesische Schlösser], Warszawa 1957.

Günther, Harri: Peter Joseph Lenné, Stuttgart 1985.

Günther, Harri; Harksen, Sibylle (Bearb.): Peter Joseph Lenné. Katalog der Zeichnungen, Begleitbuch zu der Ausstellung des Deutschen Architekturmuseums Frankfurt am Main, 21. Mai bis 8. August 1993, Berlin 1993.

Habel, Paul: Neuer Führer durch Breslau, Breslau 1905.

Habrock-Henrich, Petra: Peter Joseph Lenné als Stadt- und Gartenplaner in Koblenz, in: Peter Joseph Lenné. Eine Gartenreise im Rheinland, Regensburg 2011, S. 139–153.

Hamann, [Wilhelm Heinrich?]: Wohnhaus des Freiherrn von Zedlitz in Erdmannsdorff, in: Architektonisches Skizzenbuch, H. 25, Berlin 1856, Bl. 1.

Hanisch, F.: Schlesische Parkanlagen, in: Die Gartenkunst Jg. 12, H. 7, 1910, S. 107–112.

Heinrich, Gerd: Patow, Erasmus Robert Freiherr von, in: Neue Deutsche Biographie 20, 2001, S. 100 f., Onlinefassung unter URL: http://www.deutsche-biographie.de/ppn116058668.html (Zugriff: 16. 8. 2015).

Helmigk, Hans Joachim: Märkische Herrenhäuser aus alter Zeit, Berlin 1929.

Herold, Johannes: Von Scheitnig und seinem Parke, dem „Fürstengarten", Breslau 1917.

Herrlich, Carl: Die Balley Brandenburg des Johanniter-Ordens von ihrem Entstehen bis zur Gegenwart und in ihren jetzigen Einrichtungen, 4. Auflage, Berlin 1904, S. 71–76.

Hinz (a), Gerhard: Ein Beitrag zur Kenntnis der mecklenburgischen Parkanlagen – unter besonderer Berücksichtigung der schöpferischen Tätigkeit des Peter Josef [sic] Lenné, 1. Teil: Basedow, in: Die Gartenkunst, Jg. 53, H. 8/9, 1940, S. 113–119.

Hinz (b), Gerhard: Ein Beitrag zur Kenntnis der mecklenburgischen Parkanlagen – unter besonderer Berücksichtigung der schöpferischen Tätigkeit des Peter Josef [sic] Lenné, 3. Teil: Neustrelitz, in: Die Gartenkunst, Jg. 54, H. 5, 1941, S. 71–76.

Hinz (c), Gerhard: Ein Beitrag zur Kenntnis der mecklenburgischen Parkanlagen – unter besonderer Berücksichtigung der schöpferischen Tätigkeit des Peter Josef [sic] Lenné, 2. Teil: Remplin, in: Die Gartenkunst, Jg. 53, H. 12, 1940, S. 165–170.

Hinz (d), Gerhard: Ein Beitrag zur Kenntnis der mecklenburgischen Parkanlagen – unter besonderer Berücksichtigung der schöpferischen Tätigkeit des Peter Josef [sic] Lenné, 4. Teil: Ludwigslust, in: Die Gartenkunst, Jg. 54, H. 12, 1941, S. 179–188.

Hinz, Gerhard: Das bleibende Werk Peter Josef [sic] Lennés, in: Festschrift für Heinrich Friedrich Wiepking, Beiträge zur Landespflege, Bd. 1, hg. v. Konrad Buchwald, Werner Lendholt u. Konrad Meyer, Stuttgart 1963, S. 377–381.

Hinz, Gerhard: Ein Beitrag zur Kenntnis der mecklenburgischen Parkanlagen – unter besonderer Berücksichtigung der schöpferischen Tätigkeit des Peter Josef [sic] Lenné, 5. Teil: Schwerin, in: Die Gartenkunst, Jg. 55, H. 7/8, 1942, S. 105–112.

Hinz, Gerhard: Peter Josef [sic] Lenné und seine bedeutendsten Schöpfungen in Berlin und Potsdam, Berlin 1937.

Hinz, Gerhard: Peter Joseph Lenné. Das Gesamtwerk des Gartenarchitekten und Städteplaners, Hildesheim/Zürich/New York 1989.

Hoffmann, Alfred: Der Landschaftsgarten. Geschichte der deutschen Gartenkunst, Bd. III, Hamburg 1963.

Höhere Gärtnerlehranstalt Berlin-Dahlem (Hg.): Denkschrift zum 100jährigen Bestehen der Höheren Gärtnerlehranstalt Berlin-Dahlem (früher Wildpark), Frankfurt (Oder) 1924.

Holzinger, Irmtraud: Grünanlagen, alte Friedhöfe – historische und moderne Bauten und Denkmäler, in: Chronik der Stadt Stettin, hg. v. Ilse Gudden-Lüddeke, Leer 1993, S. 446–459.

Ilkosz, Jerzy: Hala Stulecia i Tereny Wystawowe we Wrocławiu – dzieło Maksa Berga [Die Jahrhunderthalle und das Ausstellungsgelände in Breslau – das Werk Max Bergs], Wrocław 2005, S. 49–57.

Internationales Kunst- und Auktionshaus Berlin (Hg.): Sammlung von Rother. Schloss Rogau (Schlesien), Illustrierter Katalog Nr. 72, Berlin 1931.

Irrgang, Walter: Bemerkenswerte Parkanlagen in Schlesien, Dortmund 1978.

Jäger (a), Hermann: Der Park zu Sagan, in: Gartenflora, Jg. 8, 1858, S. 207–214.

Jäger (b), Hermann: Der Park zu Muskau, in: Gartenflora, Jg. 8, 1858, S. 230–239.

Jäger, Hermann: Der herzogliche Park zu Sagan. Von Oskar Teichert, Rezension in: Gartenflora, Jg. 9, 1859, S. 189 f.

Jäger, Hermann: Die Verwendung der Pflanzen in der Gartenkunst, oder: Gehölze, Blumen und Rasen. Ein künstlerischer Führer bei der Anlage und Unterhaltung von Landschafts- und Blumengärten, für Gärtner, Guts- und Gartenbesitzer, Leipzig um 1857.

Jäger, Hermann: Lehrbuch der Gartenkunst oder Lehre von der Anlage, Ausschmückung und künstlerischen Unterhaltung der Gärten und freien Anlagen, Berlin 1877.

Jager, Markus: Schlösser und Gärten der Neumark. Ein Überblick über die Entwicklung vom 16. bis 20. Jahrhundert, in: Schlösser und Gärten der Mark. Festgabe für Sibylle Badstübner-Gröger, hg. von Markus Jager, Berlin 2006, S. 105–122.

Jancke, Hans: Travel Report. An Apprenticeship in the Earl of Derby's Kitchen Gardens and Greenhouses at Knowsley, England 1874/75, hg. v. Joachim Wolschke-Bulmahn, übersetzt v. Mic Hale, 2013.

Janorschke (a): Deutsche Gärten in Wort und Bild. 5. Neudeck und Nachbarorte, in: Die Gartenkunst, Jg. 5, H. 2, 1903, S. 21–26.

Janorschke (b): Deutsche Gärten in Wort und Bild. 5. Neudeck und Nachbarorte, in: Die Gartenkunst, Jg. 5, H. 4, 1903, S. 57–58.

Jaworek, Justyna: Historia i perspektywy dalszego rozwoju krajobrazu parkowego Kotliny Jeleniogórskiej [Geschichte und Perspektiven für die weitere Entwicklung der Parklandschaft im Hirschberger Tal], Uniwersytet Przyrodniczy we Wrocławiu [Manuskript], Wrocław 2011.

Jaworek, Justyna; Filipiak, Maciej; Napierała-Filipiak, Anna: Zmiana powierzchni zajmowanej przez zbiorowiska o charakterze leśnym w dolinie Karpnickiego Potoku jako przykład zmian lesistości w dolnych partiach Sudetów [Veränderungen in den Gebieten mit Waldcharakter im Fischbachtal als Beispiel der Änderungen des Bewaldungsgrades in den südlichen Sudeten], in: Sylwan 158 (9), Warszawa 2014, S. 704–713.

Jessen, Olaf: „Das Volk steht auf – der Sturm bricht los!". Kolberg 1807 – ein Bündnis zwischen Bürger und Soldat?, in: Veit Veltzke (Hg.): Für die Freiheit – gegen Napoleon, Wien/Weimar/Köln 2009, S. 39–58.

Jeżewska, Maria: Studium historyczno-architektoniczne pałacu w Kraskowie, Pracownia Konserwacji Zabytków Oddział Wrocław [Historisch-architektonische Studie zum Schloss in Kratzkau, Restaurierungswerkstätten PKZ, Abt. Breslau], Wrocław 1968.

Jühlke, Ferdinand (Hg.): Die Königliche Landesbaumschule und Gärtnerlehranstalt zu Potsdam, Berlin 1872.

Jurkowska, Ewa; Wrabec, Hanna: Ewidencja parków i ogrodów zabytkowych. Park w Leśnicy [Bestandsaufnahme von historischen Parkanlagen und Gärten. Der Park von Lissa], Wrocław 1984.

Kalckreuth, Wilhelm von: Beiträge zur Geschichte des Landsberger Kreises mit besonderer Berücksichtigung des Rittergutes und Dorfes Hohenwalde, Landsberg 1871.

Kapałczyński, Wojciech: Krajobraz Kulturowy Kotliny Jeleniogórskiej [Kulturlandschaft des Hirschberger Tals], in: Renowacje i Zabytki [Renovation und Denkmäler], Nr. 4 (24), Krakau 2007, S. 56–73.

Karg, Detlef; Dreger, Hans-Joachim (Bearb.): Peter Joseph Lenné. Parks und Gärten im Land Brandenburg. Werkverzeichnis. Forschungen und Beiträge zur Denkmalpflege im Land Brandenburg, Bd. 7, hg. vom Brandenburgischen Landesamt für Denkmalpflege und Archäologischen Landesmuseum und der Stiftung Preußische Schlösser und Gärten Berlin-Brandenburg, Worms 2005.

Karg, Detlef: Die Besonderheiten der Parkanlagen Pücklers – ihre Erhaltung, Restaurierung und Erschließung; in: Fürst Hermann von Pückler-Muskau 1785–1985. Festansprache und Vorträge anlässlich der Pücklerehrung, hg. vom Niederlausitzer Arbeitskreis für regionale Forschung beim Rat des Bezirkes Cottbus, Bezirksmuseum Cottbus 1986, S. 13–26.

Kaufmann, Werner: Stadtausbau und Grünplanung am besonderen Beispiel der Kesselstadt Stuttgart, in: Festschrift für Heinrich Friedrich Wiepking. Beiträge zur Landespflege, Bd. 1, hg. v. Konrad Buchwald, Werner Lendholt u. Konrad Meyer, Stuttgart 1963, S. 77–83.

Kellner, Ursula: Einer steht auf den Schultern des anderen. Die Rezeption Peter Joseph Lennés durch Heinrich Friedrich Wiepking, in: Stiftung Preußische Schlösser und Gärten (Hg.): Preußische Gärten in Europa: 300 Jahre Gartengeschichte, Leipzig 2007, S. 190–195.

Kiehl, Walther: Gärtnerwerk – Gartenbilder. Alte Schönheiten im Königlichen Garten Oliva, in: Die Gartenwelt, Jg. 35, H. 4, 1931, S. 46–47.

Knie, Johann Georg: Alphabetisch-statistisch-topographische Uebersicht aller Dörfer, Flecken, Städte und andern Orte der Königlich. Preuss. Provinz Schlesien, Breslau 1830.

Koenigsberger, Leo: Hermann von Helmholtz, Braunschweig 1902, Bd. 1, S. 40.

Köhler, Marcus (Hg.): Historische Gärten um Neubrandenburg, Berlin 2002.

Köhler, Marcus: Das schlesische Erdmannsdorf. Die Bauzeichnungen Gneisenaus im Gutsarchiv Sommerschenburg, in: Preussen. Die Kunst und das Individuum, Berlin 2003, S. 221–234.

Kononowicz, Wanda: Nadodrzańskie urbanistyczne założenie Wrocławia w XIX wieku i na początku XX wieku [Städtebauliche Anlagen der an der Oder gelegenen Teile Breslaus im 19. und zu Beginn des 20. Jahrhunderts], in: Odra we Wrocławiu[Die Oder in Breslau], hg. v. O. Czerner, Wrocław 1984.

Kononowicz, Wanda: Zagadnienia przemian formalnych w urbanistyce Wrocławia XIX i początku XX wieku [Aspekte des Formenwandels im Breslauer Städtebau im 19. und zu Beginn des 20. Jahrhunderts], in: Biuletyn Historii Sztuki [Bericht der Kunstgeschichte], Bd. Rok XLI, Nr. 1, Warschauzawa 1979, S. 225–230.

Krosigk (a), Klaus von: Ansprache anlässlich der Eröffnung der Konferenz: Tourismus und Landschaftsschutz des Hirschberger Tals, Dorf – Park – Palast, vom 8.–10. 9. 2000. In: Publikation des Internationalen Symposiums, publiziert von: The Centre for the Preservation of Historic Landscape – a national Institution for Culture, krajobrazy 31 (34), Warschau 2000, S. 22.

Krosigk (b), Klaus von: Peter Joseph Lenné und die Gartenlandschaft des Hirschberger Tales, in: Der Hirschberger Kessel – Rückkehr der romantischen Landschaft, publiziert von: The Centre for the Preservation of Historic Landscape – a national Institution for Culture, krajobrazy 27 (39), Warschau 2000, S. 57 ff.

Krosigk, Klaus von: Der Gartenkünstler Peter Joseph Lenné und andere Landschaftsarchitekten. Ein Beitrag zur Gartenkultur des Hirschberger Tals im 19. Jahrhundert [Peter Joseph Lenné i inni architekci krajobrazu. Sztuka ogrodowa w Kotlinie Jeleniogórskiej w XIX wieku], in: Das Tal der Schlösser und Gärten. Das Hirschberger Tal in Schlesien – ein gemeinsames Kulturerbe [Dolina Zamków i Ogrodów. Kotlina Jeleniogórska – wspólne dziedzictwo], Ausstellungskatalog, 3. und ergänzte Auflage, Berlin/Jelenia Gora 2003, S. 197–221.

Krosigk, Klaus von: Lenné i Mysłakowice. Sugestie do upiększenia krajobrazu Kotliny Jeleniogórskiej w XIX wieku [Lenné und Erdmannsdorf. Vorschläge zur Verschönerung der Landschaft des Hirschberger Tals im 19. Jahrhundert], in: Krajobraz Kotliny Jeleniogórskiej [Die Landschaft des Hirschberger Tals], Studia i Materiały, Krajobrazy 21 (33), Warszawa 1998, S. 46–54.

Krüger, Georg: Beiträge zur Geschichte der Familie Farenheid, Königsberg i. Pr. 1900.

Krzyżanowski, Krzysztof: Założenie ogrodowe w Kamieńcu Ząbkowickim [Die Gartenanlage von Kamenz], in: Sudety. Przyroda. Kultura. Historia [Sudeten. Natur. Kultur. Geschichte], Nr. 8 (41), Wrocław 2004, S. 42–43.

Kujawa, Mirosław; Grad, Helena: Katalog parków woj. wałbrzyskiego, gm. Marcinowice. Park w Kraskowie [Verzeichnis der Parkanlagen der Woiwodschaft Waldenburg, Kreis Groß Merzdorf. Der Park von Kratzkau], Wrocław 1976.

Kuschel, M.: Ein Juwel in der Ostmark, in: Aus dem Posener Lande 4, 1909, S. 460–463.

Kwaśny, Zbigniew: Jelenia Góra. Zarys rozwoju miasta [Hirschberg. Ein Abriss der Stadtentwicklung], Zakład Narodowy im. Ossolińskich, Wrocław 1989.

Łaborewicz, Ivo: Zamki i pałace Kotliny Jeleniogórskiej po II wojnie światowej [Schlösser und Herrenhäuser im Hirschberger Tal nach dem Zweiten Weltkrieg], in: Dolina Zamków i Ogrodów. Kotlina Jeleniogórska – wspólne dziedzictwo [Das Tal der Schlösser und Gärten. Das Hirschberger Tal – gemeinsames Erbe], hg. v. Olgierd Czerner und Arno Herzig, Berlin/Jelenia Góra 2003, S. 298–305.

Landesforstanstalt Eberswalde: Hohenlübbichow 2008 – Naturgemäße Waldwirtschaft zwischen Verklärung und Realität, Natur- und Landschaftsschutz im Gebiet Bielinek und Lubiechów Górny, hg. v. Ministerium für Ländliche Entwicklung, Umwelt und Verbraucherschutz des Landes Brandenburg, Eberswalder Forstliche Schriftenreihe, Bd. 37, Eberswalde 2008.

Latocha, Agnieszka: Rozwój krajobrazu Sudetów Kłodzkich w czasach historycznych [Die Landschaftsentwicklung in den Glatzer Sudeten in historischer Zeit], in: Problemy ekologii krajobrazu, Struktura przestrzenno-funkcjonalna krajobrazu [Landschaftsökologische Aspekte. Die räumlich-funktionale Struktur der Landschaft], Wrocław 2005, S. 140–149.

Laurie, Kedrun: Humphry Repton. First Years. Working Methods, in: Humphry Repton Landscape Gardener 1752–1818, hg. v. Patrick Goode u. Kedrun Laurie, London 1982, S. 5–33.

Lingenberg, Heinz: Oliva – 800 Jahre, Lübeck 1986.

Lipowicz, Wojcech: Das Ensembe chinoiser Bauten des Fürsten von Hohenzollern-Hechingen im empfindsamen Garten von Danzig-Oliva, in: China in Schloss und Garten, hg. v. Dirk Welich, Dresden 2010, S. 88–99.

Lissok, Michael: Parkentwürfe Lennés für Gutsanlagen in Mecklenburg, Vorpommern und der Uckermark, in: Peter Joseph Lenné und die europäische Landschafts- und Gartenkunst im 19. Jahrhundert, 6. Greifswalder Romantikkonferenz, Wissenschaftliche Beiträge der Ernst-Moritz-Arndt-Universität Greifswald, hg. v. Rektor der Ernst-Moritz-Arndt-Universität Greifswald 1992, S. 71–80.

Lochow, Magnus von: ohne Titel [Bericht über die Tätigkeit der Promenadendeputation 1864/65 vom 1. Januar 1866], Breslau 1866.

Loewe, Carl: Dr. Carl Loewes Selbstbiographie, bearb. v. Carl Hermann Bitter, Berlin 1870.

Lucae, Frederico: Schlesiens curiose Denckwürdigkeiten oder vollkommene Chronica von Über- und Nierderschlesien, Franckfurt am Mayn 1689.

Łuczyński, Romulad Mariusz: Losy rezydencji dolnośląskich w latach 1945–1991 [Die Schicksale niederschlesischer Residenzbauten in den Jahren 1945–1991], Wrocław 2010.

Łuczyński, Romulad Mariusz: Rezydencje magnackie w Kotlinie Jeleniogórskiej w XIX wieku [Magnatenresidenzen im Hirschberger Tal im 19. Jahrhundert], Breslau 2007.

Łuczyński, Romulad Mariusz: Zamki i pałace Dolnego Śląska. Przedgórze Sudeckie i Nizina Śląska – część wschodnia [Die Burgen und Schlösser Niederschlesiens. Das Sudetenvorland und die Schlesische Niederung – östlicher Teil], Wrocław 2001.

Łukasik, Bożena: Działalność projektowa architekta krajobrazu Petera Josepha Lennégo na ziemiach polskich w XIX wieku [Die Entwurfstätigkeit des Landschaftsarchitekten Peter Joseph Lenné auf polnischem Boden im 19. Jahrhundert], Uniwersytet Przyrodniczy w Poznaniu, Poznań 2009.

Maecker, Friedrich: Der herzogliche Park zu Sagan, in: Hamburger Garten- und Blumenzeitung, Jg. 22, 1866, S. 468–473.

Marsch, Angelika: „Les vues". Historische Ansichten von Sagan und Sprottau; in: Bein, Werner (Hg.): Sagan und Sprottau in der schlesischen Geschichte. „Les vues de Sagan", Würzburg 1992, S. 9–32.

Martius, Ferdinand: Das Schloß Camenz in Schlesien, in: Allgemeine Bauzeitung, Jg. 15, 1850, S. 177–184.

Mazurski, Krzysztof Radosław: Miłość i dramaty królewny Marianny. Sudety [Liebe und Dramen der Prinzessin Marianne. Die Sudeten], Oficyna Wydawnicza Oddziału Wrocławskiego PTTK, Wrocław 2005.

Mazurski, Krzysztof Radosław: Życie i dokonania Marianny Orańskiej [Das Leben und die Errungenschaften von Prinzessin Marianne von Nassau-Oranien], in: Marianna Orańska a ziemia kłodzka. Materiały z sympozjum naukowego zorganizowanego przez Muzeum Ziemi Kłodzkiej w Kłodzku [Marianne von Nassau-Oranien und das Glatzer Land. Beiträge zur Fachtagung am Museum des Glatzer Landes in Glatz], Kłodzko 2010, S. 9–18.

Meermann, Johan: J. Meerman's, Herrn v. Dalem und Buren, Reise durch den Norden und Nordosten von Europa in den Jahren 1797–1800, 2. Bd., Weimar 1810.

Meinert, Günther: Heinrich Boshardt, ein Maler des 19. Jahrhunderts, in: Kunst- und Denkmalpflege in Schlesien, Bd. 2: Niederschlesien, Breslau/Lissa 1939, S. 174–182.

Metzger, Andrzej; Jarco Marek: Kamieniec Ząbkowicki. Przewodnik [Kamenz. Reiseführer], Kielce 1998.

Meyer, Gustav: Lehrbuch der schönen Gartenkunst. Mit besonderer Rücksicht auf die praktische Ausführung von Gärten und Parkanlagen, 2. Auflage, Berlin 1873.

Michałowski, Andrzej: Polityczny przełom w Europie i nowe szanse dla przyszłości zamków i pałaców Kotliny Jeleniogórskiej [Die politische Wende in Europa und neue Chancen für die Zukunft der Burgen und Schlösser des Hirschberger Tals], in: Dolina Zamków i Ogrodów. Kotlina Jeleniogórska – wspólne dziedzictwo [Das Tal der Schlösser und Gärten. Das Hirschberger Tal – gemeinsames Erbe], hg. v. Olgierd Czerner und Arno Herzig, Berlin/Jelenia Góra 2003, S. 40–44.

Michałowski, Andrzej: The Polish School of Landscape Architecture, in: The Tradition of Training in Landscape Architecture in Poland, Studia i Materiały, Krajobrazy, 11, hg. v. Edward Bartman, Andrzej Michałowski u. Marek Siewniak, Warschau 1993, S. 1–23.

Michałowski, Andrzej; Siewniak, Marek: Die Parks von Peter Joseph Lenné in Polen, in: Fachreferate Internationales Kolloquium „Leben und Werk Peter Joseph Lennés – Ein Gartenkünstler des 19. Jahrhunderts", hg. v. Brandenburgischen Landesamt für Denkmalpflege, Berlin 1991, S. 152–157.

Migoń, Piotr; Latocha, Agnieszka: Enhancement of cultural landscape by geomorphology. A study of granite parklands in the West Sudetes, SW Poland, in: Geografia Fisica e Dinammica Quaternaria, 31/2008, S. 195–203.

Mudzo, Frederick: Dölzig/Dolsk, Schlösser und Gärten der Neumark, H. 11, Berlin 2013.

Mularczyk, Magdalena: Göppert (Goeppert), Heinrich Robert, in: Leksykon zieleni Wrocławia [Lexikon der Breslauer Grünanlagen], hg. v. Iwona Bińkowska, Elżbieta Szopińska, Breslau 2013, S. 869.

Müller, Johannes: Geschichte von Dorf und Rittergut Gross-Kammin bis 1925, Heilbronn/Neckar 1997.

Muthesius, Hermann: Bebauungsplan für die Kleinsiedlung Tannenwalde bei Königsberg (von Geh. Regierungsrat Dr. Ing. Hermann Muthesius Nicolassee), in: Wasmuths Monatshefte für Baukunst 4 1919/20, S. 152–159.

Mutzek, Richard: Unsere alten Kulturstätten in Schlesien. Der Schloßpark von Camenz, in: Die Gartenwelt, Jg. 29, H. 38, 1925, S. 638–640.

Napierala, Piotr: Schloss und Park Buchwald/Bukowiec – Auftakt für eine Kulturlandschaft, in: Schlesien heute. Unabhängiges Magazin für Nieder- und Oberschlesien, Nr. 2, 2015, S. 27.

O. T. [Oskar Teichert]: Nekrolog [unter Personalien], in: Neue allgemeine deutsche Garten- und Blumenzeitung, Bd. 22, 1866, S. 239 f.

Oleska, Anna; Stachaczyk, Renata: Im preußischen Osten und im polnischen Westen. Das Erbe der Gartenkunst der Zeit des preußischen Staates in den Grenzen Polens, in: Stiftung Preußische Schlösser und Gärten (Hg.): Preußische Gärten in Europa: 300 Jahre Gartengeschichte, Leipzig 2007, S. 166–171.

Organiściak, Jerzy: Pałac w Kamieńcu Ząbkowickim [Das Schloss von Kamenz], in: Karkonosze [Das Riesengebirge], H. 3, Materiały Krajoznawcze, Wrocław 1987, S. 58–69.

Pawlowski, Josef Nikodemus: Führer durch die altehrwürdige Klosterkirche und das frühere Kloster in Oliva: mit einer Geschichte und Beschreibung der Sehenswürdigkeiten derselben, Danzig 1839.

Perzyński, Marek: Zamki, twierdze i pałace Dolnego Śląska i Opolszczyzny. Przewodnik dla dociekliwych [Burgen, Festungen und Schlösser Niederschlesiens und der Region Oppeln. Ein Reiseführer für Interessierte], Wrocław 2006.

Peter, Julius: Frankenstein, Camenz und Wartha in Schlesien nebst Reichenstein, Silberberg, Warthapass, Königsheiner Spitzberg und deren Umgebungen. Handbuch für Reisende und Einheimische, Glatz 1885.

Petzold, Eduard: Der Park von Muskau. Für Freunde der Landschaftsgärtnerei und den Fremden zum Wegweiser, Hoyerswerda 1856.

Pomerania. Geschichte und Beschreibung des Pommernlandes zur Förderung der pommerschen Vaterlandskunde, Buch VI, Stettin 1846.

Pretzsch, Karl: Verzeichnis der Breslauer Universitätsschriften 1811–1885, Breslau 1905.

Promenaden-Deputation Breslau: Bericht der Promenaden-Deputation über die Verwaltung der städtischen Promenaden, Parks, Alleen und sonstigen gärtnerischen Anlagen in dem Jahre vom 1. April 1887 bis ult. März 1888, Breslau 1888.

Pruns, Herbert: Ornamented Farmen in der deutschen Kulturlandschaft: Entstehung, Entwicklung und Niedergang, in: Berlin-Potsdam: Kunstlandschaft, Landeskultur, Bewahrung der Umwelt, hg. v. Hermann Heckmann, Weimar 1994, S. 129–191.

Przyłęcki, Mirosław: Pałac i park w Kamieńcu Ząbkowickim – wybitny zespół architektoniczno-krajobrazowy [Schloss und Park von Kamenz – ein herausragendes architektonisch-landschaftliches Ensemble], „Dolny Śląsk", Bd. 3, 1996, S. 223–234.

Pszczółkowski, Michał: Kleines Berlin. Grundzüge der Stadtentwicklung von Bromberg 1850–1914, in: Informationen zur modernen Stadtgeschichte (IMS), 2/2014, S. 106 f.

Pückler-Muskau, Hermann Fürst von: Andeutungen über Landschaftsgärtnerei, verbunden mit der Beschreibung ihrer praktischen Anwendung in Muskau, Stuttgart 1834.

Rellstab, Johann Carl Friedrich: Ausflucht nach der Insel Rügen durch Mecklenburg und Pommern, Berlin 1797, Nachdruck Bremen 1994.

Reuß, Eleonore Fürstin: Friederike Gräfin von Reden, geb. Freiin Riedesel zu Eisenbach. Ein Lebensbild nach Briefen und Tagebüchern, Bd. 1, Berlin 1888.

Rogger, André: Die Red Books des Landschaftskünstlers Humphry Repton, Grüne Reihe – Quellen und Forschungen zur Gartenkunst, Bd. 25, Worms 2007.

Rohde, Michael: Von Muskau bis Konstantinopel. Eduard Petzold ein europäischer Gartenkünstler. 1815–1891, Dresden 1998.

Romberg, Amalie von: Lebensbild der Gräfin Cécile Dönhoff, Jena 1862.

Rönnekamp, Ernst: Johann Heinrich Gustav Meyer, in: Deutsche Gärtnerzeitung, Jg. 3, 1879, S. 33 f., 49 f.

Rybka-Ceglecka, Iwona et al.: Studium środowiska kulturowego gminy Kamienic Ząbkowicki [Studie zum kulturellen Umfeld der Gemeinde Kamenz], maszynopis [Manuskript], archiwum OT NID we Wrocławiu, Wrocław 2003.

Rybka-Ceglecka, Iwona; Wiśniewska, Donata; Dymarska, Emilia: Gmina Mysłakowice, powiat jeleniogórski. Studium środowiska kulturowego [Gemeinde Erdmannsdorf, Kreis Hirschberg. Studie zum kulturellen Umfeld], 2005 [Manuskript, Archiv NID Breslau].

S. C.: Personalnachrichten: John Fox, in: Die Gartenwelt, Jg. 15, H. 1, 1911, S. 16.

Salisch, Heinrich von: Forstästhetik, Berlin 1885.

Schön, F.: Die Entstehung des Ottobrunnens bei Pyritz, in: Monatsblätter der Gesellschaft für Pommersche Geschichte und Altertumskunde, Nr. 12, 1930, S. 174–179.

Schondorf: Gehölze, die im Königlichen Garten zu Oliva bei Danzig im Freien kultivirt werden, und Bemerkungen über deren Fähigkeit der Kälte zu widerstehen, in: Wochenschrift für Gärtnerei und Pflanzenkunde, Jg. 2, Nr. 12, 1859, S. 94–96.

Schreiber, Ferdinand: Camenz in Schlesien und seine Umgebungen, Breslau 1841.

Schultz, Franz: Das Schloß Rutzau und seine Besitzer, in: Zeitschrift des Westpreußischen Geschichtsvereins, H. 45, 1903.

Schulze, Katrin: Jacob Heinrich Rehder im Hirschberger Tal, in: Mitteilungen der Pückler Gesellschaft e.V., Berlin 2009, S. 158.

Schumann, Dirk: Sonnenburg/Słońsk, Schlösser und Gärten der Neumark, H. 2, hg. v. Sibylle Badstübner-Gröger u. Markus Jager, Berlin 2006.

Seiler, Michael: Auswertung historischer Pläne der Landschaftsgärten, in: Gartendenkmalpflege, hg. v. Dieter Hennebo, Stuttgart 1985, S. 120–140.

Singhof, Frank; Köhler, Marcus: Biographien in den Festschriften der Gärtnerlehranstalt am Wildpark bei Potsdam 1899, 1913, 1924 [o. J., als PDF-Datei online verfügbar unter: http://gartentexte-digital.ub.tu-berlin.de/gaertnerbiographien/gaertnerbiographien, Zugriff: 30. 8. 2015].

Skuratowicz, Jan: Die Gärten Großpolens in der ersten Hälfte des XIX. Jahrhunderts, in: Peter Joseph Lenné und die europäische Landschafts- und Gartenkunst im 19. Jahrhundert. 6. Greifswalder Romantikkonferenz, Wissenschaftliche Beiträge der Ernst-Moritz-Arndt-Universität Greifswald, Greifswald 1992, S. 91–97.

Sotheby's: Les Vues de Sagan, Auktionskatalog der Versteigerung der beiden in Valençay vorhanden gewesenen Alben mit über 100 Gouachen, Grafiken und Fotos von Sagan und weiteren Besitztümern der Herzogin von Sagan am 4. März 1989, Monaco 1989.

Staffa, Marek: Historia poznania Karkonoszy oraz rozwój osadnictwa [Geschichte der Erschließung des Riesengebirges und Siedlungsentwicklung], in: Karkonosze. Przyroda nieożywiona i człowiek [Das Riesengebirge. Unbelebte Natur und der Mensch], hg. v. M. P. Mierzejewski, Wydawnictwo Uniwersytetu Wrocławskiego, Wrocław 2005, S. 23–51.

Staffa, Marek: Przemiany krajobrazu górskiego na przykładzie Sudetów [Veränderungen der Gebirgslandschaft am Beispiel der Sudeten], in: Wierchy, Nr. 55, Jg. 1986, S. 5–21.

Staffa, Marek: Słownik geografii turystycznej Sudetów. Tom. 4. Kotlina Jeleniogórska [Lexikon der Tourismusgeografie der Sudeten. Hirschberger Tal], 1999, S. 283–284.

Staffa, Marek; Mazurski, Krzysztof; Czerwiński, Janusz; Pisarski, Grzegorz: Słownik geografii turystycznej Sudetów [Lexikon der Tourismusgeografie der Sudeten]. Masyw Ślęży. Równina Świdnicka. Kotlina Dzierżoniowska, Wydawnictwo I-BiS, Wrocław 2005.

Stiftung Preußische Schlösser und Gärten Berlin-Brandenburg: Preußisch Grün. Hofgärtner in Brandenburg-Preußen, Berlin 2004.

Straubel, Ralf: Biographisches Handbuch der preußischen Verwaltungs- und Justizbeamten 1740–1806/15, (Einzelveröffentlichungen der Historischen Kommission zu Berlin, 85 / Einzelveröffentlichung des Brandenburgischen Landeshauptarchivs, 7) München 2009.

Stulz-Herrnstadt, Nadja: Berliner Bürgertum im 18. und 19 Jahrhundert, Berlin/New York 2002, S. 86 f.

Teichert (a), Oskar: Wegweiser durch den Herzoglichen Park zu Sagan, in: Hamburger Garten- und Blumenzeitung, Jg. 14, 1858, S. 148–157.

Teichert (b), Oskar: Der Herzogliche Park zu Sagan. Ein Wegweiser für Freunde und eine Darstellung seiner Entstehung, Fortbildung und Erhaltung [mit Parkplan], Sagan/Sprottau 1858.

Thaer, Albrecht: Einleitung zur Kenntniß der englischen Landwirthschaft, 3 Bde., Hannover 1798–1800.

Thaer, Albrecht: Grundsätze der rationellen Landwirtschaft, 4 Bde., Berlin 1809–1812.

Tomaszewski, Andrzej: Polnisch-Deutsche Zusammenarbeit bei der Erhaltung des gemeinsamen Kulturerbes, Kunstchronik, hrsg. v. Zentralinstitut für Kunstgeschichte, H. 7, München 1997.

Tomczyk, Leonhard: Die Baudenkmäler der Stadt Sagan, in: Bein, Werner (Hg.): Sagan und Sprottau in der schlesischen Geschichte. „Les vues de Sagan“, Würzburg 1992, S. 47–52.

Tresckow, Rüdiger von: Gilly – Schinkel – Catel. Das Landschloss Owinsk bei Posen/Pałac w Owinskach koło Poznania 1803–1806, Berlin 2011.

Treziak, Ulrike: Na tyłach dworu. O historii folwarków i władzy dworskiej w Kotlinie Jeleniogórskiej [Abseits des Hofes. Zur Geschichte der Gutshöfe und der höfischen Macht im Hirschberger Tal], Berlin/Jelenia Góra 2009.

Triest, Felix: Topographisches Handbuch von Oberschlesien, 1. Teilband, Sigmaringen 1984 (zuerst Breslau 1864).

Vogel, Hans: Pommern. Karl Friedrich Schinkel. Lebenswerk, Bd. 7, Berlin/München 1952.

Wacker, Jörg: Georg Potente (1876–1945). Die Entwicklung vom Gartengestalter zum Gartendenkmalpfleger zwischen 1902 und 1938 in Potsdam-Sanssouci, Dissertation an der Philosophischen Fakultät der Universität Potsdam [Manuskript], Potsdam 2003.

Waesemann (a), Hermann Friedrich: Villa Eichborn in Breslau, in: Zeitschrift für Bauwesen, hg. von G. Erbkam, Jg. 7, H. 10–12, Berlin 1857, Sp. 499–504.

Waesemann (b), Hermann Friedrich: Villa Eichborn in Breslau. Situationsplan, in: Atlas zur Zeitschrift für Bauwesen, hg. von G. Erbkam, Jg. 7, H. 10–12, Berlin 1857, Bl. 60.

Waesemann (c), Hermann Friedrich: Gärtnerhaus der Villa Eichborn in Breslau, in: Architektonisches Skizzenbuch, H. 29, Berlin 1857, Bl. 3.

Weber (a), Robert: Schlesische Schlösser, Bd. III, Dresden/Breslau 1910.

Weber (b), Robert: Schlesische Schlösser, Bd. II, Dresden/Breslau 1910.

Wehrmann, Martin: Geschichte der Stadt Stettin, Stettin 1911.

Wendland, Folkwart; Wendland, Folkwin: Gärten und Parke in Brandenburg. Die ländlichen Anlagen in der Mark Brandenburg und der Niederlausitz, 5, Berlin 2015.

Westphal, Carl: Ein Stettiner Familienalbum des 19. Jahrhunderts, in: Baltische Studien, Bd. 102 (56), Hamburg 1970, S. 79–83.

Wichmann, Hermann: Peter Lenné hinter dem Grünen Gitter, Sonderdruck aus: Gesammelte Aufsätze, Leipzig 1887.

Wiepking (a), Heinrich Friedrich: Peter Josef [sic] Lennés Werk in heutiger Sicht, in: Garten und Landschaft, Jg. 76, H. 1, 1966, S. 5–12.

Wiepking (b), Heinrich Friedrich: Geordnete Umwelt, fruchtbares Land, menschliche Wohlfahrt, Hiltrup bei Münster 1966.

Wiepking, Heinrich Friedrich: Institut für Landespflege und Landschaftsgestaltung, in: Fakultät für Gartenbau und Landeskultur der Technischen Hochschule Hannover, Entstehung und Gestalt, Schriftleitung: Wilhelm Busch, Hannover 1959, S. 86–94.

Wiepking-Jürgensmann, Heinrich Friedrich: Die Landesverschönerungskunst im Wandel der letzten 130 Jahre, in: Zentralblatt der Bauverwaltung, Jg. 60, 1940, S. 317–320.

Wiepking-Jürgensmann, Heinrich Friedrich: Die Landschaftsfibel, Berlin 1942.

Wimmer (a), Clemens Alexander: Geschichte der Gartentheorie, Darmstadt 1989.

Wimmer (b), Clemens Alexander: Lenné-Bibliographie, in: Peter Joseph Lenné – Volkspark und Arkadien, hg. v. Florian von Buttlar, Berlin 1989, S. 302–306.

Wimmer, Clemens Alexander: Bäume und Sträucher in historischen Gärten, Muskauer Schriften, Bd. 3, Dresden 2001.

Wimmer, Clemens Alexander: Der Gartenkünstler Peter Joseph Lenné. Eine Karriere am preußischen Hof, Darmstadt 2016.

Wimmer, Clemens Alexander; Kober-Carrière, Ragnhild; Schurig, Gerd; Wacker, Jörg: Verzeichnis der Hofgärtner und leitenden Beamten der preußischen Gartenverwaltung bis 1945, in: Preußisch Grün – Hofgärtner in Brandenburg-Preußen, hg. v. d. Generaldirektion der Stiftung Preußische Schlösser und Gärten Berlin-Brandenburg, Berlin 2004, S. 302–339.

Winterfeld, Adolf von: Geschichte des Ritterlichen Ordens St. Johannis vom Spital zu Jerusalem. Mit besonderer Berücksichtigung der Ballei Brandenburg oder des Herrenmeisterthums Sonnenburg, Berlin 1859.

Wiśniewski, Jerzy: Heinrich von Salisch (1846–1920). Gutsbesitzer, Forstmann, Politiker, Wohltäter, 2. Auflage, o. O. 2013.

Wocke, Erich: Deutsche Gärten in Wort und Bild: Der Schloßpark zu Oliva bei Danzig, in: Die Gartenkunst, Jg. 6, H. 6, 1904, S. 101–104.

Wolzogen, Alfred von: Aus Schinkels Nachlass, 4. Bd.: Katalog des künstlerischen Nachlasses von Carl Friedrich Schinkel, Berlin 1864.

Wrabec, Hanna: Ogrody w Brzegu Dolnym i Bukowcu jako odbicie osobowości ich fundatorów [Die Gärten in Dyhernfurth und Buchwald als Abbild der Persönlichkeit ihrer Stifter], in: Sztuka i Natura. Materiały z XXXVIII Sesji Naukowej Stowarzyszenia Historyków Sztuki, 23.–25. 11. 1989 [Kunst und Natur. Protokollband zur 38. Fachtagung der Gesellschaft der Kunsthistoriker, 23.–25. 11. 1989], Katowice 1991, S. 301–319.

Wrabec, Hanna: Studium historyczno-stylistyczne zespołu pałacowo-parkowego w Mysłakowicach, [Ein historisch-stilistisches Studium des Schlosskomplexes und Parkanlage in Erdmannsdorf] Wrocław 1990 [Manuskript, Archiv WUOZ Breslau, Vertretung in Hirschberg].

Zedlitz, Leopold von: Die Staatskräfte der Preußischen Monarchie unter Friedrich Wilhelm III., Bd. 1, Berlin 1828.

Zickermann, Fritz: Eckerberg, in: Stettiner Nachrichten, Nr. 7, 1967.

Zieliński, Andrzej: Polskie podróże po Śląsku w XVIII i XIX wieku [Polnische Reisen durch Schlesien im 18. und 19. Jahrhundert], Wrocław 1974.

Żuchowski, Tadeusz: Karl Friedrich Schinkel und Peter Joseph Lenné im Hirschberger Tal, in: Schinkel in Schlesien, Deutsch-polnisches Symposium in der Vertretung des Landes Niedersachsen beim Bund, Bonn, 11.–15. 4. 1994, Haus Schlesien – Museum für Landeskunde, Königswinter 1995.

Frontispiz:
wie S. 69, Abb. 14

Einleitung (S. 10–12)
Abb. 1: SPSG, NL Lenné Nr. II/1 (Foto: Roland Handrick); Abb. 2: SPSG, GK I 30330 (Foto: Jörg P. Anders)

**Essays**

Lenné in Stettin und Swinemünde (S. 15–25)
Abb. 1: Privatbesitz; Abb. 2: SLUB, Inv.-Nr.: SLUB/KS 30215; Abb. 3: Universitätsbibliothek Johann Christian Senckenberg Frankfurt am Main, Sammlung F. N. Manskopf, S 36/F10564; Abb. 4: Privatsammlung Christoph Haase; Abb. 5, 10–15: Foto: Christoph Haase, 2014; Abb. 6: aus Pomerania 1846; Abb. 7: SPSG, KPM-Archiv Land Berlin, Inv.-Nr. KPM Z 5.22; Abb. 8: bpk; Abb. 9, 16: Privatsammlung; Abb. 17: SPSG, KPM-Archiv Land Berlin, Inv.-Nr. KPM Z5.23; Abb. 18: AM TUB, Inv.-Nr. 8109,34

Das Hirschberger Tal: Das Werden einer Lennéschen Kulturlandschaft (S. 26–39)
Abb. 1: SPSG, KPM-Archiv Land Berlin, Inv.-Nr. KPM D 201.1; Abb. 2: SPSG, GK I 6911 (Foto: Wolfgang Pfauder); Abb. 3: SPSG, KPM-Archiv Land Berlin, Inv.-Nr. KPM G 108; Abb. 4: SPSG, KPM-Archiv Land Berlin, Inv.-Nr. KPM G 99; Abb. 5: SPSG, GK II (1) 13819 (Foto: Daniel Lindner); Abb. 6: SPSG, GK II (5) 1108 (Foto: o. A.); Abb. 7: SPSG, GK II (5) 1360 (Foto: o. A.); Abb. 8: SPSG, GK II (1) 11726 (Foto: o. A.); Abb. 9: SPSG, GK II (1) 11728 (Foto: Daniel Lindner); Abb. 10: SPSG, GK II (1) 11775 (Foto: Daniel Lindner); Abb. 11: Foto: Samuel Wittwer, 2015; Abb. 12: SPSG, KPM-Archiv Land Berlin, Inv.-Nr. KPM D 231; Abb. 13: erstellt: Justyna Jaworek, bearbeitet: BLOCHPLAN; Abb. 14: SPSG, KPM-Archiv Land Berlin, Inv.-Nr. KPM Z 5.1; Abb. 15: SPSG, GK II (5) 1354 (Foto: o. A.); Abb. 16: Privatsammlung Justyna Jaworek; Abb. 17: Foto: Justyna Jaworek, 2010; Abb. 18–19: Foto: Justyna Jaworek, 2013

Kamenz (S. 40–49)
Abb. 1: SPSG, II (5) 214 (Foto: Daniel Lindner); Abb. 2, 5, 7, 10–11: Foto: Samuel Wittwer, 2015; Abb. 3: Nationalmuseum Breslau, Inv.-Nr. VII-5446; Abb. 4: Nationalmuseum Breslau, Inv.-Nr. VIII-5449; Abb. 6: Privatsammlung Jerzy Dubiel; Abb. 8: Kunsthaus Lempertz; Abb. 9: AP, Sign. Kart. Rej. Wr. VIII/501

Die Gartenanlagen Lennés in Breslau: Stadtplanung und Scheitniger Park (S. 50–54)
Abb. 1: Universitätsbibliothek Breslau, Sign. 12874-IV.C.; Abb. 2: Universitätsbibliothek Breslau, Sign. 12874-IV.C.; Abb. 3: MAt, ABMW, Sign. TP 1533, 31130; Abb. 4: Privatsammlung Justyna Jaworek; Abb. 5: Foto: Justyna Jaworek, 2015; Abb. 6: Foto: Justyna Jaworek, 2016

Im Schnittpunkt der Einflusssphären der Lenné-Meyerschen und der Muskauer Schule: Der Schlosspark in Sagan/Żagań im 19. Jahrhundert (S. 55–77)
Abb. 1: Staatlicher Geodätischer und Kartografischer Bestand (Polen), Lizenz-Nr.: DFT.7211.900.2016_PL_CL8, Aufnahmejahr: 2012; Abb. 2, 10: Bücherei des Deutschen Gartenbaus e. V.; Abb. 3: aus Bein 1992, S. 16; Abb. 4: aus Bein 1992, S. 15; Abb. 5: bpk/RMN – Grand Palais/Gérard Blot; Abb. 6, 8, 11, 14, 17, 22: Privatsammlung; Abb. 7, 16, 18–20: © Schlesisches Museum zu Görlitz, Leihgabe der Bundesrepublik Deutschland; Abb. 9: bearbeitet: Astrid Roscher; Abb. 12: aus Sotheby's 1989, S. 34; Abb. 13: Foto: Cord Panning, 2015; Abb. 15: aus Sotheby's 1989, S. 35; Abb. 21: SPSG, GK II (1) 3552 (Foto: Daniel Lindner)

Reichenbach als Muster einer Ornamented Farm und nationalsozialistischen Ideallandschaft? (S. 78–83)
Abb. 1–3: Library of Congress, Washington, DC, Prints and Photographs Division; Abb. 4: aus Wiepking 1959, S. 91; Abb. 5: Privatsammlung; Abb. 6: Foto: Gert Gröning, 2010; Abb. 7: Foto: Christoph Haase, 2014

Das Erbe Peter Joseph Lennés heute (S. 84–91)
Abb. 1–6: Foto: Samuel Wittwer, 2015; Abb. 7–10: Foto: Christoph Haase, 2015

Zuschreibungen (S. 92–99)
Abb. 1, 4–5: Digitale Sammlungen ZLB, Sammlung Duncker (urn:nbn:de:kobv:109-1-7652803); Abb. 2, 11: Privatsammlung; Abb. 3: aus Internationales Kunst und Auktionshauses Berlin 1931; Abb. 6–7: Privatsammlung Jerzy Dubiel; Abb. 8: aus Lipowicz 2010, S. 89; Abb. 9: SPSG, KPM-Archiv Land Berlin, Inv. Nr. KPM D 236.23; Abb. 10: bpk/RMN – Grand Palais/Michel Urtado

**Katalog**

Berkenbrügge (S. 102–103)
Abb. 1: Privatsammlung Jerzy Dubiel; Abb. 2: Foto: Christoph Haase, 2014; Abb. 3: SPSG, GK II (1) 3454 (Foto: Jochen Littkemann)

Breslau (S. 104–107)
Abb. 1: aus Atlas zur Zeitschrift für Bauwesen 1857, Blatt 60 – AM TUB, Inv.-Nr. ZFB 07, 060; Abb. 2: aus Architektonisches Skizzenbuch 1856, Heft 28, Blatt 1 – AM TUB, Inv.-Nr. B 2956; Abb. 3: aus Architektonisches Skizzenbuch 1857, Heft 29, Blatt 3 – AM TUB, Inv.-Nr. B 2963

Eberspark (S. 108–110)
Abb. 1: SPSG, GK II (1) 3499 (Foto: Jochen Littkemann); Abb. 2: Privatsammlung

Erdmannsdorf (S. 111–119)
Abb. 1: SPSG, GK II (1) 13178 (Foto: Jochen Littkemann); Abb. 2: SPSG, GK II (1) 13179 (Foto: Jochen Littkemann); Abb. 3: GStA PK, BPH, Rep. 192, Nl Lenné, Nr. 21, fol. 1; Abb. 4: SPSG, GK II (1) 13180 (Foto: Jochen Littkemann); Abb. 5: SPSG, GK II (1) 13181 (Foto: o. A.); Abb. 6: SPSG, GK II (1) 13182 (Foto: Jochen Littkemann); Abb. 7: SPSG, GK II (1) 13183 (Foto: o. A.)

Flatow (S. 120–123)
Abb. 1: GStA PK, XI. HA, AKS, F 53872; Abb. 2: Foto: Christoph Haase, 2012; Abb. 3: GStA PK, XI. HA, AKS, E 53942; Abb. 4: Foto: Joanna Mazur, 2014

Groß Cammin (S. 124–130)
Abb. 1: Privatsammlung Jerzy Dubiel; Abb. 2–4, 10: Foto: Christoph Haase, 2014; Abb. 5: SPSG, GK II (1) 3492 (Foto: Daniel Lindner); Abb. 6: SPSG, GK II (1) 3494 (Foto: Jochen Littkemann); Abb. 7: SPSG, GK II (1) 3493 (Foto: Daniel Lindner); Abb. 8: SPSG, GK II (1) 3491 (Foto: Jochen Littkemann); Abb. 9: Privatsammlung

Hohenlübbichow (S. 131–133)
Abb. 1: Privatsammlung; Abb. 2: SPSG, GK II (1) 3487 (Foto: Jochen Littkemann); Abb. 3: Privatsammlung Christoph Haase; Abb. 4: Foto: Christoph Haase, 2014

Hökendorf (S. 134–137)
Abb. 1: SPSG, GK II (1) 3484 (Foto: Daniel Lindner); Abb. 2: SPSG, GK II (1) 3485 (Foto: Daniel Lindner)

Kamenz (S. 138–142)
Abb. 1: SPSG, GK II (1) 13186 (Foto: o. A.); Abb. 2: SPSG, GK II (1) 13185 (Foto: Jochen Littkemann); Abb. 3: aus Grundmann 1941, S. 115

Klein Küssow (S. 143–145)
Abb. 1: Privatsammlung; Abb. 2: SPSG GK II (1) 3517 (Foto: Jochen Littkemann); Abb. 3–4: Foto: Christoph Haase, 2014

Koitz (S. 146–147)
Abb. 1: Privatsammlung Adam Pacześniak; Abb. 2: SPSG, GK II (1) 3512 (Foto: Jochen Littkemann)

Kratzkau (S. 148–151)
Abb. 1: SPSG, GK II (1) 3514 (Foto: Jochen Littkemann); Abb. 2: Digitale Sammlungen ZLB, Sammlung Duncker (urn:nbn:de:kobv:109-1-7652803); Abb. 3: Magdalena Zalewska; Abb. 4–5: Foto: Magdalena Zalewska, 2012

Linde (S. 152–153)
Abb. 1: SPSG, GK II (1) 3527 (Foto: Jochen Littkemann); Abb. 2: Privatsammlung

Lissa (S. 154–157)
Abb. 1: SPSG, GK II (1) 3528 (Foto: Jochen Littkemann); Abb. 2: Privatsammlung; Abb. 3: AP/Sign. Kart. Kom. Gen.

Wr. 249; Abb. 4: Privatsammlung Jerzy Dubiel; Abb. 5: Foto: Justyna Jaworek, 2014; Abb. 6: AP/Sign. Kart Rej. Wr. IV/308

Pieske (S. 158–160)
Abb. 1: SPSG, GK II (1) 3546 (Foto: Daniel Lindner); Abb. 2: Privatsammlung Jerzy Dubiel; Abb. 3–4: Foto: Christoph Haase, 2014

Pyritz (S. 161–163)
Abb. 1: SPSG, KPM-Archiv Land Berlin; Abb. 2: SPSG, GK II (1) 15130 (Foto: o. A.); Abb. 3: SPSG, GK II (12) VI-Ae-14 (Foto: o. A.); Abb. 4: bpk/Kupferstichkabinett, SMB/Ident.-Nr. SM 23c.42; Abb. 5: Foto: Christoph Haase, 2014

Reichenbach (S. 164–166)
Abb. 1: SPSG, GK II (1) 3547 (Foto: Jochen Littkemann); Abb. 2: SPSG, GK II (1) 3548 (Foto: o. A.)

Rutzau (S. 167–169)
Abb. 1: Privatsammlung; Abb. 2: SPSG, GK II (1) 3465 (Foto: Jochen Littkemann); Abb. 3: Digitale Sammlungen ZLB, Sammlung Duncker (urn:nbn:de:kobv:109-1-7652803); Abb. 4: Privatsammlung Roman Kużel

Rützow (S. 170–173)
Abb. 1: SPSG, GK II (1) 3464 (Foto: Daniel Lindner); Abb. 2: Privatsammlung; Abb. 3: SPSG, GK II (1) 3466 (Foto: Daniel Lindner); Abb. 4: Privatsammlung Andrzej Pogonowicz; Abb. 5: Foto: Gemeinde Ustronie Morskie, 2014

Sensburg (S. 174–175)
Abb. 1: SPSG GK II (1) 3793 (Foto: Jochen Littkemann)

Sonnenburg (S. 176–179)
Abb. 1: SPSG, GK II (1) 3556 (Foto: Jochen Littkemann); Abb. 2: Bayerische Staatsbibliothek München/Bildarchiv; Abb. 3: bpk/Geheimes Staatsarchiv, SPK/Bildstelle GStA PK; Abb. 4: SPSG, GK I 30337 (Foto: Jörg P. Anders)

Stettin (S. 180–182)
Abb. 1: SPSG, GK II (1) 3558 (Foto: Jochen Littkemann); Abb. 2: SPSG, GK II (1) 3557 (Foto: Daniel Lindner)

Swinemünde (S. 183–185)
Abb. 1: SPSG, GK II (1) 3560 (Foto: Daniel Lindner); Abb. 2: SPSG, GK II (1) 3559 (Foto: o. A.)

Unbekannte Anlage – wohl Schlesien (S. 186–187)
Abb. 1: SPSG, GK II (1), 13187 (Foto: Daniel Lindner)

Unbekannte Anlage (S. 188–192)
Abb. 1: SPSG GK II (1) 5666 bzw. 15127 (Foto: Daniel Lindner); Abb. 2: SPSG, Nachlass Jancke, GK II (1) 15106 (Foto: Daniel Lindner); Abb. 3: aus Meyer 1873, Tafel XVI u. XVII

# Orts- und Namensregister

**Orte**

Aufgenommen wurden nur Länder, Provinzen, Kreise, Orte (auch Güter), aber keine geographischen Bezeichnungen (Täler, Berge, Flüsse etc.) mit Ausnahme des „Hirschberger Tals", sowie keine näheren innerörtlichen Bezeichnungen (Straßen, Plätze, Parks etc.).

**Namen**

*Gefördert von der Beauftragten der Bundesregierung für Kultur und Medien aufgrund eines Beschlusses des Deutschen Bundestags*

Die Beauftragte der Bundesregierung
für Kultur und Medien

*Mit dankenswerter finanzieller Unterstützung der Recherchen durch die Deutsch-Polnische Wissenschaftsstiftung*
*(Polsko-Niemiecka Fundacja na rzecz Nauki)*

**Autoren**

Gert Gröning, Universität der Künste Berlin
Christoph Haase, Stiftung „Fürst-Pückler-Park Bad Muskau“
Justyna Jaworek, Naturwissenschaftliche Universität Breslau, Uniwersytet Przyrodniczy we Wrocławiu
Marcus Köhler, Technische Universität Dresden
Klaus von Krosigk, Landesdenkmalamt Berlin, i. R.
Cord Panning, Stiftung „Fürst-Pückler-Park Bad Muskau“
Magdalena Zalewska

Bibliografische Information Der Deutschen Bibliothek
Die Deutsche Bibliothek verzeichnet diese Publikation in der Deutschen Nationalbibliografie; detaillierte bibliografische Daten sind im Internet über http://dnb.ddb.de abrufbar.

## Impressum

Abbildungen auf dem Umschlag
vorne: Carl Daniel Freydanck, Blick von Schloss Erdmannsdorf auf die evangelische Kirche und das Riesengebirge, 1847 (SPSG, KPM-Archiv (Land Berlin), Inv. Nr. KPM G 103), Ausschnitt.
hinten: Situations-Plan von Erdmannsdorf 1836, vgl. S. 111–112.

Herausgeber: Deutsches Kulturforum östliches Europa e.V. und Stiftung Preußische Schlösser und Gärten Berlin-Brandenburg in Kooperation mit der Technischen Universität Dresden
Konzeption und Gesamtleitung: Marcus Köhler
Lektorat: Wolfgang Daniel Engeldinger, Christoph Haase, Samuel Wittwer
Bildredaktion: Christoph Haase
Layout, Gesamtgestaltung: Janos Stekovics
Gesamtherstellung: VERLAG JANOS STEKOVICS



Edition GartenReich · Band 2
ISBN 978-3-89923-366-7

Deutsches
KULTURFORUM
östliches Europa

TECHNISCHE
UNIVERSITÄT
DRESDEN

STIFTUNG
PREUSSISCHE SCHLÖSSER UND GÄRTEN
BERLIN-BRANDENBURG